인강 강사가 떠먹여주는
" 과외식 기출 문제집 "

KB196692

나기출

2008-2017학년도
평가원 기출
2수 고난도 문제
선별집

2026
수능 국어 대비

고난도 문학

3주 완성

단순 해설이 아니라,
최신 트렌드 설명과 풀이 방법까지 **과외식으로!**

1 콘텐츠가 강하다!
실전 국어 전형태

메가스터디 **전형태**

수능국어, 전형태로 ALL IN ONE!
전형태의 실전 국어

전형태 실전 국어 커리큘럼

입문	실전 국어 기초 시리즈	수능 국어 입문 강좌 **올인원 베이직**	문학의 기초 확립 **평가원에서 쓰는 문학 개념.zip**
개념	올인원 시리즈	일주일 만에 끝내는 **고전시가 올인원** / 해석이 쉬워지는 **문학 올인원** / 독해가 쉬워지는 **독서 올인원**	전형태 시그니처 **언어와 매체 올인원** / 화작의 모든 것 **화법과 작문 올인원**
기출	모의평가 분석	6평 상세 해설 및 EBS 연계 분석	9평 상세 해설 및 EBS 연계 분석
연계	나 없이, EBS 하지 마라!	나BS 수능특강 문학 / 나BS 수능특강 문학 변형문제 N제 / 나BS 수능완성 문학 스페셜 / 나BS 언어와 매체	
심화	클리어 시리즈	언어(문법) 심화 학습 **언어(문법) 클리어**	
파이널	EBS 파이널	일주일 연계 작품 총정리! **나BS 파이널.zip**	EBS 파이널 문법 특강 + 언매 모의고사 10회
	전형태 파이널	수능 시험장의 행동강령 **파이널 최종점검**	전형태 **파이널 모의고사**

교재 전용 커리큘럼

올인원	수능 국어에 필요한 모든 어휘 **어휘 올인원**	
나 없이, 기출 풀지 마라	나기출 베이직 / 나기출 문학 / 나기출 독서	나기출 언어와 매체 / 나기출 화작 / 나기출 고난도
N제 시리즈	문법 N제	매체 N제

인강 강사가 떠먹여주는
" 과외식 기출 문제집 "

나기출

008-2017학년도
평가원 기출

2수 고난도 문제
선별집

2026
수능 국어 대비

고난도 문학
3주 완성

단순 해설이 아니라,
최신 트렌드 설명과 풀이 방법까지 **과외식으로!**

콘텐츠가 강하다!
실전 국어 전형태

메가스터디 **전형태**

단계별 풀이를 통한 기출 분석효과 극대화

풀이 단계
공부를 위한 준비 단계

실전과 동일하게 지문당 시간을 정해놓고 풀이해야 한다. 소요 시간은 난이도에 따라 다르지만 보통 한 문제당 90초가 적절하다. 예를 들어 한 지문에 문제가 3개가 달려 있으면, 그 지문은 총 3X90=270초 안에 풀어야 하는 것이다. 다만 너무 시간에 제한을 받지 말고, 본인이 풀 수 있는 최고의 속도로 풀면 된다. 지문과 문제 난이도에 따라 풀이 시간은 크게 차이가 나기 때문이다.

분석 단계
실제 공부 단계

충분한 시간을 갖고 지문을 분석하고, 애매한 선지를 검토해야 한다. 이때 정답을 절대 미리 봐서는 안 된다. 정답을 보면 학생의 인지 구조가 이미 굳어져 버려 정답의 근거만 신경 쓰게 되고, 본인이 선택한 오답의 근거를 제대로 수정하지 못하게 되기 때문이다. 따라서 정답을 보기 전에 혼자서 본인의 정답(혹은 오답) 도출 과정을 하나하나 검토하고, 문제를 해결하는 시간이 필수적이다. 이때 본인이 생각한 근거를 문제에 간단하게 메모하는 것도 좋다. 메모하는 과정에서 본인의 추상적 사고를 객관적으로 볼 수 있기 때문이다. 실력 향상은 바로 이 시간에 이뤄진다.

지문 분석

평가원이 자주 출제하는 출제 요소를 지문에서 직접 찾는 것이다.
작품은 바뀌더라도 평가원은 항상 출제하는 요소들이 있다. 이것들을 매 지문에서 직접 찾는 훈련을 해야 독해력과 실전력이 극대화될 수 있다.

[시문학 출제 포인트]

출제 포인트 1 화자의 상황과 반응(정서/태도)
출제 포인트 2 시간과 공간

시문학의 경우 화자의 상황과 반응(정서/태도)을 찾고, 시간이나 공간적 배경을 확인해야 한다. 이때 시·공간의 변화와 화자의 태도 변화는 자주 출제하는 요소이니 꼭 체크하는 습관을 들이는 것이 좋다. 그리고 시 해석에 너무 힘을 주지 않아도 된다. 해설지를 읽어보면 알겠지만, 학생 혼자의 힘으로 해석할 수 없는 부분도 분명 있기 때문이다. 따라서 가볍게 해석을 시도한다는 생각으로 시를 보는 것이 좋다.

고난도 문학 3주 완성

[소설문학 출제 포인트]

출제 포인트 1 **시간과 공간**
특히 현대소설은 시간, 고전소설은 공간의 변화가 많다.

출제 포인트 2 **서술자의 관심사**
3인칭 시점에서는 서술자가 누구의 심리를 주로 얘기해 주는지 확인할 것. 인물의 심리가 여러 명 나오는지(분산형), 한 명의 심리가 집중적으로 나오는지(집약형)
1인칭 시점에서는 누구를 중점적으로 서술해 주는지 등을 확인할 것.(고전소설은 대부분 3인칭 시점이며 초점이 분산되어 있으므로, 신경 쓰지 않아도 괜찮다.)

출제 포인트 3 **서술자의 개입**
고전소설에서 서술자의 개입은 반드시 출제되는 요소다. 나중에 지문으로 찾으러 가면 보이지 않으니, 지문을 읽을 때 반드시 찾았어야 한다.

문제 분석

문제 분석에서 가장 중요한 것은 본인이 생각한 정답 선지의 근거다. 감으로 풀든, 지문과 보기를 근거로 해서 풀든 정답의 근거가 무엇인지 친구에게 설명할 수 있어야 한다. 그리고 잘 지워지지 않는 애매한 오답 선지의 경우 본인이 생각한 근거를 아주 간단하게라도 메모해 두는 것이 좋다. 메모를 해야 본인의 사고를 객관적으로 확인할 수 있고, 이후에 정답과 해설지를 보면서 본인의 사고를 교정할 수 있기 때문이다.

STEP 03

정답 확인

드디어 정답을 보면서 채점을 한다. 해설지의 내용이 부족하다면, 메가스터디 QnA에 질문하면 된다. 이때 책 페이지를 명확하게 제시해야만 원하는 답변을 얻을 수 있다.

너의 싸움을 응원한다. 불끈!

전형태

나기출 문학의 특징

| 과외식 기출 분석서, 나기출

POINT
01

단순한 기출 문제 풀이가 아니라,
지문 분석과 문제 분석으로 실전력을 극대화!

2단계 | 문제편의 분석칸

형태쌤과 지문분석

지문분석	
시간	
공간	
서술자의 관심사	

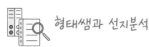

형태쌤과 선지분석

선지분석	(가)	(나)
계절을 드러내는 시어		
밤에서 낮으로 변화 → 대상의 이면 제시		
청각적 심상		
대구의 방식으로 마무리		
탈속적 공간 → 이상향에 대한 동경		

3단계 | 해설편의 상세 설명

지문분석

[지문에서 체크할 것]

※ 시간
역순행 / 현재 → 과거(문단 묶음 [개부터 끝까지])

※ 공간
현재 : 노인의 국밥집(청진), 과거 : 행상로(수성에서 들어오는 길)

※ 서술자의 관심사
1인칭 관찰자 시점으로 지문의 전반부(현재)에는 1인칭 서술자인 '나'가 '노인'을 바라보고 있고, 후반부(과거)에는 관심이 이동하여, '일본인 아낙네'를 본 경험을 서술하고 있다.

01 오답설명

① (가) X, (나) X / 둘 다 부정적 상황은 나타났지만 현실과 반대되는 이상이 명확하게 드러나지 않으며, 현실과 이상의 괴리가 심화되고 있지도 않다. 특히 (나)에서 처음엔 ⊖의 객관적 상관물(쓸쓸한 풍경)을 통해 화자의 정서를 암시하고, 후반부엔 '서러움'의 정서가 직접적으로 나타나지만, 상황이 심화되고 있진 않다.

② (가) X, (다) X / '자연의 섭리'는 '자연계를 지배하는 원리나 법칙'으로 상당히 추상적인 말이다. 보통 문학에서는 '순환, 흐름'을 '자연의 섭리'로 많이 제시한다. (가)는 시련의 시기인 겨울이 지나면 긍정의 시기인 봄이 올 것이라는 내용을 통해 '자연의 섭리(계절의 순환)'와 관련이 있다고 볼 수 있지만, 이를 깨닫는 과정을 보여 주고 있진 않다. (다)는 '자연의 섭리'와는 관련이 없다.

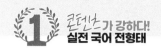

고난도 문학 3주 완성

실전 국어 전형태

POINT 02

10년 이상의 현장 경력을 책에 고스란히!

과외식 설명으로
개념을 명료하게

▼
▼

형태쌤의 과외시간

〈점층법〉
어떠한 글이 포함하고 있는 내용의 비중이나 정도를 한 단계씩 높여서 뜻을 점점 강하게, 높게, 깊게 층을 이루어 독자의 감정을 자연스럽게 절정으로 이끌어 올리는 표현 방법이다.

* 신록은 먼저 <u>나의 눈</u>을 씻고, <u>나의 가슴</u>을 씻고, 다음에 <u>나의 마음의 모든 구석구석</u>을 하나하나 씻어 낸다.
* 유교의 목적은 '<u>수신 제가 치국 평천하(修身齊家治國平天下)</u>'에 있다.
 : 자신의 몸과 마음을 닦아 수양하고, 집안을 가지런하게 하며 나라를 다스리고, 천하를 평화롭게 한다.

〈점강법〉
점층법과 반대로 한 구절 한 구절의 내용이 작아지고 좁아지고 약해져서 고조된 감정으로부터 점점 가라앉게 하는 표현 방법이다.

* 용기를 잃은 것은 <u>모두</u>를 잃은 것이요,
 명예를 잃은 것은 <u>많은</u> 것을 잃은 것이요,
 돈을 잃은 것은 <u>아무것도</u> 안 잃은 것이다.

→ 점층법·점강법은 자연스럽게 열거법을 쓰게 되는 경우가 많다.
→ 점층법과 점강법을 아울러서 점층법이라고도 한다.

POINT 03

모든 현대시와 고전시가에 대한 상세한 과외식 해설

현대시
작품 해석

고전시가
작품 해석

▼
▼

지문분석

(가) 향현
아랫도리 다박솔 깔린 산(山) 넘어 큰 산(山) 그 넘엇 산(山) 안 보이어 내 마음 둥둥 구름을 탄다.

▶ 화자는 아랫도리(허리 아래)에 소나무가 깔린 산을 넘어서 있는 큰 산 너머의 산을 보고 싶어 해. 근데 보이지 않으니 답답하겠지. 그래서 마음이 둥둥 구름을 탄다고 표현했어. '구름'을 타고 올라가 산을 보고 싶은 마음 정도로 보면 되겠지. 어쨌든 화자는 현재 보고 싶은 것을 볼 수 없어서 답답한 상태야.

우뚝 솟은 산(山), 묵중히 엎드린 산(山), 골골이 장송(長松) 들어섰고, 머루 다랫넝쿨 바위 엉서리에 얽혔고, 샅샅이 떡갈나무 억새풀 우거진 데 너구리, 여우, 사슴, 산(山)토끼, 오소리, 도마뱀, 능구리 등(等), 실로 무수한 짐승을 지니인,

산(山), 산(山), 산(山)들! 누거만년(累巨萬年) 너희들 침묵(沈默)이 흠뻑 지리함즉 하매,

▶ '너희'는 바로 앞에 나온 '산들'을 의미하겠지. 근데 그 산들의 침묵이 지루하다고 하고 있어. 현재 상황이 화자에게는 불만족스러운가 봐.

산(山)이여! 장차 너희 솟아난 봉우리에, 엎드린 마루에, 확 확 치밀어 오를 화염(火焰)을 내 기다려도 좋으랴?

▶ 그래서 변화를 원하는 것이지. 현 상황의 변화를 상징하는 시어는 바로 '화염'!

핏내를 잊은 여우 이리 등속이 사슴 토끼와 더불어 싸릿순 칡순을 찾아 함께 즐거이 뛰는 날을 믿고 길이 기다려도 좋으랴?

▶ '즐거이 뛰는 날'은 현재가 아닌 화자가 기다리는 미래의 날이야.

지문분석

이런들 엇더하며 겨런들 엇더하료

▶ 이러면 어떠하고, 저러면 어떠하냐.

초야우생(草野愚生)이 이러타 엇더하료

▶ 시골에 묻혀서 사는 어리석은 이가 이렇다고 해도 어떠하냐.

▶ '초야우생'은 자기자신을 겸손하게 이르는 표현으로, 화자를 가리켜.

하믈며 천석고황(泉石膏肓)을 고쳐 므슴 하료

▶ 하물며 자연을 사랑하는 병을 고쳐서 무엇하겠나.

▶ 화자는 자연을 정말 좋아해서 자연을 사랑하는 병을 고치지 않겠대. '천석고황'은 자연을 병적으로 좋아한다는 의미야.

〈제1수〉

연하(煙霞)로 집을 삼고 풍월(風月)로 벗을 사마

▶ 안개와 노을(자연)로 집을 삼고 바람과 달(자연)로 벗을 삼아

태평성대(太平聖代)에 병(病)으로 늘거 가네

▶ 태평한 시절에 병으로 늙어 가네.

▶ 고전 시가에서 '병'은 진짜 아파서 힘들다는 것보다는 나이가 들었다는 것을 나타낼 때가 많다. 의학이 발달하지 못한 예전에는 나이가 들면 그냥 여기저기 아픈 게 당연한 것이었으니 말이다. 즉, 화자가 현재 자신의 병을 한탄하고 있는 게 아니라는 것이다.

이 중에 브라는 일은 허믈이나 업고쟈

▶ 이러한 삶 중에 바라는 일은 잘못이나 없이 사는 것이로다.

〈제2수〉

3주 완성 PLAN

60지문 / 매일 4세트 주 5일 - 3주 완성!

| 과외식 기출 분석서, 나기출

1주차

DAY	수록 작품과 작가	페이지	풀이한 날
1일차	2014-9b 생명의 서 / 농무 2015-6b 도산십이곡 2015-9ab 유충렬전 2014-9b 광장	10p	__ / __
2일차	2010-6 관동록 / 관동별곡 / 금강 일만 이천 봉이~ 2016-6a 홍계월전 2011-9 잠시 눕는 풀 2012-11 돌다리	18p	__ / __
3일차	2017-11 구름의 파수병 / 느낌 극락같은 2012-6 파초 / 수철리 / 견회요 2014-6a 구운몽 2012-6 화산댁이	26p	__ / __
4일차	2016-6ab 성묘 / 외할머니 2007-11 교목 / 들길에 서서 / 고고 2015-6b 임경업전 2008-9 날개	36p	__ / __
5일차	2009-11 님의 침묵 / 나뭇잎 하나 / 춘면곡 2014-11b 옥루몽 2016-9a 잔등 2010-11 장마	44p	__ / __

2주차

DAY	수록 작품과 작가	페이지	풀이한 날
1일차	2017-6 향현 / 우리가 물이 되어 / 눈 2013-6 알 수 없어요 / 배를 매며 / 사미인곡 2006-11 광장 2017-9 독 짓는 늙은이	56p	__ / __
2일차	2006-11 인동차 / 청산도 / 조그만 사랑 노래 2015-6a 흥부전 2014-6b 만세전 2015-6ab 모래톱 이야기	64p	__ / __
3일차	2013-11 폭포 / 살아 있는 것은 / 마음의 고향 2006-11 유충렬전 2014-9a 꺼삐딴 리 2017-6 삼대	74p	__ / __
4일차	2016-9a 탄궁가 2008-6 나의 집 / 길 / 제망매가 2014-9a 숙영낭자전 2007-9 복덕방	82p	__ / __
5일차	2007-9 추천사 / 새 / 만흥 2017-11 비평 / 박씨전 / 시장과 전장 2007-9 숙향전 2011-11 나상	90p	__ / __

고난도 문학 3주 완성

나 없이
기출
풀지마라

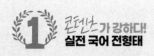

실전 국어 전형태

| 과외식 기출 분석서, 나기출 |

나 없이
기출
풀지마라

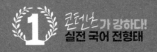

고난도 문학

I

1주차

🕐 풀이시간　　　　분　　초
🏛 정답과 해설　　　　　　　p.6

다음 글을 읽고 물음에 답하시오.

(가)

나의 지식이 독한 회의를 구하지 못하고
내 또한 삶의 애증을 다 짐지지 못하여
㉠ 병든 나무처럼 생명이 부대낄 때
저 머나먼 아라비아의 사막으로 나는 가자

거기는 한번 뜬 백일(白日)이 불사신같이 작열하고
일체가 모래 속에 사멸한 ㉡ 영겁의 허적(虛寂)*에
오직 알라의 신만이
밤마다 고민하고 방황하는 열사(熱沙)의 끝

그 ㉢ 열렬한 고독 가운데
옷자락을 나부끼고 호올로 서면
운명처럼 반드시 「나」와 대면케 될지니
하여 '나'란 나의 생명이란
그 ㉣ 원시의 본연한 자태를 다시 배우지 못하거든
차라리 나는 어느 사구(沙丘)에 ㉤ 회한(悔恨) 없는 백골을 쪼이리라

- 유치환, 「생명의 서·일장(一章)」 -

* 허적 : 아무것도 없이 적막함.

(나)

[A]
┌ 징이 울린다 막이 내렸다
│ 오동나무에 전등이 매어달린 가설 무대
│ 구경꾼이 돌아가고 난 텅빈 운동장
│ 우리는 분이 얼룩진 얼굴로
│ 학교 앞 소줏집에 몰려 술을 마신다
└ ⓐ 답답하고 고달프게 사는 것이 원통하다

[B]
┌ 꽹과리를 앞장세워 장거리로 나서면
│ 따라붙어 악을 쓰는 건 쪼무래기들뿐
│ 처녀애들은 기름집 담벽에 붙어 서서
│ 철없이 킬킬대는구나
│ 보름달은 밝아 어떤 녀석은
│ 꺽정이처럼 울부짖고 또 어떤 녀석은
│ 서림이처럼 해해대지만 ⓑ 이까짓
└ 산구석에 처박혀 발버둥 친들 무엇하랴

[C]
┌ 비료 값도 안 나오는 농사 따위야
│ 아예 여편네에게나 맡겨 두고
│ 쇠전을 거쳐 도수장 앞에 와 돌 때
│ 우리는 점점 신명이 난다
│ ⓒ 한 다리를 들고 날라리를 불꺼나
└ 고갯짓을 하고 어깨를 흔들꺼나

- 신경림, 「농무」 -

01 (가), (나)에 대한 설명으로 가장 적절한 것은?

① (가)는 계절을 드러내는 시어를 사용하여 분위기를 조성한다.
② (나)는 밤에서 낮으로의 시간 변화를 통해 대상의 이면을 보여 준다.
③ (가)는 (나)와 달리 청각적 심상을 활용하여 사물의 속성을 표출한다.
④ (나)는 (가)와 달리 대구의 방식으로 시상을 마무리하면서 여운을 강화한다.
⑤ (가), (나)는 모두 시적 공간의 탈속성을 내세워 이상향에 대한 화자의 동경을 드러낸다.

 형태쌤과 선지분석

선지분석	(가)	(나)
계절을 드러내는 시어		
밤에서 낮으로 변화 → 대상의 이면 제시		
청각적 심상		
대구의 방식으로 마무리		
탈속적 공간 → 이상향에 대한 동경		

02 (가)의 「나」와 ㉠~㉤의 관련성을 이해한 내용으로 적절하지 않은 것은?

① ㉠은 화자가 극복해야 할 자신의 모습을 빗대어 표현한 것으로, 「나」와는 대비되는 표상이다.
② ㉡은 어떤 것도 존재하지 못하는 극한 상태로, 화자가 「나」와 대면할 수 있는 조건에 해당한다.
③ ㉢은 절대적 고독을 나타낸 것으로, 화자가 그 절대적 고독에서 벗어남으로써 「나」에 도달할 수 있음을 알려 준다.
④ ㉣은 생명이 본래적으로 존재하는 모습을 가리키는 것으로, 「나」가 원시적 생명력을 지닌 존재임을 보여 준다.
⑤ ㉤은 죽음에 대한 화자의 태도를 드러내는 것으로, 「나」를 통해 생명을 회복하려는 화자의 의지를 담아낸 표현이다.

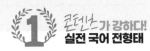

03 〈보기〉를 참고하여 (나)를 감상한 내용으로 적절하지 <u>않은</u> 것은?

> **보기**
>
> 시 「농무」는 1970년 전후의 농촌의 실상과 농민들의 정서를 잘 담아 낸 작품이다. 당시 우리 사회는 산업화와 도시화에 힘을 기울였는데, 이로 인해 농촌이 도시와는 다르게 피폐해져 감으로써 삶의 터전을 도시로 옮긴 농민들이 적지 않았다. 이러한 상황에서 시인은 농촌에서 농민들이 삶의 활력과 신명을 얻기 위해 집단적으로 추는 '농무'를 소재로 하여 현실의 암울함을 역설적으로 드러내는 한편, 농촌 공동체의 소중함을 독자들에게 일깨워 주었다.

① [A]에서 화자는 농무를 통해 활력을 얻기보다 오히려 무력감을 느끼고 있는 것 같아.

② [B]에서 '악을 쓰는', '킬킬대는구나', '울부짖고', '해해대지만' 등은 화자가 농무를 흥겨운 축제로 대하지는 못하고 있음을 드러내 줘.

③ [C]에서 화자가 신명을 느끼는 것은 농무의 신명에 힘입어 농촌 현실의 문제를 극복하고자 하는 농민들의 태도를 잘 보여 줘.

④ ⓐ와 ⓑ를 통해 당시의 농민들이 도시로 떠날 수밖에 없었던 사정을 어느 정도 감지할 수 있어.

⑤ ⓒ에서 화자의 물음은 앞날을 낙관하지 못하는 농촌 사람들이 던지는 자조적 물음으로도 이해될 수 있어.

다음 글을 읽고 물음에 답하시오.

이런들 엇더ㅎ며 져런들 엇더ㅎ료
초야우생(草野愚生)이 이러타 엇더ㅎ료
ㅎ믈며 천석고황(泉石膏肓)을 고쳐 므슴 ㅎ료
〈제1수〉

연하(煙霞)로 집을 삼고 풍월(風月)로 벗을 사마
태평성대(太平聖代)에 병(病)으로 늘거 가네
이 즁에 ㅂ라ㄴ 일은 허믈이나 업고쟈
〈제2수〉

순풍(淳風)*이 죽다 ㅎ니 진실(眞實)로 거줏말이
인성(人性)이 어지다 ㅎ니 진실(眞實)로 올흔 말이
천하(天下)에 허다영재(許多英才)를 소겨 말슴홀가
〈제3수〉

유란(幽蘭)이 재곡(在谷)ㅎ니 자연(自然)이 둣디 죠해
백운(白雲)이 재산(在山)ㅎ니 자연(自然)이 보디 죠해
이 즁에 피미일인(彼美一人)*을 더옥 닛디 못ㅎ얘
〈제4수〉

산전(山前)에 유대(有臺)ㅎ고 대하(臺下)에 유수 (有水) ㅣ 로다
떼 많은 갈매기는 오명가명 ㅎ거든
엇더타 교교백구(皎皎白駒)*는 멀리 ㅁ음 두는고
〈제5수〉

춘풍(春風)에 화만산(花滿山)ㅎ고 추야(秋夜)에 월만대(月滿臺)라
사시가흥(四時佳興)이 사름과 ㅎ가지라
ㅎ믈며 어약연비(魚躍鳶飛) 운영천광(雲影天光)*이야 어찌 끝이 있으리
〈제6수〉
- 이황, 「도산십이곡(陶山十二曲)」 -

* 순풍 : 순박한 풍속.
* 피미일인 : 저 아름다운 한 사람. 곧 임금을 가리킴.
* 교교백구 : 현자(賢者)가 타는 흰 망아지. 여기서는 현자를 가리킴.
* 어약연비 운영천광 : 대자연의 우주적 조화와 오묘한 이치를 가리킴.

01 윗글에 대한 설명으로 적절하지 않은 것은?

① 제1수에서는 화자가 자신을 드러내고 삶의 지향을 제시함으로써 주제 의식을 환기한다.
② 제2수에 나타난 화자 자신에 대한 관심을 제3수에서는 사회로 확대하면서 시상을 전개한다.
③ 제3수의 시적 대상을 제4수에서도 반복적으로 다룸으로써 주제 의식을 강화한다.
④ 제4수와 제5수에서는 화자의 시선에 포착된 장면들을 배치하여 공간의 입체감을 부각하며 시상을 심화한다.
⑤ 제6수에서는 화자의 인식을 점층적으로 드러내어 주제 의식을 집약한다.

02 윗글의 시어에 대한 이해로 적절하지 않은 것은?

① '연하'와 '풍월'은 화자가 자신의 삶에 대해 자족감을 갖도록 하는 소재이다.
② '순풍'과 어진 '인성'은 화자가 바라는 세상의 모습을 알려 주는 표지이다.
③ '유란'과 '백운'은 화자가 심미적으로 완상하는 대상이다.
④ '갈매기'와 '교교백구'는 화자의 무심한 심정이 투영된 상징적 존재이다.
⑤ '화만산'과 '월만대'는 화자의 충만감을 자아내는 정경의 표상이다.

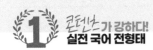

03 윗글과 〈보기〉를 비교하여 감상한 내용으로 가장 적절한 것은?

보기

　그곳(부친에게 물려받은 별장)에는 씨 뿌려 식량을 마련할 만한 밭이 있고, 누에를 쳐서 옷을 마련할 만한 뽕나무가 있고, 먹을 물이 충분한 샘이 있고, 땔감을 마련할 수 있는 나무들이 있다. 이 네 가지는 모두 내 뜻에 흡족하기 때문에 그 집을 '사가(四可)'라고 이름을 지은 것이다.
　녹봉이 많고 벼슬이 높아 위세를 부리는 자야 얻고자 하는 것은 무엇이든지 얻을 수 있지만, 나같이 곤궁한 사람은 백에 하나도 가능한 것이 없었는데 뜻밖에도 네 가지나 마음에 드는 것을 차지하였으니 너무 분에 넘치는 것은 아닐까? 기름진 음식을 먹는 것도 나물국에서부터 시작하고, 천 리를 가는 것도 문 앞에서 시작하니, 모든 일은 점진적으로 되는 것이다.
　내가 이 집에 살면서 만일 전원의 즐거움을 얻게 되면, 세상일 다 팽개치고 고향으로 돌아가 태평성세의 농사짓는 늙은이가 되리라. 그리고 밭을 갈고 배[腹]를 두드리며 성군(聖君)의 가르침을 노래하리라. 그 노래를 음악에 맞춰 부르며 세상을 산다면 무엇을 더 바랄게 있으랴.
　　　　　　　　　　　　　　　　　　 – 이규보, 「사가재기(四可齋記)」 –

① 윗글과 〈보기〉는 모두 지배층의 핍박으로부터 도피하기 위해 선택한 자연 은둔의 삶을 제시하고 있다.
② 윗글과 〈보기〉는 모두 불우한 처지에서 점진적으로 벗어날 수 있으리라는 낙관적 태도를 보여 주고 있다.
③ 윗글과 〈보기〉는 모두 유교적 가치를 존중하면서 한 개인으로서의 소망을 이루려는 모습을 드러내고 있다.
④ 윗글은 〈보기〉와 달리 삶의 물질적 여건이 마련된 후에야 자연의 즐거움을 누릴 수 있음을 강조하고 있다.
⑤ 윗글은 속세에 있으면서 자연을 동경하는 인간을, 〈보기〉는 자연에 있으면서 속세를 그리워하는 인간을 형상화하고 있다.

다음 글을 읽고 물음에 답하시오.

　　이때 천자가 옥새*를 목에 걸고 항서*를 손에 든 채 진문 밖으로 나오다가 보니, 뜻밖에 호통 소리가 나며 어떤 한 대장이 적장 문걸의 머리를 베어 들고 중군으로 들어가거늘, 매우 놀라고 또 기뻐서 말하기를,
　　"적장 벤 장수 성명이 무엇이냐? 빨리 모시고 들어오라."
　　충렬이 말에서 내려 천자 앞에서 땅에 엎드리니, 천자 급히 물어 말하기를,
　　"그대는 뉘신데 죽을 사람을 살리는가?"
　　충렬이 부친 유심의 죽음과 어려서 홀로 된 자신을 길러 준 장인 강희주의 죽음을 몹시 원통하고 분하게 여겨 통곡하며 여쭈되,

[A]
　　"소장은 동성문 안에 살던 유심의 아들 충렬입니다. 사방을 떠돌아다니면서 빌어먹으며 만 리 밖에 있다가 아비의 원수를 갚으려고 여기 왔습니다. 폐하께서 정한담에게 핍박을 당하리라곤 꿈에도 생각지 못했습니다. 예전에 정한담과 최일귀를 충신이라 하시더니 충신도 역적이 될 수 있습니까? 그자의 말을 듣고 충신을 멀리 귀양 보내어 죽이고 이런 환난을 만나시니, 천지가 아득하고 해와 달이 빛을 잃은 듯합니다."

　　하고, 슬피 통곡하며 머리를 땅에 두드리니, 산천초목이 슬퍼하며 진중의 군사들도 눈물을 흘리지 않는 이가 없더라. 천자도 이 말을 들으시고 후회가 막급하나 할 말 없어 우두커니 앉아 있더라.
　　한편 적진에 잡혀갔던 태자는, 본진에서 문걸의 목을 베는 것을 보고 급히 도주해 와서 천자 곁에 앉아 있다가, 충렬의 말을 듣고 버선발로 내려와서 충렬의 손을 붙들고 말하였다.

[B]
　　"경이 이게 웬 말인가? 옛날 주나라 성왕도 관숙과 채숙의 말을 듣고 주공을 의심하다가 잘못을 깨닫고 스스로 꾸짖어 훌륭한 임금이 되었으니, 충신이 죽는 것은 모두 다 하늘에 달린 일이라. 그런 말을 말고 온 힘으로 충성을 다하여 천자를 도우시면, 태산 같은 그대 공로는 천하를 반분하고, 하해같은 그 은혜는 죽은 뒤에라도 풀을 맺어 갚으리라."

　　충렬이 울음을 그치고 태자의 얼굴을 보니, 천자의 기상이 뚜렷하고 한 시대의 성군이 될 듯하여 투구를 벗어 땅에 놓고 천자 앞에 사죄하여 말하였다.
　　"소장이 아비의 죽음을 한탄하여 분한 마음이 있는 까닭에 격절한 말씀을 폐하께 아뢰었으니 죄가 무거워 죽어도 안타깝지 아니합니다. 소장이 죽을지언정 어찌 폐하를 돕지 아니하겠습니까?"
　　천자가 충렬의 말을 듣고 친히 계단 아래로 내려와서 투구를 씌우고 대원수를 명하며 손을 잡고 하는 말이,
　　"과인은 보지 말고 그대 선조의 입국 공업을 생각하여 나라를 도와주면, 태자가 말한 대로 그대의 공을 갚으리라."

[중략 부분의 줄거리] 유충렬은 남적의 선봉장이 된 정한담과의 대결에서 승리하고, 다시금 위기에 처했던 천자·황후·태후·태자를 구출한다. 이후, 유심과 강희주를 구하고 모친과 부인을 찾은 후 장안으로 돌아온다.

　　이때 장안의 온 백성들이 남적에게 잡혀갔던 며느리며 딸이며 동생들이 본국으로 돌아온다는 말을 듣고, 호산대 십 리 뜰에 빈틈없이 마중 나와

손과 치마를 부여잡고 그리던 마음 못내 즐거워하는지라, 이들의 울음소리가 공중에 뒤섞이어 호산대가 떠나갈 듯하였으며, 원수 유충렬과 모친 장 부인을 치사하는 소리 낭자하고 요란하였다.
　　금산성에 이르러 천자와 태후가 가마에서 바삐 내려 장막 밖으로 나오는지라, 원수가 갑옷과 투구를 갖추고 군사의 예로써 천자께 인사를 올리니, 천자와 태후가 원수의 손을 잡고 못내 치사하며 말하였다.
　　"과인의 수족을 만리타국에 보내고 밤낮으로 염려하였는데, 이렇듯 무사히 돌아오니 즐거운 마음을 어찌 다 말로 하겠는가. 옥문관으로 귀양 간 승상 강희주를 찾아 구하고 더불어 남적을 물리친 일과, 돌아오는 길에 그간 죽은 줄 알았던 그대의 모친과 부인 강 낭자를 만나 데려온 일은 모두 천추에 드문 일이다. 그대의 은혜는 죽어도 잊기 어려운지라, 입이 열 개라도 어떻게 그 말을 다 하리오."
　　태후가 유 원수를 치사한 후에 조카 강 승상을 부르시니, 강 승상이 바삐 들어와 땅에 엎드리는지라, 태후가 강 승상을 보고 하시는 말씀이야 어찌 말로 다 표현할 수 있으리오. 천자가 내려와 강 승상의 손을 잡고 위로하며 말하였다.
　　"과인이 현명하지 못하여 역적의 말을 듣고 충신을 먼 지방으로 귀양을 보내어 가족들과도 이별을 했으니, 무슨 면목으로 경을 대면하리오. 그러나 이미 지나간 일이니 잘잘못을 따지지 말기 바라오."
　　한편 이미 장안으로 돌아와 연왕이 된 유심은 장 부인이 온다는 소식을 듣고 마음이 공중에 떠서 충렬이 나오기를 고대하였다. 원수가 천자께 물러 나와 연왕 앞에 엎드려 아뢰기를,
　　"불효자 충렬이 남적을 소멸하고 오는 길에 회수에 와 모친을 기리는 제사를 지내다가, 천행인지, 뜻밖에도 죽은 줄 알았던 모친을 만나 모시고 왔습니다!"
　　하니, 연왕이 반가움을 ⊙ <u>이기지</u> 못하여 말하였다.
　　"너의 모친이 어디 오느냐?"
　　이때 장 부인이 이미 휘장 밖에 있다가 남편 유심의 말소리를 듣고 반가운 마음을 어찌하지 못하고 미친 듯이 취한 듯이 들어가니, 연왕이 부인을 붙들고 말하였다.
　　"멀고 먼 황천길에 죽은 사람도 살아오는 법 있는가? 백골이 된 당신을 어떤 사람이 살려 왔느냐. 뉘 집 자손이 모셔 왔느냐. 충렬아, 네가 분명 살려 왔느냐? 간신의 모함으로 유배를 가게 된 내가 북방 천리만리 호국 일당에 잡히어 죽을 줄 알았더니, 십 년 전에 헤어진 부인을 다시 만나고, 일곱 살에 부모와 이별하여 갖은 고난을 겪은 충렬을 이렇듯이 다시 만나 영화를 볼 줄이야 꿈속에서나 생각할 수 있었겠는가!"

　　　　　　　　　　　　　　　　　　　　　- 작자 미상, 「유충렬전」 -

* 옥새 : 옥으로 만든, 나라를 대표하는 도장.
* 항서 : 항복을 인정하는 문서.

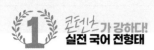

지문분석	
공간	
서술자의 개입	

01 윗글에 대한 설명으로 가장 적절한 것은?

① 시간적 배경을 묘사하여 사건의 사실성을 높인다.
② 꿈과 현실을 교차하여 사건을 입체적으로 구성한다.
③ 초월적 공간을 설정하여 사건을 새로운 국면으로 전환한다.
④ 서술자의 개입과 인물의 발화를 통해 인물의 심리를 드러낸다.
⑤ 전쟁 장면의 구체적인 묘사를 통해 사건의 긴박감을 고조한다.

 형태쌤과 선지분석

선지분석	유충렬전
시간적 배경 묘사 → 사실성	
꿈과 현실 교차 → 입체적	
초월적 공간 → 사건을 새로운 국면으로 전환	
서술자 개입과 인물의 발화 → 심리 제시	
전쟁 장면의 구체적 묘사 → 긴박감 고조	

02 윗글의 내용에 대한 이해로 적절하지 <u>않은</u> 것은?

① '천자'가 '장수'에게 "그대는 뉘신데 죽을 사람을 살리는가?"라고 말하는 것으로 보아, '천자'는 '장수'의 능력에 놀라움을 표하고 있다.
② '유충렬'이 '천자' 앞에서 '유심'이 죽었다며 원통해하는 것으로 보아, '유충렬'은 부친이 죽은 것으로 잘못 알고 있다.
③ '군사들' 중에 '유충렬'의 말을 듣고 '눈물을 흘리지 않는 이'가 없는 것으로 보아, '군사들'은 '유충렬'의 심정에 공감하고 있다.
④ '유충렬'이 '천자'를 도와 전쟁에 나가겠다고 약속하는 것으로 보아, '유충렬'은 '태자'의 말과 기상에 감화되어 스스로를 반성하고 있다.
⑤ '천자'가 '유충렬'에게 '과인은 보지 말고' 나라를 구하라고 권유하는 것으로 보아, '천자'는 '유심'의 귀양에 대한 자신의 과오를 인정하지 않고 있다.

03 [A], [B]에 대한 분석으로 적절하지 <u>않은</u> 것은?

① [A]에서는 자신의 정체를 밝히면서 상대방에 대한 원망을 드러낸다.
② [A]에서는 비유적 표현을 통해 상대방에게 자신의 심경을 토로한다.
③ [B]에서는 역사적인 사실을 근거로 하여 상대방의 견해를 옹호한다.
④ [B]에서는 보답의 의지를 표명하여 상대방의 태도 변화를 촉구한다.
⑤ [B]에서는 상대방에게 자신의 역할과 본분에 충실할 것을 강조한다.

04 〈보기〉를 참고하여 윗글을 감상한 내용으로 적절하지 <u>않은</u> 것은?

> **보기**
>
> 「유충렬전」에서 유충렬은 가족의 위기로 인해 두 차례의 시련을 겪는다. 그런데 첫 번째 시련은 충신인 부친 유심과 간신의 정치적 갈등이, 두 번째 시련은 충신인 장인 강희주와 간신의 정치적 갈등이 계기가 된다는 점에서, 가족의 위기는 국가의 위기와 관련된다. 이로 인해 유충렬은 가족의 위기와 국가의 위기를 모두 해결해야 하는 과업을 부여받게 되는데, 이 두 과업이 함께 해결되는가 하면 우연한 계기로 연이어 해결되기도 한다. 이러한 과정을 거쳐 유충렬은 영웅으로 귀환한다.

① 유충렬이 일곱 살에 부모와 이별하여 고난을 겪은 것에서, 유충렬의 첫 번째 시련은 '유심'의 유배로 인한 가족의 이산에서 비롯된 것임을 알 수 있군.
② '천자'가 '역적'의 말을 듣고 '충신'을 귀양 보낸 것에서, 유충렬의 두 번째 시련은 '역적'과의 정치적 갈등으로 인한 '강희주'의 유배에서 비롯된 것임을 알 수 있군.
③ 유충렬이 '강희주'를 구하고 더불어 '남적'을 물리친 것에서, 유충렬이 가족의 위기와 국가의 위기를 함께 해결하고 있음을 알 수 있군.
④ 유충렬이 '남적'을 소멸하고 오는 길에 '모친'을 만난 것에서, 우연한 계기에 가족 위기의 해소가 국가 위기의 해소로 이어지고 있음을 알 수 있군.
⑤ '남적'을 소탕하고 금의환향하는 유충렬을 백성들이 환대하는 것에서, 유충렬이 영웅으로 귀환하고 있음을 알 수 있군.

05 ㉠의 문맥적 의미와 가장 가까운 것은?

① 나는 분을 <u>이기지</u> 못하고 울음을 터뜨렸다.
② 친구는 제 몸을 <u>이기지</u> 못하고 비틀거렸다.
③ 형은 온갖 역경을 <u>이기고</u> 마침내 성공했다.
④ 우리 팀이 상대를 큰 차이로 <u>이기고</u> 우승했다.
⑤ 삼촌은 병을 <u>이기고</u> 마침내 건강을 회복하였다.

다음 글을 읽고 물음에 답하시오.

"지식인일수록 불만이 많은 법입니다. 그러나, 그렇다고 제 몸을 없애 버리겠습니까? 종기가 났다고 말이지요. 당신 한 사람을 잃는 건, 무식한 사람 열을 잃는 것보다 더 큰 민족의 손실입니다. 당신은 아직 젊습니다. 우리 사회에는 할 일이 태산 같습니다. 나는 당신보다 나이를 약간 더 먹었다는 의미에서, 친구로서 충고하고 싶습니다. 조국의 품으로 돌아와서, 조국을 재건하는 일꾼이 돼 주십시오. 낯선 땅에 가서 고생하느니, 그쪽이 당신 개인으로서도 행복이라는 걸 믿어 의심치 않습니다. 나는 당신을 처음 보았을 때, 대단히 인상이 마음에 들었습니다. 뭐 어떻게 생각지 마십시오. 나는 동생처럼 여겨졌다는 말입니다. 만일 남한에 오는 경우에, 개인적인 조력을 제공할 용의가 있습니다. 어떻습니까?"

명준은 고개를 쳐들고, 반듯하게 된 천막 천장을 올려다본다. 한층 가락을 낮춘 목소리로 혼잣말 외듯 나직이 말할 것이다.

"중립국."

설득자는, 손에 들었던 연필 꼭지로, 테이블을 툭 치면서, 곁에 앉은 미군을 돌아볼 것이다. 미군은, 어깨를 추스르며, 눈을 찡긋하고 웃겠지.

나오는 문 앞에서, 서기의 책상 위에 놓인 명부에 이름을 적고 천막을 나서자, 그는 마치 재채기를 참았던 사람처럼 몸을 벌떡 뒤로 젖히면서, 마음껏 웃음을 터뜨렸다. 눈물이 찔끔찔끔 번지고, 침이 걸려서 캑캑거리면서도 그의 웃음은 멎지 않았다.

준다고 바다를 마실 수는 없는 일. 사람이 마시기는 한 사발의 물. 준다는 것도 허황하고 가지거니 함도 철없는 일. 바다와 한 잔의 물. 그 사이에 놓인 골짜기와 눈물과 땀과 피. 그것을 셈할 줄 모르는 데 잘못이 있었다. 세상에서 뒤진 가난한 땅에 자란 지식 노동자의 슬픈 환상. 과학을 믿은 게 아니라 마술을 믿었던 게지. 바다를 한 잔의 영생수로 바꿔 준다는 마술사의 말을. 그들은 뻔히 알면서 권력이라는 약을 팔려고 말로 속인 꼬임을. 어리석게 신비한 술잔을 찾아 나섰다가, 낌새를 차리고 항구를 돌아보자, 그들은 항구를 차지하고 움직이지 않고 있었다. 참을 알고 돌아온 바다의 난파자들을 그들은 감옥에 가둘 것이다. 못된 균을 옮기지 않기 위해서. 역사는 소걸음으로 움직인다. 사람의 커다란 모순과 업(業)에 비기면, 아무 자국도 못 낸 것이나 마찬가지다. 당대까지 사람이 만들어 낸 물질 생산의 수확을 고르게 나누는 것만이 모든 시대에 두루 맞는 가능한 일이다. 마찬가지 아닌가. 벌써 아득한 옛날부터 사람 동네가 알아낸 슬기. 사람이라는 조건에서 비롯하는 슬픔과 기쁨을 고루 나누는 것. 그래 봐야, 사람의 조건이 아직도 풀어 나가야 할 어려움의 크기에 대면, 아무것도 아니다. 사람이 이루어 놓은 것에 눈을 돌리지 않고, 이루어야 할 것에만 눈을 돌리면, 그 자리에서 그는 삶의 힘을 잃는다. 사람이 풀어야 할 일을 한눈에 보여 주는 것 ― 그것이 '죽음'이다. 은혜의 죽음을 당했을 때, 이명준 배에서는 마지막 돛대가 부러진 셈이다. 이제 이루어 놓은 것에 눈을 돌리면서 살 수 있는 힘이 남아 있지 않다. 팔자소관으로 빨리 늙는 사람도 있는 법이었다. 사람마다 다르게 마련된 몸의 길, 마음의 길, 무리의 길. 대일 언덕 없는 난파꾼은 항구를 잊어버리기로 하고 물결 따라 나선다. 환상의 술에 취해 보지 못한 섬에 닿기를 바라며. 그리고 그 섬에서 환상 없는 삶을 살기 위해서. 무서운 것을 너무 빨리 본 탓으로 지쳐 빠진 몸이, 자연의 수명을 다하기를 기다리면서 쉬기 위해서. 그렇게 해서 결정한, 중립국 행이었다.

중립국. 아무도 나를 아는 사람이 없는 땅. 하루 종일 거리를 싸다닌대도 어깨 한번 치는 사람이 없는 거리. 내가 어떤 사람이었던지도 모를뿐더러 알려고 하는 사람도 없다.

병원 문지기라든지, 소방서 감시원이라든지, 극장의 매표원, 그런 될 수 있는 대로 마음을 쓰는 일이 적고, 그 대신 똑같은 움직임을 하루 종일 되풀이만 하면 되는 일을 할 테다. 수위실 속에서 나는 몸의 병을 고치러 오는 사람들을 바라본다. 나는 문간을 깨끗이 치우고 아침저녁으로 꽃밭에 물을 준다.

- 최인훈, 「광장」 -

 형태쌤과 지문분석

지문분석	
시간	
공간	
서술자의 관심사	

01 윗글의 서술상 특징으로 가장 적절한 것은?

① 장면의 빈번한 전환을 통해 긴박한 분위기를 조성하고 있다.
② 인물의 의식에 초점을 맞추어 현실에 대한 관념적 인식을 드러내고 있다.
③ 실제 공간의 실감 있는 묘사를 통해 시대적 상황을 구체화하고 있다.
④ 회상을 통해 대조적 체험을 병렬적으로 제시함으로써 주제를 강화하고 있다.
⑤ 인물 간의 갈등을 다각적으로 조명하여 사건 전개의 양상을 다면화하고 있다.

 형태쌤과 선지분석

선지분석	광장
빈번한 장면 전환 → 긴박한 분위기	
인물의 의식에 초점 → 현실에 대한 관념적 인식	
실제 공간의 묘사 → 시대적 상황 구체화	
회상 → 대조적 체험의 병렬적 제시	
인물 간의 갈등을 다각적으로 조명	

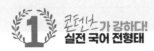

02 난파꾼에 대한 이해로 가장 적절한 것은?

① 과거에 집착하는 존재이다.

② 정주할 곳에 도달한 존재이다.

③ 환상이 허황됨을 알아차린 존재이다.

④ 속세를 떠난 구도자가 되려는 존재이다.

⑤ 현실 변화에 민첩하게 적응하는 존재이다.

03 〈보기〉를 참고하여 윗글을 감상할 때 적절하지 <u>않은</u> 것은?

> **보기**
>
> 4·19 직후에 발표된 최인훈의 「광장」은 당대에 금기시되던 이념 대립의 문제를 정면으로 파헤친 점에서 전후 분단 소설의 대표작으로 평가받고 있다. 남북한 간 이념의 이분법적 구도로 인해, 한반도의 분단만이 아니라 각 체제 내의 사회적 모순과 문제점을 비판하고 고발하는 것조차 이념의 이름으로 은폐하거나 호도하는 사태가 발생하였다. 「광장」은 그러한 시대적 상황에 문제를 제기하고 이념적 대립을 극복할 비판적 대안을 제시하고자 하였던 것이다.

① 이념적 선택을 강요하는 억압적 상황에 처한 이의 심정이 드러나 있어. 주인공이 중립국 선택을 마치고 난 후에 보인 반응에서 이를 엿볼 수 있지.

② 개인의 이익보다 이념을 택하는 당대 지식인의 실천적 의지가 드러나 있어. 개인의 행복한 삶을 마다하고 낯선 땅으로 가려는 주인공의 선택에서 이를 엿볼 수 있지.

③ 현실의 문제를 감추거나 왜곡하기에 급급한 체제에 대한 냉소적 태도가 드러나 있어. 미래에 대한 환상으로 사람들을 꾀는 마술사의 속임수를 비꼬듯 이야기한 데에서 이를 엿볼 수 있지.

④ 사회적 모순을 직시하는 이들을 격리하려는 권력을 비판하고자 하는 의식이 드러나 있어. 항구를 차지한 이들이 바다에서 돌아온 이들을 감금하려 한다는 대목에서 이를 엿볼 수 있지.

⑤ 이념적 대립 구도에 갇힌 현실에 대한 대안으로, 일상적 삶을 자유롭게 누릴 수 있는 사회가 드러나 있어. 주인공이 중립국에서 누리고자 하는 삶의 모습을 기술한 데에서 이를 엿볼 수 있지.

다음 글을 읽고 물음에 답하시오.

(가)

점심을 먹은 후, 다시 돌부리를 부여잡기도 하며 5, 6리쯤 나아가 **영랑재**에 올랐다. 천봉만학의 기괴한 형상을 굽어보았다. 주요 형상을 조금 들어 이름 붙여 말하면 이러하다.

사람 모습을 한 것, 새 모습을 한 것, 짐승 모습을 한 것이 있었다. 사람 모습을 한 것은 앉은 듯 일어선 듯, ⊙ 우러러보는 듯 굽어보는 듯하여, 마치 장군이 군진(軍陣)을 정돈하자 백만 군졸이 창을 옆으로 비끼고 칼을 휘두르며 다투어 적진으로 내닫는 듯도 하고, 늙은 스님이 공(空)을 강론하자 수천의 중들이 가사를 어지러이 걸치고 급하게 참선에서 돌아오는 듯도 하다. 새 모습을 한 것은 나는 듯 쪼는 듯, 새끼 부르는 듯 꼬리 뒤채는 듯하여, 마치 ⓒ 기러기 무리가 날개를 가지런히 하여 행렬을 이루어 가을 하늘에 점을 찍듯 열을 지은 듯도 하고, 짝 잃은 난(鸞)새가 외로운 그림자를 떨어뜨리면서 머뭇거리다가 거울 속으로 날아 들어가는 듯도 하다. 짐승 모습을 한 것은 웅크린 듯 엎드린 듯, 달리는 듯 누운 듯하여, ⓒ 양들이 흩어져 풀을 뜯다가 해가 저물어 내려오는 듯도 하고, 사슴들이 험한 곳을 달리다가 발을 헛디뎌 놀라 추락하는 듯도 하다.

지금 생각하면, 망고대와 만폭동에서 본 것은 모두 아이들의 장난같이 여겨진다.

영랑재에서 절정까지 4, 5십 리를 에두르고 비스듬히 가는 길에, 해송과 측백나무는 모두 바람을 싫어하여 줄기가 한쪽으로 쏠리고, 서로 뒤얽혀 짙고 옅은 푸른빛을 띠었으며, 그 키가 서너 장(丈)쯤 되어 보였다. 사람이 그 위로 걸어가니 마치 ② 풀로 엮은 다리 위를 걷는 듯했다. 승려 지능이 발을 헛디뎌 4, 5십 보를 굴렀지만 떨어지지는 않았다.

[A]
> 또 4, 5백 보를 걸어 비로봉에 올랐다. 사방을 빙 돌며 둘러보니, 넓고도 아스라하여 그 끝을 알지 못할 정도였다. 마음이 가벼워지는 것이 마치 학을 타고 하늘 위로 오르는 듯하여, 나는 새라도 내 위로는 솟구치지 못할 것 같았다.
>
> 이날 천지가 맑고 개어 사방으로 작은 구름 한 점도 없었다. 나는 승려 성정에게 말하였다.
>
> "물을 보면 반드시 원류(源流)까지 궁구해야 하고 산에 오르면 반드시 가장 높이 올라야 한다고 했으니, 요령(要領)*이 없을 수 없겠지요. 산천의 구분과 경계를 하나하나 가리킬 수 있겠습니까?"
>
> 성정이 손가락으로 가리키며 두루 보여 주었다.

— 홍인우, 「관동록」 —

* 요령 : 가장 긴요하고 으뜸이 되는 골자나 줄거리.

(나)

쇼향노 대향노 눈 아래 구버보고,

정양수 **진헐딕** 고텨 올나 안존마리,

녀산(廬山) 진면목이 여긔야 다 뵈ᄂᆞ다.

어와 조화옹이 헌ᄉ토 헌ᄉ홀샤.

늘거든 뛰디 마나 셧거든 솟디 마나.

ⓜ **부용(芙蓉)**을 고잣ᄂᆞᆫ 듯 빅옥(白玉)을 믓것ᄂᆞᆫ 듯,

동명(東溟)을 박차ᄂᆞᆫ 듯 북극(北極)을 괴왓ᄂᆞᆫ 듯.

놉흘시고 망고딕 외로올샤 혈망봉이

하늘의 추미러 므ᄉ 일을 ᄉ로리라,

쳔만 겁 디나ᄃ록 구필 줄 모ᄅᆞᄂᆞ다.

어와 너여이고 너 ᄀᆞᄐᆞ니 ᄯ 잇ᄂᆞᆫ가.

기심딕 고텨 올니 동향셩 ᄇ라보며,

만 이쳔 봉을 녁녁히 혀여ᄒᆞ니,

봉마다 밋쳐 잇고 긋마다 서린 긔운,

ᄆᆞᆰ거든 조티 마나 조커든 ᄆᆞᆰ디 마나.

뎌 긔운 흐터 내야 인걸을 ᄆᆞᆫ들고쟈.

형용도 그지업고 톄셰(體勢)도 하도 할샤.

텬디(天地) 삼기실 제 ᄌᆞ연이 되연마ᄂᆞᆫ,

이제 와 보게 되니 유졍도 유졍ᄒᆞ샤.

[B]
> 비로봉 샹샹두의 올라 보니 긔 뉘신고.
>
> 동산 태산이 어ᄂᆞ야 놉돗던고.
>
> 노국(魯國) 조븐 줄도 우리ᄂᆞᆫ 모ᄅᆞ거든,
>
> 넙거나 넙은 텬하 엇찌ᄒᆞ야 젹닷 말고.
>
> 어와 뎌 디위를 어이ᄒᆞ면 알 거이고.
>
> 오ᄅᆞ디 못ᄒᆞ거니 ᄂᆞ려가미 고이홀가.

— 정철, 「관동별곡」 —

(다)

금강 일만 이천 봉이 눈 아니면 옥이로다

헐성루 올라가니 천상인(天上人) 되었어라

아마도 서부진 화부득*은 금강인가 하노라

— 안민영 —

* 서부진 화부득 : 글로 다 써 낼 수 없고 그림으로 다 그려 낼 수 없음.

1주차

2일차

01 (가)~(다)에 대한 설명으로 적절한 것은?

① (가)와 (나)는 감각적인 언어로 대상을 생동감 있게 그려 내고 있다.
② (가)와 (나)는 여행 도중의 감상과 글로 표현할 때의 감상을 구별하며 서술하고 있다.
③ (가)와 (다)는 물음을 통해 대상에 대한 관심을 확대하고 있다.
④ (나)와 (다)는 단정적 어조로 대상에 대한 주관적 정서를 강화하고 있다.
⑤ (나)와 (다)는 사물의 특징을 다양한 관점에서 분석하여 묘사하고 있다.

 형태쌤과 선지분석

선지분석	(가)	(나)	(다)
감각적인 언어 → 대상 생동감 있게 표현			
여행 중의 감상 / 글에서의 감상 구별			
물음 → 대상에 대한 관심 확대			
단정적 어조 → 주관적 정서 강화			
다양한 관점에서 사물의 특징 분석			

02 ㉠~㉤ 중, 표현하는 대상의 성격이 <u>다른</u> 하나는?

① ㉠　　② ㉡　　③ ㉢　　④ ㉣　　⑤ ㉤

03 (가)~(다)를 바탕으로 금강산 답사를 계획하였다. (가)~(다)의 내용을 잘못 이해한 것은?

① '영랑재'에서 산봉우리와 골짜기를 굽어보며 그것들이 이루는 다양한 형상을 확인해 본다.
② '영랑재에서 절정까지' 오르는 길에 해송과 측백나무의 모양새를 확인해 본다.
③ '진헐딕'에서 '녀산' 쪽을 바라보며 변화무쌍한 경치를 즐겨본다.
④ '긔심딕'에서 '듕향셩' 쪽으로 조망하며 금강산 일만 이천 봉의 형상이 빚어내는 다양한 기운을 느껴 본다.
⑤ '헐성루'에서 금강산을 바라보며 신선이 되는 느낌을 가져본다.

04 [A], [B]에 나타난 서술자(화자)에 대한 설명으로 적절하지 <u>않은</u> 것은?

① [A] : 높은 곳에 오르는 행위를 사물의 근원을 탐색하는 과정으로 여기고 있다.
② [B] : '비로봉'에 오르는 행위의 의미를 성인의 체험에 빗대어 생각하고 있다.
③ [A]와 [B] : 현실에서 부딪힌 문제를 자연 속에서 해결하고 있다.
④ [A]와 [B] : 자신의 여행 체험에 대해 만족하는 마음을 가지고 있다.
⑤ [A]와 [B] : 자신의 시야를 넘어서는 세계에 대한 경외감을 가지고 있다.

 형태쌤과 선지분석

선지분석	[A]	[B]
[A] : 높은 곳에 오르는 행위 = 사물의 근원 탐색		
[B] : 비로봉에 오르는 행위 → 성인의 체험		
현실의 문제 자연 속에서 해결		
자신의 여행 체험에 만족		
자신의 시야 넘어서는 세계에 경외감		

05 (다)를 〈보기 2〉와 같이 읽는다고 할 때, 〈보기 1〉의 ⓐ와 같은 속성이 가장 잘 드러나는 곳은?

보기 1

　기차를 타고 가다 보면 전봇대가 일정한 간격으로 지나가는 것을 보게 된다. 이러한 반복에 익숙해지면 우리는 거기에서 리듬감을 느끼고, 그 리듬의 틀이 계속되기를 기대한다. 그래서 간혹 전봇대 하나가 안 보이기라도 하면 허전한 느낌이 드는 것이다. 또 전봇대가 촘촘히 나타나면 급한 느낌이 든다. 그러다가 다시 ⓐ 원래의 간격을 회복하면 기대감이 충족되어 편안함을 느낀다.

보기 2

‖금‖강‖일‖만‖이‖쳔‖봉‖이‖눈‖아‖니‖면‖옥‖이‖로‖다‖
　　　　　　　　　　　　　　　①

‖헐‖셩‖루‖　‖올‖라‖가‖니‖쳔‖상‖인‖　‖되‖엿‖어‖라‖
　　②　　　　　　　　　　　　　③

‖아‖마‖도‖　‖셰‖뷔‖진‖화‖뷔‖듁‖은‖금‖강‖인‖가‖하‖노‖라‖
　　　　　④　　　　　⑤

*‖　　‖: 한 음보의 길이

다음 글을 읽고 물음에 답하시오.

여공이 물러 나오자 위공과 정렬 부인이 다시 일어나 칭찬하기를,

"어지신 덕택으로 계월을 구하사 친자식같이 길러 입신양명하게 하시니 은혜가 백골난망이로소이다."

하며 슬픈 감회를 금치 못하거늘 여공이 더욱 감사하며 공손히 응답하더라. ⓐ 평국과 보국이 또한 엎드려 먼 길에 평안히 행차하심을 치하하더라. 위공과 정렬 부인이며 기주후와 공렬 부인과 춘랑도 또한 자리에 참례하고 양윤이 또한 마음에 기꺼움을 헤아리지 못할지라. 이날 큰 잔치를 배설하고 삼 일을 즐기니라.

이때 천자 신하들을 돌아보고 이르기를,

"평국과 보국을 한 궁궐 안에 살게 하리라."

하시고, 종남산 아래에 터를 닦고 집을 지을새, 천여 칸을 불일성지(不日成之)*로 지으니, 그 장함을 헤아리지 못할지라. 집을 다 지은 후에 노비 천 명과 수성군 백 명씩 내려 주시고 또 채단과 보화를 수천 바리를 상으로 내려 주시니, 평국과 보국이 황은을 축수하고 한 궁궐 안에 침소를 정하고 거처하니 그 궁궐 안 넓이가 십 리가 남은지라 위의와 거동이 천자나 다름이 없더라.

이때 평국이 전장에 다녀온 후로 자연 몸이 곤하여 ⓑ 병이 침중하니 집안이 경동하여 주야 약으로 치료하니, 천자께서 이 말을 들으시고 매우 놀라사 명의를 급히 보내어,

"병세를 자세히 보고 오라. 만일 위중하면 짐이 친히 가 보리라."

하시고 어의(御醫)를 명하사 보내시니, 어의 황명을 받자와 평국의 침소에 와 병세를 진맥하니 병세 위중하지 아니한지라. 속히 약을 가르쳐 쓰라 하고 돌아와 천자께 사실을 아뢰더라.

[A]
어의 다녀와 아뢰기를,

"평국의 병세는 위중하지 아니하옵기로 약을 가르쳐 쓰라 하옵고 왔사오나 또한 괴이한 일이 있어 수상하여이다."

하더라. 천자 놀라 묻기를,

"무슨 연고가 있더냐."

어의 땅에 엎드려 아뢰기를,

"평국의 맥을 보오니 남자의 맥이 아니오매 이상하여이다."

천자 그 말을 들으시고 이르기를,

"평국이 여자면 어찌 적진에 나가 적진 십만 대병을 소멸하고 왔으리오. 평국의 얼굴이 도화색(桃花色)이요, 체격이 작고 약하여 혹 미심하거니와 아직은 누설하지 말라."

하시고 자주 문병하시니라.

이때 평국이 병세 점점 나으매 생각하되,

'어의가 나의 맥을 보았으니 필시 본색이 탄로날지라 이제는 할 일 없이 되었으니, 여복을 갈아입고 규중에 몸을 숨겨 세월을 보냄이 옳다.'

하고, 즉시 남복을 벗고 여복을 입고 ⓒ 부모 앞에 뵈어 느끼며 뺨에 두 줄기 눈물이 종횡하거늘 부모 또한 눈물을 흘리며 위로하더라.

[중략 부분의 줄거리] 이후 홍계월(평국)은 천자의 주선으로 보국과 혼인을 하게 되는데, 군영 및 집안에서의 사건 등으로 남편 보국과 갈등을 겪으면서 남편과 떨어져 홀로 지내게 된다.

각설. 이때 남관장이 장계(狀啓)*를 올리거늘 천자 즉시 뜯어 열어 보시니 하였으되,

[B]
'오왕(吳王)과 초왕(楚王)이 반하여 지금 장안을 범하고자 하옵나이다. 오왕은 구덕지를 얻어 대원수를 삼고, 초왕은 장맹길을 얻어 선봉을 삼아 장수 천여 명과 군사 십만을 거느려 호주 북지 십여 성을 항복 받고 형주자사 완태를 베고 짓쳐오매 소장의 힘으로는 방비할 길이 없사와 감히 아뢰오니 엎드려 바라옵건대 황상은 어진 명장을 보내어 막으소서.'

하였거늘, 천자 보시고 크게 곤란하사 온 조정의 신하들을 모아 의논하시되 우승상 명연태 아뢰기를,

"이 도적을 좌승상 평국을 보내어 방비하옵을 것이니 급히 영을 내려 부르옵소서."

천자 들으시고 한참 뒤에,

"평국이 전일에는 출세하였기로 불러 국사를 의논하였거니와 ⓓ 지금은 규중 여자라 어찌 영으로 불러 들여 전장에 보내리오."

하시되 신하들이 아뢰기를,

"평국이 지금 규중에 처하오나 이름이 조야에 있삽고 또한 작록이 영구하오니 어찌 혐의하오리오."

하거늘, 천자 마지못하여 급히 평국을 영으로 부르시니라.

이때 평국이 규중에 홀로 있어 매일 시비를 데리고 장기와 바둑으로 세월을 보내더니 사관이 나와 천자가 부르는 명을 전하거늘, 평국이 크게 놀라 급히 여복을 벗고 조복으로 사관을 따라 어전에 엎드리니 천자 크게 기뻐하며 이르기를,

"ⓔ 경이 규중에 처한 까닭에 오래 보지 못하여 주야로 사모하더니 이제 경을 보매 기쁘기 헤아릴 수 없거니와 짐이 덕이 없어 지금 오초 양국이 반하여 호주 북지를 항복 받고 남관을 넘어 황성을 범하고자 한다 하니 경은 마땅히 출사하야 사직을 안보하게 하라."

하시되 평국이 엎드려 아뢰기를,

"신첩이 외람하와 폐하를 속이옵고 공후 작록을 받자와 영화로 지내옵기 황공하온데 죄를 사하시고 이토록 사랑하옵시니 신첩이 비록 우매하나 힘을 다하여 폐하의 성은을 만분의 일이나 갚을까 하오니 근심하지 마옵소서."

하더라.

- 작자 미상, 「홍계월전」 -

*불일성지 : 며칠 안 되어 일이 이루어짐.

*장계 : 신하가 임금에게 올리는 일이나 문서.

형태쌤과 지문분석

지문분석	
공간	
서술자의 개입	

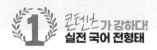
01 [A]와 [B]에 대한 설명으로 가장 적절한 것은?

① [A]와 [B]는 모두 정황을 전달하는 주체에 대한 부정적인 태도가 나타나 있다.
② [A]는 대화를 통해, [B]는 요약적 제시를 통해 사건에 대한 정보를 제공하고 있다.
③ [A]는 인물의 외양 묘사를 통해, [B]는 과장된 표현을 통해 장면을 극대화하고 있다.
④ [A]와 [B]는 모두 여러 가지 사건이 동시에 발생하여 긴박한 분위기를 조성하고 있다.
⑤ [A]에는 문제를 즉각적으로 해결해야 할 상황이, [B]에는 문제 해결을 유보해야 할 상황이 제시되어 있다.

형태쌤과 선지분석

선지분석	[A]	[B]
정황을 전달하는 주체에 대한 부정적 태도		
[A] 대화 제시 / [B] 요약적 제시		
[A] 외양 묘사 → 장면 극대화 [B] 과장된 표현 → 장면 극대화		
동시에 여러 사건 발생 → 긴박한 분위기		
[A] 문제 즉각 해결 상황 [B] 문제 해결 유보 상황		

02 ㉠~㉤에 대한 이해로 적절하지 않은 것은?

① ㉠ : 홍계월과 보국이 멀리서 온 여공에게 고마움을 표하는 모습을 보여 준다.
② ㉡ : 홍계월이 병이 나자 집안사람들이 많이 놀라며 지극한 정성으로 치료하는 모습을 보여 준다.
③ ㉢ : 홍계월이 부모 앞에서 울음을 터트리며 서러움을 드러내는 모습을 보여 준다.
④ ㉣ : 천자가 조정에서 물러나 있는 홍계월을 다시 전쟁터로 보내야 하는지 고민하는 모습을 보여 준다.
⑤ ㉤ : 천자가 집안일에 매달려 있는 홍계월을 오랫동안 보지 못해 그리워하는 모습을 보여 준다.

03 〈보기〉를 참고하여 윗글을 감상한 내용으로 적절하지 않은 것은?

보기

「홍계월전」은 비범한 능력을 가진 여성 영웅 홍계월의 활약상을 그린 작품이다. '고난-위기-극복'의 영웅 소설 구조를 유지하면서도 여성 영웅의 형상을 그려 낸다. 특히 주인공은 여러 차례 위기를 겪게 되는데, 어린 시절에 겪는 1차 위기에서는 조력자의 도움으로 고난을 극복하게 된다. 2차 위기에서는 여성에 대한 사회적 제약으로 인해 개인적 고난을 겪게 되는데, 그런 중에 국가의 위기가 발생함으로써 모든 난관을 극복할 수 있는 기회를 갖게 된다.

① 신하들이 나라의 위기를 해결할 인물로 홍계월을 적극 추천하는 것에서 홍계월의 뛰어난 능력을 짐작할 수 있군.
② 홍계월이 정체가 탄로 나면 나랏일을 할 수 없다고 판단한 것에서 여성의 사회적 참여에 제약이 따랐음을 짐작할 수 있군.
③ 홍계월이 궁궐에서 천자에 못지않은 생활을 하여 천자의 노여움을 사게 된 것은 2차 위기의 빌미가 되었음을 알 수 있군.
④ 여공이 어린 홍계월을 구하여 입신양명하게 한 것에서 주인공이 1차 위기를 조력자의 도움으로 극복했음을 확인할 수 있군.
⑤ 홍계월이 천자의 부름을 받아 사직을 보전하라는 명을 받은 것에서 국가의 위기와 개인적 고난을 동시에 극복할 기회를 얻었다는 사실을 알 수 있군.

다음 글을 읽고 물음에 답하시오.

"알겠습니다. 이 일은 사모님, 부사장님, 저만 아는 비밀로 백삼십에 사건을 무마하도록, 실수 없이 처리하겠습니다. 사실 이 정도는 뭐 사건이라 말할 수 있습니까. 사모님이시다 보니 신중을 기하느라고 조심할 뿐, 이 정도야 간단히 처리할 수 있죠. 저쪽이 훨씬 약하니깐요. 그 처지에 돈 보고 환장 안 하게 됐습니까."

"사무장도 말 좀 골라 뱉으시오. 같은 말이라도, 환장이 뭐요? 물론 우리 집안 명예와 어머님 명예도 중요하지만, 사무장도 이걸 명심하시오. 운전수네 가족에게 최대한 성의를 보여야 한다는 점 말입니다. 운전수 쪽 가족 생각이, 이번 일은 돈에 시우 군이 팔린 게 아니라 주인아주머니의 어쩔 수 없는 입장을 운전수 된 도리로서 자발적인 마음으로 도와주는 것뿐이다. 그러다 보니 그 성의 표시로 생각지도 않은 돈이 생기게 되어 은혜를 갚는 느낌이다. 운전수와 가족이 이런 생각을 갖게끔 사무장이 처신해야 된단 말입니다. 돈이란 쓰기 나름이라 잘못 쓰면 오히려 돈은 돈대로 없어지고 욕까지 먹게 돼요. 운전수 가족에게 최대한 성의를 표하고 그들이 그 성의를 진실로 받아들이게끔 행동하란 말이에요."

이 선생은 젊은 부사장의 설교조 말을 건성으로 들었다.

(중략)

이 선생이 누누이 들려준 말처럼 시우는 아무리 사태가 불리하다 하더라도 1년 미만 징역에 2년 집행 유예로 나갈 줄 알았다. 그런데 이 선생이 올린 항소가 고법에서 기각되고 형이 확정되자, 자기만 억울하게 함정에 빠진 듯했고, 사모님은 물론 가족마저도 돈에 눈이 어두워 자기를 속임수에 이용하는 듯하여 죽고 싶은 생각뿐이었다. 그러나 종우 형 면회가 있고부터 그는 한결 새 희망을 가지게 되었다.

"시우야, 일백삼십에서 또 오십만 원을 더 받았어. 네가 실형을 받았기 때문이야. 그래서 일백팔십이 된 거야. 네가 우리 가족을 살린 거란 말이야. 그 돈이면 나두 공사판을 그만두구 장사를 시작헐 수 있어. 너도 야간이라도 학교엘 나갈 수 있게 됐구. 참아 줘. 이건 정말 면목이 없다만, 어떡허니. 그럴 수밖에 없잖니? 그저께 사모님을 만나 같이 네 얘길 했더랬어. 전생에 다시 갚지 못할 빚을 네게 졌다면서 말이야. 네가 출감하면 운전수든 뭐든 다시 일을 시키겠다구, 월급을 올려 주겠다고 약속하셨어. 시우야, 이 형이 양심을 팔았는지 어쨌는지 모르지만, 그 돈으루 우리두 성공하여 옛말하구 살자꾸나. 정말 성공하여 남부럽잖게 될 때, 이 피눈물 나는 고생은 그때 가서 위로하자……."

멀찌감치 선 간수 귀를 피해 귓엣말로 종우 형이 이렇게 말할 때, 두 형제는 함께 울었다. 시우는 검게 탄 형의 거친 뺨을 타고 흘러내리는 눈물을 보았다. 철창 사이로 굳게 잡은 형의 억센 손이 떨리고 끝내 꺼억거리며 흐느낄 때, ⓐ 시우는 여지껏 침묵한 채 참아 왔듯 몇 달을 참기로, 무슨 일이 있더라도 몇 달 감옥 생활을 이겨 내기로 결심했다.

오늘 아침, 넉 달 동안 ㉠ 집 안방과 다를 바 없는 안착지로 떠나게 되자 까닭 없이 마음이 설레 아침밥도 거르게 되고, 그게 공복과 더불어 한기를 가중시켰다. 시우는 연방 떨며 다시 중얼거렸다. 정말 겨울은 지금부터이고 고생도 시작인데 몸과 마음이 이렇게 약해지면 안 된다고.

"눈이 오면 날씨가 포근한 벱인디 워찌 요렇게 차다냐. 이런 날은 개팔자가 젤이여."

"글쎄 말이다. 동지도 그믐이모 얼매 안 있어 새해 아닌가 말이다. 그라모 햇수로 일 년 넘기는 긴데, 헤헤. 그렇게 햇수로 따져서 내보내 준다 카

모 난도 출감이 가까운데 말이다."

도란도란 입김으로 나누는 말소리가 시우 귀에 다습다. 몇 명이 같은 감방에 있게 될는지, 아니면 뿔뿔이 흩어져 수감될는지 모를 ㉡ 다정한 얼굴을 시우는 눈여겨보았다. 강도·절도·사기·살인, 각각 이마빡에 눈에 띄지 않는 ㉢ 푯말을 붙이고 그들은 겨울잠을 즐기는 두더지 꼴로 엉겨 있었다.

"젊은 친구, 이쪽으로 와. 거긴 더 추울실."

개팔자를 이야기한 죄수가 떨어져 앉은 시우에게 말을 던졌다. 구레나룻 시키면 그는 토지 사기범이었다.

시우는 빙긋 웃어 보이곤 다시 쇠창살 밖으로 눈을 주었다. 버즘나무 가지에 매달린 고깔 열매가 눈을 맞고 있었다. 시우는 ㉣ 산타클로스 모자가 생각났다. 크리스마스가 가까워 오고 있었다. 이번 크리스마스는 가족이 쌀밥에 고기반찬을 먹겠거니 여겨졌다. 그리고 형은 지금쯤 눈을 맞으며 저 어디 화곡동이나 봉천동 신흥 주택 지대를 싸돌며 식품점 벌일 점포를 물색하고 다닐 터였다. 그렇게만 되면 을숙이도 내년이면 ㉤ 맞춤 중학 교복을 입고 뽐낼 터였다.

시우 마음은 어둡지 않았다. 그의 눈앞에 과자며 음료수, 채소, 과일, 각종 일용품이 진열된 상점이 떠올랐다. 점포 이름은 고향 이름 그대로 백암 상회라 붙이겠다고 형이 말했다.

철창을 올려다보던 시우가 갑자기 말 울음소리로 웃었다. 그 묘한 웃음소리를 듣고 동료 죄수들 눈이 그에게 쏠렸다. 개팔자를 이야기한 죄수가 시우를 보며 시큰둥 한마디 했다.

"저건 웃는 게 아니구먼. 웃음도 여러 질이여. 저 상판 봐여."

- 김원일, 「잠시 눕는 풀」 -

 형태쌤과 지문분석

지문분석	
시간	
공간	
서술자의 관심사	

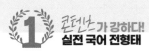

01 윗글의 서술상 특징으로 가장 적절한 것은?

① 의식의 흐름 기법을 사용하여 인물의 무의식을 드러내고 있다.
② 사물의 외양을 객관적으로 묘사하여 사실성을 강화하고 있다.
③ 잦은 장면 전환을 통해 긴박한 분위기를 형성하고 있다.
④ 인물들의 다양한 체험을 삽화 형식으로 나열하고 있다.
⑤ 서술의 초점을 특정 인물이 처한 상황에 맞추고 있다.

 형태쌤과 선지분석

선지분석	잠시 눕는 풀
의식의 흐름 기법 → 인물의 무의식 표출	
사물 외양 객관적 묘사 → 사실성 강화	
잦은 장면 전환 → 긴박한 분위기	
인물들의 다양한 체험 삽화 형식으로 나열	
특정 인물이 처한 상황에 초점	

02 윗글의 인물에 대한 설명으로 적절하지 않은 것은?

① 부사장은 기만적인 인물이다.
② 시우는 가족을 위해 자신을 희생한다.
③ 죄수들은 다른 죄수에게 관심을 보인다.
④ 사무장은 권력의 하수인 역할을 하고 있다.
⑤ 종우는 시우에게 양심의 가책을 느끼지 않는다.

03 ⓐ의 결과로 나타난 시우의 심리를 드러내는 것과 거리가 먼 것은?

① ㉠   ② ㉡   ③ ㉢   ④ ㉣   ⑤ ㉤

04 〈보기〉를 바탕으로 윗글을 해석한 내용으로 적절하지 않은 것은?

보기

　김원일의 초기 소설은 부조리한 현실의 폭력성을 주로 다루고 있다. 특히 권력에 의한 사건 조작 모티프는 약자의 삶에 고통을 가중하는 현실을 드러낸다. 위 작품은 가진 자와 못 가진 자의 대립 구도 아래, 가진 자의 음모를 보여 주는 한편, 악의적 세계에 짓눌린 사람들의 실존을 그리고 있다. 작가는 급박한 생존의 현실을 감내하려는 인물을 통해 부조리한 상황을 부각하였다.

① '말 울음소리' 같은 웃음은 자신의 선택에 대한 복잡한 심경을 담아내고 있군.
② '백암 상회'는 주인공으로 하여금 굴욕적인 현실을 견디게 해 주는 힘으로 볼 수 있겠어.
③ 사건 조작 모티프의 설정은 작가가 당대 사회를 비판적으로 성찰하기 위한 것이었겠군.
④ '사모님'이 약속한 배려라는 것은 결과적으로 돈으로 사람을 거래하는 행위에 지나지 않아.
⑤ 면회소와 신흥 주택 지대의 공간적 대립은 가진 자의 악의적 세계와 그에 짓눌린 사람들의 상황을 보여 주기 위한 구도라고 할 수 있겠군.

다음 글을 읽고 물음에 답하시오.

남을 주면 땅을 버린다고 여간 근실한 자국이 아니면 소작을 주지 않았고, 소를 두 필이나 매고 일꾼을 세 명씩이나 두고 적지 않은 전답을 전부 자농(自農)으로 버티어 왔다. 실속이 타작만 못하다는 둥, 일꾼 셋이 저희 농사 해 가지고 나간다는 둥 이해만을 따져 비평하는 소리가 많았으나 창섭의 아버지는 땅을 위해서는 자기의 이해만으로 타산하려 하지 않았다. 이와 같은 임자를 가진 땅들이라 곡식은 거둔 뒤 그루만 남은 논과 밭이 되, 그 바닥들의 고름, 그 언저리들의 바름, 흙의 부드러움이 마치 시루떡 모판이나 대하는 것처럼 누구의 눈에나 탐스럽게 흐뭇해 보였다.

이런 땅을 팔기에는, 아무리 수입은 몇 배 더 나은 병원을 늘구기 위해서나 아버지께 미안하지 않을 수 없었다. 그러나 잡히거나 해 가지고는 삼만 원 돈을 만들 수가 없었고, 서울서 큰 양관(洋館)을 손에 넣기란 돈만 있다고도 아무 때나 될 일이 아니었다.

(중략)

"웬일인데 어째 혼자만 오느냐?"

어머니는 손자 아이들부터 보이지 않음을 물으신다.

"오늘루 가야겠어서 아무두 안 데리구 왔습니다."

"오늘루 갈 걸 뭘 허 오누?"

"인전 어머니서껀 서울로 모셔 갈 채빌 허러 왔다우."

"서울루! 제발 아이들허구 한데서 살아 봤음 원이 없겠다."

하고 어머니는 땅보다, 조상님들 산소나 사당보다 손자 아이들에게 더 마음이 끌리시는 눈치였다. 그러나 아버지만은 그처럼 단순히 들떠질 마음이 아니었다.

아버지는 아들의 뒤를 쫓아 이내 개울에서 들어왔다.

[A] ┌ 아들은, 의사인 아들은, 마치 환자에게 치료 방법을 이르듯이, 냉정히 차근차근히 이야기를 시작하였다. 외아들인 자기가 부모님을 진작 모시지 못한 것이 잘못인 것, 한집에 모이려면 자기가 병원을 버리기보다는 부모님이 농토를 버리시고 서울로 오시는 것이 순리인 것, 병원은 나날이 환자가 늘어 가나 입원실이 부족되어 오는 환자의 삼분지 일밖에 수용 못 하는 것, 지금 시국에 큰 건물을 새로 짓기란 거의 불가능의 일인 것, 마침 교통 편한 자리에 삼층 양옥이 하나 난 것, 인쇄소였던 집인데 전체가 콘크리트여서 방화 방공으로 가치가 충분한 것, 삼층은 살림집과 직공들의 합숙실로 꾸미었던 것이라 입원실로 변장하기에 용이한 것, 각층에 수도·가스가 다 들어온 것, 그러면서도 가격은 염한 것, 염하기는 하나 삼만 이천 원이라, 지금의 병원을 팔면 일만 오천 원쯤은 받겠지만 그것은 새 집을 고치는 데와, 수술실의 기계를 완비하는 데 다 들어갈 것이니 집값 삼만 이천 원은 따로 있어야 할 것, 시골에 땅을 둔대야 일 년에 고작 삼천 원의 실리가 떨어질지 말지 하지만 땅을 팔아다 병원만 확장해 놓으면, 적어도 일 년에 만 원 하나씩은 이익을 뽑을 자신이 있는 것, 돈만 있으면 땅은 이담에라 └ 도, 서울 가까이라도 얼마든지 좋은 것으로 살 수 있는 것……

아버지는 아들의 의견을 끝까지 잠잠히 들었다. 그리고,

"점심이나 먹어라. 나두 좀 생각해 봐야 대답허겠다."

하고는 다시 개울로 나갔고, 떨어졌던 다릿돌을 올려놓고야 들어와 그도 점심상을 받았다.

점심을 자시면서였다.

"원, 요즘 사람들은 힘두 줄었나 봐! 그 다리 첨 놀 제 내가 어려서 봤

는데 불과 여남은이서 거들던 돌인데 장정 수십 명이 한나잘을 씨름을 허다니!"

"나무다리가 있는데 건 왜 고치시나요?"

"너두 그런 소릴 허는구나. 나무가 돌만 허다든? 넌 그 다리서 고기 잡던 생각두 안 나니? 서울루 공부 갈 때 그 다리 건너서 떠나던 생각 안 나니? 시쳇사람들은 모두 인정이란 게 사람헌테만 쓰는 건 줄 알더라! 내 할아버님 산소에 상돌을 그 다리로 건네다 모셨구, 내가 천잘 끼구 그 다리루 글 읽으러 댕겼다. 네 어미두 그 다리루 가말 타구 내 집에 왔어. 나 죽건 그 다리루 건네다 묻어라……. 난 서울 갈 생각 없다."

"네?"

"천금이 쏟아진대두 난 땅은 못 팔겠다. 내 아버님께서 손수 이룩허시는 걸 내 눈으루 본 밭이구, 내 할아버님께서 손수 피땀을 흘려 모신 돈으루 장만허신 논들이야. 돈 있다고 어디가 느르지논 같은 게 있구, 독시장 밭 같은 걸 사? 느르지 논둑에 선 느티나문 할아버님께서 심으신 거구, 저 사랑 마당의 은행나무는 아버님께서 심으신 거다. 그 나무 밑을 설 때마다 난 그 어룬들 동상(銅像)이나 다름없이 경건한 마음이 솟아 우러러보군 헌다. 땅이란 걸 어떻게 일시 이해를 따져 사구팔구 허느냐? 땅 없어 봐라, 집이 어딨으며 나라가 어딨는 줄 아니? 땅이란 천지만물의 근거야. 돈 있다구 땅이 뭔지두 모르구 욕심만 내 문서 쪽으로 사 모기만 하는 사람들, 돈놀이처럼 변리만 생각허구 제 조상들과 그 땅과 어떤 인연이란 건 도시 생각지 않구 헌신짝 버리듯 하는 사람들, 다 내 눈엔 괴이한 사람들루밖엔 뵈지 않더라."

"……."

— 이태준, 「돌다리」 —

형태쌤과 지문분석

지문분석	
시간	
공간	
서술자의 관심사	

01 윗글의 사건을 일어난 순서대로 정리할 때, 다음 중 가장 뒤에 올 것은?

① '창섭'이 '아버지'에게 계획을 말하다.
② '아버지'가 다시 개울로 나가다.
③ '장정'들이 다릿돌을 올려놓다.
④ '어머니'가 '창섭'을 맞이하다.
⑤ '아버지'가 점심상을 받다.

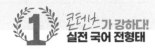

02 〈보기〉를 참고하여 윗글을 감상한 내용으로 가장 적절한 것은?

보기

소설 속의 모든 인물은 자아이면서 동시에 세계의 일부이다. 자아를 작품 속에서 행동하는 주체라고 하면, 그 주체를 둘러싸고 있는 모든 것은 세계가 된다. 이러한 자아와 세계의 대립과 갈등으로 전개되는 것이 서사의 본질이다.

① '창섭'은 자아로서의 논리를 통해 세계와의 갈등을 해소하는 인물이다.
② '아버지'는 자아로서의 완고한 성격을 세계에 대해서도 유지하고 있는 인물이다.
③ 자아로서의 '창섭'은 세계의 부정적 속성들을 들추어 고발하고 있다.
④ 자아로서의 '아버지'는 '창섭'과 '어머니'의 대립과 갈등을 중재하고 있다.
⑤ 자아로서의 '어머니'는 자신 속에 존재하는 또 다른 자아와 갈등하고 있다.

03 [A]에 대한 이해로 가장 적절한 것은?

① 부모님을 서울로 모시려는 계획을 통해, 이해관계에 얽매이지 않는 '창섭'의 진심이 드러난다.
② 땅을 팔아야 하는 이유를 나열함으로써, '창섭'의 계획이 일목요연하게 전해지는 효과가 생긴다.
③ 시국 탓에 건물 신축이 불가능하다는 사실을 통해, '창섭'이 현실을 대하는 태도의 원인이 드러난다.
④ 건물의 일부에 직원 합숙실을 두려는 계획을 통해, 배려심 많은 '창섭'의 성격에 개연성이 더해진다.
⑤ 자신의 의사를 전하는 '창섭'의 말투를 실감 나게 표현하여, '아버지'를 대하는 '창섭'의 태도를 제시한다.

04 〈보기〉를 참고하여 윗글을 해석한 내용으로 적절하지 않은 것은?

보기

'장소애(場所愛)'는 인간의 안정된 삶을 보호하는 터전인 장소에 애착하는 심성이다. 근대 이전에는 '땅'과 '집'이 대표적인 장소애의 대상이었으나, 근대 이후 도시 사회에서는 이들이 도구적 대상이나 교환의 대상으로 변질되었다.

① '창섭'에게 집은 도구적 가치를 지닌 것으로, 장소애의 대상이 아니다.
② '아버지'에게 돌다리는 삶의 추억과 애환이 투영된 장소애의 대상이다.
③ 마당의 은행나무는 '아버지'에게 장소애의 대상인 집의 성격을 강화하고 있다.
④ 땅에 애착하는 '아버지'의 생각과 행동은 땅에 대한 장소애의 의미를 부각하고 있다.
⑤ 땅을 장소애의 대상으로 여기는 의식이 두루 퍼져 있는 당시 상황이 전제되어 있다.

다음 글을 읽고 물음에 답하시오.

(가)

만약에 나라는 사람을 유심히 들여다본다고 하자
그러면 나는 **내가 시와는 반역된 생활을 하고 있다는 것**을 알 것이다

먼 산정에 서 있는 마음으로 나의 자식과 나의 아내와
그 주위에 놓인 잡스러운 물건들을 본다

그리고
나는 이미 정해진 물체만을 보기로 결심하고 있는데
만약에 또 어느 나의 친구가 와서 나의 꿈을 깨워 주고
나의 그릇됨을 꾸짖어 주어도 좋다

함부로 흘리는 피가 싫어서
이다지 낡아빠진 생활을 하는 것은 아니리라
먼지 낀 잡초 우에
잠자는 구름이여
고생도 마음대로 할 수 없는 세상에서는
철 늦은 거미같이 존재 없이 살기도 어려운 일

[A] ⌈　방 두 칸과 마루 한 칸과 말쑥한 부엌과 애처로운 처를 거느리고
　　외양만이라도 남과 같이 살아간다는 것이 이다지도 쑥스러울 수가
　⌊　있을까

시를 배반하고 사는 마음이여
자기의 나체를 더듬어 보고 살펴볼 수 없는 시인처럼 비참한 사람이 또
어디 있을까
거리에 나와서 **집**을 보고 **집**에 앉아서 **거리**를 그리던 어리석음도 이제
는 모두 사라졌나 보다
날아간 제비와 같이

날아간 제비와 같이 자국도 꿈도 없이
어디로인지 알 수 없으나
어디로이든 가야 할 반역의 정신

나는 지금 산정에 있다 —
시를 반역한 죄로
이 **메마른 산정**에서 오랫동안 꿈도 없이 바라보아야 할 구름
그리고 그 **구름의 파수병**인 나.

- 김수영, 「구름의 파수병」 -

(나)

함이정 : 처녀 때 난 생각했었지. 영리하고 듬직한 아들 하나 있으면 얼마
나 좋을까…… 기쁜 일 슬픈 일 뭐든지 의논할 수 있는 내 아들…… 그
러다가 너를 느꼈고…… 네 느낌과 이야기하길 즐겼다. 사람들은 나 혼
자 중얼중얼거린다고 괴상하게 보더라. 사실은 너와 나, 둘이서 함께 말

하고 있었는데…….
조숭인 : 처음부터 다시 이야기해 주세요, 어머니.
함이정 : 처음부터……?
조숭인 : 네. 제가 태어나기 전, **어머니의 처녀 시절**부터요. 그때 두 분 아
버지의 관계는 어땠죠?
함이정 : ㄱ땐 좋았다. 두 분 다 우리 집에서 가족처럼 살면서, 우리 아버님
한테 불상 제작을 배우는 제자였지. **그런데 어느 날, 스승인 아버님이
불상 제작장에 가 보니까 두 제자들이 자릴 비우고 없었어.** 몹시 화가
난 아버님은 집 안으로 들어와 제자들의 이름을 부르셨지. "동연아! 서
연아!" 아버님 목소리가 어찌나 쩌렁쩌렁 울렸는지, 천 리 밖까지 들릴
것 같더라.

(조명, 밝게 변화한다. ⓐ <u>한가운데 펼쳐 있던 천막이 접혀지면서 무대
천장 위로 올라간다.</u> 함묘진의 집. 함묘진이 성난 모습으로 등장한다. 함이
정과 조숭인은 서연의 관, 촛대, 향로 등을 무대 밖으로 갖고 나간다.)

함묘진 : 동연아! 서연아! 어디 있느냐?
함이정 : (무대 밖에서) 여긴 없어요, 아버지.
함묘진 : 여기 집 안에도 없다……?
함이정 : (무대 밖에서) 내가 나가서 찾아올까요?
함묘진 : 넌 가만 있거라. (다시 외쳐 부른다.) 동연아! 서연아!

(ⓑ <u>상복을 벗고 밝은 색 옷을 입은 함이정과 조숭인, 무대 안으로 나온
다.</u>)

조숭인 : 할아버지 목청은 왜 저렇게 커요?
함이정 : 귀머거리도 들을 정도야. 그치?
함묘진 : 동연아! 서연아!

(동연과 서연, 등장한다. 그들은 당황한 모습으로 함묘진 앞에 선다.)

동연, 서연 : 부르셨습니까?
함묘진 : **작업장엔 너희들이 없더구나!**
동연 : 죄송합니다. 잠깐 밖에 나가 있었습니다.
함묘진 : 밖에는 왜?
동연 : 말다툼 때문에…… 서로 의견이 달라서요.
함묘진 : 말다툼?
동연 : 네.
함묘진 : 서연아, 네가 다툰 이유를 말해 봐라.
서연 : 송구스럽습니다…….
함묘진 : 너흰 생각도 행동도 똑같았다. 그런 너희들이 말다툼을 하다니,
도대체 다르다면 뭐가 달랐더냐?
서연 : 동연은 부처의 모습을 만들면, 그 모습 속에 부처의 마음도 있다고
했습니다.
함묘진 : 그런데, 너는?
서연 : 그런데 저는…… 부처의 모습을 만들어도, 부처의 마음이 그 안에
없다면 무슨 소용이 있겠는가 했습니다.

동연 : 사부님, 서연을 꾸짖어 주십시오. 서연은 쓸데없는 주장으로 저를 **괴롭힙니다.**

(중략)

(서연과 함이정, 일어선다. **돌부처**를 만들면서 **길**을 따라간다. 물 흐르는 소리가 점점 가깝게 들려온다. ⓒ 조명, 개울물의 흐름을 나타낸다.)

함이정 : 개울물이에요, 서연 오빠. 여기서 길은 끊겼어요.

서연 : (개울가로 다가가서 두 손으로 물을 떠서 마시며) 너도 마시렴. 목마를 텐데……

[B] ⌜함이정 : (서연 곁으로 가서 개울물을 바라본다.) 물 위에 비쳐 보여요, 우리 얼굴이…… 얼굴 뒤엔 구름이…… 구름 뒤엔 **하늘**이…… (물을 떠서 마신다.) 물이 맑고 시원해요.⌟

(서연, 장난스럽게 개울물을 마치 눈덩이처럼 뭉치는 동작을 한다.)

함이정 : 오빠…… 뭘 하는 거죠?

서연 : 물부처를 만든다.

함이정 : 물부처요?

서연 : 돌로도 부처님을 만드는데, 물이라고 안 될 건 없지.

(서연, 흐르는 물 속으로 들어가 물로 만든 부처를 세워 놓는다. 부처의 느낌은 남고 형태는 사라진다.)

함이정 : 오빠, **이쪽**으로 나와요.

서연 : (개울물을 건너가며) 난 이제 **저쪽**으로 간다.

함이정 : 서연 오빠…….

서연 : 넌 나중에 건너와.

함이정 : (손을 흔든다.) 그래요, 오빠…… 먼저 가요. 나는 나중에…….

(서연과 함이정, 잠시 개울물 양쪽에서 서로를 바라본다. ⓓ 조승인이 피아노 앞에 앉아 건반을 두드리며 작곡 중이다. 개울물 건너쪽, 눈부시도록 밝아진다. 때를 놓치지 않으려는 듯 함묘진이 다급하게 휠체어 바퀴를 굴리면서 들어온다. 그는 피아노 옆을 지나 개울물을 건너간다. / 코러스(돌부처)들, 개울물을 건너가는 서연을 배웅하듯이, 따라가듯이, 마중하듯이, 서연과 함께 어우러져 춤을 추며 간다. 개울 저쪽, 눈부시도록 빛이 밝다. ⓔ 함묘진이 다급하게 휠체어 바퀴를 굴리며 들어온다.)

조승인 : 할아버지, 어딜 그렇게 급히 가세요?

함묘진 : 극락문이 열렸다! 극락문이 열렸어!

(함묘진, 휠체어에서 일어난다. 그는 서연의 뒤를 따라 빛 안으로 들어간다. 무대 조명, 변화한다. 동연, 등장한다. 그는 조승인에게 다가와서 전보 용지를 내놓는다.)

- 이강백, 「느낌, 극락같은」 -

01 (가)를 이해한 내용으로 적절하지 않은 것은?

① 화자는 자신과 가족뿐만 아니라 '주위'의 '물건들'까지 살펴보면서 자기의 생활을 성찰하고 있다.

② 화자는 '나의 친구'가 방문한 뒤에야 비로소 자신의 삶이 '그릇됨'을 자각하고 있다.

③ 화자는 '고생도 마음대로 할 수 없는 세상'에서 '존재 없이' 살아가는 것이 어렵다고 느끼고 있다.

④ 화자는 자신을 '자기의 나체를 더듬어 보고 살펴볼 수 없는' 비참한 존재로 인식하고 있다.

⑤ 화자는 '시와는 반역된 생활'을 '죄'로 받아들이면서 자신을 '구름의 파수병'으로 규정하고 있다.

02 〈보기〉를 고려하여 (가)를 감상한 내용으로 적절하지 않은 것은?

> **보기**
>
> 「구름의 파수병」에는 시와 생활 사이에서 갈등하는 화자의 진솔한 자기 성찰이 드러난다. 화자는 ㉠ 생활에 몰두하려는 자아와 이러한 자아를 극복하고자 하면서 ㉡ 시를 새롭게 지향하려는 자아를 등장시킨다. ㉠은 시선을 고정하려는 태도나 움츠러들어 있는 이미지로 나타나는데, ㉠에서 벗어나 ㉡으로 변모하고자 하는 화자는 '날아간 제비'를 떠올리다가 '반역의 정신'을 추구하는 데 이른다.

① '내가 시와는 반역된 생활을 하고 있다'에서는 화자의 진솔한 성찰의 어조가 느껴지는군.

② '나는 이미 정해진~결심하고'는 ㉠과 ㉡의 갈등을 해소한 화자의 심정을 드러낸 것이겠군.

③ 화자가 자신을 '어디로이든 가야 할' 존재로 여기는 것은 ㉠에서 ㉡으로 나아가려는 의지에서 비롯한 것이겠군.

④ 화자가 '메마른 산정'에서 지향하는 '반역의 정신'은 ㉡이 추구하는 것이겠군.

⑤ '구름의 파수병'은 두 자아의 갈등 속에서 시를 새롭게 지향하려는 화자의 의식이 반영된 이미지이겠군.

03 [A]와 [B]에 대한 설명으로 가장 적절한 것은?

① [A]는 대상을 나열함으로써 화자의 정서가 촉발된 상황을 제시하고 있다.
② [B]는 의미가 확장되는 대상들의 연쇄를 통해 인물의 혼란스러운 내면을 보여 주고 있다.
③ [A]의 대상들은 화자의 만족을, [B]의 대상들은 인물의 불만을 드러내는 기능을 하고 있다.
④ [A]에서는 화자와 대상들 간의 연속성이 드러나고, [B]에서는 인물 간의 단절 감이 암시된다.
⑤ [A]와 [B]는 대상의 속성을 반어적으로 표현함으로써 화자나 인물의 심리적 상황을 드러내고 있다.

05 〈보기〉를 바탕으로 (가), (나)를 감상한 내용으로 적절하지 않은 것은?

보기

(가)의 공간이 화자의 내면이 투영된 상징적 공간이라면, (나)의 공간은 제한된 시간 내에 인생을 압축해서 보여 줘야 하는 극의 특성상 극중 인물의 현실이 상징화된 공간이라고 할 수 있다. (가)와 (나)에서, 공간들은 때로 대비되면서 여러가지 상징적인 의미를 지닌다.

① (가)의 '집'과 '거리'는 삶의 방향을 정하지 못했던 화자에게 대비적으로 인식되었던 공간이군.
② (가)에서 생활공간과 대비되는 '먼 산정'은 화자가 자신의 현실을 응시하기 위해 상정한 공간이군.
③ (나)에서 '작업장'은 불상을 제작하는 과정에서 동연과 서연의 예술관이 부딪치는 공간이군.
④ (나)의 '돌부처'를 만들며 가는 '길'은 '하늘'과 대비되는 곳으로 서연의 예술관이 조숭인에게 전수되는 공간이군.
⑤ (나)의 개울물 '저쪽'은 개울물 '이쪽'과 대비되는 곳으로 예술의 본질을 추구하던 서연이 도달하게 되는 공간이군.

04 무대 상연을 전제로 하는 희곡의 특성을 고려할 때, ⓐ~ⓔ를 설명한 내용으로 가장 적절한 것은?

① ⓐ : 무대 장치의 이동으로 극중 공간을 좌우로 분리시킨다.
② ⓑ : 등장인물들의 의상 교체로 장면 전환을 나타낸다.
③ ⓒ : 조명 변화를 통해 등장인물들의 갈등 해소를 보여 준다.
④ ⓓ : 등장인물이 무대 밖에서 피아노로 음향 효과를 낸다.
⑤ ⓔ : 소품을 이용해서 극적 긴장감을 완화시킨다.

06 (나)의 등장인물에 대한 이해로 적절하지 않은 것은?

① "그런데 어느 날, 스승인 아버님이~두 제자들이 자릴 비우고 없었어."라는 대사에서 함이정은 극 중의 사건을 현재에서 과거로 전환시키는 기능을 한다.
② "동연아! 서연아! 어디 있느냐?"라는 대사에서 함묘진은 '어머니의 처녀 시절' 이야기 속의 인물들을 무대로 등장하게 하는 기능을 한다.
③ "할아버지 목청은 왜 저렇게 커요?"라는 대사에서 조숭인은 등장인물의 행동을 평하면서 다른 인물들 간의 갈등을 유발하는 기능을 한다.
④ "서연은 쓸데없는 주장으로 저를 괴롭힙니다."라는 대사에서 알 수 있듯 동연은 '어머니의 처녀 시절' 이야기 속 갈등의 한 축으로서 기능한다.
⑤ "돌로도 부처님을~안 될 건 없지."라는 대사에서 알 수 있듯 서연은 작품의 주제 의식을 전달하는 인물 중 하나로 기능한다.

나 없이

기출

풀지마라

다음 글을 읽고 물음에 답하시오.

(가)

조국을 언제 떠났노,
파초*의 꿈은 가련하다.

남국을 향한 불타는 향수,
너의 넋은 수녀보다도 더욱 외롭구나.

  ┌ 소낙비를 그리는 너는 정열의 여인,
[A]
  └ 나는 샘물을 길어 네 발등에 붓는다.

이제 밤이 차다,
나는 또 너를 내 머리맡에 있게 하마.

나는 즐겨 너를 위해 종이 되리니,
너의 그 드리운 치맛자락으로 우리의 겨울을 가리우자.

            - 김동명, 「파초」-

* 파초 : 잎이 긴 타원형이며 키가 큰 여러해살이풀.

(나)

  산비탈엔 들국화가 환—하고 누이동생의 무덤 옆엔 밤나무 하나가 오뚝 서서 바람이 올 때마다 아득—한 공중을 향하여 여윈 가지를 내어 저었다. 갈 길을 못 찾는 영혼 같애 절로 눈이 감긴다. 무덤 옆엔 작은 시내가 은실을 긋고 등 뒤에 서걱이는 떡갈나무 수풀 앞에 차단—한 비석이 하나 노을에 젖어 있었다. 흰나비처럼 여윈 모습 아울러 어느 무형(無形)한 공중에 그 체온이 꺼져 버린 후 밤낮으로 찾아 주는 건 비인 묘지의 물소리와 바람 소리뿐. 동생의 가슴 우엔 비가 나리고 눈이 쌓이고 적막한 황혼이면 별들은 이마 우에서 무엇을 속삭였는지. 한 줌 흙을 헤치고 나즉—히 부르면 함박꽃처럼 눈뜰 것만 같애 서러운 생각이 옷소매에 스몄다.

            - 김광균, 「수철리(水鐵里)*」-

* 수철리 : 공동묘지가 있던 서울의 한 마을.

(다)

슬프나 즐거오나 옳다 하나 외다 하나
내 몸의 해올 일만 닦고 닦을 뿐이언정
그 밧긔 여남은 일이야 분별할 줄 이시랴.
                       〈제1수〉

내 일 망령된* 줄을 내라 하여 모를쏜가
이 마음 어리기도 임 위한 탓이로세
아무가 아무리 일러도 임이 혜여 보소서.
                       〈제2수〉

  ┌ 추성(楸城) 진호루(鎭胡樓)* 밧긔 울어 예는 저 시내야
[B] 므음 호리라* 주야에 흐르는다
  └ 임 향한 내 뜻을 조차 그칠 뉘를 모르다.
                       〈제3수〉

뫼흔 길고 길고 물은 멀고 멀고
어버이 그린 뜻은 많고 많고 하고 하고
어디서 외기러기는 울고 울고 가느니.
                       〈제4수〉

어버이 그릴 줄을 처음부터 알아마는
임금 향한 뜻도 하늘이 삼겨시니
진실로 임금을 잊으면 긔 불효인가 여기노라.
                       〈제5수〉

            - 윤선도, 「견회요(遣懷謠)」-

* 망령된 : 언행이 상식에서 벗어나 주책이 없는.
* 추성 진호루 : 함경북도 경원에 있는 누각.
* 므음 호리라 : 무엇을 하려고.

01 (가)~(다)에 대한 설명으로 가장 적절한 것은?

① (가)와 (나)에서는 현실과 이상의 괴리가 심화되고 있다.
② (가)와 (다)는 자연의 섭리를 깨닫는 과정을 보여 주고 있다.
③ (나)와 (다)에는 화자가 대상을 만날 수 없는 정황이 나타나 있다.
④ (가)~(다)에는 대립적 가치가 첨예하게 표출되고 있다.
⑤ (가)~(다)에서는 시간의 변화를 중심으로 시상이 전개되고 있다.

형태쌤과 선지분석

선지분석	(가)	(나)	(다)
현실과 이상의 괴리 심화			
자연의 섭리를 깨닫는 과정			
대상과의 단절 정황			
첨예한 대립적 가치			
시간의 변화 중심 전개			

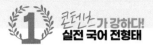
02 시적 화자의 태도를 중심으로 (가)와 (나)를 비교한 것으로 가장 적절한 것은?

① (가)에는 대상에 대한 유화적인 태도가, (나)에는 독단적인 태도가 드러난다.
② (가)에는 대상에 대한 단정적인 태도가, (나)에는 회의적인 태도가 드러난다.
③ (가)에는 대상과의 관계 단절을 두려워하는 태도가, (나)에는 관계 형성을 열망하는 태도가 나타난다.
④ (가)에는 현실 상황에 대한 낙천적인 태도가, (나)에는 비관적인 태도가 드러난다.
⑤ (가)에는 현실 상황의 변화를 기대하는 태도가, (나)에는 변화될 수 없는 현실 상황을 안타까워하는 태도가 나타난다.

03 [A]와 [B]에 나타난 공통된 표현 효과로 가장 적절한 것은?

① 문답 형식을 통해 친밀감을 드러내고 있다.
② 감각적 이미지를 통해 정서를 구체화하고 있다.
③ 대구를 통해 안정적인 운율감을 조성하고 있다.
④ 반어적 표현을 통해 시적 긴장감을 고조하고 있다.
⑤ 어조 변화를 통해 정적인 분위기를 강화하고 있다.

형태쌤과 선지분석

선지분석	[A]	[B]
문답 형식 → 친밀감		
감각적 이미지		
대구		
반어		
어조 변화 → 정적 분위기 강화		

04 (가)를 감상한 내용으로 적절하지 않은 것은?

① 파초를 '또' 머리맡에 둔다고 한 것을 보니, 계속해서 파초를 돌보겠다는 의지를 알 수 있군.
② 파초를 위해 '종'이 된다고 한 것을 보니, 파초를 아끼는 마음을 알 수 있군.
③ 파초의 잎을 '치맛자락'으로 비유한 것을 보니, 파초는 '나'에게 모성적 존재임을 알 수 있군.
④ '나'와 파초를 '우리'로 묶어 표현한 것을 보니, '나'는 파초에 대해서 일체감을 느끼고 있음을 알 수 있군.
⑤ 파초와 '나'가 처한 상황이 차가운 겨울밤인 것을 보니, 시련과 고난의 상황에 놓여 있음을 알 수 있군.

05 (나)의 시어에 대한 설명으로 적절하지 않은 것은?

① '환—하고', '아득—한' 등의 '—'는 시어의 느낌을 풍부하게 한다.
② '밤나무'의 '여윈 가지'는 쓸쓸한 시적 분위기를 형성한다.
③ '흰나비'는 '누이동생'의 여윈 모습을 연상시킨다.
④ '묘지'는 화자가 죽은 누이를 떠올리는 공간이다.
⑤ '비', '눈', '별' 등은 화자의 의지를 상징한다.

06 (다)의 각 수를 연결하여 이해할 때, 적절하지 않은 것은?

① 제1수의 '옳다 하나 외다 하나'는 제2수의 '아무가'의 행위로 볼 수 있다.
② 제2수의 망령된 '내 일'은 제3수의 '내 뜻'에 상반되는 것으로 이해할 수 있다.
③ 제3수의 '추성'은 제4수의 '뫼'와 '물'에 의해 그리움의 대상으로부터 먼 공간으로 인식될 수 있다.
④ 제4수의 '뜻'은 제5수의 '뜻'에 와서 더욱 확대되어 표출된 것으로 볼 수 있다.
⑤ 제5수의 '임금 향한 뜻'은 제1수의 '내 몸의 해올 일'을 직접적으로 제시한 것으로 볼 수 있다.

다음 글을 읽고 물음에 답하시오.

"사부는 어느 곳으로부터 오셨나이까?"

노승이 웃으며 대답하기를,

"평생 알고 지낸 사람을 몰라보시니 일찍이, '귀인은 잊기를 잘한다.'는 말이 옳소이다."

양 승상(양소유)이 자세히 보니 과연 얼굴이 익숙한 듯하였다. 문득 깨달아 능파 낭자를 돌아보며 말하기를,

"㉠ 내가 지난날 토번을 정벌할 때 꿈에 동정 용궁의 잔치에 참석하고 돌아오는 길에, 한 화상이 법좌(法座)에 앉아서 경을 강론하는 것을 보았는데 노승이 바로 그 노화상이냐?"

노승이 박장대소하고 가로되,

"옳도다, 옳도다. 비록 그 말이 옳으나 꿈속에서 잠깐 만난 일은 기억하고 십 년 동안 같이 살았던 것은 기억하지 못하니 누가 양 승상을 총명하다 하였는가?"

승상이 망연자실하여 말하기를,

"소유는 십오륙 세 이전에는 부모의 슬하를 떠난 적이 없고, 십육 세에 급제하여 곧바로 직명을 받아 관직에 있었으니, 동으로 연나라에 사신으로 가고 토번을 정벌하러 떠난 것 외에는 일찍이 경사(京師)를 떠나지 아니하였거늘, 언제 사부와 함께 십 년을 상종하였으리요?"

노승이 웃으며 말하기를,

"상공이 아직도 춘몽을 깨지 못하였도다."

승상이 말하기를,

"사부는 어찌하면 저로 하여금 춘몽을 깨게 하실 수 있나이까?"

노승이 이르기를,

"이는 어렵지 않도다."

하고 손에 잡고 있던 지팡이를 들어 돌난간을 두어 번 두드렸다. 갑자기 네 골짜기에서 구름이 일어나 누각 위를 뒤덮어 지척을 분변하지 못하였다. 승상이 정신이 아득하여 마치 꿈속에 있는 듯하다 소리를 질러 말하기를,

"사부는 어찌하여 정도(正道)로 소유를 인도하지 아니하고 환술(幻術)로써 희롱하시나이까?"

승상이 말을 마치지 못하여 구름이 걷히는데 노승은 간 곳이 없고 좌우를 돌아보니 팔 낭자도 간 곳이 없었다. 승상이 매우 놀라 어찌할 바를 모르는 중에 높은 대와 많은 집들이 한순간에 없어지고 자기의 몸은 작은 암자의 포단 위에 앉았는데, 향로에 불은 이미 사라지고 지는 달이 창가에 비치고 있었다.

자신의 몸을 보니 백팔 염주가 걸려 있고 머리를 손으로 만져 보니 갓 깎은 머리털이 가칠가칠하였으니 완연히 소화상의 몸이요 전혀 대승상의 위의가 아니니, 정신이 황홀하여 오랜 후에야 비로소 제 몸이 연화도량의 성진(性眞) 행자(行者)임을 깨달았다.

그리고 생각하기를, '처음에 스승에게 책망을 듣고 풍도옥(酆都獄)*으로 가서 인간 세상에 환도하여 양가의 아들이 되었다가, ㉡ 장원급제를 하여 한림학사를 한 후 출장입상(出將入相)*, 공명신퇴(功名身退)*하여 두 공주와 여섯 낭자로 더불어 즐기던 것이 다 하룻밤의 꿈이로다. 이는 필연 사부가 나의 생각이 그릇됨을 알고 나로 하여금 그런 꿈을 꾸게 하시어 인간 부귀와 남녀 정욕이 다 허무한 일임을 알게 한 것이로다.'

성진이 서둘러 세수하고 의관을 정제하여 처소에 나아가니, 제자들이 이미 다 모여 있었다.

육관 대사가 큰 소리로 묻기를,

"성진아, 인간 부귀를 겪어 보니 과연 어떠하더냐?"

성진이 머리를 조아리고 눈물을 흘리며 하는 말이,

"㉢ 성진이 이미 깨달았나이다. 제자가 불초하여 생각을 그릇되게 하여 죄를 지었으니 마땅히 인간 세상에서 윤회하는 벌을 받아야 하거늘, 사부께서 자비하시어 하룻밤 꿈으로 제자의 마음을 깨닫게 하시니 사부의 은혜는 천만 겁이 지나도 갚기 어렵나이다."

대사가 말하기를,

"네가 흥을 타고 갔다가 흥이 다하여 돌아왔으니 내가 무슨 간여할 바가 있겠느냐? 또 네가 말하기를, '인간 세상에 윤회한 것을 꿈을 꾸었다.'고 하니, 이는 꿈과 세상을 다르다고 하는 것이니, 네가 아직도 꿈을 깨지 못하였도다. 옛말에 '㉣ 장주(莊周)가 꿈에서 나비가 되었다가 다시 나비가 장주가 되었다.'고 하니, 어느 것이 거짓 것이고, 어느 것이 참된 것인지 분변하지 못하나니, 이제 성진과 소유에 있어 어느 것이 참이며 어느 것이 꿈이냐?"

성진이 이에 대답하기를,

"제자 성진은 아득하여 꿈과 참을 분별하지 못하겠사오니, ㉤ 사부는 설법(說法)을 베풀어 제자로 하여금 깨닫게 하소서."

— 김만중, 「구운몽」 —

*풍도옥 : 지옥을 이르는 말.

*출장입상 : 나가서는 장수가 되고 들어와서는 재상이 됨.

*공명신퇴 : 공을 세워서 자기의 이름을 널리 드러낸 후 물러남.

🗂 형태쌤과 지문분석

지문분석	
공간	
서술자의 개입	

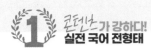
01 윗글에 대한 설명으로 가장 적절한 것은?

① 내적 독백을 통해 극적 긴장감을 고조시키고 있다.
② 대화를 통해 인물 간 대립의 양상이 심화되고 있다.
③ 묘사의 방식을 통해 장면이 전환되었음을 드러내고 있다.
④ 구체적 시대 상황을 설정하여 내용의 사실성을 높이고 있다.
⑤ 서술자가 개입하여 과거의 사건을 압축적으로 제시하고 있다.

 형태쌤과 선지분석

선지분석	구운몽
내적 독백 → 극적 긴장감 고조	
대화 → 인물 간 대립 심화	
묘사 → 장면 전환 제시	
구체적 시대 상황 설정 → 사실성↑	
서술자 개입 → 과거 사건 압축적 제시	

03 〈보기〉를 참고하여 윗글을 감상한 것으로 적절하지 않은 것은?

보기

「구운몽」은 '회의(懷疑)와 부정(否定)'의 과정을 통해서 서사가 구성된다. 작품 초반에 성진이 세속에 호기심을 갖는 모습은 불교적 가치관에 대한 '회의와 부정'에서, 결말에 이르러 다시금 불교적 삶을 택하는 모습은 세속적 삶에 대한 '회의와 부정'에서, 마지막 육관 대사의 성진에 대한 가르침은 참·거짓의 이분법적 구분에 대한 '회의와 부정'에서 기인한 것이다. 이러한 세 번의 '회의와 부정'은 작품에 순차적으로 등장하여 「구운몽」의 주제를 한층 심화시킨다.

① ㉠은 '첫 번째 회의와 부정'을 경험하기 전의 일이다.
② ㉡은 '첫 번째 회의와 부정'과 '두 번째 회의와 부정' 사이에 일어난 일이다.
③ ㉢은 '두 번째 회의와 부정'을 경험한 직후의 일이다.
④ ㉣은 '세 번째 회의와 부정' 단계의 핵심 내용을 보여 주는 비유적인 표현이다.
⑤ ㉤은 '두 번째 회의와 부정'에서 '세 번째 회의와 부정'으로 나아가고자 함을 의미한다.

02 윗글의 인물에 대한 이해로 적절하지 않은 것은?

① 성진은 육관 대사의 가르침을 따르려 한다.
② 노승은 양소유가 자각하도록 도와주고 있다.
③ 성진은 꿈속의 노승이 육관 대사임을 알게 된다.
④ 양소유는 팔 낭자와 함께 꿈에서 깨어나고자 한다.
⑤ 성진은 양소유로서의 자신의 삶을 되돌아보고 있다.

다음 글을 읽고 물음에 답하시오.

무슨 관청 같은 집도 화산댁이는 그리 달갑지 않았다. 아들을 만난 반가움보다도 수세미처럼 엉클리는 심사를 주체할 수 없었다.

빨간 스웨터를 입고 너덧 살 되어 보이는 계집아이가 말끄러미 화산댁이를 바라보고,

"아부지, 이거 누고 응?"

화산댁이가 그렇게도 보고 싶어 하던 손녀딸이다.

"할매다!"

"우리 할매?"

"음!"

아들은 맥없는 대답을 하면서 헌 **고무신** 한 켤레를 내왔다. 화산댁이는 켤레로 터실터실 분 발뒤꿈치 더더기를 훔치면서,

"그렇기, 나고는 첨 보니……."

하는데, 아들은 손끝에 **짚세기**를 걸고 나가 쓰레기통에다 던져 버렸다. 고무신이 대견찮은 것은 아니다. 그러나 길 걷는 데는 짚세기가 고작인데 하니 아직 날도 안 드러난 짚세기가 화산댁이는 못내 아까웠다.

다다미방도 어색했지만, 눈이 부시도록 번들거리는 의롱이 두 개나 놓였고, 그 옆에는 앉은키만 한 경대도 놓였다. 벽에는 풀기 없는 무색옷들이 쭈르르 걸렸다. 모든 것이 낯선 것들이었다. ㉠ 모든 것이 손도 못 댈 것 같고 주저스럽고 조심스럽기만 했다. 우선 어디가 구들목이며 어디 어떻게 앉아야 할지, 마치 종이 상전 방에 불려 온 것처럼 앉을 자리부터가 만만치 못했다.

(중략)

화산댁이는 아들과 마주 앉고, 며느리는 저만치 떨어져 양말을 기웠다. 모두 말이 없다. 손녀만이 제 아버지 등에 매달렸다, 제 어미 젖가슴에 손을 넣었다가 하는 것을 눈으로 좇고 있던 화산댁이는 갑자기 생각이 나서,

"이런 내 정신 봐라."

그러면서 옆에 둔 보퉁이를 끌어당겨 풀기 시작했다. 더께더께 기운 꾀죄죄 때 묻은 버선을 들어내고 검은 보퉁이를 또 하나 들어냈다. 들어낸 보퉁이를 풀어 헤치고 아들과 며느리 어중간에 밀어 놓으면서,

"묵어 봐라, 꿀밤(도토리)떡이다. 급히 하느라고 진도 덜 빠진 거로 해 노니 좀 딸딸하다만……."

그러고는 한 덩이를 떼서 손녀를 주었다. 아들도 며느리도 손을 대지 않는다.

"얘가 하도 즐긴다 싶어 해 왔다. 벨 맛은 없어도 귀한 거니 묵어 봐라!"

며느리는 힐끗하고 궁둥이만 달싹할 뿐이었고, 아들은 거들떠보지도 않았다. 한번 씹어 보던 손녀도 그만 퉤퉤 하고는 도로 갖다 놓는다. 그러자 아들이,

"저 방에 자리해라. 엄마 곤하겠다!"

"괜찮다. 벌써 잠이 오나!"

"일찍이 자소!"

이래서 화산댁이는 몇 해를 두고 벼른 아들네 집이었고 밤을 새워도 모자랄 쌓이고 쌓인 이야기를 할 사이도 경황도 없었다.

후끈후끈한 방에서 곤하면 입은 채 굴러 자던 습관은, 휘높은 판자 천장이며, 유리 바른 문이며, 싸늘해 보이는 **횟가루 벽**이며, 다다미방이 잠을 설레었다. 화산댁이는 자꾸만 쓸쓸했다. 뭣을 쥐었다가 놓친 것처럼 마음

이 허전했다. '자식도 강보에 자식이지, 쯧쯧.' 돌아눕는다. ㉡ 건넌방에서는 소곤소곤 이야기 소리가 들려왔다.

'저거 조면* 그만이지.' 또 고쳐 누웠다. 애써 잠을 청해 본다.

[A]
그러나 잠 대신 화산댁이는 어느새 오리나무 숲 사이로 황토 고갯길을 넘고 있다.

보리밭이 곧 마당인 낡은 **조가집**이다.

빈대 피가 댓잎처럼 긁힌 **토벽**, 메주 뜨는 냄새가 코를 찌르는 갈자리 방에서 손자들이 아랫도리 벗은 채 제멋대로 굴러 자고, 쑥물 사발을 옆에 놓고 신을 삼고 있는 맏아들, 갈퀴손으로 누더기를 깁고 있는 맏며느리, 화산댁이는 그만 당장이라도 뛰어가고 싶다. 아들의 등을 쓰담아 기침을 내려 주고 며느리와 무르팍을 맞대고 실컷 울고 나면 가슴이 후련해질 것만 같다.

또 뒤쳐눕는다.

'아무리 시에미가 시에미 같지 않기로니 첨 보는 시에미에게 인삿절도 없이, 본바없는 것 같으니, 그래도 마실 사람들은 작은아들 돈 잘 벌고 하리깔레* 메누리 봤다고 부러하더라만, 시장시럽고 가시롭다. 지가 탈기 없는 것도, 신양기가 있는 것도 다 기집 탓이지 머고. 여태껏 땅 한 떼기 못 사는 것도 안살림 잘못 사는 탓이지 머고.' 화산댁이는 눈꼬리만 따갑고 잠은 점점 멀어 갔다.

'지만 하더라도 일본서 근 십 년 만에 나왔으면 그만 지 형 말대로 농사나 짓고 수더분한 색시나 골라 장가들었으면 등 따시고 배 부릴 꺼로 머 공장을 하느니 하고 날뛰 댕기더니.'

화산댁이는 어서 날이 새면 싶었다. 잠도 안 오거니와 아까부터 뒤가 마려운 것을 참아 왔기 때문이다. 그러나 날은 언제 샐지 모르겠고 뒤는 자꾸 급해 왔다. 화산댁이는 참다못해 조심조심 더듬어 부엌으로 내려갔다. 부엌에서 다시 더듬어 밖으로 나갔다. 비는 그쳤고 갈라진 구름 사이로 별이 보였다. **뒷간**이 있음직한 곳을 이리저리 찾았으나 없었다. 집을 두 바퀴나 돌았으나 뒷간은 역시 없었다. ㉢ 대체 **적산집*** 뒷간이 밖에 있을 리가 없다. 화산댁이는 뒷간이 없는 집이란 상상도 할 수 없었으나, 일이 급해서 그만 어수룩한 담 밑에다 대고 뒤를 보았다. ㉣ 한결 개분했다. 문살만 훤하면 나와서 뒤본 자리를 챙기리라 맘먹고 다시 들어왔다.

화산댁이는 소스라쳐 일어났다. 날이 활짝 샜다. 아들 내외가 깰까 싶어 조심조심 밖으로 나왔다. 뒤본 자리는 공교롭게도 돌가루로 마련된 **수채**였다. 수채는 앞집으로 통했다. ㉤ 아침에 봐도 역시 뒷간은 없었다.

- 오영수, 「화산댁이」 -

* 저거 조면 : '자기네들끼리 좋으면'의 방언.
* 하리깔레 : 예전에 서양식 유행을 따르던 멋쟁이를 이르던 말.
* 적산집 : 해방 전에 일본인들이 지은 신식 가옥을 이르는 말.

 형태쌤과 지문분석

지문분석	
시간	
공간	
서술자의 관심사	

01 '화산댁이'에 대한 이해로 가장 적절한 것은?

① 작은아들이 내놓은 고무신이 마음에 들지 않는다.
② 꿀밤떡을 내뱉는 손녀의 행동에 노여움을 느낀다.
③ 예의가 없는 며느리를 나무라고자 마음먹는다.
④ 기대에 미치지 못하는 작은아들을 못마땅해 한다.
⑤ 시골로 돌아갈 생각에 설레서 날이 빨리 새기를 바란다.

02 [A]의 기능에 대한 설명으로 가장 적절한 것은?

① 새 인물의 등장을 통해 새로운 사건의 시작을 알린다.
② 환상적 배경에서 벌어진 사건을 통해 허구성을 강화한다.
③ 사건의 줄기에서 벗어난 장면을 통해 위기감을 해소한다.
④ 동시에 진행되는 사건의 병치를 통해 사건을 지연시킨다.
⑤ 현재 상황과 대비되는 장면을 통해 내적 갈등을 고조한다.

 형태쌤과 선지분석

선지분석	[A]
새 인물 → 새로운 사건 시작 알림	
환상적 배경의 사건	
부수적 장면 → 위기감 해소	
동시 사건의 병치	
현재와 대비되는 장면 → 내적 갈등 고조	

03 〈보기〉를 참고할 때, ㉠~㉤ 중 성격이 다른 것은?

보기

서술자는 자신의 시각에서 이야기를 직접 서술하거나, 인물의 시각에서 인물의 경험과 인식을 반영하여 서술한다. 즉 '서술'은 서술자가 담당하지만 '시각'은 서술자의 것일 수도, 인물의 것일 수도 있는 것이다.

① ㉠   ② ㉡   ③ ㉢   ④ ㉣   ⑤ ㉤

04 〈보기〉를 참고하여 윗글의 소재를 대비하였을 때, 적절하지 않은 것은?

보기

「화산댁이」는 시골과 도시, 자연과 문명 세계라는 이질적인 공간에서 영위되는 삶의 양식을 대비한 작품이다.

① 짚세기 : 고무신
② 초가집 : 적산집
③ 토벽 : 횟가루 벽
④ 갈자리 방 : 다다미방
⑤ 수채 : 뒷간

01 현대시
2016학년도 6월AB

다음 글을 읽고 물음에 답하시오.

(가)

아버지. 아직 남북통일이 되지 않았습니다.
일제 시대 소금 장수로
㉠ 이 땅을 떠노신 아버지.
아무리 아버지의 두만강 압록강을 생각해도
눈 안에 선지가 생길* 따름입니다.
아버지의 젊은 시절
두만강의 회령 수양버들을 보셨지요.
국경 수비대의 칼날에 비친
저문 압록강의 붉은 물빛을 보셨지요.
그리고 아버지는
모든 남북의 마을을 다니시면서
하얀 소금을 한 되씩 팔았습니다.
때로는 서도* 노래도 흥얼거리고
꽃 피는 남쪽에서는 남쪽이라
밀양 아리랑도 흥얼거리셨지요.
한마디로, 세월은 흘러서
멈추지 않는 물인지라
젊은 아버지의 추억은
㉡ 이 땅에 남지도 않고
아버지는 하얀 소금이 떨어져서 돌아가셨습니다.
아버지, 남북통일이 되면
또다시 ㉢ 이 땅에 태어나서
남북을 떠도는 청청한 소금 장수가 되십시오.
"소금이여", "소금이여"
그 소리, 멀어져 가는 그 소리를 듣게 하십시오.

― 고은, 「성묘」 ―

*눈 안에 선지가 생길 : 눈에 핏발이 설.
*서도 : 황해도와 평안도를 통틀어 이르는 말.

(나)

　외할머니네 집 뒤안에는 장판지 두 장만큼한 먹오딧빛 툇마루가 깔려 있습니다. 이 툇마루는 외할머니의 손때와 그네 딸들의 손때로 날이날마다 칠해져 온 것이라 하니 내 어머니의 처녀 때의 손때도 꽤나 많이는 묻어 있을 것입니다마는, 그러나 그것은 하도나 많이 문질러서 인제는 이미 때가 아니라, 한 개의 거울로 번질번질 닦이어져 어린 내 얼굴을 들이비칩니다.
　그래, 나는 어머니한테 꾸지람을 되게 들어 따로 어디 갈 곳이 없이 된 날은, 이 외할머니네 때거울 툇마루를 찾아와, 외할머니가 장독대 옆 뽕나무에서 따다 주는 오디 열매를 약으로 먹어 숨을 바로 합니다. 외할머니의 얼굴과 내 얼굴이 나란히 비치어 있는 이 툇마루에까지는 어머니도 그네 꾸지람을 가지고 올 수 없기 때문입니다.

― 서정주, 「외할머니의 뒤안 툇마루」 ―

---

01 (가)와 (나)의 공통점으로 가장 적절한 것은?

① 유사한 시구를 점층적으로 변주하여 리듬감을 형성하고 있다.
② 부정적 현실에 대해 거리를 두어 관조하는 태도를 취하고 있다.
③ 어린 화자의 목소리를 활용하여 동화적인 분위기를 조성하고 있다.
④ 색감을 드러내는 시어를 활용하여 대상을 선명한 이미지로 제시하고 있다.
⑤ 역설적 표현을 사용하여 모순적인 상황에 대한 반성적인 자세를 보여 주고 있다.

 형태쌤과 선지분석

선지분석	(가)	(나)
유사한 시구를 점층적으로 변주		
부정적 현실에 대한 관조		
어린 화자 → 동화적 분위기		
색감을 드러내는 시어		
역설적 표현 → 모순적 상황에 대한 반성		

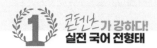

02 〈보기〉를 참고하여 (가)의 ㉠~㉢을 감상한 내용으로 가장 적절한 것은?

보기

　　우리가 삶에서 경험하는 구체적인 장소는 사람과 그가 처한 상황에 따라 다른 의미를 갖는다. 「성묘」에서도 '이 땅'은 실제로는 같은 공간이라고 하더라도 과거, 현재, 미래의 시간적 배경이 변함에 따라 그것의 의미는 다양하게 드러난다.

① 한곳에 머물지 않고 '떠도신' 아버지의 삶을 화자가 떠올리고 있다는 점에서 ㉠은 화자에게 아버지에 대한 원망스러운 감정을 느끼게 하는 장소이다.
② 화자가 ㉠과 관련하여 '국경 수비대의 칼날에 비친 / 저문 압록강의 붉은 물빛'을 언급하고 있다는 점에서 화자에게 ㉠은 복원된 민족의 정체성을 깨닫게 하는 장소이다.
③ '젊은 아버지의 추억'이 사라지고 없다는 점에서 ㉡은 화자가 세대교체를 통하여 미래지향적인 변화를 추구하는 장소임을 알 수 있다.
④ 아버지가 '소금 장수'로 다시 태어나기를 바라는 모습을 통해 ㉢은 화자가 가업을 이어 아버지의 꿈을 실현하려는 장소임을 알 수 있다.
⑤ '멀어져 가는 그 소리를 듣게' 하라는 표현을 통해 ㉢은 화자가 자신의 바람이 현실화되기를 희망하는 장소임을 알 수 있다.

03 (나)에 대한 이해로 적절하지 <u>않은</u> 것은?

① '집 뒤안'은 화자가 툇마루에 담겨 있는 유년 시절과 단절되었음을 보여 준다.
② '거울'은 손때가 툇마루에 쌓여 있는 오랜 세월의 흔적을 환기한다.
③ 툇마루는 '꾸지람'을 들은 뒤 찾아가 위안을 얻었던 화자의 경험을 환기한다.
④ 툇마루를 찾아온 화자에게 외할머니가 건네 준 '오디 열매'는 외할머니의 사랑을 드러낸다.
⑤ 툇마루에 비치는 '외할머니의 얼굴'은 화자와 외할머니 사이의 친밀감을 드러낸다.

다음 글을 읽고 물음에 답하시오.

(가)

푸른 하늘에 닿을 듯이
세월에 불타고 우뚝 남아 서서
차라리 봄도 꽃피진 말아라

낡은 거미집 휘두르고
끝없는 꿈길에 혼자 설레이는
마음은 아예 뉘우침 아니라

검은 그림자 쓸쓸하면
마침내 호수(湖水) 속 깊이 거꾸러져
차마 **바람**도 흔들진 못해라

　　　　　　　　　- 이육사, 「교목(喬木)」 -

(나)

　푸른 산이 흰 구름을 지니고 살 듯
　내 머리 위에는 항상 푸른 하늘이 있다

　하늘을 향하고 산림처럼 두 팔을 드러낼 수 있는 것이 얼마나 숭고한 일이냐

　두 다리는 비록 연약하지만 젊은 산맥으로 삼고
　부절히 움직인다는 둥근 지구를 밟았거니……

　푸른 산처럼 든든하게 지구를 디디고 사는 것은 얼마나 기쁜 일이냐

　뼈에 저리도록 '생활'은 슬퍼도 좋다
　저문 들길에 서서 푸른 별을 바라보자……

　푸른 별을 바라보는 것은 하늘 아래 사는 거룩한 나의 일과이거니……

　　　　　　　　　- 신석정, 「들길에 서서」 -

(다)

북한산(北漢山)이
다시 그 높이를 회복하려면
다음 겨울까지는 기다려야만 한다.

밤사이 눈이 내린,
그것도 백운대(白雲臺)나 인수봉(仁壽峰) 같은

높은 봉우리만이 **엷은 화장**을 하듯
가볍게 눈을 쓰고

왼 산은 **차가운 수묵**으로 젖어 있는,
어느 겨울날 이른 아침까지는 기다려야만 한다.

신록이나 **단풍**,
골짜기를 피어오르는 안개로는,
눈이라도 왼 산을 뒤덮는 **적설(積雪)**로는 드러나지 않는,

심지어는 **장밋빛 햇살**이 와 닿기만 해도 변질하는,
그 고고(孤高)한 높이를 회복하려면

백운대와 인수봉만이 가볍게 눈을 쓰는
어느 겨울날 이른 아침까지는
기다려야만 한다.

　　　　　　　　　- 김종길, 「고고(孤高)」 -

01 (가)~(다)에 대한 설명으로 가장 적절한 것은?

① (가)와 (나)에는 현재 처한 상황을 긍정적으로 인식하는 화자의 태도가 드러나 있다.
② (가)와 (다)에는 이상과 현실의 괴리가 해소된 조화로운 상태가 구현되어 있다.
③ (나)와 (다)에는 일상생활의 소중함에 대한 자각이 나타나 있다.
④ (가), (나), (다)에는 자연의 섭리에 대한 깨달음이 바탕에 깔려 있다.
⑤ (가), (나), (다)에는 화자가 바람직하게 생각하는 삶의 자세가 담겨 있다.

 형태쌤과 선지분석

선지분석	(가)	(나)	(다)
현재 상황에 대한 긍정적 인식			
이상과 현실의 괴리 해소			
일상의 소중함에 대한 자각			
자연의 섭리에 대한 깨달음			
바람직한 삶의 자세			

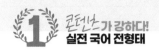

02 (가)와 (나)에 공통적으로 드러나는 표현상의 특징으로 가장 적절한 것은?

① 비유와 상징을 통해 시상을 구체화하고 있다.
② 어조의 변화를 통해 시적 긴장을 높이고 있다.
③ 동일한 색채어를 반복하여 정서를 고조시키고 있다.
④ 공감각적 표현으로 이미지를 선명하게 드러내고 있다.
⑤ 화자의 시선이 가까운 곳에서 먼 곳으로 이동하고 있다.

형태쌤과 선지분석

선지분석	(가)	(나)
비유와 상징		
어조 변화		
동일 색채어 반복 → 정서 고조		
공감각적 표현		
근경 → 원경		

03 〈보기〉는 (가)에 대한 심화 학습을 위하여 수집한 자료이다. 이를 참고하여 토의한 내용으로 적절하지 <u>않은</u> 것은?

보기

【백과사전】
이육사 : 시인. 1904년 경상북도 안동 출생. 항일 독립 투쟁으로 20여 차례의 투옥 끝에 베이징 감옥에서 옥사함.
 • 작품 경향 : 저항 의식, 실향 의식과 비애, 초인 의지와 조국 광복에 대한 열망 등을 주제로 삼고 있음. 정제된 형식미와 안정된 운율감을 보임.
 • 「교목」 : 1940년 『인문평론』 7월호에 발표.

【국어사전】
교목 : 줄기가 곧고 굵으며 높게 자라는 큰 나무.

【인터넷 자료】
 • 『맹자』에 따르면, '교목'은 오랜 세월 덕을 닦아 임금을 도(道)로써 보필하여 나라를 떠받치는 신하를 의미한다.
 • 시인은 빈궁과 투옥과 유랑의 사십 평생에 거의 하루도 평온한 날이 없었다. 문학청년은 아니었으나 삼십 고개를 넘어 시를 쓰기 시작했고, 혁명적 열정과 의욕을 시에 의탁해 꿈도 그려 보고 불평도 터뜨렸던 것이다. (『육사 시집』 발문)

① 이 시의 제목은 나라를 위한 시인의 절개와 기상을 표상한 것이다.
② 이 시의 행 배열과 연 구성에서도 이육사 시의 형식적 특성을 찾을 수 있다.
③ '낡은 거미집'은 시인의 고난에 찬 삶의 모습을 형상화한 것이다.
④ '끝없는 꿈길'은 시인의 혁명적 열정과 의욕을 함축하고 있다.
⑤ '바람'은 이국을 떠돌던 시인의 실향 의식과 저항 의지를 표현한 것이다.

04 〈보기〉는 (나)와 (다)를 자료로 한 수업의 일부이다. 학생들의 의견 가운데 적절하지 <u>않은</u> 것은?

보기

선생님 : (나)와 (다)의 기본적인 짜임새는 다음과 같이 나타낼 수 있어요.

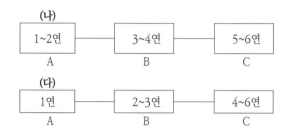

이제 두 시를 자세히 읽고, 시상의 전개에 대해 의견을 말해 볼까요?

① (나)에서 A의 두 연은 '하늘', B의 두 연은 '지구', C의 두 연은 '푸른 별'이라는 시어를 통해 각각 결합되고 있어요.
② (나)는 A에서 '하늘로 팔을 드러내는' 숭고함을, B에서 '땅을 디디고 선' 기쁨을 그리는데, 이것들이 C의 '저문 들길에 서서 푸른 별을 보는' 거룩함으로 연결되고 있어요.
③ (나)는 (다)와 달리 A의 내용이 B에서 응축되고, B의 내용이 C에서 더 응축되고 있어요. A에서 C로 갈수록 묘사의 범위가 좁아지면서 의미가 심화되는 것이 특징이에요.
④ (다)의 A, B, C는 모두 '기다려야만 한다'는 말로 끝나고, '겨울'이라는 말도 공통적으로 나타나지요. 반복이 이 시의 특징이에요.
⑤ (다)는 (나)와 달리 A는 한 연, B는 두 연, C는 세 연으로 늘어나요. 그러면서 B와 C는 A의 시상을 상세화하고 있어요.

05 (다)에 대한 감상으로 적절하지 <u>않은</u> 것은?

① '옅은 화장'은 산봉우리에 눈이 살짝 쌓인 모습을 나타낸 것이야. 산의 미묘한 변화에 주목한 표현이라고 할 수 있어.
② '차가운 수묵'은 겨울 산의 모습을 그림에 비유한 거야. 대상의 속성이 드러날 수 있는 정황을 묘사하고 있어.
③ '신록', '단풍', '안개'는 겨울이 아닐 때의 산의 모습을 나타내. 이들과의 대비를 통해 겨울 산의 의미를 부각하고 있어.
④ '흰 산을 뒤덮는 적설'은 가볍게 눈에 덮여 있는 상태와 호응하지. 세속적인 것에서 벗어나 홀로 존재하는 산봉우리의 모습을 형상화하고 있어.
⑤ '장밋빛 햇살'은 가볍게 눈 덮인 산봉우리의 속성을 '변질'시키지. 그럼으로써 화자가 형상화한 산봉우리의 의미를 생각해 보게 해.

다음 글을 읽고 물음에 답하시오.

호왕이 대로하여

"네 목숨이 내게 달렸거늘 끝까지 굴하지 아니하느냐? 네가 항복하면 왕을 봉하리라."

경업이 왈

㉠ "병자년에 우리 주상께서 종사를 위하여 네게 항복하여 계시거니와, 내 어찌 목숨을 위하여 네게 항복하리오."

호왕이 대로하여 무사를 명하여

"내어 베어라."

하니, 경업이 크게 꾸짖어 왈

"내 목숨은 하늘에 있거니와, 네 머리는 열 걸음 안에 있느니라."

하고 안색을 불변하여 무사를 보며

"바삐 죽이라."

하니, 호왕이 경업의 강직함을 보고 탄복하며 맨 것을 풀고 손을 이끌어 올려 앉히고,

"장군이 내게는 역신(逆臣)이나 조선에는 충신이라. 내 어찌 충절을 해하리오. 장군의 소원대로 하리라. 즉시 세자와 대군을 놓아 보내라."

이때 세자와 대군이 별궁에 계셔 임 장군을 주야로 기다리시더니, 문 지키는 관원이 들어와 고하되

"임 장군이 천자께 청하여 세자와 대군을 놓았다."

하거늘, 세자와 대군이 기꺼워하사 궁문 밖에 나와 기다리시더니, 경업이 나아와 울며 절하니, 세자와 대군이 경업의 손을 잡고 함께 들어가 호왕을 보더라.

호왕이

"경들을 임경업이 생사를 돌아보지 않고 구하여 돌아가려 하기로, 내 경업의 충절에 감동하여 경들을 보내나니, 각각 소원을 말하면 내가 정을 표하리라."

하거늘, 세자는 금은을 구하고, 대군은 조선에서 잡혀 온 인물을 청하여서 돌아가기를 원하니, 호왕이

"각각 소원대로 하라."

하고 대군을 기특히 여기더라.

(중략)

세자와 대군이 급히 궐내에 들어가 대전께 뵈온데, 주상이 반기사 왈

"너희는 무사히 돌아왔거니와, 경업은 언제나 오리오."

하시고 탄식하시며 또 가라사대

"세자는 무슨 탐욕으로 금은을 구하여 오느냐?"

하시고 벼루로 내리쳐 치시고 둘째 대군으로 세자를 봉하시니, 이때는 을유년이러라.

이때에 호왕의 딸 숙모공주가 있으니 천하절색이라. 부마를 구하더니, 호왕이 경업을 유의하여 공주더러 이르니, 공주가 관상 보기를 잘하여 경업의 관상 보기를 청하거늘, 경업이 부마에 뽑힐까 두려워하여 신발 속에 솜을 넣어 키를 세 치를 돋우고 들어갔더니, 공주가 엿보고 왈

"들어오는 걸음은 사자 모양이요 나가는 걸음은 범의 형용이니 짐짓 영웅이로되, 다만 키가 세 치 더한 것이 애달프다."

하거늘, 호왕이 마음에 서운하나 그와 방불한 자가 없는지라. 이에 장군더러 왈

"장군이 부마가 되어 부귀를 누림이 어떠하뇨?"

장군이 사례하기를,

㉡ "어찌 이런 말씀을 하십니까. 지극히 황공하며 하물며 조강지처가 있사오니, 존명을 받들지 못하리이다."

호왕이 재삼 권유하되 경업이 죽기로써 좇지 아니하니, 호왕이 안타까워하더라.

경업이 돌아감을 청하니, 호왕이 미루고 허락하지 아니하거늘 여러 신하들이 아뢰기를,

"절개 높고 충심이 깊은 사람을 두어 무익하고, 보내어도 해로움이 없사오니, 의로써 보내면 조선이 또한 의로써 섬길 것이니 보냄이 마땅하니이다."

호왕이 그 말을 따라 큰 잔치를 벌여 대접하고 예물을 갖추어 보낼새, 의주까지 호송하니라.

이때 김자점의 위세가 조정에 진동하는지라. 경업이 돌아오는 패문이 왔거늘, 자점이 헤오되, '경업이 돌아오면 나의 계교를 이루지 못하리라.' 하고 상께 아뢰기를,

"경업은 반역 죄인이라, 황명을 거역하고 도망하여 남경에 들어가 우리 조선을 치고자 하다가, 하늘이 무심치 아니하사 북경에 잡힌 바 되어 계교를 이루지 못하매, 하는 수 없어 세자와 대군을 청하여 보내고 뒤쫓아 나오니, 어찌 이런 대역 죄인을 그저 두겠나이까!"

상이 크게 놀라 왈

"무슨 연고로 만고 충신을 해하려 하는가? 경업이 비록 과인을 해롭게 하여도 아무도 그를 해치지 못하리라."

하시고, 자점을 엄히 꾸중하사

"나가라!"

하시니, 자점이 나와 그 무리와 의논하여 왈

"경업이 의주에 오거든 역적으로 잡아 오라."

하더라.

이때 경업이 데려갔던 격군과 호국 사신을 데리고 의주에 이르니, 사자(使者)가 와 이르되,

"장군이 반역했다 하여 역률(逆律)로 잡아 오라 합니다."

하고 칼을 씌우며 재촉하니, 의주 백성들이 울며,

"우리 장군이 만리타국에서 이제야 돌아오거늘, 무슨 연고로 잡혀가는고?"

하거늘, 경업 왈

"모든 백성은 나의 형상을 보고 조금도 놀라지 말라. 나는 죄 없이 잡혀가노라."

하니 남녀노소 없이 무슨 연고인 줄 모르고 슬퍼하더라.

- 작자 미상, 「임경업전」 -

형태쌤과 지문분석

지문분석	
공간	
서술자의 개입	

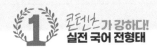

01 윗글에 대한 이해로 적절하지 않은 것은?

① 대군은 호왕의 배려에 따라 소원을 말하였다.
② 호왕은 적국의 임금인데도 강직한 임경업을 살려 보냈다.
③ 호국 신하들은 임경업을 귀국시켜도 호국에 무해하다고 아뢰었다.
④ 김자점은 세자와 대군을 귀국시키려는 임경업의 소원을 방해하였다.
⑤ 주상은 세자와 대군은 돌아오고 임경업은 함께 오지 못했음을 안타까워했다.

02 '임경업 부마 삼기' 사건에 대한 설명으로 가장 적절한 것은?

① 이 사건이 성사되지 않음으로써 조선에서 호왕의 나라로 공간적 배경이 전환될 수 있는 계기가 무산된다.
② 이 사건의 주요 과정인 관상 보기에 대해 공주가 수동적 태도로 일관함으로써 공주의 내적 갈등이 심화된다.
③ 이 사건의 당사자인 임경업이 천하절색이라는 공주의 외모에 관심을 둠으로써 그가 세속적 인물임이 드러난다.
④ 이 사건의 당사자인 공주가 임경업의 비범함을 인정했지만 혼사는 여전히 호왕이 주도하면서 왕실 내부의 갈등이 심화된다.
⑤ 이 사건은 임경업의 소원을 들어준 앞의 사건과 마찬가지로 임경업에 대한 호왕의 호감에서 비롯됨으로써 사건 전개의 연속성을 강화한다.

03 임경업이 말한 ㉠, ㉡에 대한 분석으로 적절하지 않은 것은?

① ㉠에서는 회유에 대해 대응하고, ㉡에서는 권유에 대해 반응한다.
② ㉠에서는 충신의 도리를, ㉡에서는 남편의 도리를 지키고자 한다.
③ ㉠에서는 과거의 사실을, ㉡에서는 현재의 처지를 언급하여 거절한다.
④ ㉠에서는 상대를 적으로 간주하고, ㉡에서는 상대의 권위를 인정한다.
⑤ ㉠에서는 죽음을 작정하고, ㉡에서는 억류를 의도하여 상대에 저항한다.

04 〈보기〉를 참고하여 윗글을 읽은 학생의 반응으로 적절하지 않은 것은?

> **보기**
>
> 조선 후기 사대부 심노승의 문집 『효전산고』를 보면, 종로의 담배 가게에서 「임경업전」을 낭독하는데, 김자점이 장군에게 죄를 씌워 죽이는 데 이르자 분노한 어떤 이가 "네가 자점이더냐?"라고 외치며 벌떡 일어나 낭독자를 해쳤다고 한다. 여기서 보듯 실감나는 낭독은 청중에게 작중 인물이 직접 말하는 것 같은 극적 환상을 일으킨다. 인물의 심리가 즉각 전달되고 사건은 보다 생생해져서, 청중은 낭독자의 안내에 따라 작품을 수용하고 현실에 대한 문제의식을 키우게 된다. 이 사건은 청에 대한 적대감, 임경업에 대한 흠모 의식에 바탕을 둔 「임경업전」에 청중이 얼마나 몰입했는지 보여준다.

① '임경업'이 '호왕'을 꾸짖는 장면을 낭독할 때, 장군의 기개가 '호왕'을 압도하는 것처럼 느껴지면서 청에 대한 적대감을 지닌 청중은 통쾌해하겠군.
② 칼을 쓰고 잡혀가는 '임경업'을 보며 '의주 백성들'이 우는 장면을 낭독할 때, '임경업'을 흠모하는 청중은 무슨 연고인 줄 몰라서 분노를 표출하겠군.
③ '주상'이 '세자'를 꾸짖는 장면을 낭독할 때, 세자답지 못한 행동을 꾸짖는 '주상'의 분노가 느껴지면서 청중은 '세자'를 내리치는 사건을 더욱 생생하게 받아들이겠군.
④ '사자'가 '임경업'에게 잡아가겠다고 말하는 장면을 낭독할 때, 이야기에 몰입한 청중에게는 마치 작중 인물이 되어 그 대화를 직접 듣는 듯한 극적 환상이 조성되겠군.
⑤ 임금과 백성이 지지함에도 불구하고 '김자점'에 의해 '임경업'이 모해를 입는 장면을 낭독할 때, 간신에 대한 청중의 반감이 커지면서 현실 문제에 대한 관심이 높아지겠군.

다음 글을 읽고 물음에 답하시오.

아내는 너 밤새워 가면서 도적질하러 다니느냐, 계집질하러 다니느냐고 발악이다. 이것은 참 너무 억울하다. 나는 어안이 벙벙하여 도무지 입이 떨어지지를 않았다.

너는 그야말로 나를 살해하려던 것이 아니냐고 소리를 한번 꽥 질러 보고도 싶었으나 그런 긴가민가한 소리를 섣불리 입 밖에 내었다가는 무슨 화를 볼는지 알 수 있나. 차라리 억울하지만 잠자코 있는 것이 우선 상책인 듯싶이 생각이 들길래 나는 이것은 또 무슨 생각으로 그랬는지 모르지만 툭툭 털고 일어나서 내 바지 포켓 속에 남은 돈 몇 원 몇 십 전을 가만히 꺼내서는 몰래 미닫이를 열고 살며시 문지방 밑에다 놓고 나서는 그냥 줄달음박질을 쳐서 나와 버렸다.

여러 번 자동차에 치일 뻔하면서 나는 그래도 경성역을 찾아갔다. 빈자리와 마주 앉아서 이 쓰디쓴 입맛을 거두기 위하여 무엇으로나 입가심을 하고 싶었다.

커피. 좋다. 그러나 경성역 홀에 한 걸음을 들여놓았을 때 나는 내 주머니에는 돈이 한 푼도 없는 것을, 그것을 깜빡 잊었던 것을 깨달았다. 또 아뜩하였다. 나는 어디선가 그저 맥없이 머뭇머뭇하면서 어쩔 줄을 모를 뿐이었다. 얼빠진 사람처럼 그저 이리 갔다 저리 갔다 하면서……

[A]
나는 어디로 어디로 들입다 쏘다녔는지 하나도 모른다. 다만 몇 시간 후에 내가 미쓰꼬시* 옥상에 있는 것을 깨달았을 때는 거의 대낮이었다.

나는 거기 아무 데나 주저앉아서 내 자라 온 스물여섯 해를 회고하여 보았다. 몽롱한 기억 속에서는 이렇다는 아무 제목도 불그러져 나오지 않았다.

나는 또 나 자신에게 물어보았다. 너는 인생에 무슨 욕심이 있느냐고. 그러나 있다고도 없다고도, 그런 대답은 하기가 싫었다. 나는 거의 나 자신의 존재를 인식하기조차도 어려웠다.

허리를 굽혀서 나는 그저 금붕어나 들여다보고 있었다. 금붕어는 참 잘들도 생겼다. 작은 놈은 작은 놈대로 큰 놈은 큰 놈대로 다 싱싱하니 보기 좋았다. 내리비치는 오월 햇살에 금붕어들은 그릇 바탕에 그림자를 내려뜨렸다. 지느러미는 하늘하늘 손수건을 흔드는 흉내를 낸다. 나는 이 지느러미 수효를 헤어 보기도 하면서 굽힌 허리를 좀처럼 펴지 않았다. 등허리가 따뜻하다.

나는 또 회탁의* 거리를 내려다보았다. 거기서는 피곤한 생활이 똑 금붕어 지느러미처럼 흐늑흐늑 허비적거렸다. 눈에 보이지 않는 끈적끈적한 줄에 엉켜서 헤어나지들을 못한다. 나는 피로와 공복 때문에 무너져 들어가는 몸뚱이를 끌고 그 회탁의 거리 속으로 섞여 들어가지 않는 수도 없다 생각하였다.

나서서 나는 또 문득 생각하여 보았다. 이 발길이 지금 어디로 향하여 가는 것인가를…….

그때 내 눈앞에는 아내의 모가지가 벼락처럼 내려 떨어졌다. 아스피린과 아달린*.

우리들은 서로 오해하고 있느니라. 설마 아내가 아스피린 대신에 아달린의 정량을 나에게 먹여 왔을까? 나는 그것을 믿을 수는 없다. 아내가 대체 그럴 까닭이 없을 것이니.

그러면 나는 날밤을 새면서 도적질을, 계집질을 하였나? 정말이지 아니다.

우리 부부는 숙명적으로 발이 맞지 않는 절름발이인 것이다. 나나 아내나 제 거동에 로직을 붙일 필요는 없다. 변해할 필요도 없다. 사실은 사실대로 오해는 오해대로 그저 끝없이 발을 절뚝거리면서 세상을 걸어가면 되는 것이다. 그렇지 않을까?

그러나 나는 이 발길이 아내에게로 돌아가야 옳은가. 이것만은 분간하기가 좀 어려웠다. 가야 하나? 그럼 어디로 가나!

㉠이때 뚜— 하고 정오 사이렌이 울었다. 사람들은 모두 네 활개를 펴고 닭처럼 푸드덕거리는 것 같고 온갖 유리와 강철과 대리석과 지폐와 잉크가 부글부글 끓고 수선을 떨고 하는 것 같은 찰나, 그야말로 현란을 극한 정오다.

나는 불현듯이 겨드랑이가 가렵다. 아하 그것은 내 인공의 날개가 돋았던 자국이다. 오늘은 없는 이 날개, 머릿속에서는 희망과 야심의 말소된 페이지가 딕셔너리 넘어가듯 번뜩였다.

나는 걷던 걸음을 멈추고 그리고 어디 한번 이렇게 외쳐 보고 싶었다.

날개야 다시 돋아라.

날자. 날자. 날자. 한 번만 더 날자꾸나.

한 번만 더 날아 보자꾸나.

– 이상, 「날개」 –

* 미쓰꼬시 : 일제 강점기에 서울에 있었던 백화점 이름.
* 회탁의 : 회색의 탁한.
* 아달린 : 수면제의 일종.

📒 형태쌤과 지문분석

지문분석	
시간	
공간	
서술자의 관심사	

01 윗글의 서술적 특징과 효과를 〈보기〉에서 고른 것은?

보기

ㄱ. 독백적인 어조로 현실과 단절된 의식 상태를 표현하고 있다.
ㄴ. 단정적이고 객관적인 진술로 사건에 사실성을 부여하고 있다.
ㄷ. 회상의 기법을 사용하여 현재와 과거의 화해를 지향하고 있다.
ㄹ. 비유적 표현으로 인물의 생각과 인상을 구체적으로 제시하고 있다.

① ㄱ, ㄴ   ② ㄱ, ㄹ   ③ ㄴ, ㄷ   ④ ㄴ, ㄹ   ⑤ ㄷ, ㄹ

형태쌤과 선지분석

선지분석	날개
독백적 어조 → 현실과 단절된 의식	
단정적이고 객관적인 진술	
회상 → 현재와 과거의 화해	
비유적 표현 → 인물의 생각, 인상	

03 ㉠에 관한 설명의 일부인 〈보기〉를 참고하여 윗글을 감상한 내용으로 적절하지 않은 것은?

보기

철학과 문학에서는 전통적으로 시간을 가리키는 말에 함축적인 의미를 부여해 왔다. 특히 독일의 철학자 니체는 '정오'를 각성과 재생의 시간으로 간주했다. '정오'는 인식의 태양이 가장 높이 솟아오른 때라는 것이다.

① '나'의 의식 상태는 ㉠ 이전과 이후로 나누어 볼 수 있겠군.
② '정오'의 사이렌 소리가 '나'의 생명력을 일깨운 것으로 볼 수 있겠군.
③ '정오'의 함축적 의미 때문에 ㉠을 경계로 어조와 분위기가 바뀐 것이겠군.
④ '나'는 '정오'가 되면서 자아의 문제에서 사회의 문제로 시선을 전환하게 되는군.
⑤ 이 작품은 시간의 물리적인 의미보다 심리적인 의미에 중점을 두고 읽어야 겠군.

02 일제 강점기에 미쓰꼬시 백화점은 서울에서 매우 높은 건물이었다. 이 사실에 비추어 볼 때, [A]에서 '미쓰꼬시 옥상'이 가지는 기능에 대한 설명으로 적절하지 않은 것은?

① '나'로 하여금 내면적 성찰을 시도하게 한다.
② '나'에게 이전과는 다른 삶의 태도를 갖게 한다.
③ '회탁의 거리'를 압축적으로 조감할 수 있게 한다.
④ '나'와 '회탁의 거리' 사이의 괴리감을 드러내 준다.
⑤ '회탁의 거리'를 부자유와 체념의 공간으로 인식하게 한다.

04 〈보기〉의 설명을 바탕으로 윗글을 이해한 내용으로 적절하지 않은 것은?

보기

「날개」는 현대 문명과 불화를 겪고 있는 지식인의 내면세계를 '아내'와 '나'의 부조리한 관계에 빗대어 표현한 작품이다. 여기서 '아내'는 현대 문명을, '나'는 지식인의 내면세계를 상징한다. 같은 맥락에서 이 소설에 나타나는 사물들과 사건들 또한 상징적인 의미를 지닌다.

① 도적질하거나 계집질한다고 '아내'가 '나'를 의심하면서 따지는 것은 지식인의 내면세계에 대한 현대 문명의 위협적인 힘을 의미한다.
② '나'가 아내 몰래 집에서 나온 것은 현대 문명의 구속에 맞서고자 하는 지식인의 적극적인 대결 의지를 의미한다.
③ '나'가 '아내'에게서 완전히 떠나겠다고 생각하지 못하는 것은 현대 문명과 결별하기 어려운 지식인의 의식 상태를 의미한다.
④ 자신도 모르게 아달린을 먹어 왔는지도 모른다는 '나'의 의구심은 자기의 이성이 자신도 모르게 현대 문명에 길들여져 가는 데 대한 지식인의 두려움을 의미한다.
⑤ '나'의 머릿속에서 희망과 야심의 말소된 페이지가 번뜩인다고 한 것은 현대 문명에 대한 비판 의식을 회복하고 싶어 하는 지식인의 소망을 의미한다.

다음 글을 읽고 물음에 답하시오.

(가)

　님은 갔습니다. **아아**, 사랑하는 나의 님은 갔습니다.

　푸른 산빛을 깨치고 단풍나무 숲을 향하여 난 작은 길을 걸어서, 차마 떨치고 갔습니다.

　황금의 꽃같이 굳고 빛나던 옛 맹서는 **차디찬 티끌**이 되어서 한숨의 미풍에 날아갔습니다.

　날카로운 첫 키스의 추억은 나의 운명의 지침을 돌려놓고, 뒷걸음쳐서 사라졌습니다.

　나는 향기로운 님의 말소리에 귀먹고, **꽃다운 님의 얼굴**에 눈멀었습니다.

　사랑도 사람의 일이라, 만날 때에 미리 떠날 것을 염려하고 경계하지 아니한 것은 아니지만, 이별은 뜻밖의 일이 되고, 놀란 가슴은 새로운 슬픔에 터집니다.

　그러나 이별을 쓸데없는 **눈물**의 원천을 만들고 마는 것은 스스로 사랑을 깨치는 것인 줄 아는 까닭에, ㉠걷잡을 수 없는 슬픔의 힘을 옮겨서 새 희망의 정수박이에 들어부었습니다.

　우리는 만날 때에 떠날 것을 염려하는 것과 같이, 떠날 때에 **다시 만날 것**을 믿습니다.

　아아, 님은 갔지마는 나는 님을 보내지 아니하였습니다.

　ⓐ제 곡조를 못 이기는 사랑의 노래는 님의 침묵을 휩싸고 돕니다.

－ 한용운, 「님의 침묵」 －

(나)

크낙산 골짜기가 온통
연록색으로 부풀어 올랐을 때
그러니까 신록이 우거졌을 때
그곳을 지나가면서 나는
미처 몰랐었다

뒷절로 가는 길이 온통
주황색 단풍으로 물들고 나뭇잎들
무더기로 바람에 떨어지던 때
그러니까 낙엽이 지던 때도
그곳을 거닐면서 나는
느끼지 못했었다

이렇게 한 해가 다 가고
눈발이 드문드문 흩날리던 날
앙상한 대추나무 가지 끝에 매달려 있던
㉡ 나뭇잎 하나
문득 혼자서 떨어졌다

저마다 한 개씩 돋아나
여럿이 모여서 한여름 살고
마침내 저마다 한 개씩 떨어져
그 많은 나뭇잎들
사라지는 것을 보여 주면서

－ 김광규, 「나뭇잎 하나」 －

(다)

삼경에 못 든 잠을 사경 말에 비로소 들어
상사(相思)하던 우리 님을 꿈 가운데 해후하니
시름과 한(恨) 못다 일러 한바탕 꿈 흩어지니
아리따운 고운 얼굴 곁에 얼핏 앉았는 듯
어화 아뜩하다 꿈을 생시 삼고지고
잠 못 들어 탄식하고 바삐 일어나 바라보니
구름산은 첩첩하여 천리몽(千里夢)을 가려 있고
흰 달은 창창하여 두 마음을 비추었다
좋은 기약 막혀 있고 세월이 하도 할사
엊그제 꽃이 버들 곁에 붉었더니
그 결에 홀홀하여* 잎에 가득 가을 소리라
새벽 서리 지는 달에 외기러기 슬피 울 제
반가운 님의 소식 행여 올까 바라더니
아득한 구름 밖에 빈 소리뿐이로다
지리하다 이 이별이 언제면 다시 볼까
어화 내 일이야 나도 모를 일이로다
이리저리 그리면서 어이 그리 못 가는고
약수(弱水)* 삼천 리 멀단 말이 이런 곳을 일렀구나
　┌ 산 머리에 조각달 되어 님의 낯에 비추고자
　│ 바위 위에 오동 되어 님의 무릎 베고자
[A] │ 빈산에 잘새 되어 북창(北窓)에 가 울고자
　│ 지붕 위 아침 햇살에 제비 되어 날고지고
　└ 옥창(玉窓)의 앵두화에 나비 되어 날고지고
태산이 평지 되도록 금강이 다 마르도록
평생 슬픈 회포 어디에 견주리오

－ 작자 미상, 「춘면곡(春眠曲)」 －

* 홀홀하여 : 시간이 빨리 지나가서.
* 약수 : 신선이 사는 땅에 있다는 강 이름.

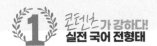

01 (가)~(다)의 공통점으로 가장 적절한 것은?

① 과거의 상황을 환기하며 화자의 정서를 드러낸다.
② 자연의 변화를 표현하여 화자의 미래를 암시한다.
③ 감각적 이미지를 활용하여 시적 대상을 예찬한다.
④ 관조적인 자세로 대상이 지닌 의미를 새롭게 발견한다.
⑤ 섬세하고 부드러운 어조로 애상적 분위기를 고조시킨다.

 형태쌤과 선지분석

선지분석	(가)	(나)	(다)
과거 환기			
자연 변화 → 미래 암시			
감각적 이미지 → 예찬			
관조 → 새로운 의미 발견			
섬세하고 부드러운 어조 → 애상적 분위기			

02 ㉠과 ㉡에 대한 설명으로 가장 적절한 것은?

① ㉠과 ㉡에서는 시상이 확산되고 있다.
② ㉠과 ㉡ 모두 감정을 직설적으로 표출하고 있다.
③ ㉠은 ㉡과 달리 화자의 의지가 투영되어 있다.
④ ㉡은 ㉠에 비해 역동적인 느낌이 두드러진다.
⑤ ㉠은 사실의 기술이, ㉡은 관념의 표현이 부각된다.

 형태쌤과 선지분석

선지분석	㉠	㉡
시상의 확산		
직설적 감정 표출		
화자의 의지 투영		
역동적 느낌		
㉠ 사실 기술 / ㉡ 관념 표현		

03 (가)와 (다)를 대응시켜 감상한 내용으로 적절하지 <u>않은</u> 것은?

① (가)의 첫 번째 '아아'와 (다)의 두 번째 '어화'는 부정적 상황에 대한 비탄의 표현으로 볼 수 있군.
② (가)의 '차디찬 티끌'과 (다)의 '새벽 서리'는 허무하게 깨진 인연을 상징한다는 점에서 통하네.
③ (가)의 '꽃다운 님의 얼굴'과 (다)의 '아리따운 고운 얼굴'은 화자가 사랑하는 대상의 모습을 나타내고 있어.
④ (가)의 '눈물'과 (다)의 '시름과 한'은 이별로 인해 생겨난 슬픔이라 할 수 있어.
⑤ (가)의 '다시 만날 것'과 (다)의 '좋은 기약'은 '님'과 만나고 싶은 소망과 관련되겠군.

04 <보기>를 바탕으로 ⓐ를 이해한 내용으로 가장 적절한 것은?

> **보기**
>
> 「님의 침묵」에서 '노래'와 '침묵'은 화자와 '님'의 관계를 이해하는 데 핵심이 되는 시어이다. 한용운은 시 「반비례」에서 "당신이 노래를 부르지 아니하는 때에 당신의 노랫가락은 역력히 들립니다그려 / 당신의 소리는 침묵이에요"라고 했다. 침묵이라는 부재의 상태에서 '님'의 실재를 본 것이다. 화자는 '님'을 향해 '노래'를 부르는데, 시 「나의 노래」에서 "나의 노래가 산과 들을 지나서 멀리 계신 님에게 들리는 줄"을 안다고 했다. 이는 화자가 자신의 노래에 '님'과 근원적으로 소통할 수 있는 힘을 부여한 것으로 볼 수 있다.

① 노래가 제 곡조를 못 이긴다는 것은 '님'이 침묵하는 상황을 화자가 감당하지 못한다는 뜻이야.
② 노래가 '님'의 침묵을 휩싸고 돈다는 것은 화자가 부재 속에 실재하는 '님'과 깊이 교감한다는 뜻이야.
③ '나의 노래'가 산과 들을 지나서 멀리 나아간다고 한 데서 '사랑의 노래'가 자연 친화적임을 알 수 있어.
④ 침묵을 휩싸고 도는 노래가 '사랑의 노래'라는 것은 침묵이 끝나야 사랑이 비로소 시작되리라는 것을 말하고 있어.
⑤ 침묵하는 '님'에게서 노랫가락을 역력히 듣는다는 데서 '사랑의 노래'가 화자의 노래가 아니라 '님'의 노래임을 알 수 있어.

05 (나)에 대한 설명으로 적절하지 <u>않은</u> 것은?

① 1연, 2연에서 유사한 구조의 문장을 사용함으로써 대상의 의미를 깨닫지 못했던 화자의 모습을 강조하고 있다.

② 1~3연에서 '골짜기'→'길'→'대추나무'→'나뭇잎 하나'로 시적 대상이 바뀌면서 화자와 대상의 거리가 가까워지고 있다.

③ 1~4연에서 '그러니까', '문득', '마침내'와 같은 부사는 독자로 하여금 화자의 인식에 주목하게 하고 있다.

④ 4연에서 '저마다 한 개씩'이라는 시구를 반복함으로써 세상과 화합할 수 없는 존재의 고뇌를 강조하고 있다.

⑤ 4연에서 화자는 생성에서 소멸에 이르는 자연물의 변화 과정을 통해 인간의 삶을 이해하고 있다

06 <보기>를 참고하여 [A]를 감상한 내용으로 적절하지 <u>않은</u> 것은?

보기

시조나 가사에는, 임과 헤어져 있는 화자가 어떤 특정한 자연물로 다시 태어나서 임의 곁에 머물고 싶다는 진술이 흔히 나타난다. 이러한 진술은 화자의 소망을 강조하기 위한 관습적 표현인데, 그 속에는 당대인들의 세계관이 투영되어 있다. 인간과 자연이 깊은 관련을 맺으며 조화를 이룬다는 인식, 현세의 인연이 후세로 이어질 수 있다는 순환적 인식 등이 그것이다. 시가에 담긴 이러한 인식은 화자가 현실의 고난이나 결핍을 극복하는 데 도움을 준다.

① 관습적인 표현을 활용한 것은 개인적 정서를 보편적인 것으로 느끼게 하는 데 효과적이었겠어.

② 비슷한 의미 구조를 지니는 구절을 거듭 제시함으로써 화자의 소망이 간절함을 강조하고 있어.

③ '오동', '제비', '나비' 등이 사용된 데서, 인간과 자연이 관련되어 있다는 화자의 인식을 엿볼 수 있어.

④ '조각달'이나 '잘새' 같은 소재에는 '님'과 함께 크고 넓은 세계로 도약하려는 화자의 희망이 담겨 있어.

⑤ 자연물로 변해서라도 '님'과 만나려 하는 것을 보니 화자가 '님'과 만나기 어려운 상황에 놓여 있음을 알 수 있어.

나 없이

기출

풀지마라

다음 글을 읽고 물음에 답하시오.

[앞부분의 줄거리] 천상에서 벌을 받은 문창성은 꿈을 꾸어 인간 세상에 양창곡으로 다시 태어난다. 천상에 함께 있었던 제방옥녀, 천요성, 홍란성, 제천선녀, 도화성도 인간 세상에서 윤 소저, 황 소저, 강남홍, 벽성선, 일지련으로 다시 태어나 양창곡과 결연을 맺는다. 양창곡은 벼슬하고 공은 세워 연왕에 오른다. 그 뒤 부친 양현, 모친 허 부인, 다섯 아내, 자식들과 영화로운 삶을 살게 된다.

이날 밤에 강남홍이 취하여 취봉루에 가 의상을 풀지 아니하고 책상에 ⊙ 의지하여 잠이 들었더니 홀연 정신이 황홀하고 몸이 정처 없이 떠돌아 일처에 이르매 한 명산이라. 봉우리가 높고 험준하거늘 강남홍이 가운데 봉우리에 이르니 한 보살이 눈썹이 푸르며 얼굴이 백옥 같은데 비단 가사를 걸치고 석장(錫杖)을 짚고 있다가 웃으며 강남홍을 맞아 왈,

"강남홍은 인간지락(人間之樂)이 어떠한가?"

강남홍이 ⓛ 망연히 깨닫지 못하여 왈,

"도사는 누구시며 인간지락은 무엇을 이르시는 것입니까?"

보살이 웃고 석장을 공중에 던지니 한 줄기 무지개 되어 하늘에 닿았거늘 보살이 강남홍을 ⓒ 인도하여 무지개를 밟아 공중에 올라가더니 앞에 큰 문이 있고 오색구름이 어리었는지라. 강남홍이 문 왈,

"이는 무슨 문입니까?"

보살 왈,

"남천문이니 그대는 문 위에 올라가 보라."

강남홍이 보살을 따라 올라 한 곳을 바라보니 일월(日月) 광채 ⓔ 휘황한데 누각 하나가 허공에 솟았거늘 백옥 난간이며 유리 기둥이 영롱하여 눈이 부시고 누각 아래 푸른 난새와 붉은 봉황이 쌍쌍이 ⓜ 배회하며 몇몇 선동(仙童)과 서너 명의 시녀가 신선 차림으로 난간머리에 섰으며 누각 위를 바라보니 한 선관과 다섯 선녀가 난간에 의지하여 취하여 자는지라. 보살께 문 왈,

"이곳은 어느 곳이며 저 선관, 선녀는 어떠한 사람입니까?"

보살이 미소 지으며 왈,

"이곳은 백옥루요 제일 위에 누운 선관은 문창성(文昌星)이요. 차례로 누운 선녀는 제방옥녀(諸方玉女)와 천요성(天妖星)과 홍란성(紅鸞星)과 제천선녀(諸天仙女)와 도화성(桃花星)이니, 홍란성은 즉 그대의 전신(前身)이니라."

강남홍이 속으로 놀라 왈,

"저 다섯 선녀는 다 천상에서 입도(入道)한 선관이라. 어찌 저다지 취하여 잠을 잡니까?"

보살이 홀연 서쪽을 보며 합장하더니 시 한 구를 외워 왈,

정이 있으면 인연이 생기고
인연이 있으면 정이 생기도다.
정이 다하고 인연이 끊어지면
만 가지 생각이 함께 텅 비는구나.

강남홍이 듣고 정신이 상쾌하여 문득 깨달아 왈,

"나는 본디 천상의 별인데 인연을 맺어 잠깐 하계(下界)에 내려온 것이로다."

(중략)

강남홍 왈,

"그러하면 저도 또한 천상의 별이라, 이미 여기 왔으니 다시 인간 세상에 돌아갈 마음이 없나이다."

보살이 웃으며 왈,

"하늘이 정한 인연을 인력으로 할 바 아니다. 그대 인간 인연을 마치지 못하였으니 빨리 돌아가라. 사십 년 후에 다시 와 옥황상제께 조회하고 천상지락(天上之樂)을 누릴지어다."

강남홍이 문 왈,

"보살은 뉘십니까?"

보살이 웃으며 왈,

"빈도(貧道)는 남해 수월암 관세음보살이라. 부처의 명을 받아 그대를 지도하러 왔노라."

보살이 말을 마치고 석장을 공중에 던지니 오색 무지개 일어나며 홀연 우렛소리 울리거늘 강남홍이 놀라 깨어 보니 몸이 취봉루 책상 앞에 누웠는지라.

강남홍은 꿈속 일이 의아하여 연왕과 윤 부인, 황 부인, 벽성선, 일지련에게 낱낱이 말하니 그들 또한 같은 꿈을 꾸었는지라. 서로 탄식하며 의아해 하더니 허 부인이 듣고 강남홍더러 왈,

"내 고향에 있을 적 늦도록 무자(無子)하여 옥련봉 돌부처에게 기도하고 연왕을 낳았으니 그 돌부처가 곧 관세음보살이라. 그 한량없는 공덕을 갚지 못하였더니 이제 너의 꿈에 나타나 불사(佛事)를 권하는 것이 아니겠느냐? 듣자 하니 벽성선의 부친 보조국사께서 자개봉 대승사에 계신데 불법(佛法)에 정통하다 하니 청하여 옥련봉 돌부처를 위하여 일개 암자를 짓고 한편으로 대승사에 백일 동안 재(齋)를 올려 관세음보살의 자비로운 공덕을 갚고자 하노라."

벽성선이 크게 기뻐하며 즉시 보조국사를 청하여 재 올리기를 시작하고 재물을 후히 보내어 옥련봉에 암자를 창건하였더니, 과연 그 후 사십 년을 부귀를 누리다가 양현과 허 부인은 수(壽)를 팔십여 세 하고, 연왕은 다시 출장입상하여 또한 수를 팔십을 하고, 윤 부인 삼자 이녀(三子二女)에 수 칠십이요, 황 부인은 이자 일녀에 수 육십을 넘기고, 강남홍은 오자 삼녀에 수 칠십이요, 벽성선, 일지련은 각각 삼자 이녀에 수를 또한 칠십 세를 하니, 연왕의 자녀 합 이십육에 아들 십육 인은 각각 입신양명하여 부귀영화를 누리고 딸 십 인은 왕공 부인이 되어 다자 다복(多子多福)하더라.

– 남영로, 「옥루몽」 –

형태쌤과 지문분석

지문분석	
공간	
서술자의 개입	

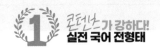

01 윗글의 서술상 특징으로 가장 적절한 것은?

① 서술자가 개입하여 앞으로 일어날 사건을 예고하고 있다.
② 대립적인 두 인물을 배치하여 인물 간 갈등을 구체화하고 있다.
③ 순간적으로 장면을 전환하여 사건의 환상적 면모를 부각하고 있다.
④ 내적 독백을 활용하여 난관을 극복하고자 하는 의지를 표현하고 있다.
⑤ 인물의 외양을 묘사하여 인물의 혼란스러운 심리 상태를 드러내고 있다.

형태쌤과 선지분석

선지분석	옥루몽
서술자의 개입 → 사건 예고	
대립적 두 인물 배치 → 갈등 구체화	
순간적 장면 전환 → 사건의 환상성 부각	
내적 독백 → 극복 의지 표현	
외양 묘사 → 혼란스러운 심리 제시	

02 윗글에 대한 이해로 적절하지 <u>않은</u> 것은?

① '강남홍'은 '명산'에서 '보살'을 처음 만났다.
② '보살'은 '석장'을 이용하여 '남천문'에 당도하였다.
③ '강남홍'은 선관, 선녀들과 '남천문'에서 재회하였다.
④ '보살'은 '강남홍'이 천상의 존재였음을 알려 주었다.
⑤ '허 부인'은 '옥련봉 돌부처'에게 기도하여 '양창곡'을 낳았다.

03 〈보기〉를 참고하여 윗글을 감상한 내용으로 적절하지 <u>않은</u> 것은?

보기

　「옥루몽」의 환몽(幻夢) 구조는 독특하다. 천상계에서 꿈을 통해 속세로 진입한 남녀 주인공들은 속세에서 다시 꿈을 꾸어 천상계를 경험하는데, 이때 신이한 존재에 의해 자신의 정체를 깨달으며 꿈에서 깨어나게 된다. 꿈에서 깨어난 남녀 주인공들은 속세로 돌아와 천수를 누린 뒤에야 천상계에 복귀한다.

① '강남홍'이 '취봉루'에서 꿈에 드는 것으로 보아, '취봉루'는 천상계에서 속세로 입몽하는 공간이군.
② '강남홍'이 '백옥루'를 보며 자신의 정체를 깨닫는 것으로 보아, '백옥루'는 속세에서의 입몽을 통해 자신의 정체를 깨닫게 되는 천상계의 공간이군.
③ '보살'이 '강남홍'에게 인간 세상의 인연이 끝나지 않았다고 하는 것으로 보아, '보살'은 천상계에서 속세로의 각몽을 유도하는 신이한 존재이군.
④ '허 부인'이 '보살'을 '옥련봉 돌부처'와 연관 짓는 것으로 보아, '암자'를 창건한 것은 신이한 존재에 대한 속세에서의 보답이군.
⑤ '양창곡' 일가가 속세에서 천수를 누리고 일생을 마무리하는 것으로 보아, 이 작품은 주인공이 속세에서 연을 다한 후 천상계로 복귀하는 구조로 이루어졌군.

04 문맥상 ⊙~⑩과 바꿔 쓰기에 적절하지 <u>않은</u> 것은?

① ⊙ : 기대어
② ⓒ : 멍하니
③ ⓒ : 이끌어
④ ⓔ : 눈부신데
⑤ ⑩ : 어울리며

다음 글을 읽고 물음에 답하시오.

[앞부분의 줄거리] 해방 후 '나'는 벗인 '방(方)'과 함께, 장춘에서 서울에 이르는 귀로에 오른다. 회령에서 우연히 '방'과 헤어진 '나'는 수성에 이르러 뱀장어를 잡아 파는 한 소년을 만난다. 이후 '나'는 '방'과 재회하기 위해 청진에 도착하여 어느 국밥집 할머니를 만나게 된다.

노인은 대 끝으로 국 솥을 가리키며,

[A]
"이런 걸 하던 것도 아니요, 어려서부터 배운 것도 아니지마는 그 애가 돌아가던 해 여름, 처음 얼마 동안은 어쩔 줄을 모르고 어리둥절해 있기만 하다가 늘 그러구 있을 수도 없고, 또 **아이 몇 잃어버리는** 동안에 생긴 잠 안 오는 나쁜 버릇이 다시 도져서 몇 해 만에 다시 남의 고궁살이*를 들어갔지요."

"네에, 그러세요."

"그 긴 다섯 해 동안을 그저 모진 일과 고단한 잠만으로 지어 나아오다가, 하루아침은 문득 그것이 죽었으니 찾아가라는 기별이 감옥에서 나왔을 때에야 얼마나 앞이 아득하였겠어요."

"그러셨겠습니다."

[B]
"사람의 가죽은 질기다고 했습니다. 병과 액으로 앞서도 자식새끼 몇 되던 것 하나씩 둘씩 이리저리 다 때우기는 하였지마는, 그런 땐들 왜 안 그럴 수야 있었겠나요마는, 이제는 힘을 줄 데라고는 하나 남지 않고 없어지고, 그것 하나만 믿고 산다 한 그놈마저 죽어 없어졌는데도 사람의 목숨은 이렇게 모진 것이니."

마음이 제법 단단해 보이던 그도 한 번 내달으니 비로소 젊은이 앞에서 긴 한숨을 걷잡지 못하였다. 여기서 처음으로 나는 그를 위로할 기회를 얻었으므로,

"그럼 어떻게 하십니까. 그리고 가는 사람도 다 제 명이 아닙니까."

하여 드리니까 그는,

"하기야 명이지요. 하지만 명이란들 그럴 수야 있습니까. 해방이 되었다 해서 갇히었던 사람들은 이제 살인 강도 암질*이라도 다 옥문을 걷어차고 훨훨 튀어서 세상에 나오지 않습니까."

하였다.

"부질없는 말로 이가 어째 안 갈리겠습니까 — 하지만 내 새끼를 갖다 가두어 죽인 놈들은 자빠져서 다들 무릎을 꿇었지마는, 무릎 꿇은 놈들의 꼴을 보면 눈물밖에 나는 것이 없이 되었습니다그려. 애비랄 것 없이 남편이랄 것 없이 잃어버릴 건 다 잃어버리고 못 먹고 굶주리어 피골이 상접해서 헌 너즐떼기에 깡통을 들고 앞뒤로 허친거리며*, 업고 안고 끌고 주추 끼고 다니는 꼴들 — 어디 매가 갑니까. 벌거벗겨 놓고 보니 매 갈 데가 어딥니까."

"……."

"만주서 오셨다니깐 혹 못 보셨는지 모르지마는, 낮에 보면 이 조그만한 장터에도 그 헐벗은 굶주린 것들이 뜨문히 바닥에 깔리곤 합니다. 그것들만 실어서 보내는 고무산*인가 아오지*인가 간다는 차가 저기 와 선 채 저 차도 벌써 나 알기에 닷새도 더 되는가 봅니다. 참다 참다 못해 자원해 나오는 것들이 한 차 되기를 기다려 떠나는 것인데, 닷새 동안이면 닷새 동안 긴내 굶은 것인들 그 속에 어째 없겠어요."

그러지 아니하여도 나는 할머니의, 아까 그것들이 업고, 안고, 끼고 다닌다는 **측은한 표현**을 한 것으로부터, 낮에 수성서 들어오는 길로 맞닥뜨린 사람이 복작거리는 ⓐ <u>좁은 행상로 위에 일어난 한 장면의 짧막한 씬</u>을 연상하기 시작하는 중이었는데, 노인은 이러고는 말을 끊고 흐흥 깊은 한숨을 들여 쉬었다.

[가]
참으로 그 일본 여자는 업고, 달고 또 하나는 손을 잡고, 아마 아오지 가기를 기다리는 차에서 기어 내려온 듯 폼 가까운 행상 위에 우두커니 서 있었다. 허옇게 퉁퉁 부어오른 낯에 기름때에 전 걸레 같은 헝겊 조각으로 머리를 질끈 동이고, 업고, 달리우고, 잡힌 채, 길 바추에 비켜 서 있었다. 머리를 동인 것만으로는 휘둘리우는 몸을 어찌할 수 없다는 모양으로, 골살을 몇 번 찌푸렸다가는 펴서, 하늘을 쳐다보고, 또 찌푸렸다가는 펴서 쳐다보고 하기를 한참이나 하며 애를 쓰는 것을 자기는 유심히 건너다보고 있었던 것이다.

이윽고 그는 정신이 들었는지 지척지척 걸어 들어와 광주리며 함지며, 채두렁이 같은 데에 여러 가지 먹을 것을 담아 가지고 나와, 혹은 섰기도 하고, 혹은 앉았기도 한, 여인 행상꾼들 앞을 지나쳐오다가 문득 한 여인 앞에 서서 발부리에 놓인 광주리의 속을 손가락으로 가리키는 것이었다.

"한 개에 오 원씩."

행상의 여인네는 허리를 꾸부리어 광주리에서 속에 담기었던 배 한 개를 집어 들고 다른 한 손을 활짝 펴서 **일본인 아낙네** 눈앞을 가리우매, 아낙네는 실심한 사람 모양으로 한참 동안이나 자기 눈앞을 가리운 활짝 편 그 손가락을 멀거니 바라만 보고 있었다.

뒤에 달린 여덟 살 난 **사낼미**가 엉겻바치를 움켜잡고 비어 틀듯이 앞으로 떠밀고 그보다 두어 살이나 덜 먹었을, 손을 잡혀 나오던 **어린 계집아이**가 어미의 손을 끌어당기었다. 그리고 **업힌 것**이 띤 띠개*에서 넘나와 두 손을 내어 뻗으며 어미의 어깨 너머로 솟아오르려고 한다.

"이것들이 이렇게 야단이야요."

세 어린것의 어머니는 참다 못하여 일본말로 이러며 고개를 개우뚬하고는 행상 여인의 눈동자를 들여다보는 것이었다.

애걸이 없었다기로니 이것들이 어찌 그것만으로 덜 비참할 리가 있을 정경이었을 것이냐.

– 허준, 「잔등(殘燈)」 –

*고궁살이 : 고공살이. 남의 집 살이.
*암질(暗質) : 어리석은 천성이나 성질.
*허친거리며 : 발을 헛디뎌 균형을 잡지 못해 이리저리 쏠리며.
*고무산, 아오지 : 함경북도에 있는 곳으로, 고무산은 농산물과 목재의 집산지였고 아오지는 석탄 산업 시설이 있었음.
*사낼미 : 사내아이의 방언.
*띠개 : 주로 아이를 업을 때 쓰는, 너비가 좁고 기다란 천을 이르는 방언.

📁✎ 형태쌤과 지문분석

지문분석	
시간	
공간	
서술자의 관심사	

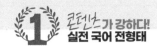

01 윗글의 인물에 대한 설명으로 가장 적절한 것은?

① '노인'은 '그 애'가 죽기 전에는 고공살이를 경험한 적이 없다.
② '아이 몇 잃어버리는' 슬픔에도 불구하고 '노인'은 불면의 고통을 겪지 않았다.
③ '행상의 여인네'는 '일본인 아낙네'에게 돈을 받지 않고 과일을 주었다.
④ '노인'은 마지막까지 살아남았던 자식이 옥중에서 죽는 순간을 보지 못했다.
⑤ '사냇미', '어린 계집아이', '업힌 것' 등 '세 어린것'은 '행상의 여인네'에게 구걸하고 있었다.

03 ⓐ를 참고할 때, [가]에 대한 이해로 가장 적절한 것은?

① 나의 회상을 통해 떠오른 인물의 외양과 행동을 묘사하고 있다.
② 나의 회상 속에는 '자기'와 인물들 간의 외적 갈등이 드러나고 있다.
③ 나의 회상을 통해 현재의 '자기'가 과거 속의 자아를 부정하고 있다.
④ 나의 회상을 통해 인물이 처한 실제의 상황을 환상적 분위기로 그려 내고 있다.
⑤ 나의 회상 속에는 인물의 현재의 처지와 미래의 모습이 구체적으로 제시되고 있다.

02 다음의 학습활동을 수행한 결과로 적절하지 <u>않은</u> 것은?

> **학습활동**
>
> 다음을 작가가 작성한 창작 노트의 일부라고 가정하자. ㉠~㉤이 [A], [B]에 실현된 양상을 파악해 보자.
>
> ㉠ 대화를 통해 인물 간의 관계를 드러낼 것.
> ㉡ 비유적 표현을 사용할 것.
> ㉢ 서술과 대화를 결합해 사용할 것.
> ㉣ 인물의 심리를 드러내는 표현을 활용할 것.
> ㉤ 대상을 지칭하는 표현을 다양화할 것.

① ㉠은 [A]에서 '노인'과 '나'의 갈등을 해소하는 장치로 실현되었군.
② ㉡은 [B]에서 '사람의 가죽은 질기다고 했습니다'라는 표현을 사용하는 방법으로 실현되었군.
③ ㉢은 [B]의 '마음이~하였다'에서 인물의 성격을 드러내기 위해 서술과 대화를 결합하는 방식으로 실현되었군.
④ ㉣은 [B]에서 '긴 한숨을 걷잡지 못하였다'를 통해 실현되었군.
⑤ ㉤은 [A]와 [B]에서 동일 인물을 '그 애', '그것', '그놈'으로 바꾸어 부르는 방법으로 실현되었군.

04 〈보기〉를 참고하여 윗글을 감상할 때, 적절하지 <u>않은</u> 것은?

> **보기**
>
> 「잔등」에서 서술자인 '나'는 해방 전후 우리 사회의 모습을 냉정하게 인식하기 위해 대상과의 객관적인 거리를 유지하고 있었다. 「잔등」에서 반복적으로 등장하는 '제삼자의 정신'이란 말은 이를 암시한다. 또한 귀로에서 접한 인물들을 통해 같은 인간으로서 지니는 측은지심을 드러냄으로써 관용의 정신을 발휘하기도 한다. 이런 점에서 노인이나 잔류 일본인 등과의 만남은 주목할 만하다.

① '일본인 아낙네'의 아이들이 '야단'인 모습을 '비참'하다고 한 것에서, '나'의 객관적 태도에 변화가 있었음을 알 수 있어.
② '일본인 아낙네'가 자신의 아이들과 함께 행상로 위에 서 있는 모습을 떠올린 것에서, '나'가 '노인'의 마음을 헤아리게 되었음을 알 수 있어.
③ '노인'이 자신의 자식을 죽인 사람들의 처지가 바뀐 것을 보고 '눈물'이 난다고 한 말에서, '노인'이 그들에 대해 연민을 느꼈음을 알 수 있어.
④ 잔류 일본인에 대한 '노인'의 마음을 '측은한 표현'이라 한 것에서, '나'가 제삼자의 정신에서 벗어나 관용의 자세까지 보여 주고 있음을 알 수 있어.
⑤ '일본인 아낙네'가 '실심한 사람 모양으로', '행상의 여인네'의 '손가락을 멀거니 바라만 보고 있'는 모습에서, 두 사람이 서로를 위로하며 격려하고 있음을 알 수 있어.

다음 글을 읽고 물음에 답하시오.

#28. 동만네 집 전경(밤)
　동만 모의 진한 핏빛 울음소리 들리는데 빗속에 누워 있는 동만네 집 전경. 끝없이 쏟아지는 ㉠ 장맛비. 장맛비. (F.O.)

#29. 건지산 전경
　(F.I.) 한고비 숨을 돌려 보슬비 뿌리는 하늘. 멀리 회색빛 웅자를 자랑하는 ㉡ 건지산의 자태.

#30. 동만네 마당
　㉢ 완두콩 소쿠리를 무릎에 올려놓고 툇마루에 나와 앉은 외할머니. 부엌에서 이모가 ㉣ 밥상을 들고 힘겹게 나온다. 일손 멈추고 멍하니 건지산을 바라보는 외할머니.
이모(길자)　진지 드세요.
친할머니　(밥상 받으며) 사부인은 좀 드셨능가?
이모　통 안 드셔요. 한 숟가락두…….
친할머니　에휴 쯧쯧…….
　(밥상을 받고 사르르 문을 닫는다. 다시 부엌으로 들어가 또 한상 들고 나오는 이모.)
이모　(외할머니 앞에 멎더니) 그래 진지 안 드셔요?
　(그저 넋 나간 듯 앉아 있는 외할머니. 이모 밥상을 들고 건넌방으로 간다.)

#31. 안채 건넌방
　머리를 질끈 동이고 자리에 누운 동만 모. 밥상 들고 들어오는 이모 길자.
길자　언니 식사해요.
　(엉거주춤 일어나 앉는 동만 모. 금세 눈물이 또 쏟아지며)
동만 모　에유! 우리 길준이 뜨뜻한 밥 한 그릇 떳떳하게 끓여 주도 못하고.
　(밥상머리에 앉아 눈물을 찔끔찔끔 짠다.)
길자　인제 고만 좀 해 둬요. 몸도 생각해야지.
동만 모　에유! 느이 오라비 불쌍한 길준이…… 전쟁터에서 죽다니…….
　(방문 벌컥 열리며 뛰어드는 동만.)
동만　밥 줘, 배고파.
길자　어서 먹어라. 언니두 한술 떠요.
　(마지못해 밥숟갈을 드는 동만 모. 동만이는 벌써 아구아구 입에 퍼 넣고 있다.)
동만 모　넌 좀 안 드냐?
길자　생각 없어요.
동만 모　엄니는?
길자　통 안 잡수셔요.
동만 모　에휴! 큰일인지라. 집안 꼴이 말이 아니구나.
길자　…….
동만 모　나야 괜찮지마는 엄니가 얼매나 상심하실 것이냐? 삼대독자 외아들을 잃었으니…….
　(다시 눈물을 찔끔거리다가)
동만 모　어서 누구를 양자로 데려다가 끊어진 대를 이어야. 저리 큰일 아니냐.

길자　…….
　(꽁보리밥 한 그릇을 우걱우걱 비우며)
동만 모　동만 아버지 점심 안 하셨제?
길자　형부는 밭에 나가 계세요. 점심 내다 드려야죠.
동만 모　내 대신 니가 고생이다. 에휴 에휴…….
　(밥숟갈 놓으며 다시 눈물 찔끔거리면서 드러눕는다.)

#32. ㉤ 마당
　툇마루에 고정된 물체처럼 먼 산 바라보고 앉은 외할머니. 동만이가 눈치를 힐끔힐끔 보며 조심스럽게 가까이 다가간다. 건지산을 향한 채 미동도 없는 외할머니의 눈길. 동만 손바닥을 펴서 외할머니 눈 앞에 대고 뱅글뱅글 원을 그려 본다. 그제야 눈길 스르르 움직여 동만의 얼굴을 물끄러미 보더니 버릇처럼 완두콩을 다시 까기 시작한다. 부엌에서 이모가 대소쿠리에 점심을 담아 이고 사립문을 나간다. 냅다 따라 나가는 동만.

#33. 들길
　보슬비 뿌리는 들길. 포플러 나무 우뚝우뚝 치솟은 밭둑길을 나란히 가는 동만과 이모.
동만　이모.
길자　응.
동만　우리 외삼촌 죽었제?
길자　……그래 전사하셨다.
동만　전사란 게 군인이 나가 죽었다는 거제?
길자　……그래.
동만　왜 좀 더 숨어 있덜 않구 군인 나가 죽어?
길자　무어?
동만　외삼촌이 뒤란 대나무밭에 숨어 있지 않았능감? 피난 와서 내내 숨어 있덜 않았능감? 헌디 왜 좀 더 숨어 있덜 않고 군인 나가 죽어 뿌리능감?
길자　그건……그게 아냐.
동만　그게 아니랑께 뭐가 아녀? 외삼촌이 대숲에서 한 달 동안 잘 숨어 있덜 않았디야?
　(무어라고 설명하기가 곤란한 길자. 따라가며 고개를 갸웃해 보는 동만.)

- 윤삼육 각색, 「장마」 -

01 윗글의 인물에 대한 설명으로 적절한 것은?

① 외할머니는 친할머니와 대화하기 싫어서 말문을 닫고 있다.
② 동만 모는 주변 사람들의 처지를 미처 헤아리지 못하고 있다.
③ 동만은 이모 길자를 통해 외삼촌의 사연을 확인하고 싶어 했다.
④ 이모 길자는 가족들과 잠시 떨어져 있고 싶어서 일부러 외출했다.
⑤ 친할머니는 사돈댁이 겪은 참담한 사건에 대해 관심을 보이지 않았다.

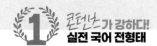
02 ㄱ~ㅁ에 대한 감상으로 적절하지 <u>않은</u> 것은?

① ㉠은 '울음소리'와 뒤섞이며, 관객의 정서적 반응을 고조하는 역할을 하고 있군.

② ㉡은 원경으로 제시되어, 배경이 되는 공간을 확장해서 보여주고 있군.

③ ㉢을 소품으로 먼저 제시한 이후, 이것을 다듬는 연기를 통해 외할머니의 내면 심리를 표현하고 있군.

④ ㉣은 카메라의 이동을 유도하는 기능을 하여, 가족들의 상황이 자연스럽게 화면에 포착되도록 돕고 있군.

⑤ ㉤은 같은 공간에 위치한 여러 인물들의 모습을 통해, 소통 부재의 상황이 해소되는 공간으로 기능하고 있군.

03 〈보기〉를 바탕으로 #28~#32를 이해한다고 할 때, 적절하지 <u>않은</u> 것은?

보기

시나리오에서는 장면(scene)과 장면을 연계할 때, 이야기가 순조롭게 진행될 수 있도록 매개 요소를 상정한다. 매개 요소란 장면 A의 말미와 다음 장면 B의 서두를 이어주는 '형식적 고리'를 가리킨다. 일반적으로 매개 요소는 두 장면 사이의 공통성이나 대립성을 활용한다. 공통성과 대립성은 인물의 성격, 연기(행위), 대사, 빛과 음향, 분위기 등의 측면에서 찾을 수 있다.

① #28에서 #29로 바뀔 때, 장맛비의 긴장과 보슬비의 이완을 대립적인 매개 요소로 사용하고 있다.

② #28에서 #29로 바뀔 때, 빛의 어두워짐과 밝아짐이라는 대립적 매개 요소를 활용하여 시간을 자연스럽게 전환하고 있다.

③ #30 말미에서 앉아있는 외할머니와 #31에서 누워있는 동만 모를 대비하여, 상실감을 상이한 방식으로 표현하고 있다.

④ #30과 #31에서 식사를 권유하는 대사를 반복하여, 외할머니가 있는 공간에서 동만 모가 있는 공간으로의 장면 전환을 매끄럽게 한다.

⑤ #31에서 #32로 바뀔 때, 이모 길자의 성격이 달라진다는 특성을 매개 요소로 활용하고 있다.

나 없이
기출
풀지마라

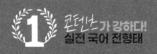
콘텐츠가 강하다!
실전 국어 전형태

2주차

다음 글을 읽고 물음에 답하시오.

(가)

아랫도리 다박솔 깔린 산(山) 넘어 큰 산(山) 그 넘엇 산(山) 안 보이어
내 마음 둥둥 구름을 타다.

우뚝 솟은 산(山), 묵중히 엎드린 산(山), 골골이 장송(長松) 들어섰고,
머루 다랫넝쿨 바위 엉서리에 얽혔고, 샅샅이 떡갈나무 억새풀 우거진 데
너구리, 여우, 사슴, 산(山)토끼, 오소리, 도마뱀, 능구리 등(等), 실로 무수
한 짐승을 지니인,

산(山), 산(山), 산(山)들! 누거만년(累巨萬年) 너희들 침묵(沈默)이 흠뻑
지리함즉 하매,

산(山)이여! 장차 너희 솟아난 봉우리에, 엎드린 마루에, 확 확 치밀어
오를 화염(火焰)을 내 기다려도 좋으랴?

핏내를 잊은 여우 이리 등속이 사슴 토끼와 더불어 싸릿순 칙순을 찾아
함께 즐거이 뛰는 날을 믿고 길이 기다려도 좋으랴?

— 박두진, 「향현(香峴)」 —

(나)

우리가 물이 되어 만난다면
가문 어느 집에선들 좋아하지 않으랴.
우리가 키 큰 나무와 함께 서서
㉠ 우르르 우르르 비 오는 소리로 흐른다면.

흐르고 흘러서 저물녘엔
저 혼자 깊어지는 강물에 누워
죽은 나무뿌리를 적시기도 한다면.
아아, 아직 처녀인
부끄러운 바다에 닿는다면.

그러나 지금 우리는
불로 만나려 한다.
벌써 숯이 된 뼈 하나가
세상에 불타는 것들을 쓰다듬고 있나니

만 리 밖에서 기다리는 그대여
저 불 지난 뒤에
흐르는 물로 만나자.
㉡ 푸시시 푸시시 불 꺼지는 소리로 말하면서
올 때는 인적 그친
넓고 깨끗한 하늘로 오라.

— 강은교, 「우리가 물이 되어」 —

(다)

ⓐ 눈은 따뜻하다. 오버를 걸치고 눈길을 걸을 때 이마를 적시는 함박
눈은 가슴속까지 따뜻하게 한다. 작은 산 너머 거의 눈에 파묻힌 초가집
굴뚝에서 나오는 연기가 삶의 짙은 온도를 체험케 한다. 눈이, 함박눈이
쏟아지는 저녁, 잊고 있던 친구들의 얼굴이 각별히 그리워지고 마치 두터
운 옷 속에 긴직된 체온처럼 그들을 생각하는 따뜻한 정이 소용히 피어남
을 느낀다. 안부 편지를 쓰고 싶어지고 어디선가 정다운 전화를 받고 싶은
것이다. 이웃 동네와 교통이 단절된 자기 집에 식구들과 모여 앉아 따뜻한
온돌에 발을 뻗고 옛 이야기를 나누는 삶의 따뜻함을 느낀다.

눈은 조용하다. 사뭇 쏟아지는 함박눈은 한 송이 한 송이가 무한한 이
야기를 도란거리는 것 같으면서도 모든 것을 더욱 고요하게 한다. 그것은
고요한 가락들로 이루어진 웅장한 교향곡이라는 인상을 준다. 특히 어두운
밤중에 창밖으로 그칠 줄 모르고 내리는 함박눈을 바라보면 온 세상 아니
온 우주가 무한히 깊은 고요 속에 파묻혀 가는 듯하다.

눈이 쌓이는 밤은 고요하다. 그러기에 고독하기 마련이다. 그러나 그 고
독은 삭막하거나 허전하기보다는 흐뭇한 내용을 갖게 한다. 고요 속에서
나는 나 자신을, 우리는 우리 자신을 새삼 의식하게 되고, 오랫동안 잊혀
졌던 스스로를 다시금 발견하고 생각하게 된다. 나의 삶, 나의 위치, 우리
와 자연의 관계를 그 본연의 모습 속에서 발견할 수 있는 기회를 갖게 되
는 것이다.

그래서 눈은 명상적이다. 눈이 소리 없이 쌓이는 밤, 혼자 방 안에 앉아
있으면 책상 위의 전깃불을 끄고 잠자리에 들어가지 않는다. 각별한 무
슨 사무적인 일이나 공부 때문이 아니다. 어느덧 명상에 잠기게 되기 때문
이다. 이런 밤 누가 사색가가 되지 않을 수 있겠는가. 누가 철학가로 변하
지 않겠는가. 무한히 고요하고 거룩할 만큼 순수한 시간이다. 사색이 날개
를 펴고 자유로운 명상에 잠긴다. 눈이 쌓이는 깊은 밤 혼자 앉아 있는 서
재는 사색의 보금자리요, 책상 위에 밝혀 놓은 램프불은 사색의 꽃이다.
눈 내리는 밤늦게까지 책상 앞에 앉아 있는 철학가의 모습은 자연스럽다.

— 박이문, 「눈」 —

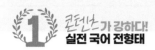
01 (가)~(다)에 대한 설명으로 가장 적절한 것은?

① (가)는 대구 표현을 통해 회고적인 정서를 드러내고 있다.
② (나)는 대립적 이미지를 통해 계절의 변화를 부각하고 있다.
③ (가)와 (나)는 청자를 명시적으로 드러내어 화자의 바람을 표출하고 있다.
④ (가)와 (다)는 비유적 표현의 반복을 통해 과거의 체험을 드러내고 있다.
⑤ (나)와 (다)는 특정 어구를 점층적으로 나열하여 긴박감을 조성하고 있다.

형태쌤과 선지분석

선지분석	(가)	(나)	(다)
대구 → 회고			
대립적 이미지 → 계절 변화			
명시적 청자에게 화자의 바람 표출			
비유 반복 → 과거 체험			
점층적 나열 → 긴박감			

03 ㉠과 ㉡에 대한 설명으로 가장 적절한 것은?

① ㉠은 물의 결핍감을, ㉡은 불의 충족감을 비유한다.
② ㉠은 비의 부정적 의미를, ㉡은 소리의 긍정적 의미를 함축한다.
③ ㉠은 비에 대한 불안감을, ㉡은 소리에 대한 불안감을 반영한다.
④ ㉠은 물의 생동하는 힘을, ㉡은 불이 소멸하는 상황을 형상화한다.
⑤ ㉠은 상승하는 물의 움직임을, ㉡은 하강하는 불의 움직임을 구체화한다.

형태쌤과 선지분석

선지분석	㉠	선지분석	㉡
물의 결핍감		불의 충족감	
비의 부정적 의미		소리의 긍정적 의미	
비 불안감		소리 불안감	
물의 생동력		불의 소멸	
물의 상승		불의 하강	

04 (다)에 드러나는 글쓴이의 태도로 가장 적절한 것은?

① 글쓴이는 '온 세상'이 '깊은 고요' 속에 파묻혀 가는 듯한 모습을 보며 스스로에게 연민을 느끼고 있다.
② 글쓴이는 '눈이 쌓이는 깊은 밤'에 '서재'에 앉아 '철학가'의 경지에 미치지 못하는 자신을 성찰하고 있다.
③ 글쓴이는 자아를 재발견하는 계기가 된다는 점에서 '눈이 쌓이는 밤'에 체험하는 '고독'을 긍정적으로 인식하고 있다.
④ 글쓴이는 '눈이 소리 없이 쌓이는 밤'에 '사무적인 일이나 공부'와 같은 일상적인 일들에 새롭게 가치를 부여하고 있다.
⑤ 글쓴이는 '옛 이야기를 나누는 삶의 따뜻함'을 떠올리면서 유대감이 '단절'된 '이웃'과의 관계가 회복되기를 바라고 있다.

02 (가), (나)에 대한 감상으로 적절하지 않은 것은?

① (가)는 산이 '누거만년' 동안 '침묵'하고 있는 것을 '지리함즉 하'다고 말함으로써 화자가 마주한 현실이 지향하는 세계와 거리가 있음을 보여 주는 것이겠군.
② (가)의 '내 기다려도 좋으랴'와 관련하여 볼 때 '화염'이 치밀어 오르는 것은 화자가 기대하는 산의 변화를 나타내는 것이겠군.
③ (나)에서 '만난다면', '좋지 않으랴'라고 말하는 화자는 자신이 소망하는 만남이 앞으로 실현되기를 바라는 태도를 취하고 있는 것이겠군.
④ (가)의 '내 마음'이 '둥둥 구름을 타'는 것은 '큰 산', '그 넘엇 산'을 바꾸려는 화자의 바람이 이루어지는 과정을, (나)의 '키 큰 나무와 함께 서서'는 화자가 현실에서 벗어나 자연과 하나가 되고 싶은 마음을 표현한 것이겠군.
⑤ (가)의 '핏내를 잊은~즐거이 뛰는 날'은 평화로운 세계를, (나)의 '넓고 깨끗한 하늘'은 화자가 '그대'와 만나 진정한 합일을 이루려는 세계를 표현한 것으로 볼 수 있겠군.

05 (다)를 바탕으로 〈보기〉에 제시된 선생님의 안내에 따라 학습 활동을 수행한 결과로 가장 적절한 것은?

보기

⒜는 ㉮ 감각과 정서를 동시에 드러내는 단어인 '따뜻하다'를 사용하여 '눈'이라는 사물의 속성을 개성적으로 표현한 것입니다. 그 정서는 글쓴이가 ㉯ 그 사물과 함께 떠올린 기억 속의 정경과 관련되어 있습니다. ㉮와 ㉯를 모두 포함하는 짧은 글을 두 문장으로 지어 봅시다.

① 현재는 없다. 기나긴 과거와 끝없는 미래만 있을 뿐이다.
② 우리는 둘이 아니다. 너와 나는 한길을 걷는 영원한 벗이다.
③ 시간은 모순이다. 힘겨운 시간은 천천히, 즐거운 시간은 빨리 지나간다.
④ 지식은 차갑다. 지혜의 따뜻함이야말로 인간의 마음에 생기를 북돋아 준다.
⑤ 자갈밭은 포근하다. 자갈밭에서 어머니가 예쁜 자갈들을 내 손에 쥐어 주시던 모습에서 포근함을 느낀다.

다음 글을 읽고 물음에 답하시오.

(가)

바람도 없는 공중에 수직의 파문을 내이며 고요히 떨어지는 오동잎은 ㉠ 누구의 발자취입니까

지리한 장마 끝에 서풍에 몰려가는 ㉡ 무서운 검은 구름의 터진 틈으로 언뜻언뜻 보이는 푸른 하늘은 누구의 얼굴입니까

꽃도 없는 깊은 나무에 푸른 이끼를 거쳐서 옛 탑 위의 고요한 하늘을 스치는 ㉢ 알 수 없는 향기는 누구의 입김입니까

근원은 알지도 못할 곳에서 나서 돌뿌리를 울리고 가늘게 흐르는 작은 시내는 구비구비 누구의 노래입니까

연꽃 같은 발꿈치로 가이없는 바다를 밟고 옥 같은 손으로 ㉣ 끝없는 하늘을 만지면서 떨어지는 날을 곱게 단장하는 저녁놀은 누구의 시입니까

타고 남은 재가 다시 기름이 됩니다 그칠 줄을 모르고 타는 나의 가슴은 누구의 밤을 지키는 ㉤ 약한 등불입니까

- 한용운, 「알 수 없어요」 -

(나)

아무 소리도 없이 말도 없이

등 뒤로 털썩

밧줄이 날아와 나는

뛰어가 밧줄을 잡아다 배를 맨다

아주 천천히 그리고 조용히

배는 멀리서부터 닿는다

사랑은,

호젓한 <u>부둣가</u>에 우연히,

별 그럴 일도 없으면서 넋 놓고 앉았다가

배가 들어와

던져지는 밧줄을 받는 것

그래서 어찌할 수 없이

배를 매게 되는 것

잔잔한 바닷물 위에

구름과 빛과 시간과 함께

떠 있는 배

┌ 배를 매면 구름과 빛과 시간이 함께

[A] 매어진다는 것도 처음 알았다

└ 사랑이란 그런 것을 처음 아는 것

빛 가운데 배는 울렁이며

온종일을 떠 있다

- 장석남, 「배를 매며」 -

(다)

동풍이 건듯 불어 적설을 헤쳐 내니 창밖에 심은 매화 두세 가지 피었어라. 가뜩 냉담한데 암향(暗香)은 무슨 일고. 황혼에 달이 좇아 베개 맡에 비치니 흐느끼는 듯 반기는 듯 임이신가 아니신가. 저 매화 꺾어 내어 임 계신 데 보내고져. 임이 너를 보고 어떻다 여기실꼬.

꽃 지고 새 잎 나니 녹음이 깔렸는데 나위(羅幃) 적막하고 <u>수막(繡幕)</u>이 비어 있다. 부용(芙蓉)을 걷어 놓고 공작(孔雀)을 둘러 두니 가뜩 시름 많은데 날은 어찌 길던고. 원앙금(鴛鴦錦) 베어 놓고 오색선 풀어 내어 금자에 겨누어서 임의 옷 지어내니 수품(手品)은 물론이고 제도(制度)도 갖추시고. 산호수 지게 위에 백옥함에 담아 두고 임에게 보내려고 임 계신 데 바라보니 산인가 구름인가 험하기도 험하구나. 천리만리 길에 뉘라서 찾아갈꼬. 가거든 열어 두고 나인가 반기실까.

하룻밤 서리 기운에 기러기 울어 옐 제 위루(危樓)에 혼자 올라 수정렴(水晶簾) 걷으니 동산에 달이 나고 북극에 별이 뵈니 임이신가 반기니 눈물이 절로 난다. 청광(淸光)을 쥐어 내어 봉황루(鳳凰樓)에 부치고져. 누 위에 걸어 두고 팔황(八荒)에 다 비추어 심산궁곡(深山窮谷) 한낮같이 만드소서.

건곤이 얼어붙어 백설이 한 빛인 때 사람은 물론이고 나는 새도 그쳐 있다. 소상남반(蕭湘南畔)도 추위가 이렇거늘 옥루고처(玉樓高處)야 더욱 일러 무엇 하리. 양춘(陽春)을 부쳐 내어 임 계신 데 쏘이고져. 초가 처마 비친 해를 옥루에 올리고져. 홍상(紅裳)을 여며 입고 푸른 소매 반만 걷어 해 저문 대나무에 생각도 많고 많다. 짧은 해 쉬이 지고 긴 밤을 꼿꼿이 앉아 청등 걸어 둔 곁에 공후를 놓아 두고 꿈에나 임을 보려 턱 받치고 기대니 앙금(鴦衾)*도 차도 찰샤 이 밤은 언제 샐꼬.

- 정철, 「사미인곡」 -

*앙금 : 원앙을 수놓은 이불. 혹은 부부가 함께 덮는 이불.

01 (가)~(다)의 공통점으로 가장 적절한 것은?

① 자연물에 인격을 부여하여 대화의 상대로 삼고 있다.
② 대화체와 독백체를 교차하여 극적 효과를 높이고 있다.
③ 색채어를 활용하여 시의 분위기를 다채롭게 조성하고 있다.
④ 소재에 상징적 의미를 부여하여 주제 의식을 부각하고 있다.
⑤ 의성어와 의태어를 구사하여 화자의 상황을 구체화하고 있다.

 형태쌤과 선지분석

선지분석	(가)	(나)	(다)
의인화된 자연물과의 대화			
대화체·독백체의 교차			
색채어 사용			
상징적 소재			
의성어·의태어 → 화자의 상황 구체화			

02 (가)와 (나)의 시상 전개에 대한 설명으로 가장 적절한 것은?

① (가)는 구조가 유사한 문장을 반복적으로 제시하여 시상에 통일성을 부여하고 있다.
② (나)는 화자의 시선이 자신의 내면에서 외부 세계로 이동하면서 시상이 전개되고 있다.
③ (가)는 제5행에서, (나)는 제3연에서 시상의 흐름이 전환되고 있다.
④ (가)와 (나) 모두 화자의 현재 상황을 자연 현상과 대비하며 시상을 이끌어 내고 있다.
⑤ (가)와 (나) 모두 수미상관의 방식으로 시상을 완결하여 구조적 안정감을 얻어 내고 있다.

형태쌤과 선지분석

선지분석	(가)	(나)
(가) : 유사 구조 문장 반복		
(나) : 시선 이동(내면 → 외부 세계)		
시상의 흐름 전환((가) 제5행 / (나) 제3연)		
화자의 현재 ↔ 자연 현상		
수미상관		

03 〈보기〉를 참고하여 ㉠~㉤을 이해한 내용으로 적절하지 않은 것은?

보기

「알 수 없어요」를 비롯한 한용운의 시는 '절대자'라는 궁극적 존재를 탐구하는 시이다. 동시에 그것은 역설에 의한 구도자로서의 자기 정립 또는 자기 극복의 시이기도 하다. 「알 수 없어요」에서는 이런 점이 물음의 방식을 통해 강화되어 나타난다.

① ㉠ : '바람도 없는~오동잎'의 이미지와 결합되어, '누구'로 표현된 절대자의 존재 방식을 알려 주는군.
② ㉡ : '푸른 하늘'과 대조되는 것으로, 화자와 절대자 사이의 만남을 가로막는 번뇌와도 같은 것이군.
③ ㉢ : '꽃도 없는 깊은 나무'에서 만들어진 것으로, 절대자의 존재에 대한 화자의 회의적 태도를 드러내는군.
④ ㉣ : '가이없는 바다를 밟고'와 짝을 이루어, 무한 공간에 걸쳐 있는 절대자의 면모를 드러내는군.
⑤ ㉤ : '타고 남은~됩니다'와 관련되면서, 구도자로서의 자기 정립에 대한 화자의 열망을 역설적으로 드러내는군.

04 [A]에 대한 감상으로 가장 적절한 것은?

① 사랑을 갈구하는 화자의 행동이 생생하게 그려져 있어.
② 사랑의 덧없음을 인정하는 화자의 고백이 나타나고 있어.
③ 배를 매는 행위의 의미가 사랑임이 비로소 드러나고 있어.
④ 사랑의 운명적 면모가 자연의 섭리를 통해 제시되고 있어.
⑤ 사랑의 속성에 대한 화자의 심화된 인식이 나타나고 있어.

05 (나)의 '부둣가'와 (다)의 '수막'을 비교한 내용으로 가장 적절한 것은?

① '부둣가'는 이별과 만남이 반복되는 시련의 공간, '수막'은 이별 후에 정착한 도피의 공간이다.
② '부둣가'는 익명의 타인들과 어울리는 공동체적 공간, '수막'은 타인들로부터 은폐된 개인적 공간이다.
③ '부둣가'는 화자가 회귀하고자 하는 과거의 공간, '수막'은 화자가 벗어나고자 하는 현재의 공간이다.
④ '부둣가'는 사랑하는 대상이 화자를 기다리는 공간, '수막'은 화자가 사랑하는 대상을 기다리는 공간이다.
⑤ '부둣가'는 화자가 사랑에 대한 깨달음을 얻는 공간, '수막'은 사랑하는 사람의 부재를 확인하는 공간이다.

06 〈보기〉를 바탕으로 (다)를 이해할 때, 적절하지 않은 것은?

보기

남성 작가가 자신의 분신으로 여성 화자를 내세우는 방식은 우리 시가의 한 전통이다. 궁궐을 떠난 신하가 임금을 그리워하면서 지은 「사미인곡」도 이 전통을 잇고 있다.

① '옷'을 지어 '백옥함'에 담아 임에게 보내려 하는 것은 임금에 대한 신하의 정성과 그리움을 드러내는 행위이다.
② 지상의 화자가 천상의 '달'과 '별'을 매개로 임을 떠올린 것은 군신 사이의 수직적 관계를 반영한 것으로 볼 수 있다.
③ '청광'을 보내고자 염원하는 이유에서 시적 화자와 청자가 실제로는 신하와 임금의 관계임을 감지할 수 있다.
④ 추운 날씨에 '초가 처마'에 비친 해는 임금의 자애로운 은혜가 신하가 머물고 있는 곳까지 미치고 있음을 암시한 것이다.
⑤ 긴긴 겨울밤을 배경으로 차가운 '앙금'을 통해 외로운 처지를 표현한 것은 군신 관계를 남녀 관계로 치환한 결과이다.

다음 글을 읽고 물음에 답하시오.

[앞의 줄거리] 광복 직후, 이명준은 남한과 북한 사회 모두에 환멸을 느낀다. 6·25 전쟁에 참여했다가 포로가 된 명준은 석방 과정에서 남도 북도 아닌 중립국을 선택하고, 배를 타고 제삼국으로 떠난다.

지금 그의 머릿속에는 아무것도 없다. 무엇이든지 바라보면서, 자기 안에 있는 빈 데를 메우지 않으면, 금방 쓰러져 버릴 것 같다. 얼마를 그러고 있다가 또 뱃간으로 돌아온다. 방은 아까처럼 비어 있다.

자기 자리로 올라간다. 자려고 해서가 아니다. 그저 찾는 것도 없이, 머리맡을 어물어물 더듬는다. 손에 딱딱한 물건이 잡힌다. 부채다. 문간에서 기척이 난다.

얼른 돌아다보았으나, 아무도 나타나지는 않는다. 되도록 천천히 다락에서 내려와, 마루에 내려선다. 무슨 할 일이 없는가 찾는 사람처럼, 두리번거린다. 방 안에 새삼스레 그의 주의를 끌 만한 것은 없다. 발끝으로 살살 밀어서 유리 조각을 한곳에 모으고, 꽉 밟는다. 소리가 나지 않는다. 더 힘 있게 밟는다. 그만한 힘으로 발바닥을 올려 밀 뿐, 유리는 바스러질 대로 바스러진 모양인지, 꿈쩍도 않는다. ㉠ 복도로 나선다. 복도에도 인기척은 없다. 선장실로 올라간다. 선장은 없다. 벽장문을 연다. 총이 제자리에 세워져 있다. 벽장문을 닫는다. 서랍을 열고, 아까 선장이 들어오는 바람에 미처 돌려놓지 못한 총알을 제자리에 놓는다. 몹시 중요한 일을 마친 사람처럼, 홀가분해진다. 테이블로 가서 해도를 들여다본다. 이 배가 밟아 온 자국이 연필로 그려져 있다. 선장이 하는 것처럼 컴퍼스를 손가락으로 꼬나 잡고, 해도 위를 재보는 시늉을 한다. 한참 장난을 하다가 컴퍼스를 던져 버린다. 그때 여태까지 한 손에 부채를 들고 있었다는 사실을 처음 안다.

아까, 침대에서 손에 잡힌 대로, 들고 온 것이다. 의자에 걸터앉아서 부채를 쭉 편다. ㉡ 바다가 있고, 갈매기가 있는 그림이 그려져 있다. 부채를 접었다 폈다 하다가, 스르르 눈을 감는다. 머릿속으로 허허한 벌판이 끝없이 열리며, 희미한 모습이 해돋이처럼 차츰 떠올라 온다.

…… 펼쳐진 부채가 있다. 부채의 끝 넓은 테두리 쪽을, 철학과 학생 이명준이 걸어간다. 가을이다. 겨드랑이에 낀 대학신문을 꺼내 들여다본다. 약간 자랑스러운 듯이. 여자를 깔보지는 않아도, 알 수 없는 동물이라고 여기고 있다.

책을 모으고, 미라를 구경하러 다닌다.

정치는 경멸하고 있다. 그 경멸이 실은 강한 관심과 아버지 일 때문에 그런 모양으로 나타난 것인 줄은 알고 있다. 다음에, 부채의 안쪽 좀 더 좁은 너비에, 바다가 보이는 분지가 있다. 거기서 보면 갈매기가 날고 있다. 윤애에게 말하고 있다. 윤애 날 믿어 줘. 알몸으로 날 믿어 줘. 고기 썩는 냄새가 역한 배 안에서 물결에 흔들리다가 깜빡 잠든 사이에, 유토피아의 꿈을 꾸고 있는 그 자신이 있다. 조선인 콜호스* 숙소의 창에서 ⓐ 불타는 저녁놀의 힘을 부러운 듯이 바라보고 있는 그도 있다. 구겨진 바바리코트 속에 시래기처럼 바랜 심장을 안고 은혜가 기다리는 하숙으로 돌아가고 있는 9월의 어느 저녁이 있다. 도어에 뒤통수를 부딪히면서 악마도 되지 못한 자기를 언제까지나 웃고 있는 그가 있다. 그의 삶의 터는 부채꼴, 넓은 데서 점점 안으로 오므라들고 있었다. 마지막으로 은혜와 둘이 함께 있던 동굴이 그 부채꼴 위에 있다. 사람이 안고 뒹구는 목숨의 꿈이 다르지 않느니. 어디선가 그런 소리도 들렸다. 그는 지금, 부채의 사북* 자리에 서

있다. 삶의 광장은 좁아지다 못해 끝내 그의 두 발바닥이 차지하는 넓이가 되고 말았다. 자 이제는? 모르는 나라, 아무도 자기를 알 리 없는 먼 나라로 가서, 전혀 새사람이 되기 위해 이 배를 탔다. 사람은, 모르는 사람들 사이에서는, 자기 성격까지도 마음대로 골라잡을 수도 있다고 믿는다. 성격을 골라잡다니! 모든 일이 잘 될 터이었다. 다만 한 가지만 없었다면. 그는 두 마리 새들을 방금까지 알아보지 못한 것이었다. 무덤 속에서 몸을 푼 한 여자의 용기를, 방금 태어난 아기를 한 팔로 보듬고 다른 팔로 무덤을 깨뜨리고 하늘 높이 치솟는 여자를, 그리고 마침내 그를 찾아내고야 만 그들의 사랑을. ㉢ 돌아서서 마스트*를 올려다본다. 그들은 보이지 않는다. 바다를 본다. 큰 새와 꼬마 새는 바다를 향하여 미끄러지듯 내려오고 있다. 바다. 그녀들이 마음껏 날아다니는 광장을 명준은 처음 알아본다. 부채꼴 사북까지 뒷걸음질친 그는 지금 핑그르르 뒤로 돌아선다. 제정신이 든 눈에 비친 푸른 광장이 거기 있다.

자기가 무엇에 홀려 있음을 깨닫는다. ㉣ 그 넉넉한 뱃길에 여태껏 알아보지 못하고, 숨바꼭질을 하고, 피하려 하고 총으로 쏘려고까지 한 일을 생각하면, 무엇에 씌웠던 게 틀림없다. 큰일 날 뻔했다. ㉤ 큰 새 작은 새는 좋아서 미칠 듯이, 물속에 가라앉을 듯, 탁 스치고 지나가는가 하면, 되돌아오면서, 그렇다고 한다. 무덤을 이기고 온, 못 잊을 고운 각시들이, 손짓해 부른다. 내 딸아. 비로소 마음이 놓인다. 옛날, 어느 벌판에서 겪은 신내림이, 문득 떠오른다. 그러자, 언젠가 전에, 이렇게 이 배를 타고 가다가, 그 벌판을 지금처럼 떠올린 일이, 그리고 딸을 부르던 일이, 이렇게 마음이 놓이던 일이 떠올랐다. 거울 속에 비친 남자는 활짝 웃고 있다.

- 최인훈, 「광장」 -

* 콜호스 : 구소련의 집단 농장.
* 사북 : 접었다 폈다 하는 부채의 아랫머리나 가위다리의 교차된 곳에 박아 돌쩌귀처럼 쓰이는 물건.
* 마스트 : 돛대.

형태쌤과 지문분석

지문분석	
시간	
공간	
서술자의 관심사	

01 윗글의 서술상 특징을 〈보기〉에서 골라 바르게 묶은 것은?

보기

ㄱ. 풍자적 어조를 통해 이야기의 비극성을 약화시키고 있다.
ㄴ. 서술의 초점을 한 인물에 맞추어 사건을 전개하고 있다.
ㄷ. 작중 인물의 회상을 통해 과거와 현재를 연결하고 있다.
ㄹ. 현재형 어미를 사용하여 일상적 삶의 모습을 부각하고 있다.

① ㄱ, ㄴ   ② ㄱ, ㄹ   ③ ㄴ, ㄷ   ④ ㄴ, ㄹ   ⑤ ㄷ, ㄹ

형태쌤과 선지분석

선지분석	광장
풍자적 어조 → 비극성 약화	
서술의 초점을 한 인물에 맞춤	
인물의 회상 → 과거와 현재 연결	
현재형 어미 → 일상적 삶 부각	

02 윗글의 '사북 자리', '삶의 광장', '푸른 광장'에 대한 감상으로 적절하지 않은 것은?

① 펼쳐진 부채에 비유된 '삶의 광장'은 점점 좁아지는 양상을 띠고 있군.
② '사북 자리'는 '두 발바닥이 차지하는 넓이'로 표현될 만큼 삶의 위기감이 고조된 공간이군.
③ '사북 자리'에서, 주인공은 잃어버린 사회적 지위를 회복하려고 노력하고 있군.
④ '사북 자리'에서, 주인공은 '삶의 광장'에서 '푸른 광장'으로 생각을 전환하고 있군.
⑤ 주인공은 '무덤 속에서 몸을 푼 한 여자'와 '딸'을 '푸른 광장'에 연결 짓고 있군.

03 〈보기〉의 밑줄 친 부분을 바탕으로 윗글을 이해하고자 할 때, 필요한 활동으로 가장 적절한 것은?

보기

　작품에 반영된 사회적·문화적 상황을 문학 작품 창작 당시와 연관시켜 해석할 때 드러나는 의미를 상황의 구체적 의미라 한다. 이것은 그 작품을 낳게 한 계기이기도 하며, 또 그 작품을 창작할 당시의 핵심적인 고민과 과제이기도 하다.
　한편, 구체적 상황의 의미로부터 특정한 시대와 장소를 넘어 공유할 수 있는 의미를 발견할 수 있는데, 이를 사회적·문화적 상황의 보편적 의미라 한다. 몇백 년 전의 작품의 가치를 오늘의 우리가 발견할 수 있는 것도 이러한 보편적 의미가 바탕이 되기 때문이다.

① 이명준이 활동한 공간적 배경이 된 곳을 실제로 답사하여 현장 체험을 한다.
② 이명준이 은혜와 함께 있던 동굴이 우리 신화에서는 어떤 의미를 갖고 있는지 알아본다.
③ 이명준의 삶과 사랑이 시대를 초월하여 오늘날의 독자들에게 어떤 교훈을 주고 있는지 살펴본다.
④ 이명준의 성격과 행동을 분석하고 종합한 후, 그것을 중심으로 이명준의 일대기를 작성해 본다.
⑤ 이명준이 겪은 사건을 작품이 창작된 시대의 상황 및 그 시기에 작가가 지녔던 가치관과 연결하여 그 의미를 알아본다.

04 ㉠~㉤에 대한 설명으로 적절하지 않은 것은?

① ㉠ : 인물의 행동을 짧은 문장으로 서술하여 불안한 심리를 드러내고 있다.
② ㉡ : 이어질 내용에서 그림의 소재가 중요한 기능을 하게 됨을 미리 알려 준다.
③ ㉢ : 상념에서 현실 세계로 의식이 돌아오고 있음을 보여 준다.
④ ㉣ : 물질적인 풍요로움을 원했던 자신에 대한 뉘우침이 드러난다.
⑤ ㉤ : 경쾌하게 날고 있는 새의 모습에 주인공의 심리를 투영하고 있다.

05 ⓐ의 의미를 알아보기 위해 사전을 찾아보았다. 〈보기〉의 밑줄 친 부분과 쓰임이 유사하지 않은 것은?

보기

불-타다
1. 불이 붙어서 타다. ¶ 화재로 집이 불타다.
2. (비유적으로) 매우 붉은빛으로 빛나다. ¶ 불타는 노을.

① 오늘 한창 물오른 싱싱한 생선이 나왔다.
② 어린 동생은 자기의 나이를 손꼽아 세었다.
③ 분홍색 메꽃이 군데군데 두렁을 수놓고 있다.
④ 바람 소리도 잦들고 짐승들 울음소리마저 사라졌다.
⑤ 오월의 신록을 살찌게 하는 비가 부슬거리고 있었다.

다음 글을 읽고 물음에 답하시오.

(가)

124. 뜸막 안

자리에 누운 송 영감. 나직이 신음한다. 처가 와서 약그릇을 놓는다.

옥수 : 약 잡수셔야죠……

송 영감 : (눈을 뜨며) 음?!

옥수 일어나려는 송 영감을 부축하며 약그릇을 대 준다. 약을 마시는 송 영감.

송 영감 : (걱정스럽게) 가만 어떻게 됐지?

옥수 : ㉠ 저녁때 독을 끌어내야죠……

송 영감 : 음!

그의 시선은 구석에 놓인 백자기에 가 있다. 햇볕을 받아 더욱 고담한 백자기의 형체. - DIS* -

125. 가마 앞(황혼)

마당에 놓인 중옹, 통옹, 반옹 등 갖가지 독들. 그런데 그 형태가 모두 고르지 않다. 비틀어진 독, 밑이 내려앉은 독, 거미줄처럼 금이 간 독들.

왱손이, 석현이 걱정스럽게 본다. 그러자 송 영감이 비실거리며 달려온다. 독을 하나하나 살핀다.

송 영감 : (혼잣말처럼) 이럴 수가…… 지금까지 이런 일은 없었는데…… 이게 내가 만든 독이야! (절망) 아냐! 이건 독이 아냐! (계속 보며) 이것두! 이것두…… (비통하게) 이건 흙덩이다!

가마 앞에 달려가 망치를 든다.

왱손이 : ㉡ 아니 여보게! 무슨 짓인가!

송 영감 : 비켓! (뿌리친다)

나가떨어지는 왱손이

석현 : ㉢ (잡으며) 안됩니다! 성한 것두 있어요!

송 영감 : 닥쳣! 이건 부정을 탔어! 모두 쳐부셔야 햇!

밀어붙이며 달려가 미친 사람처럼 ⓐ 독을 박살 내기 시작한다.

㉣* 뚜왕! 뚜왕!

박살 나는 독들. 마치 자기 심장이 박살 나는 것처럼 느껴지는 옥수.

왱손이 : (비통 혼잣말같이) 자네 환장했구먼!

석현이 매섭게 보다가 횡하니 간다. 옥수 몹시 불안하게 그를 바라본다.

㉣ 뚜왕! 뚜왕!

송 영감 그만 숨이 턱에 닿는다. 풀썩 주저앉고 만다. 목구멍에서 차츰 오열이 새어 나온다.

㉣ 뚜왕! 뚜왕! 뚜왕!

옥수 귀엔 언제까지나 확대되어 가는 박살 나는 독 소리. 송 영감 조각 난 독을 쓸어안고 오열해 운다. 석양에 물든 하늘. - DIS -

- 황순원 원작, 여수중 각색, 「독 짓는 늙은이」 -

* DIS : 화면이 서서히 사라지면서 그 위로 다음 화면이 나타남.
* ㉣ : 효과음.

(나)

차차 송 영감의 솜씨에는 틈이 생기기 시작했다. 더구나 조마구와 부채마치*로 두드려 올릴 때, 퍼뜩 눈앞에 아내와 조수의 환영이 떠오르면 짓던 독을 때리는지 아내와 조수를 때리는지 분간 못 하는 새, 독이 그만 얇게 못나게 지어지곤 했다. 그리고 전*을 잡는 손이 떨려, 가뜩이나 제일 힘든 마무리의 전이 잘 잡히지를 않았다. 열 때문도 있었다. 송 영감은 ㉤ 쓰러지듯이 짓던 독 옆에 눕고 말았다.

송 영감이 정신이 들었을 때는 저녁때가 기울어서였다. 왱손이도 흙 몇 덩이를 이겨 놓고 가고 없었다. 언제부터인가 바깥 저녁 그늘 속에 애가 ㉥ 남쪽 장길을 향해 쪼그리고 앉아 있었다. 어머니를 기다리는 거리라. 언제나처럼 장 보러 간 어머니가 언제나처럼 저녁때면 조수에게 장감을 지워 가지고 돌아올 줄로만 아직 아는가 보다.

밖을 내다보던 송 영감은 제힘만이 아닌 어떤 힘으로 벌떡 일어나 다시 ⓑ 독 짓기를 시작하는 것이었으나, 이번에는 겨우 한 개를 짓고는 다시 쓰러지듯이 눕고 말았다.

[A]
다음에 송 영감이 정신이 든 것은 아주 어두운 속에서 애가 흔들어 깨워서였다. 울먹이던 애가 깨나는 아버지를 보고 그제야 안심된 듯이 저쪽에서 밥그릇을 가져다 아버지 앞에 놓았다. 웬 거냐고 하니까 애가, 앵두나뭇집 할머니가 주더라고 한다. 송 영감은 확 분노가 치밀어, 누가 거랑질해 오라더냐고 밥그릇을 밀쳐 놓자 애가 훌쩍훌쩍 울기 시작했다. 송 영감은 아침에 어제의 저녁밥 남은 것을 조금 뜨는 것처럼 하고는 하루 종일 아무것도 입에 대지 않은 것을 생각하고는, 애도 아직 저녁을 못 먹었을지 모른다고 밥그릇을 도로 끌어다 한 술 입에 떠넣으며 이번에는 애보고, 맛있으니 너도 먹으라는 것이었으나, 자신은 입맛을 잃은 탓만도 아닌 무엇이 밥 넘기려는 목을 치밀어 올라오곤 해, 좀처럼 밥을 넘길 수가 없었다.

다음날 아침에는 송 영감이 죽인지 밥인지 모를 것을 끓였다. 여전히 입맛은 없었으나 어제 저녁처럼 목이 메어 오르는 것은 없었다.

오늘은 또 지어 올리는 독을 말리느라고 처음에는 독 밖에 피워 놓았다가 독이 한 반쯤 지어지면 독 안에 매달아 놓은 숯불의 숯내까지가 머리를 더 무겁게 했다. 사십 년래 없이 숯내를 다 먹는 듯했다.

송 영감은 어제보다 더 쓰러져 넘어지는 도수가 많았다. 흙 이기던 왱손이가 이래서는 도무지 한 가마 채우지 못하리라고 송 영감에게 내년에 마저 지어 첫 가마에 넣도록 하는 게 어떠냐고 몇 번이고 권해 보았으나 송 영감은 일어났다가는 쓰러지고, 일어났다가는 쓰러지고 하면서도 독 짓기를 그만두려고 하지는 않았다.

- 황순원, 「독 짓는 늙은이」 -

* 조마구와 부채마치 : 옹기를 제작할 때 사용하는 한 쌍의 도구.
* 전 : 옹기 등 물건의 위쪽 가장자리가 조금 넓적하게 된 부분.

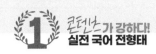
01 〈보기〉의 관점에서 ⓐ, ⓑ를 이해한 것으로 적절하지 <u>않은</u> 것은?

> **보기**
>
> '장인(匠人)'을 소재로 한 문학 작품에서 '장인'은 실용적 가치를 추구하는 기술자의 모습과 미적 가치를 추구하는 예술가의 모습을 모두 지닌 존재로 등장하는 경우가 많다. 오랜 시간의 숙련 과정에서 다양한 갈등을 극복하며 경지에 이른 장인은 자신이 제작하는 작품을 통해 예술가적 집념과 열의를 보여 준다.

① '아냐! 이건 독이 아냐!'는 ⓐ의 원인이 되는 장인의 엄격한 미적 기준을 드러내며, '일어났다가는 쓰러지고, 일어났다가는 쓰러지고'는 ⓑ를 향한 장인의 예술적 집념을 보여 준다.
② '흙덩이다!'는 장인의 가치 판단으로 ⓐ의 동기를 드러내고, '흙 몇 덩이'는 ⓑ에서 장인이 자신의 작품을 제작할 때 사용하는 소재를 지칭한다.
③ '매섭게 보다가 휑하니 간다'는 ⓐ로 인해 벌어지는 장인과 주변 인물의 갈등을 보여 주고, '조수의 환영'은 ⓑ의 과정에서 장인의 고뇌에 영향을 미치는 갈등 요인을 드러낸다.
④ '풀썩 주저앉고 만다'는 ⓐ를 계기로 예술가의 집념이 좌절됨을, '사십 년래 없이 숯내를 다 먹는 듯했다'는 ⓑ의 과정에서 부딪힌 장인으로서의 능력의 한계를 드러낸다.
⑤ ⓐ의 행동 이후 '조각난 독을 쓸어안고 오열하는' 것은 미적 가치 추구의 어려움을, ⓑ를 '그만두려고 하지는 않'는 것은 미적 가치의 실현에 대한 열의를 드러낸다.

02 ㉠~㉤에 대한 설명으로 가장 적절한 것은?

① ㉠ : '옥수'의 걱정이 '송 영감'보다는 독에 가 있음을 알려 준다.
② ㉡ : '왱손이'가 '송 영감'의 행동을 오만함에서 비롯된 것으로 바라보고 있음을 알려 준다.
③ ㉢ : '석현'이 독의 완성도에 대해 가지고 있는 기준이 '송 영감'의 기준과 다름을 보여 준다.
④ ㉣ : '송 영감'이 독을 제대로 구워 내지 못하는 가마에 불만을 품고 있음을 드러낸다.
⑤ ㉤ : '애'가 언제나처럼 '왱손이'가 아버지를 모시고 올 것이라 믿고 있음을 나타낸다.

03 [A]의 서술 방식으로 가장 적절한 것은?

① 시간의 흐름을 단계적으로 보여 줌으로써, 갈등이 해소되는 과정을 부각하고 있다.
② 인물 간의 대화에 서술자가 개입함으로써, 인물에 대한 서술자의 평가를 제시하고 있다.
③ 새로운 인물이 다른 인물의 발화를 통해 등장함으로써, 인물 간의 대립 구도가 전환되고 있다.
④ 서술자가 인물의 분노를 직접적으로 제시함으로써, 상황에 대한 인물의 태도를 드러내고 있다.
⑤ 인물들의 심리 상태를 공간적 거리와 결부하여 서술함으로써, 인물 간의 심리적 거리감을 보여 주고 있다.

형태쌤과 선지분석

선지분석	[A]
단계적 시간의 흐름 → 갈등 해소 과정	
서술자 : 대화에 개입 → 인물 평가	
새로운 인물 : 다른 인물의 발화를 통해 등장 → 대립 구도 전환	
서술자 : 인물의 분노 직접 제시 → 인물의 태도	
공간적 거리와 인물의 심리 결부 → 인물 간 심리적 거리감	

04 〈보기〉를 참고하여 (가), (나)를 감상한 내용으로 적절하지 <u>않은</u> 것은?

> **보기**
>
> 시나리오 「독 짓는 늙은이」는 원작과 달리, 인물의 관점에서 사건을 재구성하고 인물들의 행동과 대사를 통해 인물의 성격을 드러냄으로써 개연성을 높였다. 또한 영화 기법 용어들의 사용과 지시문을 통한 시각적 묘사는 현실감을 높이고 현장성을 강화하고 있다.

① (가)에서는 '백자기의 형체'가 '햇볕을 받아 더욱 고담'하다고 함으로써 이를 바라보는 행위에 개연성을 더하고 있다.
② (가)에서는 '나가떨어지는'과 같은 사실적인 행위를 통해 갈등 상황을 현실감 있게 표현하고 있다.
③ (가)에서는 '뚜왕 뚜왕 뚜왕'의 효과음을 이용하여 현장성을 강조하고 인물의 내면적 반응을 드러내고 있다.
④ (나)의 '못나게 지어지곤 했다'와 같이 진술되는 내용이 (가)에서는 '비틀어진 독'과 같은 구체적인 사물에 대한 시각적 묘사로 현실감을 높이고 있다.
⑤ (나)의 '제힘만이 아닌 어떤 힘으로 벌떡 일어나'와 (가)의 '마치 자기 심장이 박살 나는 것처럼 느껴지는'은 모두 시각적 묘사를 통해 인물의 성격을 드러내고 있다.

다음 글을 읽고 물음에 답하시오.

(가)

노주인의 장벽(腸壁)에
무시로 인동(忍冬) 삼긴* 물이 나린다.

자작나무 덩그럭 불*이
도로 피어 붉고,

구석에 그늘 지어
무가 순 돋아 파릇하고,

흙냄새 훈훈히 김도 서리다가
바깥 풍설(風雪) 소리에 잠착하다*.

산중에 책력(冊曆)*도 없이
삼동(三冬)이 하이얗다.

　　　　　　　　　　　－ 정지용, 「인동차(忍冬茶)」 －

* 삼긴 : 삶긴. 물에 삶아 우려낸.
* 덩그럭 불 : 장작의 다 타지 않은 덩어리에 붙은 불.
* 잠착하다 : 어떤 한 가지 일에만 마음을 골똘하게 쓰다.
* 책력 : 달력.

(나)

　㉠ 산아. 우뚝 솟은 푸른 산아. 철철철 흐르듯 짙푸른 산아. 숱한 나무들, 무성히 무성히 우거진 산마루에, 금빛 기름진 햇살은 내려오고, ㉡ 둥 둥 산을 넘어, 흰 구름 건넌 자리 씻기는 하늘. 사슴도 안 오고 바람도 안 불고, 넘엇 골 골짜기서 울어 오는 뻐꾸기…….

　㉢ 산아. 푸른 산아. 네 가슴 향기로운 풀밭에 엎드리면, 나는 가슴이 울어. ㉣ 흐르는 골짜기 스며드는 물소리에, 내사 줄줄줄 가슴이 울어라. 아득히 가 버린 것 잊어버린 하늘과, 아른아른 오지 않는 보고 싶은 하늘에, 어쩌면 만나도질 볼이 고운 사람이, 난 혼자 그리워라. 가슴으로 그리워라.

　티끌 부는 세상에도 벌레 같은 세상에도 눈 맑은, 가슴 맑은, 보고지운 나의 사람. 달밤이나 새벽녘, 홀로 서서 눈물 어릴 볼이 고운 나의 사람. 달 가고, 밤 가고, 눈물도 가고, 틔어 올 밝은 하늘 빛난 아침 이르면, 향기로운 이슬 밭 푸른 언덕을, 총총총 달려도 와 줄 ⓐ 볼이 고운 나의 사람.

　㉤ 푸른 산 한나절 구름은 가고, 골 넘어, 골 넘어, 뻐꾸기는 우는데, 눈에 어려 흘러가는 물결 같은 사람 속, 아우성쳐 흘러가는 물결 같은 사람 속에, 난 그리노라. 너만 그리노라. 혼자서 철도 없이 난 너만 그리노라.

　　　　　　　　　　　－ 박두진, 「청산도(靑山道)」 －

(다)

어제를 동여맨 편지를 받았다
늘 ⓑ 그대 뒤를 따르던
길 문득 사라지고
길 아닌 것들도 사라지고
여기저기서 어린 날
우리와 놀아 주던 돌들이
얼굴을 가리고 박혀 있다
사랑한다 사랑한다, 추위 환한 저녁 하늘에
찬찬히 깨어진 금들이 보인다
성긴 눈 날린다
땅 어디에 내려앉지 못하고
눈 뜨고 떨며 한없이 떠다니는
몇 송이 눈.

　　　　　　　　　　　－ 황동규, 「조그만 사랑 노래」 －

01 (가)~(다)의 공통점으로 알맞은 것은?

① 영탄적 표현을 통해 고조된 감정을 나타내고 있다.
② 시각적 이미지를 통해 화자의 정서를 드러내고 있다.
③ 표면에 드러나지 않은 화자가 대상을 관찰하고 있다.
④ 경쾌하고 발랄한 어조를 통해 생명감을 드러내고 있다.
⑤ 먼 곳에서 가까운 곳으로 화자의 시선이 이동하고 있다.

 형태쌤과 선지분석

선지분석	(가)	(나)	(다)
영탄적 표현			
시각적 이미지			
표면에 드러나지 않은 화자			
경쾌하고 발랄한 어조 → 생명감			
원경 → 근경			

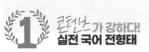
02 〈보기〉와 같이 학습 과제를 수행한 후 (가)를 감상한 내용으로 적절하지 않은 것은?

보기

1. 이 시의 창작 시기와 배경에 대해 조사해 본다.
   - 일제 말기인 1941년에 발행된 정지용의 두 번째 시집인 『백록담』에 실린 작품. 이 무렵 정지용은 서울에 살고 있었음.
2. 작품 제목의 의미를 알아본다.
   - 인동차(忍冬茶)는 한약재로도 쓰이는 인동의 줄기와 잎사귀를 말려 달여 먹는 차. 인동은 인동과의 반(半) 상록 덩굴성 식물. 인동에는 '겨울을 참고 견딘다'는 뜻이 있음.
3. 이해하기 어려운 시어를 조사한다.
   - 장벽 : 위장과 같은 내장의 벽.
   - 무시로 : 아무 때나.
4. 이 시가 갖는 표현상의 특징을 알아본다.
   - 시상 전개 : ……
   - 이미지 : ……
   - 특이한 표현 : ……

① 창작 시기와 제목의 의미를 고려할 때, 이 시에서는 겨울로 비유된 힘든 현실을 참고 견디려는 정신적 자세가 엿보이는 것 같아.
② '장벽에 / 무시로 인동 삼긴 물이 나린다.'는 구절은 '차를 마신다'는 평범한 사실을 낯설게 바꾸어 표현한 것 같아.
③ '덩그럭 불이 / 도로 피어 붉고'라는 표현에서 실내의 분위기와 함께, 시간의 흐름을 엿볼 수 있어.
④ '책력도 없이'라는 표현으로 볼 때, 이 시의 화자는 바쁘게 살아가는 도회의 삶을 그리워하고 있음을 알 수 있어.
⑤ '하얗다'를 '하이얗다'라고 표현한 것은 언어 규범에 어긋나지만, 정감의 깊이가 더해지는 효과가 있어.

03 (나)의 ⓐ와 (다)의 ⓑ에 대한 설명으로 가장 적절한 것은?

① ⓐ와 ⓑ는 모두 화자가 추구하는 초월적 존재이다.
② ⓐ와 ⓑ는 모두 화자가 두려워하고 있는 부정적 존재이다.
③ ⓐ는 화자로 하여금 과거를 잊게 해 주는 존재이고, ⓑ는 화자와 반목하는 존재이다.
④ ⓐ는 현실의 모순을 심화하는 존재이고, ⓑ는 삶의 허무함을 깨닫게 해 주는 존재이다.
⑤ ⓐ는 화자를 슬픔에서 벗어나게 해 줄 존재이고, ⓑ는 화자의 방황을 유발하는 존재이다.

04 (나)의 ㉠~㉤ 중, 〈보기〉의 밑줄 친 내용이 모두 나타나는 것은?

보기

원시 시대의 인간은 주술적(呪術的) 언어를 통해 자연과 교감하였다. 박두진의 「청산도」에는 이러한 주술적 언어의 특성이 나타난다고 볼 수 있다. 그 근거로는 자연을 의사소통의 대상으로 삼는 것, 시어를 반복·변용하는 것, 음성 상징어를 활용하는 것 등을 들 수 있다.

① ㉠   ② ㉡   ③ ㉢   ④ ㉣   ⑤ ㉤

05 (다)의 특징을 빌려 새로운 작품을 창작하려고 한다. 창작 구상으로 적절하지 않은 것은?

① 작품 중간에 감정을 직접 드러낸 표현을 넣는다.
② 냉소적 어조로 대상과의 거리감을 드러낸다.
③ 마지막 행을 명사로 끝맺어 여운을 준다.
④ 조사와 구두점을 적절히 생략한다.
⑤ 계절감을 주는 소재를 활용한다.

다음 글을 읽고 물음에 답하시오.

[A]
　　흥부 마음 인후하여 청산유수와 곤륜옥결이라. 성덕을 본받고 악인을 저어하며 물욕에 탐이 없고 주색에 무심하니 마음이 이러하매 부귀를 바랄쏘냐? 흥부 아내 하는 말이,
　　"애고 여봅소. 부질없는 청렴 맙소. 안자의 가난함은 주린 염치로 서른에 일찍 죽고, 백이숙제는 주린 염치로 청루 소년이 웃었으니, 부질없는 청렴 말고 저 자식들 굶겨 죽이겠으니, 아주버님네 집에 가서 쌀이 되나 벼가 되나 얻어 옵소."
　　흥부가 하는 말이,
　　"형님이 음식 끝을 보면 사촌을 몰라보고 똥 싸도록 때리는데, 그 매를 뉘 아들놈이 맞는단 말이오?"
　　"애고 동냥은 못 준들 쪽박조차 깨칠쏜가. 맞으나 아니 맞으나 쏘아나 본다고 건너가 봅소."

　　흥부 이 말을 듣고 형의 집에 건너갈 제, 치장을 볼작시면, ㉠ 편자 없는 헌 망건에 박쪼가리 관자 달고 물렛줄로 당끈 달아 대가리 터지게 동이고, 깃만 남은 중치막, 동강 이은 헌 술 띠를 흉복통에 눌러 띠고, 떨어진 헌 고의에 칡 노끈 대님 매고, 헌 짚신 감발하고, 세살 부채 손에 쥐고, 서 홉들이 오망자루 꽁무니에 비슥 차고, 바람맞은 병인 같이, 잘 쓰는 대비 같이, 어슥비슥 건너 달아 형의 집에 들어가서 전후좌우 바라보니, 앞노적, 뒷노적, 멍에 노적 담불담불 쌓였으니, 흥부 마음 즐거우나 놀부 심사 무거하여 형제끼리 내외하여 구박이 태심하니 흥부가 하릴없어 뜰아래서 문안하니 놀부가 묻는 말이,

[B]
　　"네가 뉜고?"
　　"내가 흥부요."
　　"흥부가 뉘 아들인가?"
　　"애고 형님, 이것이 웬 말이오? 비옵니다. 형님 전에 비옵니다. 세 끼 굶어 누운 자식 살려 낼 길 전혀 없으니 쌀이 되나 벼가 되나 양단간에 주시면 품을 판들 못 갚으며 일을 한들 못 갚을까. 부디 옛일을 생각하여 사람을 살려 주오."
　　애걸하니, 놀부 놈의 거동 보소. 성난 눈을 부릅뜨고 볼을 치며 호령하되,
　　"너도 염치없다. 내 말을 들어 보아라. '하늘은 녹 없는 사람을 내지 않으며, 땅은 이름 없는 풀을 내지 않는다.' 네 복을 누굴 주고 나를 이리 보채느냐? 쌀이 있다 한들 너 주자고 노적 헐며, 벼가 많이 있다 한들 너 주자고 섬을 헐며, 돈이 많이 있다 한들 궤에 가득 든 것을 문을 열랴."

[중간 줄거리] 어렵게 살던 흥부는 어느 날 구렁이의 습격을 받아 다리가 부러진 제비 새끼를 구해 주고 박씨를 얻어 큰 부자가 된다.

　　놀부 놈의 거동 보소. 동지섣달부터 제비를 기다린다. 그물 막대 둘러메고 제비를 몰러 갈 제, 한 곳을 바라보니 한 짐승이 떠서 들어오니 놀부 놈이 보고,
　　"제비 인제 온다."
　　하고 보니, 태백산 갈가마귀 차돌도 못 얻어먹고 주려 청천에 높이 떠 갈곡갈곡 울고 가니, 놀부 눈을 멀겋게 뜨고 보다가 하릴없어 동네 집으로

다니면서 제비를 제 집으로 몰아들이되 제비가 아니 온다.
　　그달 저 달 다 지내고 삼월 삼일 다다르니 강남서 나온 제비 옛 집을 찾으려 하고 오락가락 넘놀 적에 놀부 사면에 제비 집을 지어 놓고 제비를 들이모니, 그중 팔자 사나운 제비 하나가 놀부 집에 흙을 물어 집을 짓고 알을 낳아 안으려 할 제, 놀부 놈이 주야로 제비 집 앞에 대령하여 가끔가끔 만져 보니 알이 다 곯고 다만 하나 깨었는지라. 날기 공부 힘쓸 제 구렁배암 아니 오니 놀부 민망 답답하여 ㉡ 제 손으로 제비 새끼를 잡아 내려 두 발목을 자끈 부러뜨리고 제가 깜짝 놀라 이른 말이, "가련하다, 이 제비야." 하고 조기 껍질을 얻어 찬찬 동여 뱃놈의 닻줄 감듯 삼층 얼레 연줄 감듯 하여 제 집에 얹어 두었더니, 십여 일 뒤에 그 제비가 구월 구일을 당하여 두 날개를 펼쳐 강남으로 들어가니 강남 황제 각 처 제비를 점고할 제, 이 제비가 다리 절고 들어와 복지하니, 황제 제신으로 하여금,

[C]
　　"그 연고를 사실하여 아뢰라."
　　하시니, 제비 아뢰되,
　　"작년에 웬 박씨를 내어 보내어 흥부가 부자 되었다 하여 그 형 놀부 놈이 나를 여차여차하여 절뚝발이가 되게 하였사오니, 이 원수를 어찌하여 갚고자 하나이다."
　　황제가 이 말을 들으시고 대경하사 가라사대,
　　"이놈 이제 전답 재물이 여유롭되 동기를 모르고 오륜에 벗어난 놈을 그저 두지 못할 것이요, 또한 네 원수를 갚아 주리라."
　　하고 박씨 하나를 '보수표(報讐瓢)'라 금자로 새겨 주더라.

- 작자 미상, 「흥부전」 -

* 보수표 : 원수를 갚는 박.

형태쌤과 지문분석

지문분석	
공간	
서술자의 개입	

01 ㉠에 대한 설명으로 가장 적절한 것은?

① 운문체를 사용하여 인물 사이의 갈등을 부각하고 있다.
② 현재와 과거를 교차하여 장면의 전환을 시도하고 있다.
③ 열거의 방식으로 인물의 외양을 해학적으로 표현하고 있다.
④ 배경 묘사를 통해 밝고 역동적인 분위기를 조성하고 있다.
⑤ 사건을 요약적으로 제시하여 서사를 빠르게 전개하고 있다.

 형태쌤과 선지분석

선지분석	㉠
운문체 → 인물 간 갈등 부각	
현재·과거 교차 → 장면 전환	
열거 → 인물의 외양을 해학적으로 표현	
배경 묘사 → 밝고 역동적인 분위기 조성	
요약적 제시	

03 〈보기〉를 참고하여 윗글을 감상한 내용으로 적절하지 <u>않은</u> 것은?

보기

　「흥부전」에서 흥부가 부자가 되었다는 사실을 알게 된 놀부는 자기도 더 큰 부자가 되겠다는 욕망을 품고 흥부의 행위를 악의적으로 모방하다 화를 입게 된다. 이 과정을 흥부의 경우와 비교하여 도식화하면 다음과 같다.

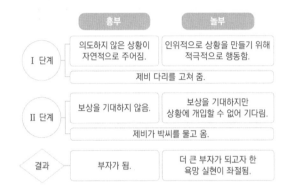

① '동지섣달'부터 올 리 없는 제비를 찾는 놀부의 행동은 〈보기〉의 'Ⅰ 단계'에 속하는 것으로, 욕망 실현을 위한 놀부의 조급성을 보여 주는군.
② '갈가마귀'를 제비로 착각하는 놀부의 모습은 〈보기〉의 'Ⅰ 단계'에 속하는 것으로, 제비가 아닌 다른 새들을 몰아내는 놀부의 적극적 행동을 보여 주는군.
③ '삼월 삼일'에 제비를 들이모는 놀부의 행위는 〈보기〉의 'Ⅰ 단계'에 속하는 것으로, 인위적으로 상황을 만들어 가는 악의적인 모방자의 모습을 보여 주는군.
④ '구월 구일'에 제비가 강남으로 들어가는 상황은 〈보기〉의 'Ⅱ 단계'에 속하는 것으로, 상황에 개입할 수 없는 놀부가 욕망 실현을 위해서 기다릴 수밖에 없음을 보여 주는군.
⑤ '보수표'가 제비에게 주어지는 상황은 〈보기〉의 'Ⅱ 단계'에 속하는 것으로, 놀부의 기대와는 달리 그의 욕망 실현이 좌절될 것임을 보여 주는군.

02 [A]~[C]에 대한 이해로 적절하지 <u>않은</u> 것은?

① [A]에서는 서술자의 서술과 등장인물의 대화를 통해 흥부의 처지와 성품을 드러내고 있다.
② [B]에서 놀부를 '놀부 놈'으로 서술하는 부분에는 인물에 대한 서술자의 평가가 드러나 있다.
③ [C]에서 동물들이 대화하는 장면은 우화적 공간에서 서사가 진행되고 있음을 보여 주고 있다.
④ [A]에서 흥부와 흥부 아내의 대화는 [B]에서 일어나는 흥부와 놀부의 갈등 상황을 예고하고 있다.
⑤ [B]에 나타난 놀부의 언행은 [C]에서 제비가 황제에게 놀부를 고발하는 근거가 되고 있다.

04 ㉡에 대한 독자의 반응으로 가장 적절한 것은?

① 자기가 제비 다리를 부러뜨려 놓고 깜짝 놀라다니 지렁이도 밟으면 꿈틀하는 격이군.
② 자기 실수로 제비 다리가 부러졌는데 저런 말을 하다니 방귀 뀐 놈이 성내는 격이군.
③ 자기가 구렁이를 대신하여 제비 다리를 부러뜨린 것을 보니 고래 싸움에 새우 등 터진 격이군.
④ 자기가 제비 다리를 부러뜨려 놓고 치료를 해 주며 구해 주는 척하다니 병 주고 약 주는 격이군.
⑤ 자기가 제비 다리를 부러뜨리고 도리어 위로하는 말을 하는 것을 보니 말 한마디에 천 냥 빚을 갚는 격이군.

다음 글을 읽고 물음에 답하시오.

천대를 받아도 얻어맞는 것보다는 낫다! 그도 그럴 것이다. 미친 체하고 떡목판에 엎드러진다는 셈으로 미친 체하고 어리광 비슷한 수작을 하거나, 스라소니 행세를 하거나 하여, 어떻든지 저편의 호감을 사고 저편을 웃기기만 하면 목전에 닥쳐오는 핍박은 면할 것이다. 속으로는 요놈 하면서라도 얼굴에만 웃는 빛을 띠면 당장의 급한 욕은 면할 것이다. 공포(恐怖), 경계(警戒), 미봉(彌縫), 가식(假飾), 굴복(屈服), 도회(韜晦)*, 비굴(卑屈)…… 이러한 모든 것에 숨어 사는 것이 조선 사람의 가장 유리한 생활 방도요, 현명한 **처세술**이다. 실상 생각하면 우리의 이러한 **생활 철학**은 오늘에 터득한 것이 아니요, 오랫동안 **봉건적** 성장과 관료전제 밑에서 더께가 앉고 굳어 빠진 껍질이지마는, 그 껍질 속으로 점점 더 파고들어 가는 것이 **지금의 우리 생활**이다.

"어떻든지 그저 내지인과 동등한 대우만 해 주면 나중엔 어찌되든지 살아갈 수 있겠죠."

청년은 무엇에 쫓겨 가는 사람처럼 차 안을 휘휘 돌려다 보고 나서 목소리를 한층 낮추어서 다시 말을 잇는다.

"가령 공동묘지만 하더라도 내지에도 그런 법률이 있다 하면 싫든 좋든 우리도 따라가는 수밖에 없겠죠. 하지만 우리에게는 또 우리의 유풍이 있지 않습니까? 대관절 내지에도 그런 법이 있나요?"

의외에 이 장돌뱅이도 공동묘지 이야기를 꺼낸다. 나는 아까 형님한테 한참 설법을 듣고 오는 길에 또 이러한 질문을 받고 보니, 언제 규정이 된 것이요 어떻게 시행하라는 것인지는 나로서는 알고 싶지도 않고, 그까짓 것은 아무렇거나 상관이 없는 일이지마는, 아마 요사이 경향에서 모여 앉으면 꽤들 문젯거리, **화젯거리**가 되는 모양이다. 나는 한번 껄껄 웃어주고 싶었으나 그리할 수는 없었다.

"일본에도 공동묘지야 있다우."

나 역시 누가 듣지나 않는가 하고 아까부터 수상쩍게 보이던 저편 뒤로 컴컴한 구석에 금테를 한 동 두른 모자를 쓴 채 외투를 뒤집어쓰고 누웠는 일본 사람과, 김천서 나하고 같이 오른 양복쟁이 편을 돌려다 보았다. 나의 말이 조금이라도 총독정치를 비방하는 것은 아니지만, 그중에서 무슨 오해가 생길지 그것이 나에게는 염려되는 것이었다.

"정말 내지에도 공동묘지가 있에요? 하지만 행세하는 사람야 좀 다르겠죠?"

"그야 좀 다르겠지마는, 어떻든지 일본에서는 주로 화장을 지내기 때문에 타고 남은…… 아마 목구멍 **뼈**라든가를 갖다가 묻고 목패든지 비석을 세운다우. 그러지 않아도 살아 있는 사람도 터전이 좁아서 땅 조각이 금 조각 같은데, 죽는 사람마다 넓은 터전을 차지하다가는 이 세상에는 무덤만 남고 말지 않겠소, 허허허."

나는 이러한 소리를 하면서도 묘지를 간략하게 하여 지면을 축소하고 남는 땅은 누구의 손으로 들어가고 마누 하는 생각을 하여 보았다.

"그리구서니 자기의 부모나 처자를 죽었다구 금세루 살라야 버릴 수가 있습니까? 더구나 대대로 내려오는 제 집 산소까지를."

이 사람은 나의 말이 옳다는 모양으로 고개를 끄덕끄덕하면서도 그래도 반대를 한다.

"화장을 지낸다기루 상관이 뭐겠소. 예전에 애굽이라는 나라에서는 왕후장상의 시체는 방부제를 쓰고 나무 관에 넣은 시체를 다시 석관까지에 튼튼히 넣어서 피라미드라는 큰 굴 속에 묻어 두었지만, 지금 와서는 미이

라밖에는 되지 않고 만 것을 보면 죽은 송장에게 능라주의(綾羅紬衣)*를 입히고 백 평, 천 평 되는 땅에다가 아무리 굳게 파묻기로 그것이 무엇이란 말이오. 동상을 세우면 무얼 하고 송덕비를 세우면 무엇에 쓴다는 말이오."

내 앞에 앉았는 장꾼은 무슨 소리인지 귀에 자세히 들어오지 않는 모양이다.

"녜에, 그런 것이 있에요?"

하고 멀거니 앉았다.

"하여간 부모를 생사장제(生事葬祭)에 예(禮)로써 받들어야 할 거야 더 말할 것 없지마는, 예로 하라는 것은 결국에 공경하는 마음이나 정성을 말하는 것 아니겠소? 그러니 공동묘지 법이란 난 아직 내용도 모르지마는, 그것은 별문제로 치고라도, 그 근본정신은 생각지 않고 부모나 선조의 산소 치레를 해서 외화(外華)나 자랑하고 음덕(蔭德)이나 바란다는 것도 우스운 수작이란 것을 알아야 할 거 아니겠소. 지금 우리는 공동묘지 때문에 못살게 되었소? 염통 밑에 쉬스는 줄은 모른다구, **깝살릴*** 것 다 깝살리고 뱃속에서 쪼르륵 소리가 나도 죽은 뒤에 파묻힐 곳부터 염려를 하고 앉았을 때인지? 너무도 얼빠진 늦둥이 수작이 아니오? 허허허."

나는 형님에게 하고 싶던 말을 장돌뱅이로 돌아다니는 이 자를 붙들고 한참 푸념을 하였다.

– 염상섭, 「만세전」 –

* 도회 : 재능이나 학식 따위를 숨겨 감춤.

* 능라주의 : 비단옷과 명주옷.

* 깝살리다 : 재물이나 기회 따위를 흐지부지 다 없애다.

형태쌤과 지문분석

지문분석	
시간	
공간	
서술자의 관심사	

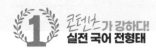
01 윗글의 서술상 특징으로 가장 적절한 것은?

① 상징적 배경을 통해 갈등이 해소될 것임을 암시하고 있다.
② 냉소적 어조를 통해 세태에 대한 비판적 태도를 드러내고 있다.
③ 빈번한 장면 전환을 통해 인물들 사이의 긴장감을 고조하고 있다.
④ 동시에 진행되는 사건을 병렬하여 이야기를 입체적으로 구성하고 있다.
⑤ 인물들의 체험을 삽화 형식으로 나열하여 주제를 다각적으로 조명하고 있다.

 형태쌤과 선지분석

선지분석	만세전
상징적 배경 → 갈등 해소 암시	
냉소적 어조 → 세태 비판	
빈번한 장면 전환 → 인물들 사이의 긴장감 고조	
동시 진행 사건 병렬적으로 제시	
인물들 체험 삽화 형식으로 나열	

02 '공동묘지 법'과 관련한 인물들의 태도로 가장 적절한 것은?

① '나'는 '공동묘지 법' 시행에 따른 '화장'의 제도화를 우려하고 있다.
② '나'는 '공동묘지 법'의 시행 전에 충분한 정보가 제공되어야 한다고 지적하고 있다.
③ '나'는 '공동묘지 법'과 관련한 자신의 발언이 정치적으로 해석되는 것을 염려하고 있다.
④ '장돌뱅이'는 '공동묘지 법'의 목적이 묘지를 없애 집터를 넓히는 데 있다고 믿고 있다.
⑤ '장돌뱅이'는 '공동묘지 법'이 '애급'의 관습을 따른 것이라는 사실에 흥미로워 하고 있다.

03 〈보기〉를 참고하여 윗글을 감상할 때 적절하지 <u>않은</u> 것은?

보기

1920년대 문학의 전개 과정에서, 염상섭은 개인의 발견과 현실 인식이라는 소설의 근대적인 특성을 분명하게 제시하고 있다. 특히 일인칭 시점을 적용한 소설을 통해 개인의 내면을 드러내는 방식을 모색하여, 개성의 표현으로서의 문학에 대한 인식을 구체화하였다. 나아가 그는 생활 현실에 근거한 문학으로 관심을 확장하였는데, 그에 따르면, 문예는 생활의 기록이요, 흔적이요, 주장이다. 생활에 대한 염상섭의 새로운 인식은 생활의 표현을 통해 삶의 문제를 총체적인 시각에서 조망하려는 근대 문학의 정신에 접근하고 있다.

① 시속의 '처세술'에 대해 성찰하여 평가한 점을 통해, 생활의 문제에 대한 작가의 주장을 확인할 수 있겠군.
② '생활 철학'을 터득하려는 개개인의 의지를 옹호한 점을 통해, 개인의 발견에 관한 작가의 의식을 이해할 수 있겠군.
③ '지금의 우리 생활'을 '봉건적' 의식과 문화에 견주어 문제 삼은 점을 통해, 삶의 문제를 총체적으로 조망하려는 작가의 시각을 엿볼 수 있겠군.
④ 일상적 관심사로 오르내리는 '화젯거리'를 이야기한 점을 통해, 생활의 흔적을 기록하려는 작가의 노력을 살필 수 있겠군.
⑤ 자신의 경험과 생각을 '나'가 서술하도록 설정한 점을 통해, 개성을 표현하는 문학의 방식을 모색하는 작가의 관심을 찾아볼 수 있겠군.

다음 글을 읽고 물음에 답하시오.

　　나는 미안스런 생각으로 건우 어머니가 따라 주는 술잔을 받았다. 손이 유달리 작아 보였다. 유달리 자그마한 손이 상일에 거칠어 있는 양이 보기에 더욱 안타까울 정도였다.

　　기어이 저녁까지 대접하겠다고 부엌으로 가 버린 뒤, 나는 건우를 앞에 두고 잔을 들면서, 그녀의 칠칠한 인사범절에 새삼 생각되는 바가 있었다.

[A]
　　나는 모든 것을 다시 보았다. 농삿집치고는 유난히도 말끔한 마루청, 먼지를 뒤집어쓰고 있지 않은 장독대, 울타리 너머로 보이는 길찬 장다리꽃들…… 그 어느 것 하나에도 그녀의 손이 안 간 곳이 없으리라 싶었다. 이러한 집 안팎 광경들을 통해서 나는 건우 어머니가 꽤 부지런하고 친절한 여성이라는 것을 고대 짐작할 수가 있었다. 젊음이 한창인 열아홉부터 악지 세게 혼자서 살아왔다는 것과, 어려운 가운데서도 외아들 건우를 나룻배를 태워가면서까지 먼 일류 중학에 보내고 있다는 사실, 그리고 농촌 아이라고는 믿어지지 않을 만큼 건우의 입성이 항시 깨끗했다는 사실들이 어련히 안 그러리 싶어지기도 했다. 얼핏 보아서는 어리무던한 여인 같기도 하지만 유난히 볼가진 듯한 이마라든가, 역시 건우처럼 짙은 눈썹 같은 데선 그녀의 심상치 않을 의지랄까, 정열 같은 것을 읽을 수가 있었다.

　　나는 술상을 물리고서, 건우의 공부방을 — 어머니의 방일 테지만 — 잠깐 들여다보았다. 사과 궤짝 같은 것에 종이를 발라 쓰는 책상 위에는 몇 권 안 되는 책들이 나란히 꽂혀 있었다. 그 가운데서 〈섬 얘기〉라고, 잉크로써 굵직하게 등마루에 씌어진 두툼한 책 한 권이 특별히 눈에 띄었다.

　　"섬 얘기? 저건 무슨 책이지?"

　　나는 건우를 돌아보고 물었다.

　　"암것도 아입니더."

　　"소설?"

　　"아입니더."

　　"어디 가져와 봐!"

　　건우는 싫어도 무가내라 뽑아 오면서,

　　"일기랑 또 책 같은 거 보고 적은 김더."

　　부끄러운 내색을 하였다.

　　"일기는 남의 비밀이니까 읽을 수가 없고, 어디 책 읽은 소감이나 봬 주게."

　　나는 책을 도로 돌렸다. 건우는 마지못해 여기저길 뒤적거리다가 한 군데를 펴 주었다. 또박또박 깨알같이 박아 쓴 글씨였다.

　　○○○ 여사는 어머니처럼 혼자 사시는 분이라 그런지 그분의 글에는 한결 감동되는 바가 있었다. 「내가 본 국도」 속의 한 구절 — 그래도 선거 때가 되면 소속 육지에서 똑딱선을 가지고 섬 백성을 모시러 오는 알뜰한 정당이 있어, 이들은 다만, 그 배로 실려가서 실상 자기네 실생활과는 무연한 정치를 위하여 지정해 주는 기호 밑에 도장을 찍어 주고 그 배에 실려 돌아온다는 것입니다.

(중략)

　　건우 할아버지와 윤춘삼 씨가 들려준 조마이섬 이야기는 언젠가 건우가 써냈던 〈섬 얘기〉에 몇 가지 기막히는 일화가 붙은 것이었다.

　　"우리 조마이섬 사람들은 지 땅이 없는 사람들이오. 와 처음부터 없기 싸 없었겠소마는 죄다 뺏기고 말았지요. 옛적부터 이 고장 사람들이 젖줄같이 믿어 오던 낙동강 물이 맨들어 준 우리 조마이섬은……."

[B]
　　건우 할아버지는 처음부터 개탄조로 나왔다. 선조로부터 물려받은 땅, 자기들 것이라고 믿어 오던 땅이 자기들이 겨우 철 들락말락할 무렵에 별안간 왜놈의 동척* 명의로 둔갑을 했더란 것이었다.

　　"이완용이란 놈이 '을시 보호 조약'이린 걸 맨들어 낸 뒤라 카더만!"

　　윤춘삼 씨의 통방울 같은 눈에도 증오의 빛이 이글거리기 시작했다.

　　1905년 — 을사년 겨울, 일본 군대의 포위 속에서 맺어진 '을사 보호 조약'이란 매국 조약을 계기로, 소위 '조선 토지 사업'이란 것이 전국적으로 실시되던 일, 그리고 이태 후인 정미년에 가서는 "한국 정부는 시정 개선에 관하여 통감의 지도를 수할 사"란 치욕적인 조목으로 시작된 '한일 신협약'에 따라, 더욱 그 사업을 강행하고 역둔토(驛屯土)의 대부분과 삼림원야(森林原野)들을 모조리 국유로 편입시키는 등 교묘한 구실과 방법으로써 농민으로부터 빼앗은 뒤, 다시 불하*하는 형식으로 동척과 일인(日人) 수중에 옮겨 놓던 그 해괴망측한 처사들이 문득 내 머리 속에도 떠올랐다.

　　"쥑일 놈들."

　　건우 할아버지는 그렇게 해서 다시 국회의원, 다음은 하천 부지의 매립 허가를 얻은 유력자…… 이런 식으로 소유자가 둔갑되어 간 사연들을 죽 들먹거리더니,

　　"이 꼴이 되고 보니 선조 때부터 둑을 맨들고 물과 싸워가며 살아온 우리들은 대관절 우찌 되는기요?"

　　그의 꺽꺽한 목소리에는, 건우가 지각을 하고 꾸중을 듣던 날 "나릿배 통학생임더." 하던 때의, 그 무엇인가를 저주하듯 한 감정이 꿈틀거리고 있는 것 같았다. ⓐ 얼마나 그들의 땅에 대한 원한이 컸던가를 가히 짐작할 수가 있었다.

　　　　　　　　　　　　　　　　　　- 김정한, 「모래톱 이야기」 -

* 동척 : 일제 강점기 '동양척식주식회사'의 준말.
* 불하 : 국가 또는 공공 단체의 재산을 개인에게 팔아넘기는 일.

형태쌤과 지문분석

지문분석	
시간	
공간	
서술자의 관심사	

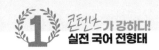
01 [A]의 서술상 특징에 대한 설명으로 가장 적절한 것은?

① 공간적 배경을 활용하여 주제를 암시적으로 드러낸다.
② 일상적 소재를 열거하여 인물의 복잡한 심리를 보여 준다.
③ 서술자의 논평을 통해 인물의 성격 변화의 양상을 드러낸다.
④ 구체적 묘사와 서술자의 판단을 통해 인물의 성격을 제시한다.
⑤ 현재와 과거의 사실을 교차하여 향후 전개될 사건의 단서를 제공한다.

 형태쌤과 선지분석

선지분석	[A]
공간적 배경 → 주제 암시	
일상적 소재 열거 → 인물의 복잡한 심리	
서술자의 논평 → 인물의 성격 변화	
묘사와 서술자의 판단 → 인물의 성격	
현재와 과거 교차 → 향후 전개될 사건의 단서	

02 윗글에 대한 이해로 적절하지 <u>않은</u> 것은?

① '손'은 어머니가 고된 생활을 감당해 왔음을 알려 준다.
② '일류 중학'은 건우 모자의 불화가 교육관의 차이에서 비롯되었음을 알려 준다.
③ '책상'은 넉넉하지 못한 살림살이의 단면을 보여 준다.
④ '책 읽은 소감'은 정치 현실에 대한 건우의 관심을 드러내고 있다.
⑤ '둑'은 조마이섬 사람들의 삶의 내력을 담고 있다.

03 [B]를 〈보기〉의 시나리오로 각색했다고 할 때, 고려한 내용으로 적절하지 <u>않은</u> 것은?

보기

S#98. 강둑 위 (오후, 길게 펼쳐진 조마이섬 모습 후) E.L.S.*

건우 증조부 : (손에 쥔 종이를 움켜쥐고 부르르 떨며) 대명천지에 이럴 수는 없는 기다!

소년(건우 할아버지) : 이기 무신 소립니꺼? 인자 우리 땅이 아니라니요, 조마이섬이 왜놈 땅이 됐다 카는 기 무신 말씀입니꺼? (건우 증조부, 손에 쥔 종이를 갈기갈기 찢고, 집으로 달려간다. 소년 뒤따라간다.) O.L.

S#99. 나루터 선술집 (저녁)

건우 선생님 : (놀랍다는 듯이) 그러니까 일제 때 토지 조사 사업한답시고 국유지로 편입시켰다가, 그걸 다시 팔아먹었던 거군요?

건우 할아버지 : (증오의 눈빛으로) 거서 끝이 아니라요. 아마 건우 애비 중학 졸업하던 땐가 해방 됐다꼬 만세 부르고 와 보니, 이번엔 국회 의원 손에 넘어갔다 카이.

윤춘삼 : 얼마 전부터는 하천 부지를 매립한다나 어쩐다나……

건우 할아버지 : 오늘은 시키먼 놈들이 우르르 몰려와서는 종이 쪼각을 빼 주며 그랍디다, 섬에서 나가는 기 좋을 끼라고, 내일은 결판을 낼 끼라고. (입술을 깨물었다가 무슨 결심이라도 한 듯이) 대명천지에 이럴 수는 없는 기다!

* E.L.S. : 익스트림 롱 숏. 아주 멀리서 넓은 지역을 조망하는 촬영 기법.

① S#98에서 조마이섬의 지형적 특징을 보여 주기 위해 멀리서 섬을 조망하는 촬영 기법을 도입해야겠어.
② S#99에서 관객의 이해를 돕기 위해 인물의 대사로 역사적 사실에 대한 정보를 전달해야겠어.
③ S#99에서 관객의 긴장을 유발하기 위해 이후 벌어질 갈등 상황을 인물의 대사 속에 넣어야겠어.
④ S#98~99에서 인물 간 갈등을 부각시키기 위해 조마이섬의 소유권 이전에 찬동하는 등장인물을 넣어야겠어.
⑤ S#98~99에서 억울한 상황이 되풀이됨을 강조하기 위해 서로 다른 인물이 동일한 특정 대사를 구사하도록 해야겠어.

04 〈보기〉를 참고하여 윗글을 감상한 내용으로 적절하지 <u>않은</u> 것은?

보기

「모래톱 이야기」에서 작가는 땅을 둘러싼 권력의 횡포를 비판하고 '뿌리 뽑힌 사람들'의 삶을 서술자와 등장인물을 통해 증언한다. 이 과정에서 등장인물들은 절망의 나락에 빠지지 않는 저항적 주체의 모습으로 형상화된다. 작가는 공동체의 고통에 대한 공감을 바탕으로 하여 부조리한 현실을 전달하고 증언하기 위해 서술자 '나'의 이야기를 창조하였다. 이는 작가의 적극적인 현실 참여 의식이 가미된 결과이다.

① 건우 할아버지와 윤춘삼의 이야기에 대한 '나'의 태도로 보아, '나'의 이야기는 조마이섬 사람들에 대한 공감을 담아낸 것임을 알 수 있어.

② 조마이섬 사람들에 대한 '나'의 이야기가 건우의 〈섬 얘기〉와 관련된 것으로 보아, 건우는 땅의 소유권이 바뀌어 온 현실을 증언하는 인물임을 알 수 있어.

③ 건우 할아버지와 윤춘삼의 이야기가 건우의 〈섬 얘기〉에 원천을 두고 있는 것으로 보아, '나'의 이야기는 건우를 저항적 주체들의 중심인물로 삼고 있음을 알 수 있어.

④ '나'의 이야기가 조마이섬과 관련된 몇 가지 기막힌 일화를 다루는 것으로 보아, '나'의 이야기는 현실의 이면에 감춰진 부조리한 실상을 증언하기 위한 것임을 알 수 있어.

⑤ 건우 할아버지의 이야기가 대대로 땅을 빼앗겨 온 조마이섬 사람들에 관한 것으로 보아, '나'의 이야기는 '뿌리 뽑힌 사람들'에 대한 권력의 횡포를 비판하는 것임을 알 수 있어.

05 문맥상 ⓐ를 가장 잘 나타낸 것은?

① 각골통한(刻骨痛恨)
② 노심초사(勞心焦思)
③ 전전반측(輾轉反側)
④ 풍수지탄(風樹之嘆)
⑤ 후회막급(後悔莫及)

Free note.

나 없이

기출

풀지마라

다음 글을 읽고 물음에 답하시오.

(가)

폭포는 곧은 절벽을 무서운 기색도 없이 떨어진다

규정할 수 없는 물결이
무엇을 향하여 떨어진다는 의미도 없이
㉠ 계절과 주야를 가리지 않고
고매한 정신처럼 쉴 사이 없이 떨어진다

금잔화도 인가도 보이지 않는 밤이 되면
폭포는 곧은 **소리**를 내며 떨어진다

곧은 소리는 소리이다
곧은 소리는 곧은
소리를 부른다

번개와 같이 떨어지는 물방울은
취할 순간조차 마음에 주지 않고
㉡ 나타(懶惰)와 안정(安定)을 뒤집어 놓은 듯이
높이도 폭도 없이
떨어진다

- 김수영, 「폭포」-

(나)

살아 있는 것은 흔들리면서
튼튼한 줄기를 얻고
잎은 흔들려서 스스로
살아 있는 몸인 것을 증명한다.

바람은 오늘도 분다.
수만의 잎은 제각기
몸을 엮는 하루를 가누고
들판의 **슬픔 하나** 들판의 **고독 하나**
들판의 **고통 하나**도
다른 곳에서 바람에 쓸리며
자기를 헤집고 있다.

피하지 마라
㉢ 빈 들에 가서 깨닫는 그것
우리가 늘 흔들리고 있음을.

- 오규원, 「살아 있는 것은 흔들리면서 - 순례 11」-

(다)

내 마음의 고향은 이제
참새 떼 왁자히 내려앉는 대숲 마을의
노오란 초가을의 초가지붕에 있지 아니하고
내 마음의 고향은 이제
토란 잎에 후두둑 빗방울 스치고 가는
여름날의 ㉣ 고요 적막한 뒤란에 있지 아니하고
내 마음의 고향은 이제
추수 끝난 빈 들판을 쿵쿵 울리며 가는
서늘한 뜨거운 기적 소리에 있지 아니하고
내 마음의 고향은 이제
빈 들길을 걸어 걸어 흰 옷자락 날리며
서울로 가는 순이 누나의 파르라한 옷고름에 있지 아니하고
내 마음의 고향은 이제
아늑한 상큼한 짚벼늘에 파묻혀
나를 부르는 소리도 잊어버린 채
까닭 모를 굵은 눈물 흘리던 그 어린 저녁 무렵에도 있지 아니하고
내 마음의 마음의 고향은
싸락눈 홀로 이마에 받으며
내가 그 어둑한 신작로 길로 나섰을 때 끝났다
눈 위로 막 얼어붙기 시작한
작디작은 ㉤ 수레바퀴 자국을 뒤에 남기며

- 이시영, 「마음의 고향 6 - 초설」-

01 (가)~(다)의 공통점으로 가장 적절한 것은?

① 도치의 방식으로 시상을 마무리하여 주제 의식을 드러낸다.
② 명령적 어조를 활용하여 화자의 강한 의지를 표출한다.
③ 색채의 선명한 대조를 통해 시적 분위기를 환기한다.
④ 영탄법을 사용하여 화자의 고조된 감정을 나타낸다.
⑤ 유사한 어구를 반복하여 시적 상황을 부각한다.

 형태쌤과 선지분석

선지분석	(가)	(나)	(다)
도치 → 시상 마무리			
명령적 어조			
색채 대조			
영탄법			
유사 어구 반복			

03 (다)를 이해한 내용으로 적절하지 않은 것은?

① 고향에서의 삶과 관련된 소재들을 열거하고 있다.
② 감각적 심상을 활용하여 화자의 정서를 드러내고 있다.
③ 고향의 특정 인물에 대한 기억을 떠올리면서 시상을 반전시키고 있다.
④ 고향을 떠나올 때의 장면으로 시상을 마무리하면서 시적 여운을 남기고 있다.
⑤ 고향에 대한 상실감을 내세워 고향에 대한 화자의 그리움을 담아내고 있다.

 형태쌤과 선지분석

선지분석	마음의 고향 6 - 초설
고향과 관련된 소재 열거	
감각적 심상	
특정 인물 환기 → 시상 반전	
고향 떠나는 장면으로 시상 마무리	
고향 상실감 → 그리움	

02 〈보기〉를 참고하여 (가), (나)를 감상한 내용으로 적절하지 않은 것은?

보기

김수영은 한때 자유를 이상으로 내세우면서 생활인으로서의 자신을 뛰어넘으려고 했고, 오규원은 '순례' 연작시에서 생성과 변화를 중시하면서 사물에 대한 고정된 인식이나 관념에서 탈피하려고 했다. 오규원에게는 그것이 자유를 추구하는 일이었다. 이와 관련하여 김수영은 위대성에 주목하면서 대상의 숭고한 면이나 뛰어난 점을 발견하려 했고, 오규원은 구체적 언어에 주목하여 대상의 동적 이미지와 몸의 이미지를 포착하려 했다.

① (가)의 '고매한 정신처럼'에서는, 생활인으로서 시인이 지녔던 고뇌와 대비되는 대상의 위대성을 느낄 수 있어.
② (나)의 '슬픔 하나', '고독 하나', '고통 하나'가 '자기를 헤집고 있다'는 것에서는, 몸의 이미지를 통해 관념에서 탈피하려는 화자의 태도를 느낄 수 있어.
③ (가)의 '소리'와 (나)의 '바람'은 자유의 의미와 대비되는 소재들로서, 화자는 이에 부정적 의미를 부여하고 있어.
④ (가)에 비해 (나)의 화자는 흔들리는 현상을 바탕으로 자신을 대상과 동일시하고 있어.
⑤ (가)의 대상이 지닌 숭고한 면모와, (나)의 대상이 지닌 동적인 속성은 자유와 관련하여 그 의미를 해석할 수 있어.

04 ㉠~㉤에 대한 설명으로 적절한 것은?

① ㉠ : '폭포'의 낙하가 지닌 항상성을 나타낸다.
② ㉡ : '폭포'가 지닌 긍정적 속성들이다.
③ ㉢ : 화자와 공동체가 화합을 이루는 공간이다.
④ ㉣ : 화자의 절망적인 상황을 드러낸다.
⑤ ㉤ : 화자가 지향하는 미래를 표상한다.

다음 글을 읽고 물음에 답하시오.

(가)

　　정한담과 최일귀 두 사람이 이때를 타서 천자께 여쭈오되,

　　"폐하 즉위하신 후에 은덕이 온 백성에게 미치고 위엄이 온 세상에 진동하여 열국 제신이 다 조공을 바치되, 오직 토번과 가달이 강포함만 믿고 천명을 거스르니, 신 등이 비록 재주 없사오나 남적을 항복 받아 충신으로 돌아오면 폐하의 위엄이 남방에 가득하고 소신의 공명은 후세에 전하리니, 엎드려 바라옵건대 폐하는 깊이 생각하옵소서."

　　천자 매일 남적이 강성함을 근심하더니, 이 말을 듣고 대희 왈,

　　"경의 마음대로 기병하라."

　　하시니라.

　　이때 유 주부 조회하고 나오다가 이 말을 듣고 천자 앞에 들어가 엎드려 주왈,

　　"듣사오니 폐하께옵서 남적을 치라 하시기로 기병하신단 말씀이 옳으니이까?"

　　천자 왈,

　　"한담의 말이 여차여차하기로 그런 일이 있노라."

　　주부 여쭈오되,

　　"폐하, 어찌 망령되게 허락하였습니까? 왕실은 미약하고 외적은 강성하니, 이는 자는 범을 찌름과 같고 드는 토끼를 놓침이라. 한낱 새알이 천 근의 무게를 견디리까? 가련한 백성 목숨 백 리 사장(沙場) 외로운 혼이 되면 그것인들 아니 적악(積惡)이리오. 엎드려 바라옵건대 황상은 기병치 마옵소서."

　　천자 그 말을 들으시고 여러 가지로 생각하던 차에, 한담과 일귀 일시에 합주하되,

　　"유심의 말을 듣사오니 죽여도 애석하지 않으니, 오국 간신과 같은 무리로소이다. 대국을 저버리고 도적놈만 칭찬하여 개미 무리를 대국에 비하고 한낱 새알을 폐하에게 비하니, 일대의 간신이요 만고의 역적이라. 신 등은 저어하건대 유심의 말이 가달을 못 치게 하니 가달과 동심하여 내응이 된 듯하니 유심의 목을 먼저 베고 가달을 치사이다."

　　천자가 허락하니,

　　한림 학사 왕공렬이 유심 죽인단 말을 듣고 땅에 엎드려 주왈,

　　"주부 유심은 선황제 개국 공신 유기의 자손이라. 위인이 정직하고 일심이 충직하오니 남적을 치지 말자는 말이 사리에 당연하옵거늘, 그 말을 죄라 하와 충신을 죽이시면 태조 황제 사당 안에 유 상공을 배향하였으니 춘추로 제사 지낼 때에 무슨 면목으로 뵈오며, 유심을 죽이면 직간할 신하 없사올 것이니, 황상은 생각하와 죄를 용서하옵소서."

　　천자 이 말 듣고 한담을 돌아보니, 한담이 여쭈오되,

　　"유심을 죄하실진대 만 번 죽여도 애석하지 않으나 공신의 후예이오니, 죄목대로 다 못하오나 정배나 하사이다."

　　천자

　　"옳다."

　　하시고,

　　"황성 밖에 멀리 유배 보내라."

[중간 줄거리] 유심이 유배된 후, 아들 유충렬은 정한담의 박해로 고난을 겪다

가 영웅적 능력을 갖추게 된다. 정한담이 황제를 내쫓고 도성을 차지하자, 유충렬은 위기에 처한 천자를 구하고 대원수가 된다. 유충렬이 도성을 비운 사이, 천자는 다시 위기에 처하게 된다.

(나)

　　이때 대원수가 금산성에서 적 십만 병을 한칼에 무찌르고 바로 호산대에 득달하여 적병을 씨 없이 함몰코자 행하더니, 뜻밖에 월색이 희미하며 난데없는 빗방울이 원수 얼굴에 내리거늘, 원수 괴이히 여겨 말을 잠깐 머무르고 천기를 살펴보니, 도성에 살기 가득하고 천자의 자미성(紫微星)이 떨어져 번수 가에 비쳤거늘, 크게 놀라 발을 구르며 왈,

　　"이게 웬 변이냐?"

　　갑옷과 투구, 창검을 갖추고 천사마 위에 바삐 올라 산호 채찍을 높이 들어 채질하며 말에게 단단히 부탁하여 왈,

　　"천사마야, 너의 용맹 두었다가 이런 때에 아니 쓰고 어디 쓰리오. 지금 천자 도적에게 잡히어 목숨이 경각에 달려 있는지라. 순식간에 득달하여 천자를 구원하라."

　　천사마는 본디 천상에서 타고 온 비룡이라. 채질을 아니 하고 단단히 부탁하여 말해도, 비룡의 조화라 제 가는 대로 두어도 순식간에 몇 천 리를 갈 줄 모르는데, 하물며 제 임자 급한 말로 부탁하고 산호채로 채질하니, 어찌 아니 급히 갈까. 눈 한 번 깜짝이며 황성 밖을 얼른 지나 번수 가에 다다르니,

　　이때 **천자**는 백사장에 엎어지고 한담은 칼을 들고 천자를 치려 하거늘, 원수 이때를 당하매 평생에 있는 기력과 일생에 지를 호통을 힘을 다해 지르고, 천사마도 평생 용맹을 이때에 다 부리고, 변화 좋은 장성검도 삼십삼천 어린 조화 이때에 다 부리니, 원수 닫는 앞에 귀신인들 아니 울며, 강산도 무너지고 하해도 뒤엎는 듯 혼백인들 아니 울리오. 온몸이 불빛 되어 벽력같이 소리하며 왈,

　　"이놈 정한담아, 우리 천자를 해치지 말고 내 칼을 받으라."

하는 소리에 나는 짐승도 떨어지고 강신 하백(江神河伯)도 넋을 잃어 용납지 못하거늘, 정한담의 혼백인들 아니 가며 간담인들 성할쏘냐. 호통 소리 지나는 곳에 두 눈이 캄캄하고 두 귀가 먹먹하여 탔던 말 둘러 타고 도망하여 가려다가, 형산마 거꾸러져 백사장에 떨어지니 창검을 갈라 들고 원수를 겨누거늘, 구만 청천 구름 속에 번개칼이 번쩍 하며 한담의 장창 대검이 부서지니, 원수 달려들어 한담의 목을 산 채로 잡아들고 말에서 내려 천자 앞에 엎드리니, 이때 천자 백사장에 엎어져서 반생반사 기절하여 누워 있거늘, 원수 붙잡아 앉히고 정신을 진정한 후에 엎드려 주왈,

　　"소장이 도적을 함몰하고 한담을 사로잡아 말에 달고 왔나이다."

- 작자 미상, 「유충렬전」 -

형태쌤과 지문분석

지문분석	
공간	
서술자의 개입	

01
(가)와 (나)를 대비할 때, 서술상 특징에 대한 설명으로 바르지 <u>않은</u> 것은?

	(가)	(나)
①	사건의 진행 속도가 느리다.	사건의 진행 속도가 빠르다.
②	사건이 액자식으로 구성되어 있다.	사건이 병렬적으로 구성되어 있다.
③	배경이 되는 공간이 고정되어 있다.	배경이 되는 공간이 변화하고 있다.
④	서술자가 직접적으로 개입하지 않는다.	서술자가 직접적으로 개입한다.
⑤	주로 대화를 통해 인물의 성격을 드러낸다.	주로 묘사를 통해 인물의 행동을 드러낸다.

02
(가)의 내용을 〈보기〉와 같이 정리해 보았다. ㄱ~ㄹ에 들어갈 말을 바르게 배열한 것은?

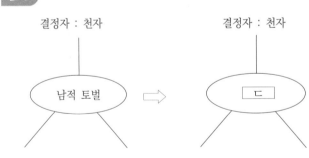

	ㄱ	ㄴ	ㄷ	ㄹ
①	유심	정한담	유심 처벌	왕공렬
②	유심	정한담	사당 참배	최일귀
③	정한담	유심	유심 처벌	왕공렬
④	정한담	유심	사당 참배	왕공렬
⑤	정한담	유심	조공 징수	최일귀

03
(나)의 내용을 바탕으로 삽화를 그리려고 한다. 〈보기〉에서 (나)의 내용을 잘 반영한 것을 골라 바르게 묶은 것은?

ㄱ. 유충렬이 천기를 살펴보는 호산대의 배경을 밝고 명랑한 분위기로 표현하여 앞으로의 승리를 예감할 수 있도록 한다.
ㄴ. 쓰러져 있는 천자에게서 무력함 또는 나약함을 느낄 수 있도록 한다.
ㄷ. 정한담을 향해 달려가는 천사마는 역동적이면서 용맹스러운 모습으로 그린다.
ㄹ. 장성검을 들고 진격하는 유충렬의 모습에서 천자를 구하고자 하는 강인한 의지가 엿보이도록 한다.
ㅁ. 달려오는 유충렬을 보고 도망가는 정한담의 표정에서 여유와 의연함이 드러날 수 있도록 그린다.

① ㄱ, ㄴ, ㅁ   ② ㄱ, ㄷ, ㄹ   ③ ㄱ, ㄷ, ㅁ
④ ㄴ, ㄷ, ㄹ   ⑤ ㄷ, ㄹ, ㅁ

04
(가)를 고려할 때, (나)의 '천자'의 처지를 가장 적절하게 표현한 것은?

① 믿는 도끼에 발등 찍혔군.
② 목마른 놈이 샘 판다더니.
③ 가는 날이 장날이라더니.
④ 되로 주고 말로 받았군.
⑤ 그 나물에 그 밥이네.

다음 글을 읽고 물음에 답하시오.

그의 고객은 왜정 시대는 주로 일본인이었고 현재는 권력층이 아니면 재벌의 셈속에 드는 측들이어야만 했다.

㉠ 그의 일과는 아침에 진찰실에 나오자 손가락 끝으로 창틀이나 탁자 위를 훑어 무테안경 속 움푹한 눈으로 응시하는 일에서 출발한다.

이때 손가락 끝에 먼지만 묻으면 불호령이 터지고, 간호원은 하루 종일 원장의 신경질에 부대껴야만 한다.

아무튼 단골 고객들은 그의 정결한 결백성에 감탄과 경의를 표해 마지 않는다.

1·4후퇴 시 청진기가 든 손가방 하나를 들고 월남한 이인국 박사다. 그는 수복되자 재빨리 셋방 하나를 얻어 병원을 차렸다. 그러나 이제는 평당 오십만 환을 호가하는 도심지에 타일을 바른 이층 양옥을 소유하게 되었다. 그는 자기 전문의 외과 외에 내과, 소아과, 산부인과 등 개인 병원을 집결시켰다. ㉡ 운영은 각자의 호주머니 셈속이었지만 종합 병원의 원장 자리는 의젓이 자기가 차지하고 있다.

이인국 박사는 양복 조끼 호주머니에서 십팔금 회중시계를 꺼내어 시간을 보았다.

두 시 사십 분!

미국 대사관 브라운 씨와의 약속 시간은 이십 분밖에 남지 않았다. 이 시계에도 몇 가닥의 유서 깊은 이야기가 숨어 있다. 이인국 박사는 시계를 볼 때마다 참말 '기적'임에 틀림없었던 사태를 연상하게 된다.

왕진 가방과 함께 38선을 넘어온 피란 유물의 하나인 시계. 가방은 미군 의사에게서 얻은 새것으로 갈아매어 흔적도 없게 된 지금, **시계**는 목숨을 걸고 삶의 도피행을 같이한 유일품이요, 어찌 보면 인생의 반려이기도 한 것이다.

밤에 잘 때에도 그는 시계를 머리맡에 풀어 놓거나 호주머니에 넣은 채로 버려두지 않는다. 반드시 풀어서 등기 서류, 저금통장 등이 들어 있는 **비상용 캐비닛** 속에 넣고야 잠자리에 드는 것이었다. 거기에는 또 그럴 만한 연유가 있었다. 이 시계는 제국 대학을 졸업할 때 받은 영예로운 수상품이다. 뒤쪽에는 자기 이름이 새겨져 있다.

그 후 삼십여 년, 자기 주변의 모든 것은 변하여 갔지만 시계만은 옛 모습 그대로다. 주변뿐만 아니라 자기 자신은 얼마나 변한 것인가. 이십 대 홍안을 자랑하던 젊음은 어디로 사라진 것인지 머리카락도 반백이 넘었고 이마의 주름은 깊어만 간다. 일제 시대, 소련군 점령하의 감옥 생활, 6·25 사변, 38선, 미군 부대, 그동안 몇 차례의 ⓐ 아슬아슬한 죽음의 고비를 넘긴 것인가.

'월삼* 십칠 석.'

우여곡절 많은 세월 속에서 아직도 제 시간을 유지하는 것만도 신기하다. 시간을 보고는 습성처럼 째깍째깍 소리에 귀 기울이는 때의 그의 가느 다란 눈매에는 흘러간 인생의 축도가 서리는 것이었고, 그 속에서는 각모 (角帽)와 쓰메에리(목닫이) 학생복을 벗어버리고 **신사복**으로 갈아입던 그 날의 감회를 더욱 새롭게 해 주는 충동을 금할 길 없는 것이었다.

(중략)

"아마 소련군이 들어오나 봐요. 모두들 야단법석이에요……."

숨을 헐레벌떡이며 이야기하는 혜숙의 말에 이인국 박사는 아무 대꾸도 없이 눈만 껌벅이며 도로 앉았다. 여러 날째 **라디오**에서 오늘 입성 예정이라고 했으니 인제 정말 오는가 보다 싶었다.

혜숙이 내려간 뒤에도 이인국 박사는 ㉢ 한참 동안 아무 거동도 못 하고 바깥쪽을 내려다보고만 있었다.

무엇을 생각했던지 그는 움찔 자리에서 일어났다. 그리고는 벽장문을 열었다. 안쪽에 손을 뻗쳐 액자를 끄집어내었다.

國語常用(국어*상용)의 家(가).

해방되던 날 떼어서 집어넣어 둔 것을 그동안 깜박 잊고 있었다. 그는 액자틀 뒤를 열어 음식점 면허장 같은 두터운 모조지를 빼내어 ㉣ 글자 한 자도 제대로 남지 않게 손끝에 힘을 주어 꼼꼼히 찢었다.

이 종잇장 하나만 해도 일본인과의 교제에 있어서 얼마나 떳떳한 구실을 할 수 있었던 것인가. 야릇한 미련 같은 것이 섬광처럼 머릿속에 스쳐 갔다.

환자도 일본말 모르는 축은 거의 오는 일이 없었지만 대외 관계는 물론 집 안에서도 일체 일본말만을 써 왔다. 해방 뒤 부득이 써 오는 제 나라 말이 오히려 의사 표현에 어색함을 느낄 만큼 그에게는 거리가 먼 것이었다.

마누라의 솔선수범하는 내조지공도 컸지만 애들까지도 곧잘 지켜 주었기에 이 종잇장을 탄 것이 아니던가. 그것을 탄 날은 온 집안이 무슨 큰 경사나 난 것처럼 기뻐들 했었다.

"잠꼬대까지 국어로 할 정도가 아니면 이 영예로운 기회야 얻을 수 있겠소."

하던 국민총력연맹 지부장의 웃음 띤 치하 소리가 떠올랐다.

㉤ 그 순간 자기 자신은 아이들을 소학교부터 일본 학교에 보낸 것을 얼마나 다행으로 여겼던 것인가.

- 전광용, 「꺼삐딴 리」 -

* 월삼 : 미국 시계 회사 '월섬'.

* 국어 : 일본어를 가리킴.

📋 **형태쌤과 지문분석**

지문분석	
시간	
공간	
서술자의 관심사	

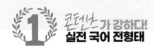
01 윗글의 서술상의 특징으로 가장 적절한 것은?

① 대화의 빈번한 사용을 통해 현장감을 높이고 있다.
② 인물 간의 대결 의식을 중심으로 사건을 전개하고 있다.
③ 역전적 시간 구성을 통해 인물의 과거 행적을 드러내고 있다.
④ 감각적인 수사를 반복적으로 사용하여 공간적 배경을 제시하고 있다.
⑤ 현학적인 표현을 사용하여 비판적인 지성인의 모습을 형상화하고 있다.

형태쌤과 선지분석

선지분석	꺼삐딴 리
대화의 빈번한 사용	
인물 간의 대결 중심	
역순행적 구성 → 인물의 과거 행적	
감각적인 수사를 반복 → 공간적 배경 제시	
현학적 표현 → 비판적 지성인의 모습 제시	

02 ㉠~㉤에 대한 설명으로 가장 적절한 것은?

① ㉠ : 사소한 일도 쉽게 지나치지 않는 빈틈없고 까다로운 인물임을 보여 준다.
② ㉡ : 다른 사람의 이익을 우선시하는 인물의 사려 깊은 자세를 보여 준다.
③ ㉢ : 일이 뜻대로 이루어진 기쁜 마음을 감춘 채 사태를 주시하는 주인공의 침착한 태도를 보여 준다.
④ ㉣ : 시류 변화에 적응하기 어려워 현실을 인정하지 않으려는 의지를 보여 준다.
⑤ ㉤ : 새로운 환경에 적응해야 하는 아이들을 염려하는 아버지의 자상한 모습을 보여 준다.

03 〈보기〉를 참고하여 윗글을 이해한 내용으로 적절하지 않은 것은?

보기

전광용의 「꺼삐딴 리」는 일제 강점기부터 6·25 한국전쟁 이후까지 격동기를 살아온 인물을 주인공으로 한다. 이 소설에 등장하는 소재들은 작품의 시·공간적 배경을 제시하거나 사건을 구성하는 과정에서 중요한 역할을 한다. 또한 독자에게 인물에 대한 부가 정보를 전달함으로써 작품 이해를 심화시키는 기능을 한다.

① '왕진 가방'은 38선을 넘어온 피란 유물로서 유랑 생활의 고단함과 고향에 대한 그리움의 의미를 형상화한 소재이다.
② 인생의 반려로 비유된 '시계'는 역사적 흐름을 한 인물의 삶에 담아 표현해 줄 수 있는 작품 구성의 주요한 장치이다.
③ '비상용 캐비닛'은 주인공의 성격을 형상화해 주는 소재로, 만일의 상황에 대비하는 주인공의 주도면밀함을 보여 주는 사물이다.
④ '신사복'은 주인공이 사회생활의 시작 단계에서 가졌던 희망찬 기대를 표상하는 소재이다.
⑤ '라디오'는 소련군의 입성이라는 시대적 상황을 전달하는 소재로, 주인공이 새롭게 직면하게 된 변화된 정세를 제시해 준다.

04 @를 가장 잘 나타낸 것은?

① 고진감래(苦盡甘來)
② 내우외환(內憂外患)
③ 맥수지탄(麥秀之嘆)
④ 사생결단(死生決斷)
⑤ 생사기로(生死岐路)

다음 글을 읽고 물음에 답하시오.

　"누가 돈 쓰는 것을 아랑곳했나? 누가 저더러 돈을 쓰라니 걱정인가? 내 돈 가지고, 내가 어떻게 쓰든지……."

　"아버지께서 하시는 일에……."

　조금 뜸하여지며 부친이 쌈지를 풀어서 담배를 담는 동안에 상훈이는 나직이 말을 꺼냈다.

　"……돈 쓰신다고만 하는 것도 아닙니다마는 어쨌든 공연한 일을 만들어 내는 사람들이 첫째 잘못이란 말씀입니다."

　"무에 어째 공연한 일이란 말이냐?"

　부친의 어기는 좀 낮추어졌다.

　"대동보소만 하더라도 족보 한 질에 오십 원씩으로 매었다 하니 그 오십 원씩을 꼭꼭 수봉하면 무엇 하자고 삼사천 원이 가외로 들겠습니까?"

　"삼사천 원은 누가 삼사천 원 썼다던?"

　㉠ 영감은 아들의 말이 옳다고는 생각하였으나 실상 그 삼사천 원이란 돈이 족보 박이는 데에 직접으로 들어간 것이 아니라 ××조씨로 무후(無後)한 집의 계통을 이어서 일문일족에 끼려 한즉 군식구가 [A] 늘면 양반에 진국이 묽어질까 보아 반대를 하는 축들이 많으니까 그 입들을 씻기기 위하여 쓴 것이다. 하기 때문에 난봉자식이 난봉 피운 돈 액수를 줄이듯이 이 영감도 실상은 한 천 원 썼다고 하는 것이다. 중간의 협잡배는 이런 약점을 노리고 우려 쓰는 것이지만 이 영감으로서 성한 돈 가지고 이런 병신 구실 해 보기는 처음이다.

　"그야 얼마를 쓰셨던지요. 그런 돈은 좀 유리하게 쓰셨으면 좋겠다는 말씀입니다."

　'재하자 유구무언(在下者 有口無言)'의 시대는 지났다 하더라도 노친 앞이라 말은 공손했으나 속은 달았다.

　"어떻게 유리하게 쓰란 말이냐? 너같이 오륙천 원씩 학교에 디밀고 제 손으로 가르친 남의 딸자식 유인하는 것이 유리하게 쓰는 방법이냐?"

　아까부터 상훈이의 말이 화롯가에 앉아서 폭발탄을 만지작거리는 것 같아서 위태위태하더라니 겨우 간정되려던 영감의 감정에 또 불을 붙여 놓고 말았다.

　상훈이는 어이가 없어서 얼굴이 벌게진다.

[중략 부분의 줄거리] 조 의관(덕기의 조부)이 죽고, 덕기가 재산 상속자가 된다. 조 의관의 유산 목록에 정미소가 없었다는 것을 안 상훈은 정미소를 차지하려고 한다. 한편 상훈은 세간 값을 적은 종이들을 덕기에게 보내 값을 치르라고 한다.

　"어제 그건 봤니?"

　부친이 비로소 말을 붙이나 아들은 다음 말을 기다리고 가만히 앉았다.

　"치를 수 없거든 거기 두고 가거라."

　역정스러운 목소리나 여자 손들이 많은데 구차스럽게 세간 값으로 부자 충돌을 하는 꼴을 보이기 싫기 때문에 ⓐ 아들의 입을 미리 막으려는 것이다.

　"안 치러 드린다는 것은 아닙니다마는……."

　덕기는 너무 오래 잠자코 있을 수 없어서 말부리만 따고 또 가만히 고개를 떨어뜨리고 앉았다. 그러나 복통이 터져서 속은 끓었다. 속에 있는 말이나 시원스럽게 하고 싶으나 부친 앞에서, 더구나 조인광좌(稠人廣座)* 중에서 그럴 수도 없다.

　"이 판에 용이 이렇게 과하시면 어떡합니까. 여간한 세간 나부랭이야 저 집에 안 쓰고 굴리는 것만 갖다 놓으셔도 넉넉할 게 아닙니까?"

　안방 치장 하나에 천여 원 돈을 묶어서 들인다는 것은 생돈 잡아먹는 것 같고, 누가 치르든지 간에 어려운 일이다.

　"이 판이 무슨 판이란 말이냐? 그 따위 아니꼬운 소리 할 테거든 그거 내놓고 어서 가거라. 안 쓰고 굴리는 세간은 너나 쓰렴!"

　영감은 자식에게라도 좀 점해서* 그런지 화만 버럭버럭 내고 호령[B] 이다.

　"할아버지께서 산소에 돈 쓰신다고 반대하시던 걸 생각하시기로……."

　"무어 어째? 널더러 먹여 살리라니? 걱정 마라. 아니꼽게 네가 무슨 총찰이냐? 그러나 정미소 장부는 이따라도 내게로 보내라."

　부친은 이 말을 하려고 트집을 잡는 것이었다.

　"정미소 아니라 모두 내놓으라셔도 못 드릴 것은 아닙니다마는, 늘 이렇게만 하시면야 어디 드릴 수 있겠습니까?"

　"드릴 수 있고 없고 간에, 내 거는 내가 찾는 게 아니냐?"

　"왜 그렇게 말씀을 하셔요. 제게 두시면 어디 갑니까?"

　"이놈 불한당 같은 소리만 하는구나? 돈 천도 못 되는 것을 치러 줄 수 없다는 놈이 무어 어째?"

　부친은 신경질이 일어났는지 별안간 달려들더니 주먹으로 뺨을 갈기려는 것을 덕기가 벌떡 일어서니까 주먹이 어깨에 맞았다. 병적인지 벌써 망녕인지는 모르겠으나 점점 흥분하게 해서는 아니 되겠다 하고 마루로 피해 나와 버렸다. 그러나 금시로 정이 떨어지는 것 같고, 그 속에 앉은 부친은 딴 세상 사람같이 생각이 들었다. ㉡ 신앙을 잃어버리고 사회적으로 활약할 야심이나 희망까지 길이 막히고 보면야, 생활이 거칠어 가는 수밖에는 없을 것이라고 동정도 하는 한편인데, 이미 신앙을 잃어버린 다음에야 가면을 벗어 버리고 파탈하고 나서는 것도 오히려 나은 일이라고도 하겠으나, 노래(老來)에 이렇게도 생활이 타락하여 갈까 하고, 덕기는 부친에게 반항하기보다도 다만 혼자 탄식을 하는 것이었다.

- 염상섭, 「삼대」 -

* 조인광좌 : 여러 사람이 빽빽하게 많이 모인 자리.
* 점해서 : 부끄럽고 미안해서.

형태쌤과 지문분석

지문분석	
시간	
공간	
서술자의 관심사	

01 윗글에 대한 이해로 적절하지 <u>않은</u> 것은?

① 상훈의 부친은 족보를 만드는 데에 '한 천 원'이 들었다며 다행이라 여기고 있다.

② 상훈의 부친은 상훈이 '오륙천 원'을 학교에 '디밀'었던 것은 돈을 '유리하게' 쓴 것이 아니라고 본다.

③ 상훈은 자신의 부친이 '산소'에 '돈'을 쓰는 것에 동의하지 않았다.

④ 덕기는 '세간 값'으로 치러야 하는 돈을 낭비라고 생각한다.

⑤ 덕기는 집안의 재산이 낭비되지 않게 하기 위해 '정미소 장부'를 내놓지 않으려 한다.

02 윗글의 맥락을 고려할 때, ⓐ의 의미로 가장 적절한 것은?

① 아들에게 말을 돌려서 하려는 것이다.

② 아들의 말에 놀라움을 표시하려는 것이다.

③ 아들과 자신의 의견을 같게 하려는 것이다.

④ 아들에게 하고자 했던 말을 참으려는 것이다.

⑤ 아들이 말하고자 하는 것을 못 하게 하려는 것이다.

03 [A], [B]에서 각각 드러나는 부자간의 갈등에 대한 이해로 적절하지 <u>않은</u> 것은?

① [B]와 달리 [A]에서는 아버지가 아들의 치부를 들추어내며 책망한다.

② [A]와 달리 [B]에서는 아들이 아버지를 동정한다.

③ [A]와 달리 [B]에서는 아버지가 자신의 잘못을 아들의 탓으로 돌린다.

④ [A]와 [B] 모두에서 아버지는 아들의 간섭을 못마땅해한다.

⑤ [A]와 [B] 모두에서 아들은 자신과 생각이 다른 아버지의 행위를 문제 삼는다.

형태쌤과 선지분석

선지분석	[A]	[B]
아버지 → 아들 치부 들추며 책망		
아들 → 아버지 동정		
아버지 → 아들 잘못 전가		
아버지 → 아들의 간섭 못마땅해 함		
아들 → 생각 다른 아버지 행위 문제 삼음		

04 〈보기〉를 바탕으로 ㉠과 ㉡을 설명한 내용으로 가장 적절한 것은?

> **보기**
>
> 「삼대」의 서술자는 대체로 특정 인물의 시각에 의존하여 다른 인물을 서술 대상으로 포착한다. 이때 그 특정 인물은 장면에 따라 선택되며, 서술자는 특정 인물의 시각을 통해 서술 대상이 되는 인물들의 심리를 보여 준다. 이러한 서술방식으로 서술자는 특정 인물이 지닌 의식과 행동 사이의 인과관계, 다른 인물과의 관계에서 겪는 심리적 갈등을 통해 인물의 성격과 그에 대한 평가를 복합적으로 드러낸다.

① ㉠에서는 서술자가 선택한 특정 인물이 영감에서 아들로 달라지는 반면, ㉡에서는 덕기로 고정되어 있다.

② ㉠에서는 서술 대상인 상훈의 의식과 행동 사이의 인과관계가, ㉡에서는 덕기가 포착한 상훈의 심리적 갈등이 드러난다.

③ ㉠에서는 영감의, ㉡에서는 덕기의 시각에서 서술 대상인 상훈을 낮게 평가하며 그와의 심리적인 갈등을 드러내고 있다.

④ ㉠에서는 서술 대상인 상훈에 대한 영감의 평가가 달라지는 반면, ㉡에서는 서술 대상인 상훈에 대한 덕기의 평가가 달라지지 않는다.

⑤ ㉠에서는 서술자가 선택한 특정 인물인 영감의 성격이, ㉡에서는 서술자가 선택한 특정 인물인 덕기와 서술 대상인 상훈의 성격이 드러난다.

다음 글을 읽고 물음에 답하시오.

[A]
하늘이 만드심을 일정 고루 하련마는
어찌 된 인생이 이다지도 괴로운고

삼십 일에 아홉 끼니 얻거나 못 얻거나
십 년 동안 갓 하나를 쓰거나 못 쓰거나
안표(顔瓢)*가 자주 빈들 나같이 비었으며
원헌(原憲)*의 가난인들 나같이 극심할까

[가]
봄날이 따뜻하여 뻐꾸기가 보채거늘
동편 이웃 쟁기 얻고 서편 이웃 호미 얻고
집 안에 들어가 씨앗을 마련하니
올벼 씨 한 말은 반 넘게 쥐 먹었고
기장 피 조 팥은 서너 되 부쳤거늘
춥고 주린 식구 이리하여 어이 살리

㉠ 이봐 아이들아 아무쪼록 힘을 써라
죽 웃물 상전 먹고 건더기 건져 종을 주니
눈 위에 바늘 젓고 코로는 휘파람 분다
올벼는 한 발 뜯고 조 팥은 다 묵히니
싸리피 바랭이*는 나기도 싫지 않던가
환곡 장리는 무엇으로 장만하며
㉡ 부역 세금은 어찌하여 차려 낼꼬
이리저리 생각해도 견딜 수가 전혀 없다
장초(萇楚)의 무지(無知)*를 부러워하나 어찌하리
시절이 풍년인들 아내가 배부르며
㉢ 겨울을 덥다 한들 몸을 어이 가릴꼬
베틀 북도 쓸 데 없어 빈 벽에 남겨 두고
㉣ 솥 시루도 버려두니 붉은빛이 다 되었다
세시 삭망 명일 기제는 무엇으로 제사하며
㉤ 원근 친척 손님들은 어이하여 접대할꼬
이 얼굴 지녀 있어 어려운 일 하고많다
이 원수 가난귀신 어이하여 여의려뇨

[나]
술에 음식을 갖추고 이름 불러 전송하여
길한 날 좋은 때에 사방으로 가라 하니
웅얼웅얼 불평하며 화를 내어 이른 말이
어려서 지금까지 희로애락을 너와 함께하여
죽거나 살거나 여읠 줄이 없었거늘
어디 가 뉘 말 듣고 가라 하여 이르느뇨
우는 듯 꾸짖는 듯 온가지로 협박커늘
돌이켜 생각하니 네 말도 다 옳도다

무정한 세상은 다 나를 버리거늘
네 혼자 신의 있어 나를 아니 버리거든
위협으로 회피하며 잔꾀로 여읠려냐

[B]
하늘 만든 이내 가난 설마한들 어이하리
빈천도 내 분수니 서러워해 무엇하리

- 정훈, 「탄궁가(嘆窮歌)」 -

* 안표 : 안회(顔回)의 표주박. 안회는 한 소쿠리 밥과 한 표주박 물로 누항에 살면서도 즐거워하였음.
* 원헌 : 공자의 제자로 궁핍함 속에서도 청빈하게 살았음.
* 싸리피, 바랭이 : 잡초의 일종.
* 장초의 무지 : 『시경』에 나오는 말. 부역으로 고통 받던 백성들이, 무지하여 근심 없는 장초 나무를 부러워하였음.

01 [가]와 [나]에 대한 설명으로 가장 적절한 것은?

① [가]와 [나]는 모두 설득적 어조로 화자의 의지를 드러내고 있다.
② [가]와 [나]는 모두 추상적 소재를 열거하여 대상을 묘사하고 있다.
③ [가]는 과거 상황에 대한 그리움이, [나]는 현재 상황에 대한 비판이 나타나 있다.
④ [가]는 관념적인 문제를, [나]는 실제적인 문제를 해결하는 과정이 제시되어 있다.
⑤ [가]는 현실 타개의 어려움과 그로 인한 탄식이, [나]는 의인화된 대상과의 대화가 나타나 있다.

형태쌤과 선지분석

선지분석	[가]	[나]
설득적 어조 → 화자의 의지		
추상적 소재 열거 → 대상 묘사		
[가] 과거 그리움 / [나] 현재 비판		
[가] 관념적 문제 해결 [나] 실제 문제 해결		
[가] 현실 타개 어려움 [나] 의인화된 대상과의 대화		

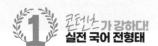

02 ㉠~㉤에 대한 이해로 적절하지 <u>않은</u> 것은?

① ㉠ : 열심히 일해 달라는 부탁으로, 현실의 어려움을 벗어나려는 마음이 투영되어 있다.

② ㉡ : 부역과 세금을 감당할 마땅한 방법이 없다는 것으로, 백성으로서의 의무를 모면하고자 하는 의도가 반영되어 있다.

③ ㉢ : 겨울이 따뜻하다고 해도 몸을 가리기 어렵다는 것으로, 겨울나기에 필요한 최소한의 옷가지도 부족함을 보여 준다.

④ ㉣ : 솥 시루를 방치해 두어 녹이 슬었다는 것으로, 떡과 같은 음식을 해 먹을 형편이 아님을 보여 준다.

⑤ ㉤ : 친척들과 손님들을 접대할 방도가 없다는 것으로, 도리를 다할 수 없을 것에 대한 염려가 반영되어 있다.

03 [A]와 [B]에 주목하여 윗글을 감상한 것으로 가장 적절한 것은?

① [A]의 '일정 고루 하련마는'에 나타난, 모든 사람은 평등하다는 화자의 신념이 [B]의 '하늘 만든 이내 가난'에 이르러서 강화되어 있군.

② [A]의 '어찌 된 인생이'에 나타난 화자의 비관적 인생관이 '싸리피 바랭이'에 이르러서는 낙관적 세계관으로 변화되어 있군.

③ 화자의 가난한 삶이 [A]의 '이다지도 괴로운고'에서는 탄식의 대상이지만 [B]의 '서러워해 무엇하리'에 이르러서는 체념적 수용의 대상으로 변모되어 있군.

④ '부러워하나 어찌하리'에 나타난 화자의 열등감이 [B]의 '설마한들 어이하리'에 이르러서는 우월감으로 극복되어 있군.

⑤ '이 얼굴 지녀 있어'에서는 화자가 자신의 능력에 대해 자신감을 보이나 [B]의 '빈천도 내 분수니'에 이르러서는 그 자신감이 약화되어 있군.

다음 글을 읽고 물음에 답하시오.

(가)

들가에 떨어져 나가 앉은 메기슭의
넓은 바다의 물가 뒤에,
㉠ 나는 지으리, 나의 집을,
다시금 큰길을 앞에다 두고.
길로 지나가는 그 사람들은
제가끔 떨어져서 혼자 가는 길.
┌ 하이얀 여울턱에 날은 저물 때.
│ 나는 문(門)간에 서서 기다리리
[A] 새벽 새가 울며 지새는 그늘로
│ 세상은 희게, 또는 고요하게,
└ 번쩍이며 오는 아침부터,
지나가는 길손을 눈여겨보며,
그대인가고, 그대인가고.

― 김소월, 「나의 집」 ―

(나)

잃어 버렸습니다.
무얼 어디다 잃었는지 몰라
㉡ 두 손이 주머니를 더듬어
길에 나아갑니다.

㉢ 돌과 돌과 돌이 끝없이 연달아
길은 돌담을 끼고 갑니다.

┌ 담은 쇠문을 굳게 닫아
│ 길 위에 긴 그림자를 드리우고
[B]
│ 길은 아침에서 저녁으로
└ 저녁에서 아침으로 통했습니다.

돌담을 더듬어 눈물 짓다
쳐다보면 하늘은 부끄럽게 푸릅니다.

㉣ 풀 한 포기 없는 이 길을 걷는 것은
담 저쪽에 내가 남아 있는 까닭이고,

내가 사는 것은, 다만,
잃은 것을 찾는 까닭입니다.

― 윤동주, 「길」 ―

(다)

㉤ 생사(生死)길은
예 있으매 머뭇거리고,
나는 간다는 말도
못다 이르고 어찌 갑니까.
어느 가을 이른 ⓐ 바람에
이에 저에 떨어질 ⓑ 잎처럼
한 가지에 나고
가는 곳 모르온저.
아아, 미타찰(彌陀刹)에서 만날 나
도(道) 닦아 기다리겠노라.

― 월명사, 「제망매가(祭亡妹歌)」 ―

01 (가)~(다)의 공통점으로 가장 적절한 것은?

① 인간과 자연의 대비를 통해 주제 의식을 부각하고 있다.
② 화자가 처한 상황에 대한 대응 방식이 드러나 있다.
③ 미래에 대한 낙관적 전망이 제시되어 있다.
④ 바람직한 세계에 대한 확신을 그리고 있다.
⑤ 상황에 대한 우회적 비판이 나타나 있다.

 형태쌤과 선지분석

선지분석	(가)	(나)	(다)
인간과 자연 대비			
상황에 대한 대응			
미래에 대한 낙관			
바람직한 세계에 대한 확신			
상황에 대한 우회적 비판			

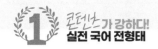

02 [A]와 [B]에 나타나 있는 시간성에 대한 설명으로 적절하지 않은 것은?

① [A]에서는 시간이 감각적인 이미지로 표현되어 있다.
② [B]에서는 시간이 지속되는 양상을 보이고 있다.
③ [B]에서는 시간이 공간과 결합되어 형상화되어 있다.
④ [A]에서는 [B]와는 달리 시간을 역설적으로 표현하고 있다.
⑤ [A]에서는 시간이 화자의 기다림과, [B]에서는 시간이 화자의 고뇌와 연관되어 있다.

03 (나)의 '하늘'과 (다)의 '미타찰'에 대한 설명으로 적절한 것은?

① '하늘'과 '미타찰'은 화자가 몸을 담고 있는 공간이다.
② '하늘'은 숭고함을, '미타찰'은 비장함을 자아내는 공간이다.
③ '하늘'과 '미타찰'은 화자에게 환상을 불러일으키는 공간이다.
④ '하늘'은 화자의 반성을, '미타찰'은 화자의 지향을 함축하는 공간이다.
⑤ '하늘'은 자연의 영원성을, '미타찰'은 인간의 유한성을 상징하는 공간이다.

04 ㉠~㉤에 대한 설명으로 적절하지 않은 것은?

① ㉠의 '집'은 탈속한 삶에 대한 화자의 소망을 상징하고 있다.
② ㉡의 '더듬어'는 화자의 내면적인 방황을 함축하고 있다.
③ ㉢에서는 '돌'을 반복함으로써 화자의 무거운 심리를 드러내고 있다.
④ ㉣의 '풀 한 포기 없는'은 화자가 처한 상황이 황량함을 표현하고 있다.
⑤ ㉤의 '머뭇거리고'는 생사의 문제에 대한 인간적 고뇌를 담고 있다.

05 (가)에 대한 설명으로 적절하지 않은 것은?

① 문장을 도치시켜 의미를 강조하고 있다.
② 음절의 수를 조절하여 리듬감을 살리고 있다.
③ 동일한 시어를 반복하여 정서를 심화하고 있다.
④ 색채어를 통해 작품의 분위기를 조성하고 있다.
⑤ 토속적인 방언을 사용하여 향토적 정감을 환기하고 있다.

 형태쌤과 선지분석

선지분석	나의 집
도치	
음절 수 조절	
동일 시어 반복	
색채어 제시	
방언 사용	

06 (다)의 ⓐ, ⓑ와 〈보기〉의 밑줄 친 시어들을 비교하여 이해한 내용으로 적절하지 않은 것은?

보기

A. 간밤에 부던 바람 만정 도화(桃花) 다 지겠다
   아이는 비를 들어 쓸려고 하는구나
   낙화인들 꽃이 아니랴 쓸어 무엇 하리오

B. 바람 불어 쓰러진 나무 비 온다 싹이 나며
   임 그려 든 병이 약 먹다 나을쏘냐
   저 임아 널로 든 병이니 네 고칠까 하노라

① ⓐ와는 달리 A의 '바람'은 화자의 시련을 상징하고 있다.
② ⓐ와 B의 '바람'은 어떤 결과를 가져오는 원인으로 작용하고 있다.
③ ⓑ와는 달리 A의 '도화'는 화자의 감회와 흥취를 부각하고 있다.
④ ⓑ와는 달리 B의 '나무'는 화자 자신을 비유하고 있다.
⑤ ⓑ, A의 '도화', B의 '나무'는 수동성을 함축하고 있다.

다음 글을 읽고 물음에 답하시오.

백선군이 잠깐 주막에서 조는데 ㉠ 문득 숙영낭자가 몸에 피를 흘리며 방문을 열고 들어와 선군의 곁에 앉아 슬프게 울며 말하기를,

[A] "낭군이 입신양명하여 영화롭게 돌아오시니 기쁘기 측량 없사오나, 첩은 시운이 불행하여 세상을 버리고 황천객이 되었습니다. 전에 낭군의 편지 사연을 듣사온즉 낭군이 첩에게 향한 마음에 감격하오나, 첩은 천생연분이 천박하여 벌써 유명을 달리하였으니 구천의 혼백이라도 한스럽습니다. 첩이 원혼이 된 사연을 아무쪼록 깨끗이 풀어 주시기를 낭군께 부탁하오니, 낭군은 소홀히 여기지 마시고 억울한 누명을 벗겨 주시면, 죽은 혼백이라도 깨끗한 귀신이 될까 합니다."

하고 간 데 없었다. ㉡ 선군이 놀라 깨어 보니 온몸에 식은땀이 나고 심신이 떨려 진정할 수가 없었다. 아무리 생각해도 그 곡절을 헤아리지 못하여 인마를 재촉하여 여러 날 만에 풍산촌에 이르러 숙소를 정하였으나, 식음을 전폐하고 앉아 밤이 새기를 기다렸다. 문득 하인이 와서,

"상공(相公)께서 오셨습니다."

하고 알렸다. 선군이 즉시 밖에 나가 부친께 문안을 드리고 방으로 뫼시고 들어가서 가내 안부를 여쭈었다. 상공이 주저하며 가족들이 잘 지낸다고 알리고, 선군이 장원하여 높은 벼슬을 하게 됨을 물어 기뻐하다가 이윽고 선군에게 은근한 말로,

"㉢ 장부가 출세하면 두 부인을 두는 것은 예부터 흔한 일이었다. 내 들으니 이 마을 임 진사의 딸이 매우 현숙하다 하기로 내가 이미 구혼하여 임 진사에게 허락을 받았다. 이왕 이곳에 왔으니 내일 아주 성례하고 집으로 돌아감이 좋지 않겠느냐?"

하고 권하였다. 선군은 숙영낭자가 꿈에 나타난 뒤로 반신반의하여 마음을 진정치 못하던 차에 부친의 이런 말을 듣고 생각하되, '㉣ 낭자가 죽은 것이 분명하구나. 그래서 나를 속이고 임 낭자를 취하게 하여 훗날을 도모하고자 함이로다.' 하고 이에 아뢰되,

"아버님 말씀은 지당하시나, 제 마음이 아직 급하지 아니합니다. 나중에 성혼하여도 늦지 아니하오니 그 말씀은 다시 이르지 마옵소서."

하였다. 상공은 아들이 변심치 아니할 줄 알고 다시 말하지 못하고 밤을 지냈다. 첫닭이 울자마자 선군은 인마를 재촉하여 길에 올랐다.

(중략)

㉤ 선군이 소매를 걷고 빈소에 들어가 이불을 헤치고 보니, 낭자의 용모가 산 사람 같아서 조금도 변함이 없었다. 선군이 부축하여 이르기를,

"백선군이 왔으니, 이 칼이 빠지면 원수를 갚아 낭자의 원혼을 위로하리라."

하고 몸에서 칼을 빼니, 칼이 문득 빠지며, 그 구멍에서 파랑새 한 마리가 나오며,

"매월이다, 매월이다, 매월이다."

세 번 울고 날아갔다. 다시 파랑새가 한 마리가 또 나오며,

"매월이다, 매월이다, 매월이다."

세 번 울고 날아갔다. 그제야 선군이 시비 **매월**의 소행인 줄 알고, 화를 이기지 못하여 급히 밖에 나와 형구를 벌이고 모든 노복을 차례로 신문하였다. 간악한 매월이 매를 견디지 못하여 승복하여 울며 가로되,

"상공께서 숙영낭자를 의심하시기로 제가 마침 원통한 마음이 있던 차에 때를 타서 감히 간계를 행하였으니, 함께 일을 꾸민 놈은 돌이로소

이다."

하거늘, 선군이 크게 노하여 돌이를 또 때리니 돌이가 매월의 돈을 받고 시키는 대로 했노라 승복하였다. 선군이 이에 매월을 죽여 숙영낭자를 위한 제물로 삼고 제문을 읽었다.

[B] "성인도 속세에 노닐고, 숙녀도 험한 구설을 만남은 예부터 없지 않았으나, 낭자같이 지극 원통한 일이 어디 다시 있으리오. 슬프다! 모두 나 선군의 탓이니 누구를 원망하리오. 오늘날 매월의 원수는 갚았으나 낭자의 화용월태를 어디 가 다시 보리오. 다만 선군이 죽어 지하에 가 낭자를 좇을 것이니, 부모에게 불효가 되어도 어찌할 수 없으리로다."

제문 읽기를 마치매 신체를 어루만지며 통곡한 후 돌이를 본읍에 넘겨 절도로 귀양 보내게 하였다.

이때 상공 부부는 선군에게 바로 이르지 아니하였다가 일이 이같이 탄로 남을 보고 도리어 무색하여 아무 말도 못하거늘 선군이 화평한 얼굴로 재삼 위로하였다.

— 작자 미상, 「숙영낭자전」 —

형태쌤과 지문분석

지문분석	
공간	
서술자의 개입	

01 [A]와 [B]에 대한 분석으로 적절하지 않은 것은?

① [A]는 '꿈'이라는 상황을 활용하여 원혼의 간절한 염원을 드러내고 있다.
② [B]는 '제문'이라는 형식을 활용하여 위로의 진정성을 강화하고 있다.
③ [A]는 원혼이 산 자에게 보내는 전언이고, [B]는 산 자가 원혼에게 보내는 응답이다.
④ [A]와 [B]는 상대방의 처지를 환기하는 표현으로 시작하고 있다.
⑤ [A]와 [B]는 자신의 희생도 마다하지 않겠다는 다짐으로 마무리하고 있다.

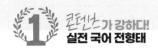

02 윗글의 매월에 대한 이해로 적절하지 <u>않은</u> 것은?

① 매월이 죄를 자백한 것은 선군의 회유 때문이다.
② 매월에 대한 신문은 비현실적 사건에서 비롯되었다.
③ 매월은 숙영낭자가 누명을 쓰게 되는 간계를 꾸몄다.
④ 매월이 간계를 꾸미게 된 배경에는 자신의 원통함이 자리잡고 있다.
⑤ 매월이 돌이를 사주하여 꾸민 일은 상공의 집안에 갈등을 초래하였다.

03 〈보기〉를 참조하여 윗글을 감상한 내용으로 가장 적절한 것은?

보기

　　고전소설에서 주인공은 과제를 수행하는 경우가 많다. 과제는 여러 단계를 거쳐 수행된다. 처음에 과제를 부여받은 주인공은 왜 자신에게 그런 과제가 주어졌는지 의심한다. 더구나 방해자가 나타나 주인공의 과제 수행을 방해하기도 한다. 그러나 오히려 이 과정에서 주인공은 과제 수행자로서 자신의 정체성을 이해하고 사명감을 갖게 된다. 결국 주인공은 과제 해결에 요구되는 행위를 적극 실행하여 과제를 완수한다. 이로써 주인공은 새로운 정체성을 획득한다.

① ㉠은 과제를 부여받게 되는 단계에 해당하는데, 이를 통해 숙영낭자와 선군의 관계가 과제 수행의 전제임을 알 수 있어.
② ㉡은 과제 제시의 까닭을 의심하는 단계에 해당하는데, 이를 통해 숙영낭자가 나타나게 된 원인을 선군이 꿰뚫어 보고 있음을 알 수 있어.
③ ㉢은 과제 수행이 방해받는 단계에 해당하는데, 이를 통해 부자간의 갈등과 화해가 외부 세력에 의해 주도되고 있음을 알 수 있어.
④ ㉣은 과제에 대한 사명감을 갖게 되는 단계에 해당하는데, 이를 통해 아버지의 의사에 부응하여 도리를 다하려는 선군의 태도를 알 수 있어.
⑤ ㉤은 과제 해결이 완수된 단계에 해당하는데, 이를 통해 숙영낭자의 원한이 해소되었음을 알 수 있어.

다음 글을 읽고 물음에 답하시오.

주머니에는 단돈 십 전, 그도 안경다리를 고친다고 벌써 세 번쨌가 네 번째 딸에게서 사오십 전씩 얻어 가지고는 번번이 담뱃값으로 다 내어 보내고 말던 최후의 십 전, 안 초시는 주머니에 손을 넣어 그것을 집어내었다. 백통화 한 푼을 얹은 ㉠ 야윈 손바닥, 가만히 떨리었다. 서 참위(徐參尉)의 투박한 손을 생각하면 너무나 얇고 잘망스러운 손이거니 하였다. 그러나, 이따금 술잔은 얻어먹고, 이렇게 내 방처럼 그의 복덕방에서 잠까지 빌려 자건만 한 번도, 집 거간이나 해먹는 서 참위의 생활이 부럽지는 않았다. 그래도 언제든지 한번쯤은 무슨 수가 생기어 다시 한번 내 집을 쓰게 되고, 내 밥을 먹게 되고, 내 힘과 내 낯으로 다시 한번 세상에 부딪쳐 보려니 믿어졌다.

초시는 전에 어떤 관상장이의 "엄지손가락을 안으로 넣고 주먹을 쥐어야 재물이 나가지 않는다."는 말이 생각났다. 늘 그렇게 쥐노라고는 했지만 문득 생각이 나 내려볼 때는, 으레 엄지손가락이 얄밉도록 밖으로만 쥐어져 있었다. 그래 드팀전을 하다가도 실패를 하였고, 그래 집까지 잡혀서 장전*을 내었다가도 그만 화재를 보았거니 하는 것이다.

㉡ "이놈의 엄지손가락아, 안으로 좀 들어가아, 젠―장."
하고 연습 삼아 엄지손가락을 먼저 안으로 넣고 아프도록 두 주먹을 꽉 쥐어 보았다. 그리고 당장 내어 보낼 돈이면서도 그 십 전짜리를 그렇게 쥔 주먹에 단단히 넣고 담배 가게로 나갔다.

이 복덕방에는 흔히 세 늙은이가 모였다.

언제 누가 와 집 보러 가잘지 몰라, 늘 갓을 쓰고 앉아서 행길을 잘 내다보는, 얼굴 붉고 눈방울 큰 노인이 주인 서 참위다. 참위로 다니다가 합병 후에는 다섯 해를 놀면서 시기를 엿보았으나 별 수가 없을 것 같아서 이력저력 심심파적으로 갖게 된 것이 이 가옥 중개업이었다. 처음에는 겨우 굶지 않을 만한 수입이었으나 대정 팔구 년 이후로는 시골 부자들이 세금에 몰려, 혹은 자녀들의 교육을 위해 서울로만 몰려들고, 그런데다 돈은 흔해져서 관철동 다옥정(茶屋町) 같은 중앙 지대에는 그리 고옥만 아니면 만 원대를 예사로 훌훌 넘었다. 그 판에 봄가을로 어떤 달에는 삼사백 원 수입이 있어, 그러기를 몇 해를 지나 가회동에 수십 칸 집을 세웠고 또 몇 해 지나지 않아서는 창동 근처에 땅을 장만하기 시작하였다. 지금은 중개업자도 많이 늘었고 건양사 같은 큰 건축 회사가 생겨서 당자끼리 직접 팔고 사는 것이 원칙처럼 되어가기 때문에 중개료의 수입은 전보다 훨씬 준 셈이다. 그러나 이십여 칸 집에 학생을 치고 싶은 대로 치기 때문에 서 참위의 수입이 없는 달이라고 쌀값이 밀리거나 나무 값에 졸릴 형편은 아니다.

ⓐ "세상은 먹구 살게는 마련이야……."
서 참위가 흔히 하는 말이다. 칼을 차고 훈련원에 나서 병법을 익힐 때는 한번 호령만 하고 보면 산천이라도 물러설 것 같던 그 기개와 오늘의 자기, 한낱 가쾌(家儈)*로 복덕방 영감으로 기생 작부 따위가 사글세 방 한 칸을 얻어 달래도 네에네 하고 따라 나서야 하는 만인의 심부름꾼인 것을 생각하면 ㉢ 서글픈 눈물이 아니 날 수도 없는 것이다. 워낙 술을 즐기기도 하지만 어떤 때는 남몰래 이런 감회를 이기지 못해서 술집에 들어선 적도 여러 번이다.

(중략)

박희완 영감이란 세 영감 중의 하나로 안 초시처럼 이 복덕방에 와 자

기까지는 안 하나 꽤 쓸쓸히 놀러 오는 늙은이다. 아니, 놀러 오기만 하는 것이 아니라 와서는 공부도 한다. 재판소에 다니는 조카가 있어 대서업(代書業) 운동을 한다고 「속수국어독본(速修國語讀本)」을 노상 끼고 와 그 ㉣ 「삼국지」 읽던 투로,

"긴―상 도코-에 유키이마스카.(김 선생, 어디 가십니까.)"
어쩌고를 외고 있는 것이나.

그러나 「속수국어독본」 뚜껑이 손때에 절고, 또 어떤 때는 목침 위에 받쳐 베고 낮잠도 자서 머리때까지 새까맣게 절어 조선총독부편찬(朝鮮總督府編纂)이란 ㉤ 잔 글자들은 보이지 않게 되도록, 대서업 허가는 의연히 나오지 않는 모양이었다.

"너나 내나 다 산 것들이 업은 가져 뭘 하니. 무슨 세월에……. 흥!"
하고 어떤 때, 안 초시는 한나절이나 화투패를 떼다 안 떨어지면 그 화풀이로 박희완 영감이 들고 중얼거리는 「속수국어독본」을 툭 채어 행길로 팽개치며 그랬다.

"넌 또 무슨 재술 바라고 밤낮 화투패나 떨어지길 바라니?"
"난 심심풀이지."

그러나 속으로는 박희완 영감보다 더 세상에 대한 야심이 끓었다. 딸이 평양으로 대구로 다니며 지방 순회까지 하여서 제법 돈냥이나 걷힌 것 같으나 연구소를 내느라고 집을 뜯어 고친다, 유성기를 사들인다, 교제를 하러 돌아다닌다 하느라고, 더구나 귀찮게만 아는 이 애비를 위해 쓸 돈은 예산에부터 들지 못하는 모양이었다.

― 이태준, 「복덕방」 ―

* 장전 : 장롱과 찬장을 파는 가게.
* 가쾌 : 부동산 중개인.

형태쌤과 지문분석

지문분석	
시간	
공간	
서술자의 관심사	

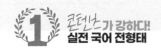

01 〈보기〉 중, 윗글에 대한 설명으로 적절한 것끼리 묶은 것은?

보기

ㄱ. 인물의 성격이 분명히 드러난다.
ㄴ. 짧고 감각적인 문장이 반복된다.
ㄷ. 시간의 흐름에 따라 갈등이 심화된다.
ㄹ. 서사 전개 과정에서 공간의 이동이 거의 없다.

① ㄱ, ㄴ ② ㄱ, ㄷ ③ ㄱ, ㄹ ④ ㄴ, ㄷ ⑤ ㄷ, ㄹ

03 〈보기〉는 1930년대 후반 '금광 투기 열풍'의 세태를 묘사한 글이다. 이런 세태에 대한 안 초시의 반응으로 보기 <u>어려운</u> 것은?

보기

'금' '금' '금' 금값의 폭등이 잔칫집같이 조선을 발끈 뒤집어 놓았다. 그것은 확실히 획기적인 사실이다. 물론 금광으로 해서 망한 사람이 수두룩하니 많다. 그러나 그것보다도 천만 원짜리 몇 백만 원짜리 몇 십만 원짜리 하다못해 몇 천 원짜리의 부자가 수두룩하게 쏟아져 나온 것이 더 잘 눈에 띈다. 또 그것으로 해서 소위 '경기'라는 것도 무척 좋아졌다. 지금 한 괴물이 조선 천지를 횡행한다. '금'이라는 놈이다.

① 나도 금광으로 큰돈 한번 벌어 봐야겠군.
② 복덕방으로 벌어 봤댔자 금광 부자에 비할까.
③ 내 손 안의 백통화 한 푼이 금광 열 개보다 낫지.
④ 나도 금광 부자가 될 수 있나 없나 화투패부터 떼 보자.
⑤ 금광을 하려면 돈이 있어야 할 텐데 어디서 구해 볼 길이 없을까.

02 〈보기〉와 같이 자료 조사를 하였다. 이를 바탕으로 윗글을 이해한 내용으로 적절하지 <u>않은</u> 것은?

보기

㉮ **드팀전** : 베, 비단, 무명 같은 온갖 천을 팔던 가게. 인조 직물과 신식 상점의 등장으로 점차 퇴조함.
㉯ **참위** : 대한제국기(1897~1910)의 장교 계급.
㉰ **대정 팔구 년** : 1919~20년. 대정(大正)은 일본 국왕의 연호.
㉱ **속수국어독본** : 총독부가 일본어 보급을 위해 펴낸 책자. 제목의 '국어'는 '일본어'를 뜻함. 당시 우리말은 '조선어'로 불렸음.
㉲ **유성기** : 축음기. 전축. 당시 유성기는 신문화와 부(富)의 상징.

① ㉮를 보니 '드팀전'은 근대화에 따라 위축될 수밖에 없었을 거야. 그런데도 '안 초시'는 실패를 자기 운수 탓으로만 돌리고 있군.
② ㉯를 보니 '서 참위'의 전력을 확실히 알 수 있어. 이 점이 그의 처지와 심경을 이해하는 데 도움을 주는군.
③ ㉰를 통해 구체적인 연도와 상황을 알 수 있어. 1920년대에도 서울 집중 현상이 나타나고 부동산 값이 크게 올랐다는 것이 흥미롭군.
④ ㉱의 맥락을 몰랐다면 '국어'가 우리말인 줄 알았을 거야. 대서방을 차리기 위해 일본어를 익히고 있는 '박희완 영감'의 고충을 헤아릴 수 있어.
⑤ ㉲를 통해 '딸'은 가난한 '안 초시'와는 달리 부자임을 알 수 있어. 딸이 부자가 될 수 있었던 것은 결국 '안 초시'의 희생 덕분이었겠군.

04 문맥적 의미를 고려할 때, ㉠~㉤에 대한 설명으로 가장 적절한 것은?

① ㉠ : 죽음을 앞둔 안 초시의 두려움을 묘사하고 있다.
② ㉡ : 자신의 못생긴 엄지손가락에 대해 자탄하고 있다.
③ ㉢ : 자신의 가난한 처지를 비관하고 있다.
④ ㉣ : 일본어 억양과 어울리지 않음을 말해 주고 있다.
⑤ ㉤ : 책의 인쇄 상태가 좋지 않음을 강조하고 있다.

05 ⓐ를 속담으로 표현할 때, 가장 적절한 것은?

① 목구멍이 포도청이라.
② 산 입에 거미줄 치랴.
③ 쥐구멍에도 볕 들 날 있다.
④ 소 뒷걸음질 치다 쥐 잡는다.
⑤ 개똥밭에 굴러도 이승이 좋다.

다음 글을 읽고 물음에 답하시오.

(가)

향단(香丹)아 ⓐ 그넷줄을 밀어라
머언 바다로
배를 내어 밀듯이,
향단아

이 다소곳이 흔들리는 수양버들나무와
베갯모에 놓이듯한 ⓑ 풀꽃더미로부터,
자잘한 나비 새끼 꾀꼬리들로부터
아주 내어 밀듯이, 향단아

ⓒ 산호(珊瑚)도 섬도 없는 저 ⓓ 하늘로
나를 밀어 올려 다오
채색(彩色)한 ⓔ 구름같이 나를 밀어 올려 다오
이 울렁이는 가슴을 밀어 올려 다오!

[A] ┌ 서(西)으로 가는 달 같이는
    └ 나는 아무래도 갈 수가 없다.

바람이 파도를 밀어 올리듯이
그렇게 나를 밀어 올려 다오
향단아.

　　　　　　　　　　　　　- 서정주, 「추천사」 -

(나)

저 청청한 하늘
저 흰 구름 저 눈부신 산맥
왜 날 울리나
㉠ 날으는 새여
묶인 이 가슴

밤새워 물어뜯어도
닿지 않는 밑바닥 마지막 살의 그리움이여
피만이 흐르네
더운 여름날의 썩은 피

　┌ 땅을 기는 육신이 너를 우러러
　│ 낮이면 낮 그여 한번은
　└ 울 줄 아는 이 서러운 눈도 아예

[B] 시뻘건 몸뚱어리 몸부림 함께
　┌ 함께 답새라
　│ 아 끝없이 새하얀 사슬 소리여 새여
　└ 죽어 너 되는 날의 길고 아득함이여

㉡ 낮이 밝을수록 침침해가는
넋 속의 저 짧은
여위어가는 저 짧은 볕발을 스쳐
떠나가는 새

청청한 하늘 끝
푸르른 저 산맥 너머 떠나가는 새
왜 날 울리나
덧없는 가없는 저 눈부신 구름
아아 묶인 이 가슴

　　　　　　　　　　　　　- 김지하, 「새」 -

(다)

산수간(山水間) 바위 아래 **띠집**을 짓노라 하니
그 모른 남들은 웃는다 한다마는
㉢ 어리고 햐암*의 뜻에는 내 분(分)인가 하노라

보리밥 풋나물을 알맞게 먹은 후에
바위 끝 물가에 슬카지 노니노라
그 남은 여남은 일이야 부럴* 줄이 있으랴

잔 들고 혼자 앉아 **먼 뫼**를 바라보니
그리던 님이 오다 반가움이 이러하랴
말씀도 웃음도 아녀도 못내 좋아 하노라

누고셔 삼공(三公)*도곤 낫다 하더니 ㉣ 만승(萬乘)*이 이만하랴
이제로 헤어든 소부 허유(巢父許由)*가 약돗더라*
아마도 임천 한흥(林泉閑興)을 비길 곳이 없어라

내 성이 게으르더니 하늘이 알으실사
인간 만사(人間萬事)를 한 일도 아니 맡겨
다만당 **다툴 이 없는 강산(江山)**을 지키라 하시도다

강산이 좋다 한들 ㉤ 내 분(分)으로 누었느냐
임금 은혜를 이제 더욱 아노이다
아무리 갚고자 하여도 하올 일이 없어라

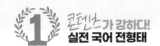

- 윤선도, 「만흥(漫興)」 -

* 햐암 : 시골에 사는 견문이 좁고 어리석은 사람.
* 부럴 : 부러워할.
* 삼공 : 삼정승.
* 만승 : 천자(天子).
* 소부 허유 : 요임금 때 세상을 등지고 살던 인물.
* 약돗더라 : 약았더라.

01 (가)~(다)에 대한 설명으로 적절한 것은?

① (가)와 (나)는 첫 연과 끝 연을 대응시켜 화자의 정서를 심화하고 있다.
② (가)와 (다)는 시간의 경과를 통해 시상을 전개하고 있다.
③ (나)와 (다)는 객관적인 시각에서 대상을 묘사하고 있다.
④ (가), (나), (다)는 자연과 인간을 대립시켜 주제를 부각하고 있다.
⑤ (가), (나), (다)는 단정적 어조로 화자의 의지를 나타내고 있다.

 형태쌤과 선지분석

선지분석	(가)	(나)	(다)
수미상관			
시간의 경과			
객관적 시각으로 묘사			
자연과 인간 대립			
단정적 어조 → 의지 표현			

02 [B]를 〈보기〉와 같이 해석할 때, [B]의 화자가 [A]의 화자에게 할 수 있는 말로 가장 적절한 것은?

보기

화자는 극한의 고통에서 벗어나 새처럼 자유롭게 되기를 희망하지만, 그것이 쉽게 이루어질 수 없다는 사실 역시 잘 알고 있다. 그러나 화자는 삶이 존엄하고, 생명이 남아 있는 한 고통에 맞서야 한다고 본다.

① 꿈을 잃었다고 죽음을 생각해서는 안 됩니다.
② 꿈을 잃을지도 모른다는 두려움을 떨쳐 버리십시오.
③ 당신도 더 나은 세상에 대한 꿈을 가지시길 바랍니다.
④ 아무리 어렵더라도 당신이 좇는 꿈을 끝까지 추구하십시오.
⑤ 당신이 꿈을 이루더라도 삶은 현재와 크게 다르지 않을 것입니다.

03 〈보기〉를 참고할 때, ⓐ~ⓔ 중에서 (다)의 '띠집'과 가장 유사한 기능을 하는 것은?

보기

윤선도는 '띠집'을 짓고 나서 문집에 다음과 같이 적었다. "이 집이 나로 하여금 표연히 세상을 버리고 홀로 신선이 되어 날아가는 뜻을 지니게 하면서도, 끝내는 나로 하여금 부자(父子)와 군신(君臣)의 윤리를 벗어나지 못하게 한다."

① ⓐ   ② ⓑ   ③ ⓒ   ④ ⓓ   ⑤ ⓔ

04 ㉠~㉤에 대한 설명으로 알맞지 않은 것은?

① ㉠은 어법에 어긋나지만 리듬감을 살리는 효과가 있다.
② ㉡은 역설적 표현으로 복잡한 심경을 드러내고 있다.
③ ㉢은 반어적 표현을 통해 자조적인 태도를 드러내고 있다.
④ ㉣은 과장된 표현을 통해 만족감을 드러내고 있다.
⑤ ㉤은 설의적 표현으로 의미를 강조하고 있다.

05 (가)의 시적 상황을 〈보기〉의 '꿈'이라고 가정할 때, (가)에 대한 감상으로 적절한 것은?

보기

도련님이 눈물을 흘리며 훗날 기약을 당부하고 말을 채찍질하여 가는 모양은 광풍에 흩날리는 조각구름일레라. 이때, 춘향이 하는 수 없어 자던 침방으로 들어가서,
"향단아! 주렴 걷고 안석 밑에 베개 놓고 문 닫아라! 도련님을 생시는 만나 보기 망연하니 잠이나 들면 꿈에 만나 보지."

① 실패한 사랑의 상처를 노래한 것으로 볼 수 있겠군.
② 미천한 신분에 대한 한탄을 노래한 것으로 볼 수 있겠군.
③ 미지의 세계에 대한 동경을 노래한 것으로 볼 수 있겠군.
④ 절대자에게 귀의하려는 의지를 노래한 것으로 볼 수 있겠군.
⑤ 재회를 소망하는 간절한 심정을 노래한 것으로 볼 수 있겠군.

06 (나)를 영상화한다고 할 때, 각 연을 영상으로 옮기기 위한 계획으로 적절하지 않은 것은?

① 1연 : 화자와 '새'의 거리감을 표현하기 위해 '하늘', '구름', '산'이 있는 원경(遠景)을 포착한다.
② 2연 : 화자의 암울한 처지를 강조하기 위해 1연에 비해 화면을 어둡게 한다.
③ 3연 : 화자가 처한 상황을 강조하기 위해 화자를 클로즈업하면서 효과음을 삽입한다.
④ 4연 : 화자가 자신의 상황을 긍정하는 심리를 드러내기 위해 화면을 점차 밝게 한다.
⑤ 5연 : 자유를 향한 화자의 염원을 강조하기 위해 '새'와 '구름'의 움직임을 포착한다.

07 〈보기〉는 (다)의 창작 배경인 금쇄동을 답사하고 쓴 글이다. 〈보기〉와 관련지어 (다)를 감상할 때, 적절하지 않은 것은?

보기

금쇄동 일대는 해남 윤씨 고택(古宅)에서 멀리 떨어진 산속에 있어 아무도 그 위치를 모르다가 최근에서야 흔적이 발견된 곳이다. 윤선도가 여기 은거하기 시작한 때는 반대파의 탄핵을 받아 유배되었다가 돌아온 직후였다. 그는 가문의 일마저 아들에게 맡기고 산속에서 십여 년간 혼자 지냈다. 살 집은 물론 정자와 정원까지 조성해 놓고 날마다 거닐며 놀았다고 한다.

① '산수간'은 관념적인 표현으로만 생각했는데, 실제 공간일 수도 있겠군.
② '바위 끝 물가'는 정원의 바위와 연못을 가리킬 수도 있겠군.
③ '그 남은 여남은 일'은 금쇄동에서 산수를 즐기는 일을 가리킬 수 있겠군.
④ '먼 뫼'는 윤선도가 유배 체험에서 입은 상처를 치유해 줄 수 있었겠군.
⑤ '다툴 이 없는 강산'은 정쟁이 벌어지는 현실과 대비되는 공간이라고 할 수 있겠군.

Free note.

나 없이

기출

풀지마라

다음 글을 읽고 물음에 답하시오.

(가)

　전쟁을 다룬 소설 중에는 실재했던 전쟁을 제재로 한 작품들이 있다. 이런 작품들은 허구를 매개로 실재했던 전쟁을 새롭게 조명하고 있다. 가령, 「박씨전」의 후반부는 패전했던 병자호란을 있는 그대로 받아들이고 싶지 않았던 조선 사람들의 욕망에 따라, 허구적 인물 박씨가 패전의 고통을 안겼던 실존 인물 용골대를 물리치는 장면을 중심으로 허구화되었다. 외적에 휘둘린 무능한 관군 탓에 병자호란 당시 여성은 전쟁의 큰 피해자였다. 「박씨전」에서는 이 비극적 체험을 재구성하여, 전화를 피하기 위한 장소인 피화당(避禍堂)에서 여성 인물과 적군이 전투를 벌이는 장면을 설정하고 있다. 이들 간의 대립 구도 하에서 전개되는 이야기는 조선 사람들의 슬픔을 위로하고 희생자를 추모함으로써 공동체로서의 연대감을 강화하였다. 한편, 「시장과 전장」은 한국전쟁이 남긴 상흔을 직시하고 이에 좌절하지 않으려던 작가의 의지가, 이념 간의 갈등에 노출되고 생존을 위해 몸부림치는 인물을 통해 허구화되었다. 이 소설에서는 전장을 재현하여 전쟁의 폭력에 노출된 개인의 연약함이 강조되고, 무고한 희생을 목도한 인물의 내면이 드러남으로써 개인의 존엄이 탐색되었다.

　우리는 이런 작품들을 통해 전쟁의 성격을 탐색할 수 있다. 두 작품에서는 외적의 침략이나 이념 갈등과 같은 공동체 사이의 갈등이 드러나고 있다. 그런데 전쟁이 폭력적인 것은 이 과정에서 사람들이 죽기 때문만은 아니다. 전쟁의 명분은 폭력을 정당화하기에, 적의 죽음은 불가피한 것으로, 우리 편의 죽음은 불의한 적에 의한 희생으로 간주된다. 전쟁은 냉혹하게도 아군이나 적군 모두가 민간인의 죽음조차 외면하거나 자신의 명분에 따라 이를 이용하게 한다는 점에서 폭력성을 띠는 것이다. 두 작품에서 사람들이 죽는 장소가 군사들이 대치하는 전선만이 아니라는 점도 주목된다. 전쟁터란 전장과 후방, 가해자와 피해자가 구분되지 않는 혼돈의 현장이다. 이 혼돈 속에서 사람들은 고통 받으면서도 생의 의지를 추구해야 한다는 점에서 전쟁은 비극성을 띤다. 이처럼, **전쟁의 허구화**를 통해 우리는 전쟁에 대한 인식을 새롭게 할 수 있다.

(나)

　문득 나무들 사이에서 한 여인이 나와 크게 꾸짖어 왈, "무지한 **용골대**야, 네 아우가 내 손에 죽었거늘 너조차 죽기를 재촉하느냐?" 용골대가 대로하여 꾸짖어 왈, "너는 어떠한 계집이완데 장부의 마음을 돋우느냐? 내 아우가 불행하여 네 손에 죽었지만, 네 나라의 화친 언약을 받았으니 이제는 너희도 다 우리나라의 신첩(臣妾)이라. 잔말 말고 바삐 내 칼을 받아라."

　계화가 들은 체 아니하고 크게 꾸짖어 왈, "네 동생이 내 칼에 죽었으니, 네 또한 명이 내 손에 달렸으니 어찌 가소롭지 아니리오." 용골대가 더욱 분기등등하여 군중에 호령하여, "일시에 활을 당겨 쏘라." 하니, 살이 무수하되 감히 한 개도 범치 못하는지라. 용골대 아무리 분한들 어찌하리오. 마음에 탄복하고 **조선 도원수** 김자점을 불러 왈, "너희는 이제 내 나라의 신하라. 내 영을 어찌 어기리오." 자점이 황공하여 왈, "분부대로 거행하오리다."

　용골대가 호령하여 왈, "네 군사를 몰아 박 부인과 계화를 사로잡아 들이라." 하니, 자점이 황겁하여 방포일성에 군사를 몰아 피화당을 에워싸니, 문득 팔문이 변하여 백여 길 함정이 되는지라. 용골대가 이를 보고 졸연히 진을 깨지 못할 줄 알고 한 꾀를 생각하여, 군사로 하여금 피화당 사방 십

리를 깊이 파고 화약 염초를 많이 붓고, 군사로 하여금 각각 불을 지르고, "너희 무리가 아무리 천변만화술이 있은들 어찌하리오." 하고 군사를 호령하여 일시에 불을 놓으니, 그 불이 화약 염초를 범하매 벽력 같은 소리가 나며 **장안 삼십 리에 불길이 충천**하여 죽는 자가 무수하더라.

　박씨가 주렴을 드리우고 부채를 쥐어 불을 부치니, 불길이 오랑캐 진을 덮쳐 오랑캐 장졸이 타 죽고 밟혀 죽으며 남은 군사는 살기를 도모하여 다 도망하는지라. 용골대가 할 길 없어, "이미 화친을 받았으니 대공을 세웠거늘, 부질없이 조그만 계집을 시험하다가 공연히 장졸이 다 죽었으니, 어찌 분(憤恨)치 않으리오." 하고 회군하여 발행할 제, **왕대비와 세자 대군**이며 **장안 미색**을 데리고 가는지라.

　박씨가 시비 계화로 하여금 외쳐 왈, "무지한 오랑캐야, 너희 왕놈이 무식하여 **은혜지국(恩惠之國)**을 침범하였거니와, 우리 왕대비는 데려가지 못하리라. 만일 그런 뜻을 두면 너희들은 본국에 돌아가지 못하리라." 하니 오랑캐 장수들이 가소롭게 여겨, "우리 이미 화친 언약을 받고 또한 인물이 나의 장중(掌中)에 매였으니 그런 말은 생심(生心)도 말라." 하며, 혹 욕을 하며 듣지 아니하거늘, 박씨가 또 계화로 하여금 다시 외쳐 왈, "너희가 일양 그리하려거든 내 재주를 구경하라." 하더니, 이윽고 공중으로 두 줄기 무지개 일어나며, 모진 비가 천지를 뒤덮게 오며, 음풍이 일어나며 백설이 날리고, 얼음이 얼어 군마의 발굽이 땅에 붙어 한 걸음도 옮기지 못하는지라. 그제야 오랑캐 장수들이 황겁하여 아무리 생각하여도 모두 함몰할지라. 마지못하여 장수들이 투구를 벗고 창을 버려, 피화당 앞에 나아가 꿇어 애걸하기를, "오늘날 이미 화친을 받았으나 왕대비는 아니 뫼셔 갈 것이니, 박 부인 덕택에 살려 주옵소서."

　박씨가 주렴 안에서 꾸짖어 왈, "너희들을 모두 죽일 것이로되, 천시(天時)를 생각하고 용서하거니와, 너희 놈이 본디 간사하여 외람된 죄를 지었으나 이번에는 아는 일이 있어 살려 보내나니, 조심하여 들어가며, 우리 세자 대군을 부디 태평히 모셔 가라. 만일 그렇지 아니하면 내 오랑캐를 씨도 없이 멸하리라."

　이에 오랑캐 장수들이 백배 사례하더라.

- 작자 미상, 「박씨전」 -

(다)

　"피란 안 갔다고 야단맞지 않을까요?"

　윤씨가 걱정스럽게 묻는다. 김씨 댁 아주머니의 얼굴도 잠시 흐려진다. 그러나 이내 쾌활한 목소리로,

　"쌀 배급을 주는데 야단을 치려구요? 세상에 불쌍한 백성을 더 이상 어쩌겠어요?"

　"그래도 댁은…… 우린 애아범이 그래 놔서…… 전에도 배급을 못 타 먹었는데."

　"이 마당에서 그걸 누가 알겠어요? 어지간히 시달려 놔서 이젠 그렇게들 안 할 거예요."

　둑길을 건너서 인도교 가까이 갔을 때 노량진 쪽에서 사람들이 몰려온다. 어느 구석에 끼여 있었던지 용케 죽지도 않고, 스무 명가량의 사람들이 떼 지어 간다. 김씨 댁 아주머니는,

　"여보시오! 어디서 배급을 줍니까?"

　하고 물었으나 그들은 미친 듯 뛰어갈 뿐이다.

　"여보, 여보시오! 어디서 배급을 줍니까?"

　다시 물었으나 여전히 그들은 뛰어간다. 윤씨와 김씨 댁 아주머니도 이

제 더 이상 묻지 않고 그들을 따라 뛰어간다. 그들이 간 곳은 한강 모래밭이었다. 강의 얼음은 아직 풀리지 않았다. 그곳에는 여남은 명가량의 사람들이 몰려 있었다. 사실은 배급이 아니었다. 밤사이에 **중공군**과 인민군이 후퇴하면서 미처 날라가지 못했던 **식량**이 여기저기 흩어져 있었던 것이다. 사람들은 **갈가마귀떼**처럼 몰려들어 가마니를 열었다. 그리고 악을 쓰면서 자루에다 쌀과 수수를 집어넣는다. 쌀과 수수가 강변에 흩어진다. 사람들은 **굶주린 이리떼**처럼 눈에 핏발이 서서 자루에 곡식을 넣어 짊어지고 일어섰다. 쌀자루를 짊어지고 강변을 따라 급히 도망쳐 가는 사나이들, 쌀자루에 쌀을 옮겨 넣는 아낙들, 필사적이다. 그야말로 전쟁이다. 김씨 댁 아주머니와 윤씨도 허겁지겁 달려들어 쌀을 퍼낸다. 그리고 떨리는 손으로 자루 끝을 여민 뒤 머리에 이고 일어섰다. 그 순간 하늘이 진동하고 땅이 꺼지는 듯 고함 소리, 총성과 함께 윤씨가 푹 쓰러진다. 윤씨는 외마디 소리를 지르며 쌀자루 위에 얼굴을 처박는다. 거무죽죽한 피가 모래밭에 스며든다.

(중략)

김씨 부인이,

"애기 엄마……."

하고 소리쳐 부른다. 지영은 그냥 쫓아간다.

"큰일 나요! 큰일 나, 지금 가면 안 돼요! 애기를 어쩌려고 그러는 거요."

지영은 언덕길을 미끄러지는 듯 달려간다. 둑길을 넘었다. 강변에는 아무도 없었다. 강물도 하늘도 강 건너 서울도 회색빛 속에 싸여 있었다. 지영은 윤씨를 내려다본다. 쌀자루를 꼭 껴안고 있다. **쌀자루**는 피에 젖어 거무죽죽하다. 지영은 윤씨를 안아 일으킨다. 그리고 들춰 업는다. 그는 한 발 한 발 힘을 주며 걸음을 옮긴다. 윤씨를 업고 **벼랑을 기어오른다.** 아무것도 기억할 수가 없었다. 아무것도 보이지 않았다. 얼마나 오랜 시간이 흘렀는지 그는 둑길까지 나왔다. 둑길에서 저 멀리 과천으로 뻗은 길을 바라본다. 길은 외줄기…… 멀리멀리 뻗어 있다. 지영은 집으로 돌아왔다.

- 박경리, 「시장과 전장」 -

(나)

형태쌤과 지문분석

지문분석	
공간	
서술자의 개입	

(다)

형태쌤과 지문분석

지문분석	
시간	
공간	
서술자의 관심사	

01 (가)의 '전쟁의 허구화'를 바탕으로 (나), (다)를 설명한 것으로 적절하지 <u>않</u><u>은</u> 것은?

① (나)는 실재했던 전쟁을 다루면서도 이를 있는 그대로 받아들이지 않으려는 욕망에 따라 허구화가 이루어졌다.

② (나)는 박씨 등의 여성 인물과 용골대 등의 가해 세력 간의 대립 구도를 통해 전쟁을 조명하고 있다.

③ (다)는 실재했던 전쟁을 다루면서도 그 상흔을 직시하려는 의지에 따라 허구화가 이루어졌다.

④ (다)는 윤씨와 지영의 관계에서 나타나는 피해자와 가해자의 대립 구도를 통해 전쟁을 조명하고 있다.

⑤ (나)와 (다)는 '용골대'나 '중공군'과 같은 단어를 통해 실재했던 전쟁이 환기되도록 했다.

02 (가)를 바탕으로 (나)에 대해 〈학습 활동〉을 수행한 내용으로 적절하지 <u>않은</u> 것은?

학습 활동

병자호란에 대한 백성들의 욕망을 담은 「박씨전」과 다음의 「임장군전」을 읽고 전쟁 체험이 소설에 반영된 양상을 살펴봅시다.

> 상께서 왈, "길이 막혀 인적이 통하지 못하니 경업이 어찌 알리오. 목전의 형세가 여차하여 아무리 생각하여도 항복할 밖에 다른 묘책이 없으니 경들은 다시 말 말라." 하시고, 앙천통곡하시니 산천초목이 다 슬퍼하더라. 병자년 12월 20일에 상이 항서를 닦아 보내시니, 그 망극함을 어찌 측량하리오.
> 용골대가 송파장에 결진하고 승전고를 울리며 교만이 자심하여 승전비를 세워 거드럭거리며, 왕대비와 중궁을 돌려보내고 세자 대군을 잡아 북경으로 가려 하더라.
>
> － 작자 미상, 「임장군전」 －

① (나)에서 용골대를 꾸짖는 계화와 박씨가 등장하는 것에는 병자호란 때에 있었으면 좋았을 인물에 대한 백성들의 소망이 반영되었겠군.
② 「임장군전」에서 항서를 보낸 것에 대해 서술자도 슬픔을 토로하는 것은 패전한 나라의 백성이라는 연대감이 반영된 것이겠군.
③ (나)와 「임장군전」에서 모두 용골대가 부정적인 모습으로 그려진 데에는 백성들이 겪었던 패전의 고통이 반영되었겠군.
④ (나)에서는 박씨의 용서를 통해, 「임장군전」에서는 용골대의 승전비 건립을 통해, 조선 백성들의 희생에 대한 추모 의식이 반영되었겠군.
⑤ 「임장군전」과 달리 (나)에서 박씨의 승전을 통해 왕대비가 볼모로 가지 않게 된 과정이 형상화된 것은 패전의 상실감을 위로받고자 하는 백성들의 욕망이 반영된 결과이겠군.

03 (가)를 바탕으로 (나)를 설명한 것으로 적절하지 <u>않은</u> 것은?

① 장안 삼십 리에 불길이 충천하고 장안 미색이 끌려가는 장면은 조선 백성들의 비극적 체험을 드러내고 있다.
② 용골대에게 조선 도원수가 복종하여 명령을 따르는 장면은 관군의 무능함을 허구를 매개로 조명하고 있다.
③ 박씨의 재주에 오랑캐 장수들이 황겁해 하는 장면에서, 패전의 고통이 허구적 인물의 활약을 통해 위로받고 있다.
④ 오랑캐군의 침략이 은혜지국에 대한 침범이라는 박씨의 비난은 용골대를 비롯한 오랑캐군이 불의한 존재임을 드러내고 있다.
⑤ 용골대가 장졸들의 죽음에 탄식하는 장면에서, 죽음의 책임을 폭력적인 방식으로 박씨에게 돌리려는 오랑캐의 모습이 드러나고 있다.

04 (가)를 바탕으로 (다)를 감상한 내용으로 적절하지 <u>않은</u> 것은?

① '식량'을 얻으려다가 인물이 죽게 되는 것은 전장과 후방이 구분되지 않는 혼돈의 현장을 보여 주는 것이로군.
② '갈가마귀떼'는 기본적인 존엄성마저 상실한 채 살아가는 사람들의 모습을 상기하게 하는군.
③ '굶주린 이리떼'는 사람들이 전쟁의 폭력에 노출되어 이웃의 죽음조차 외면하는 냉혹한 존재로 변해 버렸음을 드러내는군.
④ 피에 젖은 '쌀자루'는 전쟁의 폭력이 무고한 인물에게 끼친 전쟁의 상흔을 나타내는군.
⑤ '벼랑을 기어오른다'는 전쟁 속에서 생존을 위해 몸부림치는 인물의 처지를 상징적으로 보여 주는군.

05 (나), (다)에 대한 이해로 가장 적절한 것은?

① (나)에서 용골대는 화공이 실패하자 화살로 피화당을 공격하였다.
② (나)에서 박씨는 오랑캐군이 화친 언약을 받았다는 것을 몰랐기에 회군하는 오랑캐군을 공격했다.
③ (다)에서 지영은 윤씨 때문에 김씨 부인의 만류에도 불구하고 강변으로 나갔다.
④ (다)에서 윤씨가 식량을 마련하기 위해 사람들을 따라 도착한 곳은 인도교였다.
⑤ (다)에서 김씨 댁 아주머니는 피란 갔던 것을 걱정하는 윤씨를 안심시키려 하였다.

06 (다)의 서술상의 특징에 대한 설명으로 가장 적절한 것은?

① 인물의 회상을 통해 인물 간 갈등의 원인을 제시하고 있다.
② 시간적 배경을 묘사하여 인물의 성격 변화를 암시하고 있다.
③ 인물의 경험을 관념적으로 서술하며 사건의 원인을 분석하고 있다.
④ 대화를 통해 과거로 돌아가려 하는 인물들의 심리를 보여 주고 있다.
⑤ 인물의 연속적인 행위를 제시하여 인물이 처한 긴박한 상황을 드러내고 있다.

형태쌤과 선지분석

선지분석	시장과 전장
회상 → 갈등의 원인 제시	
시간적 배경 → 성격 변화 암시	
경험을 관념적으로 서술 → 사건 원인 분석	
대화 → 과거 회귀 심리	
연속적 행위 → 긴박한 상황	

Free note.

나 없이

기출

풀지마라

다음 글을 읽고 물음에 답하시오.

이날 사향이 틈을 타 부인의 침소에 들어가 금봉차*와 옥장도*를 훔쳐 낭자의 사사로운 그릇 속에 감추었더니 그 후에 부인이 잔치에 가려고 봉차를 찾으니 간 데 없는지라. 괴이하게 여겨 세간을 내어 살펴보니 장도 또한 없거늘 모든 시녀를 죄 주었다. ㉮

이때 사향이 들어오며 말하기를,
"무슨 일로 이렇게 요란하십니까?"
부인이 말하기를,
"옥장도와 금봉차가 없으니 어찌 찾지 아니하리오?"
사향이 부인 곁에 나아가 가만히 고하여 말하기를,
"저번에 숙향이 부인의 침소에 들어가 세간을 뒤지더니 무엇인가 치마 앞에 감추어 가지고 자기 침방으로 갔으니 수상합니다."
부인이 말하기를,
"숙향의 빙옥 같은 마음에 어찌 그런 일이 있으리오?"
사향이 말하기를,
"숙향이 예전에는 그런 일이 없더니 근간 혼인 의논을 들은 후로는 당신의 세간을 장만하노라 그러하온지 가장 부정함이 많습니다. 어쨌든 숙향의 세간을 뒤져 보십시오." ㉯

부인이 또한 의심하여 숙향을 불러 말하기를,
"봉차와 장도가 혹 네 방에 있나 살펴보라."
숙향이 말하기를,
"소녀의 손으로 가져온 일이 없사오니 어찌 소녀 방에 있겠습니까?"
하고 그릇을 내어 친히 찾게 하니 과연 봉차와 장도가 있는지라. 부인이 대로하여 말하기를,
"네 아니 가져왔으면 어찌 네 그릇에 들어 있느냐?"
하고 승상께 들어가 말하기를,
"숙향을 친딸같이 길렀으나 이제 장도와 봉차를 가져다 제 함 속에 넣고 종시 몰라라 하다가 제게 들켰사오니, 봉차는 계집의 노리개나 이상하지 않으나 장도는 계집에게 어울리지 않는 물건이라 그 일이 가장 수상합니다. 어찌 처치하면 마땅하겠습니까?" ㉰

사향이 곁에 있다가 고하기를,
"요사이 숙향의 거동을 보오니 혹 글자도 지으며, 외인이 자주 출입하니 그 뜻을 모르겠습니다."
승상이 대경하여 말하기를,
"제 나이가 찼음에 필연 외인과 상통하는 것입니다. 그냥 두었다가는 집안에 불측한 일이 있을 것이니 빨리 쫓아내십시오."

(중략)

숙향이 천지 아득하여 침소에 들어가 손가락을 깨물어 벽 위에 하직하는 글을 쓰고 눈물을 뿌리며 차마 일어나지 못하니, 사향이 발을 구르며 숙향을 이끌어 문밖으로 내치고 문을 닫고 들어가며 말하기를,
"근처에 있지 말고 멀리 가라. 만일 승상이 아시면 큰일 나리라."
하거늘, 숙향이 멀리 가며 승상 집을 돌아보고 울며 가더라. ㉱
한 곳에 다다라 문득 보니 큰 강이 있으니 이는 표진강이었다. ⓐ 어찌할 바를 몰라 강변을 헤매다가 날은 저물고 행인은 드문지라 사면을 돌아봐도 의지할 곳이 없는지라, 하늘을 우러러 통곡하다가 손에 깁수건을 쥐

고 치마를 뒤집어쓰고 물속으로 뛰어들었다. ㉲

행인이 놀라 급히 구하려 하였으나 이미 어쩔 수 없는지라 모두 탄식하며 그 곡절을 알고자 하더라.

이때 숙향이 물에 뛰어드니 검은 소반 같은 것이 물 밑으로부터 숙향을 태우고 물 위에 섰는데 편하기가 반석 같았다. 이윽고 오색구름이 일어나며 사양머리를 한 계집아이가 연엽주를 바삐 저어 앞에 다다라 말하기를,
"부인은 어서 배에 오르십시오."
하니 그 검은 것이 변하여 계집아이가 되어 숙향을 안아서 배에 올리고 아이 둘은 숙향을 향하여 재배하여 말하기를,
"귀하신 몸을 어찌 이렇듯 가벼이 버리십니까? 저희는 항아의 명으로 부인을 구하러 오다가 옥하수에서 여동빈 선생을 만나 잠시 술을 마셨는데 하마터면 부인을 구하지 못할 뻔했습니다."
하고 용녀를 돌아보며 말하기를,
"어디로부터 와서 구하셨습니까?"
용녀가 대답하여 말하기를,

[A]
"전에 사해용왕이 수정궁에 모여 잔치를 할 때 저의 사랑하는 시녀가 유리종을 깨트렸기에 행여 죄를 얻을까 하여 감추었더니 부왕이 아시고 노하여 첩을 반하수에 내치시매 물가로 다니다가 어부에게 잡혀 죽게 되었습니다. 이때 김 상서*의 구함을 입어 살아났으니 그 은혜를 갚을 길이 없었습니다. 어제 부왕이 옥경에서 조회할 때 옥제 말씀을 듣사오니 '소아*가 천상에서 득죄하여 김 상서 집에 적강*한 뒤로 도적의 칼 아래 놀라게 하고, 표진강에 빠져 죽을 액을 당하고, 갈대밭에서 화재를 만나고, 낙양 옥중에서 죽을 액을 지낸 후에야 태을*을 만나게 하라.' 하시고 물 지키는 관원을 명하여 '기다렸다가 죽이지는 말고 욕만 뵈어 보내라.' 하시기에 제가 특별히 김 상서의 은덕을 갚고자 하여 자원하여 왔습니다. 이제 그대가 또 구하시니 저는 가겠습니다."

- 작자 미상, 「숙향전」 -

* 금봉차 : 금으로 만든 봉황 모양의 비녀.
* 옥장도 : 옥으로 만든 장식용 칼.
* 김 상서 : 숙향의 아버지.
* 소아 : 달나라에 사는 선녀. 숙향의 전생의 이름.
* 적강 : 죄를 지어 인간계로 쫓겨남.
* 태을 : 숙향의 장래 배우자인 이선의 전생의 이름.

형태쌤과 지문분석

지문분석	
공간	
서술자의 개입	

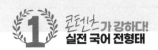
01 윗글에 대한 설명으로 가장 적절한 것은?

① 부정적 인물에 대한 적개심이 드러나 있다.
② 서술자가 직접 인물의 미래를 암시하고 있다.
③ 대화와 행동을 중심으로 사건이 진행되고 있다.
④ 배경 묘사를 통해 인물의 심리를 드러내고 있다.
⑤ 율문투를 사용하여 비극적 분위기를 고조시키고 있다.

형태쌤과 선지분석

선지분석	숙향전
부정적 인물에 대한 적개심	
서술자가 인물의 미래 암시	
대화와 행동 중심	
배경 묘사 → 인물 심리	
율문투 → 비극적 분위기	

02 윗글의 내용을 〈보기〉와 같이 정리하였다. ㄱ~ㄹ에 들어갈 말로 바르게 짝지은 것은?

보기

인물	역할	사건의 내용
사향	(ㄱ)	도둑질의 누명을 씌움
		(ㄴ)의 누명을 씌움
승상	심판자	(ㄷ)
숙향	피해자	(ㄹ)

	ㄱ	ㄴ	ㄷ	ㄹ
①	공모자	부정한 행실	체벌 허락	무죄를 탄원함
②	공모자	내통	추방 지시	집에서 쫓겨남
③	음해자	밀고	체벌 허락	무죄를 입증함
④	음해자	밀고	체벌 허락	무죄를 탄원함
⑤	음해자	부정한 행실	추방 지시	집에서 쫓겨남

03 〈보기〉를 참고하여 [A]를 이해할 때, 독자의 반응으로 가장 적절한 것은?

보기

숙향이 겪는 고난은 그 당시 '숙향전'의 향유층이 겪었을 법한 현실적인 경험이다. 그런데 고난의 해결은 초현실적이다. 당시 독자들이 숙향과 같은 고난에 부딪혔을 때, 현실적인 방법으로 해결할 수 없었기 때문이다. 숙향과 자신들을 동일시하였던 당시 독자들은 숙향의 패배와 죽음을 자신들의 것으로 여겼을 것이다. 이것이 숙향의 고난을 해결하는 방법으로 초월적 존재를 설정한 까닭이다. 요컨대, 숙향의 고난에 동화된 사람들은 고난에 공감하면서 비감(悲感)을, 숙향이 고난을 이겨내는 과정에서는 쾌감을 맛보게 된다. '숙향전'에 여러 고난이 반복되는 것은 향유층의 미적 쾌감을 극대화하기 위한 것이다.

① 숙향의 적강은 당시 독자들의 현실적인 경험을 반영한 것이군.
② 용녀의 보은은 당시 독자들에게 인과응보의 이치를 알리고자 했던 것이군.
③ 숙향이 여러 고난을 겪는 것은 당시 독자의 비감을 증대시키려는 것이군.
④ 옥제가 등장하는 것은 당시 독자들이 타고난 운명을 비관했음을 의미하는 것이군.
⑤ 숙향과 태을이 만나는 것은 당시 독자들에게 안정된 현실을 느끼게 하려는 것이군.

04 ⓐ에 나타난 숙향의 처지를 표현할 때, 적절하지 않은 것은?

① 기호지세(騎虎之勢)　　② 고립무원(孤立無援)
③ 혈혈단신(孑孑單身)　　④ 사고무친(四顧無親)
⑤ 진퇴유곡(進退維谷)

05 〈보기〉의 '전기수'처럼 윗글을 읽다가 멈추고자 할 때, 가장 적절한 곳은?

보기

전기수(傳奇叟)는 '숙향전', '소대성전' 등과 같은 국문소설을 장소를 바꿔가며 사람들에게 읽어 주었다. 그들은 책을 읽어 가다가 사람들이 꼭 더 듣고 싶어 할 만한 부분에 이르러 갑자기 읽기를 멈추었다. 사람들은 그 다음 대목을 듣고 싶어서 다투어 돈을 던져 주었다. 이것이 이른바 요전법(邀錢法)이다. 전기수의 이런 수법은, 한 장회를 끝낼 때 새로운 사건의 첫 부분만 짧게 제시함으로써 사람들의 관심을 끄는 고소설의 장회 나누기 방법과 같은 원리이다.

① ㉮　　　② ㉯　　　③ ㉰
④ ㉱　　　⑤ ㉲

다음 글을 읽고 물음에 답하시오.

형은 또 울었다. 밤이 깊도록 어머니까지 불러 가며 엉엉 소리 내어 울었다.

동생도 형 곁에서 남모르게 소리를 죽여 흐느껴 울었다. 그저 형의 설움과 울음을 따라 울 뿐이었다. 동생도 이렇게 울면서 어쩐지 마음이 조금 흐뭇했다.

이날 밤의 감시는 밤새도록 엄했다.

바깥은 ㉠ 첫눈이 흩날리고 있었다.

형은 울음을 그치고 불쑥,

"야하, 눈이 내린다, 눈이, 눈이. 벌써 겨울이 다 됐네."

물론 감시병들의 감시가 심하니까 동생의 귀에다 입을 대지도 않고 이렇게 혼잣소리처럼 지껄였다.

"저것 봐, 저기 저기, 에에이, 모두 잠만 자구 있네."

동생의 허리를 쿡쿡 찌르기만 하면서……

어느새 양덕도 지났다. 하루하루는 수월히도 저물어 갔고 하늘은 변함없이 푸르렀을 뿐이었다. 산도 들판도 눈에 덮여 있었다. 경비병들의 겨울 복장을 바라보는 형의 얼굴에는 천진한 애들 같은 선망의 표정이 어려 있곤 했다. 날로 날로 풀이 죽어 갔다.

어느 날 밤이었다. 일행도 경비병들도 모두 잠들었을 무렵, 형은 또 동생의 귀에다 입을 대고, 이즈음에 와선 늘 그렇듯 별나게 가라앉은 목소리로,

"그 새끼 생각이 난다. 맘이 꽤 좋았댔이야이."

ⓐ "……"

"난 원래 다리에 ㉡ 담증이 있는데이. 너두 알잖니. 요새 좀 이상한 것 같다야."

하고는 헤죽이 웃었다.

ⓑ "……"

동생은 놀라 돌아다보았다. 여느 때 없이 형은 쓸쓸하게 웃으면서 두 팔로 동생의 어깨를 천천히 그러안으면서,

"칠성아, 야하, 흠썩은 춥다."

ⓒ "……"

"저 말이다, 엄만 날 늘 불쌍히 여겼댔이야, 잉. 야, 칠성아, 칠성아, 내 다리가 좀 이상헌 것 같다야이."

ⓓ "……"

동생의 눈에선 다시 눈물이 비어져 나왔다.

형은 별안간 두 눈이 휘둥그레져서 동생의 얼굴을 멀끔히 마주 쳐다보더니,

"왜 우니, 왜 울어, 왜, 왜. 어서 그치지 못하겠니."

하면서도 도리어 제 편에서 또 울음을 터뜨리고 있었다.

이튿날, 형의 걸음걸이는 눈에 띄게 절름거렸다. 혼잣소리도 풀이 없었다.

"그만큼 걸었음 무던히 왔구만서두. 에에이, 이젠 좀 그만 걷지덜, 무던히 걸었구만서두."

하고는 주위의 경비병들을 흘끔 곁눈질해 보았다. 경비병들은 물론 알은체도 안 했다. 바뀐 사람들은 꽤나 사나운 패들이었다.

그날 밤 형은 동생을 향해 쓸쓸하게 웃기만 했다.

"칠성아, 너 집에 가거든 말이다, 집에 가거든……"

하고는 또 무슨 생각이 났는지 벌쭉 웃으면서,

"히히, 내가 무슨 소릴 허니. 네가 집에 갈 땐 나두 갈 텐데, 앙 그러니? 내가 정신이 빠졌어."

한참 뒤엔 또 동생의 어깨를 그러안으면서,

"야, 칠성아!"

동생의 얼굴을 똑바로 마주 쳐다보기만 했다.

바깥은 바람이 세었다. 거적문이 습기 어린 소리를 내며 열리고 닫히곤 하였다. 문이 열릴 때마다 눈 덮인 초라한 ㉢ 들판이 부유스름하게 아득히 뻗었다.

동생의 눈에선 또 눈물이 비어져 나왔다.

형은 또 벌컥 성을 내며,

"왜 우니, 왜? 흐흐흐."

하고 제 편에서 더 더 울었다.

며칠이 지날수록 ㉣ 형의 걸음은 더 절룩거려졌다. 행렬 속에서도 별로 혼잣소릴 지껄이지 않았다. 평소의 형답지 않게 꽤나 조심스런 낯색이었다. 둘레를 두리번거리며 경비병의 눈치를 흘끔거리기만 했다. 이젠 밤에도 동생의 귀에다 입을 대고 이것저것 지껄이지 않았다. 그러나 먼 개 짖는 소리 같은 것에는 여전히 흠칫흠칫 놀라곤 했다. 동생은 또 참다못해 눈물을 흘렸다. 그러나 형은 왜 우느냐고 화를 내지도 않고 울음을 터뜨리지도 않았다. 동생은 이런 형이 서러워 더 더 흐느꼈다.

그날 밤, 바깥엔 ㉤ 함박눈이 내렸다.

형은 불현듯 동생의 귀에다 입을 댔다.

"너, 무슨 일이 생겨두 날 형이라구 글지 마라, 어엉?"

여느 때답지 않게 숙성한 사람 같은 억양이었다.

"울지두 말구 모르는 체만 해, 꼭."

동생은 부러 큰 소리로,

"야하, 눈이 내린다."

형이 지껄일 소리를 자기가 지금 대신하고 있다고 생각했다.

ⓔ "……"

그러나 이미 형은 그저 꾹하니 굳은 표정이었다.

동생은 안타까워 또 울었다. 형을 그러안고 귀에다 입을 대고,

"형아, 형아, 정신 차려."

이튿날, 한낮이 기울어서 어느 영 기슭에 다다르자, 형은 동생의 허벅다리를 쿡 찌르고는 걷던 자리에 털썩 주저앉고 말았다.

형의 걸음걸이를 주의해 보아 오던 한 사람이 뒤에서 따발총을 휘둘러 쏘았다.

형은 앉은 채 앞으로 꼬꾸라졌다. 그 사람은 총을 어깨에 둘러메면서,

"메칠을 더 살겠다구 뻐득대? 뻐득대길."

— 이호철, 「나상(裸像)」—

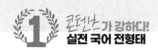

실전 국어 전형태

형태쌤과 지문분석

지문분석	
시간	
공간	
서술자의 관심사	

01 윗글의 서술상 특징으로 가장 적절한 것은?

① 외양을 상세하게 묘사해 인물을 희화화하고 있다.
② 내적 독백을 통해 시간의 흐름을 지연시키고 있다.
③ 현재와 과거를 교차 서술하여 주제를 부각하고 있다.
④ 간접 인용을 활용하여 사건 전개의 신빙성을 높이고 있다.
⑤ 주인공의 반복적 행위를 서술하여 성격을 구체화하고 있다.

형태쌤과 선지분석

선지분석	나상
인물 외양 묘사 → 희화화	
내적 독백 → 시간의 흐름 지연	
현재·과거 교차 → 주제 부각	
간접 인용 → 신빙성	
주인공의 반복적 행위 → 성격 구체화	

02 ㉠~㉤에 대한 이해로 적절하지 않은 것은?

① ㉠은 '형'의 동심을 불러일으킨다.
② ㉡은 형제 사이의 갈등을 유발한다.
③ ㉢은 '형'의 내면 풍경을 보여 준다.
④ ㉣은 '형'의 최후를 암시한다.
⑤ ㉤은 비극적 분위기를 고조시킨다.

03 윗글을 시나리오로 각색하고자 할 때, ⓐ~ⓔ의 처리 방법에 대한 의견으로 적절하지 않은 것은?

① ⓐ에서는 '모두 잠들었을 무렵'이라는 상황을 고려하여, 잠든 척 누워 있는 '동생'의 모습을 보여 주면 좋겠군.
② ⓑ에서는 '놀라 돌아다보았다'라는 표현에 주목하여, 걱정스레 '형'을 바라보는 '동생'의 표정을 보여 주면 좋겠어.
③ ⓒ에서는 춥다면서 끌어안는 '형'에게 기대어, 공감하듯 고개를 끄덕이는 '동생'의 모습을 보여 주면 좋겠군.
④ ⓓ에서는 아파하는 '형'을 눈물 어린 표정으로 바라보면서, 아픔을 나누지 못하는 '동생'의 안타까운 눈빛을 보여 주면 좋겠어.
⑤ ⓔ에서는 '부러 큰 소리로' 말했음에도 아무 반응이 없자, '형'을 무심하게 바라보는 '동생'의 모습을 보여 주면 좋겠군.

04 〈보기〉를 참조하여 윗글을 감상한 내용으로 적절하지 않은 것은?

> **보기**
>
> 이 작품에서 작가는 북한군의 포로가 된 형제가 전쟁이라는 상황에서 어떤 모습을 보이는지를 실감 나게 그리고 있다. 특히 천진난만한 '벌거숭이 인간'인 '형'이 외부의 폭력에 희생되는 모습을 묘사하여 근원적인 인간성이 얼마나 소중한지를 일깨워 준다. 또한 이 작품은 포로 호송이라는 상황을 빌려 구성원을 획일화하는 사회를 우회적으로 비판한다.

① 이 작품의 제목은 본연의 순수성을 그대로 드러내는 '형'의 모습을 형상화한 것이다.
② '경비병'은 폭력적 상황 속에서 인간 본연의 모습을 억압하고 길들이는 감시망을 상징한다.
③ '형'과 '동생'이 계속 걸어야만 하는 강제적 상황은 구성원을 획일화하려는 현실을 반영한 것이다.
④ 자신을 압박해 오는 공포에 무감각한 '형'의 모습은 천진성을 파괴하려는 폭력에 대한 저항을 나타낸다.
⑤ '형'이 그를 지켜보던 '경비병'의 총에 맞는 것은 감시자의 요구를 수행할 수 없는 데 따른 희생을 보여 준다.

나 없이
기출
풀지마라

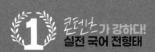

3주차

고전시가
2017학년도 11월

정답과 해설   p.110

다음 글을 읽고 물음에 답하시오.

좌우에 탁자 놓아 만권 서책 쌓아 놓고
㉠ 자명종과 자명악은 절로 울어 소리하며
좌우에 당전(唐氈) 깔고 담방석과 백전요며
㉡ 이편저편 화류교의(樺榴交椅) 서로 마주 걸터앉고
┌ 거기 사람 처음 인사 차 한 그릇 갖다 준다
│ 화찻종에 대를 받쳐 가득 부어 권하거늘
│ 파르스름 노르스름 향취가 만구하데
│ 저희들과 우리들이 언어가 같지 않아
│ 말 한마디 못 해 보고 덤덤하니 앉았으니
[A] 귀머거리 벙어린 듯 물끄러미 서로 보다
│ 천하의 글은 같아 필담이나 하오리라
│ 당연(唐硯)에 먹을 갈아 양호수필(羊毫鬚筆) 덤벅 찍어
│ 시전지(詩箋紙)를 빼어 들고 글씨 써서 말을 하니
│ 묻는 말과 대답함을 글귀 절로 오락가락
└ 간담을 상응하여 정곡(情曲) 상통(相通)하는구나
                                    (중략)
┌ 황상이 상을 주사 예부상서 거행한다
│ 삼 사신과 역관이며 마두와 노자(奴子)까지
│ 은자며 비단 등속 차례로 받아 놓고
│ 삼배(三拜)에 구고두(九叩頭)*로 사례하고 돌아오니
│ 상마연* 잔치한다 예부에서 지휘하기로
│ 삼 사신과 역관들이 예부로 나아가니
│ 대청 위에 포진하고 상을 차려 놓은 모양
[B] 메밀떡에 밀다식에 겉밤 머루 비자(榧子) 등물(等物)
│ 푸닥거리 상 벌이듯 좌우에 떠벌였다
│ 다 각기 한 상씩을 앞에다 받아 놓으니
│ 비위가 뒤집혀서 먹을 것이 전혀 없네
│ 삼배주를 마시는 듯 연파(宴罷)하고 일어서서
│ 뜰에 내려 북향하여 구고두 사례한 후
└ 관소로 돌아와서 회환(回還) 날짜 택일하니
㉢ 사람마다 짐 동이느라 각 방은 분분하고
흥정 외상 셈하려 주주리는 지저귄다
㉣ 장계(狀啓)를 발정(發程)하여 선래 군관(先來軍官) 전송하고
추칠월 십일일에 회환하여 떠나오니
한 달 닷새 유하다가 시원하고 상연(爽然)하구나
천일방(天一方) 우리 서울 창망하다 갈 길이여
풍진이 분운(紛紜)한데 집 소식이 돈절하니
사오 삭(朔) 타국 객이 귀심(歸心)이 살 같구나
승문문 내달아서 통주로 향해 가니
㉤ 올 적에 심은 곡식 추수가 한창이요
서풍이 삽삽하여 가을빛이 쾌히 난다
                              - 홍순학, 「연행가」 -

* 구고두 : 공경하는 뜻으로 머리를 땅에 아홉 번 조아림.
* 상마연 : 일을 마치고 떠나가는 외국 사신들을 위하여 베풀던 잔치.

윗글에 대한 설명으로 가장 적절한 것은?
① 자연의 경이로운 풍광에 대한 감상을 장황하게 서술하고 있다.
② 학문과 관련된 사물을 나열하여 입신양명에 대한 화자의 관심을 드러내고 있다.
③ 객지에서의 낯선 풍물 및 경험에 대한 정서를 드러내고 회환할 때의 심정을 서술하고 있다.
④ 공식적인 행사에 참여한 다양한 사람들의 외양과 감정을 개성적으로 표현하고 있다.
⑤ 구체적인 시간을 나타내는 표현을 제시하여 귀국까지의 여정이 마무리되었음을 알려 주고 있다.

형태쌤과 선지분석

선지분석	연행가
자연의 경이로운 풍광 → 장황한 감상	
학문과 관련된 사물 나열 → 입신양명 관심	
낯선 풍물·경험 → 정서 / 회환하는 심경	
공식 행사 참여자 외양·감정	
구체적인 시간 → 귀국 여정 마무리	

㉠~㉤을 이해한 내용으로 가장 적절한 것은?
① ㉠ : 청각적 이미지를 사용하여 대상이 지닌 슬픔을 표현하고 있다.
② ㉡ : 지시적 표현을 사용하여 상대와의 친밀감을 드러내고 있다.
③ ㉢ : 음성 상징어를 사용하여 이동을 앞둔 여유로운 분위기를 드러내고 있다.
④ ㉣ : 대구적 표현을 사용하여 새로운 계책을 마련한 기쁨을 드러내고 있다.
⑤ ㉤ : 계절감을 드러내는 표현을 사용하여 시간의 경과를 보여 주고 있다.

나기출_고난도 문학(3주완성)

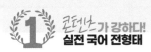
03 [A], [B]에 대한 감상으로 적절하지 <u>않은</u> 것은?

① [A]에서 '간담을 상응하여'는 상대방에 대한 경계심을, [B]에서 '뜰에 내려 북
향하여'는 상대방에 대한 거부감을 드러내는군.

② [A]에서 '우리들'은 '거기 사람'에게 인사로 차를 대접받고, [B]에서 '삼 사신'
일행은 '예부상서'를 통해 황상의 상을 하사받고 있군.

③ [A]에서 '필담'은 의사소통의 어려움을 해결하는 수단을, [B]에서 '구고두'는
의례적 상황에서 감사를 표하는 공식적 예법을 나타내는군.

④ [A]에서 '글귀 절로 오락가락'은 난처한 상황이 해소되고 있음을, [B]에서 '비
위가 뒤집혀서'는 난감한 상황에 처하게 되었음을 드러내는군.

⑤ [A]의 '귀머거리 벙어린 듯'은 대화가 이루어지지 못하는 상황을, [B]의 '메밀떡
에 밀다식에 겉밤' 등은 여러 가지 음식을 차려 놓은 상황을 알려 주는군.

 memo

다음 글을 읽고 물음에 답하시오.

(가)

차단—한 등불이 하나 비인 하늘에 걸려 있다
내 호올로 어딜 가라는 ㉠ 슬픈 신호냐

ⓐ 긴— 여름 해 황망히 나래를 접고
㉡ 늘어선 고층(高層) 창백한 묘석(墓石)같이 황혼에 젖어
찬란한 야경 무성한 잡초인 양 헝클어진 채
사념(思念) 벙어리 되어 입을 다물다

피부의 바깥에 스미는 어둠
㉢ 낯설은 거리의 아우성 소리
까닭도 없이 눈물겹고나

㉣ 공허한 군중의 행렬에 섞이어
내 어디서 그리 무거운 비애를 지고 왔기에
길—게 늘인 그림자 이다지 어두워

내 어디로 어떻게 가라는 슬픈 신호기
㉤ 차단—한 등불이 하나 비인 하늘에 걸리어 있다

— 김광균, 「와사등」 —

(나)

…… 활자(活字)는 반짝거리면서 하늘 아래에서
간간이
자유를 말하는데
나의 영(靈)은 죽어 있는 것이 아니냐

벗이여
그대의 말을 **고개 숙이고 듣는 것이**
그대는 마음에 들지 않겠지
마음에 들지 않어라

모두 다 마음에 들지 않어라
이 황혼도 저 돌벽 아래 잡초도
담장의 푸른 페인트 **빛**도
저 고요함도 이 **고요함도**

그대의 정의(正義)도 우리들의 섬세(纖細)도
행동이 죽음에서 나오는

이 **욕된 교외**에서는
어제도 오늘도 내일도 마음에 들지 않어라

그대는 반짝거리면서 하늘 아래에서
간간이
자유를 말하는데
우스워라 나의 영은 죽어 있는 것이 아니냐

— 김수영, 「사령(死靈)」 —

(다)

평생에 원하는 것이 다만 **충효**뿐이로다
이 두 일 말면 금수(禽獸)나 다를쏘냐
마음에 하고자 하여 십 년을 허둥대노라

〈제1수〉

계교(計較)* 이렇더니 공명이 늦었어라
부급동남(負笈東南)*해도 이루지 못할까 하는 뜻을
ⓑ 세월이 물 흐르듯 하니 못 이룰까 하여라

〈제2수〉

비록 못 이뤄도 **임천(林泉)**이 좋으니라
무심어조(無心魚鳥)는 절로 한가하나니
조만간 세사(世事) 잊고 너를 좇으려 하노라

〈제3수〉

강호에 놀자 하니 임금을 저버리겠고
임금을 섬기자 하니 즐거움에 어긋나네
혼자서 기로에 서서 갈 데 몰라 하노라

〈제4수〉

어쩌랴 이러구러 이 몸이 어찌할꼬
행도(行道)도 어렵고 은둔처도 정하지 않았네
언제나 이 뜻 결단하여 내 즐기는 바 좇을 것인가

〈제5수〉

— 권호문, 「한거십팔곡(閑居十八曲)」 —

* 계교 : 서로 견주어 살펴봄.
* 부급동남 : 이리저리 공부하러 감.

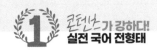

01 (가)~(다)에 대한 설명으로 가장 적절한 것은?

① (가), (나)에서 화자는 자신이 처한 상황으로부터 도피하고자 한다.
② (가), (다)에는 미래에 대한 화자의 확신이 나타나 있다.
③ (나), (다)에는 부정적인 세계에 대한 화자의 대결 의지가 나타나 있다.
④ (가), (나), (다)에서 화자는 과거에 대해 반성하고 있다.
⑤ (가), (나), (다)에는 삶에 대한 화자의 고뇌가 나타나 있다.

 형태쌤과 선지분석

선지분석	(가)	(나)	(다)
도피의 태도			
미래에 대한 확신			
부정적 세계에 대한 대결 의지			
과거에 대한 반성			
삶에 대한 화자의 고뇌			

02 (가)와 (나)의 표현상의 공통점으로 가장 적절한 것은?

① 대조적 어휘를 반복하여 공간의 의미를 강화하고 있다.
② 의인화를 통해 사물의 속성을 선명하게 부각시키고 있다.
③ 첫 연과 끝 연을 대응시켜 화자의 정서를 심화하고 있다.
④ 말을 건네는 방식으로 대상과의 친밀감을 드러내고 있다.
⑤ 역설과 반어를 통해 화자의 의도를 효과적으로 드러내고 있다.

형태쌤과 선지분석

선지분석	(가)	(나)
대조적 어휘 → 공간의 의미 강화		
의인화		
수미상관		
말을 건네는 방식 → 친밀감		
역설과 반어		

03 ⓐ, ⓑ에 대한 설명으로 적절하지 <u>않은</u> 것은?

① ⓐ는 ⓑ와 달리 상승 이미지를 사용하고 있다.
② ⓑ는 ⓐ와 달리 관습적 표현을 활용하고 있다.
③ ⓐ, ⓑ 모두 화자의 정서를 환기하고 있다.
④ ⓐ, ⓑ 모두 대상을 비유적으로 표현하고 있다.
⑤ ⓐ, ⓑ 모두 시간을 시각적으로 형상화하고 있다.

04 (가)의 ㉠~㉤ 중, <보기>의 밑줄 친 부분에 해당하는 시어로 보기 <u>어려운</u> 것은?

보기

서정적 자아는 세계를 내면화한다. 이런 작용으로 서정시에서 자아는 상상적으로 세계와 하나가 된다. 그렇지만 근대 이후의 문명사회에서 자아와 세계의 조화나 통일은 달성하기가 매우 어려운 일이다. 그래서 근대 이후의 서정시에서는 <u>자아와 세계 사이의 분열에 대한 자아의 반응을 함축하고 있는 시어들</u>이 자주 나타난다.

① ㉠   ② ㉡   ③ ㉢   ④ ㉣   ⑤ ㉤

05 <보기>를 참고하여 (나)를 이해하고 보인 반응으로 적절하지 <u>않은</u> 것은?

보기

김수영은 1955년 6월 성북동에서 서강으로 이사하였다. 서강에서의 생활은 피폐해진 그의 몸과 마음을 점차 회복시키고, 그로 하여금 오랜만에 안정을 누리게 했다. 그가 이전과는 달리 생활에 대한 긍정을 시에 담아내었던 것도 그러한 안정과 관련이 깊다. 하지만 생활에 대한 시인의 긍정은 그리 오래 가지 못했다. 줄곧 이상과 현실을 문제 삼으면서 일상에 매달려 살아가야 하는 자의 설움과 비애를 느껴 왔던 시인은 다시 생활의 안정 속에 빠져 있는 자신을 발견하고, 그것을 이겨 내려고 애를 썼다. 이러한 서강에서의 생활은 1959년에 발표된 「사령(死靈)」을 이해하는 데 많은 도움을 준다.

① '자유'는 시인이 추구하던 이상에 해당한다고 볼 수 있겠어.
② '고개 숙이고 듣는 것'은 이상을 묵묵히 실천하려는 태도를 보여 주는 것이겠어.
③ '고요함'은 생활의 안정 속에 빠져 있는 시인의 상황을 표현한 것이겠군.
④ '욕된 교외'는 서강에서의 생활에 대한 시인의 성찰이 반영되어 있는 것 같아.
⑤ '우스워라 나의 영은 죽어 있는 것이 아니냐'는 일상에 매달려 살아가야 하는 자의 설움과 비애를 함축하는 말이겠군.

06 <보기>를 바탕으로 (다)를 이해한 내용으로 적절하지 <u>않은</u> 것은?

보기

연시조는 단순히 평시조 몇 작품을 병렬적으로 늘어놓은 것을 의미하지는 않는다. 대체로 각 작품들이 일관된 체계에 따라 긴밀히 연결되어 있다는 점에서 연시조는 질서 정연한 구성을 보이게 마련이다.

① 제1수는 시상 전개의 단서를 제시하는 역할을 한다.
② 제2수의 '계교'는 제1수의 '충효'와 관련되어 있다.
③ 제3수의 '임천'의 좋은 점이 제2수에 드러나 있다.
④ 제4수는 제2수와 제3수의 내용을 아우르고 있다.
⑤ 제5수는 제4수의 내용을 변주하여 시상을 심화하고 있다.

다음 글을 읽고 물음에 답하시오.

[앞부분의 줄거리] 홍 판서와 시비 춘섬 사이에서 서자로 태어난 길동은 자신의 처지를 괴로워하다가 부친께 호부호형을 허락받고, 집을 나와 활빈당 활동을 벌여 조정과 대립하다가 병조판서 벼슬을 받는다.

음력 구월 보름에 임금이 달빛을 받으며 후원을 걸으실새, 문득 맑은 바람이 일어나며 공중에서 피리 소리가 청아한 가운데 한 소년이 내려와 주상 앞에 엎드렸다. 임금이 놀라 묻기를,

"선동(仙童)이 어찌 인간 세상에 내려왔으며 무슨 일을 말하고자 하나뇨?"

소년이 땅에 엎드려 아뢰기를,

"신은 전임 병조판서 홍길동이옵니다."

상이 놀라 또 묻기를,

"네가 어찌 심야에 왔느냐?"

길동이 대답해 가로되,

"신이 전하를 받들어 만세를 모실까 했으나, 천한 종의 몸에서 태어났기에 문(文)으로는 홍문관 벼슬이 막히고 무(武)로는 선전관 벼슬길이 막히었습니다. 이런 까닭에 활빈당으로 더불어 사방을 멋대로 떠돌아다니며 관청에 폐를 끼치고 조정에 죄를 지었던 것이온데, 이는 전하로 하여금 아시게 하려 함이었습니다. 이제 벼슬을 내리어 신의 소원을 풀어 주셨으니 전하를 하직하고 조선을 떠나가옵니다. 엎드려 바라건대 전하는 만수무강하소서."

하더니 공중에 올라 아득히 날아가거늘, 임금이 그 재주를 못내 칭찬하였다. 그 후로는 길동의 폐단이 없으니 사방이 태평하였다.

길동이 조선을 하직하고 남경 땅 제도라는 섬으로 들어가, 수천 호의 집을 짓고 농업에 힘쓰고 무기 창고를 지으며 군법을 연습하니, 병사는 잘 훈련되고 양식은 풍족하게 되었다.

(중략)

[A] 상주 인형이 자세히 보니, 곧 길동이라 붙잡고 통곡하며,
"아우야, 그 사이 어디 갔더냐? 아버지께서 평소에 유언이 간절하셨는데, 이제 오니 어찌 자식의 도리이겠느냐?"
하며, 손을 이끌고 내당에 들어가 모부인(母夫人)을 뵈옵고 춘섬을 상면하여 한바탕 통곡하였다.
"네가 어찌 중이 되어 다니느냐?"
하니, 길동이 대답했다.
"소자가 조선을 떠나 머리 깎고 중이 되어 지술(地術)을 배웠습니다. 이제 부친을 위하여 좋은 터를 구했으니, 모친은 염려 마소서."
인형이 크게 기뻐 말하였다.
"너의 재주 기이한지라, 좋은 터를 얻었으면 무슨 염려가 있으리오."
다음날 길동이 운구하여 제 모친을 모시고 서강 강변에 이르니, 지휘해 놓은 대로 배가 기다리고 있었다. 배에 올라 화살같이 빨리 저어 한 곳에 다다르니, 여러 사람이 수십 척의 배를 대어 놓고 있었다. 서로 반기며 호위하여 가니 그 광경이 대단하였다. 어언간 산 위에 다다르매, 인형이 자세히 본즉 산세가 웅장한지라, 길동의 지식을 못내 탄복하였다. 일을 마치고 함께 길동의 처소로 돌아오니, 백씨와 조씨가 시어머니와 시숙을 맞아 뵈옵는 한편, 인형과 춘섬은 못내 길동의 지식을 탄복하였다.
여러 날이 되자, 인형은 길동과 춘섬을 이별하면서 산소를 극진히

모시라 당부한 후, 산소에 하직하고 출발했다. 본국에 이르러 모부인을 뵈옵고 전후 사실을 고하니, 부인이 신기하게 여겼다. 길동이 제사를 극진히 받들어 삼년상을 마치매 모든 영웅을 모아 무예를 익히며 농업에 힘쓰니, 병사는 잘 조련되고 양식도 풍족했다.

남쪽에 율도국이라는 나라가 있었으니, 기름진 평야가 수천 리나 되며 덕화(德化)가 행해지니 실로 살기 좋은 나라리, 길동이 매양 생각해 오던 바였다. 모든 사람을 불러 말하기를,

"내가 이제 율도국을 치고자 하니 그대들은 정성을 다하라."

하고는 그날로 진군하였다. 길동은 스스로 선봉장이 되고 마숙으로 후군장을 삼아, 정예병 오만을 거느리고 율도국 철봉산에 다다라 싸움을 걸었다. 율도국 태수 김현충이 난데없는 군사가 이름을 보고 크게 놀라 왕에게 보고하는 한편, 한 부대의 군사를 거느리고 내달아 싸웠다. 길동이 이를 맞아 싸워 한 번에 김현충을 베고 철봉을 얻어 백성을 달래어 위로하였다. 정철로 철봉을 지키게 하고, 대군을 지휘하여 바로 도성을 칠새, 격서(檄書)를 율도국에 보냈으니, 내용은 이러하였다.

"의병장 홍길동은 글을 율도왕에게 부치나니, 대저 임금은 한 사람의 임금이 아니요 천하 사람의 임금이라. 내 하늘의 명을 받아 병사를 일으키매, 먼저 철봉을 깨뜨리고 물밀듯 들어오니, 왕은 싸우고자 하거든 싸우고, 그렇지 않으면 일찍 항복하여 살기를 도모하라."

왕이 보기를 마치자 크게 놀라,

"우리나라가 철봉을 굳게 믿었거늘, 이제 잃었으니 어찌 대항하리오."

하고는, 모든 신하를 거느리고 항복했다.

길동이 성중에 들어가 백성을 달래어 안심시키고 왕위에 오른 후, 율도왕을 의령군에 봉했다. 마숙과 최철로 각각 좌의정과 우의정을 삼고, 나머지 여러 장수에게도 각각 벼슬을 내리니, 조정에 가득 찬 신하들이 만세를 불러 하례하였다. 왕이 나라를 다스린 지 삼 년에 산에는 도적이 없고 길에 떨어진 물건도 주워 갖지 않으니, 태평세계라고 할 만하였다.

– 허균, 「홍길동전」 –

형태쌤과 지문분석

지문분석	
공간	
서술자의 개입	

01 윗글에 대한 이해로 적절하지 않은 것은?

① 길동이 하늘에서 내려오자 임금은 그를 선동으로 오해했다.
② 인형은 부친의 장례식에 나타난 길동을 동생으로 대했다.
③ 길동은 잘 훈련된 정예병을 이끌고 율도국을 공격했다.
④ 율도국 태수는 길동이 보낸 격서에 놀라 항복했다.
⑤ 길동은 부하들에게 벼슬을 주고 율도국을 다스렸다.

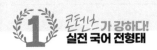

02 [A]에 대한 이해로 가장 적절한 것은?

① 부친의 삼년상을 길동이 영웅들을 모아 함께 치르는 과정에서, 길동과 부하들 간의 유대감이 공고해지고 있다.

② 부친의 생전에 호부호형을 허락받았던 길동이 부친의 사후에는 산소를 모시게 됨으로써, 자식으로서의 지위가 강화되고 있다.

③ 부친을 운구하는 일에 많은 사람들이 엄숙하게 참여함으로써, 부친의 평소 넓은 인간관계가 사회적 차원에서 확인되고 있다.

④ 부친을 산소에 모시는 자리에 모부인이 참석하였다는 점에서, 부친 사후 모부인을 중심으로 길동의 가족 관계가 재편되고 있다.

⑤ 부친을 위해 좋은 터를 마련하고자 지술을 배운 길동을 모친이 염려하는 데서, 주술을 용인하지 않으려는 가족의 태도가 드러나고 있다.

03 〈보기〉를 참고하여 윗글을 감상한 내용으로 적절하지 <u>않은</u> 것은?

> **보기**
>
> 서자 홍길동의 일생은 신분의 한계를 극복하는 과정이다. 이 과정에서 당대 사회가 안고 있는 문제뿐만 아니라 개인의 이기적 욕망에서 비롯되는 문제도 드러난다. 즉 신분의 한계를 극복하는 과정에서 길동은 부당한 사회와 충돌하기도 하고, 개인적 욕망 성취를 위해 사회 부조리와 타협하거나 명분과 괴리되는 행위를 하여 스스로 모순에 빠지기도 하는 것이다.

① 비범한 능력을 가지고 있음에도 천한 종의 몸에서 태어났다는 이유로 길동의 벼슬길이 막히는 것을 보면, 당대 사회가 인재를 등용하는 데에 폐쇄적이었음을 알 수 있어.

② 신분 차별에 저항했던 길동이 벼슬을 받자 자신의 행적을 '죄'라고 부르는 것을 보면, 길동이 욕망 성취 과정에서 당대의 사회 제도와 타협하고 있음을 알 수 있어.

③ 봉건 체제의 상징인 임금이 당대 사회 제도의 부당함에 공감하여 길동의 재주를 칭찬하는 것을 보면, 당대 사회가 개인의 이기적인 욕망을 제도적으로 승인하고 있음을 알 수 있어.

④ 분란을 일으킨 길동에게 임금이 벼슬을 내려 길동의 불만을 달랠 뿐 그 근본 원인은 해소하지 않는 것을 보면, 당대 사회가 사회 문제를 해결하는 데에 한계가 있었음을 알 수 있어.

⑤ 길동이 율도국을 침략하여 '살기 좋은 나라'를 위기에 빠뜨리면서도 스스로를 '의병장'이라 부르며 침략을 정당화하는 것을 보면, 길동의 욕망 성취 과정에서 행위와 명분 사이에 괴리가 있음을 알 수 있어.

다음 글을 읽고 물음에 답하시오.

이때 ⊙ 동리 사람들, 들것에 복조 송장을 태워 들어온다. 물이 뚝뚝 떨어진다. 복실과 분 어미, 의아하여 잠시 보고 있더니 달려들어 목 놓고 운다. 동리 사람들, 소리를 낮춰 흑끽흑끽 운다.

간(間)

처 : (부엌에서 나오며) 왜들 우니?

분 어미와 복실 : 어머니, 복조예요.

동리 사람 3 : ⓒ 쇠뿌리로 배 내다가 보니 범바위 틈에 꼈습디다.

처 : 물에서 죽은 놈이 복조뿐인가? 어떻게 복조라고 장담해. (아무 관계없는 듯이 부엌으로 들어간다.)

(노어부를 석이와 윤 첨지가 양편에서 꽉 붙들고 들어온다.)

노어부 : 놔. 두고 볼 거 아니야.

윤 첨지 : 참어. 참는 데 복이 있다네. 그저 참는 것이 제일이야. 참을 인(忍) 자가 셋이면 사람 하나 살린다는 말이 있지 않나.

석이 : (그제야 들것과 사람들을 보고) 누나, 이것이 작은형이요? (붙들고 운다.)

윤 첨지 : 찾았으니 다행이군. (눈물을 씻는다.)

노어부 : (한참 바라보고 있더니 눈물을 닦으며 서러운 소리로 똑똑히) 몇 해 전에는 배도 서너 척 있었고, 그물도 동리에 뛰어나게 가졌드랬지. 배 팔고 그물 팔고 나머지는 뭐냐? 내 살덩이밖에 없었어. 그것도 다- 못해서 다리 한쪽 뺏겼지. 고기잡이 3년에 자식 다- 잡아먹는다는 것은, 윤 첨지……

윤 첨지 : …….

[A]

┌ 노어부 : 나를 두고 하는 말이야. 두고 보고 바랄 것이 인제는 하나도 없어. (별안간 부엌 뒤로 퇴장. 들어가더니 괭이를 들고 나온다. 뒤따라 처가 미친 듯이 달려들어 부지깽이로 노어부의 머리를 후려 때린다. 노어부 쓰러진다.)

처 : (괭이를 잡아 뺏으며) 이 괭이가 무슨 괭인 줄 알어?

노어부 : (덤벼려다가 처의 너무도 헬쑥한 얼굴을 보고 고개를 돌려 복조를 붙들고 운다.)

처 : 내가 맑은 물 떠 놓고 수신께 빌었거든. 이것은 우리 복조 아니야. 내 정성을 봐서라도 이렇게 전신을 파먹게 안 했을 거야. 지금쯤은 너구리섬 동녘에 있는 시퍼런 깊은 물속에. 참 거기는 미역 냄새가 향기롭지. 그리고 백옥 같은 모래가 깔렸지. 거기서 팔다리 쭉- 뻗고 눈감었을 거야. 나는 지금 눈에 완연히 보이는걸. 복조 배 위로 무지갯빛 같은 고기가 쑥- 지나갔어. (눈앞에 보이는 환영을 물리치는 듯이 손으로 앞을 가리며) 눈감은 얼굴이 너무도 쓸쓸하군. 이렇-게 (시늉을 하며) 원망스러운 얼굴이야. 불만스러운 얼굴이야. 다문 입이 너무도 쓸쓸해.

간(間), 울음소리

통창으로 가야지. 서남풍이 자고, 동풍이 불면 나를 만나러 올지도 몰라. 아니야 꼭 올 거야. 저녁물 아니면 내일 아침물 그도 아니면 모레 아침물. 산수자리를 골라 놓고 동쪽을 보고 기대려야지. (일동을 보고 픽 웃으며) 뭣 때문에 울어들? (괭이를 들고 밖으로 뛰어 나간다.)
└

석이 : 어머니, 어머니, 어머니. (속이 타서 발을 구르며) 아버지, 얼른 가서 어머니 좀 붙드세요. 얼른 얼른 아버지.

노어부 : 내 알 것 아니야.

석이 : (어머니, 어머니 부르며 뒤따라 퇴장)

ⓒ (멀리서 처의 웃는 소리 우는 소리 번갈아 들린다.)

노어부 : (일어서며) 윤 첨지, 북망산으로 기지.

복실 : 촛불 하나 안 키고 관도 없이 어델 가요?

분 어미 : 사람 목숨이 이렇게도 싼가. 뒤란에 검부락지 쓸어 가듯 휙 쓸어 가면 고만이야.

윤 첨지 : 장성한 사람을 그럴 수 있나.

분 어미 : (일어서며) 난 항구로 가겠다. 더 있는댔자 가슴만 졸이지. 울며 웃으며 한세상 살다 그럭저럭 죽을 때 되면 죽지. (언덕을 넘어 퇴장)

노어부 : (뒷모양을 바라보다가) 왜, 과부 수절하기가 싫으냐?

석이 : (울면서 등장) ⓔ 어머니가 갯가에서 괭이로 물을 파며 통곡을 하시다가는 별안간 허파가 끊어진 것처럼 웃으며 (복실의 가슴에 안겨) 누나야. 어머니는 한세상 참말 헛사셨다. 왜 우리는 밤낮 울고불고 살아야 한다든?

복실 : (머리를 쓰다듬으며) 굴뚝에 연기 한 번 무럭무럭 피어오른 적도 없었지.

석이 : (울음 섞인 소리로, 그러나 한 마디 한 마디 똑똑히) 왜 그런지를 난 생각해 볼 테야. 긴긴 밤 갯가에서 조개 잡으며, 긴긴 낮 신작로 오가는 길에 생각해 볼 테야.

복실 : (바다를 보고) 인제 물결이 자는구나.

윤 첨지 : ⑩ 먼동이 트는군. (나가면서) (노어부를 보고) 사람 삼키더니 물결이 얼음판 같어졌네. 자네 한 잔 쭉- 들이키고 수염 닦는 듯이. 어서 초상 준비나 하게. 상엿집에 횡허니 다녀올 테니.

— 막 —

- 함세덕, 「산허구리」 -

01 윗글의 등장인물에 대한 이해로 적절한 것은?

① '복조'와 '복실'은 평소에 친했던 이웃이다.
② '석이'는 형의 죽음을 차분하게 받아들이고 있다.
③ '윤 첨지'는 '노어부'의 처지에 대해 공감하고 있다.
④ '분 어미'는 친정이 있는 항구로 돌아가려 하고 있다.
⑤ '복실'은 행복하기만 했던 어린 시절을 그리워하고 있다.

02 ㉠~㉤을 통해 무대 밖에서 일어난 사건이 관객에게 전달된다고 할 때, 그에 대한 설명으로 적절하지 <u>않은</u> 것은?

① ㉠은 무대 밖에서 이미 일어난 사건을 추후에 시각적 효과를 활용하여 알려 주고 있다.

② ㉠과 상반된 ㉡의 정보로 인해, ㉡에 대한 관객들의 의심이 증폭되고 있다.

③ ㉢은 무대 밖에서 현재 진행되고 있는 사건을 청각적 효과를 활용하여 전달하고 있다.

④ ㉣은 무대 밖에서 이미 일어난 사건을 추후에 알려 주지만, ㉢과 연관되면서 무대 밖에서 동시에 진행되는 사건을 환기하기도 한다.

⑤ 관객은 ㉤을 통해 시간의 경과를 분명하게 인지하여 새로운 아침이 시작되었다는 것을 알 수 있다.

memo

03 〈보기〉의 ⓐ~ⓔ 중 [A]의 팽이 에 대한 해석으로 적절하지 <u>않은</u> 것은?

> **보기**
>
> 팽이는 '복조'가 사용하던 것으로, 사건 진행과 인물의 정서적 변화에 중요한 역할을 하는 소도구이다. 처음에 팽이는 관객이 볼 수 없는 부엌 뒤에 놓여 있었는데, ⓐ '노어부'가 무대로 가지고 들어오면서 관객들의 주목을 끌게 된다. 이후 팽이는 ⓑ '처'가 '노어부'를 뒤따라 움직이는 계기를 제공하고, ⓒ '처'가 '노어부'와 충돌하게 만드는 매개체 구실을 하며, ⓓ '처'가 내면 심경을 직접 토로하지 못하도록 억제하는 기능을 순차적으로 수행한다. ⓔ 관객들은 팽이에 대한 '처'의 집착을 지켜보면서 '처'의 내면을 엿볼 수 있게 된다.

① ⓐ   ② ⓑ   ③ ⓒ
④ ⓓ   ⑤ ⓔ

다음 글을 읽고 물음에 답하시오.

(가)

노래가 낫기는 그중 나아도
구름까지 갔다간 되돌아오고,
네 발굽을 쳐 달려간 말은
바닷가에 가 멎어 버렸다.
활로 잡은 산돼지, 매[鷹]로 잡은 **산새들**에도
이제는 벌써 입맛을 잃었다.
꽃아. 아침마다 **개벽**하는 꽃아.
네가 좋기는 제일 좋아도,
물낯바닥에 얼굴이나 비취는
헤엄도 모르는 **아이**와 같이
나는 네 닫힌 문에 기대섰을 뿐이다.
문 열어라 꽃아. 문 열어라 꽃아.
벼락과 해일만이 길일지라도
문 열어라 꽃아. 문 열어라 꽃아.

[원주(原註)] **사소** : 사소는 신라 시조 박혁거세의 어머니. **처녀로 잉태**하
　여, 산으로 신선수행(神仙修行)을 간 일이 있는데, 이 글은 그 떠나기 전
　그의 집 꽃밭에서의 독백.

　　　　　　　　　　　　　　　　- 서정주, 「꽃밭의 독백-사소(娑蘇) 단장」-

(나)

어둠이 오는 것이 왜 두렵지 않으리
불어 닥치는 비바람이 왜 무섭지 않으리
잎들 더러 썩고 떨어지는 어둠 속에서
가지들 휘고 꺾이는 비바람 속에서
보인다 꼭 잡은 너희들 작은 손들이
손을 타고 흐르는 숨죽인 흐느낌이
어둠과 비바람까지도 삭여서
더 단단히 뿌리와 몸통을 키운다면
너희 왜 모르랴 밝는 날 어깨와 가슴에
더 많은 꽃과 열매를 달게 되리라는 걸
산바람 바닷바람보다도 짓궂은 이웃들의
비웃음과 발길질이 더 아프고 서러워
산비알과 바위너설에서 목 움츠린 나무들아
다시 고개 들고 절로 터져 나올 잎과 꽃으로
숲과 들판에 떼 지어 설 나무들아

　　　　　　　　　　　　　　　　- 신경림, 「나무를 위하여」-

(다)

사립을 젖혀 쓰고 망혜를 조여 신고,

조대(釣臺)*로 내려가니 내 노래 한가하다.
원근 산천이 홍일(紅日)을 띄웠으니,
만경창파는 모두 다 금빛이라.
낚시를 드리우고 무심히 앉았으니,
은린옥척(銀鱗玉尺)*이 절로 와 무는구나.
구태여 내 마음이 취어(取魚)가 아니로다 지취(志趣)를 취함이라.
낚대를 떨쳐 드니 사면에 잠든 백구(白鷗),
내 낚대 **그림자**에 저 잡을 날만 여겨 다 놀라 날겠구나.
백구야 날지 마라 너 잡을 내 아니다.
네 본디 영물이라 내 마음 모를소냐.
평생의 곱던 임을 천 리에 이별하고,
사랑은커니와 그리움을 못 이기어,
수심이 첩첩하니 마음을 둘 데 없어,
흥 없는 일간죽(一竿竹)을 실없이 드렸은들,
고기도 상관 않거늘 하물며 너 잡으랴.
그래도 내 마음을 아무도 못 믿거든,
너 가진 긴 부리로 내 가슴 쪼아 헤쳐,
흉중의 붉은 마음 보면은 아오리라.
공명도 다 던지고 성은을 갚으려니,
갚을 법도 있거니와 이 사이 일 없으니,
성세(盛世)에 한민(閒民)* 되어 너 좇아 다니려니,
날 보고 날지 마라 네 **벗님** 되오리라.

　　　　　　　　　　　　　　　　- 안조원, 「만언사」-

* 조대 : 낚시를 하는 곳. / * 은린옥척 : 모양이 좋고 큰 물고기.
* 한민 : 한가로운 백성.

01 (가)~(다)의 공통점으로 가장 적절한 것은?

① 자연의 실상에 어울리는 다양한 색채어를 사용하고 있다.
② 의인화된 청자에게 말을 건네는 방식을 활용하고 있다.
③ 정형적인 운율을 살려 시적 안정감을 확보하고 있다.
④ 명암의 대비를 통해 화자의 내면을 드러내고 있다.
⑤ 유장한 어조로 경건한 분위기를 조성하고 있다.

 형태쌤과 선지분석

선지분석	(가)	(나)	(다)
자연의 다양한 색채어			
의인화된 청자에게 말을 건넴			
정형적 운율 → 시적 안정감			
명암의 대비 → 화자의 내면			
유장한 어조 → 경건한 분위기			

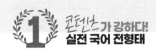
실전 국어 전형태

02 (가)와 (다)의 시어에 대한 설명으로 가장 적절한 것은?

	(가)	(다)	시어의 의미와 기능
①	바닷가	조대	화자가 현재 머무는 장소
②	산새	은린옥척	화자의 지향에서 벗어나 있는 대상
③	개벽	성세	화자의 처지가 변화하는 계기
④	물낯바닥	그림자	화자가 수행하는 자기 성찰의 매개물
⑤	아이	벗님	화자가 부러워하는 대상

03 (나)와 (다)의 시상 전개 방식을 비교한 것으로 가장 적절한 것은?

① (나)와 (다) 모두 설의적 표현을 활용하며 시상을 전개한다.
② (나)와 (다) 모두 계절의 변화를 축으로 삼아 시상을 전개한다.
③ (나)는 (다)와 달리 여러 대상으로 관심을 옮겨 가며 시상을 전개한다.
④ (나)는 시각적 이미지를, (다)는 청각적 이미지를 위주로 시상을 전개한다.
⑤ (나)는 시적 화자의 심리 묘사를, (다)는 외부 대상 묘사를 위주로 시상을 전개한다.

형태쌤과 선지분석

선지분석	(나)	(다)
설의적 표현		
계절 변화		
여러 대상으로 관심 이동		
(나) 시각적 이미지 / (다) 청각적 이미지		
(나) 화자 심리 묘사 / (다) 외부 대상 묘사		

04 시인이 <보기>의 옛 기록을 바탕으로 (가)를 썼다고 할 때, 창작 과정을 추리한 내용으로 적절하지 <u>않은</u> 것은?

보기

경주 선도산(仙桃山)에 신모(神母)가 있었는데 그 이름을 '사소'라 했다. 일찍이 신선술을 터득하여 멀리 바다 건너 서쪽 나라로부터 해동(海東)으로 들어왔다. 솔개가 날아가 내리는 곳에 집을 지으라는 계시를 받고서 선도산에 정착하여 신선이 되었다. 사소가 처음 삼한 땅에 이르러 자식을 낳으니, 그가 동국(東國)의 첫 왕이 되었다. 무릇 혁거세와 알영의 유래를 말하는 것이리라.

① '사소'의 내적 갈등에 초점을 맞추어 <보기>를 새롭게 해석했군.
② <보기>에 없는 '노래'와 '구름' 같은 시어로 바다 건너 고향을 그리는 '사소'의 심정을 나타냈다고 볼 수 있어.
③ '꽃'은 시적 주제를 부각하기 위해 <보기> 밖에서 가져온 소재야.
④ <보기>와 달리 '사소'가 '처녀로 잉태'했다고 한 것은 '사소'를 특별한 존재로 만들기 위한 설정이야.
⑤ <보기>를 근거로 원주를 붙인 데에는 원주를 참조하여 시를 이해하기 바라는 시인의 의도가 담겨 있어.

05 (나)의 시적 화자의 태도에 대한 설명으로 가장 적절한 것은?

① 미래에 대한 낙관적 기대를 경계하고 있다.
② 작은 존재들의 연대에 대한 믿음을 드러내고 있다.
③ 시련을 극복한 대상을 격려하는 마음을 나타내고 있다.
④ 과거의 고난 체험에 대한 관조적 심정을 보여주고 있다.
⑤ 약자들에게 외부의 도움에 대한 열린 자세를 권고하고 있다.

형태쌤과 선지분석

선지분석	나무를 위하여
낙관적 기대를 경계	
작은 존재들의 연대에 대한 믿음	
시련을 극복한 대상 격려	
과거의 고난에 대한 관조	
약자들에게 외부의 도움을 권함	

06 <보기>의 ㉠~㉤ 중 (다)에서 찾을 수 <u>없는</u> 것은?

보기

옛사람들에게 '유배(流配)'는 무엇이었을까? 유배 가사를 통해 볼 때, 그것은 ㉠ 외롭고도 힘든 격리인 동시에 ㉡ 자신의 내면을 들여다보는 계기이기도 했다. 귀양살이의 심경은 흔히 ㉢ 자연물을 매개로 임금에 대한 그리움을 표현하는 형태로 정형화되었지만, 때로는 자기 부정이나 ㉣ 적대자에 대한 원망으로 표출되기도 했다. ㉤ 떠나온 곳에 마음을 두고 복귀를 욕망하는 모습을 찾아보는 것 또한 어렵지 않다. 이러한 다양한 면모가 얽히는 데에 유배 가사의 묘미가 있다.

① ㉠   ② ㉡   ③ ㉢   ④ ㉣   ⑤ ㉤

풀이시간   분   초

정답과 해설   p.124

다음 글을 읽고 물음에 답하시오.

유 한림은 두(杜) 부인 모자를 집으로 초청했다. 큰 잔치를 열어 전별하려는 것이었다. 두 부인은 그 자리에 사씨가 없는 것을 보고는 ㉠ 온종일 언짢은 표정을 짓고 있다가 마침내 한림에게 말했다.

"오라버니께서 세상을 떠나신 후로 조카님을 의지해 지내왔네. 이제 만리 먼 작별을 앞두고 내가 한 마디 부탁을 하려고 하네."

유 한림은 무릎을 꿇고 물었다.

"무슨 말씀이신지요?"

"다른 일이 아니라 바로 사씨 문제라네. 사씨는 오라버니께서 아끼던 사람으로 성품이 본래 근실하고 신중하네. 그에게 죄과가 없으리라는 것은 백 번이라도 보장할 수 있지. 내가 떠난 후 다른 사람이 무슨 말을 해도 절대 그대로 믿지 말게. 설혹 그의 잘못을 눈으로 직접 보았더라도 반드시 내게 편지를 보내 의논해 주게. ㉡ 부디 가볍게 처리하지 말게나."

"삼가 가르침을 받들겠습니다."

두 부인이 이어서 시비를 돌아보며 물었다.

"부인은 어디 계시냐? 내 직접 가 보아야겠다."

시비는 두 부인을 모시고 사씨가 있는 곳으로 갔다. 사씨는 누추한 방에 거적을 깔고 있어 보기에도 처참했다. 나무 비녀와 베치마에 다북쑥처럼 헝클어진 머리를 하고 있는데, ㉢ 몸은 초췌하여 의복도 이기지 못할 듯했다.

사씨는 두 부인을 맞아 절을 올린 후 말했다.

"숙숙*께서 영귀하여 멀리 떠나시지요. 그러나 돌아보건대 저는 상복을 입은 사람이고 또한 씻을 수 없는 죄명을 지고 있어, 감히 뜰에 나가 경하드리며 떠나시는 길을 바라볼 수 없습니다. 집에 오셨다는 말을 들었지만 또한 나가서 뵈올 수가 없었습니다. ㉣ 이생에서는 다시 존안을 대할 날이 없을 듯하여 무궁한 한으로 여기고 있었는데, 뜻밖에도 부인께서 이 누추한 곳까지 왕림하셨습니다."

"오라버니께서 임종하실 때 한림을 내게 부탁하셨지. 그 말씀이 아직도 귀에 남아 있네. 내가 조카를 잘 인도하지 못한 탓에, 자네를 이 지경에 이르게 했어. 모두 내 허물일세. 그런데 ⓐ 내가 몇 해 전에 자네에게 했던 말을 혹시 지금도 기억하고 있는가?"

사씨는 다시 절을 하고 대답했다.

"마음속에 깊이 간직하고 있습니다. 어찌 잊을 날이 있겠습니까? 제가 눈은 있으나 사람을 알아보지 못하여 이 지경에 이르렀습니다. ㉤ 어찌 감히 하늘을 원망하고 사람을 탓할 수 있겠습니까?"

(중략)

[중략 부분의 줄거리] 두 부인이 떠난 뒤, 사씨는 또다시 교씨의 흉계에 빠진다. 교씨는 울면서 사씨를 모함한다.

마침내 한림은 화를 벌컥 냈다.

"투부*가 처음에 저주를 했을 때, 나는 부부의 정의를 생각하여 차마 적발할 수가 없었지. 그 후 신성현에서 더러운 행실을 한 단서가 이미 드러났을 때에도 죄를 묻지 않았어. 지금 또 이렇게 세상에 보기 드문 흉악한 짓을 하다니……. 이 사람을 집안에 그대로 둔다면 조상께서 제사를 흠향하지 않으시고, 자손도 완전히 끊어질 거야."

한림은 교씨를 위로하였다.

"오늘은 이미 저물었어. 날이 밝으면 일가들을 모아 사당에 고한 후에

투부를 내칠 것이네. 그리고 자네를 부인으로 삼을 것이야. 쓸데없이 슬퍼하지 말게. 꽃 같은 얼굴만 상하겠네."

교씨는 눈물을 거두며 대답했다.

"그같이 조치하시다니……. 이제 첩의 원한이 거의 풀렸습니다. 하지만 ⓑ 부인의 자리를 첩이 어찌 감당하겠습니까?"

한림은 즉시 일가들에게 통지하여 아침에 모두 사당 아래로 모이게 했다.

아아! 유 소사는 지하에서 일어날 수 없고 두 부인도 만 리나 멀리 떠났으니, 누가 한림의 뜻을 돌릴 수 있겠는가?

여러 시비들이 달려가 사씨에게 그 전말을 고하고 통곡하였다.

– 김만중, 「사씨남정기」 –

* 숙숙 : 두 부인의 아들을 가리킴.
* 투부 : 질투심이 많은 여자. 사씨를 가리킴.

 형태쌤과 지문분석

지문분석	
공간	
서술자의 개입	

01 윗글에 대한 설명으로 적절하지 않은 것은?

① 사건이 사실적으로 서술되고 있다.
② 인물의 심리가 세밀하게 묘사되고 있다.
③ 대화를 중심으로 이야기가 전개되고 있다.
④ 시간의 흐름에 따라 사건이 진행되고 있다.
⑤ 서술자가 직접 개입하여 생각을 드러내고 있다.

형태쌤과 선지분석

선지분석	사씨남정기
사건의 사실적 서술	
세밀한 인물의 심리 묘사	
대화 중심	
순행적 구성	
서술자의 개입	

02 ⊙~⊙에 대한 이해로 적절하지 <u>않은</u> 것은?

① ⊙ : 사씨가 곤경에 빠져 있는 것에 대한 불만을 드러내고 있다.

② ⓒ : 사씨 문제를 제대로 처리하지 못할지도 모른다는 우려가 반영되어 있다.

③ ⓒ : 낡고 해진 옷을 입고 있는 사씨의 모습을 그리고 있다.

④ ⓔ : 자신의 처지를 절망적으로 바라보는 사씨의 생각이 드러나 있다.

⑤ ⓜ : 잘못된 상황을 자신의 탓으로 돌리는 사씨의 태도를 드러내고 있다.

03 윗글로 보아 ⓐ의 내용으로 가장 적절한 것은?

① 항상 자신의 말을 스스로 지키며 매사에 신중하게 처신하도록 하게. 언행이 일치한다면 무슨 문제가 있겠나.

② 새로 들어온 사람을 잘 대해 주게. 그 사람이 우리 가문에 처음 들어와 어떻게 처신해야 할 것인지 잘 모를 것이네.

③ 사람이 어떤가가 중요한 것은 아니라네. 그러니 자네는 다른 사람 돌아보지 말고 자네의 맡은 바 소임에만 충실하도록 하게.

④ 장부가 원한다 하더라도 만류할 줄 알아야 하네. 열 길 물속은 알아도 한 길 사람 속을 어떻게 알 수 있겠나. 사람을 잘 살펴보아야 하네.

⑤ 장부의 뜻에 순종해야만 집안이 화목하고 가문이 번성할 수 있네. 사사로이 자네의 감정을 앞세워 장부의 심기를 불편하게 해서는 안 될 것이야.

04 독자의 입장에서 ⓑ를 비판하는 말로 가장 적절한 것은?

① 표리부동(表裏不同)

② 경거망동(輕擧妄動)

③ 호가호위(狐假虎威)

④ 방약무인(傍若無人)

⑤ 감탄고토(甘呑苦吐)

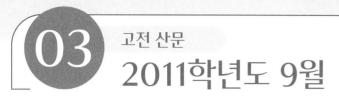

다음 글을 읽고 물음에 답하시오.

　하루는 승상이 심사가 상쾌하여 정신을 깨달아 내당에 들어가 부인을 위로하여 말하기를,

　"우리가 어려서부터 남에게 해를 끼친 일이 없는지라. 아무리 생각하여도 저것이 우리의 **골육**이니, 남은 다 흉물이라 하여도 출산할 때에 선녀의 말이 있었을 뿐만 아니라, 무심한 것이라면 어찌 선녀가 와서 해산까지 시켰으리오? 필경 무슨 이상한 일이 있을 듯하니, 아무리 흉악해도 집에 두고 나중을 보사이다."

　하고 저녁을 먹으니, 그것이 밥상 곁에서 밥 먹는 소리를 듣고는 이불 속에서 데굴데굴 굴러 나와 승상 곁에 놓이었다. 승상이 크게 놀라 이윽히 보다가 갑자기 생각하되, '**이것**이 귀와 눈이 없건마는 밥 먹는 소리를 듣고 나오니 필연 **밥**을 먹고자 함이라. 아무렇거나 밥을 주어 보리라.' 하였다. 부인도 고이하여 밥을 갖다가 곁에 놓으니, 그것의 한쪽 옆이 들먹들먹하더니 한 모서리가 봉긋하며 마치 주걱 모양 같은 부리를 내밀어 밥을 완연히 먹었다. 승상이 하도 고이하여 부인을 돌아보고 말하기를,

　"이것이 입이 없는가 하였는데 밥을 먹으니, 사람일 것 같으면 태어난 지 십여 일 만에 어찌 한 그릇 밥을 다 먹으리오? 아무렇거나 밥을 더 주어 보라."

　하였다.

　부인이 웃고 밥을 또 가져다 놓으니, 그것이 주는 대로 먹으매 승상과 부인이 더욱 고이하게 여겼다.

　그것이 밥 먹는 대로 점점 자라 큰 동이만 하게 되었다. 승상이 부인을 청하여 함께 보고 크게 의혹하여 가로되,

　"이후는 밥을 끊지 말고 아침저녁으로 먹이라."

　하고,

　"매양 이것저것 하지 말고 이름을 지어 원(圓)이라 하라."

　하였다.

　밥 먹기를 잘하여 점점 자라 큰 방 안에 가득하니, 더욱 흉하고 고이함을 측량치 못하여 말하기를,

　"원이 더 자라면 방을 찢을까 싶으니 넓은 집으로 옮기자."

　하고, 노복에게 명령하여 이르되,

　"이것을 여럿이 옮겨 후원 월영각에 가져다 두라."

　하였다. 비복이 겨우 옮겨 월영각에 두고 아침과 저녁을 공급하였다. 몇 년 안에 한 섬의 밥을 능히 먹으니, 원이 점점 자라 방이 터지게 되었다. 승상 부부와 비복들이 그 연고를 알지 못하여 답답하여 밤낮 근심으로 지내는데, 세월이 물 흐르듯 하여 어느덧 십여 년이 되었다.

(중략)

　이때 승상이 부인과 함께 집에 돌아오니 내실(內室)이 텅 비어 있었다. 가뜩이나 염려하던 차에 의혹이 가슴에 가득하여 집안 내외인을 다 찾으니, 비복 중에 한 사람이 먼저 와서 아뢰되,

　"월영각에 난데없는 선동(仙童)이 노복 등을 부르시나 차마 혼자 가지 못하여 모두 보온즉, 방 안에 가득한 것은 없고 한 소년 선동이 앉아서 '아버님께서 집에 돌아와 계시냐.' 물으시니, 그 연고를 알지 못하겠나이다."

　승상이 이 말을 듣고 의혹하여 그 비복을 데리고 월영각에 가 보니, 한 소년이 승상을 보고 섬돌 아래로 내려와 엎드려 가로되,

　"소자는 십 년을 부모 걱정시키던 **불초자** 원이로소이다."

　승상이 우연히 그 형상을 보고 급히 부인을 청하여 좌정하고 소년을 불

러 대청 위에 앉히고 묻기를,

　"이 일이 하도 고이하니 사실을 자세히 이르라."

　하였다.

　소년이 아뢰기를,

　"오늘 묘시(卯時)에 붉은 도포를 입은 선관이 내려와 이르기를, '남두성이 옥황상제께 득죄하여 십 년 동안 허물을 쓰고 세상을 보지 못하게 하였는데, 죄악이 다 끝났다.' 하고, 허물을 벗겨 방 안에 두고 이르기를, '이 허물을 가져갈 것이로되 네 부모께 뵈어 확실한 자취를 알게 하라.' 하고 갔사오니, 소자가 보자기를 벗고 보온즉 허물이 곁에 놓여 있고 책 세 권이 놓였사오니, 십 년 불효를 어찌 다 아뢰리이까?"

　승상이 자세히 살펴보니 과연 허물이 방 안에 놓여 있고 천서(天書) 세 권이 분명히 놓였거늘, 마음에 크게 놀라고 기뻐하여 소년의 손을 잡고 마음 가득 기뻐하여 말하기를,

　"네가 십 년 동안을 보자기 속에 들어 있었으니 무슨 알 만한 일이 있을 것이니, 자세히 일러서 우리의 의혹을 덜게 하라."

　원이 고개를 숙여 재배하고 말하기를,

　"소자가 보자기 속에서 십 년 동안 고행하였사오나 아무런 줄을 몰랐사오니 황송함을 이길 수 없사옵니다."

　승상 부부가 그제야 원을 안고 등을 어루만지며 가로되,

　㉠ "네가 어이하여 십 년 고생을 이다지도 하였느냐?"

　하고 못내 기뻐하였다. 내외 상하(內外上下)며 이웃과 친척 가운데 뉘 아니 기뻐하리오.

- 작자 미상, 「김원전」-

　형태쌤과 지문분석

지문분석	
공간	
서술자의 개입	

01 윗글의 내용에 대한 이해로 적절한 것은?

① 김 승상은 흉물의 탄생을 자신의 탓으로 여겼다.
② 부인은 흉물이 밥을 먹자 근심했다.
③ 노복은 흉물을 대하는 부인의 태도를 비웃었다.
④ 김원은 흉한 모습이 부모께 걱정을 끼쳤다고 여겼다.
⑤ 김 승상 부부는 이웃의 반응을 보고 의혹을 해소했다.

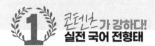
※ 〈보기〉를 참고하여 2번과 3번의 두 물음에 답하시오.

보기

　주인공이 천상에서 죄를 지어 지상으로 내려와 살다가 다시 천상으로 돌아가는 화소를 적강화소(謫降話素)라 한다. 이 화소를 수용한 「김원전」에서 공간은 천상계와 지상계로 나뉘고, 천상계와 지상계는 주인공 김원의 공간 이동을 중심으로 다양하게 소통한다. 윗글에서 공간의 이동에 따른 주인공의 변화를 그림으로 나타내면 다음과 같다.

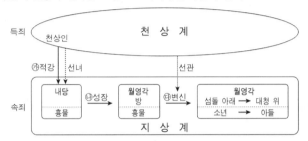

02 〈보기〉를 참고하여 윗글의 내용을 설명한 것으로 적절하지 않은 것은?

① ㉮의 결과로 얻게 된 '이것'이라는 호칭은 주인공이 사람으로 인식되지 않음을 보여 준다.
② ㉮의 성격 때문에 ㉰의 과정에 선관이 개입한다.
③ ㉰에서 '밥' 먹기를 통해 흉물은 이름을 얻게 되어 '골육'으로서의 성격이 강화된다.
④ ㉰의 결과를 비복은 김 승상에게 보고하여 부자 관계 확인의 정당성을 제시한다.
⑤ ㉰ 이후, 부자 관계를 확인받으려는 김원의 바람은 '불초자'라는 호칭으로 구체화된다.

03 〈보기〉를 바탕으로 추론할 수 있는 내용으로 적절하지 않은 것은?

① ㉮의 공간 이동은 죄의 대가라는 점에서 주인공이 ㉮에 대해 수동적임을 알 수 있다.
② ㉯, ㉰는 ㉮에서 비롯된다는 점에서 천상계가 지상계보다 근원적인 공간임을 알 수 있다.
③ ㉯, ㉰에 대한 부모의 의심은 천상계와 다른 지상계 나름의 질서가 있음을 보여 준다.
④ ㉯, ㉰에 김원과 부모가 모두 참여하는 것은 지상계의 의지만으로 천상계의 질서가 구현될 수 있음을 보여 준다.
⑤ ㉰는 증거물을 통해 부모에게 확인받는다는 점에서 천상계의 질서는 지상계와의 소통 속에서 구현된다고 할 수 있다.

04 ㉠의 상황을 표현한 말로 가장 적절한 것은?

① 고진감래(苦盡甘來)
② 괄목상대(刮目相對)
③ 권불십년(權不十年)
④ 동상이몽(同床異夢)
⑤ 오리무중(五里霧中)

다음 글을 읽고 물음에 답하시오.

　　그는 지금 어머니와 함께 꼬두메를 찾아 내려가고 있는 참이었다. 허황하기조차 한 그녀의 넋두리를 좇아 이렇듯 추운 한겨울밤을 완행열차에 흔들리며, 떠나온 지 십삼 년이 넘은 고향으로 향하게 되리라고는 바로 몇 시간 전까지만 해도 그는 미처 상상조차 못 했던 것이다. 이 느닷없는 귀향길은 어찌 보면 어처구니없을 만큼 충동적으로 결행된 셈이었다. 아내의 말마따나 제정신이 아닌 짓인지도 모를 일이었다.

　　바로 이날 오후였다. 휴일이 아닌데도 그는 담배꽁초만 재떨이에 수북하게 쌓아 가며 종일 방구석에 틀어박혀 있었다. 몸이 불편해서 출근하지 않는 줄로만 여겼는지, 아내는 되도록이면 그를 혼자 있도록 내버려두고 있는 눈치였다. 이날 아침 그는 기어이 사표를 써서 집 앞 우체통에 넣었던 것이다. 몇 푼 안 되는 퇴직금은 고사하고라도 몇 달째 밀린 봉급이라도 받을 수 있을까 하는 기대조차 사라진 지 오래였다. 무엇보다 자신과 똑같은 처지의 동료들의 누렇게 뜬 얼굴들을 대하기가 소름이 돋도록 두려웠다. 결국 그는 또다시 실업자가 되었다는 것 외에는 아무것도 변한 게 없다는 사실을 알았다. 이번으로 꼭 두 번째였다. 신문사를 나온 후, 오 년 동안의 그 ㉠ 공백 기간에 겪었던 처참함을 그는 아직도 생생히 기억하고 있었다.

　　이제 아내는 다시 예전처럼 방 한 칸이 달린 구멍가게 자리를 구하기 위해 발바닥이 부르트도록 변두리를 돌아다닐 수도 없으리라. 그나마 남아 있던 쥐꼬리만 한 돈은 바닥이 난 지 오래였고, 전세금을 줄여 가며 변두리로만 이사를 다니다가 급기야 월세방 처지로 주저앉게 된 지도 벌써 이태째였다. 하지만 그는 이젠 도저히 또 다른 직장을 찾아 나설 용기도 아니, 그래야 할 것이라는 생각조차도 사라져 버리고 만 듯한 느낌이었다.

　　놀라우리만큼 자신이 허약해져 있다는 사실을 이즈음에야 그는 뒤늦게 깨닫고 있었다. 참으로 비겁한 변명일지도 모르겠지만, 어쩌면 그것은 어머니의 몰락이 자신에게 가져다 준 가장 확실한 선물일 수도 있었다. 어머니의 그 넓고 미더운 그늘이 머리 위에서 걷히어져 버리고 난 후, 그는 ㉡ 햇볕 속으로 나온 음지 식물처럼 삽시간에 말라 비틀어져 가고 있었다. 눌눌한 콧물을 후룩거리던 어린 시절부터 지금까지 그는 수없는 방황을 치러 왔지만, 그때마다 그를 단단히 붙잡아 안전한 곳으로 이끌어 준 것은 바로 어머니의 그 보이지 않는 손길이었던 것이다. 오 년의 실직 기간 동안, 거의 날마다, 그것도 얻어 마신 술에 취해 밤늦게 돌아와 대문 앞에서 허물어지듯 쓰러져 버리곤 하던 그가 그래도 최후의 고집스런 용기만은 요행히 지킬 수 있었던 것도 역시 어머니의 그 ㉢ 변함없는 그늘을 은연중에 믿고 있었음으로 해서이리라. 하지만 이젠 어머니의 그 야윈 손길마저도 아무런 ㉣ 기적을 베풀 수가 없게 되었다는 사실을 인정해야만 하는 것이었다. 그는 한 번도 경험해 보지 못한 엄청난 ㉤ 절망의 심연으로 까마득히 가라앉아 가고 있는 느낌이었다.

(중략)

　　아아, 이 눈 속에서 어머니는 혼자 어디로 가신 것일까. 찬우야이. 꼬두메로 핑 가자이. 불길한 주문만 같던 어머니의 음성이 귓전에서 맴을 돌았다. 정말, 어머니는 기어코 꼬두메를 찾아가시겠다고 얼토당토않게시리 홀로 길을 나선 것일까. 온몸에 하얗게 눈을 맞으며 어디론가 하염없는 걸음을 옮기고 있을 어머니의 모습이 눈앞에 떠올랐다. 꼬두메는 이미 이 세상에는 존재하지 않는 과거 속의 마을이었다. 그렇다면 어머니는 이젠 더 이

상 아무도 그곳을 기억해 주지 않는 이 땅을 떠나, 그 과거의 이름들이 아직 살아 숨 쉬고 있을 또 다른 세계를 찾아 길을 나선 것일까. 그렇다면 그 세상은 오직 어머니 혼자만 아는, 당신만의 소중한 세계일 터였다. 거기엔 어머니가 한시도 잊지 못했던 그리운 사람들과 정겨운 이름들이 예전 그대로 살아 있을 것이었다. 한쪽 눈을 못 보는 아버지와 착한 형, 그리고 어쩌면 어린 시절의 그의 앳된 얼굴노 ㄱ 가난한 식구들 곁에서 함께 곤히 잠들어 있을지도 모른다.

　　아니, 아니야. 그러나 그는 세차게 고개를 흔들어 버렸다. 꼬두메는 이미 이 세상에는 존재하지 않는다. 그것은 결코 아무도 찾아갈 수 없는 망각의 땅일 뿐이다. 그는 그것을 알고 있었다. 아니, 온 세상 사람들이 모두가 알고 있는 그 분명한 사실을 다만 어머니 혼자서만 아직도 모르고 있을 뿐이었다.

　　찾아야 해. 어머니를 찾아내야만 해.

　　그는 마침내 흐드러지게 쏟아져 내리는 함박눈을 맞으며, 비틀거리는 걸음으로 잣고개를 기어오르기 시작했다. 차츰 눈송이가 굵어져 가고 있었다. 은빛. 세상은 온통 은빛이었다.

- 임철우, 「눈이 오면」 -

 형태쌤과 지문분석

지문분석	
시간	
공간	
서술자의 관심사	

01 윗글의 서술상의 특징으로 가장 적절한 것은?

① 시간의 흐름에 따라 사건을 전개하고 있다.
② 특정 인물의 시각에서 사건을 서술하고 있다.
③ 담담한 태도로 사건을 객관적으로 묘사하고 있다.
④ 대화를 통해 인물의 심리와 태도를 서술하고 있다.
⑤ 인물 간의 대결 의식을 중심으로 사건을 전개하고 있다.

🔍 형태쌤과 선지분석

선지분석	눈이 오면
시간의 흐름(순행)	
특정 인물의 시각에서 서술	
담담한 태도 → 객관적 묘사	
대화 → 인물 심리·태도 서술	
인물 간 대결 의식	

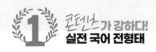

02 〈보기〉를 참고하여 윗글을 이해한 내용으로 적절한 것은?

보기

임철우의 소설 「눈이 오면」은 고향을 찾아가는 '여로(旅路) 구조'를 채택하고 있는데, 이 구조는 사건의 전개 과정이나 작중 인물의 성격 형성에 커다란 영향을 미치고 있다.

① '그'가 귀향 여행을 충동적으로 결행한 것으로 설정하여, '그'의 성격이 즉흥적이면서도 낙천적이었음을 드러내고자 하였다.

② 십삼 년 만에 처음으로 고향을 찾아가도록 하여, '그'가 지금까지 현실과 타협하면서 잘 적응해 왔음을 보여 주고자 하였다.

③ 겨울밤 완행열차를 귀향 수단으로 택해 성찰의 시간과 공간을 제공함으로써, '그'가 자신의 현재 모습에 대해 반성해 보도록 하였다.

④ 귀향 과정에서 길을 잃고 헤매는 '어머니'를 찾아 나서는 모습을 제시하여, '그'가 사려 깊지 못하고 부주의한 인물이었음이 드러나도록 하였다.

⑤ 귀향하는 날 사표를 제출하는 것으로 처리하여, '그'가 과거의 소극적인 태도를 버리고 이제는 적극적인 삶을 추구하는 인물로 변모되었음을 보여 주고자 하였다.

03 <u>꼬두메</u>에 대한 이해로 적절하지 <u>않은</u> 것은?

① 꼬두메에는 '그'의 어린 시절 추억이 깃들어 있다.

② 꼬두메는 '세상 사람들'이 더 이상 기억하지 않는다.

③ 꼬두메가 이 세상에 없음을 '어머니'는 깨닫지 못하고 있다.

④ 꼬두메는 '그'가 가족과 함께 물질적 풍요를 누리던 곳이다.

⑤ 꼬두메는 '어머니'가 찾아가고 싶어 하는 그녀의 소중한 세계이다.

04 문맥상 ㉠~㉤의 의미로 적절하지 <u>않은</u> 것은?

① ㉠ : 실직했던 기간

② ㉡ : 세상의 따뜻한 인정

③ ㉢ : 한결같은 사랑과 보호

④ ㉣ : 삶을 지탱해 주거나 도와줌

⑤ ㉤ : 극심한 무력감과 좌절감

다음 글을 읽고 물음에 답하시오.

(가)

고향에 돌아온 날 밤에
내 백골이 따라와 한방에 누웠다.

어둔 **방**은 우주로 통하고
하늘에선가 소리처럼 바람이 불어온다.

어둠 속에 곱게 풍화작용하는
백골을 들여다보며
눈물짓는 것이 내가 우는 것이냐
백골이 우는 것이냐
아름다운 혼이 우는 것이냐

지조 높은 개는
밤을 새워 어둠을 짖는다.

어둠을 짖는 개는
나를 쫓는 것일 게다.

가자 가자
쫓기우는 사람처럼 가자
백골 몰래
아름다운 또 다른 고향에 가자.

— 윤동주, 「또 다른 고향(故鄕)」 —

(나)

전신이 검은 까마귀,
까마귀는 까치와 다르다.
마른 가지 끝에 높이 앉아
먼 설원을 굽어보는 저
형형한* 눈,
고독한 이마 그리고 날카로운 부리.
얼어붙은 지상에는
그 어디에도 낟알 한 톨 보이지 않지만
그대 차라리 눈발을 뒤지다 굶어 죽을지언정
결코 **까치**처럼
인가의 안마당을 넘보진 않는다.
검을 테면
철저하게 검어라. 단 한 개의 깃털도

남기지 말고……
겨울 되자 온 세상 수북이 ㉠ 눈은 내려
저마다 하얗게 하얗게 분장하지만
나는
빈 가지 끝에 홀로 앉아
말없이
먼 지평선을 응시하는 한 마리
검은 까마귀가 되리라.

— 오세영, 「자화상·2」 —

* 형형한 : 광채가 반짝반짝 빛나며 밝은.

(다)

[A] ┌ 굳어지기 전까지 저 딱딱한 것들은 물결이었다
　　│ 파도와 해일이 쉬고 있는 바닷속
　　│ 지느러미의 물결 사이에 끼어
　　└ 유유히 흘러 다니던 **무수한 갈래의 길**이었다

[B] ┌ **그물**이 물결 속에서 멸치들을 떼어냈던 것이다
　　│ **햇빛의 꼿꼿한 직선**들 틈에 끼이자마자
　　└ 부드러운 물결은 팔딱거리다 길을 잃었을 것이다

[C] ┌ 바람과 햇볕이 달라붙어 물기를 빨아들이는 동안
　　│ 바다의 무늬는 뼈다귀처럼 남아
　　│ 멸치의 등과 지느러미 위에서 딱딱하게 굳어갔던 것이다
　　│ 모래 더미처럼 길거리에 쌓이고
　　│ 건어물집의 푸석한 공기에 풀리다가
　　└ 기름에 튀겨지고 접시에 담겨졌던 것이다

[D] ┌ 지금 젓가락 끝에 깍두기처럼 딱딱하게 집히는 이 멸치에는
　　│ 두껍고 뻣뻣한 공기를 뚫고 흘러가는
　　│ 바다가 있다 그 바다에는 아직도
　　└ 지느러미가 있고 지느러미를 흔드는 물결이 있다

[E] ┌ 이 작은 물결이
　　│ 지금도 멸치의 몸통을 뒤틀고 있는 이 작은 무늬가
　　│ **파도**를 만들고 **해일**을 부르고
　　└ 고깃배를 부수고 그물을 찢었던 것이다

— 김기택, 「멸치」 —

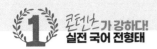
01 (가)~(다)의 공통점으로 가장 적절한 것은?

① 영탄법을 활용하여 화자의 정서를 표출하고 있다.
② 동일한 시행의 반복을 통해 운율감을 자아내고 있다.
③ 공간의 대비를 통해 지향하는 가치를 드러내고 있다.
④ 과거에 대한 회상을 통해 그리움의 정서를 환기하고 있다.
⑤ 반어적 표현을 활용하여 현실에 대한 비판적 태도를 드러내고 있다.

형태쌤과 선지분석

선지분석	(가)	(나)	(다)
영탄법			
동일 시행 반복			
공간 대비 → 지향하는 가치			
과거 회상 → 그리움 환기			
반어적 표현 → 현실 비판			

02 〈보기〉를 참고하여 (가)와 (나)를 감상한 내용으로 적절하지 <u>않은</u> 것은?

보기

자아 성찰의 주제를 담은 현대시에서는 시적 자아가 분열된 모습으로 등장하는 경우가 많다. (가)와 (나)의 화자는 자아 성찰을 통해 자아의 부정적인 모습과 단절하고 새로운 존재로 거듭나려 한다는 점에서 공통적이다. 하지만 (가)의 화자는 시선을 자신의 내면으로 돌려 자아의 부정적, 긍정적 면모를 발견한 후 이들을 상징적 시어로 표현하고 있고, (나)의 화자는 시선을 바깥으로 돌려 자신의 삶의 태도를 외부의 상징적 존재에 투영하여 표현하고 있다.

① (가)의 '들여다보며'에서는 '백골'로 상징화된 부정적 자아를 향한 화자의 내면의 시선을 확인할 수 있군.
② (가)의 '지조 높은 개'는 자아의 부정적인 모습과 대비되어 화자를 새로운 존재로 거듭나게 하는군.
③ (나)에서 먼 설원을 굽어보는 '형형한 눈'은 바람직한 삶을 지향하는 화자의 태도를 떠올리게 하는군.
④ (나)에서 인가의 안마당을 넘보는 '까치'는 화자가 단절하고자 하는 삶의 태도를 나타내는군.
⑤ (가)의 '방'은 화자의 어두운 내면을, (나)의 '먼 지평선'은 화자가 처한 부정적 현실을 상징하는군.

03 (나)의 ㉠에 대한 설명으로 가장 적절한 것은?

① 충만한 느낌을 통해 평온한 삶을 드러낸다.
② 본질을 가리는 속성을 통해 세상의 허위를 암시한다.
③ 색채 이미지를 통해 화자의 순결한 정신을 드러낸다.
④ 하강 이미지를 통해 화자가 연약한 존재임을 보여 준다.
⑤ 역동적 이미지를 통해 미래에 대한 화자의 소망을 나타낸다.

04 〈보기〉를 바탕으로 (다)의 시상 전개를 이해할 때, 적절하지 <u>않은</u> 것은?

보기

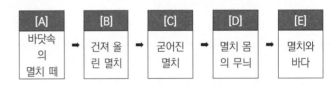

① [A]에서 멸치 떼의 유유한 움직임은 '무수한 갈래의 길'과 연결되어 바닷속의 자유로운 분위기를 보여 주고 있다.
② [B]에서 '그물', '햇빛의 꼿꼿한 직선들'은 멸치의 생명을 앗아가려는 외부 세계의 폭력성을 환기하고 있다.
③ [C]는 멸치가 본래의 속성을 잃어 가는 과정을 순차적으로 보여 주고 있다.
④ [D]는 바다 물결의 실제 움직임을 사실적으로 묘사하여 마른 멸치의 몸에 남은 무늬에 시선을 집중시키고 있다.
⑤ [E]는 '파도'와 '해일'의 움직임을 통해 멸치가 본래 지녔던 생명력을 환기하며 시상을 마무리하고 있다.

다음 글을 읽고 물음에 답하시오.

세월이 물같이 흘러 웅의 나이 15세라. 골격이 웅장하고 기운이 뛰어나더라. 하루는 웅이 모친께 청했다.

"소자 지금 나이 15세요, 이곳이 선경(仙境)인지라 가히 살만한 곳이지만, 대장부 세상에 처하매 한곳에서 늙을 것이 아니옵니다. 신선도 두루 돌아다녀 박람(博覽)*한다 하거늘 소자가 슬하를 잠시 떠나 산 밖에 나가 세상을 구경하고 황성 소식도 듣고자 하나이다."

왕 부인이 매우 놀라며 말했다.

"천리 타향에 너는 나만 믿고 나는 너만 믿어 서로 의지하며 살아가거늘 네 일시인들 내 슬하를 떠나며, 내 어찌 너를 내어 보내고 일시인들 잊을쏘냐. 네 어디를 갈 양이면 한가지로 할 것이라. 차후는 그런 마음 두지 말라. 매우 놀랍도다."

웅이 다시 아뢰지 못하여 물러 나와 월경 대사와 의논했다.

"내 이제 세상에 나가도 남에게 화를 입지 않을 것이옵니다. 또한 내 몸이 중이 아니라 오래 산 속에 있사오니 황성 소식도 모르고 나의 심중에 품은 일도 아득하와, 일전에 모친께 사정을 고하오니 도리어 꾸중하시는 바람에 다시 거역하지 못하였삽거니와, 대사께서는 저를 위하여 모친의 마음을 돌려 저의 뜻을 펴게 함이 어떠하오리까?"

대사가 말했다.

"공자의 말은 반반한 장부의 말이로다."

하고 부인 앞에 가서 고금의 일을 이야기하다가 공자의 품은 큰 뜻을 여쭈니 부인이 말했다.

"말은 당연하나 만리타국에 보내고 어찌 이 적막강산 사고무친한 곳에서 잠시라도 잊을 수 있으며 또한 저의 나이 어리고 세상사에 어리석은지라, 어지러운 세상에 나가 어찌 될 줄 알리오."

"부인의 말씀도 일리가 있사옵니다. 그러나 이제 공자를 어리다 하시거니와, 천병만마에 시석(矢石)*이 비 오듯 하여 살기(殺氣)가 충천한 곳에 넣어도 조금도 걱정할 바가 없을 것이니 부인은 어찌 사람의 운명을 의심하십니까? 홍문연 살기 중에 패공이 살아나고, 파강산 천경사의 부인이 살아났으니 어찌 천명을 근심하리오. 소승 또한 공자의 환란을 짐작하지 못하오면 어찌 출세함을 권하며, 공자 세상에 나가도 부인은 이곳에 계시오면 무슨 근심이 있으리까?"

이렇게 설득하니 부인이 한동안 생각하다가 말했다.

㉠ "만일 존사의 말씀과 같지 못하면 어찌하리오?"

"공자의 평생 영욕(榮辱)을 다 알았사오니 조금도 염려 마옵소서."

부인이 마지못해 허락하니 대사와 웅이 기뻐 이튿날 길을 떠났다.

(중략)

"십 년을 정성 들여 선생을 찾아왔는데 뵙지 못하오니, 바라옵건대 동자는 가신 곳을 가르쳐 주소서."

동자가 웃으며 말했다.

"나무꾼이 기러기를 쏘아 맞히지 못하매 제 공부 부족함을 깨닫지 못하고 활과 살을 꺾어 버리니 그대도 나무꾼과 같도다. 그대 정성이 부족한 줄 깨닫지 못하고 도리어 주인이 없음을 원망하니 매우 우습도다. 다만 선생께서는 이 산중에 계시건만 산세가 워낙 험하니 그 종적을 어찌 알리오?"

다시 반나절을 기다렸으나 종적이 묘연한지라. 울적한 마음을 이기지 못해 붓을 잡아, 못 보고 가는 뜻을 글로 쓰고 동자를 불러 하직하고 나오

니 마음을 헤아리지 못할러라.

이때 철관 도사가 산중에 그윽이 앉아 웅의 거동을 보더니 벽에 글을 쓰고 가는 것을 보고 불쌍히 여겨 급히 내려와 벽의 글을 보니 다음과 같았다.

[A]
> 십 년을 지내 온 나그네가
> 만 리 밖에서 찾아오도다.
> 못에서 용이 날아오르려 하거늘
> 이 또한 정성이 모자람이라.

도사가 보기를 다하고 크게 놀라 급히 동자를 산 밖에 보내 웅을 청하니 웅이 동자를 보고 물었다.

"선생이 왔더니까?"

"이제야 오셔서 청하시나이다."

웅이 반겨 동자를 따라 들어가니 도사가 사립문에 나와 웅의 손을 잡고 기뻐하며 말했다.

"험한 산길에 여러 번 고생하였도다."

하고 동자를 시켜 저녁밥을 재촉하여 주거늘 웅이 먹은 후 감사하며 말했다.

"여러 날 굶주린 배에 좋은 밥을 많이 먹으니 향기가 뱃속에 가득한지라 감사하여이다."

"그대의 먹는 양을 어찌 알아 권하였으리오?"

하고 책 두 권을 주며,

"이 글을 보아라."

하거늘, 웅이 무릎을 꿇고 펼쳐 보니 성현(聖賢)들이 쓴 책이라. 웅이 다 본 후에 다른 책을 청하니, 도사가 웃고 「육도삼략」을 주거늘 받아 큰 소리로 읽었다. 도사가 더욱 기특하게 여겨 「천문도」 한 권을 주거늘 받아 보니 기묘한 법이 많은지라. 도사가 가르치는 술법을 배우니 뜻이 넓어지고 눈앞의 일을 모를 것이 없더라.

– 작자 미상, 「조웅전」 –

* 박람 : 사물을 널리 봄.
* 시석 : 전쟁에 쓰던 화살과 돌.

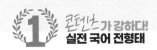
01 윗글의 등장인물에 대한 설명으로 가장 적절한 것은?

① 철관 도사는 조웅의 자질을 의심하고 있다.
② 왕 부인은 조웅의 입신양명을 희망하고 있다.
③ 동자는 조웅의 판단을 혼란스럽게 하고 있다.
④ 월경 대사는 조웅의 장래에 대해 불안해하고 있다.
⑤ 조웅은 어머니의 입장보다 자신의 포부를 앞세우고 있다.

03 〈보기〉를 바탕으로 윗글을 이해할 때, 〈보기〉의 ⓐ에 대한 설명으로 가장 적절한 것은?

> **보기**
>
> 소대성 : 나는 「소대성전」의 주인공이야. 외세의 침입으로부터 나라를 구해 영웅이 되었지. 그런데 네가 영웅이 된 과정은 나와 다르더군.
> 조 웅 : 나는 태어나면서부터 간신의 박해를 받아 고생을 했고, 그 간신이 일으킨 반란을 평정해서 영웅이 되었지. 태어나면서 부귀영화를 누리기까지 줄곧 적과 싸움을 한 셈이야.
> 소대성 : 나도 부모를 잃어 고생한 적은 있었어. 하지만 선천적으로 무예와 도술을 지니고 있었기 때문에 특별한 수련의 과정이 필요 없었어.
> 조 웅 : 그렇구나. 나는 너와 달리 스승을 찾아야 했고, 참으로 긴 수련의 과정이 필요했어.
> 소대성 : 그래서 너의 이야기에는 나의 이야기와 다른 ⓐ 특징이 있구나.

① 등장인물의 수를 늘려 설정된 사건을 보다 다양한 시각에서 조망할 수 있게 한다.
② 주인공의 영웅성과 함께 대사나 도사의 신비한 능력을 부각시켜 환상적 분위기를 연출한다.
③ 스승의 존재를 부각시킴과 동시에 공부에 대한 강한 신념을 드러내어 소설의 교훈성을 부각시킨다.
④ 주인공의 시련을 좀 더 단계적으로 설정하여 사건의 전개 속도를 빠르게 하는 한편 주제를 심화시킨다.
⑤ 선천적으로 초월적 힘이 주어진 경우보다 고난 극복에 대한 주인공의 현실적이고 강인한 의지를 부각시킨다.

02 [A]의 서사적 기능을 〈보기〉에서 골라 바르게 묶은 것은?

> **보기**
>
> ㄱ. 주인공의 예언 능력을 보여 준다.
> ㄴ. 주인공의 심리적 정황을 제시한다.
> ㄷ. 주인공의 위기를 예고하는 복선이 된다.
> ㄹ. 주인공의 고민을 해소하는 계기가 된다.

① ㄱ, ㄴ   ② ㄱ, ㄷ   ③ ㄴ, ㄷ
④ ㄴ, ㄹ   ⑤ ㄷ, ㄹ

04 문맥으로 보아 ㉠에 대한 독자의 반응으로 가장 적절한 것은?

① 왕 부인은 '선견지명(先見之明)'이 있군.
② 왕 부인은 '노심초사(勞心焦思)'하고 있군.
③ 왕 부인은 '식자우환(識字憂患)'에 해당하는군.
④ 왕 부인은 '시시비비(是是非非)'를 가리고 있군.
⑤ 왕 부인은 '적반하장(賊反荷杖)'의 말을 하고 있군.

다음 글을 읽고 물음에 답하시오.

　　이때 동래 부사 송정이 사신 온다는 공문을 보고 웃으며 왈,
　　"조정에 사람이 무수하거늘 어찌 구태여 중을 보내리오. 이는 더욱 패망할 징조라."
　　하더니 하인이 보하되,
　　"사명당 행차 온다 하오니 어찌 접대하리이까."
　　송정이 분부 왈,
　　"상례로 대접하라. 제 비록 부처라 한들 어찌 곧이들으리오."
　　하고 심상히 여기거늘, 하인 분부를 듣고 나와 부사의 말을 이르고 왈,
　　"지방관의 도리에 봉명 사신(奉命使臣)*을 가벼이 여기거니와 반드시 화를 면치 못하리로다."
　　하더니 자연 삼일 만에 이르렀는지라. 대접하는 도리와 수응하는 일이 가장 소홀하거늘 사명당이 대로하여 객사에 좌기하고 무사에게 명하여 송정을 잡아 계하에 꿇게 하고 이르되,
　　"네 벼슬이 비록 옥당이나 지방관이요, 내 비록 중이나 일국 대사마대장군이요 봉명 사신이어늘 네 한갓 벼슬만 믿고 국명을 심상히 여겨 방자함이 태심하니 내어 베어 국법을 엄히 하라."
　　하고 즉시 나라에 장문하여 선참후계(先斬後啓)*하고 인하여 길을 떠날새 순풍을 만나 행선하니라.

[중략 줄거리] 사명당이 일본에 도착하자 왜왕은 사명당의 신통력을 여러 가지로 시험한다.

　　채만홍이 주왈,
　　"신의 소견은 철마를 만들어 불같이 달구고 사명당을 태우면 비록 부처라도 능히 살지 못하리이다."
　　왜왕이 그 말을 옳게 여겨 즉시 풀무를 놓고 철마를 지어 만든 후 백탄을 뫼같이 쌓고 철마를 그 위에 놓아 불같이 달군 후에 사명당을 청하여 가로되,
　　"저 말을 능히 타면 부처 법력을 가히 알리라."
　　사명당이 심중에 망극하여 납관을 쓰고 조선 향산을 향하여 사배하더니 문득 서녘에서 오색구름이 일어나며 천지가 희미하거늘 사명당이 마지못하여 정히 철마를 타려 하더니 홀연 벽력 소리 진동하며 천지 뒤눕는 듯하고 태풍이 진작하여 모래 날리고 돌이 달음질하고 비 바가지로 담아 붓듯이 와 사람이 지척을 분변치 못하는지라. 경각 사이에 성중에 물이 불어 넘쳐 바다가 되고 성 외의 백성들이 물에 빠져 죽는 자 수를 알지 못하되 사명당 있는 곳은 비 한 방울이 아니 젖는지라. 왜왕이 경황실색하여 이르되,
　　"어찌하여 천위를 안정하리오."
　　예부상서 한자경이 주왈,
　　"처음에 신의 말씀을 들었사오면 어찌 오늘날 환이 있으리이까. 방금 사세를 생각하옵건대 조선에 항복하여 백성을 평안히 함만 같지 못하나이다."
　　⊙ 왜왕이 자경의 말을 듣고 마지못하여 항서를 써 보내니 사명당이 높이 좌하고 삼해 용왕을 호령하더니 문득 보하되,
　　"네 나라 항복받기는 내 손아귀에 있거니와 왜왕의 머리를 베어 상에 받쳐 들이라. 만일 그렇지 아니하면 일본을 멸하여 산 것을 하나도 남기지

아니하리라. 네 돌아가 왜왕에게 자세히 이르라."
　　사자 돌아가 전말을 고하니 왜왕이 이 말을 듣고 머리를 숙이고 능히 할 말을 못하거늘 관백이 주왈,
　　"전하는 모름지기 옥체를 진중하소서."
　　왕이 정신을 차려 살펴보니 남은 백성이 살기를 도모하여 사면팔방으로 헤어져 우는 소리, 유월 염천에 큰비 오고 방초 중이 왕머구리 소리 같은지라. 왕이 이 광경을 보니 만신이 떨려 능히 진정치 못하거늘 관백이 다시 가지고 들어가 사명당께 드리니 사명당이 항서를 보고 대책 왈,
　　"네 왕이 항복할진대 일찍이 항서를 드릴 것이어늘 어찌 감히 나를 속이려 하느냐."
　　하고 용왕을 불러 이르되,
　　"그대는 얼굴을 드러내어 일본 사람을 보게 하라."
　　용왕이 공중에서 이 말을 듣고 사람의 머리를 베어 들고 소리를 벽력같이 지르고 운무 중에 몸을 드러내니 사명당이 관백에게 왈,
　　"네 빨리 돌아가 왜왕에게 일러 용의 거동을 보게 하라."
　　관백이 돌아가 그대로 고하니 왜왕이 창황 중 눈을 들어 하늘을 치밀어 보니 중천에 삼룡이 구름을 피우고 사람의 머리를 베어 들었으니 형세 산악 같고 고기비늘이 어지러이 번쩍여 일광을 바수고 소리 벽력같아 천지 진동하는지라. 이진걸이 주왈,
　　"본국 보화를 다 바치고 항표(降表)를 올려 애걸하소서."
　　왕이 즉시 이진걸을 명하여 항표를 올린대 사명당이 대로 왈,
　　"네 나라 임금의 머리를 베어 들이라 한대 마침내 거역하니 일본을 무찔러 혈천을 만들리라."
　　하고 인하여 육환장을 들어 공중을 향하여 축수하더니 문득 뇌성벽력이 진동하여 산악이 무너지는 듯 천지 컴컴한지라. 왜왕이 이때를 당하여 삼혼(三魂)이 흩어지며 칠백(七魄)이 달아나니라.

　　　　　　　　　　　　　　　　　　　　- 작자 미상, 「임진록」 -

* 봉명 사신 : 임금의 명령을 받들고 외국으로 가던 사신.
* 선참후계 : 군율을 어긴 자를 먼저 처형한 뒤에 임금에게 아뢰던 일.

형태쌤과 지문분석

지문분석	
공간	
서술자의 개입	

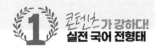
01 윗글에 대한 설명으로 적절하지 않은 것은?

① 힘의 우위를 바탕으로 갈등이 해결되고 있다.
② 인물의 외양을 묘사하여 성격을 제시하고 있다.
③ 과장된 비유를 활용하여 상황의 급박함을 드러내고 있다.
④ 전기적(傳奇的) 요소를 활용하여 비현실적 장면을 부각하고 있다.
⑤ 공간이 국내에서 국외로 바뀌면서 서사적 긴장감이 고조되고 있다.

형태쌤과 선지분석

선지분석	임진록
힘의 우위 → 갈등 해결	
인물 외양 묘사 → 성격 제시	
과장된 비유 → 급박한 상황	
전기적 요소 활용	
공간의 변화(국내→국외) → 서사적 긴장감 고조	

02 '사명당'과 '송정' 사이의 갈등에 대한 이해로 적절한 것은?

① 제삼자를 통한 의사소통 과정에서 생긴 오해에서 비롯된다.
② 외교적 문제의 핵심 사안에 대한 인식의 차이에서 비롯된다.
③ 사대부의 사회적 소임에 대한 서로 다른 이해에서 비롯된다.
④ 사명당의 종교적 신념과 송정의 윤리적 신념의 충돌에서 비롯된다.
⑤ 사명당은 명분과 직위를, 송정은 신분을 중시하는 데에서 비롯된다.

03 〈보기〉를 참고하여 윗글을 감상한 내용으로 적절하지 않은 것은?

보기

「임진록」은 임진왜란이라는 역사적 사실을 소재로 한 역사 군담 소설로서, 역사에 허구를 더해 전란으로 인해 상처받은 민족적 자존감을 보상하면서 전란의 피해와 책임에 대한 민중들의 생각과 정서를 반영하고 있다. 이를 위해 신이한 능력을 지닌 주인공을 통해 조선인의 우월성을 드러내거나 때로는 역사적 근거가 부족한 가공의 사건을 형상화하기도 했다.

① 사명당의 복수를 통해, 국토가 유린되는 과정에서 받은 민중들의 고통을 보상하고 있군.
② 초인적 능력을 지닌 사명당의 모습을 부각하여, 왜에 대한 조선인의 우월성을 드러내고 있군.
③ 부사에 대한 하인의 비판적인 발언을 통해, 전란 후 지배층에 대한 민중들의 인식을 엿볼 수 있군.
④ 왜왕이 항복하는 모습을 반복적으로 보여 주어, 전란으로 훼손된 민족적 자존감의 회복을 꾀하고 있군.
⑤ 양반 대신 승려 사명당을 주인공으로 설정하여, 전란 후 종교를 중심으로 상하층이 단결하는 모습을 형상화하고 있군.

04 ㉠의 상황을 나타내기에 가장 적절한 것은?

① 울며 겨자 먹기
② 옆구리 찔러 절 받기
③ 울려는 아이 뺨 치기
④ 미련한 사람 곰 잡기
⑤ 뱀이 용 되어 큰소리하기

다음 글을 읽고 물음에 답하시오.

#89. 불이의 집(낮)
  누군가 대문을 두드린다. 들어낸 짐을 정리하면서 어머니 돌아본다. 영희냐 하고 달려가 문을 열면 얼굴이 부은 영호와 영수가 들어온다.
영호 : 엄마 영회 돌아오지 않을 거예요.
어머니 : ······.
영호 : 엄마 우리 파티를 하죠. 불고기 파티를······. 이거 고깁니다. 하고는 어머니에게 준다. 말없이 보다가 가져가는 어머니.
불이 : 얼굴은 왜 다쳤니.
영호 : (빙긋 웃고) ······덕분에 고기를 얻었어요. 얘기가 좀 복잡해요. 하고 함께 마당으로 나간다.

#90. 고급 레스토랑
  비프스테이크가 만들어지고 있다. 우철이 다소곳한 영희에게 다정한 이야기를 하고 있다.

#91. 불이의 집 마당
  풍로에 불을 지피고 있는 불이. 어머니는 고기에 양념을 친다. 보고 있는 영수와 영호.
영호 : 다운*은 됐지만 많은 걸 배운 것 같아요.
  영수 말없이 앞만 본다.

#92. 레스토랑
  영희가 접시의 고기를 서툴게 썰고 있다. 지켜보던 우철이 접시를 가져다 익숙한 솜씨로 고기를 잘라 소스까지 쳐 준다. 약간 화가 나 지켜보는 영희.

#93. 불이의 집 마당
  익고 있는 고기. 식구들이 둘러앉아 고기를 먹는다. 먼 곳으로부터 들려오는 집 부수는 소리. 해머 소리.

#94. 몽타주*
  영희와 우철이 고기를 먹고 있다.
  영희를 뺀 가족이 고기를 씹고 있다.
  이들의 면모가 다양하고 자세하게 묘사되며 몽타주된다.

#95. 불이의 집
  ㉠ 꽝꽝 하고 소리 나며 흔들리면 담벽에 큰 구멍이 난다. ㉡ 커다란 해머가 구멍을 넓혀 온다. ㉢ 구멍으로 안의 전경이 보인다. 태연히 앉아 고기를 구워 먹는 난쟁이 식구들이 보인다. ㉣ 담벽이 크게 무너지며 먼지가 인다. 지켜보는 인부들. 가라앉는 먼지의 마당. ㉤ 식구들이 말없이 먹기를 계속한다. 인부의 대장이 눈짓을 하면 인부들이 흩어져 앉으며 땀을 닦는다. 마지막 파티를 하는 난쟁이 일가를 기다리는 인부들. 인부들도 즐거운 낯이 아니다. 어머니가 익은 고기를 접시에다 주섬주섬 담는다. 일어나는 어머니, 식구들이 의아하여 본다. 어머니가 고기 접시를 들고 인부들에게 간다. 어리둥절하다가 담뱃불을 끄는 인부들.
어머니 : (담담하다) 고기가 얼마 남지 않았군요. 한 점씩이라도 드세요.
하며 고기 한 점을 집어 대장부터 내어 민다. 멍하니 보다가 황급히 손바

닥으로 받아먹는 대장. 말없이 지켜보는 대장. 영호만이 턱을 악물고 눈물이 글썽한다. 어머니는 계속하여 고기 한 점씩 인부들에게 나누어준다.
어머니 : 아저씨들을 원망하지 않아요. 아저씨들이라고 좋아서 하겠어요. 우리의 처지와 다를 것도 없을 텐데······. 집은 헐리더라도 오늘 하루 여기서 자야 해요. 딸이······ 집 나간 딸이 돌아오지 않았어요.

#96. 고급 맨션 앞
  우철이 승용차를 몰아와 아파트로 진입하고 있다. 다소곳이 앉아 있는 영희의 모습.

#97. 불이의 집
  일거에 폭삭 무너지는 담. 방문을 열고 나와 선 식구들 앞서 뽀얗게 먼지가 인다. "명희 언니는 큰오빠를 좋아해"라 쓰인 장독대가 큰 해머에 의해 부서진다. 파괴되어 가는 과정이 다각도로 보여진다.

- 홍파 각색, 「난쟁이가 쏘아 올린 작은 공」 -

* 다운 : 권투 시합에서 상대방의 공격으로 쓰러진 상태.
* 몽타주 : 넓은 의미로는 편집 작업을, 좁은 의미로는 서로 다른 화면을 결합하는 방식을 가리킴.

01 윗글로 미루어 알 수 있는 것은?

① 인부들은 불이의 집을 허무는 일에 대해 기꺼워하지는 않았다.
② 영수는 무너지는 집을 바라보며 지나간 기억을 반추하고 있다.
③ 어머니는 영희에 대해 무관심한 아들들의 태도에 불만을 나타내고 있다.
④ 불이는 영호의 상처에 대해 물었지만 영호는 불이의 질문에 대답하지 않았다.
⑤ 영희는 우철의 다정한 태도에 호감을 느껴 자신의 현재 처지에 만족하고 있다.

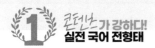

02 학생들이 모둠 활동을 통해 '#95'를 지문 내용에 충실하게 촬영하려고 한다. ㉠~㉤에 대한 의견으로 적절하지 <u>않은</u> 것은?

① ㉠ : 해머 소리를 음향 효과로 제시하면서 흔들리는 담벽을 보여 준 후에 담벽에 난 구멍을 보여 준다면, 상황이 실감 나게 전달될 수 있을 거야.

② ㉡ : 담벽의 구멍을 보여 준 이후 그 구멍으로 해머가 모습을 드러내도록 촬영하면, 카메라가 인부들의 시선을 대변할 수 있을 거야.

③ ㉢ : 담벽에 난 구멍을 통해 난쟁이 일가의 모습을 포착하려면, 카메라는 담벽 바깥쪽에 위치해야 할 거야.

④ ㉣ : 담벽이 무너지고 인부들이 지켜보는 가운데 먼지가 서서히 가라앉도록 촬영하면, 난쟁이 일가가 겪을 사태가 구체화되는 시각적 효과를 살릴 수 있을 거야.

⑤ ㉤ : 난쟁이 일가가 식사하는 장면을 다시 화면에 담는다면, 철거 위협에도 아무렇지도 않은 듯 행동하는 난쟁이 일가의 태도를 부각할 수 있을 거야.

03 〈보기〉를 바탕으로 윗글을 감상한 내용으로 적절하지 <u>않은</u> 것은?

보기

시나리오에서 두 개 이상의 이야기가 동시에 진행될 때, 중심이 되는 이야기를 '주 플롯'이라 하고 부수적인 이야기를 '부 플롯'이라 한다. 주 플롯에 해당하는 장면을 M_1, M_2, …, M_k, …, M_n이라 하고, 부 플롯에 해당하는 장면을 S_1, S_2, …, S_k, …, S_n이라 할 때, 전체 구조는 M_1→S_1→M_2→S_2→…→M_k→S_k→…→M_n→S_n의 순서를 따르는데, 이러한 정렬 방식을 '교차 편집'이라고 한다. M_k에서 S_k로 전환될 때 두 장면 사이의 유사성이나 대조점을 활용하면 장면 연계가 매끄럽게 이루어질 것이며, M_k와 S_k가 한 장면 내에서 만날 때 나뉘어 있던 두 플롯이 더욱 긴밀하게 연관될 것이다.

① #90, #92, #96은 부 플롯에 해당하는 장면들이다.

② 주 플롯에 해당하는 장면들은 시간의 흐름에 따라 진행되고 있다.

③ 주 플롯과 부 플롯은 #94에서 만나 동일한 공간적 배경을 갖게 된다.

④ '고기'는 주 플롯과 부 플롯을 자연스럽게 연계하는 유사성으로 활용된다.

⑤ 고급 아파트와 낡고 무너진 집의 대조를 통해 두 플롯을 연계한 대목이 있다.

다음 글을 읽고 물음에 답하시오.

(가)

얇은 사(紗) 하이얀 고깔은

고이 접어서 나빌레라.

파르라니 깎은 머리

박사(薄紗) 고깔에 감추오고

두 볼에 **흐르는 빛**이

정작으로 고와서 서러워라.

빈 대(臺)에 **황촉(黃燭)불**이 말없이 녹는 **밤**에

오동잎 잎새마다 **달**이 지는데

소매는 길어서 하늘은 넓고

돌아설 듯 날아가며 사뿐히 접어 올린 외씨보선이여.

까만 눈동자 살포시 들어

먼 하늘 한 개 **별빛**에 모두오고

복사꽃 고운 뺨에 아롱질 듯 두 방울이야

세사에 시달려도 번뇌는 **별빛**이라.

휘어져 감기우고 다시 접어 뻗는 손이

깊은 마음 속 거룩한 합장인 양하고

이 밤사 **귀또리**도 지새는 삼경(三更)인데

얇은 사(紗) 하이얀 고깔은 고이 접어서 나빌레라.

　　　　　　　　　　　　　　- 조지훈, 「승무」 -

(나)

여러 산봉우리에 여러 마리의 뻐꾸기가

울음 울어

떼로 울음 울어

석 석 삼년도 봄을 더 넘겨서야

나는 길뜬* 설움에 맛이 들고

그것이 실상은 한 마리의 뻐꾹새임을

알아냈다.

지리산 하

한 봉우리에 숨은 실제의 **뻐꾹새**가

한 울음을 토해 내면

뒷산 봉우리 받아넘기고

또 뒷산 봉우리 받아넘기고

[A]

그래서 **여러 마리의 뻐꾹새**로 울음 우는 것을

알았다.

지리산 중

저 연연한 **산봉우리**들이 다 울고 나서

오래 남은 추스름 끝에

비로소 한 소리 없는 **강**이 열리는 것을 보았다.

섬진강 섬진강

그 힘센 물줄기가

하동 쪽 **남해**로 흘러들어

남해 군도의 여러 작은 **섬**을 밀어 올리는 것을 보았다.

봄 하룻날 그 눈물 다 슬리어서

지리산 하에서 울던 한 마리 뻐꾹새 울음이

이승의 서러운 맨 마지막 빛깔로 남아

이 세석(細石)* **철쭉꽃**밭을 다 태우는 것을 보았다.

　　　　　　　　　　　　　　- 송수권, 「지리산 뻐꾹새」 -

* 길뜬 : 길이 덜 든.
* 세석 : 지리산 정상 아래 부근의 지명.

(다)

무등산 한 활개 뫼가 동쪽으로 뻗어 있어

멀리 떼쳐 와 ⓐ 제월봉(霽月峰)이 되었거늘

무변대야(無邊大野)*에 무슨 짐작 하노라

일곱 굽이 한데 뭉쳐 우뚝우뚝 벌여 논 듯

가운데 굽이는 구멍에 든 ⓑ 늙은 용이

선잠을 갓 깨어 머리를 앉혔으니

너럭바위 위에 송죽을 헤치고 ⓒ 정자를 앉혔으니

구름 탄 청학이 천리를 가리라 두 날개 벌렸는 듯

옥천산 용천산 내린 ⓓ 물이

정자 앞 넓은 들에 올올히 펴진 듯이

넓거든 기노라 푸르거든 희지 마나

쌍룡이 뒤트는 듯 긴 깁을 펼쳤는 듯

어디로 가노라 무슨 일 바빠서

닫는 듯 따르는 듯 밤낮으로 흐르는 듯

물 좇은 사정(沙汀)*은 눈같이 펴졌거든

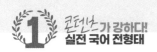
[B] 어지러운 기러기는 무엇을 어르노라

　앉으락 내리락 모이락 흩으락

　노화(蘆花)*를 사이 두고 우러곰 좇니느뇨

넓은 길 밖이요 긴 하늘 아래 두르고 꽂은 것은

뫼인가 병풍인가 그림인가 아닌가

높은 듯 낮은 듯 궂는 듯 잇는 듯

숨거니 뵈거니 가거니 머물거니

어지러운 가운데 이름난 양하여

하늘도 저어치 않고 우뚝이 섰는 것이 ⓔ 추월산 머리 짓고

용구산 몽선산 불대산 어등산

용진산 금성산이 허공에 벌였거든

원근창애(遠近蒼崖)에 머문 짓도 하도 할샤

　　　　　　　　　　　- 송순, 「면앙정가」 -

* 무변대야 : 끝없이 넓은 들판.
* 사정 : 모래톱.
* 노화 : 갈대.

01 (가)~(다)의 공통점으로 가장 적절한 것은?

① 단호한 어조로 화자의 의지를 드러낸다.
② 과거와 현재를 대비하여 그리움의 정서를 고조한다.
③ 감각적 이미지를 통해 시적 대상의 운동감을 나타낸다.
④ 대립적 시각을 바탕으로 긍정적 상황 인식을 드러낸다.
⑤ 역설적 표현을 통해 대상의 의미를 긴장감 있게 제시한다.

 형태쌤과 선지분석

선지분석	(가)	(나)	(다)
단호한 어조 → 화자의 의지			
과거-현재 대비 → 그리움 고조			
감각적 이미지 → 대상의 운동감			
대립적 시각 → 긍정적 상황 인식			
역설적 표현			

02 〈보기〉를 참고하여 (가)를 이해한 내용으로 적절하지 않은 것은?

보기

　「승무」는 무녀(舞女)를 무대 공간의 중심에 배치하여 관객이 이를 바라보는 상황을 보여 주고 있다. 무녀와 그의 춤을 초점화하기 위해서는 여러 가지 빛이 동원되어야 한다. 이 작품에는 지상과 천상, 상승과 하강, 생성과 소멸의 속성을 지닌 다양한 빛이 등장하여 무녀의 외양과 행위, 더 나아가 내면세계를 비추고 있다. 이 빛은 다양한 상징적 의미를 전달하고, 관객이 무대와 인물을 관조하거나 그것에 몰입할 수 있도록 유도한다.

① 어두운 '밤'은 무녀를 비추는 다양한 빛의 양상을 효과적으로 드러내고, 관객의 관심이 무녀에게 집중되게 한다.
② '흐르는 빛'은 여러 빛들에 비추어진 무녀의 낯빛으로서, 상승 이미지를 통해 환상적인 분위기를 조성한다.
③ 말없이 녹아내리는 '황촉불'과 기우는 '달'은 하강과 소멸 이미지를 지니고 있어 유한한 인간 존재를 떠올리게 한다.
④ 6연의 천상의 '별빛'은 번뇌에서 벗어난 초탈의 세계를 환기하면서 승화의 의미로 이어지게 된다.
⑤ 7연의 '별빛'은 무녀의 눈과 연결되어 그녀가 지향하는 세계와 내면세계를 서로 이어 준다.

03 (가)의 '서러워라'와 (나)의 '설움'에 대한 설명으로 가장 적절한 것은?

① (가)의 설움은 역사적인 삶의 경험에서 비롯된 것이다.
② (나)의 설움은 자연물의 주술적 속성을 통해 구체적으로 표출된다.
③ (가)와 (나)의 설움에는 부정적 현실에 대한 비판 의식이 담겨 있다.
④ (가)와 (나)의 설움은 외부 대상과는 무관하게 화자의 내면에서 생성되는 정서이다.
⑤ (가)는 밤을 지새우는 '귀또리'의 소리를 통해, (나)는 '철쭉꽃'의 색채를 통해 설움을 환기하며 시상을 마무리하고 있다.

04 (나)에 대한 설명으로 적절하지 않은 것은?

① 1연에는 화자가 깨달음에 도달하기까지 걸린 시간과 노력이 나타난다.
② 2연의 '실제의 뻐꾹새'는 '여러 마리의 뻐꾹새'와 상반되는 의미를 형성한다.
③ 2연~4연의 첫 행들은 각 연의 시적 공간에 대해 주의를 환기하는 방식으로 시상 전개에 통일성을 부여한다.
④ 3연~4연에서 '산봉우리', '강', '남해', '섬'이 잇달아 연결되면서 변화와 생성의 세계를 보여준다.
⑤ 3연~5연은 연의 끝 부분에 '보았다'를 반복적으로 사용하여 깨달음의 의미를 강조한다.

05 [A]와 [B]를 비교한 내용으로 가장 적절한 것은?

① [A]와 달리, [B]는 직유를 통해 시각적 인상을 구체화한다.
② [B]와 달리, [A]는 음보율을 통해 정형적 운율미를 느끼게 한다.
③ [A]와 [B] 모두 어순의 도치를 통해 의미를 강조한다.
④ [A]와 [B] 모두 반어적 표현을 통해 냉소적 태도를 드러낸다.
⑤ [A]와 [B] 모두 영탄적 표현을 통해 자연물에서 받은 감흥을 표출한다.

 형태쌤과 선지분석

선지분석	[A]	[B]
직유 → 시각적 인상 구체화		
음보율 → 정형적 운율미		
어순의 도치		
반어적 표현 → 냉소적 태도		
영탄적 표현 → 자연물에 대한 감흥 표출		

06 〈보기〉를 참고하여 (다)를 감상한 내용으로 적절하지 <u>않은</u> 것은?

보기

　　송순이 「면앙정가」에서 펼쳐 보인 세계는 흔히 '면앙우주'라고 일컬어진다. 면앙우주는 작가에게 천지만물의 이치를 심성의 수양으로 내면화하는 공간이었다. 작가는 자연 세계를 통해 인간 세계의 이치를 읽어내는 가운데 조화와 합일을 추구했다. 그는 객관적 자연물에 인간적 생명력과 의지를 부여하는 방식으로 자신의 이상과 세계관을 표출했다.

① ⓐ의 '제월봉'이 '무변대야에 무슨 짐작'을 한다는 표현에는 높은 이상을 향한 작가의 의지가 자연물에 투영되어 있군.
② ⓑ의 '늙은 용'이 '선잠을 갓 깨어'라는 표현에는 이상을 펼치기에 이미 늦었다고 여기는 작가의 조바심이 담겨 있어.
③ ⓒ의 '정자'가 '청학'처럼 '두 날개 벌렸는 듯'하다는 표현에서 면앙정이 비상(飛上)을 위한 심성 수양의 장소임을 알 수 있군.
④ ⓓ의 '물'이 '밤낮으로 흐르는' 모습을 통해 작가도 자신이 추구하는 바를 쉼 없이 행해야 함을 드러내고 있어.
⑤ ⓔ의 '추월산'을 비롯한 여러 산들이 '높은 듯 낮은 듯 긎는 듯 잇는 듯' 서 있다는 표현에서 조화와 합일을 추구하는 삶의 태도를 볼 수 있군.

나 없이

기출

풀지마라

다음 글을 읽고 물음에 답하시오.

이윽고 백 소부가 백 소저에게 명하여 가로되,

"오늘 너를 위해 좋은 배필을 얻었으니 지극한 소원을 이루었도다. 아비의 명을 사양치 말고 이 시에 화답하여 맹약을 정하라."

하니, 백 소저가 얼굴에 수줍은 빛을 띠고 오래 주저하다가 화선지 한 폭에 ㉠ 오언 절구 두 수를 쓰더라.

봉황새가 단산(丹山)에서 나왔거늘
깃들인 곳 벽오동 아니로다.
날개가 꺾어짐을 탄식지 말지니
마침내 하늘에 오름을 보리라.

무성함은 고송(高松)의 자질이요
푸르름은 고죽(孤竹)의 마음이라.
사랑스럽다, 세한(歲寒)의 절조여!
바람과 서리에도 굴하지 않네.

백 소부가 여러 번 낭독하다 감탄하여 가로되,

"시의 격이 빼어나고 아름다우니 가히 소선의 시와 더불어 서로 백중(伯仲)이 될 만하다. 만일 남자였다면 마땅히 장원 급제하리로다. 그러나 시의 뜻이 스스로 송죽의 절조에 비함은 어찌 된 일이뇨? 후에 시참(詩讖)* 이 되지 않을까 두렵노라."

이때 김소선은 대면한 백 소저의 용모를 보지는 못하나, 시구를 듣고는 그 청아함을 사랑하고 품은 뜻에 감복하여 크게 감탄하더라. 백 소부가 김소선의 시를 화선지에 베껴 백 소저에게 주며 가로되,

"반드시 이 시를 깊이 간직하였다가 후에 신물(信物)을 삼으라."

하고, 또 소저의 쓴 시를 김소선에게 전하여 가로되,

"그대 또한 이 시를 간직하였다가 부귀하게 되면 이 자리의 맹약을 잊지 마시게."

하니, 소선과 소저가 절하고 명을 받더라.

[중략 줄거리] 세력가인 배연령의 아들 배득량은 백 소저의 정혼 사실을 알면서도 백 소저와 혼인하고자 한다. 배득량은 백 소저의 외삼촌 석 시랑을 통해 그 뜻을 전하나 백 소부는 단호히 거절한다.

석 시랑이 감히 입을 열지 못하고 물러나와, 배득량에게 가 백 소부의 말을 자세히 전하니 득량이 낙담하더라. 이윽고 배연령에게 간청하여 세력으로 억지로 혼인하고자 하더라. 배연령이 평소 득량을 가장 사랑한 고로 말만 하면 들어주지 아니하는 것이 없더니, 이에 석 시랑을 불러 가로되,

"우리 집이 그대의 제부와 벼슬을 함께 하는 우의가 있고 문벌도 서로 걸맞으니, 혼인을 맺어 가문의 친밀함을 더한다면 어찌 아름다운 일이 아니리오? 그대는 나를 위해 백 소부에게 말하여 혼약을 이루고 속히 좋은 결과를 전할지어다."

시랑이 이튿날 다시 백 소부의 집에 가 배연령의 말을 전하여 가로되,

"누이 말을 들은즉 생질녀와 정한 배필은 눈먼 폐인이라 하더이다. 아름답고 어진 생질녀를 두고 반드시 이런 폐인을 사위로 삼고자 하니 어찌 사려 깊지 못한 것이 아니리오? 이는 아름다운 옥을

구덩이에 버리고 상서로운 난새를 까막까치의 짝으로 삼음과 같으[A] 니, 깊이 애석하도다. 지금 배 승상은 가장 천자의 총애를 입어 위세와 복록을 이루어 그 권세가 두려울 만하거늘, 생질녀의 어짊을 듣고 그 아들 득량을 위하여 반드시 혼약을 맺고자 하니 그 호의를 저버려서는 안 될지라. 바라건대 다시 깊이 헤아려 뒷날 크게 후회하지 않게 하소서."

소부가 듣자마자 크게 노하여 가로되,

"어찌 식견 없는 말을 내는고? 배연령이 아무리 하늘을 태울 기세가 있고, 바다를 기울일 수완이 있더라도 나는 두려워 아니하노라. 더구나 딸아이는 이미 다른 사람에게 허락하였은즉, 폐인이며 폐인이 아님을 논할 것 없이 자네가 간여할 바가 아니로다."

시랑이 크게 부끄러워 감히 말 한마디 못하고 돌아가 배연령을 뵈어 가로되,

"백 소부의 뜻이 이미 굳건하니, 온갖 구실로 설득할지라도 돌이키지 못할 것입니다."

하거늘 연령이 노하여 꾸짖어 가로되,

"백문현이 어떤 존재이기에 감히 내 말을 거역하는가?"

드디어 공부 좌시랑 황보박을 부추겨서, 평장사 백문현이 비밀히 변방의 오랑캐와 결탁하여 사직을 위태롭게 꾀한다고 무고(誣告)하게 하니, 천자가 크게 노하여 백 소부를 형리에게 부쳐 장차 죽이고자 하더라. 여러 대신이 교대로 상소를 올려 지극히 간하니 천자의 노여움이 누그러져서 소부의 작위를 거두고 애주 참군으로 강등시켜 당일로 압송케 하니라. 조명(詔命)*이 한번 내리매 만조백관이 두려워하여 감히 다시 간하지 못하고, 백 소부의 집은 상하가 다 통곡함을 마지아니하더라.

— 서유영, 「육미당기(六美堂記)」 —

* 시참 : 우연히 지은 시가 이상하게도 뒷일과 꼭 맞는 일.
* 조명 : 천자의 명령을 적은 문서.

형태쌤과 지문분석

지문분석	
공간	
서술자의 개입	

01 윗글을 통해 알 수 있는 내용으로 적절한 것은?

① 부모의 개입 없이 배우자 선택이 이루어지고 있다.
② 개인의 혼사 문제가 가문의 성쇠와 관련되고 있다.
③ 재물의 많고 적음에 따라 인물의 운명이 결정되고 있다.
④ 대신들 간의 다툼으로 천자의 지위가 위태로워지고 있다.
⑤ 간신들이 오랑캐와 결탁하여 나라를 위기로 몰아가고 있다.

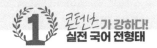

02 ㉠과 관련한 이해로 적절하지 <u>않은</u> 것은?

① 시를 주고받는 행위를 통해 김소선과 백 소저의 관계가 긴밀해지고 있다.

② 시의 내용으로 보아 백 소저가 강직한 성품을 지니고 있음을 알 수 있다.

③ 시에 대한 백 소부의 평으로 보아 백 소저가 뛰어난 재능을 지니고 있음을 알 수 있다.

④ 시를 주며 맹약을 잊지 말라고 한 것으로 보아 백 소부가 김소선을 믿지 못하고 있음을 알 수 있다.

⑤ 백 소부가 '시참'이 될까 두려워하는 것으로 보아 장차 백 소저에게 고난이 닥칠 것을 예상할 수 있다.

03 [A]에서 알 수 있는 내용으로 적절하지 <u>않은</u> 것은?

① 석 시랑은 생질녀의 용모와 인품을 치켜세우고 있다.

② 석 시랑은 생질녀와 혼약을 맺은 상대를 폄하하고 있다.

③ 석 시랑은 비유를 활용하여 백 소부의 성품을 미화하고 있다.

④ 석 시랑은 권력자의 위세를 두려워하며 그에 편승하고 있다.

⑤ 석 시랑은 장차 닥칠 수 있는 어려움을 암시하며 백 소부를 설득하고 있다.

04 윗글의 인물 간 관계를 〈보기〉와 같이 나타냈을 때, ⓐ~ⓔ에 대한 이해로 가장 적절한 것은?

보기

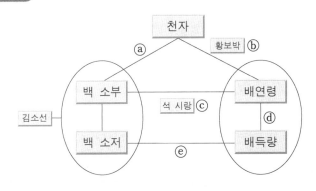

① ⓐ : 백 소부는 천자의 노여움을 사 백척간두(百尺竿頭)의 상황에 처하게 되었다.

② ⓑ : 황보박은 배연령과 천자 사이에서 좌고우면(左顧右眄)하고 있다.

③ ⓒ : 백 소부와 배연령은 석 시랑을 통해 막역지우(莫逆之友)가 되었다.

④ ⓓ : 배득량은 배연령의 자존심 회복을 위해 절치부심(切齒腐心)하고 있다.

⑤ ⓔ : 배득량은 백 소저와 동병상련(同病相憐)의 처지에 놓여 있다.

다음 글을 읽고 물음에 답하시오.

(가)

(아니리)

"제가 세상에 빨리 나가 간을 속히 가지고 오겠나이다."

용왕이 이 말을 듣더니,

"여봐라 별주부야. ㉠ <u>토공을 모시고</u> 세상을 나가 간을 주거들랑 속히 가지고 오도록 하여라."

명을 내리노니 별주부 기가 막혀,

(중머리)

별주부가 울며 여쭙되,

"토끼란 놈이 본시 간사하야 뱃속에 달린 간 아니 내고 보면은 조목금수(鳥木禽獸)라도 빈정거릴 터이요 맹획(孟獲)을 칠종칠금(七縱七擒)* 하던 제갈량의 재주 아니어든 한번 놓아 보낸 토끼를 어찌 다시 구하리까. 당장에 배를 따 보아 간이 들었으면 좋으려니와 만일에 간이 없고 보면 소신의 구족(九族)을 멸하여 주옵고 소신을 능지처참하더라도 여한이 없사오니 당장 따 보시오."

토끼가 기가 막혀,

[A]
"여봐라 이놈 별주부야. 야 이놈 몹쓸 놈아. 왕명이 지중커늘 내가 어이 기만하랴. 옛말을 네가 못 들었느냐. 하걸(夏桀) 학정으로 용봉*을 살해코 미구(未久)에 망국 되었으니 너도 이놈 내 배를 따 보아 간이 들었으면 좋으련만 만일에 간이 없고 보면 불쌍한 나의 목숨이 너의 나라서 원귀 되고 너의 용왕 백 년 살 것을 하루도 못 살 테요, 너의 나라 만조백관 한날한시에 모두 다 몰살시키리라. 아나 옛다 배 갈라라. 똥밖에는 든 것 없다. 내 배를 갈라내 보아라."

(아니리)

"왜 이리 잔말이 심한고. 어서 빨리 나가도록 해라."

별주부가 하릴없이 토끼를 업고 세상을 나가는데 세상 경개가 장히 좋던가 보더라.

(중략)

[중략 부분의 줄거리] 토끼는 육지에 당도하여 별주부를 따돌리고 도망치지만 독수리에게 잡히는 신세가 된다.

(나)

(중머리)

"아이고 아이고 어쩔거나 아이고 이를 어쩔거나. 나 죽기는 섧지 않으나 수로 천 리 먼먼 길에 겨우겨우 얻어 온 것을 무주공산(無主空山)에 던져 두고 임자 없이 죽게 되니 이 아니 섧소이까."

(아니리)

"아니 그게 무엇이란 말이냐."

"그것이 다른 것이 아니오라 이번에 제가 수궁엘 들어갔었지요."

"그래서."

"수궁엘 들어갔더니 용왕께서 '의사줌치'를 하나 주십디다."

"아니 무엇, '의사줌치'라는 것이 무엇이냐."

"글쎄 그것이 이상스럽습니다. 좍 펴 놓고 보면 구멍이 한 두서넛씩 뚫어졌죠."

"그래서."

"그 한 구멍을 딱 쳐서 '썩은 도야지 창자 나오너라.' 하면 그저 꾸역꾸역 나오고, 또 한 구멍을 툭 치고 '도야지 새끼나 개 창자나 나오너라.' 하면 그저 꾸역꾸역 나오고, 또 한 구멍을 툭 치며 '그 병아리 새끼들 나오너라.' 하면 병아리가 일천 오백 마리나 그저 꾸역꾸역 나오고, 무엇이든지 내 소원대로 나오는 그런 보물을 저기 저 무주공산에다가 던져두고 죽게 되니 그 아니 딱한 일이오."

"너 이놈 토끼야."

"네."

"네 목숨을 살려 줄 테니 그것 좀 날 줄래."

"아이고, 목숨만 살려 주시면 드리고 말고요."

"그럼 그것이 어데 있느냐."

"저기 있습니다."

"가자."

독수리란 놈이 토끼 대굴박을 소주병 들듯 탁 들고서 훨훨 날아가더니,

"여기냐."

"네."

바위 옆에다 턱 내려놓고,

"어서 나 시장해 못 살겠다. 빨리 '의사줌치' 좀 내오너라."

"장군님, 내 뒷발을 잡고 놓아 달라는 대로 좀 놔 주십시오. 안에 들어가서 내어 올 테니."

토끼는 꾀가 많은 놈이라 앞발을 바위틈에다 쏙 허니 넣고,

"장군님, 조금만 놔 주시오. 아, 닿을 만합니다. 조금만 더 조금 조금 조금."

뒷발을 탁 차고 바위 속으로 쏙 들어가더니 느닷없이 시조 반 장을 내것다.

"세월이 여류허여⋯⋯."

"너 이놈 토끼야. 아, 내 시장해 죽겠는데 무엇이 그리 한가해 들어가서 시조를 부르고 앉았느냐. 어서 이리 가져오너라."

토끼가 호령을 하는데,

[B]
"너 이놈 독술아. 내 발길 나가면 네 해골 터질 테니 어서 날아가거라."

"너 이놈, 다시 안 나올라니."

"내가 늘그막에 출입할 수도 없고 집에서 손주나 봐 주고 지나갈란다. 어서 잔말 말고 날아가거라. 이것이 바로 내가 살아났으니 '의사줌치'라 하는 것이다."

- 작자 미상, 「수궁가」 -

* 칠종칠금 : 마음대로 잡았다 놓아 주었다 함을 이르는 말.

* 용봉 : 중국 하나라의 신하로, 걸왕에게 간언하다 죽임을 당함.

📁 **형태쌤과 지문분석**

지문분석	
공간	
서술자의 개입	

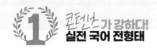

01 윗글에 대한 설명으로 가장 적절한 것은?

① 공간의 이동을 통해 국면이 전환된다.
② 배경이 되는 시대 상황을 구체적으로 서술한다.
③ 창(唱)과 아니리가 교차하면서 갈등이 고조된다.
④ 의도적으로 고사(故事)를 오용하여 긴장감을 낳는다.
⑤ 비슷한 잘못을 반복하는 주인공의 모습을 보여 준다.

 형태쌤과 선지분석

선지분석	수궁가
공간의 이동 → 국면 전환	
구체적 시대 상황 제시	
창과 아니리의 교차 → 갈등 고조	
의도적 고사 오용 → 긴장감	
주인공의 비슷한 잘못 반복	

02 [A]와 [B]에 나타난 '토끼'의 말하기에 대한 설명으로 적절하지 <u>않은</u> 것은?

① [A]는 권력자에 기대어, [B]는 연륜을 내세워 상대를 설득하고 있다.
② [A]에는 절박함을 숨기려는 심리가, [B]에는 득의양양한 심리가 내재되어 있다.
③ [A]와 [B]는 모두 상황을 가정하며 상대에게 대응하고 있다.
④ [A]와 [B]는 모두 비속한 표현을 사용하여 상대를 자극하고 있다.
⑤ [A]는 [B]와 달리, 드러난 청자뿐 아니라 작품 속의 다른 인물까지 청자로 상정하고 있다.

03 ㉠에 담긴 '용왕'의 생각을 가장 잘 드러낸 것은?

① 토끼가 말하는 것을 보니, 허장성세(虛張聲勢)가 대단하군.
② 토끼가 돌아올 때까지 수주대토(守株待兔)하듯 기다려야겠군.
③ 토끼가 이리 안하무인(眼下無人)이니 말로라도 대접하는 척해 주지.
④ 천려일실(千慮一失)이라는데, 토끼의 마음이 상하지 않도록 해야겠어.
⑤ 자가당착(自家撞着)도 유분수지, 겨우 잡아 온 토끼를 놓아주어야 하다니.

04 윗글의 '의사줌치'에 대한 설명으로 적절하지 <u>않은</u> 것은?

① 독수리의 관심을 토끼에게서 돌리는 수단이 된다.
② 토끼는 획득 경로를 밝혀 신빙성을 높이고자 한다.
③ 독수리와 토끼가 상생할 수 있는 계기를 마련해 준다.
④ 실재하지 않으면서, 실재하는 존재들에 영향을 끼친다.
⑤ 독수리와 토끼의 서로 다른 욕망이 만나는 지점이 된다.

다음 글을 읽고 물음에 답하시오.

　주재소는 그를 노려보았다. 툭하면 오라, 가라, 하는데 학질이었다. 어느 동리고 가 있다가 불행히 일만 나면 누구보다도 그부터 붙들려 간다. 왜냐면 그는 전과 사범이었다. 처음에는 도박으로, 다음엔 절도로, 또 고담에는 절도로, 절도로.

　그러나 이번 멀리 아우를 방문함은 생활이 궁하여 근대러 왔다거나 혹은 일을 해 보러 온 것은 결코 아니었다. 혈족이라곤 단 하나의 동생이요, 또한 오래 못 본지라 때 없이 그리웠다. 그래 모처럼 찾아온 것이 뜻밖에 덜컥 일을 만났다.

　지금까지 논의 벼가 서 있다면 그것은 성한 사람의 짓이라 안 할 것이다.

　응오는 응고개 논의 벼를 여태 베지 않았다. 물론 응오가 베어야 할 것이나, 누가 든든지 그 형 응칠이를 먼저 의심하리라. 그럼 여기에 따르는 모든 책임을 응칠이가 혼자 지지 않으면 안 될 것이다.

　응오는 진실한 농군이었다. 나이 서른하나로 무던히 철났다 하고 동리에서 ⓐ 처주는 모범 청년이었다. 그런데 벼를 베지 않는다. 남은 다들 거둬들였고 털기까지 하련만 그는 ㉠ 벨 생각조차 않는 것이다.

　지주라든 혹은 그에게 장리*를 놓은 김 참판이든 뻔찔 찾아와 벼를 베라 독촉하였다.

　"얼른 털어서 낼 건 내야지."

　하면 그 대답은,

　"계집이 죽게 됐는데 벼는 다 뭐지유—"

　하고 한결같이 내뱉는 소리뿐이었다.

　하기는 응오의 아내가 지금 기지사경이매 틈은 없다 하더라도 돈이 놀아서 약을 못 쓰는 이 판이니 진시 벼라도 털어야 할 것이다.

　그러면 왜 안 털었던가.

　그것은 작년 응오와 같이 지주 문전에서 타작을 하던 친구라면 묻지는 않으리라. 한 해 동안 애를 ⓑ 졸이며 홑자식 모양으로 알뜰히 가꾸던 그 벼를 거둬들임은 기쁨에 틀림없었다. 꼭두새벽부터 엣, 엣, 하며 괴로움을 모른다. 그러나 캄캄하도록 털고 나서 지주에게 도지*를 제하고, 장리쌀을 제하고, 색초*를 제하고 보니 남은 것은 ㉡ 등줄기를 흐르는 식은땀이 있을 따름. 그것은 슬프다 하기보다 끝없이 부끄러웠다. 같이 털어 주던 동무들이 뻔히 보고 섰는데 빈 지게로 덜렁거리며 집으로 돌아오는 건 진정 열적기 짝이 없는 노릇이었다. 참다 참다 못해 응오는 눈에 눈물이 흘렀던 것이다.

[A] ┌ 　가뜩한데 엎치고 덮치더라고 올해는 고나마 흉작이었다. 샛바람과
　　│ 비에 벼는 깨깨 비틀렸다. 이놈을 가을하다간 먹을 게 남지 않음은 물
　　│ 론이요 빚도 다 못 ⓒ 가릴 모양. 에라, 빌어먹을 거 너들끼리 캐다 먹
　　│ 든 말든 멋대로 하여라, 하고 내던져 두지 않을 수 없다. 벼를 거뒀다
　　└ 고 말만 나면 빚쟁이들은 우— 몰려들 거니깐.

　응칠이의 죄목은 여기에서도 또렷이 드러난다. 국으로 가만만 있었다면 좋은 걸 이 사품에 뛰어들어 지주의 뺨을 제법 갈긴 것이 응칠이었다.

　처음에야 그럴 작정이 아니었다. 그는 여러 곳 물을 마신 이만치 어지간히 속이 튄 건달이었다. 지주를 만나 까놓고 썩 좋은 소리로 의논하였다. 올 농사는 반실이니 도지도 좀 감해 주는 게 어떠냐고. 그러나 지주는 암말 없이 고개를 ⓓ 모로 흔들었다. 정 이러면 하여튼 일 년 품은 빼야 할 테니 나는 그 논에다 불을 지르겠수, 하여도 잠자코 응치 않는다. 지주로

보면 자기로도 그 벼는 넉넉히 거둬들일 수는 있다마는, 한번 버릇을 잘못해 놓으면 여느 작인까지 행실을 버릴까 염려하여 겉으로 독촉만 하고 있는 타이었다. 실상이야 고까짓 벼쯤 있어도 고만 없어도 고만, 그 심보를 눈치 채고 응칠이는 화를 벌컥 낸 것만은 좋으나 저도 모르게 대뜸 주먹뺨이 들어갔던 것이다.

　이렇게 문제 중에 있는 벼인데 ㉢ 귀신의 놀음 같은 변괴가 생겼다. 다시 말하면 벼가 없어졌다. 그것도 병들어 쓰러진 쭉정이는 제쳐 놓고 무얼로 그랬는지 알장 이삭만 따 갔다. 그 면적으로 어림하면 아마 못 돼도 한 댓 말 가량은 되는지!

　응칠이가 아침 일찍이 그 논께로 노닐자 이걸 발견하고 기가 막혔다. 누굴 성가시게 굴려고 그러는지. 산속에 파묻힌 논이라 아직은 본 사람이 없는 모양 같다. 하나 동리에 이 소문이 퍼지기만 하면 저는 어느 모로든 혐의를 받아 폐는 좋이 입어야 될 것이다.

(중략)

　한 식경쯤 지났을까, 도적은 다시 나타난다. 논둑에 머리만 내놓고 사면을 두리번거리더니 그제야 기어 나온다. 얼굴에는 눈만 내놓고 수건인지 뭔지 헝겊이 가리었다. 봇짐을 등에 짊어 메고는 허리를 구붓이 뺑소니를 ⓔ 놓는다.

　그러자 응칠이가 날쌔게 달려들며,

　"이 자식, 남의 벼를 훔쳐 가니!"

　하고 대포처럼 고함을 지르니 논둑으로 고대로 데굴데굴 굴러서 떨어진다. 얼결에 호되게 놀란 모양이다.

　응칠이는 덤벼들어 우선 허리께를 내려조겼다. 어이쿠쿠, 쿠— 하고 처참한 비명이다. 이 소리에 귀가 번쩍 띄어서 그 고개를 들고 팔부터 벗겨 보았다. 그러나 너무나 어이가 없었음인지 시선을 치걷으며 그 자리에 우두망찰한다.

　그것은 ㉣ 무서운 침묵이었다. 살풍맞은 바람만 공중에서 북새를 논다.

[B] ┌ 　한참을 신음하다 도적은 일어나더니,
　　│ 　"성님까지 이렇게 못살게 굴우?"
　　│ 　제법 눈을 부라리며 몸을 홱 돌린다. 그리고 느끼며 울음이 복받친
　　│ 다. 봇짐도 내버린 채,
　　│ 　"내 것 내가 먹는데 누가 뭐래?"
　　└ 　하고 데퉁스러이 내뱉고는 비틀비틀 논 저쪽으로 없어진다.

　형은 너무 ㉤ 꿈속 같아서 멍하니 섰을 뿐이다.

－ 김유정, 「만무방」 －

* 장리 : 돈이나 곡식을 꾸어 주고, 받을 때는 한 해 이자로 본디 곡식의 절반 이상을 받는 변리.
* 도지 : 남의 논밭을 빌려서 부치는 대가로 해마다 내는 벼.
* 색초 : 잡초를 제거하는 데 들어가는 비용.

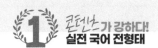

형태쌤과 지문분석

지문분석	
시간	
공간	
서술자의 관심사	

01 윗글에 대한 설명으로 적절한 것은?

① 인물의 행동과 심리를 따라가며 서사를 전개하고 있다.
② 다양한 인물들의 경험을 삽화 형식으로 나열하고 있다.
③ 장황한 해설을 통해 작가 의식을 표출하고 있다.
④ 인물의 외양 묘사를 통해 성격을 드러내고 있다.
⑤ 회상을 통해 서정적 분위기를 자아내고 있다.

형태쌤과 선지분석

선지분석	만무방
인물의 행동과 심리 제시	
다양한 인물 경험을 삽화 형식으로 나열	
서술자의 장황한 해설	
인물 외양 묘사 → 성격 제시	
회상 → 서정적 분위기	

02 [A]와 [B]에 대한 설명으로 적절한 것을 〈보기〉에서 골라 바르게 묶은 것은?

보기

ㄱ. [A]는 [B]의 사건이 일어나게 된 상황적 배경이 된다.
ㄴ. [A]에 드러나 있는 갈등은 [B]에서 극적으로 해소된다.
ㄷ. [A]와 [B]가 묶여 당시의 궁핍한 현실을 역설적으로 드러낸다.
ㄹ. [A]에서는 불만의 대상이 개인이었다가 [B]에서는 사회로 확대된다.

① ㄱ, ㄴ   ② ㄱ, ㄷ   ③ ㄴ, ㄷ   ④ ㄴ, ㄹ   ⑤ ㄷ, ㄹ

03 '응칠'의 행동을 〈보기〉와 같이 정리하였다. 〈보기〉를 토대로 윗글을 감상한 내용으로 적절하지 않은 것은?

보기

ㄱ. 응칠이는 먼 곳에서 동생을 찾아온다.
ㄴ. 응칠이는 담판을 지으려고 지주를 만난다.
ㄷ. 응칠이는 지주의 뺨을 때린다.
ㄹ. 응칠이는 논에 가서 도적을 기다린다.
ㅁ. 응칠이는 도적을 잡기 위해 다짜고짜로 달려든다.

① ㄱ, ㄴ을 통해 동생을 생각하는 응칠이의 마음을 읽을 수 있어.
② ㄱ, ㄹ에서 응칠이가 동생을 찾아온 일이 도적과 관계됨을 알 수 있어.
③ ㄴ, ㄷ, ㅁ을 통해 호락호락하지 않은 응칠이의 성격을 알 수 있어.
④ ㄴ, ㄹ을 통해 문제를 적극적으로 해결하고자 하는 응칠이의 의지를 볼 수 있어.
⑤ ㄹ, ㅁ은 응칠이가 자신에게 미칠지 모를 혐의를 벗기 위해 한 행위일 수 있어.

04 ㉠~㉤에 대한 설명으로 적절하지 않은 것은?

① ㉠ : '진실한 농군'의 행위인 점에 비추어, 의도가 단순치 않음을 짐작할 수 있다.
② ㉡ : 노동의 결과가 남지 않았다는 점에서 쓸쓸함과 안타까움이 느껴진다.
③ ㉢ : 새로운 문제의 발생으로 사건이 의외의 방향으로 흘러갈 것이라 예상된다.
④ ㉣ : 싸움 중에 잠시 찾아온 침묵으로, 상대방에 대한 경계심이 표현되어 있다.
⑤ ㉤ : 뜻밖의 상황을 당해 당혹스러워 하는 인물의 모습을 떠올리게 한다.

05 ⓐ~ⓔ를 바꿔 쓴 말로 적절하지 않은 것은?

① ⓐ : 알아주는   ② ⓑ : 태우며   ③ ⓒ : 갚을
④ ⓓ : 거칠게   ⑤ ⓔ : 친다

다음 글을 읽고 물음에 답하시오.

(가)

어제도 하룻밤
나그네집에
까마귀 까악까악 울며 새었소.

오늘은
또 몇 십 리
어디로 갈까.

산으로 올라갈까
들로 갈까
오라는 곳이 없어 나는 못 가오.

말 마소 내 집도
정주 곽산
차 가고 배 가는 곳이라오.

여보소 공중에
저 기러기
공중엔 길 있어서 잘 가는가?

여보소 공중에
저 기러기
열십자 복판에 내가 섰소.

갈래갈래 갈린 길
길이라도
내게 바이 갈 길은 하나 없소.

— 김소월, 「길」 —

(나)

오이밭에 벌배채* 통이 지는 때는
산에 오면 산 소리
벌로 오면 벌 소리

산에 오면
큰솔밭에 뻐꾸기 소리
잔솔밭에 덜거기* 소리

벌로 오면
논두렁에 물닭의 소리
갈밭에 갈새 소리

산으로 오면 산이 들썩 산 소리 속에 나 홀로
㉮ 벌로 오면 벌이 들썩 벌 소리 속에 나 홀로

정주 동림 구십여 리 긴긴 하룻길에
산에 오면 산 소리 벌에 오면 벌 소리
적막강산에 나는 있노라

— 백석, 「적막강산」 —

* 벌배채 : 들 배추, 야생 배추의 방언.
* 덜거기 : 늙은 장끼.

(다)

장부의 하올 사업 아는가 모르는가
효제충신(孝悌忠信)밖에 하올 일이 또 있는가
㉠ 어즈버 인도(人道)에 하올 일이 다만 인가 하노라

〈1장〉

남산에 많던 솔이 어디로 갔단 말고
난(亂) 후 부근(斧斤)*이 그다지도 날랠시고
㉡ 두어라 우로(雨露)곧 깊으면 다시 볼까 하노라

〈2장〉

창밖에 세우(細雨) 오고 뜰 가에 제비 나니
적객*의 회포는 무슨 일로 끝이 없어
㉢ 저 제비 비비(飛飛)를 보고 한숨 겨워하나니

〈3장〉

적객에게 벗이 없어 공량(空樑)*의 제비로다
종일 하는 말이 무슨 사설 하는지고
㉣ 어즈버 내 풀어낸 시름은 널로만 하노라

〈4장〉

인간(人間)에 유정한 벗은 명월밖에 또 있는가
천 리를 멀다 아녀 간 데마다 따라오니
㉤ 어즈버 반가운 옛 벗이 다만 녠가 하노라

〈5장〉

설월(雪月)에 매화를 보려 잔을 잡고 창을 여니

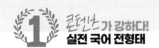
섞인 꽃 여읜 속에 잦은 것이 향기로다

어즈버 호접(蝴蝶)이 이 향기 알면 애 끊일까 하노라

〈6장〉

- 이신의, 「단가 육장」 -

* 부근 : 큰 도끼와 작은 도끼.
* 적객 : 귀양살이하는 사람.
* 공량 : 들보.

01 (가)~(다)의 공통점으로 가장 적절한 것은?

① 자연물과의 관계를 통해 화자의 현재 상황을 제시한다.
② 시각의 대립을 통해 부정적 현실 인식을 드러낸다.
③ 역동적 이미지를 활용하여 생동감을 자아낸다.
④ 회상을 통해 화자 자신의 삶을 반성한다.
⑤ 명암의 대비를 통해 시상을 전개한다.

형태쌤과 선지분석

선지분석	(가)	(나)	(다)
자연물과의 관계 → 현재 상황 제시			
시각 대립 → 부정적 현실 인식			
역동적 이미지 → 생동감			
회상 → 반성			
명암 대비			

02 (가)에서 외로움의 정서를 심화하는 상황으로 적절하지 않은 것은?

① '오늘'도 정처 없이 '길'을 가야 함.
② '오라는 곳'이 없음.
③ '내 집'이 있어도 가지 못함.
④ '기러기'와 떨어져 있음.
⑤ 갈 곳 없이 '열십자 복판'에 서 있음.

03 (나)를 이해한 내용으로 적절하지 않은 것은?

① 1연의 1행은 '벌배채'가 여물어 가는 때라는 의미로 '산'과 '벌'의 계절적 배경을 드러낸다.
② 1연의 2행~3행은 '산'과 '벌'에 대한 경험을 청각적으로 제시한다.
③ 2연과 3연은 '산'과 '벌'에서의 청각적 체험을 구체적으로 제시한다.
④ 4연은 '산'이 '벌'과 상반된 공간적 의미를 지님을 드러낸다.
⑤ 5연은 '산'과 '벌'에 대한 체험의 의미를 집약하여 마무리한다.

04 (가)와 (나)를 비교한 것으로 적절하지 않은 것은?

① (가)의 제목은 제재를, (나)의 제목은 주제 의식을 나타내고 있다.
② (가), (나) 모두 시어나 시구의 반복을 통해서 리듬감을 조성하고 있다.
③ (가)의 '정주 곽산', (나)의 '정주 동림'은 화자가 경험한 구체적 공간이다.
④ (가)의 '갈린 길'은 공간적 성격을, (나)의 '하룻길'은 시공간적 성격을 띤다.
⑤ (가)는 의문과 확인을 통해, (나)는 서술어의 제한적 사용을 통해 화자의 의지를 드러낸다.

05 (다)의 ㉠~㉤ 중 〈보기〉의 내용이 가장 잘 드러나는 것은?

보기

「단가 육장」에서 작가는 귀양살이가 단기간에 끝나지 않으리라는 우려 속에서도 정계에 복귀할 수 있으리라는 기대감을 드러내고 있다.

① ㉠   ② ㉡   ③ ㉢   ④ ㉣   ⑤ ㉤

06 (다)에서 화자와 대상의 관계가 (나)의 ㉮와 가장 가까운 것은?

① 1장   ② 2장   ③ 3장   ④ 5장   ⑤ 6장

02 고전 산문
2014학년도 6월B

풀이시간   분   초
정답과 해설   p.152

다음 글을 읽고 물음에 답하시오.

조웅이 엎드려 불효한 죄를 청하니 부인이 대경(大驚) 왈,

"우리 모자는 죄인이라 마음이 늘 숲에 앉은 새 같거늘, 네 나가서 무슨 죄를 짓기라도 한 것이냐?"

하니, 웅이 두려워하여 일어나 위로 왈,

"어찌 남에게 죄를 지었겠나이까? 모자지간에 불효막심한 일이 있삽나이다."

하고, 강호에 다다라 장 소저를 취한 곡절을 아뢰니 부인이 대희(大喜) 왈,

"죄 지은 자는 살지 못한다는 말이 옳구나. 본디 겁먹은 마음에 무슨 죄라도 지었는지 미리 겁을 먹고 놀랐구나."

하고 다시 물어 왈,

"장 소저를 내가 보지 못하였으나 네 말을 들으니 진정 네 짝이로다. 그 또한 하늘이 시키심이니 어찌 인력으로 취하였으리오? 그러나 우리 형세가 이러하니 어찌 예절을 기다리겠느냐? 죄 될 것이 없으니 조금도 두려워 마라."

하며 다시 그 동안의 일과 장 소저 가문을 물으니 웅이 일일이 아뢰니, 부인과 제승(諸僧)이 다 듣고 기이히 여겨 칭하(稱賀) 왈,

"하늘이 인도하심이라, 어찌 기특지 아니하리오?"

월경 대사 왈,

"부인은 소승이 전에 드린 말씀을 이제야 증험한 줄을 아시나이까?"

부인이 칭찬 왈,

"우매한 소견으로 어찌 대사의 신기함을 알겠나이까?"

하고 대사에게 항복함을 마지아니하더라.

[A] 이때 대사가 웅을 데리고 신통한 술법을 의논하더니 이러구러 삼 년이 되었는지라.

일일은 웅이 부인께 여쭙되,

"소자 처음에 이리로 올 적에 선생께 기약을 정하고 왔사오니, 이제 슬하를 잠깐 떠나 선생께서 실망하시는 탄식이 없게 하겠나이다."

하니, 부인이 새로이 슬퍼 왈,

"여러 해 그리던 마음을 다 펴지 못하고 또 가려 하니, 네 말은 당연하나 정리(情理)에 절박하고 또 사람의 일을 알지 못하나니 네 회환(回還)이 더딜진대 네 거처를 어디 가서 찾으리오?"

월경 대사 왈,

"부인은 추호도 염려치 마소서. 공자의 거처는 소승이 알고 있나이다."

부인이 이미 대사의 신기함을 아는지라, 부인 왈,

"만일 대사가 아니면 객지에서 어찌 우리 모자가 서로 의지하리오?"

하고 웅에게 왈,

"부디 네 선생을 보고 속히 돌아오라."

당부하니, 웅이 하직하고 말을 달려 수일 만에 관산에 이르니 이전에 보던 산천이 모두 반기는 듯하더라.

[중략 부분의 줄거리] 조웅은 이후 군대의 원수가 되어 황위를 찬탈한 이두병 세력과 전쟁을 벌이며 아버지의 원한을 갚고 황실을 회복하기 위해 노력한다.

원수가 창으로 춤추며 삼대의 우편으로 달려들며 접전하니 삼대는 항상 왼손으로 칼을 날리며 좌편으로 달려들거늘 원수가 계속 피하여 우편을 범하니, 이날 팔십여 합에 승부를 정하지 못하고 각각 본진으로 돌아오니

라. 삼대가 크게 의심 왈,

"조웅이 필연 무슨 아는 일이 있는가 싶으니 괴이하도다."

하고 행여 천기를 누설할까 두려워하더라. 원수가 본진으로 돌아와 강백더러 왈,

"삼대는 용맹이 실로 범상한 장수가 아니라, 쉽사리 잡지 못할 것이니 내일은 강장이 먼저 나아가 싸우라. 내 기세를 타 함께 싸우리라."

또 이르되,

"삼대의 좌편을 범치 말고 부디 경적(輕敵)*지 말라."

하더라.

이튿날 삼대가 창을 들고 말을 내달아 크게 외치며 왈,

"오늘은 맹세코 네 머리를 베어 분함을 씻으리라."

하고 진전(陣前)에 횡행하거늘 강백이 또 창을 들고 진전에 나서며 크게 외쳐 왈,

"무지한 삼대는 들어라. 네 두 형의 혼백이 우리 진중에 갇히어 나가지 못하고 주야로 울며 애통하되 '소장의 동생 삼대의 머리를 마저 바치올 것이니 가긍한 혼백을 놓아 주옵소서.' 하며 주야로 가긍한 소리 진중에 낭자하거늘 네 아무리 살리고자 한들 어찌 살리리오?"

[B] 달려들어 바로 삼대의 우편을 쳐들어가니 삼대가 아무리 왼손으로 칼을 잘 쓴들 우편으로 범하니 기운이 줄어드는지라. 삼십여 합에 승부를 결치 못하였으나 강장의 형세가 급한지라, 원수가 진전에서 두 장수의 싸움을 보고 칼을 들고 내달아 삼대의 우편을 쳐들어가니 삼대가 아무리 재주가 용한들 어찌 창을 한 손으로 쓰리오. 이십여 합에 승부를 가리지 못하더니 문득 강장의 창이 번뜻하며 삼대의 탄 말을 찔러 말이 거꾸러지니 삼대도 땅에 떨어지는지라. 원수가 달려들려 하니 삼대가 공중으로 솟아 달려들어 싸울새, 원수가 강백과 더불어 급히 치니 삼대가 견디지 못하여 달아나더라. 원수가 말을 달려 급히 따르며 칼을 들어 삼대의 창 든 손을 치니 삼대가 놀라 창을 버리고 공중으로 날아 달리거늘 원수가 솟아올라 삼대의 목을 치더라. 일진광풍이 일어나며 문득 진전에 푸른 안개 일어나고 두 줄 무지개가 공중에 뻗치거늘, 원수가 괴이하게 여겨 살펴보니 삼대의 왼팔 밑에 날개가 돋쳐 있더라.

삼대의 죽음을 보고 ⓐ 적진이 대경 황망하여 일시에 도망하거늘 원수와 강백이 본진에 돌아와 승전고를 울리니 여러 장수와 군졸이 치하하며 모두 즐기더라.

- 작자 미상, 「조웅전」 -

* 경적 : 적을 얕봄.

형태쌤과 지문분석

지문분석	
공간	
서술자의 개입	

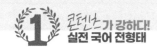

01 [A], [B]에 대한 이해로 가장 적절한 것은?

① [A]는 사건의 압축적 제시와 대화 장면의 제시를 통해 사건 전개의 완급을 조절하고 있다.

② [B]는 장면 묘사를 통해 인물의 상상과 현실 사이의 대립을 부각하고 있다.

③ [A], [B] 모두 회상을 통해 사건의 면면을 제시하고 있다.

④ [A], [B] 모두 편집자적 논평을 통해 현실의 비극성을 드러내고 있다.

⑤ [A]는 세속적 공간을, [B]는 초월적 공간을 통해 인물의 내적 갈등을 드러내고 있다.

형태쌤과 선지분석

선지분석	[A]	[B]
[A] 사건 압축, 대화 장면 제시 → 완급 조절		
[B] 장면 묘사 → 상상과 현실의 대립 부각		
회상 → 사건의 면면 제시		
편집자적 논평 → 현실의 비극 제시		
[A] 세속 공간 → 내적 갈등		
[B] 초월 공간 → 내적 갈등		

02 윗글의 인물에 대한 이해로 가장 적절한 것은?

① '강백'은 의도적으로 '삼대'의 감정을 자극했다.

② '조웅'은 신의보다는 자식으로서의 도리에 이끌렸다.

③ '삼대'는 자신의 약점을 위장하여 '조웅'의 방심을 유도했다.

④ '부인'은 '조웅'이 고백하기 전에 그의 불효한 죄를 알고 있었다.

⑤ '월경 대사'는 '조웅'의 정해진 운명이 드러나는 것을 두려워했다.

03 〈보기〉를 참고하여 윗글을 감상한 내용으로 적절하지 않은 것은?

보기

「조웅전」에는 흥미를 이끌어내는 요소로 '결연' 모티프와 '군담' 모티프가 주로 사용되고 있다. 일반적으로 '결연' 모티프는 개인적 욕망과 사회적 규범의 긴장 관계 속에서 남녀 간의 인연이 맺어지는 과정을 그린 이야기 단위인데, 천명에 따르거나 주체적 의지에 따라 결연하는 주인공, 결연에 반대하거나 동의하는 부모, 결연을 합리화하는 장치 등으로 구성된다. '군담' 모티프는 개인의 영웅적 능력이 국가적 위기에서 발현되는 과정을 묘사한 이야기 단위인데, 조력자의 개입, 강력한 적수의 등장, 역동적 전투 장면 등으로 구성된다.

① '조웅'은 '부인'의 뜻을 먼저 묻지 않고 결연을 주체적으로 결정한 것이겠군.

② '부인'은 '조웅'의 개인적 욕망보다는 사회적 규범을 중시하여 아들의 결연을 합리화하고 있군.

③ '월경 대사'는 '조웅'의 수련을 돕는 것으로 보아 조력자의 역할을 하고 있군.

④ '조웅'이 지략과 용맹을 발휘하여 싸우는 역동적 장면은 서사적 흥미를 더하는 장치이겠군.

⑤ '삼대'에게 날개가 돋쳐 있는 모습을 서술하여 '삼대'가 '조웅'의 강력한 적수였음을 보여 주고 있군.

04 ⓐ를 가장 잘 나타낸 것은?

① 혼비백산(魂飛魄散)

② 경거망동(輕擧妄動)

③ 동분서주(東奔西走)

④ 분기탱천(憤氣撑天)

⑤ 적반하장(賊反荷杖)

다음 글을 읽고 물음에 답하시오.

(가) [중모리] 창황분주 도망을 갈 제 새만 푸루루루루 날아 나도 복병인가 의심하고, 낙엽만 퍼뜩 떨어져도 추병인가 의심하여, 엎어지고 자빠지며 오림산 ·험한 산을 반생반사 도망을 간다.

(나) [아니리] 조조(曹操) 가다 목을 움쑥움쑥하니 정욱(程昱)이 여짜오되,
"승상님 무게 많은 중에, 말 허리에 목을 어찌 그리 움치시나이까?"
"야야, 화살이 귀에서 앵앵하며 칼날이 눈에서 번뜻번뜻 하는구나."
"이제는 아무 것도 없사오니 목을 늘여 사면을 살펴보옵소서."
"야야, 진정으로 조용하냐?"
조조가 목을 막 늘여 좌우 산천을 살펴보려 할 제, 의외에 말 굽통 머리에서 메추리 표루루루 하고 날아 나니 조조 깜짝 놀라,
"아이고 정욱아, 내 목 떨어졌다. 목 있나 봐라."
"눈치 밝소. 그그만한 메추리를 보고 놀랄진대 ㉠ 큰 장끼를 보았으면 기절할 뻔하였소그려."
조조 속없이,
"야 그게 메추리냐? 그놈 비록 자그마한 놈이지만 냄비에다 물 붓고 갖은 양념 하여 보글보글 볶아 놓으면 술안주 몇 점 참 맛있느니라만."
"입맛은 이 통에라도 안 변하였소그려."
조조가 좌우 산천을 살펴보니,

(다) [중모리] 산천은 험준하고 수목은 총잡한데, 골짜기 눈 쌓이고 봉우리 바람 칠 제, 화초 목실 없었으니 앵무 원앙이 그쳤는데 새가 어이 울랴마는, 적벽 싸움에 죽은 군사 원조(怨鳥)라는 새가 되어 조 승상을 원망하여 지지거려 우더니라. 나무 나무 끝끝트리 앉아 우는 각 새 소리. 도탄에 싸인 군사, 고향 이별이 몇 해런고. 귀촉도 귀촉도 불여귀라, 슬피 우는 저 초혼조. 여산 군량이 소진하여 촌비 노략 한때로구나, 소탱 소탱 저 흉년새. 백만 군사를 자랑터니 금일 패전이 어인 일고, 입삐쭉 입삐쭉 저 삐쭉새. 자칭 영웅 간곳없고 도망할 길을 꾀로만 낸다, 꾀꼬리 수리루리루 저 꾀꼬리. 들판 대로를 마다하고 심산 숲 속에 고리각 까옥 저 까마귀. 가련타 주린 장졸 냉병인들 아니 들랴, 병에 좋다고 쑥국 쑥쑥국. (중략)
㉡ 처량하구나 각 새 소리. 조조가 듣더니 탄식한다.
"울지를 말아라. 너희가 모두 다 내 제장 죽은 원귀가 나를 원망하여 우는구나."

(라) [아니리] ㉢ 탄식하던 끝에 '히히히, 해해해' 대소하니 정욱이 기가 막혀,
"여보시오 승상님, 근근도생 창황 중에 슬픈 신세 생각지 않고 무슨 일로 웃나이까?"
조조 대답하되,
"내 웃는 게 다름 아니라 주유(周瑜)˚는 꾀가 없고 공명(孔明)˚은 슬기 없음을 생각하여 웃노라."

(마) [엇모리] 이 말이 지듯 마듯 오림산곡 양편에서 고성 화광이 충천, 한 장수가 나온다. ㉣ 얼굴은 형산백옥 같고 눈은 소상강 물결이라. 이리 허리 곰의 팔, 녹포엄신 갑옷, 팔척 장창 비껴들고 당당위풍 일 포성,

큰 소리로 호령하되,
"네 이놈 조조야. 상산 명장 조자룡(趙子龍)을 아는다 모르는다? 조조는 닫지 말고 창 받으라!"
말 놓아 달려들어 동에 얼른 서를 쳐, 남에서 얼른 북을 쳐, 생문으로 내리달아 사문에 와 번뜻! 장졸의 머리가 추풍낙엽이라. 예 와서 번뜻하면 저 가 뎅기령 베고, 저 와서 번뜻하면 예 와 뎅기령 베고, ㉤ 백송골이 꿩 차듯, 두꺼비 파리 차듯, 은장도 칼 베듯, 여름날 번개 치듯 흥행행 쳐들어 갈 제, 피 흘러 강물 되고 주검이 여산이라.

- 작자 미상, 「적벽가(赤壁歌)」-

* 주유 : 조조의 위나라와 적대 관계에 있던 오나라의 대장군.
* 공명 : 제갈량(諸葛亮). 위나라와 적대 관계에 있던 촉나라의 군사(軍師).

형태쌤과 지문분석

지문분석	
공간	
서술자의 개입	

01 윗글의 내용과 일치하는 것은?
① 봄빛이 완연한 산속을 배경으로 삼고 있다.
② 군사를 다 잃은 조조가 정욱과 단둘이 도망가고 있다.
③ 조조는 숲에 숨어들어 적의 추격으로부터 벗어난 상태이다.
④ 조조는 큰 낭패를 당했음에도 불구하고 허세를 버리지 않고 있다.
⑤ 조조는 전쟁 통에 죽은 장졸들을 아랑곳하지 않는 태도를 보이고 있다.

02 (나)와 (마)를 비교하여 설명한 내용으로 적절하지 않은 것은?
① (나)에서는 (마)에 비해 상황이 희극적으로 연출되어 골계미가 살아나고 있다.
② (마)는 (나)에 비해 작중 상황이 급박하여 정서적 긴장감이 높아지고 있다.
③ (나)에서 인물 간의 갈등이 해소되는 데 비하여, (마)에서는 인물 간의 갈등이 고조된다.
④ (나)는 주로 인물 간의 대화에 의해, (마)는 주로 서술자의 서술에 의해 사건이 진행된다.
⑤ (나)가 산문적 표현에 가까운 데 비하여, (마)는 노래로 부르기에 적합한 요소를 가지고 있다.

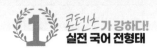
03 ㉠~㉤에 대한 설명으로 적절하지 <u>않은</u> 것은?

① ㉠ : 주변인물을 통해 중심인물의 부정적 면모를 드러낸다.

② ㉡ : 대상과의 심리적 거리를 좁혀 수용자의 공감을 유도한다.

③ ㉢ : 반어적 표현을 통해 상황의 반전을 암시한다.

④ ㉣ : 관습적인 표현을 활용하여 인물의 특성을 묘사한다.

⑤ ㉤ : 비유적 표현의 반복을 통해 리듬감과 생동감을 살려낸다.

05 윗글의 내용으로 보아, (마)에서 '조조'가 처한 상황을 나타내기에 가장 적절한 것은?

① 범을 피하니 이리가 앞을 막는다.

② 가지 많은 나무 바람 잘 날 없다.

③ 까마귀 날자 배 떨어진다.

④ 소 잃고 외양간 고친다.

⑤ 병 주고 약 준다.

04 〈보기〉에 비추어서 (다)의 '새타령'을 해석한 의견으로 적절하지 <u>않은</u> 것은?

보기

'새타령'은 「적벽가」에서도 절창으로 꼽힌다. 새 모습 묘사와 새 소리 표현에 생동감이 넘쳐, 이름난 광대가 이 대목을 부르면 새가 날아들 정도였다고 한다. 흥미로운 것은 새의 울음을 표현한 말소리들이 서사적 상황과 절묘하게 연결되면서 전쟁 상황에 얽힌 의미를 표출한다는 사실이다. 예컨대, '도탄에 싸인 군사, 고향 이별이 몇 해런고'에 이어지는 '귀촉도 귀촉도'라는 울음소리는 '귀촉'의 뜻인 '고국으로 돌아감'과 연결되어 고향에 돌아가기를 원하는 군사들의 심정을 드러내고 있다.

① 흉년새가 '소텡 소텡' 하고 우는 것은 '소댕(솥뚜껑)'이나 '솥이 텅 빈 것'과 연결되어, 식량 문제로 고생하는 군대의 모습을 나타낸 것으로 볼 수 있겠어.

② 삐쭉새가 '입삐쭉 입삐쭉' 하고 우는 것은 '삐쭉대다'와 연결되어, 대군을 잃고 한심한 처지가 된 조조를 비웃는 의미를 담아냈다고 할 수 있겠네.

③ '꾀꼬리 수리루리루'라는 울음소리는 '꾀'라는 말과 연결되어, 도망갈 궁리를 짜내기에 분주한 조조를 희화화한 것이라고 볼 수 있겠군.

④ 까마귀가 '고리각 까옥' 하고 우는 것은 까마귀가 '효조(孝鳥)'라는 사실과 연결되어, 군사들이 부모를 그리는 상황을 나타낸 것이라고 할 수 있겠어.

⑤ '쑥국 쑥쑥국'이라는 울음소리는 '쑥'의 약효와 연결되어, 병에 시달리는 군사들의 고통이 치유되기를 바라는 마음을 표현했다고 할 수 있겠군.

다음 글을 읽고 물음에 답하시오.

　연습이 끝나고 막걸리 집으로 옮겨 갔을 때도, 아이들은 민 노인을 에워싸고 역시 성규 할아버지의 북소리는, 우리 같은 졸개들이 도저히 흉내 낼 수 없는 명인의 경지라고 추어올렸다. 그것이 입에 발린 칭찬일지라도, 민 노인으로서는 듣기 싫지 않았다. 잊어버렸던 세월을 되일으켜 주는 말이기도 했다.

　"얘들아, 꺼져 가는 떠돌이 북쟁이 어지럽다. 너무 비행기 태우지 말아라."

　민 노인의 겸사에도 아이들은 수그러들지 않았다.

　"아닙니다. 벌써 폼이 다른걸요."

　"맞아요. ㉠ 우리가 칠 때는 죽어 있던 북소리가, 쟁과리보다 더 크게 들리더라니까요."

　"성규, 이번에 참 욕보았다."

　난데없이 성규의 노력을 평가하는 녀석도 있었다. 민 노인은 뜻밖의 장소에서 의외의 술친구들과 어울린 자신의 마음이, 외견과는 달리 퍽 편안하다는 느낌도 곱씹었다. 옛날에는 없었던 노인과 젊은이들의 이런 식 담합이, 어디에 연유하고 있는가를 딱히 짚어 볼 수는 없었으되.

　두어 번의 연습에 더 참가한 뒤, 본 공연이 열리던 날 새벽에 민 노인은 성규에게 일렀다.

　"아무리 단역이라고는 해도, 아무 옷이나 걸치고는 못 나간다. ⓐ 모시 두루마기를 입지 않고는 북채를 잡을 수 없어."

　"물론이지요. 할아버지 옷장에서 꺼내 놓으세요. 제가 따로 가지고 갈게요."

　"두 시부터라고 했지?"

　"네."

　"이따 만나자."

　일찍 점심을 먹고, 여느 날의 걸음걸이로 집을 나선 민 노인은, 나이에 어울리지 않는 설레임으로 흔들렸다. 아직은 눈치를 채지 못한 아들 내외에 대한 심리적 부담보다는, 자기가 맡은 일 때문이었다. 수십 명의 아이들이 어울려져 돌아가는 춤판에 영감쟁이 하나가 낀다는 사실이, 새삼스럽게 어색하기도 하고, ⓑ 모처럼의 북 가락이 그런 모양으로밖에는 선보일 수 없다는 데 대한, 엷은 적막감도 씻어 내기 힘들었다. 그러나 젊은 훈김들이 뿜어내는 학교 마당에 서자 그런 머뭇거림은 가당찮은 것으로 치부되었다. 시간이 되어 옷을 갈아입고 아이들 속에 섞여 원진(圓陣)을 이루고 있는 구경꾼들을 대하자, 그런 생각들은 어디론지 녹아 내렸다. ㉡ 그 구경꾼들의 눈이 자기에게 쏠리는 것도 자신이 거쳐 온 어느 날의 한 대목으로 치면 그만이었다. 노장이 나오고 취발이가 등장하는가 하면, 목중들이 춤을 추며 걸쭉한 음담패설 등을 쏟아 놓을 때마다, 관중들은 까르르 웃었다. 민 노인의 북은 요긴한 대목에서 둥둥 울렸다. 째지는 소리를 내는 쟁과리며 장구에 파묻혀 제값을 하지는 못해도, 민 노인에게는 전혀 괘념할 일이 아니었다. 그전에도 그랬던 것처럼, 공연 전에 마신 술기운도 가세하여, 탈바가지들의 손끝과 발목에 한 치의 오차도 없이 그의 북소리는 턱턱 꽂혔다. 그새 입에서는 얼씨구! 소리도 적시에 흘러나왔다. 아무 생각도 없었다. ㉢ 가락과 소리와, 그것을 전체적으로 휩싸는 달착지근한 장단에 자신을 내맡기고만 있었다.

　그날 밤, 민 노인은 근래에 흔치 않은 노곤함으로 깊은 잠을 잤다. 춤판

이 끝나고 아이들과 어울려 조금 과음한 까닭도 있을 것이었다. 더 많이는, 오랜만에 돌아온 자기 몫을 제대로 해냈다는 느긋함이, 꿈도 없는 잠을 거쳐 상큼한 아침을 맞고 했을 것으로 믿었는데, 그런 흐뭇함은 오래 가지 않았다. 다 저녁때가 되어, 외출에서 돌아온 며느리는 집 안에 들어서자마자 성규를 찾았고, 그가 안 보이자 민 노인의 방문을 밀쳤다.

　"아버님, 어저께 성규 학교에 가셨어요?"

　㉣ 예사로운 말씨와는 달리, 굳어 있는 표정 위로는 낭패의 그늘이 좌깔려 있었다. 금방 대답을 못하고 엉거주춤한 형세로 며느리를 올려다보는 민 노인의 면전에서, 송 여사의 한숨 섞인 물음이 또 떨어졌다.

　"북을 치셨다면서요."

　"그랬다. 잘못했니?"

　우선은 죄인 다루듯 하는 며느리의 힐문에 부아가 꾸역꾸역 치솟고, 소문이 빠르기도 하다는 놀라움이 그 뒤에 일었다.

　"아이들 노는 데 구경 가시는 것까지는 몰라도, 걔들과 같이 어울려서 북 치고 장구 치는 게 나이 자신 어른이 할 일인가요?"

　"하면 어때서. 성규가 지성으로 청하길래 응한 것뿐이고, 나는 원래 그런 사람 아니니. ㉤ 이번에도 내가 늬들 체면 깎았냐."

　"아시니 다행이네요."

　송 여사는 후닥닥 문을 닫고 나갔다.

　　　　　　　　　　　　　　　　　　　　　　　- 최일남, 「흐르는 북」 -

형태쌤과 지문분석

지문분석	
시간	
공간	
서술자의 관심사	

01 윗글의 서술상의 특징과 그 효과에 대한 설명으로 가장 적절한 것은?

① 의식의 흐름 기법을 사용하여 인물의 내적 욕망을 드러내고 있다.
② 특정 인물의 시각에서 서술하여 그의 내면에 공감하도록 유도하고 있다.
③ 성격과 행위의 괴리를 보여 주어 인물이 처한 심리적 상황을 부각시키고 있다.
④ 서술자가 인물과 사건을 권위적으로 논평하여 주제를 선명하게 드러내고 있다.
⑤ 시대적 배경을 섬세하게 묘사하여 사회 현실의 문제를 실감나게 드러내고 있다.

형태쌤과 선지분석

선지분석	흐르는 북
의식의 흐름 → 인물의 내적 욕망 제시	
특정 인물의 시각에서 서술	
성격과 행위의 괴리 → 심리적 상황 부각	
서술자의 권위적 논평	
시대적 배경 묘사 → 사회 현실의 문제 제시	

02 윗글의 공간적 배경에 대한 해석으로 적절하지 않은 것은?

① '막걸리 집'은 '민 노인'이 신세대와 만나 인간적인 소통을 하는 공간이다.
② '춤판'은 '아이들'이 함께 어우러져 유대감을 확인하는 공간이다.
③ '춤판'은 '구경꾼들'이 공연 내용에 반응하며 전통 예술을 향유하는 공간이다.
④ '춤판'은 '민 노인'이 신명 나게 북을 치며 자신감을 회복하는 공간이다.
⑤ '집'은 '며느리'가 사회적 체면을 중시하여 자신의 허영심을 억압하는 공간이다.

03 ㉠~㉤에 대한 이해로 적절하지 않은 것은?

① ㉠ : 상대방에 대한 존경과 애정을 드러내고 있다.
② ㉡ : 부담감을 떨치고 상황에 적응하고 있다.
③ ㉢ : 상황에 몰입하여 무아지경의 상태에 있다.
④ ㉣ : 불편한 속내를 감추지 못하고 있다.
⑤ ㉤ : 상대방의 감정을 누그러뜨리려고 애쓰고 있다.

04 ⓐ와 ⓑ를 바탕으로 '민 노인'의 예술에 대한 태도를 가장 잘 표현한 것은?

① 예술은 예술가의 고난과 인내를 통해서 성취되는 아름다움의 결정체이다.
② 예술은 대접을 받지 못하더라도 품위 있는 격식을 잃지는 말아야 한다.
③ 예술은 어려움에 처해 있을지라도 시대의 이상을 꿋꿋이 지켜야 한다.
④ 예술은 청중들의 적극적인 호응을 통해서 성취되는 사회적 산물이다.
⑤ 예술은 평범한 사람들의 행복을 위해서 바쳐지지 않으면 안 된다.

빠른 정답

I. 1주차

1 일 차	2014-9b	④ ③ ③
	2015-6b	③ ④ ③
	2015-9ab	④ ⑤ ③ ④ ①
	2014-9b	② ③ ②
2 일 차	2010-6	① ④ ③ ③ ⑤
	2016-6a	② ⑤ ③
	2011-9	⑤ ⑤ ③ ⑤
	2012-11	⑤ ② ② ⑤
3 일 차	2017-11	② ② ① ② ④ ③
	2012-6	③ ⑤ ② ③ ⑤ ②
	2014-6a	③ ④ ①
	2012-6	④ ⑤ ③ ⑤
4 일 자	2016-6ab	④ ⑤ ①
	2007-11	⑤ ① ⑤ ③ ④
	2015-6b	④ ⑤ ⑤ ②
	2008-9	② ② ④ ②
5 일 차	2009-11	① ③ ② ② ④ ④
	2014-11b	③ ③ ① ⑤
	2016-9a	④ ① ① ⑤
	2010-11	③ ⑤ ⑤

II. 2주차

1 일 차	2017-6	③ ④ ④ ③ ⑤
	2013-6	④ ① ③ ⑤ ⑤ ④
	2006-11	③ ③ ⑤ ④ ②
	2017-9	④ ③ ④ ⑤
2 일 차	2006-11	② ④ ⑤ ① ②
	2015-6a	③ ⑤ ② ④
	2014-6b	② ③ ②
	2015-6ab	④ ② ④ ③ ①
3 일 차	2013-11	⑤ ③ ③ ①
	2006-11	② ③ ④ ①
	2014-9a	③ ① ① ⑤
	2017-6	① ⑤ ③ ⑤
4 일 자	2016-9a	⑤ ② ③
	2008-6	② ④ ④ ① ⑤ ①
	2014-9a	⑤ ① ①
	2007-9	③ ⑤ ③ ④ ②
5 일 차	2007-9	① ④ ① ③ ⑤ ④ ③
	2017-11	④ ④ ⑤ ③ ③ ⑤
	2007-9	③ ⑤ ③ ① ⑤
	2011-11	⑤ ② ⑤ ④

Ⅲ. 3주차

1 일 차	2017-11	③ ⑤ ①
	2008-11	⑤ ③ ① ② ② ③
	2014-11a	④ ② ③
	2012-11	③ ② ④
2 일 차	2009-9	② ② ① ② ② ④
	2008-11	② ③ ④ ①
	2011-9	④ ④ ④ ①
	2011-6	② ③ ④ ②
3 일 차	2013-9	③ ⑤ ② ④
	2009-6	⑤ ④ ⑤ ②
	2013-6	② ⑤ ⑤ ①
	2009-11	① ② ③
4 일 자	2010-11	③ ② ⑤ ② ① ②
	2012-9	② ④ ③ ①
	2010-6	① ① ④ ③
	2007-11	① ② ② ④ ④
5 일 차	2011-9	① ④ ④ ⑤ ② ③
	2014-6b	① ① ② ①
	2007-11	④ ③ ③ ④ ①
	2008-11	② ⑤ ⑤ ②

인강 강사가 떠먹여주는
" 과외식 기출 문제집 "

나기출

2008-2017학년도
평가원 기출

2수 고난도 문제
선별집

2026
수능 국어 대비

고난도 문학

3주 완성

단순 해설이 아니라,
최신 트렌드 설명과 풀이 방법까지 **과외식으로!**

1 콘텐츠가 강하다!
실전 국어 전형태

메가스터디 **전형태**

Contents | 이 책의 순서

| 과외식 기출 분석서, 나기출

고난도 문학 3주 완성

나 없이
기출
풀지마라

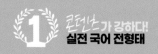
콘텐츠가 강하다!
실전 국어 전형태

I

1주차

생명의 서·일장 / 농무

▶ 지문분석

(가) 생명의 서 · 일장

▶ 들어가기 전에 : 관념적인 한자어들이 중간중간 들어가 있고, 말하고자 하는 것이 잘 다가오지 않는 어려운 시다. 구체적으로 해석하려고 애쓰지 말고 화자의 현재 상황과 원하는 것 중심으로 시를 읽어 보자.

나의 지식이 독한 회의를 구하지 못하고

▶ 내 지식으로 독한 의구심(아마도 인생에 대한 고민)을 구하지 못하고

내 또한 삶의 애증을 다 짐지지 못하여

▶ 나 또한 삶에 있어서 사랑과 증오를 다 감내하지 못하여

병든 나무처럼 생명이 부대낄 때

▶ 병든 나무처럼 생명이 위태로울 때

▶ 아하, 화자가 상당히 힘들어하고 있구나.

저 머나먼 아라비아의 사막으로 나는 가자

▶ 화자가 힘들어할 때 가고자 하는 곳은 어떤 곳일까? 아마도 현재 화자의 문제를 해결해 줄 수 있는 공간이겠지?

거기는 한번 뜬 백일(白日)이 불사신같이 작열하고
일체가 모래 속에 사멸한 영겁의 허적(虛寂)에
오직 알라의 신만이
밤마다 고민하고 방황하는 열사(熱沙)의 끝

▶ '아라비아의 사막'이 어떤 곳인지 구체화해 주었는데, 분위기를 보니까 뭔가 장난이 아닌 곳 같다.

그 열렬한 고독 가운데
옷자락을 나부끼고 호올로 서면

▶ 그 고독한 사막에 혼자 있다 보면

운명처럼 반드시 '나'와 대면케 될지니

▶ 이거 참 중요하다. 화자가 원하는 것이 나왔어. 그것은 바로 '나'! 화자는 내 안의 '나'를 만나고 싶었나 봐.

하여 '나'란 나의 생명이란
그 원시의 본연한 자태를 다시 배우지 못하거든

▶ '나'=나의 생명=원시의 본연한 자태

차라리 나는 어느 사구(沙丘)에 회한(悔恨) 없는 백골을 쪼이리라

▶ 자기가 원하는 것을 배우지 못하면 차라리 모래 언덕에 후회와 한탄이 없는 백골이 되어 버리겠다네. 무서운 사람이다.

▶ 보통 문학에서 인물이나 화자의 마음속에는 단일한 자아만 있지 않아. 긍정적 자아도 있고, 부정적 자아도 있고, 이랬다가, 저랬다가, 왔다, 갔다하는 자아들도 있지. 화자 역시 그러한가 봐. 정말 힘들고 괴로운 상황에서 극한의 공간(아라비아의 사막)에 감으로써 내 안에 있는 생명력이 넘치는 긍정적 자아를 만나고 싶었나 봐.

(나) 농무

징이 울린다 막이 내렸다

▶ 시작부터 하강적 이미지가 나타나는구나.

오동나무에 전등이 매어달린 가설 무대
구경꾼이 돌아가고 난 텅빈 운동장
우리는 분이 얼룩진 얼굴로
학교 앞 소줏집에 몰려 술을 마신다

▶ 일단 공간의 이동이 눈에 들어오고, 화자의 얼굴에는 분(화장품인지 분노인지는 정확히 알 수 없다.)이 얼룩져 있어.

답답하고 고달프게 사는 것이 원통하다

▶ 화자의 상황은 힘들구나. 이유는 아직 나오지 않았다.

꽹과리를 앞장세워 장거리로 나서면

▶ 갑자기 웬 꽹과리? 아마도 자신들의 힘든 상황을 남에게 알리려는 의도일 수도 있고, 아니면 삶의 고통을 해소하고자 하는 행동일 수도 있어. 아무튼 계속 보자.

따라붙어 악을 쓰는 건 쪼무래기들뿐
처녀애들은 기름집 담벽에 붙어 서서
철없이 킬킬대는구나

▶ 열심히 꽹과리를 치지만 이들을 주목하는 대상은 초딩들과 철없는 여자애들 밖에 없어. 사람들의 관심을 못 받고 있구나.

보름달은 밝아 어떤 녀석은
꺽정이처럼 울부짖고 또 어떤 녀석은

▶ 어떤 녀석은 백성의 울분을 대변한 임꺽정처럼 울부짖고 있다는 얘기다.

서림이처럼 해해대지만 이까짓

▶ 어떤 녀석은 임꺽정을 배신하고 개인의 안위를 챙긴 서림이처럼 해해거린다는 얘기다. 물론 이 정도의 해석을 물어볼 때는 반드시 각주나 <보기>를 줄 것이다. 너무 염려하지 마라.

산구석에 처박혀 발버둥 친들 무엇하랴
비료 값도 안 나오는 농사 따위야
아예 여편네에게나 맡겨 두고

▶ 이들은 농민이구나. 그리고 이 시는 농민의 힘겨움을 얘기하고 있구나.

쇠전을 거쳐 도수장 앞에 와 돌 때

▶ 쇠전(소를 매매하는 곳)에서 도수장(도살장)까지 계속 이동하고 있어.

우리는 점점 신명이 난다

▶ 이것 참 애매하다. 분명 상황이 안 좋고, 농무를 춰도 사람들이 관심을 안 보이는데, 신명이 난다니...

▶ 둘 중 하나겠다. 삶의 힘겨움을 농무를 통해서 극복하는 긍정적인 농민의 자세로 볼 수 있고, 아니면 역설적 표현을 통해 할 수 있는 것이 농무밖에 없는 참담한 현실을 나타낸다고 볼 수 있겠다. 어느 것이 맞을까? 그거야 모르지. 출제자의 판단을 따라야겠지?

한 다리를 들고 날나리를 불꺼나
고갯짓을 하고 어깨를 흔들거나

▶ 대구법으로 시상을 마무리하고 있다.

문제분석 01-03번

번호	정답	정답률(%)	선지별 선택비율(%)				
			①	②	③	④	⑤
1	④	80	4	3	3	80	10
2	③	55	4	5	55	8	28
3	③	81	3	3	81	2	11

01

정답설명

④ (나)의 '한 다리를 들고 날나리를 불꺼나 / 고갯짓을 하고 어깨를 흔들 꺼나'에서 대구의 방식을 사용하고 있다. 이때 선지의 '여운'에 대해서 는 고민할 필요가 없다. 시의 마지막 부분에서 어떠한 어구를 반복 하거나 강조하거나 생략하면 '여운'은 당연히 느껴지는 것이기 때문 이다. 대구를 활용하면 유사한 문장 구조가 반복되므로, 이를 시의 마 지막에 활용한다면 자연스럽게 여운이 따라온다고 보면 된다. 반면 (가) 에는 대구의 방식으로 시상을 마무리하고 있지 않으므로 선지의 '(가)와 달리'도 맞는 표현이다.

오답설명

① (가) X / 분위기를 조성한다? 상당히 애매한 말이지? 문제 풀 때 전혀 고민하지 않아도 되는 부분이다. 시에 등장하는 어떤 시어든 어떠한 분 위기를 불러일으키기 때문이다. 여러분은 '계절을 드러내는 시어'만 찾 으면 된다. (가)에는 계절을 드러내는 시어가 나타나지 않았다.

② (나) X / '운동장 → 소줏집 → 장거리 → 쇠전 → 도수장'이라는 공간의 변화는 나타나지만 밤에서 낮으로의 시간 변화는 나타나지 않았다.

③ (가) X, (나) O / 오히려 청각적 심상을 활용한 것은 (가)가 아니라 (나) 이다. (나)의 '징이 울린다', '꽹과리' 소리나 처녀애들의 '킬킬대'는 소 리, 어떤 녀석의 '울부짖'는 소리에서 청각적 이미지가 나타난다고 할 수 있다.

⑤ (가) △, (나) X / '탈속적 공간'은 단순하게 속세를 벗어난 곳이 아니 라, 속세와 강한 단절이 이뤄지는 공간이다.

형태쌤의 과외시간

다음의 작품에서 우리는 화자의 탈속적 태도를 잘 확인할 수 있다.

첩첩 바위 사이를 미친 듯 달려 겹겹 봉우리 울리니,
→ (물이) 바위 사이를 달리듯 흘러서 봉우리를 울리니,
지척에서 하는 말소리도 분간키 어려워라.
→ 가까이서 하는 말소리도 분간하기 어렵구나.
늘 시비(是非)하는 소리 귀에 들릴셰라,
→ 늘 (속세의) 싸우는 소리가 귀에 들릴까 두려워서,
짐짓 흐르는 물로 온 산을 둘러버렸다네.
→ 일부러 흐르는 물로 온 산을 둘러서 단절해 버렸네.

― 최치원, 「제가야산독서당」 ―

그럼 (가)에 나타나는 '아라비아의 사막'은 탈속적 공간인가? 애매하다. 분명 속세는 아니지만, 그렇다고 문학에서 말하는 탈속적 공간이라고 보기에는 '속세와의 강한 단절'이 나타나지 않았기 때문이다.

그럼 '아라비아의 사막'은 화자가 지향하는 '이상향'인가? 이것도 애매 하다. '아라비아의 사막'이 화자가 '나'를 만날 수 있는 공간임은 확실 하다. 그러나 화자가 '나'를 만나는 것이 목표이고 그것을 이루기 위해 '아라비아의 사막'으로 가는 것이지, '아라비아의 사막' 자체를 좋아하 거나 그곳을 이상향이라고 보기는 어렵기 때문이다. 다만 '이상향'을 '화자가 원하는 것이 이루어지는 공간'이라고 폭넓게 본다면, '아라비아 의 사막'을 '이상향'이라고도 볼 수 있다.

그럼 도대체 어떻게 하란 말일까? 뭘 고민하고 있니. 어차피 (나)가 확실한 X잖아. 애매한 것은 억지로 재단하려고 하지 말고 애매한 대 로 놔둬라. 그것이 수능 날 문제 풀이 방법이다.

02

평가원에서는 간혹 〈보기〉가 없더라도 이렇게 어려운 선지를 출제할 수 있다. 하지만 겁내지 마라. 평가원에서는 절대 〈보기〉 없이 '정답 선 지'를 어렵게 출제하지 않는다. 시를 읽으며 '화자가 원하는 것'을 신경 쓰면서 맥락을 잡으면 충분히 풀 수 있는 문제다.

정답설명

③ 밑줄 친 부분의 의미를 파악하기 위해서는 밑줄의 주변을 봐라. '열 렬한 고독' 가운데 서면, 화자가 반드시 원하는 '나'를 만날 수 있다고 한다. 즉, 화자는 고독 가운데 있을 때 새로운 '나'에 도달할 수 있게 되 는 것이다.

오답설명

① 1연의 '병든 나무'는 '독한 회의'를 해결하지 못하고 '삶의 애증'에 힘들 어 하는 모습을 드러내는 반면, 3연의 '나'는 내가 가진 본래의 모습(나 의 생명)을 뜻하는 것이므로 '병든 나무'와 대비됨을 알 수 있다.

② '영겁의 허적'은 아무것도 없이 적막한 '아라비아의 사막'의 극한 상태 를 보여 주는 말로, 그곳에 '호올로' 서는 것이 '나'와 대면할 수 있는 조건에 해당한다.

④ '나'란 '나의 생명'이며, 그 '생명'은 '원시의 본연한 자태'를 '다시' 배워 야 한다고 하였으므로, 본래 원시적 생명력을 지닌 존재였음을 알 수 있다.

⑤ 밑줄뿐 아니라 주변도 보라고! 분명 '회한 없는 백골'은 좋아 보이지 않 는 구절이다. 그래서 밑줄만 보면 '화자의 의지'와는 상관이 없어 보인 다. 하지만 그 앞을 봐라. '원시의 본연한 자태(나의 생명)'를 배우는 것 은 화자가 원하는 것이다. 근데 이를 이루지 못하면 '백골(죽음)'이 되 겠다고 하였다. '죽음'을 각오하고 원하는 것을 이루기 위해 노력하겠다 는 것이다. '화자의 의지'가 나타난 구절로 충분히 볼 수 있는 부분이 다. 그리고 화자가 죽음을 원하는 것도 아니다. '원시의 본연한 자태(나 의 생명)'를 다시 배우지 못하면 죽겠다는 것이지, 당장 죽고 싶다는 것 이 아니다. 따라서 생명을 회복하려는 의지적 자세를 충분히 허용할 수 있다.

03

형태쌤의 과외시간

〈보기〉에는 출제자의 요구가 담겨 있다. 아무리 잘 아는 시가 나와도, 출제자가 〈보기〉에서 A를 B라고 했으면 A는 B다. 〈보기〉는 출제자가 제시한 작품 해석의 기준이니, 〈보기〉의 관점으로 지문을 바라봐야 한다.

2024학년도 9월 〈보기〉와 정답 선지

고전 시가에서 자연은 작품에 따라 다양하게 그려진다. **(가)의 자연은** 속세와 구별되는 청정한 이상 세계로 그려지며, 신선의 이미지를 통해 **탈속적이고 고고한 가치를 추구하는 곳**이다. (나)의 자연은 풍요롭게 그려지는 현실적 풍류의 장으로, 활달하고 흥겹게 놀이를 펼치는 곳이며, 신선의 이미지를 통해 멋이 고조된다.

① (가)의 '용'은 피리 소리로 조성된 탈속적 분위기를 환상적으로 표현하는 소재이고, **(나)의 '생매'는 고고한 취향**을 사실적으로 보여 주는 소재이군.

➡ 〈보기〉에서 '고고한(세상일에 초연한) 가치'는 (가)의 자연에서 나타나는 특징인데, 이를 선지에서 (나)에 적용함으로써 틀린 선지로 처리되었다. 〈보기〉만 잘 보면 쉽게 처리할 수 있는 문제인데, 당시 50%가 넘는 수험생들이 이 선지를 잡아내지 못했다.

「농무」는 당시 EBS 수능특강에 실려 있던 작품이고, 수많은 학생들이 고2 때 배웠던 작품이었다. 친숙한 작품이라고 자신의 판단을 고수하면서 〈보기〉를 등한시한 학생들이 오히려 오답을 많이 골랐다.

정답설명

③ 〈보기〉의 일부만 보고 오독하면 안 된다. 〈보기〉에서 '농무'는 농민들이 삶의 활력과 신명을 얻기 위해 집단적으로 추는 춤이라고 했다. 하지만 이 작품에서는 그것을 통해 역설적으로 '현실의 암울함'을 드러낸다고 했다. 그럼 '농무'를 추는 농민이 느끼는 '신명'은 단순한 즐거움과 극복의 마음일까, 아니면 역설적으로 '할 수 있는 것이 농무밖에 없다는 현실의 암울함'을 말하고자 하는 것일까? 〈보기〉의 요구를 따르라. 〈보기〉의 요구에 따르면 답은 명확하게 나온다. '농무'를 추는 농민이 느끼는 '신명'은, 〈보기〉에 따르면 '현실의 암울함'을 말하고자 하는 것이다.

오답설명

① 시의 전체적인 내용과 관련 지어 보자. 농무를 통해 신명과 활력을 얻었다면 시의 내용이 긍정적으로 표현되어야 하고 또한 어려움을 극복하려는 태도도 드러나야 한다. 그래야 농무라는 것을 통하여 활력을 얻고 신명을 얻었다고 판단할 수 있다. 하지만 시의 내용을 보면, 화자는 '답답하고 고달프게 사는 것이 원통하다'라며 우울하고 속상한 마음을 보인다. 또한 〈보기〉에서 농무를 통해 '현실의 암울함'을 드러낸다고 했으므로 화자가 농무를 통해 무력감을 느끼고 있다고 볼 수 있겠다.

② 현실에 절망하여 농무를 추고 있는 화자의 눈에 어떤 모습이 들어오는

지 확인해 보자. 화자는 농무를 추며 장거리로 나섰는데 쪼무래기들만 따라붙어서 악을 쓰고, 처녀애들은 철없이 킬킬대고 있구나. 이 모습을 통해 다른 이들은 농촌 현실에 대해 관심이 없다는 것을 알 수 있겠다. 그리고 저녁이 되니, (함께 농무를 추던) 어떤 녀석은 울부짖고 어떤 녀석은 해해대며 현실에 대해 한탄하는 내용이 나온다. 이 모든 모습들을 감안한다면, 화자가 농무를 흥겹게 축제로 대한다고 할 수 없겠지.

④ 〈보기〉에서 1970년대의 우리 사회는 산업화와 도시화로 인해 농촌이 피폐해져 갔고, 삶의 터전을 도시로 옮긴 농민들이 적지 않았다고 하였다. 당시 농민들은 '산구석에 처박혀' 농사짓는 것이 원통했을 것이고, '도시로 떠날 수밖에' 없었겠지.

⑤ ⓒ는 어떻게 춤을 출지 고민하는 모습인데 이것을 '도시와는 다르게 피폐해져' 가는 농촌 현실과 연결 지어 보면, '앞날을 낙관하지 못하는 농촌 사람들'이 던지는 자조적인 물음으로 볼 수 있다. "쌤! 저는 예전에 이 부분을 한의 승화와 극복의 태도라고 배웠고, 참고서에도 그렇게 나왔는데요?"라고 질문하는 학생들은 문학에 대한 기본적인 접근법을 싹 다 갈아엎길 바란다. 문학의 해석은 단정적이지 않다. 네가 기존에 알고 있던 해석이 틀린 것은 아니다. 다만, 출제자의 의도와 다를 뿐이다. 출제자가 친절하게 〈보기〉로 작품 해석의 기준을 제시해줬잖니.

이황 - 도산십이곡

지문분석

이런들 엇더ᄒ며 져런들 엇더ᄒ료
▶ 이러면 어떠하고, 저러면 어떠하냐.

초야우생(草野愚生)이 이러타 엇더ᄒ료
▶ 시골에 묻혀서 사는 어리석은 이가 이렇다고 해도 어떠하냐.

▶ '초야우생'은 자기자신을 겸손하게 이르는 표현으로, 화자를 가리켜.

ᄒ믈며 천석고황(泉石膏肓)을 고쳐 므슴 ᄒ료
▶ 하물며 자연을 사랑하는 병을 고쳐서 무엇하겠냐.

▶ 화자는 자연을 정말 좋아해서 자연을 사랑하는 병을 고치지 않겠대. '천석고 황'은 자연을 병적으로 좋아한다는 의미야.

〈제1수〉

연하(煙霞)로 집을 삼고 풍월(風月)로 벗을 사마
▶ 안개와 노을(자연)로 집을 삼고 바람과 달(자연)로 벗을 삼아

태평성대(太平聖代)에 병(病)으로 늘거 가네
▶ 태평한 시절에 병으로 늙어 가네.

▶ 고전 시가에서 '병'은 진짜 아파서 힘들다는 것보다는 나이가 들었다는 것을 나타낼 때가 많다. 의학이 발달하지 못한 예전에는 나이가 들면 그냥 여기저 기 아픈 게 당연한 것이었나 보다. 즉, 화자가 현재 자신의 병을 한탄하고 있는 게 아니라는 것이다!

이 중에 ᄇ라는 일은 허믈이나 업고쟈
▶ 이러한 삶 중에 바라는 일은 잘못이나 없이 사는 것이로다.

〈제2수〉

순풍(淳風)이 죽다 ᄒ니 진실(眞實)로 거즛말이
▶ (세상 사람들의) 순박한 풍속이 죽었다 하니 진실로 거짓말이다.

인성(人性)이 어지다 ᄒ니 진실(眞實)로 올흔 말이
▶ (세상 사람들의) 성품이 어질다고 하니 진실로 옳은 말이다.

천하(天下)에 허다영재(許多英才)ᄅ 소겨 말ᄉᆞᆷᄒᆞᆯ가
▶ 천하에 똑똑한 사람들이 엄청나게 많은데 내가 거짓말을 하겠냐.

〈제3수〉

유란(幽蘭)이 재곡(在谷)ᄒ니 자연(自然)이 듯디 죠해
▶ 난초가 골짜기에 있으니 자연이 듣기(옛말로 '냄새를 맡다'를 뜻함.) 좋구나.

▶ 난초라면 향긋한 냄새를 풍기거나 우아한 자태를 뽐내는 것이 일반적이야. 그 윽하게 핀 난초의 모습을 시각적, 후각적 이미지를 사용하여 표현해 주고 있 구나. 아니면 다른 뜻이 있을 텐데, 그랬다면 각주에서 출제자가 제시해 줬겠 지. 디테일한 표현법에 집중할 필요는 없다. 중요한 것은 화자가 지금 자연을 좋아한다는 것이다.

백운(白雲)이 재산(在山)ᄒ니 자연(自然)이 보디 죠해
▶ 흰 구름이 산에 있으니 자연이 보기 좋구나.

이 중에 피미일인(彼美一人)을 더옥 닛디 못ᄒᆞ얘
▶ 이 중에 임금을 잊지 못한다.

▶ 화자의 임금을 잊지 못하는 충절이 드러난다.

〈제4수〉

산전(山前)에 유대(有臺)ᄒ고 대하(臺下)에 유수(有水)ᅵ로다
▶ 산 앞에는 전망대가 있고, 전망대 밑에는 물이 있구나.

떼 많은 갈매기는 오명가명 ᄒ거든
▶ 떼를 지은 갈매기는 오락가락하는데

▶ 여기까지는 참으로 평화로운 풍경을 제시하였다.

엇더타 교교백구(皎皎白駒)ᄂ 멀리 ᄆᆞᆷ 두는고
▶ 어찌 교교백구(현자)는 (이렇게 좋은 자연이 아닌) 먼 곳에 마음을 두느냐.

▶ 자연이 아닌 속세를 지향하는 교교백구는 갈매기와 대조!

〈제5수〉

춘풍(春風)에 화만산(花滿山)ᄒ고 추야(秋夜)에 월만대(月滿臺)라
▶ 봄바람이 부니 산에 꽃이 가득하고, 가을밤에 달이 전망대에 가득 찼구나.

사시가흥(四時佳興)이 사ᄅᆞᆷ과 ᄒ가지라
▶ 사계절의 흥취가 사람과 마찬가지로다.

ᄒ믈며 어약연비(魚躍鳶飛) 운영천광(雲影天光)이야 어찌 끝이 있으리
▶ 하물며 대자연의 우주적 조화와 오묘한 이치야 어찌 끝이 있겠냐.

▶ 끝이 없는 자연의 조화 속에서 살고 싶다는 얘기로군.

〈제6수〉

문제분석 01-03번

번호	정답	정답률(%)	선지별 선택비율(%)				
			①	②	③	④	⑤
1	③	59	9	13	59	13	6
2	④	70	3	7	13	70	7
3	③	67	9	9	67	8	7

01

정답설명

③ 화자의 관심사를 물어보고 있구나. 〈제3수〉에서 화자는 분명 '순풍(순 박한 풍속)'과 '인성'을 통해 세상 사람들에 주목을 하고 있어. 그런데 〈제4수〉에서 화자의 관심사는 '유란', '백운'의 자연물과 '피미일인(임 금)'이지. 화자가 주목하고 있는 시적 대상은 분명 달라지고 있다.

오답설명

① 화자가 자신을 드러내려면 '나', '우리'라는 표현이 있으면 되는데... 헉! 없다? 다시 잘 봐라. 고전 시가에서 이 정도 어휘는 알고 들어오라는 평가원의 요구를 확인할 수 있는 중요한 문제. '초야우생'은 '자연에 묻혀 사는 어리석은 사람'이라는 뜻으로 화자가 스스로를 낮춘 말이다. 따라서 자기 자신을 드러냈다고 볼 수 있겠다. 화자의 '삶의 지향'은

'천석고황'에 잘 드러나고 있으며, '주제 의식을 환기한다'는 내용은 신경쓰지 않아도 된다. 시 안에 있는 모든 표현과 내용은 주제 의식을 나타내기 때문이다.

② 〈제2수〉에서는 자연 속에서 살아가려는 자신의 삶을 말했고, 〈제3수〉에서는 세상 사람들의 '순풍(순박한 풍속)'에 대해 말하고 있다. 이로써 화자의 관심사는 자기 자신에서 사회로 '확대'되었다고 볼 수 있다.

④ 문학에서 '입체감'은 다양성이 있을 때 허용된다. 소설에서 장면이 바뀌면 입체감이 부각되고, 시에서도 다양한 대상을 제시하거나 다양한 감각을 제시하면 입체감이 부각되는 것이다. 〈제4수〉에서는 골짜기에 핀 난초와 흰 구름이 떠 있는 산이 보이고, 〈제5수〉에서는 산 앞에 전망대가 있고, 그 아래로 물이 흐르며 공중에는 갈매기들이 날아다니는 모습이 보인다. 이 정도면 다양한 장면을 통해 공간의 입체감이 드러난다고 할 수 있겠지?

그리고 〈제4수〉에서 화자는 자연에 대한 관심을 보이고 있고, 〈제5수〉에서도 역시 자연에 대해 관심을 보이고 있다. 두 번 반복했으니 당연히 시상이 심화(강조)된다고 볼 수 있다.

⑤ 〈제6수〉의 초장에서 '춘풍'과 '추야'를 통해 봄과 가을에 느끼는 자연 속에서의 흥취가 드러남을 알 수 있고, 중장에서는 '사시가흥(사계절에 느끼는 흥취)'로 그 폭이 넓어지고 있다. Ok. 점층이 나타나고 있군. 게다가 종장 'ㅎ믈며 어약연비 운영천광이야 어찌 끝이 있으리'에서 자연 친화적인 삶을 추구하는 주제 의식을 집약하고 있음을 알 수 있다.

02

정답설명

④ '갈매기'는 자연 속에서 '오명가명' 하며 여유로운 모습을 보이므로, 화자의 '무심한(욕심이 없는) 심정이 투영된 상징적 존재'로 볼 수 있다. 그러나 '교교백구'는 '멀리 ᄆ음 두는고'라고 했으므로 자연이 아닌 속세에 마음을 두고 있는 대상이 된다. 따라서 '교교백구'에 화자의 무심한 심정은 투영되지 않았다. 오히려 '교교백구'는 화자의 가치관과 대조되는 대상으로 볼 수 있다.

오답설명

① 화자가 '연하(안개와 노을)'의 멋진 풍경으로 집을 삼고, '풍월(바람과 달)'을 친구로 삼아 살아간다고 했다. 둘 다 화자가 지향하는 자연물을 나타내는 소재이니 화자는 '자족감(스스로 넉넉하게 여기는 느낌)'을 느껴지겠지.

② 화자는 세상에 '순풍'이 다 사라졌다는 말은 거짓말이라 하고 '인성'이 본래 어질다는 말은 옳다고 하였다. 따라서 '순풍'과 '인성'은 '화자가 바라는 세상의 모습'을 알려주는 표지(표시나 특징, 다른 것과 구별하게 하는 요소)라 할 수 있겠지.

③ 화자는 그윽한 향기를 내뿜는 난초와, 산에 걸려 있는 흰 구름이 좋다고 말하였으니, '유란'과 '백운'은 '화자가 심미적으로 완상하는 대상'이겠지. 참고로 심미적으로 완상한다는 것은 대상의 아름다움에 중점을 두고 즐기며 감상한다는 말이야.

⑤ 화자는 봄바람이 부니 산에 꽃이 가득 피고, 가을밤에 달빛이 대에 가득하니 흥이 난다고 하였으므로, '화만산'과 '월만대'는 '화자의 충만감을 자아내는 정경'이라 할 수 있어. 참고로 '가득찰 만(滿)'은 자주 나오는

어휘니까 꼭 기억하도록 하자.

03

정답설명

③ 화자는 '순풍', 본래 어진 '인성', '피미일인(임금)'을 그리워함을 통해 '유교적 가치를 존중'하는 것이 드러나고, '천석고황'에서 자연 속에서 살고 싶다는 '개인으로서의 소망'이 나타난다. 〈보기〉에서도 '성군의 가르침을 노래'하겠다는 것과 '전원의 즐거움' 부분에서 각각 유교적 가치와 개인으로서의 소망이 드러난다.

오답설명

① 일단 선지 앞부분에서 확실하게 걸린다. 화자는 '태평성대'에 늙어 간다고 말하고 〈보기〉의 글쓴이도 '태평성세의 농사짓는 늙은이가 되'겠다고 한다. 지배층의 핍박이 어디 나와 있지? 당연히 적절하지 않은 선지이다. 또한 「사가재기」의 경우 세속을 떠나 농사를 짓겠다고 하였으나 '성군의 가르침을 노래하리라.'(임금에 대한 예찬)라고 이야기하였으므로 속세를 완전히 꺼려하거나 멀어지려는 의도는 드러나지 않는다. 따라서 이 역시 자연 은둔의 태도가 드러난다고 볼 수 없다.

② 화자는 '천석고황'을 말할 정도로 자연을 즐기며 살고 있다. 따라서 '불우한 처지'는 택도 없다. 다만 〈보기〉의 경우 분명 '곤궁한 사람'이라고 자신의 처지를 밝혔고, '부친에게 물려받은 별장'을 매우 흡족해하며 모든 일은 점진적으로 되는 것이라고 했으니, '불우한 처지(곤궁)'에서 점진적으로 벗어날 수 있으리라는 낙관적 태도를 허용해줄 수 있다.

④ 화자는 '연하로 집을 삼고 풍월로 벗을 사마' 허물없이 살기를 바란다. 〈보기〉의 글쓴이도 '전원의 즐거움'을 얻게 되면 '농사짓는 늙은이'가 되어 살 것이고 더 바랄 게 없다고 말한다. 따라서 둘 다 '삶의 물질적 여건'에 매이지 않고 '자연의 즐거움'을 누리고자 함을 알 수 있다.

⑤ 화자는 속세가 아니라 자연 속에 있으며 그 삶에 만족하고 있다. 〈보기〉의 글쓴이는 부친에게 물려받은 별장에서 살며 전원의 즐거움을 얻게 되길 소망하므로 현재 속세에 있으면서 고향에서 농사지으며 살기를 동경하는 것이다.

작자 미상 - 유충렬전

지문분석

[지문에서 체크할 것]

※ 공간
진문 밖 → 장안 → 금산성 → 장안

※ 서술자의 개입
태후가 강 승상을 보고 하시는 말씀이야 어찌 말로 다 표현할 수 있으리오.
'산천초목이 슬퍼하며 진중의 군사들도 눈물을 흘리지 않는 이가 없더라.'도 개입으로 볼 여지가 있다. 하지만 서술자의 판단이나 정서가 확연하게 나타나지 않으니, 이 정도의 문장은 개입으로 찾지 않아도 괜찮다.

[전체 줄거리]

중국 명나라 유심은 늦은 나이에 아들 충렬을 얻는다. 이때 나라에서는 반역을 꾀하던 정한담과 최일귀 등이 유심을 모함하여 귀양을 보내고 충렬 모자를 죽이려 한다. 그러나 충렬은 하늘의 도움으로 위기에서 벗어나 승상 강희주를 만나게 되며 그의 사위가 된다. 그러나 강희주도 모함을 받아 귀양을 가게 되어 가족들은 뿔뿔이 흩어진다. 충렬은 아내가 된 강 낭자와 이별하고 백룡사의 노승을 만나 무예를 익히며 때를 기다린다.
이때 남적과 북적이 반란을 일으켜 명나라를 공격해 오자, 정한담은 남적에게 항복하고 도리어 남적의 선봉장이 되어 천자를 공격한다. 정한담의 강력한 공격에 천자가 항복하려 할 즈음, 충렬이 나타나 남적의 선봉 정문걸을 죽이고 천자를 구출한다. 충렬은 그 기세를 몰아 반란군을 모두 소멸하고 정한담을 사로잡는다. 그 후 호국에 잡혀간 황후, 태자 등을 구출하고 유배지에서 고생하던 아버지 유심과 장인 강 승상을 구한다. 이후 가족들과 재회하여 높은 벼슬을 얻고 행복하게 산다.

문제분석   01-05번

번호	정답	정답률 (%)	선지별 선택비율(%)				
			①	②	③	④	⑤
1	④	89	4	1	3	89	3
2	⑤	87	3	4	2	4	87
3	③	64	10	4	64	7	15
4	④	71	8	12	7	71	2
5	①	95	95	1	2	1	1

01

정답설명

④ 서술자의 개입은 당연히 체크했겠지? '태후가 강 승상을 보고 하시는 말씀이야 어찌 말로 다 표현할 수 있으리오.'에서 확인할 수 있다. 이를 통해 귀양을 가게 되어 오랫동안 보지 못한 조카 강 승상에 대한 태후의 반가움과 기쁨의 심리를 알 수 있다. 그리고 천자의 발화에서 놀람의 심리가, 유충렬의 발화에서 억울하고 분한 심리가, 태자의 발화에서 호소의 심리가, 태후의 발화에서 미안함의 심리가, 유심의 발화에서 기쁘고 고마운 심리가 드러난다.

오답설명

① 윗글에 시간적 배경에 대한 묘사는 나타나지 않는다.
② 윗글에 꿈은 제시되지 않으며, 현실에서의 사건만 나타난다.
③ 윗글에서는 현실 세계에서의 사건만 나타난다. 용궁이나 저승 세계 정도는 나와야 '초월적 공간'이라고 할 수 있다.
⑤ '유충렬은 남적의 선봉장이 된 정한담과의 대결에서 승리하고'에서 볼 수 있듯이, 전쟁 장면을 간략히 요약하여 제시하고 있다.

02

정답설명

⑤ '천자도 이 말을 들으시고 후회가 막급하나 할 말 없어 우두커니 앉아 있더라.'에서 알 수 있듯이 천자는 '자신의 과오'를 인정하고 후회하고 있다. 하지만 위태로운 나라를 구하는 것이 우선이기 때문에 나라를 구하라고 말한 것이다. [중략 부분의 줄거리] 윗부분의 "과인은 보지 말고 그대 선조의 입국 공업을 생각하여 나라를 도와주면"을 통해 나라를 구하라고 권유하는 내용을 확인할 수 있다.

오답설명

① '천자'는 적에게 항복하려고 진문 밖으로 나오다가 유충렬이 적장의 머리를 벤 것을 보고 '매우 놀라고 또 기뻐'한다. 따라서 '장수(유충렬)'의 능력에 놀라움을 표한 것이 맞다.
② '한편 이미 장안으로 돌아와 연왕이 된 유심은~충렬이 나오기를 고대하였다.'를 통해 유심이 살아있음을 확인할 수 있다. 그런데 '유충렬'은 '부친 유심의 죽음과~분하게 여'기고 있으므로, '유충렬'은 부친이 죽은 것으로 잘못 알고 있음을 알 수 있다.
③ '슬피 통곡하며~진중의 군사들도 눈물을 흘리지 않는 이가 없더라.'에서 확인할 수 있다.
④ '유충렬'은 '태자'의 말을 들은 후 '천자의 기상이 뚜렷하고 한 시대의 성군이 될 듯'한 모습을 보고, "죄가 무거워 죽어도 안타깝지 아니합니다. 소장이 죽을지언정 어찌 폐하를 돕지 아니하겠습니까?"라고 말하였다. 이를 통해, '유충렬'이 태자의 말과 기상에 감화되어(좋은 영향을 받아 생각이나 감정이 바람직하게 변하여) 스스로를 반성하고 있음을 알 수 있다.

03

정답설명

③ 고전 소설에서는 대화의 표면적 의미가 아닌, 이면의 의도를 물어보는 경우가 많고(2023학년도 6월 소현성록), 고사를 인용했을 때도 '고사의 내용'보다는 '인용의 이유'를 묻는 경우가 많다. 내용을 보기에 앞서서 구조를 보는 눈을 길러야 한다.

고사의 포인트는 '충신의 죽음은 하늘에 달린 것이니 어쩔 수 없었다는 것'이다. 즉, 고사에서 역사적 사실인 '주나라 성왕'의 이야기가 나오고 있으나, 이것은 유충렬의 견해를 옹호하기 위함이 아니라, 유충렬이 천자를 돕도록 설득하려는 태자 자신의 의견을 뒷받침하기 위한 것으로 봐야 한다.

오답설명

① 유충렬은 자신을 "유심의 아들 충렬"이라고 밝히면서, "충신도 역적이 될 수 있습니까? 그자의 말을 듣고 충신을 멀리 귀양 보내어 죽이고 이런 환난을 만나시니"라고 말하며 과거에 간신과 충신을 제대로 분별하지 못한 천자에 대한 원망을 드러내고 있다.

② "해와 달이 빛을 잃은 듯합니다."에서 직유법을 통해 자신의 슬픈 심경을 토로하고 있다.

④ 태자는 "천자를 도우시면, 태산 같은 그대 공로는 천하를 반분하고, 하해같은 그 은혜는 죽은 뒤라도 풀을 맺어 갚으리라."라고 말하면서 보답의 의지를 보이고, 유충렬이 원한을 풀고 천자를 도와 싸워줄 것을 원하고 있다.

⑤ 태자는 유충렬에게 "충신이 죽는 것은 모두 다 하늘에 달린 일"이라고 하며, 충신으로서 "온 힘으로 충성을 다하여 천자를 도우"라고 말하여, 유충렬이 역할과 본분에 충실할 것을 강조하고 있다.

04

정답설명

④ 선후 관계를 왜곡하여 오답 선지를 만든 것이다. "불효자 충렬이 남적을 소멸하고 오는 길에 회수에 와 모친을 기리는 제사를 지내다가, 천행인지, 뜻밖에도 죽은 줄 알았던 모친을 만나 모시고 왔습니다!"에서 유충렬이 남적을 소멸하여 '국가 위기의 해소'를 한 후에 모친과 만났으므로, '국가 위기의 해소'가 '가족 위기의 해소'로 이어진 것을 알 수 있다.

오답설명

① "유심의 아들 충렬입니다. 사방을 떠돌아 다니면서 빌어먹으며"에서 알 수 있듯이 부친 유심의 유배는 유충렬이 겪은 첫 번째 시련의 계기로 볼 수 있다.

② "과인이 현명하지 못하여 역적의 말을 듣고 충신을 먼 지방으로 귀양을 보내어"에서 확인할 수 있다. 〈보기〉의 '두 번째 시련은 충신인 장인 강희주와 간신의 정치적 갈등이 계기가 된다는 점에서, 가족의 위기는 국가의 위기와 관련된다.'라는 내용을 통해 충렬의 장인인 강희주가 역적의 모함 때문에 귀양을 간 것이 유충렬의 두 번째 시련임을 알 수 있다.

③ [중략 부분의 줄거리]의 '유충렬은 남적의 선봉장이 된 정한담과의 대결에서 승리하고~이후, 유심과 강희주를 구하고 모친과 부인을 찾은 후 장안으로 돌아온다.'에서 확인할 수 있다.

⑤ '장안의 온 백성들이~원수 유충렬과 모친 장 부인을 치사하는 소리 낭자하고 요란하였다.'에서 확인할 수 있다.

05

정답설명

① ㉠의 '이기지'는 '감정이나 욕망, 흥취 따위를 억누르다.'의 의미이다. '분을 이기지'의 '분'은 '억울하고 원통한 마음'을 뜻하므로 이때의 '이기지'는 '감정을 억누르다.'의 의미에 해당한다.

오답설명

② '몸을 바로 곧추거나 가누다.'의 의미이다.

③ '고통이나 고난을 참고 견디어 내다.'의 의미이다.

④ '내기나 시합, 싸움 따위에서 재주나 힘을 겨루어 우위를 차지하다.'의 의미이다.

⑤ '고통이나 고난을 참고 견디어 내다.'의 의미이다.

최인훈 – 광장

[지문에서 체크할 것]

※ 시간
　순행

※ 공간
　천막 안 → 천막 밖

※ 서술자의 관심사
　3인칭 서술자는 '이명준'을 주목하고 있다. 인물의 상황과 심리를 섬세하게 전달하여 마치 1인칭 시점과 같은 느낌을 주고 있다. 지문 중반 이후에 '나'가 나온다고 해서, 3인칭 시점에서 1인칭 시점으로 시점 변화가 일어난 것이 아니다. 3인칭 제한적 전지적 작가 시점을 쓸 때는 인물의 심리를 마치 1인칭 시점처럼 드러내는 경우가 있어, 인물의 내적 독백 속에서 '나'가 자연스럽게 등장하는 것이다.

[전체 줄거리]

　평범한 대학생이던 이명준은 어머니가 죽고 아버지가 북한으로 넘어가자, 월북한 아버지 때문에 남한의 정부 기관에 끌려가 고문을 당한다. 이 일 이후 이명준은 남한 사회에 환멸을 느끼고 바람직한 사회를 찾아 월북한다. 그러나 이명준은 북한에는 인간다운 삶도 자유도 없음을 깨닫고 절망한다. 그러한 절망감을 은혜와의 사랑으로 해결하려 하지만, 은혜가 소련으로 유학을 떠나면서 이마저도 좌절된다. 6·25전쟁이 일어나자 이명준은 인민군 장교로 전쟁에 참여하게 되고 간호 장교로 참전한 은혜를 다시 만난다. 하지만 은혜는 명준의 아이를 가진 채 죽게 되고 명준은 포로가 된다. 포로수용소에서 풀려날 때, 그는 남한과 북한을 모두 거절하고 중립국행을 선택한다. 그러나 중립국행 배 위에서 이명준은 결국 바다에 뛰어든다.

번호	정답	정답률(%)	선지별 선택비율(%)				
			①	②	③	④	⑤
1	②	92	2	92	3	2	1
2	③	79	4	3	79	12	2
3	②	69	3	69	5	5	18

01

정답설명

② 수업에서 누차 강조한, '서술자의 관심사'가 현대 산문에서 최우선적으로 신경 써야 하는 필수 출제 요소임을 아는 학생이라면 틀리지 않았으리라. 지문에서 3인칭 서술자는 처음부터 끝까지 '명준'이라는 인물의 의식에 초점을 두고 있다. 그리고 그 내용은 '명준'이 남한과 북한, 전쟁에서의 경험을 바탕으로 판단한 현실에 대한 관념적 인식이다.

오답설명

① 제시된 부분에는 장면 전환이 거의 없으며 분위기도 긴박하지 않다.

③ 공간의 실감 있는 묘사가 있었다면 체크했겠지? 그런 부분은 나오지 않았다.

④ 처음에 '명준'이 남한행을 권유받는 장면은 과거가 아니라 현재 장면이다. 그리고 마지막 부분에 나온 중립국에 가서 사는 것을 떠올리는 것은 미래에 대한 인물의 생각 정도로 볼 수 있다. 다만 중간에 '명준'의 생각을 서술한 부분('은혜'의 죽음)에서 일부 회상이 나타난다. 하지만 대조적 체험을 병렬적으로 제시하진 않았다. 대조적 체험을 병렬적으로 제시하려면, '좋았던 기억'과 '안 좋았던 기억'을 나열하거나 교차하면서 제시해야 하는데, 회상 속의 기억은 모두 안 좋은 기억들이다.

⑤ 제시된 부분에서는 '명준'의 생각이 중심적으로 서술되었고, 인물 간의 갈등은 다각적으로 드러나지 않는다. 간혹 설득자와 의견이 달랐으니 갈등이 아니냐고 묻는 학생들이 있는데, 설득자와 '명준'의 의견이 일치하지 않았기에 인물 간의 갈등이 드러난다고 볼 수도 있다. 하지만 선지에서는 '갈등을 다각적으로 조명'한다고 하였다. 그러기 위해서는 둘의 대화와 설득 과정을 여러 사람의 시선을 통해 보여 주어야 하는데, 그러한 부분은 드러나지 않고 '명준'의 심리만 중점적으로 제시되어 있다. 따라서 '인물 간의 갈등을 다각적으로 조명'하였다는 내용은 적절하지 않다.

02

정답설명

③ '그것을 셈할 줄 모르는 데~난파자들을 그들은 감옥에 가둘 것이다.' 부분에서 '난파꾼'에 관한 내용이 드러난다. 내용을 확인해 보면 '난파꾼'은 셈할 줄 모르고, 환상에 빠지고, 마술을 믿었으며, 속은 사람들이라고 하였다. 이들은 자신들이 속았다는 낌새를 차리고 항구를 돌아본 후, 참을 알게 되는 존재이다. 따라서 이들은 환상이 허황됨을 알아차린 존재이며, 이명준을 가리킨다고 볼 수 있다.

오답설명

① '대일 언덕 없는 난파꾼은 항구를 잊어버리기로 하고 물결 따라 나선다. 환상의 술에 취해 보지 못한 섬에 닿기를 바라며. 그리고 그 섬에서 환상 없는 삶을 살기 위해서.'를 통해 난파꾼은 과거(항구)에 집착하기보다는 그것을 잊으려 한다는 것을 알 수 있다.

② '정주하다'는 '일정한 곳에 자리를 잡고 살다.'라는 뜻이다. 난파꾼들은 '보지 못한 섬에 닿기를 바라며' 물결을 따라가고 있다. 그곳에 도착하여 자리를 잡은 것은 아니기에 적절하지 않다.

④ '구도자'는 '진리나 종교적인 깨달음의 경지를 구하는 사람'을 의미한다. 난파꾼들이 속세를 떠나서 깨달음을 구하고 있는가? 난파꾼들이 깨달은 것은 자신의 믿음이 허황된 것이었다는 사실이었지, 종교적 깨달음은 아니었다. 그들이 가기로 결정한 곳은 중립국이고, 그곳에 가는 것

은 종교적 깨달음을 위해서가 아니라 이데올로기 속의 갈등에서 벗어난
삶을 누리기 위해서이다.

⑤ 난파꾼은 '보지 못한 섬에 닿기를 바라며', 그 섬에서 '자연의 수명을 다
하기를 기다리면서' 쉬려고 한다. 이러한 자세는 현실 변화에 민첩하게
적응하는 것과 상반되는 태도이다.

03

정답설명

② 〈보기〉에서는 이 소설이 남북한 간 이념의 이분법적 구도를 비판하고,
사회 문제를 비판하고 고발하는 것조차도 이념의 이름으로 은폐하는 시
대적 상황에 문제를 제기하였다고 평가하였다. 소설의 주인공인 명준은
'남과 북'이라는 이념의 이분법적 구도 안에서 선택을 하지 않고, '중립
국'이라는 새로운 대안을 선택하였다. 남과 북이 아닌, 중립국을 택했다
는 점에서 이념을 택하는 실천적 의지가 드러난다고 할 수 없다. 또한
중립국으로 떠나는 것은 주인공의 자유로운 삶을 위한 선택이었으므로
개인의 행복한 삶을 마다했다고 할 수도 없다. 오히려 개인의 행복한
삶을 위해 중립국을 선택했다고 보는 것이 더욱 적절하다.

오답설명

① '명준'은 선택을 마치고 나오는 문 앞에서 시원하게 웃는 모습을 통해
그동안 억압적으로 이념적 선택을 강요받았던 상황에서 벗어난 감정을
그대로 보여 주고 있다.

③ '마술사'는 실제 마술사를 이야기하는 것이 아니라 현실의 문제를 허황
되고, 환상적인 것으로 만들어 버리거나, 감추고 왜곡하려는 사람들을
의미한다. 이들에 대해 '허황하고', '잘못', '환상' 등의 표현을 사용한
것에서 냉소적인 태도를 엿볼 수 있다.

④ 바다에서 돌아온 이들은 참(사회적 모순)을 알게 된 사람들인데, '명준'
은 그들이 감옥에 갇힐 것이라고 하였다. 이들을 감옥에 가두어 격리할
것이라고 생각하는 것을 통해, 권력에 대해 비판적인 명준의 태도를 엿
볼 수 있다.

⑤ '명준'이 중립국에서 누리려는 삶은 일상적인 것이다. 또한 중립국은 이
념에 대한 강요나 선택을 요구하지 않는 곳이다. 이념적 대립 구도에
갇힌 현실에서 벗어나 자유로운 삶을 누리는 모습을 상상하고 있는 부
분을 통해 선지의 내용이 적절함을 알 수 있다.

관동록 / 관동별곡 / 금강 일만 이천 봉이~

지문분석

(가) 관동록
▶ 금강산 영랑재에서 비로봉까지의 풍경에 대한 감상.

(나) 관동별곡

쇼향노 대향노 눈 아래 구버보고,
▶ 소향노 대향노를 눈 아래로 내려보고

졍양ᄉ 진헐ᄃᆡ 고텨 올나 안ᄌᆞ마리,
▶ 정양사 진헐대에 다시 올라 앉으니

녀산(廬山) 진면목이 여긔야 다 뵈ᄂᆞ다.
▶ 여산(중국의 여산처럼 아름다운 금강산)의 진면목을 여기서 다 보는구나.

어와 조화옹이 헌ᄉ토 헌ᄉᄒᆞᆯ샤.
▶ 아아, 조물주의 솜씨가 야단스럽기도 하구나.

늘거든 ᄯᅱ디 마나 셧거든 솟디 마나.
▶ 날려거든 뛰지나 말지 서있으려거든 솟지나 말지.

부용(芙蓉)을 고잣ᄂᆞᆫ 듯 ᄇᆡᆨ옥(白玉)을 믓것ᄂᆞᆫ 듯,
▶ 부용(연꽃)을 꽂아 놓은 듯, 백옥을 묶어 놓은 듯,

동명(東溟)을 박ᄎᆞᄂᆞᆫ 듯 북극(北極)을 괴왓ᄂᆞᆫ 듯.
▶ 동해바다를 박차는 듯, 북극성을 떠 받치는 듯.

놉흘시고 망고ᄃᆡ 외로올샤 혈망봉이
▶ 높구나 망고대, 외롭구나 혈망봉

하ᄂᆞᆯ의 추미러 므스 일을 ᄉᆞ로리라,
▶ 하늘에 치밀어 올라 무슨 일을 아뢰려고

천만 겁 디나ᄃᆞ록 구필 줄 모ᄅᆞᄂᆞᆫ다.
▶ 천만 겁이 지나도록 굽힐 줄 모르는구나.

어와 너여이고 너 ᄀᆞᆮᄐᆞ니 ᄯᅩ 잇ᄂᆞᆫ가.
▶ 아아, 너로구나 너 같은 이 또 있는가.

ᄀᆡ심ᄃᆡ 고텨 올나 듕향셩 ᄇᆞ라보며,
▶ 개심대 다시 올라 중향성을 바라보며

만 이천 봉을 녁녁히 혀여ᄒᆞ니,
▶ 만 이천 봉우리를 하나하나 세어보니

봉마다 ᄆᆡᆺ쳐 잇고 긋마다 서린 긔운,
▶ 봉우리마다 맺혀있고 봉우리 끝마다 서린 기운이

ᄆᆞᆰ거든 조티 마나 조커든 ᄆᆞᆰ디 마나.
▶ 맑으려거든 깨끗하지나 말지 깨끗하려거든 맑지나 말지.

뎌 긔운 흐터 내야 인걸을 ᄆᆞᆫ들고쟈.
▶ 저 기운 흩어 내어서 인재를 만들고 싶구나.

형용도 그지업고 톄셰(體勢)도 하도 할샤.
▶ 모습도 끝이 없고 움직이려는 기운도 많기도 하구나.

뎐디(天地) 삼기실 제 ᄌᆞ연이 되연마ᄂᆞᆫ,
▶ 천지가 생겨날 때 자연히 되었다지만

이제 와 보게 되니 유졍도 유졍ᄒᆞᆯ샤.
▶ 이제 와 보게 되는 의도가 있었구나.

비로봉 샹샹두의 올라 보니 긔 뉘신고
▶ 비로봉 상상두에 올라 본 사람이 그 누구인가

동산 태산이 어ᄂᆞ야 놉돗던고.
▶ 동산 태산이 어느 것이 더 높던가.

노국(魯國) 조븐 줄도 우리ᄂᆞᆫ 모ᄅᆞ거든,
▶ 노나라 좁은 줄도 우리는 모르는데

넙거나 넙은 텬하 엇씨ᄒᆞ야 젹닷 말고.
▶ 넓고 넓은 저 천하를 (공자는) 어찌하여 작다고 하였단 말인가.

어와 뎌 디위를 어이ᄒᆞ면 알 거이고.
▶ 아아, 저 지위(공자의 경지)를 어이하면 알겠는가.

오ᄅᆞ디 못ᄒᆞ거니 ᄂᆞ려가미 고이ᄒᆞᆯ가.
▶ (비로봉에, 공자의 경지에) 오르지 못하니 내려감이 이상할까.

(다) 금강 일만 이천 봉이~

금강 일만 이천 봉이 눈 아니면 옥이로다
▶ 겨울 금강산에 대한 예찬

헐성루 올라가니 천상인(天上人) 되었어라
▶ 화자의 위치를 제시

아마도 서부진 화부득은 금강인가 하노라
▶ 자연에 대한 감탄의 반응

문제분석   01-05번

번호	정답	정답률 (%)	선지별 선택비율(%)				
			①	②	③	④	⑤
1	①	62	62	15	6	14	3
2	④	65	7	5	11	65	12
3	③	53	6	10	53	16	15
4	③	69	4	9	69	11	7
5	⑤	71	3	5	11	10	71

01

정답설명

① '감각적인 언어'는 '5감(시각, 청각, 미각, 후각, 촉각) 중의 하나 이상을 쓴 표현'을 의미하므로, '시각적 이미지'만 나와도 허용할 수 있다.

(가)는 영랑재의 모습을 '사람 모습, 새 모습, 짐승 모습'에 빗대어 표현하였으며, (나)는 금강산의 모습을 부용을 꽂아 놓은 듯한 모습과 백옥을 묶어 놓은 듯한 모습 등으로 빗대어 표현하였다. 이처럼 감각적인

언어를 사용하여 대상을 생동감 있게 그려 내었으므로 해당 선지가 적절함을 알 수 있다.

오답설명

② (가) O, (나) X / (가)는 '지금 생각하면'을 통해 여행 도중의 감상과 글로 표현할 때의 감상을 구별하고 있다.

③ (가) O, (다) X / (가)의 "산천의 구분과 경계를 하나하나 가리킬 수 있겠습니까?"에서 금강산에 대한 화자의 관심을 확대하고 있음을 확인할 수 있다.

④ (나) X, (다) O / (나)에서는 '쏘 잇는가', '긔 뉘신고', '고이홀가' 등 단정적 어조가 아닌 의문형의 어조가 자주 보이고 있다. 반면에 (다)에서는 '옥이로다', '되엿어라', '금강인가 하노라'의 단정적인 표현으로 대상에 대한 화자의 주관적 정서를 드러내고 있다.

⑤ (나) O, (다) X / (나)에는 금강산을 화자의 다양한 관점에서 묘사하고 있다. '조화옹'의 솜씨가 드러난 것으로 금강산을 바라보기도 하며, 인간 세상에서의 임금과 신하 사이의 모습으로 바라보기도 한다. (다)는 금강산이라는 대상을 바라보는 다양한 관점이 드러나지 않는다.

02

정답설명

④ ㄹ의 비유는 필자가 '해송과 측백나무'가 펼쳐진 위로 걸어가며 느낀 것을 표현한 것이다. 그렇기에 비유적 표현의 대상은 해송과 측백나무 위의 길이다. 반면에 나머지는 모두 금강산의 '천봉만학'의 다양한 형상들이 펼쳐진 풍경을 비유적으로 표현한 것이다.

03

정답설명

③ 필수 고전 작품의 경우 평가원이 얼마나 잔인하게 해석을 요구하는지 확인할 수 있는 문제다. 기본적인 A급 작품들은 평소에 확실하게 학습을 해두어야 한다. 또한 **평가원은 비유에서 원관념과 보조관념의 구분을 엄격하게 요구한다.**

- [2015학년도 수능B] [A]는 지상의 자연물을 천문 현상에 비유하고, 〈보기〉는 천문 현상을 지상의 자연물에 비유하고 있다.

- [2021학년도 6월] 봉우리를 '백옥', '동명'과 같은 무생물에 빗대어 대상에서 느낄 수 있는 자연의 영속성을 표현하였다.

'그녀는 나의 태양, 천사 같은 그녀'에서 '태양과 천사'는 보조관념일 뿐 화자가 바라보는 대상이 아니다. 화자는 원관념인 '그녀'를 바라보고 있고, 보조관념인 '태양과 천사'로 '그녀'의 의미를 부각하고 있을 뿐이다. (나)의 화자는 '진헐딕'에 올라 그 아래 펼쳐진 봉우리들을 구경하며 풍경에 감탄하고 있다. 그 풍경이 너무 아름답기에 마치 중국의 유명한 산인 '녀산'의 진면목을 본 듯하다고 한 것이다. 즉, '녀산'은 화자가 현재 바라보고 있는 풍경이 아니라, 진헐대에서 바라본 금강산의 풍경을 빗대어 강조하기 위해 표현한 것이다.

오답설명

① (가)의 필자는 영랑재에서 바라본 천봉만학의 기괴한 형상들을 다양한 비유들로 표현하였다.

② (가)의 필자는 영랑재에서 절정까지 가는 길에 본 해송과 측백나무가 바람을 싫어하여 줄기가 한쪽으로 쏠렸다고 했다.

④ (나)의 화자는 개심대에서 중향성을 바라보며, 만 이천 봉을 헤아리며 기운을 느끼고 그 기운으로 인걸을 만들고 싶다고 했다.

⑤ (다)의 화자는 헐성루에 올라가니 천상인이 되었다고 했는데, 이때 '천상인'은 '신선'으로 해석할 수 있다.

04

정답설명

③ [A]와 [B] 모두에서 필자와 화자가 현실에서 부딪힌 문제가 무엇인지 드러나지 않았으므로, 이에 대한 해결 역시 드러나지 않았다. [A]에서 필자는 오히려 자연 속에서 '산천의 구분과 경계'에 관한 새로운 의문을 드러내고 있다.

오답설명

① [A]의 "물을 보면 반드시 원류까지 궁구해야 하고~높이 올라야 한다고 했으니"에서 필자는 물의 원류(본줄기)를 궁구(연구)하는 것과 산에 높이 올라가는 것을 같은 맥락으로 이해하고 있으므로, 높은 곳에 오르는 행위를 사물의 근원을 탐색하는 과정으로 여기고 있음을 알 수 있다.

② 역시 잔인한 해석을 요구한 선지다.

[B]의 '넙거나 넙은~어이ᄒᆞ면 알 거이고.'에서 화자는 '비로봉'을 바라보며, '동산'과 '태산'에 올라가서 '노국(노나라)'과 '련하(천하)'가 작다고 한 공자의 호연지기(거침없이 넓고 큰 기개)를 떠올리고 있다. 따라서 화자는 '비로봉'에 오르는 행위의 의미를 성인인 공자의 체험에 빗대어 생각하고 있음을 알 수 있다.

④ [A]에서 필자는 금강산의 모습을 극찬하고 있으며, [B]에서 화자는 산의 정상에 오르더라도 공자와 같은 지위에는 오르지 못한다고 생각하여 비로봉에 오르지 않고 내려가는 것에 만족하고 있다.

⑤ [A]에서 필자는 승려에게 산천의 구분과 경계에 대해 물으며 자신이 알지 못하는 자연의 세계에 대해 경외감을 드러내고 있으며, [B]의 화자는 천하를 작다고 한 공자의 일화를 들면서 자신의 시야를 넘어선 넓은 세계에 대해 경외감을 드러내고 있다.

05

정답설명

⑤ 재밌는 문제다. 〈보기〉에서 설명한 전봇대의 간격은 운율을 효과적으로 설명하기 위해 예를 든 것이다. @에서의 '원래의 간격'이란 규칙적으로 반복되던 리듬감을 말한다. 이를 시조 읽기에 적용한다면 '일정한 간격'이란 ①과 같이 한 호흡에 4글자가 규칙적으로 배열되는 것을 말하며, 전봇대 하나가 안 보이는 허전한 느낌이 드는 상황은 바로 3글자로 표현된 ②를 말하는 것이다. 또한 전봇대가 촘촘히 나타나서 급한 느낌이 드는 상황은 ④를 말하는 것이기에 이러다가 다시 원래의 간격인 4글자를 회복하여 편안함을 느끼게 되는 부분은 바로 ⑤라 할 수 있다.

작자 미상 - 홍계월전

지문분석

[지문에서 체크할 것]

※ 공간

    종남산 아래(평국과 보국의 궁궐) → 천자의 궁궐 → 규중 → 어전

※ 서술자의 개입

    × / 참고로 '위의와 거동이 천자나 다름이 없더라.' 이 구절은 모습이 마치 천자 같았다는 비유적 표현이다. 서술자의 개입으로 볼 여지는 있지만, 이 정도의 애매한 표현은 서술자의 개입으로 요구하지 않으니, 확연하게 서술자의 판단이나 정서가 표출된 부분을 찾으면 된다.

[전체 줄거리]

    명나라 때, 홍 시랑은 나이 사십이 되도록 자식이 없었으나 신비한 꿈을 꾸고 부인 양 씨로부터 무남독녀 계월을 얻게 된다. 계월이 다섯 살 때, 북방 절도사 장사랑이 양주 목사와 난을 일으켜 쳐들어왔다. 부모에 의해 남장을 하게 된 계월은, 피란 중에 수적 장맹길에 의해 물에 던져진다. 물에 빠진 계월은 무릉포에 사는 여공에게 구조되어 그 집에서 동갑인 여공의 아들 보국과 함께 평국이라는 이름으로 지내게 된다. 둘은 같이 과거에 응시하였고, 계월은 장원으로, 보국은 부장원으로 급제한다.

    서번과 가달국이 침범하자 계월은 원수로, 보국은 부원수로 출정하는데, 보국이 계월의 말을 듣지 않고 호기를 부리며 출전하였다가 대패하자 계월은 보국을 처벌하려다가 용서하고 자신이 나가 적을 섬멸하고, 잃었던 부모와도 상봉한다. 이에 천자는 홍 시랑을 위국공으로, 양 부인을 정렬부인으로 봉한다. 그러다가 계월이 병이 나게 되고, 천자는 어의를 보내 병세를 알아보도록 하였는데 이 과정에서 계월이 여자임이 탄로나게 된다. 계월의 재능을 아끼던 천자는 이러한 사실을 알고도 용서해 주며 보국과 혼인을 주선한다. 천자의 명이기에 마지못해 혼인하여 평범한 아녀자로 돌아오게 된 계월은 보국과 갈등을 일으키게 되고, 영춘이라는 보국의 애첩을 죽이는 사건으로 인해 부부의 갈등은 깊어지게 되었다.

    다시 오랑캐가 침범하여 둘은 전쟁에 나가게 되고, 계월은 천자와 보국의 목숨을 구한다. 이때, 다시 전쟁이 일어나고 계월과 보국은 전쟁터에 나가게 된다. 이 과정에서 보국은 계월의 절대적 우위를 확인하고, 두 차례에 걸친 국가의 위기를 구한 대원수 계월은 대사마 대장군의 작위를 받게 된다. 이에 홍 시랑은 초왕이, 여공은 오왕이 되며 보국은 승상이 된다. 나중에 보국의 자식은 초의 태자가 되고 세상은 태평해진다.

문제분석   01-03번

번호	정답	정답률 (%)	선지별 선택비율(%)				
			①	②	③	④	⑤
1	②	85	3	85	6	4	2
2	⑤	52	17	4	19	8	52
3	③	91	3	2	91	2	2

01

정답설명

② [A] O, [B] O / [A]는 어의와 천자의 대화를 통해 '계월'이 여자임을 의심하는 사건이 전개되고, [B]는 문서의 내용을 통해 '오왕과 초왕의 반란으로 인해 이를 막을 명장이 필요함.'을 요약적으로 제시하고 있다. 참고로 요약적으로 제시하는 것은 보통 '서술자의 직접 제시'로 실현된다. 하지만 간혹 대화 내용을 통해서도 사건을 요약적으로 제시할 수 있음을 놓치지 말자. 특히 고전 소설에서 대화를 통해 주인공의 과거나 전생의 내력을 요약적으로 제시하는 경우가 많다.

오답설명

① [A] X, [B] X / [A], [B] 모두 각각 정황을 전달하는 주체(어의, 남관장)에 대해서 부정적인 태도를 보이지 않는다.

③ [A] X, [B] X / [A]의 "평국의 얼굴이 도화색이요, 체격이 작고"에서 인물의 외양 묘사가 나타나지만 이를 통해 장면을 극대화하고 있는 것은 아니며, [B]에서는 과장된 표현을 찾을 수 없다. 장면의 극대화는 고전 소설이나 판소리계 소설에서 등장하는 개념이다. 재미있거나 긴장감이 고조되는 장면을 반복하거나 열거하여 길게 늘여서 표현하는 방법을 말한다.

④ [A] X, [B] O / [B]에서는 진행 중인 전쟁 상황과 보고 상황이 나오기 때문에 여러 가지 사건의 동시 발생을 허용할 수 있더라도, [A]에서는 허용할 여지가 전혀 없다.

⑤ [A] X, [B] X / [A]와 [B]가 바뀌었다. [A]에는 "혹 미심하거니와 아직은 누설하지 말라."며 문제를 유보하는(나중으로 미루는) 상황이 나와 있고, [B]에는 오왕과 초왕이 반하여 장안을 범하고 있으니 명장을 보내어 달라는 즉각적 해결이 필요한 상황이 제시되었다고 볼 수 있다.

02

정답설명

⑤ 출제 당시 정답률이 매우 낮았던 문제다. 평가원이 고전 소설에서 내용 일치 문제를 얼마나 디테일하게 출제하는지 잘 보여 주는 문제라고 할 수 있다.

그리고 학생들이 시험장에서 얼마나 밑줄의 내용에만 의존하고 있는지 잘 보여 주는 문제다.

밑줄의 의미는 주변 맥락을 통해서 결정된다. 물론 시험장이라는 압박감 속에서 밑줄의 주변이 눈에 들어오지 않는 것은 쌤도 잘 알고 있다. 하지만 평가원은 항상 밑줄 주변을 보도록 출제를 하고 있으니... 힘들더라도 시각을 넓히자. 그래야 남들이 틀릴 때 웃으며 채점

할 수 있다.

ⓒ에서 천자가 규중에 있던 홍계월을 오랫동안 보지 못해 그리워했던 것은 알 수 있다. 그러나 '홍계월'이 집안일에 매달려 있다고? 밑줄의 앞을 보자. '평국이 규중에 홀로 있어 매일 시비를 데리고 장기와 바둑으로 세월을 보내더니'. '장기와 바둑'이 집안일이라고 우기면 할 말이 없겠다만... 밑줄의 주변을 봤으면 절대 놓치지 않았을 것이다.

오답설명

① '홍계월'이 '평국'인 건 알고 있지? '평국'과 '보국'이 함께 '엎드려 먼 길에 평안히 행차하심을 치하'하고(감사해 하고) 있다. 즉, '여공'에게 고마움을 느끼고 있는 거지.

이 선지에 정말 많은 학생들이 낚였다.

'여공'이 아니라 '위공과 정렬 부인'에게 인사를 한 것 아니냐는 것이 당시 학생들의 대답인데, 우선 밑줄의 앞을 보자. 위공과 정렬 부인이 여공에게 계월을 구하고 길러줘서 은혜가 백골난망이라고 감사해하고 있다.

이제 밑줄이다. 잘 보자. '평국과 보국이 또한 엎드려~치하하더라.' 어떤 단어가 눈에 보이느냐. '또한'이라고 나와 있지? 위공과 정렬 부인이 여공에게 인사를 드리고 감사해 하는 것처럼 평국과 보국도 '먼 길을 온 여공을 치하'하고 있는 것이다.

이쯤 되면 두 번째 질문이 들어온다. "쌤~ 그럼 평국과 보국이 멀리서 온 위공과 정렬 부인에게 고마움을 표한다고는 절대로 볼 수 없는 건가요?"

아니다. 그렇게 볼 여지도 약간은 있다.

여기서 국어 시험의 특수성이 나온다.

A를 가지고 A'로 볼 수 있고, A″로 볼 수도 있다면, 출제자의 해석인 A″를 허용해 줄 것. 이게 국어 시험이다. 수학이라면 절대 안 되는 사고가 국어에서는 나오는 것이다. 다만 출제자들은 이렇게 둘 다 볼 수 있는 경우를 절대로 정답 선지로 요구하지 않는다. 게다가 모의 평가가 아닌 수능 시험에서는 논란을 없애고자 이런 선지를 아예 없애는 편이다. 그럼 우리는 어떻게 해야 하는가. "이렇게 보면 정답인데?"가 아니라 '누가 보더라도 정답인 선지'를 선택해야 한다. 그리고 그렇게 하기 위해선 ①번 선지에서 가슴이 설렜더라도 편견을 가지지 않은 상태로 나머지 선지를 모두 검토해야 한다. 그래야 흔들리지 않는 1등급이 될 수 있다.

② '집안이 경동하여 주야 약으로 치료하니'라고 하였다. '경동'은 '놀라서 움직임'의 뜻이므로 집안 사람들이 놀라 바삐 움직이며 낮밤으로 치료하는 모습으로 볼 수 있다.

③ '홍계월'이 울음을 터뜨리며 서러움을 드러내는 것은 앞뒤 문장을 연결하여 읽어보면 알 수 있다. 계월은 남장을 하고 나랏일을 했는데 '필시 본색이 탄로날지라 이제는 할 일 없이 되었으니~규중에 몸을 숨겨 세월을 보냄이 옳다.'라고 생각하며 부모 앞에 뵈어 눈물을 흘린다. 여자이기에 나랏일에 참여하지 못하고 규중으로 돌아가야 하는 '서러움'에 눈물을 흘렸다고 볼 수 있겠다.

간혹 "서러움이 아니라 여성이기에 겪을 수밖에 없는 분노와 한의 눈물이 아닌가요?"라고 묻는 학생들이 있다. ①번 선지의 해설을 다시 읽어 보려무나. '분노'로 볼 수도 있다. 하지만 '서러움'이 절대 안 되는 것은 아니란다.

그리고 '오랜만에 부모를 만났기에 그리움이 북받쳐서 눈물'을 흘렸다고 판단하는 학생들이 당시에 일부 있었다. 역시 문맥을 보지 않고 성급하게 밑줄만 본 케이스라고 할 수 있겠다.

④ '천자'는 계월이 규중의 여자인데 어찌 영으로 불러 들여 전장에 보내느냐고 말하고 있다. 여기서 천자가 계월을 전쟁터로 보내야 할지 말아야 할지 고민하는 모습을 보여 준다. 간혹 "이름이 조야에 있삽고 또한 작록이 영구하"다고 했으므로 아직 조정에서 물러나지 않은 것이 아니냐고 질문하는 학생도 있다. 관직을 박탈당한 것은 아니니 작록이 영구하다는 것이고, 워낙 유명했기에 이름이 조야(조정과 민간)에 남아 있다는 것이다. 분명 평국은 지금 결혼하여 '규중(결혼한 부녀자가 머무는 처소)'에 있으니, '조정' 밖에 있음을 알 수 있다.

03

정답설명

③ 지문을 읽어보면 '천자'가 "궁궐 안에 살게 하리라."라고 말하며 '계월'에게 노비와 수성군, 채단과 보화를 상으로 내려 주었다. 그런데 '천자'의 노여움을 사게 됐다니. 말도 안 된다. 〈보기〉에 의하면 2차적 위기는 홍계월이 여성임이 탄로난 시점이다.

오답설명

① '우승상 명연태'가 "이 도적을 좌승상 평국을 보내어 방비하올 것이니 급히 영을 내려 부르옵소서."라고 말하는 것을 통해 다른 신하들이 '홍계월'의 뛰어난 능력을 알고 그녀를 추천하고 있음을 확인할 수 있다.

② '계월'은 '본색이 탄로날지라 이제는 할 일 없이 되었으니, 여복을 갈아입고 규중에 몸을 숨겨 세월을 보냄이 옳다.'라며 규중에 머무른다. 이는 정체가 밝혀지면 사회적 참여를 할 수가 없다는 것을 보여 주는 부분이므로, 당시에는 여성의 사회적 참여에 제약이 있었음을 알 수 있다.

④ 여공은 "어지신 덕택으로 계월을 구하사 친자식같이 길러 입신양명하게 하시니 은혜가 백골난망이로소이다."라는 감사 인사를 받았다. 이로 인해 여공이 어린 홍계월을 1차 위기에서 구해준 조력자임을 알 수 있다.

⑤ '홍계월(평국)'이 천자의 명을 받들어 전쟁터로 향하는 것은 국가의 위기를 극복할 수 있는 기회를 얻음과 동시에 여성이기에 받는 사회적 제약에서 벗어날 수 있는 기회도 얻은 셈이다.

03 현대 산문

2011학년도 9월

과외식 기출 분석서, 나기출

김원일 – 잠시 눕는 풀

지문분석

[지문에서 체크할 것]

※ 시간
순행적 구성

※ 공간
사무장과 부사장이 대화하는 곳 → 면회소 → 감옥

※ 서술자의 관심사
지문의 전반부에는 사무장과 부사장의 대화가 나온다. 그리고 대화의 내용은 '시우'에 관한 내용이다. (중략) 이후에는 '시우'의 상황과 심리가 중점적으로 나온다. 결국 3인칭 서술자는 '시우'라는 인물에 주목하고 있음을 알 수 있다.

[전체 줄거리]

백암리라는 시골 마을에서 가난하게 살던 시우네 가족은 서울로 올라온다. 힘겹게 서울 생활을 하던 시우는 김 여사의 집에서 청소부로 일하다가 운전 기술을 배워 그녀의 운전기사가 된다. 그러던 어느 날 김 여사가 음주 운전으로 한 행인을 치는 사고를 낸다. 김 여사는 돈을 주는 대가로 시우에게 사고의 책임을 지게 하려고 한다. 가족들과 시우는 돈 때문에 억울한 일을 당해야 하는 상황에 갈등하지만, 가족들의 새로운 삶을 만들어 줄 수 있는 큰 돈을 위해 시우는 경찰 앞에서 거짓 자백을 하고 교도소에 들어가게 된다.

문제분석 01-04번

번호	정답	정답률(%)	선지별 선택비율(%)				
			①	②	③	④	⑤
1	⑤	87	4	3	3	3	87
2	⑤	91	3	1	3	2	91
3	③	82	3	5	82	5	5
4	⑤	55	22	10	8	5	55

01

정답설명

⑤ 이 지문은 (중략)을 기준으로 크게 두 부분으로 나눌 수 있는데, 둘 다 '시우'가 처한 상황을 중점적으로 서술하고 있다. 게다가 (중략) 이후에서 '시우'의 심리를 중점적으로 서술한다는 것을 보았다면 ⑤번 선지를 골랐어야 한다.

오답설명

① 고깔 열매를 보고 산타클로스 모자를 떠올리는 부분 때문에 낚일 수 있는데, '의식의 흐름 기법'은 '연관성이 떨어지는 생각을 나열할 때' 쓰는 말이다. 그리고 출제된 지문 전체적으로 의식의 흐름 기법이 쓰여야 한다.

지문의 마지막 부분은 인물이 가족을 생각하며 현실을 이겨 내려는 다짐을 하는 모습으로, 연관성이 떨어지는 생각을 나열했다고 보기는 어렵다. 느낌이 잘 오지 않는 학생은 아래 지문과 비교해 보자.

다음은 의식의 흐름을 쓴 대표적 작품의 사례다.

 형태쌤의 과외시간

나는 그러나 **그들**의 아무도 놀지 않는다. 놀지 않을 뿐만 아니라 인사도 않는다. 나는 내 아내와 인사하는 외에 누구와도 인사하고 싶지 않았다. 내 아내 외의 다른 사람과 인사를 하거나 놀거나 하는 것은 내 아내 낯을 보아 좋지 않은 일인 것만 같이 생각이 되었기 때문이다. 나는 이만큼까지 내 **아내**를 소중히 생각한 것이다. 내가 이렇게까지 내 아내를 소중히 생각한 까닭은 이 33번지 18가구 속에서 내 아내가 내 아내의 명함처럼 제일 작고 제일 아름다운 것을 안 까닭이다. 18가구에 각기 빌어 들은 송이송이 꽃들 가운데서도 내 아내가 특히 아름다운 한 떨기의 꽃으로 이 함석지붕 밑 별 안드는 지역에서 어디까지든지 찬란하였다. 따라서 그런 한 떨기 꽃을 지키고---아니 그 꽃에 매어달려 사는 **나라는 존재**가 도무지 형언할 수 없는 거북살스러운 존재가 아닐 수 없었던 것은 물론이다.

– 이상, 「날개」–

'그들→아내→나'로 생각이 이어지고 있다. 언뜻 자연스럽게 이어지는 것 같지만 거시적으로 살펴봐라. 한 문단에 화제가 3개나 된다. 쉽게 말해서 서술자가 머릿속에 떠오르는 생각을 멋대로 나열했다는 것이다.

② 사람은 사물이 아니다. 윗글에 사람이 아닌 '사물의 외양'을 묘사한 부분은 '버즘나무 가지에 매달린 고깔 열매가 눈을 맞고 있었다.'이다. 하지만 '객관적 묘사' 부분이 적절하지 않다. 이 지문은 '시우'라고 하는 특정 인물에 주목하고 있고, 지문의 후반부는 특정 인물의 시선에서 주관인 서술을 하기에 1인칭 시점의 효과를 주기 때문이다. 2011학년도 6평 「눈이 오면」에서도 '특정 인물의 시선'으로 서술될 때는 '객관적인 묘사'가 적절하지 않다고 출제가 되었다. 여기서도 마찬가지다.

③ '잦은, 빠른, 빈번한 장면 전환'은 3번 이상의 장면 변화가 있다면 허용할 수 있다. 윗글에는 사무장과 부사장의 대화 장면, 시우와 형의 면회 장면, 시우가 교도소에 머무르는 장면이 나온다. 따라서 잦은 장면 전환이 나온다고는 할 수 있지만, 이로 인해 '긴박한 분위기'가 나타난다고 할 수 없다.

④ 윗글의 중심 내용은 시우가 가족의 새 삶을 위해 돈을 받고 사모님을 대신하여 감옥에 가는 것이다. 따라서 시우의 체험만 나오므로 '인물들의 다양한 체험'으로 보기 힘들며, 이야기가 '삽화 형식(독립적인 사건을 나열하는 방식)'으로 나열'되지도 않는다.

해설편 – 1주차 **19**

02

정답설명

⑤ 종우는 시우를 면회하러 와서 보상금으로 받은 180만원으로 가족들이 새로운 삶을 살 수 있게 되었으니 참아 달라고 하며 면목이 없다고 미안해 한다. 그리고 스스로도 양심을 팔았는지 어쨌는지 모른다고 말하며 눈물을 흘리는 장면을 통해 양심의 가책을 느끼고 있다고 볼 수 있다.

오답설명

① 기만(欺瞞) : 남을 속여 넘김. / 부사장은 겉으로는 시우(운전수)의 가족을 배려하는 듯한 말을 하지만, 진짜 목적은 체면과 명예를 지키며 의도대로 일을 꾸미는 것이다. "운전수와 가족이 이런 생각을 갖게끔 사무장이 처신해야 된단 말입니다.", "진실로 받아들이게끔 행동하란 말이에요."라는 말을 통해 겉과 속이 다른 기만적인 인물임을 알 수 있다.

② 시우는 가족을 위해 자신이 희생하여 감옥에 들어간다. 이는 "네가 우리 가족을 살린 거란 말이야.", '이번 크리스마스는 가족이~맞춤 중학 교복을 입고 뽐낼 터였다.'에서 확인할 수 있다.

③ 죄수들은 똑같이 추위에 떨면서도 시우에게 덜 추운 곳으로 오기를 권하고 있으며, 말 울음소리로 웃는 시우를 쳐다보며 시우의 웃음에 대해 말한다는 점에서 '다른 죄수'인 시우에게 관심을 보임을 알 수 있다.

④ "이 일은 사모님, 부사장님, 저만 아는 비밀로 백삼십에 사건을 무마하도록, 실수 없이 처리하겠습니다.~그 처지에 돈 보고 환장 안 하게 됐습니까."에서 권력(사모님, 부사장님)의 하수인(남의 밑에서 부하 노릇을 하는 사람) 역할을 하는 사무장의 모습을 확인할 수 있다.

03

정답설명

③ 인물의 태도가 변했다. 당연히 출제를 해야겠지? 보통 '변화의 계기'를 출제하기 마련인데, 이번엔 조금 다르다. 태도가 변화한 후, 달라진 인물의 '심리'를 물어보고 있다.

온갖 죄를 지은 죄수들의 죄명을 시각화한 '푯말'은 시우의 긍정적 마음가짐과는 관계가 없다.

오답설명

①, ②, ④, ⑤ 시우는 가족들을 위해 감옥 생활을 이겨 내기로 결심을 한다. 억울하다는 생각을 하기보다 가족 모두의 행복을 위해 자기 자신을 기꺼이 희생하기로 마음먹은 것이다. 그렇기에 '감옥'을 안락한 느낌의 '집 안방'(㉠)으로 표현하였으며, 죄수들을 보면서도 '다정한 얼굴'(㉡)이라 생각한다. 또한 눈이 오는 추운 날씨임에도 불구하고 자신의 희생의 대가로 가족들의 행복한 생활을 생각하며 '산타클로스 모자'(㉣)를 떠올리고, 동생이 내년에 입을 '맞춤 중학 교복'(㉤)을 떠올리고 있다. 이는 모두 자신이 처한 감옥 생활을 기꺼이 감당하겠다고 마음을 먹었기 때문이다.

04

정답설명

⑤ 〈보기〉에서 포인트를 잡아서 하나씩 대응하는 문제이다.

〈보기〉에서는 작품에서 '가진 자(사모님, 부사장님)'와 '못 가진 자(시우네 가족)'의 대립 구도가 나타난다고 했다. 하지만 '면회소와 신흥 주택 지대'에 이러한 '가진 자와 못 가진 자의 대립'이 나타나는 것은 아니다. 면회소는 시우가 억울하게 감옥 생활을 해야 하는 '못 가진 자'의 공간이고, 신흥 주택 지대 역시 시우의 희생으로 그의 가족들이 새로운 삶을 살아갈 '못 가진 자'의 공간이기 때문이다.

한편 대립의 기준을 '처지'로 둔다면, 면회소와 신흥 주택 지대는 시우의 희생과 이를 바탕으로 가족들이 새로운 삶을 살아가는 공간이므로 대립적 공간이라고 볼 수 있는 여지도 있으나, 〈보기〉에서 대립의 구도를 빈부격차로 명확하게 제시했다. 가족들이 살게 될 신흥 주택 지대를 '가진 자의 악의적 세계'라고 볼 수 없으므로, 결코 허용할 수 없다.

오답설명

① 시우의 웃음에만 주목한다면, 복잡한 심정이라고 보기 어렵다. 하지만 시우의 웃음소리를 들은 죄수가 "저건 웃는 게 아니구먼.~저 상판 봐여."라고 말한 것을 통해 '말 울음소리' 같은 웃음이 시우의 복잡한 내면을 드러내고 있다는 출제자의 해석을 '허용'할 수 있다.

② 시우는 돈을 받는 조건으로 사모님의 죄를 대신 뒤집어쓰고 감옥에 간다. 그리고 받은 돈으로 형이 운영하게 될 점포인 '백암 상회'를 떠올리며 굴욕적인 현실을 견디고 있다.

③ '성찰', '반성'은 문학에서 넓은 개념으로 쓰인다. 화자나 인물이 자신이 살아온 길을 돌아보거나, 자신의 상황을 중점적으로 살펴보면 '성찰'이라는 말을 쓸 수 있다. 또한 인물이나 작가가 당시의 시대나 사회에 대해 고민하고 생각해보는 것도 넓은 의미의 성찰이라고 볼 수 있다. 〈보기〉에서 '권력에 의한 사건 조작 모티프는 약자의 삶에 고통을 가중하는 현실을 드러낸다.~악의적 세계에 짓눌린 사람들의 실존을 그리고 있다.'라고 했다. 지문에서 결백한 시우가 돈과 권력을 가진 '사모님' 대신에 돈을 받고 감옥에 가는 것은 약자의 삶에 고통을 가중하는 현실을 드러내므로 작가가 당대 사회를 비판적으로 성찰하기 위한 것으로 볼 수 있다.

④ 사모님은 시우에게 빚을 졌다면서 시우가 나오면 월급을 올려줄 것이라 했지만, 〈보기〉와 같은 비판적인 관점에서 이를 평가하면 결국 돈으로 사람을 거래한 행위라 할 수 있다. 문학에서는 무조건 〈보기〉가 '갑'이라는 것을 잊지 말자. 지문만 봤을 때는 A라는 해석을 내려도, 〈보기〉가 B라면 B다.

이태준 - 돌다리

지문분석

[지문에서 체크할 것]

※ **시간**
순행적 구성

※ **공간**
고향 집

※ **서술자의 관심사**
3인칭 서술자는 가치관이 서로 다른 아버지와 아들을 주목하고 있다. 일반적인 3인칭 전지적 작가 시점이다.

[전체 줄거리]

창섭은 아버지가 원하는 농업 학교에 가지 않고 의사가 되어 성공한다. 그리고 시골에 있는 땅을 팔아 병원을 키우려는 목적으로 고향으로 내려온다. 그러나 몇 대에 걸쳐 땅을 가꾸며 땅의 가치를 소중하게 생각하는 아버지의 반대에 부딪힌다. 아버지와의 거리감을 느낀 창섭은 아버지의 말씀을 인정하고 서울로 돌아간다. 창섭이 돌아가고 난 뒤 아버지는 땅을 지키는 것이 하늘의 뜻임을 다시 되새긴다.

문제분석 01-04번

번호	정답	정답률 (%)	선지별 선택비율(%)				
			①	②	③	④	⑤
1	⑤	78	2	11	7	2	78
2	②	95	2	95	1	1	1
3	②	92	2	92	3	1	2
4	⑤	91	2	1	5	1	91

01

정답설명

⑤ 시간과 공간이 바뀌면서 '장면'이 전환되는 소설에서 '장면 간의 연관성(공통점, 차이점, 인과 유무, 순서)'은 기본적인 출제의 요소이다. 문제가 쉽게 나오든 어렵게 나오든 물어보는 요소는 변하지 않으니, 반드시 '시간'과 '공간'을 체크하는 습관을 들여 놓자.

사건을 일어난 순서대로 정리해 보면,
어머니가 창섭을 맞이함.(제발 서울에서 살아 보고 싶다고 말함.) → 창섭이 개울에서 돌아온 아버지에게 계획을 이야기 함.(아버지는 창섭의 의견을 잠잠히 들음.) → 아버지는 다시 개울로 나감. → 장정들과 다릿돌을 놓고 집에 와 점심을 먹음.
이렇게 정리해 보면, '아버지'가 점심상을 받는 것이 가장 뒤에 오는 사건이라는 것을 알 수 있다.

02

정답설명

② 문제 풀이는 〈보기〉를 말 그대로 '참고'만 해서 풀이하면 된다.
서두 부분 '여간 근실한 자국이 아니면~자기의 이해만으로 타산하려 하지 않았다.'와 지문 끝 부분의 아버지의 발화에서 땅에 대한 가치관을 고수하는 모습을 통해 '완고한 성격'을 허용할 수 있다.
참고로 〈보기〉는 '자아와 세계의 갈등'이라는 '서사'의 본질을 얘기하는 내용으로 서울대학교 조동일 교수의 책에 나온 내용이다. 이 분이 '서정'을 '세계의 자아화'라고 정의하였고, 그것이 그대로 2008학년도 수능에 나왔다. 아직 출제되지 않은 '교술'과 '극'의 정의도 알아 놓도록 하자.

 형태쌤의 과외시간

교술 : 자아의 세계화
: 'A의 B화'라는 구조에 주목하자. '나'의 생각을 '세계'로 '전달'하는 문학이 바로 '교술'이다. 따라서 교술의 대표적 장르인 '수필'에는 필자의 생각을 '전달'하려는 목적성이 강한 작품이 많은 것이다.
그리고 '서정'의 '자아'와는 달리 '교술'의 '자아'는 '작가'와 일치한다.
따라서 '세계'도 '작중 상황'이면서 '실제 현실'인 것이고, 허구성을 바탕으로 한 '서사'와는 달리 '수필'은 '사실성'을 바탕으로 한 문학인 것이다.

극 : 자아와 세계의 갈등
: 헉, 서사와 정의가 똑같다. 하지만 차이가 있다. '극(희곡, 시나리오)'은 '작품 외적 자아(서술자)'의 개입이 없는 '자아와 세계의 갈등'이다. 따라서 '극'은 '공연을 전제로 한 문학'이고, '소설'과 달리 '대화'와 '행동'으로만 보여주는 '보여 주기의 문학'인 것이다.

오답설명

① 갈등을 해소하려는 시도를 하는 것과 갈등이 해소된 것은 다르다. 아들은 갈등을 해소하기 위해 아버지와 대화했다 하더라도, "난 서울 갈 생각 없다."를 보면 아버지는 창섭의 의견을 거부하는 것을 알 수 있다. 즉, 아버지와 아들의 갈등은 해소되지 않은 상태라는 것이다. 해당 문제에서 〈보기〉를 통해 '자아와 세계의 갈등'이라는 표현을 쓴 것도, 소설에서 중요한 것은 '갈등'의 변화 양상이라는 포인트를 제시하기 위한 것이다. 갈등의 해소 여부는 출제된 지문마다 다를 수 있으므로 해당 지문에서는 갈등이 해소되었는지 아닌지를 묻는 것이 출제 의도라고 할 수 있다.

③ '창섭'이 세계의 부정적인 속성을 들춘다는 내용은 허용할 수 있다. 지문의 [A] 부분에서 '오는 환자의 삼분지 일밖에 수용 못 하는 것, 지금 시국에 큰 건물을 새로 짓기란 거의 불가능의 일인 것'이라고 하며 현재의 부정적인 상황을 이야기하고 있기 때문이다. 하지만 이것은 '아버지'를 설득하기 위한 목적으로 이야기한 것이지, 부정적인 속성들을 고발하기 위한 것이라고 보기는 어렵다. 창섭은 오히려 근대적 가치관을 지닌 인물을 대표한다.

④ "인전 어머니서껀 서울로 모셔 갈 채빌 허러 왔다우.", "서울루! 제발 아이들허구 한데서 살아 밨음 원이 없겠다."에서 알 수 있듯이 창섭과 어머니는 대립하고 있지 않다. 그리고 윗글에 창섭과 어머니 사이를 중재하는 아버지(자아)의 모습은 드러나지 않는다.

⑤ 윗글에는 아들 식구와 함께 살고 싶은 어머니(자아)의 바람만 드러날 뿐, '자신 속에 존재하는 또 다른 자아와 갈등'하는 부분은 드러나지 않는다.

03

정답설명

② 아마 오답을 지우다 보니, 하나 남아서 선택한 학생들이 대부분일 게다. 선지를 정리한다면, '근거를 나열하여, 계획(주장)을 일목요연하게 전한다.' 정도로 볼 수 있겠다. 크게 딴지 걸만한 내용도 아니고, 그냥 평이하게 허용해 줄 수 있는 선지다.

오답설명

① 창섭의 '부모님을 서울로 모시려는 계획'에는 병원을 확장하겠다는 '이해관계'가 얽매여 있다.

③ 창섭은 땅을 팔아 병원을 확장하여 '이익'을 얻으려 한다. '시국 탓에 건물 신축이 불가능'하다는 것은 때마침 나온 '삼층 양옥'을 꼭 사야 한다는 말에 설득력을 더하기 위해 말한 것이다. 따라서 건물 신축이 불가능한 사실은 병원을 확장하여 돈을 더 벌기 위한 핑계일 뿐, 창섭이 현실을 대하는 태도의 원인이라고 볼 수 없다.

④ '직원 합숙실'은 창섭이 사고 싶어 하는 삼층 양옥에 있는 것으로, 직원들을 위한 일이 아니라 '입원실로 변장하기에 용이'하다고 생각해 건물에 두려는 것이다. 창섭이 '배려심' 많은 성격인지는 지문에서 알 수 없다.

⑤ 창섭의 말투를 실감나게 표현하기 위해서는 창섭의 말이 그대로 제시되어야 한다. 지문에서처럼 단순히 '의사인 아들은, 마치 환자에게 치료 방법을 이르듯이, 냉정히 차근차근히 이야기를 시작하였다.'로 제시되는 것이 아니라, "아버지, 제 말씀을 들어보세요. 제가 외아들로서 진작 부모님을 모시지 못한 것이 잘못입니다."와 같이 창섭의 대화가 직접 인용되어야 허용할 수 있다.

04

정답설명

⑤ 〈보기〉에서 상반된 가치('근대 이전'과 '근대 이후')를 잡아준 후, 지문에 제시된 '아버지'와 '창섭'에 대응시켜서 풀이를 진행하면 되겠다. 근대 이후의 가치관을 대표하는 창섭은 땅을 매매의 대상으로 여기고 있지만, "돈 있다구 땅이 뭔지두 모르구~헌신짝 버리듯 하는 사람들"이라는 아버지의 발화를 통해 '땅을 장소애의 대상으로 여기는 의식이 두루 퍼져 있는 당시 상황'은 적절하지 않음을 알 수 있다.

오답설명

① '창섭'은 땅을 팔려고만 하고 있으니, '창섭'에게 집은 수단에 불과한 도구적 가치의 대상이다.

② "내 할아버님 산소에 상돌을 그 다리로 건네다 모셨구, 내가 천잘 끼구 그 다리루 글 읽으러 댕겼다. 네 어미두 그 다리루 가말 타구 내 집에 왔어."라는 아버지의 말을 통해, 아버지에게 돌다리는 삶의 추억과 애환이 투영된 장소애의 대상이라는 것을 확인할 수 있다.

③ 아버지는 "그 나무 밑에를 설 때마다~경건한 마음이 솟아 우러러보군 헌다."라고 하였다. 따라서 은행나무는 장소애의 대상인 집의 성격을 강화하고 있다고 할 수 있다.

④ 땅을 "천지만물의 근거"라고 말하고, 돌다리를 고치는 아버지의 행동을 통해, 땅에 대한 아버지의 장소애가 부각되고 있다.

지문분석

(가) 구름의 파수병

만약에 나라는 사람을 유심히 들여다본다고 하자
그러면 나는 내가 시와는 반역된 생활을 하고 있다는 것을 알 것이다

▶ 시작부터 화자가 성찰을 하는구나. '시와는 반역된 생활'은 무엇일까?

먼 산정에 서 있는 마음으로 나의 자식과 나의 아내와
그 주위에 놓인 잡스러운 물건들을 본다

▶ '시와 반역된 생활'은 '자식', '아내', '주위에 놓인 잡스러운 물건들'로 대표되는구나. 이른바 '평범한 일상'이라고 할 수 있는데, 화자는 '시'를 추구하지 않고, '평범한 일상'에 빠져 있는 자신을 바라보고 있어.

▶ 참고로 이 작품에서 '시인'이라는 존재는 '지식인'이라고 생각하면 돼. 제대로 된 지식인이라면 부조리한 현실에 맞서 싸우고 세상을 바꿔야 하는 사명을 실천하며 살아야 하는데, 집에서 평범한 일상에 빠져 지내고 있다면 부끄러움을 느끼겠지. 화자는 바로 그런 자신의 모습을 '시와는 반역된 생활'이라고 한 것이야.

그리고
나는 이미 정해진 물체만을 보기로 결심하고 있는데

▶ 여기서 '정해진 물체만을 보'는 삶은 2연에 나온 평범한 일상을 살아가는 삶이겠지.

만약에 또 어느 나의 친구가 와서 나의 꿈을 깨워 주고
나의 그릇됨을 꾸짖어 주어도 좋다

▶ 그리고 화자는 계속 자신의 현재 생활에 문제가 있음을 인정하고 있어.

함부로 흘리는 피가 싫어서
이다지 낡아빠진 생활을 하는 것은 아니리라
먼지 낀 잡초 우에
잠자는 구름이여
고생도 마음대로 할 수 없는 세상에서는
철 늦은 거미같이 존재 없이 살기도 어려운 일

▶ 지금 이렇게 살고 있는 것은 뭔가 '세상'에 문제가 있기 때문인 것 같은데, 이쯤 되면 부조리한 세상과 연관 지어 일제, 독재 등을 떠올려 봐도 괜찮을 듯하다. 물론 <보기>에서 언급이 없으면 깊이 생각하진 말고. ^^

방 두 칸과 마루 한 칸과 말쑥한 부엌과 애처로운 처를 거느리고
외양만이라도 남과 같이 살아간다는 것이 이다지도 쑥스러울 수가 있을까

▶ 계속해서 평범한 일상을 살아가는 자신을 쑥스럽다며 반성하고 부끄러워하고 있어.

시를 배반하고 사는 마음이여
자기의 나체를 더듬어 보고 살펴볼 수 없는 시인처럼 비참한 사람이 또 어디 있을까
거리에 나와서 집을 보고 집에 앉아서 거리를 그리던 어리석음도 이제는 모두 사라졌나 보다
날아간 제비와 같이

▶ 화자는 '거리'로 뛰쳐나갈지, '집'에서 안주할지 방황하는 마음마저도 이젠 모두 사라지고 체념하고 있는 것 같아. 하지만 화자가 자기 자신을 주목할 때는 태도 변화가 나오는 경우가 많으니 끝까지 방심을 하면 안 되겠지?

날아간 제비와 같이 자국도 꿈도 없이
어디로인지 알 수 없으나
어디로이든 가야 할 반역의 정신

▶ 여기에 주목!! 'A 그러나 B' 구조에서는 당연히 B가 중요하겠지. '시'를 추구하지 못하고, '평범한 일상'에 빠져 있고, 어디로 가야 할지도 모르는 방황을 하고 있으나, 어디로든 가야 할 '반역의 정신'을 추구하겠다는 거야. 여기서 나온 '반역'은 1연에 나온 '반역'과 분명 다르다. '시와는 반역된 생활'은 부정적인 자신의 모습이지만, '반역의 정신'은 앞으로 추구할 모습이고, 이것이 '시와 연관된 생활'이기 때문이다.

나는 지금 산정에 있다 ─
시를 반역한 죄로
이 메마른 산정에서 오랫동안 꿈도 없이 바라보아야 할 구름
그리고 그 구름의 파수병인 나.

▶ 일단 공간에 주목해 보자. 화자는 집도 거리도 아닌 '산정'에 위치하고 있어. 이도 저도 아닌 공간이지만 오히려 그렇기에 화자가 처한 현실을 좀 더 냉정하게 살펴볼 수 있는 공간이기도 하겠지. 그곳에서 화자는 끊임없이 구름을 보며 살겠다고 하고 있어.

▶ 참고로 이 부분은 상당히 해석이 애매한 구절이야. '구름의 파수병'을 시를 반역한 죄 때문에 벌을 받는 상태, 즉 끊임없이 자신을 반성하는 상태로 볼 수도 있고, 위에서 나온 '반역의 정신'을 추구하는 상태로 볼 수도 있거든. 이렇게 애매할 때 평가원에서는 <보기>를 주거나 확실한 정답 선지로 고민을 날려버리는 문제를 출제하지. 2017 수능 출제진은 <보기>를 통해 의미를 제한하는 깔끔한 방식을 썼어. 이건 후에 문제에서 얘기하자.

▶ 끝으로 사실 이 시는 상당히 어려운 시다. 대략적인 흐름 파악은 쉬워도 구절 하나하나의 의미를 정확하게 파악하는 것은 시험장에서 불가능에 가깝다고 할 수 있다. 따라서 이런 시가 출제 될 때는 <보기>에서 정보를 많이 주거나, 아님 황당할 정도로 선명한 선지들로 쉽게 문제를 출제하니, 쌤과 같은 해석을 하지 못했다고 너무 좌절하지 않아도 된다. ^^

(나) 느낌, 극락같은

[지문에서 체크할 것]

※ 시간
　역순행

※ 공간
　과거 : 함묘진의 집 → 개울물

[전체 줄거리]

서연의 장례식장에서 함이정이 그녀의 아들 조숭인과 대화를 나누면서 과거 회상이 시작된다. 불상 제작자 함묘진은 몸의 마비 증상이 심해지고 솜씨가 예전만 못함을 깨달으며 자신이 추구해 왔던 형태의 불상을 만들지 못한다는 공허감에 괴로워한다. 함묘진의 제자인 동연과 서연은 불상 제작에 대한 서로 다른 생각으로 갈등을 겪고, 결국 뛰어난 재주를 보인 동연이 함묘진의 후계자가 된다. 동연은 당대 최고의 불상 제작자라는 세속적 성공을 얻은 후 스승의 딸 함이정과 결혼하여 아들 조숭인을 낳는다. 조숭인은 어머니인 함이정이 서연에게 품

고 있는 감정을 알고 있었으며, 아기였을 때 한 번 만난 적이 있는 서연에 대한 기억으로 인해 그를 정신적인 아버지로 여기게 된다. 십수 년이 흐른 뒤, 이제는 완전히 몸을 가눌 수 없게 된 함묘진이 지난 시절에 대한 회한과 불상에 대해 바뀐 생각으로 인해 동연과 갈등하게 된다. 동연은 작업에 방해가 된다며 함묘진이 작업실에 출입하지 못하도록 한다. 잠긴 작업실을 열쇠로 열고 들어가려던 함묘진이 사고로 죽게 되고, 함이정은 지난날을 그리워하며 서연을 찾아 떠나게 된다. 한편 정신적인 아버지인 서연과 생부인 동연이 늘 마음속에서 다투어 괴로워하던 조숭인은 자신의 뒤를 이어 불상 제작자가 되어 주길 바라는 동연의 바람을 뒤로하고 음악가가 되어 두 아버지의 불협화음을 조화시켜 보기로 결심한다. 서연을 만난 함이정은 서연과 함께 부처를 만들며 여러 곳을 돌아다닌다. 서연은 세상의 모든 것에서 부처의 마음을 느끼고는 결국 극락의 느낌을 얻는다. 그는 자신이 얻은 그 느낌을 세상 도처에 남겨둔 채 떠난다. 함이정은 서연의 임종을 지키고, 서연의 장례식장에 나타난 조숭인에게 지난날의 이야기를 들려준다.

문제분석   01-06번

번호	정답	정답률 (%)	선지별 선택비율(%)				
			①	②	③	④	⑤
1	②	89	4	89	2	3	2
2	②	83	3	83	3	5	6
3	①	81	81	11	2	4	2
4	②	80	4	80	4	10	2
5	④	82	6	5	3	82	4
6	③	90	4	3	90	2	1

01

정답설명

② 선후 관계가 틀렸다. 화자는 이미 1연부터 '시와는 반역된 생활을 하고 있다'며, 자신의 삶에 문제가 있음을 인식하고 있다. 또한 3연에서 '만약에~ 친구가 와서'라고 했으므로 실제로 친구가 방문한 것이라 보기도 어렵다.

오답설명

① 화자는 자신이 '시와는 반역된 생활을 하고 있다'고 반성하면서 '자식', '아내'뿐만 아니라 '잡스러운 물건들'까지 바라보고 있다. 이는 모두 화자의 생활과 관련되어 있는 대상들로, 생활에 대한 성찰을 이끌어 내는 계기가 된다.

③ 4연에서 화자는 '존재 없이 살기'가 '어려운 일'이라고 말하고 있다. 참고로 화자는 이를 '철 늦은 거미'에 비유하고 있는데, 철이 늦었다는 것은 필요성이 없다는 의미이므로, 거미가 아무리 고생을 해봤자 그것의 의미가 없다는 것이다. 화자는 고생하는 삶도 스스로 선택할 수 없는 상황에서 '존재 없이' 사는 것 역시 힘들다고 말하면서 자신을 반성적으로 돌이켜 보고 있다.

④ '나체'를 더듬어 살펴보는 것은 자신의 진실된 모습을 살펴보고 이해하

는 것을 뜻한다. 그러나 화자는 자신이 시를 배반하면서 살고 있기 때문에 진정한 자기 성찰에 도달하지 못한다고 생각하며, 6연에서 스스로를 '자기의 나체를 더듬어 보고 살펴볼 수 없는' 비참한 존재로 인식하고 있는 것이라 할 수 있다.

⑤ 마지막 연에서 화자는 '시를 반역한 죄'로 자신이 산정에 와 있음을 고백한다. 그리고 자신을 '구름의 파수병인 나.'라고 표현하고 있으므로, 구름의 파수병은 죄를 받아들인 화자의 모습을 드러낸다고 할 수 있다.

02

정답설명

② '정해진 물체만' 보는 것은 집에 안주하며 평범한 일상을 살아가는 것을 뜻해. 〈보기〉에서는 생활에 몰두하려는 자아와 시를 지향하는 자아가 갈등하고 있다고 하는데, 이 부분에서 갈등이 해소되는 것은 말이 되지 않겠지. 따라서 해당 구절은 ㉠만이 드러나는 부분이라고 보는 것이 타당하다.

오답설명

① '진솔한'과 같은 부분에 절대 주목하지 마라. 애매한 부분을 가지고 판단을 요구할 평가원이 아니다. 화자가 자신을 돌이켜보며 반성하는 이야기를 하고 있으니 '성찰의 어조'가 나타난 것이라고 할 수 있다.

③ 'A 그러나 B' 구조에 주목을 하라고 했지? 화자의 태도가 변하는 구절이니, 시를 읽을 때 이미 주목을 했어야 하는 구절이다.
'반역의 정신'은 화자가 앞으로 지향할 자세이므로, 〈보기〉를 고려할 때 '어디로이든 가야 할'에는 ㉠에서 벗어나 ㉡으로 변모하고자 하는 '반역의 정신'을 추구하는 의지적 태도가 반영되었다고 볼 수 있겠지.

④, ⑤ 출제자는 〈보기〉에서 '생활'에 몰두하는 자세에서 벗어나 '시'를 추구하려는 화자가 결국 '반역의 정신'을 추구하는 데 이른다고 규정하였다. 그리고 ④, ⑤번 선지는 둘 다 '메마른 산정'을 '반역의 정신'을 추구하는 공간으로 보고 있다. 이럴 때는 고민하지 말고 출제자의 견해를 따라가면 된다. 애매한 시가 나왔을 때 믿을 사람은 출제자밖에 없다.

03

정답설명

① [A] O / 선지의 말이 친숙하지 않아 바로 눈에 들어오지 않을 뿐이다.

형태쌤의 과외시간

대상을 나열함으로써 화자의 정서가 촉발된 상황을 제시하고 있다.
→ 화자의 생각과 연관된 대상을 나열하였다.

아니, 이게 어떻게 같은 말이냐고?
일단 '촉발(觸發)'이라는 말은 '어떤 일을 당하여 감정, 충동이 일어남.'이라는 의미이다. 그리고 시에서 '정서'는 화자의 '생각, 내면, 느낌'을 포괄하는 말이다. 따라서 대상을 나열함으로써 화자의 생각이 일어난 상황을 제시했다는 것은, 화자의 생각과 연관된 대상을 나열했다는 것이다.
화자는 집 안의 대상들을 나열하였고, '쑥스럽다'라는 정서를 나타냈으니 당연히 맞는 말이 된다.

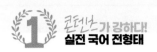

오답설명

② [B] X / [B]에서는 대상들을 '얼굴', '얼굴 뒤엔 구름', '구름 뒤엔 하늘'과 같이 연결하여 나열하고 있으므로 연쇄를 허용할 수 있다. 하지만 대상들을 단순히 순차적으로 나열하고 있을 뿐 의미가 확장되지는 않는다. 게다가 '혼란스러운 내면' 또한 나타나지 않았다.

③ [A] X, [B] X / [A]에서 화자는 '이다지도 쑥스러울 수가 있을까'라고 생각하고 있으므로 만족의 상태로 볼 수 없으며, [B]에서 함이정은 "물이 맑고 시원해요."라고 말하고 있으므로 불만을 드러내고 있다고 할 수 없다.

④ [A] O, [B] X / [A]의 대상들은 화자의 생활을 구성하는 것이므로 연속성이 있다고 볼 수 있다. 하지만 [B]에서는 물 위에 '우리 얼굴'이 비쳐 보인다고 하였으니 인물 간의 단절감이 암시된다고 보기 어렵겠지.

⑤ [A] X, [B] X / 반어는 화자의 의도와 반대로 말하는 표현 방법이다. [A], [B] 모두 반어를 활용하고 있지 않다.

04

정답설명

② 조명의 변화, 옷차림의 변화는 희곡 지문에서 반드시 신경 써야 하는 출제 요소다. 무대의 제약이 있는 희곡에서 시간이나 공간의 변화를 나타내는 중요한 표지이기 때문이다. 상복을 벗고 밝은 색 옷을 입은 것은 '현재'에서 '과거'로 장면의 전환을 보여 주는 장치이다.

오답설명

① 천막이 접혀진다고 했으니, '무대 장치의 이동'은 맞다. 하지만 한가운데 펼쳐 있던 천막이 접혀진 것이므로 오히려 분리되었던 공간이 통합된다고 보는 것이 적절하다.

③ 여기서 조명은 공간적 배경인 '개울물'에 집중하게 만드는 역할을 할 뿐, 두 인물의 갈등 해소를 보여 주지는 않는다.

④ 괄호 안의 부분은 무대 위에서 나타나는 인물의 행동을 지시하는 지시문이다. 따라서 '무대 밖'에서 음향 효과를 내는 것으로 볼 수 없다. 분명 개울물이 있으니 공간은 들판일 텐데 갑자기 피아노라니!! 하며 무대 밖이 아닐까 상상하다가 틀린 학생들이 많았다. ⓓ의 뒷부분을 보면 함묘진이 다급하게 들어오는데, 분명 '피아노' 옆을 지나 '개울물'을 건너간다고 나왔다. 즉, 현재 무대는 과거 장면과 현재 장면이 결합된 환상적인 공간인 것이다. 시나리오나 희곡 지문이 출제될 때는 항상 이렇게 디테일한 일치 문제가 나온다. 시험장에서 시간이 부족하더라도 최대한 눈으로 확인하며 풀이를 진행해야 한다.

⑤ ⓔ에서 함묘진이 갑자기 나타나 '다급하게' 휠체어 바퀴를 굴리며 들어온다고 했으므로 극적 긴장감이 완화된다고 보기는 어렵다.

05

정답설명

④ '돌부처'를 만들며 가는 '길'은 서연이 예술을 추구하는 길이다. 그리고 이 길은 사방이 막혀 있는 '작업장'과 대비되는 열린 공간으로, '구름', '하늘'과도 이어져 있다. 따라서 '하늘'과 대비되는 곳이라고 보기 어렵다. 게다가 이 길을 걷고 있는 인물은 '서연'과 '함이정'이므로, 서연의

예술관이 조승인에게 전수되는 공간이라고 보기 어렵다. 후반부에 피아노를 치고 있는 조승인이 등장하나 이것은 과거와 현재 장면을 같이 보여주는 환상적인 장면일 뿐이다.

오답설명

① (가)의 화자는 '거리에 나와서 집을 보고 집에 앉아서 거리를 그리'는 모습을 보인다. 따라서 그에게 있어 '집'과 '거리'는 방향을 의미하는 공간이자 동시에 대비적인 삶의 지향을 보여 주는 상징이 된다. 즉, '집'은 시와 반역된 삶, '거리'는 시를 지향하는 삶이라 볼 수 있다.

② (가)의 화자는 '만약에 나라는 사람을 유심히 들여다본다고 하자'라는 말을 통해 자아 성찰의 자세를 보이고 있다. '먼 산정'은 생활공간과 대비되는 공간으로, 그가 '나의 자식과 나의 아내', '잡스러운 물건들'과 같이 생활에 대해 생각하기 위해 만든 상징적인 공간이므로 현실을 응시하기 위해 상정되었다는 내용은 적절하다.

③ (나)의 과거 장면에서 동연과 서연은 말다툼을 하느라 '작업장'을 비웠다고 하였다. 그 말다툼은 불상을 만드는 과정에서 생긴 예술에 대한 생각의 차이에서 비롯된 것이므로, '작업장'은 동연과 서연의 예술관이 부딪치는 공간임을 알 수 있다.

⑤ (나)에서 서연은 부처의 모습보다 부처의 마음이 더 중요하다고 생각하며, 물로도 부처를 만든다. 따라서 서연이 향한 개울물 '저쪽'은 개울물 '이쪽'과 대비되는 곳으로 예술의 본질을 추구하는 서연의 삶의 지향을 드러내는 상징적인 공간이 된다.

06

정답설명

③ 답이야 가볍게 도출되지만, 과거와 현재의 구분을 집요하게 요구하는 평가원의 시선이 담긴 선지이다. 함이정은 현재 조승인에게 조승인이 태어나기 전의 과거를 얘기해 주고 있고, 함묘진이 동연과 서연을 찾는 장면이 바로 그 과거 장면이다. 엄마의 얘기를 통해 과거와 만나는 아들을 극적으로 보여 주기 위해 조승인을 무대에 등장시킨 것일 뿐, 그는 과거 인물이 아니기 때문에 조승인이 다른 인물들 간의 갈등을 유발할 수는 없다.

오답설명

① 함이정의 대사 이후 무대 공간의 변화가 생기면서 과거 함묘진과 함이정의 대사가 나타난다. 즉, 함이정의 대사 이후 현재에서 과거로 장면이 전환된 것이다.

② "몹시 화가 난 아버님은 집 안으로 들어와 제자들의 이름을 부르셨지."라는 함이정의 대사 이후 함묘진이 제자인 동연과 서연을 실제로 부르고 있다. 장면이 전환되면서 함묘진과 젊은 시절의 동연과 서연이 무대로 등장하는 계기가 되는 것이다.

④ 동연과 서연은 작업장에서 말다툼을 하는 인물들이므로, 동연은 극중에서 갈등의 축을 담당하고 있다고 볼 수 있다.

⑤ 절대 고민해서는 안 되는 선지이다. 작품에 등장하는 모든 인물들은 비중을 떠나서 작품의 주제 의식을 독자에게 전달하는 인물이기 때문이다. 따라서 이 선지는 고민할 것 없이 당연히 맞는 말이 된다.

파초 / 수철리 / 견회요

지문분석

(가) 파초

조국을 언제 떠났노,
파초의 꿈은 가련하다.

▶ 대상은 파초, 파초의 상황은 고향을 떠났으니 타향, 그럼 고향에 대한 이야기겠구나.

남국을 향한 불타는 향수,
너의 넋은 수녀보다도 더욱 외롭구나.

▶ '수녀'는 독신으로 수도하는 여성이므로 외로운 존재라고 볼 수 있겠지. 그런데 수녀보다 넋이 더 외롭다고? 고향을 떠난 파초의 외로움이 더욱 부각되고 있구나.

소낙비를 그리는 너는 정열의 여인,

▶ 파초=정열의 여인

나는 샘물을 길어 네 발등에 붓는다.

이제 밤이 차다,
나는 또 너를 내 머리맡에 있게 하마.

나는 즐겨 너를 위해 종이 되리니,

▶ '나'의 태도 1) 물을 부어주고, 너를 돌보아 주고, 너를 위해 종이 되겠다. 즉, 돌보는 주체는 화자. 그러므로 화자가 파초에게 모성적 존재라고 볼 수 있겠다.

너의 그 드리운 치맛자락으로 우리의 겨울을 가리우자.

▶ '나'의 태도 2) 우리 같이 지금의 겨울(⊖)을 가리자.

▶ 정리해 보자. 파초는 고향을 떠났고, 외로운 상태이며, 정열적으로 고향을 그리워한다. 그래서 '나'는 '너(파초 의인화)'를 돌보아 주고 '너'의 종이 되겠다고 한다. (본문에는 없으나, 아마 고향에 가는 그날까지겠지.) 그런데 지금은 갈 수 없는 상황(겨울)이므로 같이 버텨보자고 말한다. 근데 왜 파초를 바라보며 이런 얘기를 하지? '객관적 대상의 주관화'를 알아 두자. 시라는 것은 결국 화자 중심으로 세계를 받아들이는 것이기에, 화자는 자신의 상황과 정서에 따라 외부 대상을 바라보게 되는 것이야. 따라서 고향을 떠난 파초는 결국 고향을 떠난 화자의 상황이 이입된 존재라는 것이지. 그리고 이러한 동일시는 '우리'라는 시어에서 좀 더 명확하게 나타나고 있어.

(나) 수철리

산비탈엔 들국화가 환—하고 누이동생의 무덤 옆엔 밤나무 하나가 오뚝 서서 바람이 올 때마다 아득—한 공중을 향하여 여윈 가지를 내어 저었다.

▶ '산비탈의 아름다운 들국화 ↔ 누이동생 무덤 옆의 밤나무 : 대조적 이미지'가 보이지? 일단 상반된 배경 묘사를 통해 무덤의 쓸쓸함을 강조하고 있구나. 여기서 알 수 있는 것은 화자의 상황이 '누이동생의 죽음'이라는 것이지.

갈 길을 못 찾는 영혼 같애 절로 눈이 감긴다.

▶ 그 나무가 누이동생의 영혼처럼 보이고

무덤 옆엔 작은 시내가 은실을 긋고 등 뒤에 서걱이는 떡갈나무 수풀

앞에 차단—한 비석이 하나 노을에 젖어 있었다. 흰나비처럼 여윈 모습 아울러 어느 무형(無形)한 공중에 그 체온이 꺼져 버린 후 밤낮으로 찾아 주는 건 비인 묘지의 물소리와 바람 소리뿐.

▶ 무덤 주변의 쓸쓸한 풍경을 통해서 화자의 쓸쓸한 정서를 드러내고 있구나. 이때 쓸쓸한 풍경은 화자의 정서를 암시해주는 객관적 상관물이라고 하지.

동생의 가슴 우엔 비가 나리고 눈이 쌓이고 적막한 황혼이면 별늘은 이마 우에서 무엇을 속삭였는지. 한 줌 흙을 헤치고 나즉—히 부르면 함박꽃처럼 눈뜰 것만 같애 서러운 생각이 옷소매에 스몄다.

▶ 지금이라도 누이가 살아올 것만 같은 생각에 화자는 서러워지고 있다.

(다) 견회요

▶ 들어가기 전에 : 연시조의 생명은 유기적 구성이다. 반드시 각 연이 유기적으로 연결되니 그 연결의 고리를 잘 이을 것!

슬프나 즐거오나 옳다 하나 외다 하나
내 몸의 해올 일만 닦고 닦을 뿐이언정
그 밧긔 여남은 일이야 분별할 줄 이시랴.

▶ '내'가 할 일은 '내 몸의 해올 일'뿐, 나머지(여남은 일)는 관심 없음.

〈제1수〉

내 일 망령된 줄을 내라 하여 모를쏜가

▶ '내 일=망령'? 아하. 화자가 조금 나댄 모양이로구나.
(망령되다 : 늙거나 정신이 흐려서 말이나 행동이 정상을 벗어난 데가 있다.)

이 마음 어리기도 임 위한 탓이로세

▶ 하지만 '내 마음'이 어리석은 것도, '내 일'이 망령된 것도 다 임을 위한 것!

아무가 아무리 일러도 임이 혜여 보소서.

▶ 아무(화자를 욕하는 사람)가 아무리 헛소리를 하더라도 임이 잘 새겨 듣고 헤아리소서.

〈제2수〉

추성(楸城) 진호루(鎭胡樓) 밧긔 울어 예는 저 시내야

▶ 추성 진호루 근처에 있는 시내(화자의 감정이 이입된 자연물)를 화자가 바라보고 있다. → 그럼 화자가 있는 공간이 '추성 진호루' 근처겠구나.

므음 호리라 주야에 흐른다

▶ 무엇을 하려고 밤낮으로 흐르는가.

임 향한 내 뜻을 조차 그칠 뉘를 모르나다.

▶ 임을 향한 나의 마음을 따라 그칠 줄을 모르는구나.

〈제3수〉

뫼흔 길고 길고 물은 멀고 멀고
어버이 그린 뜻은 많고 많고 하고 하고

▶ 어버이? 유기적 고리가 끊길 리가 없는데, 충에서 갑자기 효로? 뒤를 더 읽어 봐야겠다. 그리고 시어가 반복되면서 운율감과 의미 강조의 효과가 나타나고 있다.

어디서 외기러기는 울고 울고 가느니.

▶ 외기러기 역시 화자의 감정이 이입된 자연물이다. 역시 시어의 반복을 통한 의미 강조가 나타난다.

〈제4수〉

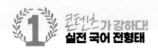
어버이 그릴 줄을 처음부터 알아마는

▶ 어버이가 그리울 것은 처음부터 알고 있었지만

임금 향한 뜻도 하늘이 삼겨시니

▶ 아하! 어버이를 섬기는 것이 마땅하듯 임금을 섬기는 것도 하늘이 시켰구나. 결국 효는 충으로 이어가기 위한 전제에 해당되는구나.

진실로 임금을 잊으면 긔 불효인가 여기노라.

▶ 임금을 잊는 것, 즉 불충함이 곧 불효라고 하는구나. 충과 효를 연결지어, 결국 충의 가치를 강조하고 있어.

〈제5수〉

문제분석 01-06번

번호	정답	정답률 (%)	선지별 선택비율(%)				
			①	②	③	④	⑤
1	③	85	8	2	85	3	2
2	⑤	70	9	7	5	9	70
3	②	75	9	75	6	2	8
4	③	71	11	5	71	7	6
5	⑤	85	7	2	4	2	85
6	②	61	14	61	7	10	8

01

정답설명

③ 화자와 대상이 만날 수 없는 상황은 무엇을 의미하지? 바로 대상의 부재를 말하는구나. (나)에서는 대상인 '누이동생'이 죽었고, (다)에서는 화자가 '어버이'도, '임금'도 만날 수 없으므로 당연히 허용할 수 있는 선지이다.

오답설명

① (가) X, (나) X / 둘 다 부정적 상황은 나타났지만 현실과 반대되는 이상이 명확하게 드러나지 않으며, 현실과 이상의 괴리가 심화되고 있지도 않다. 특히 (나)에서 처음엔 ⊖의 객관적 상관물(쓸쓸한 풍경)을 통해 화자의 정서를 암시하고, 후반부엔 '서러움'의 정서가 직접적으로 나타나지만, 상황이 심화되고 있진 않다.

② (가) X, (다) X / '자연의 섭리'는 '자연계를 지배하는 원리나 법칙'으로 상당히 추상적인 말이다. 보통 문학에서는 '순환, 흐름'을 '자연의 섭리'로 많이 제시한다. (가)는 시련의 시기인 겨울이 지나면 긍정의 시기인 봄이 올 것이라는 내용을 통해 '자연의 섭리(계절의 순환)'와 관련이 있다고 볼 수 있지만, 이를 깨닫는 과정을 보여 주고 있진 않다. (다)는 '자연의 섭리'와는 관련이 없다.

④ (가) X, (나) X, (다) O / (다)에는 화자의 가치와 다른 이의 가치가 분명하게 제시되어 있다.
   1) 화자의 가치 : 내 몸의 해올 일(임을 위한 일)
   2) 다른 이의 가치 : 여남은 일

⑤ (가) X, (나) X, (다) X / 세 작품 모두 시간의 변화를 중심으로 시상을 전개하지 않는다.

02

정답설명

⑤ (가)의 화자는 '겨울'로 상징되는 부정적 현실 상황을 파초와 함께 '가리우'며 이를 이겨내려는 극복 의지를 드러내고 있다. 이는 부정적 현실 상황이 변화되기를 바라는 태도가 함축되어 있다고 볼 수 있다. 반면 (나)의 화자는 누이동생의 죽음이라는 변화될 수 없는 현실 상황에서 서러움을 느끼고 있으므로, 안타까워하는 태도가 나타난다는 선지의 내용은 허용할 수 있다.

오답설명

① (가) X, (나) X / 유화적(宥和的) : 상대를 용서하고 사이좋게 지내는 것. 상대를 용서하고 사이좋게 지낸다는 말은 기본적 전제가 대상과 사이가 좋지 않았다는 것인데, (가)에서 대상에 대한 우호적(서로 사이가 좋은) 태도는 드러나지만, '용서'하는 태도는 허용할 수 없다. 독단적(獨斷的) : 남과 상의하지 않고 혼자서 판단하거나 결정하는 것. (나)에서 독단적인 태도가 드러나는 부분은 없다.

② (가) O, (나) X / 단정적(斷定的) : 딱 잘라서 판단하고 결정하는 것. / 의지적(意志的) : 부정적 상황에서 극복의 태도를 나타내거나 상황을 변화시키려는 실천적 행동을 보이는 것.
'단정적'이라는 것은 '확고한 판단'이 있을 때 주로 사용한다. 의지적 태도는 확고한 판단이 전제되므로, '겨울을 가리우자.'라는 의지적 태도를 보이는 (가)는 당연히 단정적이라고 볼 수 있다. 회의적(懷疑的) : 어떤 일에 의심을 품는 것. (나)에서 대상의 죽음에 대해 의심을 품는다? 말도 안 된다.

③ (가) X, (나) △ / (나)에서 대상(누이동생)과 화자는 이미 가족 관계가 형성되어 있으므로 '관계 형성을 열망'한다는 것은 적절하지 않다. 하지만 '관계 형성'을 넓게 봐서 '만남'으로 본다면, 화자가 누이동생을 그리워하기에 허용할 여지가 있으니 △ 표시를 하였다. 고민하지 마라. (가)에 관계 단절을 두려워하는 태도가 없으니, 확실히 X가 아냐.

④ (가) X, (나) △ / 낙천적(樂天的) : 세상과 인생을 즐겁고 좋은 것으로 여기는 태도. / 비관적(悲觀的) : 인생을 어둡게만 보아 슬퍼하거나 절망스럽게 여기는 태도. 혹은 앞으로의 일이 잘 안 될 것이라고 보는 태도. (나)에서 화자는 죽은 '누이동생'을 만날 수 없으므로 '비관'을 허용할 수도 있겠으나, (가)에서 현실 상황에 대한 낙천적 태도는 나타나지 않는다.

03

정답설명

② [A] O, [B] O / '시'는 구체적인 사물을 통해 추상적인 정서를 드러내는 장르이다. 이것을 문학적 용어로 '형상화'라고 하며, 시가 지니는 당연한 속성이 된다. '감각적 이미지'를 통해 '정서'를 구체화한다는 것은 지극히 당연한 말로 이루어진 선지구나. 피곤에 지친 여러분을 위해 평가원이 주는 문제이니 그냥 받아 먹자.^^

오답설명

① [A] X, [B] △ / [B]는 '저 시내야 / 모음 호리라 주야에 흐른다'에서

자연물인 '시내'에게 질문을 건네고, '임 향한 내 뜻을 조차 그칠 뉘를 모르나다.'에서 스스로 답을 구하고 있으므로 문답 형식이 사용되었음을 알 수 있다. 또한 자연물에게 말을 건넸다는 점에서 '친밀감'을 허용할 여지가 있어 △ 처리를 했다. 확실히 틀린 [A]를 보고 넘어가면 되겠다.

③ [A] X, [B] X / 대구(유사한 문장 구조의 반복)는 쓰이지 않았다.

④ [A] X, [B] X / '시적 긴장감'은 독자가 느끼는 긴장감으로, 작품에 변화가 있거나 낯선 표현이 있을 때 나타난다. 즉, 도치, 반어, 역설 등의 표현이 나오면 무조건 시적 긴장감이 나타나는 것이다. 따라서 뒷부분은 고려할 필요 없이 '반어'만 고려하면 된다. [A], [B] 모두 반어적 표현은 쓰이지 않았다.

⑤ [A] X, [B] X / [A], [B] 모두 어조의 변화가 나타나 있지 않다. 또한 [A]의 '길어', '붓는다.'와 [B]의 '흐르는다'에서 움직임이 드러나므로 정적인 분위기를 강화한다고 볼 수도 없다.

04

정답설명

③ 모성적(母性的) : 여성이 어머니로서 가지는 성질. 여성이라고 해서 모두 '모성적 존재'가 되는 것은 아니다. '어머니로서' 가지는 '포용력'과 '생명을 길러내는 능력' 등을 갖춰야 한다. 여성을 모두 모성적 존재로 본다면, 「사랑방 손님과 어머니」의 '옥희'도 모성적 존재라고 할 거니? 시에서 화자는 소낙비를 그리워하는 파초를 위해 친히 샘물을 길어 파초의 발등에 부어준다. 또한 찬 밤에 파초를 자신의 머리맡에 있게 하며, 파초를 위한 종이 되고자 한다. 이러한 화자의 모습을 통해 오히려 화자가 파초에게 모성적 존재임을 알 수 있다.

오답설명

① 파초를 또 머리맡에 두겠다고 하는 화자의 행동에서 파초를 지속적으로 돌보고자 하는 화자의 태도를 확인할 수 있다.

② 화자는 파초를 아끼기 때문에 그를 위해 종이 된다고 한 것이다.

④ 잊지 말자. 대상과 화자의 상황이 유사할 때는 동일시를 허용해라. '우리'라는 표현을 통해 '나'와 '파초' 사이의 일체감을 표현하고 있다.

⑤ 화자가 파초와 함께 '겨울을 가리우자.'라고 하였으니, 겨울은 이들에게 시련과 고난의 상황을 상징한다고 볼 수 있다.

05

정답설명

⑤ '비', '눈', '별' 등은 화자의 정서나 상황을 환기하는 객관적 상관물일 뿐이다. (나)에는 화자의 '의지'가 드러나지 않는다.

오답설명

① '환하고'가 아니라 '환—하고'란다. '—' 표시로 인해 '환하다'라는 시어의 느낌이 더욱 풍부해졌다. 우리도 말할 때 "진짜 배고프다."보다 "진~~~짜 배고프다."라는 말이 훨씬 와 닿지 않니?

② 화자는 밤나무의 여윈 가지를 보고 갈 길을 못 찾는 영혼(=죽은 누이동생) 같다고 하였다. 이를 통해 '밤나무'의 '여윈 가지'는 쓸쓸한 시적 분

위기를 형성한다고 볼 수 있다.

③ '흰나비처럼 여윈 모습'에서 '흰나비'를 통해 '누이동생'의 여윈 모습을 연상시킨다고 볼 수 있다.

④ '묘지'는 누이동생의 무덤이니 당연히 죽은 누이를 떠올리는 공간에 해당되겠지.

06

정답설명

② 〈제2수〉의 '내 일'은 망령되긴 하지만, 임을 위한 일이었다. 따라서 〈제3수〉의 임을 향한 '내 뜻'과 동일하다.

오답설명

① 〈제1수〉를 잘 봐라. 화자는 '해올 일만' 하고 다른 것은 신경 쓰지 않겠다고 한다. 따라서 '옳다 하나 외다 하나'는 화자가 관심이 없는 것으로, 화자가 아닌 타인의 행위로 볼 수 있다. 여기서 '타인'과 대응되는 시어가 바로 〈제2수〉의 '아무'이다. 정리하면 '옳다 하나 외다 하나' → 타인의 행위 → '아무'의 행위인 것이지.

③ 화자는 현재 '추성'에 있는 시내를 바라보고 있다. '바라본다'에 주목을 해라. 화자가 바라볼 수 있는 거리에 시내가 있다는 것에서, 화자가 있는 공간이 '추성'에서 멀지 않음을 잡아내야 한다. 그리움의 대상(어버이, 임금)은 화자가 있는 곳에서 멀리 있고, 따라서 〈제4수〉의 뫼는 '길고 길고', 물은 '멀고 멀고'를 통해 화자가 그리워하는 대상이 '추성'(화자가 있는 곳)으로부터 멀리 떨어진 공간에 있다고 볼 수 있겠지.

④ 〈제4수〉의 뜻 : 어버이 생각, 〈제5수〉의 뜻 : 어버이+임금 생각 / 의미가 추가되었으니, '확대'라고 볼 수 있겠다.

⑤ 〈제1수〉에서 화자는 내 몸이 할 일에만 관심이 있다고 하였고, 〈제5수〉에서 임금을 잊으면 불효와 같다고 하였으니, '내 몸의 해올 일'은 '임금을 생각하는 마음=임금 향한 뜻'이라고 볼 수 있다.

김만중 - 구운몽

지문분석

[지문에서 체크할 것]

※ 공간
누각(꿈) → 암자(현실) → 육관 대사의 처소(현실)

※ 서술자의 개입
×

[전체 줄거리]

육관 대사가 서쪽의 인도에서 중국으로 와서 부처님의 말씀을 가르치기 시작하자 수백 명의 제자들이 모여들었다. 그중 성진이라는 제자가 특히 뛰어나 육관 대사의 사랑을 받았다. 하루는 성진이 육관 대사의 심부름으로 용궁에 다녀오면서 용왕과 술을 마시고 8명의 선녀들과 농담을 주고받았다. 이 일을 알게 된 육관 대사는 성진과 팔 선녀를 인간 세상으로 내려보낸다.

성진은 인간 세상에서 양소유로 다시 태어나는데, 아버지 없이 자랐으나 뛰어난 재주를 지녀 나라에 여러 가지 큰 공을 세우게 된다. 그리고 그 과정에서 많은 재물과 높은 지위를 얻게 되고, 8명의 선녀들을 차례대로 만나 두 명은 부인으로 삼고, 나머지 여섯 명은 첩으로 삼았다. 이처럼 온갖 부귀영화를 다 누리던 양소유는 벼슬에서 물러나 한가롭게 살던 중 문득 인간 세상의 삶이 헛되다는 생각을 하게 되었다. 이때 육관 대사가 늙은 승려의 모습으로 나타나 양소유의 꿈을 깨운다.

양소유는 다시 성진으로 돌아와 양소유로서의 삶이 모두 꿈이었음을 깨닫는다. 그리고 자신의 잘못을 뉘우치고 육관 대사에게 가르침을 줄 것을 부탁한다. 8명의 선녀도 꿈에서 깨어나 육관 대사를 찾아와 자신들을 가르쳐 줄 것을 부탁한다. 육관 대사가 이들에게 큰 가르침을 베풀자 9명은 함께 깨달음을 얻어 동시에 극락세계(불교에서 말하는 천국)로 가게 된다.

문제분석 01-03번

번호	정답	정답률(%)	선지별 선택비율(%)				
			①	②	③	④	⑤
1	③	71	8	12	71	2	7
2	④	83	4	3	6	83	4
3	①	60	60	13	7	9	11

01

정답설명

③ 현대 산문에서는 시간의 변화에 따른 장면 변화가 많지만, 고전 소설에서는 공간의 변화에 따른 장면 변화가 많다. 특히 동시에 진행되는 두 가지 사건이 교차되거나, 현실과 꿈을 오가는 지문에서는 반드시 장면의 변화를 출제하니 잘 체크해야 한다. 선지에는 두 가지의 조건이 있는데, '묘사'와 '장면 전환'이다. '승상이 말을 마치지 못하여 구름이 걷히는데~정신이 황홀하여 오랜 후에야 비로소 제 몸이 연화도량의 성진 행자임을 깨달았다.'라는 부분은 성진과 그 주변 환경을 묘사한 부분이다. 이것은 성진이 꿈에서 깨어나 다시 현실로 돌아오는 과정을 보여 주는 것으로 묘사를 통한 장면 전환이라는 설명은 적절하다.

오답설명

① 일반적으로 내적 독백은 작은따옴표로 제시한다. 지문에서는 '처음에 스승에게 책망을 듣고 풍도옥으로 가서 인간 세상에 환도하여 양가의 아들이 되었다가~나로 하여금 그런 꿈을 꾸게 하시어 인간 부귀와 남녀 정욕이 다 허무한 일임을 알게 한 것이로다.' 부분에 작은따옴표를 통해 인물의 내적 독백이 제시되었다. 하지만 이 부분은 주인공의 깨달음을 제시한 것으로, 극적 긴장감을 고조시킨다고 볼 수 없다.

② 지문에서 성진과 육관 대사의 대화가 제시되어 있지만, 육관 대사는 성진과 대립 관계에 있는 인물이 아니며, 오히려 성진에게 깨달음을 주는 조력자이다. 따라서 인물 간 대립의 양상이 심화된다는 설명은 적절하지 않다.

④ 구체적 시대 상황은 제시되지 않았다. 또한, '용궁의 잔치에 참석하고 돌아오는 길에'와 같은 서술에서 작품이 지닌 비현실성을 알 수 있다.

⑤ 양소유의 발화와 독백에서 과거의 사건을 압축적으로 제시하고 있으나, 서술자의 개입을 통해 과거를 압축적으로 제시하는 부분은 찾을 수 없다.

형태쌤의 과외시간

고전 소설에서는 서술자의 개입이 흔하고 서술자가 사건과 심리를 압축적으로 제시해주는 경우가 많다. 이러한 배경지식만 가지고 지문을 확인하지 않고 선택하는 학생들이 있다. 고전 소설이지만 출제된 지문에 따라 서술자의 개입이 드러나지 않는 경우도 있기 때문에 반드시 지문에 서술자의 개입이 있는지 여부를 확인해 보아야 한다. 지문을 읽을 때에 서술자의 개입이 나오면 바로바로 체크하고 표시해 가면서 읽는 습관을 들이는 것이 좋다. 선지 내용을 확인하고 다시 지문으로 돌아가서 해당 내용을 찾으려면 시간이 너무 오래 걸리고, 서술자의 개입은 평가원이 집요하게 출제하는 요소이기 때문이다.

02

정답설명

④ 「구운몽」을 열심히 공부한 학생이라면, 뒤에서 팔 낭자(팔 선녀)도 꿈에서 깨어 양소유(성진)와 같이 불법을 공부한다는 것을 알 것이다. 하지만 소설 풀이의 원칙은 제시된 지문 내에서만 판단해야 한다는 것이다. 지문에서 양소유는 "사부는 어찌하면 저로 하여금 춘몽을 깨게 하실 수 있나이까?"라며 꿈에서 깨는 방법을 묻고 있다. 이에 노승은 지팡이를 들어 돌난간을 두드려 암자(현실)로 돌아오게 하였다. 양소유가

꿈에서 깨어나고자 한 것은 맞지만, 팔 낭자와 '함께' 꿈에서 깨어나고자 한 것이 아니기에 적절하지 않다. 지문에서 양소유는 팔 낭자가 사실 팔 선녀이고 그녀들도 역시 꿈을 꾸고 있는 상황이라는 것을 알지 못한다.

오답설명

① "사부께서 자비하시어 하룻밤 꿈으로 제자의 마음을 깨닫게 하시니 사부의 은혜는 천만 겁이 지나도 갚기 어렵나이다.", "사부는 설법을 베풀어 제자로 하여금 깨닫게 하소서."라는 부분을 통해 육관 대사의 가르침을 따르려는 성진의 태도를 확인할 수 있다.

② '자각'은 현실을 판단하여 자기의 입장이나 능력 따위를 스스로 깨달음을 의미한다. 노승은 지팡이를 들어 돌난간을 두드려 공간을 변화하게 하여 양소유가 자신이 육관 대사의 가르침을 받았던 성진임을 자각하도록 돕고 있다. 그리고 육관 대사의 말 "어느 것이 거짓 것이고, 어느 것이 참된 것인지 분변하지 못하나니, 이제 성진과 소유에 있어 어느 것이 참이며 어느 것이 꿈이냐?"에서 성진의 자각을 유도하고 있음을 확인할 수 있다.

③ 꿈속에서 성진(소유)은 노승(육관 대사)의 존재를 제대로 인식하지 못한다. 하지만 꿈에서 깨어나 현실에 돌아온 후, 자신의 존재와 상황을 파악한 후에는 육관 대사를 보자마자 머리를 조아리며 눈물을 흘린다. 따라서 성진은 꿈속의 노승이 육관 대사임을 꿈에서 깨어난 후에 알게 된 것임을 확인할 수 있다.

⑤ 성진의 생각 중 '인간 세상에 환도하여 양가의 아들이 되었다가, 장원급제를 하여 한림학사를 한 후 출장입상, 공명신퇴하여 두 공주와 여섯 낭자로 더불어 즐기던 것이 다 하룻밤의 꿈이로다.'에서 양소유로서의 자신의 삶을 되돌아보고 있음을 확인할 수 있다.

03

형태쌤의 과외시간

　문학은 〈보기〉를 먼저 보는 것이 좋다. 지문에 대한 지식을 얻을 수도 있고, 지문을 이해할 방향을 제시하는 경우가 많기 때문이다. 특히 이렇게 〈보기〉에서 지문에 대해 단정적 설명을 하는 경우 〈보기〉에서 제시한 단계에 따라서 지문을 읽어야 한다.

정답설명

① 〈보기〉 전체의 내용을 '1) 불교적 가치관에 대한 회의와 부정 2) 세속적 삶에 대한 회의와 부정 3) 이분법적 구분에 대한 회의와 부정'으로 정리하고, 지문이 어느 부분에 해당하는지 파악해야 한다.
　이에 따라 지문을 정리하면, 1)은 성진의 입몽 전 이야기로 볼 수 있고, 2)는 각몽과 현실로의 복귀, 3)은 대사가 호접지몽에 관해 이야기를 하는 부분이라고 볼 수 있다. ㉠은 세속적인 삶에서 경험한 일이므로 1)과 2) 사이에서 일어난 일이다. 즉, ㉠은 '첫 번째 회의와 부정'을 경험한 후의 일에 해당하므로 '첫 번째 회의와 부정'을 경험하기 전의 일이라는 설명은 적절하지 않다.

오답설명

② 장원급제를 하여 한림학사를 한 것은 모두 속세에서 양소유의 삶을 살면서 겪은 일이다. 따라서 1)과 2) 사이에서 일어난 일이기에 적절하다.

③ 성진이 깨달은 것은 인간 부귀와 남녀 정욕이 허무한 일이라는 것이다. 이것은 속세의 삶을 경험한 후에 그에 관해 얻은 깨달음이기에 '두 번째 회의와 부정'을 경험한 직후라는 설명은 적절하다.

④ '장주가 꿈에서 나비가 되었다가 다시 나비가 장주가 되었다.'는 것은 "참·거짓의 이분법적 구분에 대한 '회의와 부정'"의 핵심 내용을 비유적으로 보여 주는 것이라고 할 수 있다.

⑤ 성진은 속세를 경험하며 세속적인 삶에 대한 깨달음을 얻었다. 다만 꿈과 참을 분별하지 못하며 이분법적인 사고에서 벗어나지 못하고 있으니, 육관 대사에게 설법을 베풀어 자신에게 새로운 깨달음을 달라고 한 것이다. 따라서 ㉤은 2)에서 3)으로 나아가고자 하는 것으로 이해할 수 있다.

04 현대 산문
2012학년도 6월

오영수 - 화산댁이

[지문에서 체크할 것]

※ 시간
　순행적 구성 / 지문의 중간에 화산댁이가 고향을 떠올리고 있지만 실제 고향의 장면을 보여준 것이 아니라, 화산댁이의 생각만을 제시하고 있기에 과거 장면(대화나 행동을 통해 독자에게 제시되는 광경)으로 보기 어렵다.

※ 공간
　작은아들의 집

※ 서술자의 관심사
　3인칭 서술자는 화산댁이를 주목하고 있다.

[전체 줄거리]

　화산댁이는 수년 만에 처음으로, 도시에 사는 작은아들의 집을 찾아 간다. 화산댁이는 아들의 이름이 적힌 문패가 걸린 집에서 한 젊은 아낙네가 나오는 것을 보고 자신의 아들을 아느냐고 묻자, 그녀는 화산댁이를 도둑으로 여기고 경계한다. 결국 길을 헤매다가 겨우 아들을 만난 화산댁이는 아까 자신을 차갑게 몰아붙이던 젊은 아낙네가 며느리임을 깨닫고 당황한다. 그리고 처음 보는 시어머니를 무시하는 며느리를 못마땅해 한다. 화산댁이는 자신을 냉랭하게 대하는 아들 내외에게 서운함을 느낀다. 들고 온 보따리를 풀어서 아들이 좋아하던 꿀밤떡을 내놓지만, 아들은 쳐다보지도 않고, 손녀딸도 한 입 맛보고서 바로 뱉어 버린다. 결국 얘기도 제대로 못 나눠보고 일찍 방에 들어와 억지로 자리에 누운 화산댁이는 고향집의 가족들을 그리워하면서 쉽게 잠에 들지 못한다. 그러다가 밤중에 볼일이 급해 뒷간을 찾는데 찾지 못하고, 결국 급한 김에 담 밑에다 볼일을 본다. 다음날 아침에 화산댁이는 자신이 볼일을 본 곳이 앞집으로 통하는 하수구임을 알게되고, 앞집 사람들에게 망신을 당한다. 겨우 수습하고 돌아오던 길에 화산댁이는 자신이 정성스럽게 만들어온 꿀밤떡이 쓰레기통에 통째로 버려진 것을 발견하고 눈물을 흘린다. 그리고 그 길로 작은아들 집에서 나와 다시 고향집으로 향한다.

01-04번

번호	정답	정답률 (%)	선지별 선택비율(%)				
			①	②	③	④	⑤
1	④	74	12	3	5	74	6
2	⑤	83	8	3	4	2	83
3	③	58	9	17	58	12	4
4	⑤	73	17	3	4	3	73

01

정답설명

④ '상세한 내용 일치'를 물어보는 만큼 지문 독해에 각별히 신경을 쓰면서 독해를 진행해야 한다. 지문의 '자식도 강보에 자식이지, 쯧쯧.', '지만 하더라도~며 공장을 하니 하고 날뛰 댕기더니.'에서 작은아들에 대한 못마땅함이 나타나고 있다.

오답설명

① 고무신이 마음에 안 든 것이 아니라, 짚신이 아까웠을 뿐이다.
② 손녀가 좀 예의 없긴 하지만, 그렇다고 화산댁이가 노여움을 느낀 것은 아니지 않냐. 지문에선 화산댁이의 반응이 제시되지 않았다.
③ '아무리 시에미가 시에미 같지 않기로니 첨 보는 시에미에게 인삿절도 없이, 본바없는 것 같으니'에서 화산댁이가 며느리를 못마땅하게 여기는 것은 나타나지만 며느리를 나무라고자 마음먹는 부분은 나타나지 않는다.
⑤ 시골로 돌아갈 생각에 설렌 것은 맞다. 그리고 날이 빨리 새길 바란 것도 맞다. 하지만 이것이 인과로 연결되지는 않는다. 날이 빨리 새길 바란 것은 똥이 마려웠기 때문이다. 평가원이 종종 출제하는 '잘못된 인과'이니, 혹시 낚였다면 별표 치고 기억해두자.

02

정답설명

⑤ [A]는 화산댁이가 맏아들 내외와 살고 있는 자신의 집을 상상한 것으로, 이곳에서 화산댁이는 맏아들 내외와 따뜻한 가족애를 느끼고 있다. 화산댁이가 이런 상황을 상상한 것은 작은아들의 집에서는 그런 가족애를 느낄 수 없었기 때문이다. 따라서 맏아들 내외와 살고 있는 상황을 작은아들 내외와 함께 있는 현재 상황과 대비하여 화산댁이의 내적 갈등을 고조하고 있음을 알 수 있다.

오답설명

① [A]에 새로운 인물인 '손자들, 맏아들, 맏며느리'가 등장하는 것은 맞지만, 새로운 사건의 시작을 알리는 것은 아니다. 화산댁이가 작은아들 집에서 느끼는 쓸쓸함과 허전한 감정을 달래줄 인물들이 시골에 있는 맏아들 가족이기 때문에 그들을 떠올리며 그리워하는 것이다.
② [A]는 화산댁이가 자신이 원래 살던 곳을 상상한 것으로, 배경이 환상적(=비현실적)이지 않을 뿐만 아니라 허구성이 강조된 것도 아니다.
③ 작은아들네에서 쓸쓸하고 허전함을 느끼게 된 화산댁이가 정겨운 맏아들과 맏며느리, 손자들을 떠올리며 시골집으로 가고 싶어 하는 것은 자연스러운 전개이므로 '사건의 줄기에서 벗어난 장면'이라고 보긴 어렵다.
④ [A]는 화산댁이의 상상으로 '동시에 진행'되는 사건은 아니다.

03

정답설명

③ 서술자가 이야기를 서술할 때 서술자의 시각에서 서술하는지, 아니면

인물의 시각에서 서술하는지를 구별하라는 문제다.

ⓒ은 적산집(신식 가옥) 뒷간(화장실)을 집 밖에서 찾는 화산댁이를 바라보며 안타까워하는 서술자의 개입이 나타난 부분으로, 명백히 서술자의 시선으로 서술한 것이다.

형태쌤의 과외시간

2024학년도 수능 〈보기〉
  서술자는 자신의 시선만으로 서술하기도 하고 인물의 시선으로 초점화하여 서술하기도 한다.

  서술자가 특정 인물의 시각에서 서술을 하면 그 인물의 내면을 마치 1인칭 시점인 것처럼 독자에게 생생하게 전달할 수 있다. 이는 **인물의 내적 독백이나 상상을 그대로 독자에게 전달하는 방식**으로 구현이 된다. 이때 특정 인물의 시각에서 서술하는 부분은 '나는 어디로 가야하는 것인가'처럼 1인칭 시점의 느낌을 줄 수 있고, **서술자의 시각에서 서술**을 하면 일반적인 3인칭 시점의 느낌을 주거나, 서술자의 개입을 통해 마치 옆에서 서술자가 얘기를 하는 듯한 느낌을 준다.

오답설명

① ㉠ '조심스럽기만 했다.'의 주체는 작품 밖에 있는 서술자가 아니라 화산댁이다.

② ㉡ 이야기 소리를 듣는 주체가 누구겠니? 설마 작품 밖의 서술자가 화산댁이와 나란히 누워있다고 하진 않겠지?

④ ㉣ 서술자가 똥을 쌌다는 것일 수 없겠지? 화산댁이의 시각에서 쓰인 것이다.

⑤ ㉤ '봐도'의 주체는 서술자가 아니라 화산댁이다. 즉, 뒷간이 없다는 걸 본 주체는 화산댁이인 것이다.

04

정답설명

⑤ '수채'는 집안에서 버린 물이 집 밖으로 나가도록 만든 시설로, 마당에 움푹 파인 도랑 같은 것을 말한다. 특별히 도시라서 있는 시설이 아니라, 예전 시골에도 있었던 시설이다.

오답설명

① '고무신'이 어떻게 도시적 이미지냐고? 지문의 주석에 보면 '적산집'이 해방 전에 지은 '신식 가옥'이라는 것을 통해 작품의 배경이 상당히 예전임을 짐작할 수 있다. 즉, 우리가 살고 있는 시대의 관점에서 생각하면 안 된다는 것이다.
  게다가 화산댁이가 신고 온 아직 쓸만한 '짚세기'를 버리고, '고무신'을 주는 작은아들의 행동에서 충분히 허용 가능하다.

② '초가집'은 화산댁이의 시골집이고, '적산집'은 작은아들의 도시집이다.

③ '토벽'은 화산댁이의 초가집 벽이고, '횟가루 벽'은 작은아들의 도시집 벽이다.

④ '갈자리 방'은 화산댁이의 시골집 방이고, '다다미방'은 작은아들의 도시집 방이다.

성묘 / 외할머니의 뒤안 툇마루

지문분석

(가) 성묘

아버지. 아직 남북통일이 되지 않았습니다.

▶ '아버지'라고 부른 것을 보니 화자는 청자인 '아버지'에게 말을 건네고 있는 자식이구나.

일제 시대 소금 장수로
이 땅을 떠도신 아버지.

▶ 화자의 관심사가 아버지에게 가 있구나. 그렇다면 아버지에 대한 그리움의 시인가? 아직은 모르겠다. 좀 더 읽어 보자.

아무리 아버지의 두만강 압록강을 생각해도
눈 안에 선지가 생길 따름입니다.

▶ 눈 안에 피(=선지)가 생기다니! 고생하던 아버지가 그리워서일까? 아직도 모르겠다. 계속 가 보자. '선지'라는 단어를 사용한 걸 보니 단순한 그리움은 아닌 것 같은데...

아버지의 젊은 시절
두만강의 회령 수양버들을 보셨지요.
국경 수비대의 칼날에 비친
저문 압록강의 붉은 물빛을 보셨지요.

▶ 지금과 달리 남북이 분단되지 않았던 시절이겠지. 그래서 두만강도 가볼 수 있었겠지.

그리고 아버지는
모든 남북의 마을을 다니시면서
하얀 소금을 한 되씩 팔았습니다.

▶ 그렇구나. 아버지는 당시에 남북을 모두 오가며 소금을 파셨구나.

때로는 서도 노래도 흥얼거리고
꽃 피는 남쪽에서는 남쪽이라
밀양 아리랑도 흥얼거리셨지요.

▶ 참고로 '서도 노래'는 북한의 노래이고, '밀양 아리랑'은 남한의 노래이다. 남과 북의 노래를 모두 부르던 아버지의 모습. 그리고 남과 북을 모두 오가던 아버지의 모습. 이쯤 되니 단순히 아버지에 대한 그리움만을 노래하는 시는 아니로구나.

한마디로, 세월은 흘러서
멈추지 않는 물인지라
젊은 아버지의 추억은
이 땅에 남지도 않고

▶ '젊은 아버지의 추억'은 뭘 뜻하겠니. 남과 북이 하나였을 때 자유롭게 이곳저곳을 오가던 추억이 아니겠니. 그 추억은 이제 이 땅에 남지 않았단다. 부정적인 현실 상황을 이야기하고 있지.

아버지는 하얀 소금이 떨어져서 돌아가셨습니다.

▶ '하얀 소금'이 떨어져서 '아버지'가 돌아가셨다네. 설마 정말 '소금'이 없어서 돌아가셨겠어? 여기서의 '소금'은 아버지의 삶을 지탱할 수 있게 해준 정신적 가치 또는 의지를 말하는 거겠지. 분단 현실을 자꾸 언급하니까 좀 더 시대적 현실과 엮어서 말하자면, 남북을 오갈 수 없는 참담한 우리 현실에 절망해서 돌아가셨다고 볼 수도 있겠다.

아버지, 남북통일이 되면
또다시 이 땅에 태어나서

남북을 떠도는 청청한 소금 장수가 되십시오.

▶ 아버지에게 다시 남북을 떠도는 소금 장수가 되어 달라고 이야기하고 있다. 남북통일에 대한 염원을 이렇게 표현했구나.

"소금이여", "소금이여"
그 소리, 멀어져 가는 그 소리를 듣게 하십시오.

▶ 정리하자면, 화자는 아버지를 통해 과거와 현재를 대비하며, 남북통일에 대한 바람을 드러내고 있다.

(나) 외할머니의 뒤안 툇마루

외할머니네 집 뒤안에는 장판지 두 장만큼한 먹오딧빛 툇마루가 깔려 있습니다.

▶ '뒤안', '툇마루' 같은 향토적 정감을 불러일으키는 소재를 나열하며 그리운 대상인 외할머니를 언급하고 있다.

이 툇마루는 외할머니의 손때와 그네 딸들의 손때로 날이날마다 칠해져 온 것이라 하니

▶ '외할머니의 손때, 그네 딸들의 손때가 묻은 툇마루'는 툇마루가 갖는 시간성을 보여주고 있다.

▶ 툇마루에 외할머니의 손때뿐만 아니라 그 딸들의 손때도 함께 있다는 것은, 툇마루를 일상적 삶을 공유하며 세대 간의 교감이 이루어지는 공간으로 보고 있음을 의미한다.

내 어머니의 처녀 때의 손때도 꽤나 많이는 묻어 있을 것입니다마는, 그러나 그것은 하도나 많이 문질러서 인제는 이미 때가 아니라, 한 개의 거울로 번질번질 닦이어져 어린 내 얼굴을 들이비칩니다.

▶ 화자는 툇마루에 비치는 자신의 얼굴을 보면서 어린 시절을 회상하고 있구나. 그렇다면 '툇마루'는 과거 회상의 매개체 정도가 되겠다.

그래, 나는 어머니한테 꾸지람을 되게 들어 따로 어디 갈 곳이 없이 된 날은, 이 외할머니네 때거울 툇마루를 찾아와,

▶ 툇마루는 어린 화자에게 정서적인 안정감을 주는 공간이었나 봐.

외할머니가 장독대 옆 뽕나무에서 따다 주는 오디 열매를 약으로 먹어 숨을 바로 합니다.

▶ '장독대', '뽕나무' 역시 향토적 정감을 불러일으키는 소재로구나. 그리고 외할머니가 따다 주신 '오디 열매'에는 화자에 대한 외할머니의 사랑이 담겨 있다고 볼 수 있겠다.

외할머니의 얼굴과 내 얼굴이 나란히 비치어 있는 이 툇마루에까지는 어머니도 그네 꾸지람을 가지고 올 수 없기 때문입니다.

▶ 외할머니의 얼굴과 내 얼굴이 나란히 비치는 툇마루 : 세대 간 교감이 나타나는 장소임을 의미한다.

▶ 툇마루가 어린 시절의 화자와 외할머니와의 세대 간 교감이 이루어지는 장소이자 외할머니의 사랑을 느낄 수 있는 곳임을 얘기하며 시를 마무리하고 있구나.

문제분석 01-03번

번호	정답	정답률 (%)	선지별 선택비율(%)				
			①	②	③	④	⑤
1	④	71	6	5	16	71	2
2	⑤	87	3	5	3	2	87
3	①	91	91	3	2	1	3

01

정답설명

④ (가) O, (나) O / (가)에서는 '붉은 물빛', '하얀 소금'을 통해 색감을 드러내고, (나)에서는 '먹오딧빛 툇마루'를 통해 색감을 드러내고 있다. 간혹 "색감을 드러내는 시어가 나오면 무조건 선명한 이미지를 제시할 수 있을까요?"라고 질문을 하는 학생들이 있는데, '무조건' 선명한 이미지를 제시할 수 있다. 간단한 비유로 흑백으로 된 교재와 컬러로 된 교재 중에 어떤 교재가 더 선명한 느낌을 줄 수 있을까? 당연히 색이 들어간 교재일 것이다. 독자들도 마찬가지다. 아무 색 없이 시상이 전개될 때와 특정한 색을 제시하며 시상을 전개할 때, 머릿속에 떠오르는 이미지의 선명함은 분명 다르다.

오답설명

① (가) O, (나) X / (가)의 '아버지. 아직 남북통일이 되지 않았습니다.'와 '아버지, 남북통일이 되면~'이 유사한 시구를 점층적으로 변주한 것이라 볼 수 있다.

형태쌤의 과외시간

〈점층법〉
어떠한 글이 포함하고 있는 내용의 비중이나 정도를 한 단계씩 높여서 뜻을 점점 강하게, 높게, 깊게 층을 이루어 독자의 감정을 자연스럽게 절정으로 이끌어 올리는 표현 방법이다.

* 신록은 먼저 나의 눈을 씻고, 나의 가슴을 씻고, 다음에 나의 마음의 모든 구석구석을 하나하나 씻어 낸다.
* 유교의 목적은 '수신 제가 치국 평천하(修身齊家治國平天下)'에 있다.
  : 자신의 몸과 마음을 닦아 수양하고, 집안을 가지런히 하며 나라를 다스리고, 천하를 평화롭게 한다.

〈점강법〉
점층법과 반대로 한 구절 한 구절의 내용이 작아지고 좁아지고 약해져서 고조된 감정으로부터 점점 가라앉게 하는 표현 방법이다.

* 용기를 잃은 것은 모두를 잃은 것이요,
  명예를 잃은 것은 많은 것을 잃은 것이요,
  돈을 잃은 것은 아무것도 안 잃은 것이다.

→ 점층법·점강법은 자연스럽게 열거법을 쓰게 되는 경우가 많다.
→ 점층법과 점강법을 아울러서 점층법이라고도 한다.

② (가) X, (나) X / (나)에는 부정적인 현실이 드러나지 않는다. 한편, (가)에서는 부정적인 현실이 나오기는 하지만 관조하는 태도가 보이지는 않는다. 아버지를 생각하면 눈에 핏발이 설 정도라는데, 관조적이라고 할 수는 없겠지.

관조적(觀照的) : 관찰자 입장에서 태도를 표출하지 않고 대상을 있는 그대로 표현하는 것.

③ (가) X, (나) X / 설마 (가)에서 '아버지'가 나왔다고 바로 '어린 화자'를 허용한 건 아니겠지? 쌤도 집에 가서는 아버지께 '아버지'라고 한다. '아버지'는 어린 화자만 부를 수 있는 게 아니다. 자식이라면 누구나 '아버지'라고 부를 수 있다. 또한 (나)에서는 유년 시절의 기억을 떠올리는 것이지, 어린 화자가 이야기하고 있다고는 볼 수 없다. 어린 화자라면 '어머니도 그네(그녀의) 꾸지람을 가지고 올 수 없기 때문입니다.'라는 표현은 할 수 없었을 것이다.

⑤ (가) X, (나) X / 역설적 표현은 표면상으로는 모순되어 있어 말이 안 되는 것 같지만, 그 속에 특별한 의미가 담기도록 하는 표현이다. (가)와 (나) 어디에서도 역설적 표현을 찾을 수 없다.

02

정답을 보기 전에 〈보기〉부터 살펴보자. 우리가 삶에서 경험하는 구체적인 장소가 사람과 상황에 따라 다른 의미를 갖는다고 이야기하면서 과거, 현재, 미래의 시간적 배경이 변함에 따라 '이 땅'의 의미가 다양하게 드러난다고 말하고 있다. ㉠의 '땅'은 과거를 의미하는 것으로 남북 나눌 것 없이 떠돌아다닐 수 있던 땅을 의미하겠다. 하지만 ㉡의 '땅'은 현재를 의미하는 것으로 '젊은 아버지의 추억', 즉 하나였던 모습이 사라진 분단된 현실을 말하는 것이겠지. 그렇다면 ㉢은 미래의 '땅'일 거야. 남북통일이 되면 아버지가 다시 돌아다니시기를 말하고 있으므로 앞으로 통일로 나아가야 할 공간을 의미하는 것이겠지.

정답설명

⑤ '멀어져 가는 그 소리를' 듣는 것은 남북이 통일이 되었을 때이므로 ㉢은 화자의 바람이 현실화(남북통일)되기를 바라는 장소라고 볼 수 있다.

오답설명

① ㉠이 아버지에 대한 원망의 감정을 느끼게 하는 장소라니 말도 안 된다. 소금 장수였던 아버지가 원망스러우면 다시 태어나서 소금 장수가 되시라고 말하겠는가.

② '국경 수비대의 칼날에 비친 / 저문 압록강의 붉은 물빛을 보셨지요.' 부분은 일제 강점기 때 핍박받았던 우리 민족의 모습을 보여 주고 있다. 그런데 '복원된 민족의 정체성'을 깨닫게 한다고? 민족의 정체성을 복원하려는 곳은 ㉠보다 '남북통일'이 되고 난 ㉢에 가깝다고 보아야 한다.

③ ㉡은 앞뒤 문맥으로 보아 남북 분단의 차원에서 의미를 이해할 수 있다. 따라서 미래지향적인 변화를 추구하는 장소가 아니라 분단의 아픔을 간직한 장소로 감상하는 것이 적절하다.

④ 아버지가 소금 장수로 다시 태어나기를 바라는 화자의 모습은, 남북이 통일되어 평화롭게 '이 땅'을 다닐 수 있게 되기를 바라는 화자의 마음이 투영된 것으로 감상하는 것이 적절하다. 화자가 가업을 잇겠다고 한

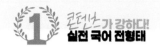

부분은 어디에서도 찾을 수 없다.

03

정답설명

① 단절이라니. 화자는 '집 뒤안'의 툇마루를 통해 '유년 시절'을 떠올리고 있는데 이 무슨 뚱딴지같은 선지인지... 당연히 적절하지 않은 내용이다. '집 뒤안'의 툇마루는 과거와 현재를 이어주는 과거 회상의 매개체이다.

오답설명

② 화자는 하도 많이 문질러 손때가 묻고 반질반질해진 툇마루를 '거울'이라고 표현하였다. 따라서 '거울'은 오랜 세월의 흔적을 환기한다고 볼 수 있다.

③ 화자는 '꾸지람을 되게 들어 따로 어디 갈 곳이 없이 된 날'에 툇마루를 찾아온다고 말했으니, 툇마루는 위안을 주었던 곳이 맞겠지.

④ 꾸지람을 들은 화자에게 외할머니가 주는 '오디 열매'. 설마 손자를 괴롭히기 위해서 주진 않았겠지. 사랑이라는 말은 충분히 허용 가능하다.

⑤ 툇마루에 '내 얼굴'과 '외할머니의 얼굴'이 나란히 비치기 위해서는 함께 있어야 하겠지. 어머니한테 꾸지람을 들은 화자는 외할머니를 찾아가고, 외할머니와 나란히 툇마루에 앉는다는 것이다. 이는 화자와 외할머니 사이의 친밀감을 드러낸다고 볼 수 있지.

교목 / 들길에 서서 / 고고

지문분석

(가) 교목

▶ 들어가기 전에 : 먼저 3번 문제의 <보기>를 보자. 교목은 임금을 보필하여 나라를 떠받치는 신하이며, 시인은 나라를 위해 희생하는 절개와 기상을 가진 인물이라는 정보를 주고 있어. 이 정보를 토대로 '시인=화자=교목'이라는 전제로 시를 읽어 보자. 화자가 교목한테 하는 말은 결국 자기 자신에게 하는 말로 다짐의 표현이라고 볼 수 있겠지.

푸른 하늘에 닿을 듯이
세월에 불타고 우뚝 남아 서서
차라리 봄도 꽃피진 말아라

▶ 화자는 시련과 고난의 세월에 불타도 굳세게 혼자 남아 푸른 하늘을 지향하고 있어. 계절적으로 볼 때 '봄'은 당연히 오는 시간의 개념이지만, <보기>에 따르면 화자는 일제 치하에 처해 있어. 따라서 화자 입장에서는 봄답지 못한 봄이니 꽃도 필요 없다는 의미로 볼 수 있다.

낡은 거미집 휘두르고
끝없는 꿈길에 혼자 설레이는
마음은 아예 뉘우침 아니라

▶ '낡은 거미집'은 논란의 여지 없이 부정적 상황이겠지. 그다음 구절은 다양한 해석이 가능해.

▶ 1) (일제 치하의 현실 속에서 적극적으로 대응하지 않고) 꿈속에서만 설레는 마음은 (일제 치하의 현실을) 뉘우치는 (지식인의) 자세가 아니다.

▶ 2) (비록 일제 치하지만 독립의) 꿈속에서 설레는 마음에는 뉘우침 (따위는) 없다.

▶ 자, 이렇게 다양한 해석이 가능한 구절에 대해 물을 경우, 평가원은 <보기>를 통해 판단의 준거를 제시할 것이니 고민하지 말고 해석의 여지를 열어 두면 된다.

검은 그림자 쓸쓸하면
마침내 호수(湖水) 속 깊이 거꾸러져
차마 바람도 흔들진 못해라

▶ 나무가 물속에 거꾸러지면 당연히 죽겠지. 즉, '검은 그림자'가 쓸쓸하면(일제 치하의 삶이 너무나 힘들고 삶의 그림자가 어둡다면), 차라리 죽어 버리겠다!!는 거야. 그러면 '바람(외압=일제)'에 흔들리지 않겠지. 일제에 의해 조금도 흔들리지 않고자 하는 화자의 굳은 의지가 담긴 구절로 볼 수 있겠다.

(나) 들길에 서서

▶ 들어가기 전에 : 긍정적 태도는 보통 현실은 부정적이지만 그 현실을 긍정적으로 인식하겠다는 태도로 볼 수 있어. 삶이 아무리 힘들지라도 긍정적인 자세로 살아가겠다는 것이 바로 문학에서 말하는 긍정적인 태도야.

푸른 산이 흰 구름을 지니고 살 듯
내 머리 위에는 항상 푸른 하늘이 있다

하늘을 향하고 산림처럼 두 팔을 드러낼 수 있는 것이 얼마나 숭고

한 일이냐

▶ 자신의 삶을 숭고하다고 얘기하고 있네.

두 다리는 비록 연약하지만 젊은 산맥으로 삼고
부절히 움직인다는 둥근 지구를 밟았거니……

푸른 산처럼 든든하게 지구를 디디고 사는 것은 얼마나 기쁜 일이냐

▶ 이번엔 자신의 삶이 기쁘다고 하고 있어.

뼈에 저리도록 '생활'은 슬퍼도 좋다
저문 들길에 서서 푸른 별을 바라보자……

▶ 생활은 힘들고 슬프지만 화자는 그래도 좋다고 하네. 비록 저문 들길에 서 있지만 푸른 별을 지향하면서 푸른 산처럼 살고자 하는 화자의 태도!

푸른 별을 바라보는 것은 하늘 아래 사는 거룩한 나의 일과이거니……

▶ 마지막으로 자신의 삶을 거룩하다고 하고 있어. 정리하자면, 살아가는 것은 슬프고 저문 들길을 걸어가는 것 같이 힘든 일이지만, 숭고하고 기쁘게, 거룩하게 살아가겠다는 이야기야.

(다) 고고

▶ 들어가기 전에 : 이 시와 같이 관념적인 시는 학생들이 특히 어려워하는 시야. 힘들게 어려운 표현으로 해석하려 하지 말고, 있는 그대로의 상태에서 화자가 원하는 것, 화자의 상황, 그리고 반응 등을 체크하면서 가도록 하자.

북한산(北漢山)이
다시 그 높이를 회복하려면
다음 겨울까지는 기다려야만 한다.

▶ 관심의 대상은 북한산! 그런데 북한산에는 '높이'가 없고 그 높이를 회복하려면 '겨울'이 되어야 하나봐. 정리하자면, '높이'의 의미가 뭔지는 모르겠지만 일단 화자는 '높이'라는 것을 원하고 있고, 현재는 '높이'가 없는 상황이로구나.

밤사이 눈이 내린,
그것도 백운대(白雲臺)나 인수봉(仁壽峰) 같은
높은 봉우리만이 옅은 화장을 하듯
가볍게 눈을 쓰고

왼 산은 차가운 수묵으로 젖어 있는,
어느 겨울날 이른 아침까지는 기다려야만 한다.

▶ 화자가 원하는 '높이'의 의미를 구체화했다. 그것은 '옅은 화장을 하듯' 아주 조금 내린 눈이 쌓인 상태인가 보다. 그럼 왜 '눈'일까? 또 어떤 '눈'일까? 계속 보자.

신록이나 단풍,
골짜기를 피어오르는 안개로는,
눈이라도 왼 산을 뒤덮는 적설(積雪)로는 드러나지 않는,

▶ '높이↔신록, 단풍, 안개, 적설', 즉 높이와 대조적인 이미지로 다시 한번 화자

가 원하는 것을 강조하고 있구나.

심지어는 장밋빛 햇살이 와 닿기만 해도 변질하는,
그 고고(孤高)한 높이를 회복하려면
▶ 그럼 어떤 높이? '햇살'만 받아도 색이 변하는 그런 순수한 상태! 고고한 경지.

백운대와 인수봉만이 가볍게 눈을 쓰는
어느 겨울날 이른 아침까지는
기다려야만 한다.
▶ 결국 화자는 가벼운 눈이 내린, 순수하고 고고한 산의 모습을 통해 자신의 지향점을 이야기하고 있으므로 그런 대상(산)의 모습은 화자가 지향하는 삶의 태도라 할 수 있겠지.

문제분석 01-05번

번호	정답	정답률 (%)	선지별 선택비율(%)				
			①	②	③	④	⑤
1	⑤	56	13	4	12	15	56
2	①	73	73	5	10	9	3
3	⑤	65	8	12	10	5	65
4	③	72	9	7	72	6	6
5	④	64	8	8	11	64	9

01

정답설명

⑤ 시 안에서 절대자는 화자이다. 긍정적 시어와 부정적 시어를 결정하는 기준은 수식어와 서술어가 아니라 바로 화자이다. 화자가 원하고 긍정하는 것은 '바람직한 것'으로 볼 수 있다. 만약 화자가 세상을 외면하고 도피하는 삶의 자세를 원한다면 그것이 바람직한 삶의 자세이고, 세상을 지배하고 왕이 되고자 한다면(물론 이런 비교육적인 시를 여러분이 시험장에서 만날 수 없겠지만...) 그것이 바로 화자가 바람직하게 생각하는 삶의 자세이다. 따라서 시에서 화자가 원하거나 긍정하는 삶의 자세가 나오면 무조건 허용을 할 수 있는 선지겠지. 굳이 살펴본다면 (가)~(다)의 화자가 바람직하게 생각하는 삶의 자세는 다음과 같다.

(가) : 저항, 의지적 삶의 자세
(나) : 긍정적 삶의 자세
(다) : '높이, 고고함'에 대한 지향, 기다림의 삶의 자세

오답설명

① (가) X, (나) O / (가)의 화자는 현재 상황을 부정적으로 보고 있다. 3번 문제 〈보기〉의 외적 정보를 활용하면 시의 배경은 일제 강점기이니 당연히 부정적이겠지. 다만 (나)는 '생활'이 슬프더라도 '좋다'고 했으니 상황을 긍정적으로 인식하고 있다고 볼 수 있겠지.

② (가) X, (다) X / '이상과 현실의 괴리가 해소된 조화로운 상태가 구현되어 있다.'='부정적 상황이 해소된 긍정적 상황을 구체적으로 제시하였다.'

(다)는 2, 3연에 화자가 원하는 '높이'가 있는 상황을 구체적으로 제시하였으나, 아직 이러한 상황이 온 것은 아니므로 이상과 현실의 괴리가 해소됐다고 보기 어렵다.

③ (나) O, (다) X / (나)의 화자는 그저 하늘을 향해 두 팔을 벌릴 수 있는 것, 그리고 지구 위에 발을 디디고 서 있는 것과 같은 지극히 사소한 것에 만족하면서 삶을 살아가고 있다. 따라서 뭔가 대단한 것이 아닌 일상생활(반복되는 평상시 생활)의 소중함에 만족하면서 긍정적으로 살아가는 자세가 드러났다고 볼 수 있다. 다만, (다)의 화자가 원하는 것은 '고고한 높이'가 있는 상황이다. 어느 겨울날 이른 아침의 '고고한 높이'를 '일상생활의 소중함'으로 보는 것은 무리가 있겠지?

④ (가) X, (나) O, (다) △ / (나)의 '푸른 산이 흰 구름을 지니고 살 듯 / 내 머리 위에는 항상 푸른 하늘이 있다'를 자연의 섭리에 대한 깨달음으로 볼 수 있다. '자연의 섭리'는 '자연계를 지배하는 원리나 법칙'으로 상당히 추상적인 말이다. 보통 문학에서는 '순환, 흐름'을 '자연의 섭리'로 많이 제시한다. 예를 들자면 '지금은 시련의 시기인 겨울이고 밤이지만, 당연히 오는 새벽처럼 긍정의 시기인 봄이 올 것이다.'라는 문장을 보면 '계절의 순환'을 전제로 깔고 있는 것이지. 말 자체의 범주가 상당히 넓으니 큰 고민하지 않아도 된다. 시험장에서는 애매한 (다) 같은 작품이 있더라도 확연히 틀린 (가) 같은 작품도 반드시 있을 것이므로 걱정할 필요가 없다.

02

정답설명

① 보통 시의 3요소라고 하면 음악적, 회화적, 의미적 요소를 제시한다. 그 중 음악적 요소가 '운율'이고, 회화적 요소가 '심상'이고, 의미적 요소가 '함축성'이다. 시라면 이 세 가지 요소가 있어야 한다는 것이다.
자, 그럼 ①번 선지에서 고민의 여지가 있는가? '추상적 정서'를 '구체적 심상'으로 보여주는 대표적 방법이 '비유와 상징' 아니니!! 물론 '비유와 상징'이 안 쓰인 시도 간혹 있겠지만, 그런 문학성이 떨어지는 작품은 교육적 가치가 떨어지기에 출제될 가능성도 낮겠지.

오답설명

② (가) X, (나) O / (나)에서는 다양한 어미를 사용해 시행을 종결하고 있으므로 어조의 변화를 허용할 수 있겠으나, (가)의 어조는 일관되게 유지되고 있어.

③ (가) X, (나) O / (가)에는 동일한 색채어가 반복되지 않지만, (나)에는 '푸른'이라는 동일한 색채어를 반복하여 화자가 지향하는 삶에 대한 정서를 고조시킨다.

④ (가) X, (나) X / (가)와 (나) 모두 어떤 하나의 감각을 다른 감각적 심상을 빌려 표현하는 공감각적 심상은 사용되지 않았어.

⑤ (가) X, (나) X / (가)와 (나) 모두 근경에서 원경으로의 시선 이동은 나타나지 않았다.

03

정답설명

⑤ '바람'은 어떻게 보더라도 '교목'을 흔드는 부정적인 존재 아니니. 정답

에 대한 의문은 없어 보인다.

오답설명

① 〈보기〉에 제시된 시인 이육사의 생애를 통해 '교목'은 시인의 절개와 기상을 표상한 것임을 알 수 있다.

② 〈보기〉에서 이육사의 시는 '정제된 형식미와 안정된 운율감'을 보이는 경향이 있다고 하였다. 각 연이 3행으로 이루어진 「교목」에서도 앞서 말한 시의 형식적 특성이 드러남을 알 수 있다.

③ 〈보기〉에 의하면 이육사는 '평생에 거의 하루도 평온한 날이 없었다.'라고 하였으므로, '낡은 거미집'은 시인의 고난에 찬 모습을 형상화한 것으로 볼 수 있다.

④ 〈보기〉에 의하면 이육사는 '혁명적 열정과 의욕을 시에 의탁해' 꿈을 그려냈다고 하였으므로, '끝없는 꿈길'은 시인의 혁명적 열정과 의욕을 함축한 것으로 볼 수 있다.

04

정답설명

③ (나)는 숭고한 삶, 기쁜 삶, 거룩한 삶을 나열하고 있을 뿐, A에서 C로 갈수록 내용이 응축되고 있지는 않다.

오답설명

① (나)의 1~2연에는 '하늘'이, 3~4연에는 '지구'가, 5~6연에는 '푸른 별'이 등장하고 있다. 따라서 A, B, C 각각에 공통적으로 등장하는 시어를 통해 두 연끼리 결합된다는 설명은 적절하다.

② (나)의 A에서는 두 팔을 드러내는 것을 '숭고'하다고 하였고, B에서는 땅을 디디고 선 것이 '기쁜 일'이라고 하였다. 이것들을 C에서 '거룩한' 나의 일과 연결하고 있으므로 선지의 내용은 적절하다.

④ (다)의 A, B, C에서 모두 '기다려야만 한다.'라는 말과 '겨울'이라는 시어가 반복되는 것을 볼 수 있다.

⑤ (다)의 B는 A에서 제시한 '높이'가 드러난 상황을 구체적으로 제시하였고, C는 '높이'와 대조적인 시어를 나열함으로써 화자가 원하는 '높이'를 '상세화'했다고 볼 수 있겠다.

05

정답설명

④ '호응, 상응, 조응'이라는 단어는 두 대상이 '유사'할 때 쓰는 말이다. '왼 산을 뒤덮는 적설'과 '가볍게 눈에 덮여 있는 상태'는 대조적이니 호응한다는 말은 감히 쓸 수 없겠지. '세속적인 것에서 벗어나 홀로 존재하는 산봉우리'는 애매하지? 그냥 버려라. 애매한 부분은 정답의 직접적 근거로 활용하지 않는 것이 평가원의 원칙임을 감안했을 때 그냥 버리는 것이 실전적 판단이다.

오답설명

① '높은 봉우리만이 옅은 화장을 하듯 / 가볍게 눈을 쓰고' 있다고 하였으므로 이는 산봉우리에만 눈이 조금 쌓인 것을 비유한 것이라 볼 수 있다.

② '수묵화'를 떠올려본다면 '그림에 비유'했다는 것을 허용할 수 있겠지. 또한 전체가 '차가운 수묵(검정색)'이고 꼭대기만 '하얀색'이면 화자가 주목하는 대상(높이)이 더 잘 드러나겠지.

③ '신록(새로 나온 잎의 푸른빛)', '단풍', '안개'는 겨울에 볼 수 있는 산의 모습이라 할 수 없다. 따라서 대비를 통해 겨울 산의 의미를 부각하고 있다는 선지는 허용 가능하다.

⑤ '장밋빛 햇살이 와 닿기만 해도 변질'하는 그 고고한 높이를 회복해야 한다고 하였으므로 화자가 형상화한 산봉우리가 어떠한지 그 의미를 생각해 보게 한다. 화자는 이러한 표현을 통해 산봉우리가 지향하는 '높이'가 쉽게 변질되는, 순수한 상태임을 드러낸다.

03 고전 산문
2015학년도 6월B

작자 미상 – 임경업전

지문분석

[지문에서 체크할 것]

※ 공간
(중략) 이전 : 호왕의 거처 → 별궁 → 궁문 밖
(중략) 이후 : 조선 궐내 → 호왕의 거처 → 조정 → 의주

※ 서술자의 개입
×

[전체 줄거리]

　충청도 충주 달천촌에서 태어난 임경업은 25세에 과거에 급제한 후, 사신 이시백을 따라 중국에 들어간다. 이때 마침 호국이 가달의 침입을 받아 명나라에 도움을 청했다. 명나라에 마땅한 장수가 없어 경업이 호국을 도와 싸움을 승리로 이끌어 그 이름을 알리고 조선으로 돌아온다. 이후 호국이 강성해져서 조선을 침입해 왕의 항복을 받아 내고, 세자 일행을 인질로 끌고 간다. 경업이 이 소식을 듣고 쫓아가 호국의 병사들을 물리치자, 호왕이 화가 나 경업을 호국으로 보낼 것을 명령한다. 호국으로 간 경업은 호국의 군인으로서 명나라와 싸우지만, 친구였던 명나라 장수를 만나 의리를 지켜 거꾸로 호국을 치려하다가 실패하여 호국의 병사들에게 잡힌다. 그러나 호왕은 경업의 충성심에 감동하여, 그와 세자 일행을 조선으로 돌려보낸다. 이때 간신 김자점이 인조에게 경업을 헐뜯는 음모를 꾸미다가 실패하자 경업을 암살한다. 이후 인조는 꿈속에서 경업을 만나서 내막을 알게 되어, 김자점을 처형하고 경업의 충절을 기린다.

문제분석　01-04번

번호	정답	정답률 (%)	선지별 선택비율(%)				
			①	②	③	④	⑤
1	④	73	4	5	10	73	8
2	⑤	80	8	3	4	5	80
3	⑤	68	7	8	9	8	68
4	②	60	5	60	12	14	9

01

정답설명

④ 김자점이 세자와 대군의 귀국을 방해하였다고 볼 수 있는 부분은 지문에 제시되어 있지 않다. 세자와 대군은 이미 귀국한 상태이며, 김자점은 세자와 대군의 귀국을 방해하려는 것이 아니라, 자신의 이익을 위해 임경업에게 역적의 죄를 씌워 해치려고 하였다.

오답설명

① 호왕이 "각각 소원을 말하면 내가 정을 표하리라."라고 말하자, '대군은 조선에서 잡혀 온 인물을 청하여 어서 돌아가기를 원'였다.

② "장군이 내게는 역신이나 조선에는 충신이라.", '호왕이 그 말을 따라 큰 잔치를 벌여 대접하고 예물을 갖추어 보낼새, 의주까지 호송하니라.'에서 확인할 수 있다.

③ 호국의 여러 신하들이 "절개 높고 충심이 깊은 사람을~보내어도 해로움이 없사오니, 의로써 보내면 조선이 또한 의로써 섬길 것이니 보냄이 마땅하니이다."라고 한 것에서 확인할 수 있다.

⑤ 주상은 세자와 대군을 반기며 "너희는 무사히 돌아왔거니와, 경업은 언제나 오리오."라며 탄식하였으므로, 임경업이 세자, 대군과 함께 오지 못한 것을 안타까워했음을 알 수 있다.

02

정답설명

⑤ 임경업을 '부마'로 삼으려는 것과 임경업의 소원을 들어준 '앞의 사건'은 모두 임경업의 강직함에 대한 '호왕의 호감에서 비롯'되는 것으로, 비슷한 두 사건이 계속해서 나오면서 '연속성을 강화'한다고 할 수 있다.

오답설명

① 임경업이 호왕의 부마가 되는 것을 거절한 장소는 '호왕의 나라'이다. 따라서 만일 이 사건이 성사되었더라면 공간적 배경은 계속 '호왕의 나라'였을 것이다.

② 호왕이 공주에게 관상 보기를 제의하자 공주가 "다만 키가 세 치 더한 것이 애닯다."라며 적극적으로 나서서 '임경업'의 '관상'을 보고 있음을 알 수 있다.

③ '호왕의 딸 숙모공주가 있으니 천하절색이라.~호왕이 재삼 권유하되 경업이 죽기로써 좇지 아니하니'에서 임경업은 호왕의 부마가 되는 것을 원하지 않는다는 것을 알 수 있다. 또한 임경업이 공주의 외모에 관심을 두는 부분은 지문에 제시되어 있지 않다.

④ 공주는 임경업을 영웅이라고 말하여 '비범함을 인정'한다. 공주가 '키' 때문에 애달프다고 말했음에도 호왕이 임경업을 사위 삼으려고 애쓰는 것으로 보아 '호왕'이 혼사를 주도하는 것도 맞다. 그러나 윗글에 왕실 내부의 갈등은 나타나지 않는다.

03

정답설명

⑤ '임경업'은 ㉠에서 항복하지 않겠다고 말하며 죽음을 작정한다. 그러나 ㉡에서는 자신은 '조강지처'가 있어 '호왕'의 사위가 될 수 없다고 거절하며 '저항'한다. '억류'는 억지로 머무르게 한다는 뜻이므로, ㉡은 '억류를 의도'하는 것이 아니라 '억류를 당하기 싫어'하는 것이며, 조선으로 돌아가고 싶은 마음을 나타내는 말로 볼 수 있다.

오답설명

① 임경업은 ㉠에서 항복하면 조선의 왕 자리를 주겠다는 호왕의 '회유'를 거절하고, ㉡에서 호왕의 사위가 되어 달라는 '권유'도 거절한다.

② 임경업은 ㉠에서 조선의 왕에 대해 '충신의 도리'를, ㉡에서는 조강지처에 대해 '남편의 도리'를 지키고자 한다.

③ 임경업은 ㉠에서 과거 병자년에 조선의 왕이 호왕에게 항복한 사실을, ㉡에서는 현재 조강지처가 있는 처지를 언급하여 거절하고 있다. ㉠이 과거인지 어떻게 아냐고? 현재라면 군이 '병자년'이라고 하지 않았을 것이다. 또한 세자들과 조선에서 잡혀 온 인물들이 있는 것으로 보아 과거에 항복을 했음을 추측할 수 있다.

④ 임경업은 ㉠에서 호왕을 '너'라고 낮춰 부르며 항복하지 않겠다고 말하면서 상대를 적으로 여기고 있다. 반면 ㉡에서는 호왕에게 높임말을 쓰고 "황공하"다고 말하고 있으므로, 상대(호왕)의 권위를 인정하고 있다고 볼 수 있다.

04

정답설명

② 지문의 '의주 백성들'은 '임경업'이 잡혀가는 이유를 모르지만, 〈보기〉의 '청중'은 임경업이 잡혀가는 연고가 '김자점'의 모함 때문임을 알고 있다. 그래서 〈보기〉에서 청중 가운데 한 명이 "네가 자점이더냐?"라고 외치며 낭독자를 해치기까지 한 것이다.

오답설명

① 〈보기〉에서 '실감나는 낭독'은 '인물의 심리가 즉각 전달'된다고 했으므로 '임경업'이 '호왕'을 꾸짖는 장면에서 '임경업'의 기개가 '호왕을 압도하는 것처럼 느껴지면서' 청에 대한 적대감을 지닌 청중은 통쾌해 할 수 있다.

③ 〈보기〉에서 '실감나는 낭독'은 '인물의 심리가 즉각 전달되고 사건은 보다 생생해'진다고 했으므로, 청중은 주상이 분노해서 벼루로 세자를 내리친 것을 생생하게 받아들일 것이다.

④ 〈보기〉에서 '실감나는 낭독'은 '작중 인물이 직접 말하는 것 같은 극적 환상을 일으킨다.'라고 했으므로, '임경업'이 잡혀가는 장면에서 청중은 그 대화를 직접 듣는 듯한 느낌을 받을 것이다.

⑤ 〈보기〉에서 청중은 '현실에 대한 문제의식을 키우게 된다.'라고 했으므로, '임경업'이 역적으로 몰려 잡혀가는 장면에서 간신 김자점에 대한 '반감이 커지면서 현실 문제에 대한 관심'이 높아질 수 있다.

04 현대 산문
2008학년도 9월

이상 - 날개

지문분석

[지문에서 체크할 것]

※ **시간**
순행적 구성

※ **공간**
집 → 경성역 홀 → 미쓰꼬시 옥상

※ **서술자의 관심사**
1인칭 서술자가 자신의 상황과 심리에 관심이 있다면 1인칭 주인공 시점이다. 따라서 외부의 사건 전개보다는 자신의 심리를 중심으로 이야기를 서술하고 있다.

[전체 줄거리]

'나'는 삶의 의욕을 상실한 채 방 안에서 뒹굴며 지낸다. 아내는 외출을 자주 하며, 아내가 나간 뒤 '나'는 아내의 방에서 놀곤 한다. 아내는 내객들이 찾아올 때면 '나'에게 은화를 준다. '나'는 은화를 아내가 사 준 벙어리저금통에 넣어 두지만 돈에 아무런 미련이 없는 '나'는 어느 날 저금통을 변소에 갖다 버린다.

어느 날 '나'는 외출을 한다. 외출하여 돌아와 보니 아내는 내객과 함께 있었다. '나'는 이후에도 가끔씩 외출을 하여 경성역에 가서 커피를 마신다.

어느 날은 비를 맞고 감기에 걸린다. 그러자 아내는 '나'에게 아스피린을 주고 '나'는 그 약을 먹고 잠만 자게 된다. 한 달 뒤 '나'는 아내가 준 것이 아스피린이 아니라 수면제인 아달린임을 알고 충격을 받는다.

'나'는 다시 외출하여 거리를 쏘다니다가 미쓰꼬시 백화점 옥상에 올라가 자신의 삶을 돌아본다. 정오의 사이렌이 울리자 '나'의 의식이 깨어나는 듯하다. '나'는 날개가 돋기를 간절히 염원한다.

문제분석 01-04번

번호	정답	정답률(%)	선지별 선택비율(%)				
			①	②	③	④	⑤
1	②	83	11	83	2	2	2
2	②	62	5	62	6	21	6
3	④	85	3	4	6	85	2
4	②	79	6	79	4	4	7

01

정답설명

② ㄱ : 윗글은 '나'의 의식의 흐름에 따라 전개되어, 독백적 어조를 통해 현실과 동떨어져 살아가는 '나'의 내면 의식을 표현하고 있다. 이러한 기법은 '나'가 지닌 자의식의 혼란과 자아 분열을 그대로 옮겨 놓은 것으로 볼 수 있다.
ㄹ : '금붕어 지느러미처럼', '닭처럼', '온갖 유리와 강철과 대리석과 지폐와 잉크가 부글부글 끓고 수선을 떨고 하는 것 같은' 등에서 명확한 비유가 나타났다. 그리고 '비유적 표현'을 쓰면 당연히 인물의 생각과 인상을 구체적으로 드러낼 수 있다. '그녀의 얼굴은 예쁘다. → 그녀의 얼굴은 마치 태양처럼 빛이 났다.' 이렇게 비유를 쓰는 목적은 바로 추상적인 언어를 구체화시켜 생동감을 주기 위해서다.

오답설명

ㄴ : 1인칭 서술자의 서술이 중심을 이루는 지문에서 감히 '객관적'이라는 말을? 객관적 진술은 3인칭 관찰자 시점으로 쓰인 지문에서 확인할 수 있다.
ㄷ : 회상의 기법이 나타나긴 하지만, 현재와 과거의 화해를 지향하고 있지는 않다. 자신의 삶에 대한 생각을 해봐도 답은 나오지 않았고, 아내 생각도 해봤지만 '오해는 오해대로 그저 끝없이 발을 절뚝거리면서' 살면 될 거라는 판단을 한다.

02

정답설명

② 인물의 태도가 변화하면 평가원은 반드시 물어본다. 분명 인물은 '옥상'에서 이전과는 다른 삶의 태도를 갖게 되었다. 하지만 이것은 옥상의 기능이 아니라 '사이렌'의 기능이다. 만약 이것이 옥상의 기능이 되려면, 옥상으로 공간이 이동하자마자 인물의 태도가 변해야 한다.

오답설명

① '나'는 미쓰꼬시 옥상에 올라 스스로에게 질문을 던지며 자신의 인생을 돌아보는 내면적 성찰을 하고 있다.
③ 조감(鳥瞰) : 새가 높은 하늘에서 아래를 내려다보는 것처럼 전체를 한눈으로 관찰함. / 높은 곳에서 바라보니, '회탁의 거리'를 압축적으로 바라볼 수 있겠지.
④ 여기에 낚인 학생이 많다. 분명 '회탁의 거리 속으로 섞여 들어가지 않는 수도 없다' 했는데 웬 '괴리감'이냐고? 그래. 인물은 피곤에 지친 몸을 이끌고 회탁의 거리에 섞여 들어가지 않을 수도 없다고 했다. 하지만 그렇다고 '회탁의 거리'의 속성이 부정에서 긍정으로 바뀌는가? 아침에 일어나서 정말 가기 싫은 학교를 억지로 간다고 해서 학교라는 공간이 긍정적 공간으로 변하는가? 그건 아니다. '회탁의 거리'는 인물에게 처음부터 끝까지 부정적 공간이고 '괴리감'은 사라지지 않는 것이다.
⑤ '눈에 보이지 않는 끈적끈적한 줄에 엉켜서 헤어나지들을 못한다.'에서 '부자유'를, '회탁의 거리 속으로 섞여 들어가지 않는 수도 없다'에서 '체념'을 확인할 수 있다.

03

정답설명

④ '나'가 사회적 문제에 관심을 두었나? 일제 치하 현실에서 어떻게 살아
가야 하는지 사회와 관련된 얘기를 조금이라도 하였나? 철저하게 자기
얘기를 했을 뿐이다. '정오'는 주인공의 의식 전환을 보여준다.

오답설명

① 사이렌을 기준으로 방황과 체념의 태도에서 의지적 태도로 변화하였다.
② 무기력하게 살아가던 '나'가 사이렌 소리를 들은 후, 죽어 있던 자의식
이 일깨워졌다.
③ <보기>에서 '정오'에 '각성과 재생'의 의미를 부여했다. 즉, 지문에 제시
된 정오의 사이렌 소리는 각성 이전과 각성 이후를 나누는 기준이 되기
때문에 어조와 분위기가 바뀌게 된다.
⑤ '정오'는 낮 12시라는 물리적 의미보다는 '각성과 재생'이라는 심리적
의미에 중점을 둔 것이다.

04

정답설명

② '나'가 아내 '몰래 집에서 나온' 행동을 현대 문명의 구속에 맞서고자 하
는 지식인의 '적극적인 대결 의지'로 이해하는 것은 적절하지 않다.

오답설명

① <보기>에 따르면 '아내'는 현대 문명을, '나'는 지식의 내면 세계를 상징
한다. 따라서 '아내'가 '나'를 압박하는 것은 지식인의 내면 세계에 대
한 현대 문명의 위협으로 볼 수 있겠지.
③ '나'는 '나나 아내나~걸어가면 되는 것이다.'라며 '아내'에게서 완전히
'떠나겠다고 생각하지 못하는 것'을 확인할 수 있다. 따라서 이는 '현대
문명(아내)'과 결별하기 어려운 '지식인(나)'의 의식 상태를 의미한다고
이해할 수 있다.
④ '아달린'을 누가 주었니? 바로 '아내(현대 문명)'가 준 것이지. '설마 아
내가 아스피린 대신에 아달린의 정량을 나에게 먹여 왔을까? 나는 그것
을 믿을 수 없다.'라는 '나'의 의구심은 자신도 모르게 '아내(현대 문명)'
에게 길들여져 가는 데 대한 '나(지식인)'의 두려움을 의마하는 것으로
이해할 수 있다..
⑤ '나(지식인)'의 머릿속에서 '희망과 야심의 말소된 페이지가 번뜩'이는
것은 '한 번만 더 날아 보자'는 '아내(현대 문명)'에 대한 적극적인 저항
의지로 이어지고 있다. 따라서 이는 현대 문명에 대한 비판 의식을 회
복하고 싶어 하는 지식인의 소망을 의미하는 것으로 이해할 수 있다.

01 복합
2009학년도 11월

님의 침묵 / 나뭇잎 하나 / 춘면곡

지문분석

(가) 님의 침묵

님은 갔습니다. 아아, 사랑하는 나의 님은 갔습니다.
▶ 화자는 임과 이별한 상황으로, 임이 부재한 것으로 볼 수 있어.

푸른 산빛을 깨치고 단풍나무 숲을 향하여 난 작은 길을 걸어서, 차마 떨치고 갔습니다.

황금의 꽃같이 굳고 빛나던 옛 맹서는 차디찬 티끌이 되어서 한숨의 미풍에 날아갔습니다.

날카로운 첫 키스의 추억은 나의 운명의 지침을 돌려놓고, 뒷걸음쳐서 사라졌습니다.
▶ 화자는 과거의 추억을 환기하고 있지만, 지금은 사라져 버렸다고 하고 있어.

나는 향기로운 님의 말소리에 귀먹고, 꽃다운 님의 얼굴에 눈멀었습니다.
▶ 임의 절대성을 제시하고 있어. 얼마나 대단한 목소리면 귀가 먹고, 얼마나 아름다우면 눈이 멀 정도일까?

사랑도 사람의 일이라, 만날 때에 미리 떠날 것을 염려하고 경계하지 아니한 것은 아니지만, 이별은 뜻밖의 일이 되고, 놀란 가슴은 새로운 슬픔에 터집니다.
▶ 임이 떠나고 남은 것은 슬픔밖에 없구나.

그러나 이별을 쓸데없는 눈물의 원천을 만들고 마는 것은 스스로 사랑을 깨치는 것인 줄 아는 까닭에, 걷잡을 수 없는 슬픔의 힘을 옮겨서 새 희망의 정수박이에 들어부었습니다.
▶ '그러나'를 기준으로 분위기가 바뀌었구나. 가만히 눈물만 흘리는 것은 사랑을 깨버리는 부질없는 행동임을 알기에, 희망의 태도로 극복하겠다는 의지적 자세를 보이고 있어.

우리는 만날 때에 떠날 것을 염려하는 것과 같이, 떠날 때에 다시 만날 것을 믿습니다.
▶ 만남이 있으면 이별이 있고, 이별이 있으면 만남이 있다는 말이야.

아아, 님은 갔지마는 나는 님을 보내지 아니하였습니다.
▶ 역설적인 구절로 볼 수 있겠다. 임은 이미 떠난 상태인데, 나는 임을 보내지 않았다구? 이는 실제적으로 임은 나를 떠나갔지만 내 마음 속에서는 임을 보내지 않았다는 뜻으로 해석할 수 있어.
▶ <보기>를 전제로 본다면, 부재의 상태에서 임의 실재를 보았다고도 여길 수 있겠지.

제 곡조를 못 이기는 사랑의 노래는 님의 침묵을 휩싸고 돕니다.
▶ 계속해서 <보기>를 전제로 본다면, 화자는 사랑의 노래를 통해 임의 실재와 근원적으로 소통하고 있다고 볼 수 있어.

(나) 나뭇잎 하나

크낙산 골짜기가 온통
연록색으로 부풀어 올랐을 때
그러니까 신록이 우거졌을 때
그곳을 지나면서 나는

미처 몰랐었다
▶ 여름(연록색, 신록)에 화자는 어떤 사실을 몰랐어.

뒷절로 가는 길이 온통
주황색 단풍으로 물들고 나뭇잎들
무더기로 바람에 떨어지던 때
그러니까 낙엽이 지던 때도
그곳을 거닐면서 나는
느끼지 못했었다
▶ 가을(단풍, 낙엽)에도 화자는 무엇인가를 느끼지 못했지.

이렇게 한 해가 다 가고
눈발이 드문드문 흩날리던 날
앙상한 대추나무 가지 끝에 매달려 있던
나뭇잎 하나
문득 혼자서 떨어졌다
▶ '문득'(부사가 나오면 독자를 주목시키는 기능을 해.) 나뭇잎이 혼자서 떨어지는 것을 화자가 '목격'했어. 지금까지 보지 못했던 화자가 뭔가를 봤다는 것에서 기존과의 차이가 느껴지지? 선지를 통해 해석해 본다면, 가을까지는 깨닫지(보지) 못했던 화자가 겨울(눈발)에 깨달음(봤음)을 얻었다고 볼 수 있어.

저마다 한 개씩 돋아나
여럿이 모여서 한여름 살고
마침내 저마다 한 개씩 떨어져
그 많은 나뭇잎들
사라지는 것을 보여 주면서
▶ 그럼 화자는 무엇을 깨달았는가? 각자 홀로 태어났지만 함께 살다가 또 각자 사라지는 나뭇잎의 모습이 우리 인생의 모습과 같다는 것이지.

(다) 춘면곡

삼경에 못 든 잠을 사경 말에 비로소 들어
상사(相思)하던 우리 님을 꿈 가운데 해후하니
시름과 한(恨) 못다 일러 한바탕 꿈 흩어지니
▶ 꿈속에서 잠깐 님을 보았다가 헤어졌구나. 잠깐이니 더욱 아쉽겠지. ㅜ_ㅜ

아리따운 고운 얼굴 곁에 얼핏 앉았는 듯
어화 아득하다 꿈을 생시 삼고지고
잠 못 들어 탄식하고 바삐 일어나 바라보니
구름산은 첩첩하여 천리몽(千里夢)을 가려 있고
▶ 구름 낀 산이 겹겹이 놓여 있어 '님'과 '나'와의 만남을 방해하고

흰 달은 창창하여 두 마음을 비추었다
▶ 밝은 달빛이 님과 화자의 마음을 비추고 있다.

좋은 기약 막혀 있고 세월이 하도 할사
엊그제 꽃이 버들 곁에 붉었더니
▶ (과거 상황!!) 꽃이 버드나무 곁에서 붉었던 때가 엊그제 같은데

그 결에 훌훌하여 잎에 가득 가을 소리라
▶ 현재는 가을!!

새벽 서리 지는 달에 외기러기 슬피 울 제
반가운 님의 소식 행여 올까 바라더니
아득한 구름 밖에 빈 소리뿐이로다
지리하다 이 이별이 언제면 다시 볼까
어화 내 일이야 나도 모를 일이로다
이리저리 그리면서 어이 그리 못 가는고
약수(弱水) 심천 리 밀단 말이 이런 곳을 일렀ᄂ나
산 머리에 조각달 되어 님의 낯에 비추고자
바위 위에 오동 되어 님의 무릎 베고자
▶ 오동 나무로 만든 거문고가 되어 님의 무릎 위에 놓이고 싶다는 구나.

빈산에 잘새 되어 북창(北窓)에 가 울고자
지붕 위 아침 햇살에 제비 되어 날고지고
옥창(玉窓)의 앵두화에 나비 되어 날고지고
▶ 6번 문제 <보기>를 참고하면, 임과 헤어져 있는 화자가 특정한 자연물로 다시 태어나 임에 곁에 머물고 싶다는 진술을 한 것으로 볼 수 있어.

태산이 평지 되도록 금강이 다 마르도록
평생 슬픈 회포 어디에 견주리오
▶ 임에 대한 그리움을 과장되게 표현하고 있어.

문제분석 01-06번

번호	정답	정답률(%)	선지별 선택비율(%)				
			①	②	③	④	⑤
1	①	36	36	5	9	4	46
2	③	82	8	3	82	4	3
3	②	71	10	71	6	6	7
4	②	82	6	82	3	5	4
5	④	82	2	7	6	82	3
6	④	83	5	3	6	83	3

01

정답설명

① 혹여나 (다)에서 '과거의 상황'을 찾는 것은 너무 치사한 것이 아니냐고 투덜대는 학생이 있을지도 모르겠다. 명심해라. 평가원은 '시간' 개념에 대해서는 까다롭고 집요하게 물어본다는 것을. 문학이라면 '시간, 공간' 체크는 필수 요소다.
(가) : '황금의 꽃같이 굳고 빛나던 옛 맹서', '날카로운 첫 키스의 추억', '나는 향기로운 님의 말소리에 귀먹고, 꽃다운 님의 얼굴에 눈멀었습니다.', '사랑도 사람의 일이라, 만날 때에 미리 떠날 것을 염려하고 경계하지 아니한 것은 아니지만'에서 과거의 상황을 환기하여 화자의 정서를 드러내고 있다.
(나) : 1연, 2연에서 과거를 환기하고 있다.
(다) : '엊그제 꽃이 버들 곁에 붉었더니'를 통해 확인할 수 있다.

오답설명

② (가) X, (나) X, (다) X / (나), (다)에 자연의 변화는 있지만 이를 통해 미래를 암시하지는 않는다. (가) 또한 '푸른 산빛'과 '단풍나무'를 통해 자연의 변화를 허용한다 하더라도, 이를 통해 미래를 암시하고 있지는 않다.

③ (가) O, (나) X, (다) O / (가)에서는 '향기로운 님의 말소리에 귀먹고, 꽃다운 님의 얼굴에 눈멀었습니다.'에서 감각적 표현을 통한 예찬이 제시되었다. (다)에서는 '아리따운 고운 얼굴'에서 이를 허용할 수 있다. 하지만 (나)에서는 감각적 표현을 통해 예찬을 하는 부분을 찾을 수 없다.

④ (가) X, (나) O, (다) X / '관조적'이란 관찰자 입장에서 대상을 있는 그대로 담담하게 표현하는 것을 의미한다. (가), (다)와 달리, (나)의 화자는 자신의 감정을 드러내지 않고 관조적인 자세로 나뭇잎을 관찰하여 대상이 지닌 의미를 새롭게 발견하고 있다.

⑤ (가) O, (나) X, (다) △ / '섬세하고 부드러운 어조'는 상대 높임을 쓴 '경어체'를 생각하면 된다. 일단 (가)는 경어체로 여성적 느낌을 주고 애상적 분위기를 고조하고 있다. 하지만 (다)는 애매하다. 그렇다고 (다)에서 남성적 어조나 단정적 어조가 나타난 것도 아니니까 △ 정도로 처리하자.

형태쌤의 과외시간

[A and B] 선지와 [A → B] 선지는 다르다.
전자의 경우 A와 B를 독립적으로 판단하면 되지만, 후자의 경우 A를 통해 B가 나타나는지를 유기적으로 판단해야 하기 때문이다.

「님의 침묵」은 '그러나'를 기준으로 어조가 바뀐다. 이전에는 슬픔과 한탄의 어조라면, '그러나' 이후에는 의지적 자세가 나타나기 때문이다. 이제 선지를 제대로 보자.

'섬세하고 부드러운 어조로 애상적 분위기를 고조시킨다.'
분명 A로 B를 한다는 [A → B] 선지 구성이다. A와 B를 독립적으로 판단하는 선지가 아니라, A를 통해 B를 실현했는지 유기적으로 살펴봐야 하는 선지라는 것이다. 즉, 작품 전체적으로 '애상적 분위기'가 유지되는지가 아니라, '섬세하고 부드러운 어조'가 '애상적 분위기'를 고조시키는지 여부가 선지의 핵심이라는 것이다.

「님의 침묵」에서는 분명 섬세하고 부드러운 어조는 사용되었고, 그 부분에서는 애상적 분위기가 고조된다.
그리고 섬세하고 부드러운 어조가 아니었다면, '님은 갔다. 사랑하는 나의 님은 갔다.' 이런 식으로 표현되었을 것이다. 분명 좀 더 건조한 느낌과 함께 애상적 분위기는 줄어들겠지.

따라서 「님의 침묵」에서 '섬세하고 부드러운 어조'로 '애상적 분위기를 고조'시키는 것은 맞다.

02

정답설명

③ 의지적(意志的) : 부정적 상황에서 극복의 태도를 나타내거나 상황을 변화시키려는 실천적 행동을 보이는 것.

㉠은 이별의 슬픔을 극복하기 위한 희망적 태도가 나타나고 있다. 따라서 '화자의 의지'를 허용할 수 있겠다. 그러나 ㉡에서는 화자의 의지적 태도를 찾을 수 없다.

오답설명

① ㉠ X, ㉡ X / ㉠과 ㉡ 모두 시상이 확산되는 부분은 찾을 수 없다.

② ㉠ O, ㉡ X / 시에서 '감정'은 화자의 생각과 정서를 모두 포함하는 것으로 화자의 태도가 직접적으로 표출되었는지 여부를 확인하면 된다. '슬픔, 희망'과 같은 정서가 나타나는 ㉠과 달리 ㉡에서는 대상을 바라보고 있을 뿐, 화자의 태도가 직접적으로 표출되지 않았다.

④ ㉠ 〉 ㉡ / '문득 혼자서 떨어졌다'보다는 '들어부었습니다.'가 더 움직임이 크겠지?

⑤ ㉠ X, ㉡ X / '사실의 기술'이 부각되는 것은 ㉡, '관념의 표현'이 부각되는 것은 ㉠이다.

03

정답설명

② '차디찬 티끌'은 허무하게 깨진 인연을 의미하지만, '새벽 서리'는 화자의 외로움을 심화시키는 자연적 배경에 불과하다.

오답설명

① (가)의 첫 번째 '아야', (다)의 두 번째 '어화'는 모두 임과의 이별이라는 부정적 상황에 대한 비탄의 표현에 해당한다. (비탄 : 몹시 슬퍼하면서 탄식함.)

③ (가)의 '꽃다운 님의 얼굴', (다)의 '아리따운 고운 얼굴'은 모두 화자가 사랑하는 님의 모습을 나타내는 표현이다.

④ (가)의 '눈물', (다)의 '시름과 한'은 모두 화자가 이별 후에 느낀 슬픔으로 인해 생긴 것이다.

⑤ (가)의 '다시 만날 것'과 (다)의 '좋은 기약'은 모두 '님'을 만나고 싶은 소망과 관련되어 '님'과의 재회를 의미한다.

04

정답설명

② 비문학 지문처럼 긴 〈보기〉에서는 '포인트'를 찾는 것이 중요하다. 〈보기〉의 '포인트'는 '노래=소통'이다.

'침묵'은 '님의 부재'를 의미하고, '노래'는 '소통'을 의미하니, '노래'가 '님의 침묵'을 휩싸고 돈다는 것이 '부재'하는 님과 '교감(소통)'한다는 뜻이라는 것은 적절하다.

오답설명

①, ③, ④, ⑤ 모두 〈보기〉에서 포인트를 잡지 못한 채 주관적 해석을 한 경우다. 수긍이 안 되거든 본인이 체크한 정답의 근거를 〈보기〉의 어디

에서 찾을 수 있는지 정확히 제시해 보거라.

05

정답설명

④ '존재'를 무엇으로 보냐에 따라 해석은 달라지지만, 결과는 동일하다.

1) 존재=화자 : 세상과 화합할 수 없는 화자의 고뇌? 어디서 근거를 찾을 수 있지? 택도 없는 해석이다.

2) 존재=나뭇잎 : 나뭇잎이 '혼자서' 떨어지는 것에 대해 슬퍼하거나 외로워하는 구절이라도 본 것이니?

오답설명

① 1연, 2연에서 '~가(이) 온통 ~때 그곳을 ~면서 나는 ~었다.'와 같이 유사한 구조의 문장을 사용하고 있다. 이를 통해 과거에는 대상의 의미를 '미처 몰랐었'고 '느끼지 못했'던 화자의 모습을 확인할 수 있다.

② 대상이 점점 구체화된다는 것에서 대상과 화자의 거리가 가까워지고 있음을 확인할 수 있다.

③ '그러니까', '문득', '마침내'와 같은 부사를 통해 점차 대상의 본질을 깨달아 가는 화자의 인식을 강조하고 있다.

⑤ '시에서 화자의 관심사는 인간이다.'라는 멋진 문장을 기억하자. 화자가 주목하는 자연물은 '화자' 자신에 대해 말하기 위해서, 혹은 '인간'에 대해 말하기 위해서 존재하는 경우가 많다.

06

정답설명

④ '님'과 함께하고자 하는 정서는 알 수 있으나, '크고 넓은 세계의 도약'은 윗글을 통해 확인할 수 없다.

오답설명

① [A]에서는 '조각달', '오동', '잘새' 등 자연물이 되어 임의 곁에 머물겠다는 관습적 표현이 사용되었고, 〈보기〉에서 관습적 표현에는 '당대인들의 세계관이 투영되어 있다.'라고 했으므로, 개인의 정서를 보편적인 것으로 느끼게 할 수 있겠지.

② 반복은 의미를 강조할 때 쓰이지. '~고자', '~지고'와 같이 자연물로 다시 태어나길 바라는 진술의 반복은 임의 곁에 머물고 싶다는 화자의 간절함을 강조하는 표현이다.

③ 〈보기〉에서 '인간과 자연이 깊은 관련을 맺으며 조화를 이룬다'라고 했으므로 적절한 감상이다.

⑤ 〈보기〉에서 '화자가 현실의 고난이나 결핍을 극복하는 데 도움을 준다.'라고 했으므로 현재 화자는 '님'과 만나기 어려운 처지겠지.

02 고전 산문
2014학년도 11월B

남영로 - 옥루몽

지문분석

[지문에서 체크할 것]

※ 공간
취봉루(현실) → 명산(꿈) → 남천문(꿈) → 백옥루(꿈)
→ 취봉루(현실)

※ 서술자의 개입
×

[전체 줄거리]

천상의 문창성이 여러 선녀(제방옥녀, 천요성, 홍란성, 제천선녀, 도화성)와 술을 마시며 놀다가 벌을 받고 꿈에서 인간 세계로 내려온다.

양 씨 집안에서 창곡으로 태어난 문창성은 타고난 재능과 뛰어난 성품 등으로 어린 나이에 과거에 합격하고, 강남홍(홍란성)을 만나 결혼한다. 그러나 창곡은 장원 급제한 후 황각로의 청혼을 거절하여 누명을 써 유배되는데, 그곳에서 벽성선(제천선녀)을 만난다. 유배에서 풀려난 뒤 황 소저(천요성)와 결혼한 창곡은 중국 남쪽 오랑캐인 남만이 쳐들어오자 대원수로 전쟁에 나간다.

한편 남만의 공주 일지련(도화성)은 강남홍과 싸우다가 생포되어 창곡을 따르게 된다. 이때 황 소저가 벽성선을 질투하여 암살할 음모를 꾸미나 실패하고, 벽성선은 암자에 숨어 살다가 창곡을 만난다. 이후 황 소저는 자신의 죄를 뉘우치고, 창곡은 여러 부인(윤 소저, 황 소저, 강남홍, 벽성선, 일지련)과 세상의 영광을 누리다가 천상으로 돌아간다.

문제분석 01-04번

번호	정답	정답률 (%)	선지별 선택비율(%)				
			①	②	③	④	⑤
1	③	89	6	2	89	1	2
2	③	59	8	6	59	17	10
3	①	66	66	7	8	16	3
4	⑤	64	2	28	3	3	64

01

정답설명

③ 보살이 석장을 공중에 던지자 강남홍은 하늘로 올라갈 수 있게 되었고, 백옥루에 잠들어 있는 선관과 선녀를 본 후에 보살의 시를 듣고 자신이 누구인지를 깨달았다. 이후 보살이 석장을 다시 던지니 무지개가 일면서 장면이 바뀐다. 강남홍이 '우렛소리'가 울려 놀라 깨어 보니 '취봉루' 책상 앞으로 장소가 다시 이동하였다. 이처럼 보살이 석장을 던지는 순간에 장면이 전환되면서 환상적인 분위기를 부각하고 있다.

형태쌤의 과외시간

현대 산문에서는 시간의 변화에 따른 장면 변화가 많지만, 고전 소설에서는 공간의 변화에 따른 장면 변화가 많다. 특히 동시에 진행되는 두 가지 사건이 교차되거나, 현실과 꿈을 오가는 지문에서는 반드시 장면의 변화를 출제하니 잘 체크해야 한다.

오답설명

① "사십 년 후에 다시 와 옥황상제께 조회하고 천상지락을 누릴지어다."라고 강남홍의 앞날을 예언한 것은 서술자가 아니라 이야기에 등장하는 보살이다. 지문에서 서술자의 개입은 드러나지 않는다.

② 출제된 지문의 내용은 인물들이 모두 천상에서 내려온 것이라는 사실이 밝혀지고, 속세에서 부귀영화를 누리다가 다시 천계로 올라갔다는 것이다. 이는 이야기의 결말에 해당되는 부분으로, 대립된 인물 간의 갈등은 드러나지 않는다. 일반적으로 결말에서는 갈등이 해소되며, 갈등이 구체화되는 부분은 전개 단계에 해당한다.

④ 내적 독백은 활용되지 않았으며, 이를 통해 난관을 극복하고자 하는 의지를 표현하고 있지도 않다.

⑤ '눈썹이 푸르며 얼굴이 백옥 같은데 비단 가사를 걸치고 석장을 짚고' 있다는 부분은 보살의 모습에 대한 외양 묘사에 해당한다. 하지만 이러한 묘사는 보살의 신비한 분위기와 모습을 드러낼 뿐, 인물의 혼란스러운 심리 상태를 보여주지는 않는다.

02

정답설명

③ '강남홍'은 보살을 따라 남천문 위에 올라 백옥루를 바라보게 된다. 백옥루에는 '문창성, 제방옥녀, 천요성, 홍란성' 등의 선관과 선녀들이 있었는데, '강남홍'이 이들이 자는 모습을 바라본 것뿐이지 선관, 선녀들과 재회한 것은 아니다.

오답설명

① 보살이 강남홍에게 인간지락이 어떠한지 물으니 강남홍은 "도사는 누구시며 인간지락은 무엇을 이르시는 것입니까?"라고 되물었다. 따라서 강남홍은 보살과 처음 본 사이임을 알 수 있다.

② 보살이 석장을 공중에 던지니 무지개 다리가 생겨서 '남천문' 앞에 당도할 수 있었다.

④ 보살은 "이곳은 백옥루요 제일 위에 누운 선관은 문창성이요. 차례로 누운 선녀는 제방옥녀와 천요성과 홍란성과 제천선녀와 도화성이니, 홍란성은 즉 그대의 전신이니라."라고 말하였다. 또한 시를 외워 강남홍이 자신의 전신을 깨닫게 하였으므로 적절한 선지이다.

⑤ 허 부인이 "내 고향에 있을 적 늦도록 무자하여 옥련봉 돌부처에게 기도하고 연왕(양창곡)을 낳았으니 그 돌부처가 곧 관세음보살이라."라고 말하는 부분을 통해 확인할 수 있다.

03

정답설명

① 취봉루는 강남홍이 위치한 속세의 공간이며, 이곳에서 꿈을 꾸기 시작하여 꿈을 통해 천상계를 경험하게 되었다. 따라서 취봉루는 '천상계에서 속세로' 입몽하는 공간이 아니라, '속세에서 천상계로' 입몽하는 공간이라고 할 수 있다.

오답설명

② "자신의 정체를 깨달은 것은 보살의 시를 들은 후 아닙니까!"라고 강하게 반문하는 학생들도 있을 수 있겠다. 맞다. 시를 들은 후에 깨달은 것이라 할 수 있다. 하지만 백옥루를 보며 깨달은 것도 맞다. 백옥루를 보는 와중에 보살이 시를 읊었기 때문이다. 만약 출제자가 백옥루를 '깨달음의 계기'가 된다고 하면 논란이 될 수도 있다. 하지만 '백옥루를 보며' 깨닫고, 이를 통해 '백옥루'가 천상의 공간이라고 하니, 적절한 선지가 되는 것이다. 허용할 여지가 있으면 허용해 줘야 하는 문학의 이런 속성 때문에 짜증이 나는 친구들도 있을 테다. 그래서 문학 선지는 특정 선지가 정답인 느낌이 오더라도 나머지 선지까지 보면서 상대적인 판단을 해야 한다는 것이다.

③ 보살은 강남홍이 자신의 정체를 깨닫고 천상에 머무르려고 하자 "그대 인간 인연을 마치지 못하였으니 빨리 돌아가라."라고 이야기하며 현실(속세)로 돌려보낸다. 이를 통해 보살은 천상계에서 속세로의 각몽을 유도하는 신이한 존재라고 할 수 있겠다. 참고로 '각몽'은 '꿈에서 깨다.'라는 뜻이다.

④ '허 부인'은 보살을 '옥련봉 돌부처'라고 생각하며 '옥련봉 돌부처'를 위해 암자를 짓고 재를 올려 공덕을 갚고자 한다. 이러한 행동은 신이한 존재에 대해 속세에서 행하는 보답이라고 할 수 있다.

⑤ 지문 마지막을 보면, 모두 장수하고 부귀영화를 누리며 속세에서의 삶이 마무리되고 있다. "사십 년 후에 다시 와 옥황상제께 조회하고 천상 지락을 누릴지어다."라고 말한 보살의 말과 연관 지어 본다면, 이들은 속세에서 일생을 마무리하고 천상계로 복귀한다고 볼 수 있겠다.

04

정답설명

⑤ '배회하다'는 '아무 목적도 없이 어떤 곳을 중심으로 어슬렁거리며 이리저리 돌아다니다.'라는 의미이다. '어울리다'는 '함께 사귀어 잘 지내거나 일정한 분위기에 끼어들어 같이 휩싸이다.'라는 의미이기에, 둘을 바꿔 쓰는 것은 적절하지 않다.

형태쌤의 과외시간

이 문제의 정답률이 높지 않은 것은 국어 공부에 있어서 시사하는 바가 크다. 국어 공부의 근간은 어휘력이다. 특히 자주 출제되는 한자어를 비롯해서 문학에 자주 나오는 순우리말도 나올 때마다 정리하는 것이 좋다. **가장 좋은 방법은 기출을 풀다가 모르는 단어가 나올 때마다 정리를 하는 것이고, 다른 방법은 쌤의 어휘집(어휘 올인원)으로 공부하는 것이다.** 국어도 영어와 마찬가지로 언어에 대한 공부이기에 어휘력은 최상위권으로 가기 위해서 반드시 쌓아야 하는 필수 코스이다. 미리미리 대비해야 한다.

오답설명

① '의지하다'는 '다른 것에 몸을 기대다.'라는 의미이다. '기대다' 역시 '몸이나 물건을 무엇에 의지하면서 비스듬히 대다.'라는 의미이므로 바꿔 쓰기에 적절하다.

② '망연히'는 '아무 생각이 없이 멍한 태도로'를 뜻하고, '멍하니'는 '정신이 나간 것처럼 얼떨떨하게'를 의미한다. 서로 비슷한 상태를 의미하므로 바꾸어 쓸 수 있다.

③ '인도하다'는 '길이나 장소를 안내하다.'라는 의미이며, '이끌다'는 '목적하는 곳으로 바로 가도록 같이 가면서 따라오게 하다.'라는 의미이기에 바꾸어 쓸 수 있다.

④ '휘황하다'는 '휘황찬란하다'와 같은 말로, '광채가 나서 눈부시게 번쩍이다.'라는 의미이다. '빛이 아주 아름답고 황홀하다.'라는 의미를 가진 '눈부시다'로 바꿔 쓸 수 있다.

허준 - 잔등

지문분석

[지문에서 체크할 것]

※ 시간
역순행 / 현재 → 과거(문단 묶음 [가]부터 끝까지)

※ 공간
현재 : 노인의 국밥집(청진), 과거 : 행상로(수성에서 들어오는 길)

※ 서술자의 관심사
1인칭 관찰자 시점으로 지문의 전반부(현재)에는 1인칭 서술자인 '나'가 '노인'을 바라보고 있고, 후반부(과거)에는 관심이 이동하여, '일본인 아낙네'를 본 경험을 서술하고 있다.

[전체 줄거리]

해방 후, 광복의 열기와 착잡함, 그리고 무질서가 뒤얽힌 시대 상황에서 친구인 '방(方)'과 장춘(長春)에서 청진까지 오던 '나'는 열차를 놓친다. '나'는 '방'과 헤어진 뒤 화물차를 얻어 타고 청진에 못 미친 수성까지 오게 된다. '나'는 제방을 따라 내려가다가 삼지창을 들고 뱀장어를 잡는 한 소년을 발견한다. 이 소년은 뱀장어를 잡아서 일본인에게 파는데, 사실은 숨어 있는 돈 많은 일본인을 알아내어 한국인들에게 알리는 일이 본업(本業)이라는 것을 알게 된다. 일본인들에 대한 복수에 열성적으로 앞장서고 있는 모습을 '나'는 망연히 바라만 본다. '방'을 만나려고 청진역으로 왔을 때, '나'는 국밥 장사를 하는 어떤 할머니를 만난다. 할머니는 갓 서른에 남편을 여의고, 독립 운동을 하던 아들마저 일본 경찰에 의해 잃은 사람이다. 그런 불행한 과거에도 불구하고 할머니는 난민들에게 너그러울뿐더러, 일본인에게까지 원한과 저주를 넘어 관대하고 동정적인 태도를 보인다. '나'는 할머니에게서 '인간 희망의 넓고 아름다운 시야'를 발견한다. '나'와 '방'은 다시 군용 열차로 청진을 떠난다. '나'의 머릿속에는 국밥집 할머니, 뱀장어를 잡던 소년의 모습이 흐린 불빛(잔등)으로 새겨진다. '나'는 해방된 조국에서 이국 병사들의 감시를 받으며 남행 열차에 몸을 싣는다.

문제분석   01-04번

번호	정답	정답률(%)	선지별 선택비율(%)				
			①	②	③	④	⑤
1	④	83	2	1	5	83	9
2	①	91	91	3	3	2	1
3	①	94	94	1	1	2	2
4	⑤	70	8	6	9	7	70

01

정답설명

④ "하루아침은 문득 그것이 죽었으니 찾아가라는 기별이 감옥에서 나왔을 때에야 얼마나 앞이 아득하였겠어요."에서 '아이가 죽었는데, 이 아이는 감옥에 있었던 아이였군.'이라는 판단이 가능하다. 그리고 "그것 하나만 믿고 산다 한 그놈마저"라고 표현하는 걸 보니 감옥에서 죽은 이 아이가 노인의 '마지막까지 살아남았던 자식'이라는 내용을 파악할 수 있다. 문맥상으로 이렇게 접근해도 좋고, 문법적으로 풀이를 해도 괜찮다. '마저'는 '맨 마지막의 것까지 모두'의 뜻을 나타내는 보조사이기 때문에, "그놈마저"라는 것은 그놈이 맨 마지막 남은 아들이었다는 의미인 것이다.

오답설명

① '노인'은 "그 애가 돌아가던 해 여름~몇 해 만에 다시 남의 고궁살이를 들어갔지요."라며 '그 애'가 죽기 전에 남의 집 고궁살이를 한 적이 있음을 말하고 있다.

② '노인'은 아이를 잃고 잠이 오지 않는 나쁜 버릇이 다시 도졌다고 말하고 있다.

③ '행상의 여인네'는 '일본인 아낙네'에게 과일 "한 개에 오 원씩."이라고 말하고 있으며, 돈을 받지 않고 과일을 주는 모습은 나오지 않는다.

⑤ '애걸이 없었다기로니~덜 비참할 리가 있을 정경이었을 것이냐.'에서 이들이 애걸하지 않았다(애걸이 없었다)는 직접적인 표현이 나타났다. 그리고 '세 어린것'은 '행상의 여인네'에게 구걸하는 것이 아니라 자신들의 어머니에게 투정을 부리고 있는 것이다.

02

정답설명

① [A]에서는 대화를 통해 '나'가 '노인'의 과거의 일에 대해 알게 된 것이지, 갈등을 해소하는 부분은 나타나 있지 않다. '나'와 '노인' 간에는 갈등이 나타나지 않았다.

오답설명

② [B]에서 "사람의 가죽은 질기다고 했습니다."라는 말은 사람의 목숨은 쉽게 끊어지지 않는다는 것을 비유적으로 표현한 것이다.

③ [B]에서 마음이 제법 단단해 보이던 '노인'이 긴 한숨을 내쉬는 모습을 서술하고, 그를 위로하기 위해 '나'가 말을 건네는 모습도 나타나 있다. 이러한 서술과 대화를 통해 '노인'의 성격이 겉보기와 달리 속마음은 여리다는 것임을 알 수 있다.

참고로 소설에서 '인물의 성격'은 인물에게 부여되는 본질적인 캐릭터적 특성을 말한다. 일시적인 심리와는 다르다.

 형태쌤의 과외시간

[1997학년도 수능] 「김약국의 딸들」에서 인물의 성격을 집중적으로 물어보았다. 아래 제시한 문장이 당시에 인물의 성격으로 지문에 등장한 문장들이다.

- 마누라가 밥을 지으면 영감은 장작을 패고, 생선 한 마리라도 맛나게 보글보글 지져서 머리 맞대고 의좋게 먹는다.
- 중구 영감은 이를테면 예술가 기질 혹은 명장(明匠)의 기질이 농후한 사람이었다.
- 거기다가 마음에 내키지 않는 일은 결코 하지 않는다.
- 부탁하는 사람이 이래저래 해 달라고 요구를 하는 일이 있지만 그 말에 따라 일하는 법도 없고 언제나 자기 마음대로 하게 마련이다.
　　　　　　　　　　　　　　　　　　　　　　　- 박경리, 「김약국의 딸들」 中 -

④ [B]에서 긴 한숨을 걷잡지 못하고 내쉬는 '노인'을 통해 자식을 모두 잃은 '노인'의 깊은 슬픔과 고통스러운 심정을 느낄 수 있다.
⑤ [A]와 [B]에서 감옥에서 숨진 마지막 아들을 '그 애', '그것', '그놈' 등으로 다양하게 표현하였다.

03

정답설명
① '시간과 공간'은 필수 출제 요소라는 것을 인식했다면 지문을 읽을 때 시공간의 변화를 체크했어야 한다. 참고로 이 「잔등」은 당시 A형 문제인지라 등급컷을 높이기 위해 쉽게 출제되었다. 만약 난이도를 높이고자 했으면, 서술상의 특징에서 과거 장면이나 역순행 여부를 반드시 물어봤을 것이다.
노인이 남아 있는 일본인들에 대해 '측은한 표현'을 함으로써 '나'는 낮에 있었던 일을 회상하게 된다. 그리고 [개는 그날 낮에 좁은 행상로에서 마주친 비참한 일본 여자의 외양과 행동을 묘사하고 있는 부분이다.

오답설명
② '자기'와 인물들 간의 외적 갈등은 나타나 있지 않다.
③ 완벽한 헛소리로 구성된 선지로다. '현재의 나'는 과거 속의 자아를 부정하지 않는다. 단순히 과거에 있었던 일을 떠올리는 것이다.
④ 환상적 분위기(비현실적이며 초월적이고 신비한 느낌)라니. 바로 X 처리 해야겠다.
⑤ 일본 여자를 떠올린 장면에선 인물의 현재와 미래의 모습이 제시되지 않는다.

04

지문에 대한 많은 단서를 제공해 주는 〈보기〉로, 지문 독해 전에 반드시 읽었어야 했다. 지금 〈보기〉에서는 서술자인 '나'가 객관적인 거리를 유지하며 당시 사회의 모습을 그리고 있으나 '잔류 일본인'을 만나고 일본인들에게 측은지심을 갖고 있는 '노인'의 모습을 통해 '나' 또한 측은지심을 드러내고 있다고 말하고 있다. 지문을 읽지 않아도 줄거리를 모두 파악한 느낌이 들지? 특히

〈보기〉에서 작가나 시대에 대한 언급이 있을 때는 무조건 꼼꼼하게 읽은 후에 지문으로 가자.

정답설명
⑤ '일본인 아낙네'와 '행상의 여인네'가 서로를 위로하고 있다? '행상의 여인네'는 단지 과일을 팔려 하고 있을 뿐이다. '행상의 여인네'가 보여준 손가락은 '5원이니 먹고 싶으면 돈 내고 사라'라는 의미이다.

오답설명
① 〈보기〉에 따르면 서술자 '나'는 객관적인 거리를 유지하고 있었으나, 사건을 '비참'하다고 표현한 부분에서는 사건을 주관적으로 바라보고 있음을 알 수 있다.
② 노인은 잔류 일본인에 대해 동정, 안쓰러움, 연민의 감정을 갖고 있다. '나'는 어린 아이들과 함께 있었던 '일본인 아낙네'를 보았는데, 그는 배를 사고 싶었으나 사지 못하고 행상 여인의 동정을 기대할 뿐이었다. 서술자 '나'는 돈이 없어서 배를 살 수가 없는 '일본인 아낙네'의 비참한 상황을 목격했던 것이다. 그 상황을 떠올리며 서술자인 '나'도 그 일본인 아낙네에게 연민, 동정의 마음을 느끼고 있는 것이다.
③ '노인'은 자식을 죽인 '일본인'이지만 해방이 되면서 처지가 뒤바뀌게 되니 그들을 보고 '눈물'이 난다고 말하고 있다. 굶주리고 피골이 상접한 그들의 모습에 대해 '분노'가 아닌 '연민'을 느끼고 있는 것이다.
④ 〈보기〉에서 서술자인 '나'가 '측은지심을 드러냄으로써 관용의 정신'을 발휘한다고 했던 것을 기억하자. '측은한 표현'이라고 말하는 것에서 '일본인'에 대한 노인의 마음을 객관적으로 서술한 것이 아니라, 제삼자의 태도에서 벗어나 잔류 일본인들을 측은하게 여기는 관용의 자세를 확인할 수 있다.

윤삼육 각색 – 장마

지문분석

[지문에서 체크할 것]

※ 시간
  순행적 구성

※ 공간
  동만네 마당 → 안채 건넌방 → 마당 → 들길

[전체 줄거리]

장마가 계속되던 어느 여름, 외할머니는 국군인 아들 길준이 전사했다는 통지를 받는다. 외아들을 잃은 외할머니는 빨치산(북한군 게릴라)을 향해 저주를 퍼붓는다. 같은 집에 살고 있는 친할머니는 이 소리를 듣고 화를 낸다. 친할머니의 둘째 아들이 빨치산이었기 때문이다. 가족들은 대부분 빨치산인 삼촌이 죽었을 것이라고 생각하지만, 친할머니는 점쟁이의 예언을 듣고 아들이 살아 돌아오리라고 생각한다. 그러나 예언의 날이 되어도 아들은 돌아오지 않고, 갑자기 구렁이 한 마리가 아이들의 돌팔매에 쫓겨 집 안으로 들어온다. 친할머니는 아들이 구렁이의 모습으로 나타난 것이라고 믿고 기절한다. 이 모습을 지켜보던 외할머니는 구경꾼들을 쫓아 버린 후, 감나무에 올라앉은 구렁이에게 다가가 위로의 말을 걸고, 친할머니의 머리카락을 불에 그슬린다. 그 냄새에 구렁이는 땅에 내려와 대밭으로 사라진다. 이 일로 두 할머니는 화해하고, 친할머니는 일주일 후 숨을 거둔다. 그리고 장마가 그친다.

문제분석 01-03번

번호	정답	정답률 (%)	선지별 선택비율(%)				
			①	②	③	④	⑤
1	③	91	2	3	91	3	1
2	⑤	89	1	2	6	2	89
3	⑤	90	1	4	3	2	90

01

정답설명

③ 동만을 제외한 등장인물들은 모두 길준의 죽음에 대한 정서적 반응과 행동적 반응을 보여 주고 있다. 인물들 중 사태 파악을 못하고 있는 동만은 #33에서 이모(길자)와 함께 걷는 중에 외삼촌(길준)이 왜 죽었는지를 확인하기 위해 몇 번에 걸친 질문을 하고 있다. 이는 순진한 어린아이의 시각을 통해 어른들이 초래한 전쟁의 비극성을 반문하는 장면이기도 하다.

오답설명

① 외할머니가 #30에서 말문을 닫고 있는 것은 아들(길준)의 죽음에서 받은 충격 때문이라고 할 수 있다. 친할머니의 첫 번째 대사에서는 사부인(외할머니)을 염려하고 있을 뿐, 외할머니와 친할머니가 사이가 좋은지, 좋지 않은지는 지문에서 명확히 파악할 수 없는 정보이다.
7차 교육과정에서 국정 공통 교과서를 통해 「장마」를 배운 학생들이 줄거리(외할머니와 친할머니의 갈등)를 알고 있으리라는 판단 속에서 일부러 낚으려고 하는 출제자의 의도가 엿보인다.
<mark>명심하자. 출제자는 학생들이 EBS나 교과서를 얼마나 열심히 보는지 잘 알고 있다. 아는 지문이라고 대충 접근했다간 수능 날 가볍게 낚여서 바둥댈 수도 있다.</mark>
② 동만 모는 #31에서 길자, 자신의 어머니, 남편을 걱정하고 있다.
④ #31과 #32를 통해 이모는 형부(동만의 부)의 점심을 챙겨 주기 위하여 나간 것임을 알 수 있다.
⑤ #30에 제시된 친할머니의 첫 번째, 두 번째 대사에서 사돈댁에 대한 염려와 동정의 태도를 읽을 수 있다.

02

정답설명

⑤ #32를 봐라. 아들을 잃은 외할머니는 먼 산을 쳐다보며 넋을 놓고 있고, 동만의 행위를 간신히 알아차리고 있다. 그리고 동만의 이모는 동만 아버지의 점심을 갖고 밖으로 나가고 있다. '마당'에서 인물들은 전혀 소통하지 않고 있다.

오답설명

① '장맛비'는 동만 모의 '울음소리'와 뒤섞여 관객에게 ⊖ 분위기를 파악하도록 하여 정서적 반응을 고조하는 역할을 한다.
② 원경을 제시하면, '동만네 집'이라는 한정된 배경에서 '건지산'이라는 확장된 배경을 제시할 수 있다.
③ #30에서 완두콩 소쿠리 앞에서 건지산을 바라보는 외할머니의 모습이, #32의 외할머니의 모습과 연결된다. 시간 변화에 관계없이 지속되는 외할머니의 행동을 통해 외할머니의 상심을 나타낼 수 있다.
④ '밥상'을 매개로 친할머니, 외할머니, 길자, 동만 모, 동만의 모습이 제시되고 있다.

03

정답설명

⑤ 〈보기〉는 너무도 친절하게 '공통성이나 대립성'을 찾으라고 말해 주고 있구나. #31에서는 이모가 밥상을 들고 식사를 권유하는 모습과 밭에 있는 동만 아버지에게 식사를 가져다주려는 모습을 볼 수 있다. 이런 모습은 #32에서 밥 소쿠리를 이고 마당을 나가는 이모의 모습으로 이어지고 있다. 여기서 인물의 성격 변화가 드러나는 부분은 찾을 수 없다.

오답설명

① #28에서는 장맛비가 쏟아지고 있는 데 반해, #29에서는 보슬비(바람이

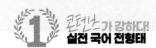
없는 날 가늘고 성기게 조용히 내리는 비)가 내리고 있으므로 긴장과 이완의 관계로 볼 수 있다.

② F.O. : Fade Out. 화면을 어둡게 하여 장면을 바꾸는 것.

　F.I. : Fade In. 화면을 밝게 하여 장면을 바꾸는 것.

　참고로 F.O.과 F.I.은 화면의 연속성을 일부러 단절함으로써 시간이나 공간의 변화, 주제나 상황의 변화를 알리는 데 사용이 된다.

　#28에서 #29로 바뀌는 부분에서 F.O.와 F.I.을 통해 화면의 밝기 조절이 이루어졌다는 것을 고려할 때 시간이 변화되었다는 것을 허용할 수 있다. F.O.와 F.I.까지 알아야 하냐고? 혹시 이를 몰랐더라도 확실하게 틀린 ⑤번 선지를 잡을 수 있었다. 극 작품에서 자주 나오는 용어이므로 지금 바로 알아두고 넘어가자.

③ #30에서 외할머니는 툇마루에 앉아 아들의 죽음에 대한 상실감을 드러내고, #31에서 어머니는 앓아 누운 채 동생의 죽음에 대한 상실감을 드러내고 있다.

④ #30의 마지막 대사로 "진지 안 드셔요?"와 #31의 첫 대사로 "언니 식사해요."를 통해 장면 전환을 이끌고 있다.

memo

나 없이
기출
풀지마라

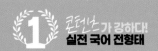

콘텐츠가 강하다!
실전 국어 전형태

고난도 문학

II

2주차

향현 / 우리가 물이 되어 / 눈

지문분석

(가) 향현

아랫도리 다박솔 깔린 산(山) 넘어 큰 산(山) 그 넘엇 산(山) 안 보이어 내 마음 둥둥 구름을 타다.

▶ 화자는 아랫도리(허리 아래)에 소나무가 깔린 산을 넘어서 있는 큰 산 너머의 산을 보고 싶어 해. 근데 보이지 않으니 답답하겠지. 그래서 마음이 둥둥 구름을 탄다고 표현했어. '구름'을 타고 올라가 산을 보고 싶은 마음 정도로 보면 되겠지. 어쨌든 화자는 현재 보고 싶은 것을 볼 수 없어서 답답한 상태야.

우뚝 솟은 산(山), 묵중히 엎드린 산(山), 골골이 장송(長松) 들어섰고, 머루 다랫넝쿨 바위 엉서리에 얽혔고, 삽살이 떡갈나무 억새풀 우거진 데 너구리, 여우, 사슴, 산(山)토끼, 오소리, 도마뱀, 능구리 등(等), 실로 무수한 짐승을 지니인,

산(山), 산(山), 산(山)들! 누거만년(累巨萬年) 너희들 침묵(沈默)이 흠뻑 지리함즉 하매,

▶ '너희'는 바로 앞에 나온 '산들'을 의미하겠지. 근데 그 산들의 침묵이 지루하다고 하고 있어. 현재 상황이 화자에게는 불만족스러운가 봐.

산(山)이여! 장차 너희 솟아난 봉우리에, 엎드린 마루에, 확 확 치밀어 오를 화염(火焰)을 내 기다려도 좋으랴?

▶ 그래서 변화를 원하는 것이지. 현 상황의 변화를 상징하는 시어는 바로 '화염'!

핏내를 잊은 여우 이리 등속이 사슴 토끼와 더불어 싸릿순 칡순을 찾아 함께 즐거이 뛰는 날을 믿고 길이 기다려도 좋으랴?

▶ '즐거이 뛰는 날'은 현재가 아닌 화자가 기다리는 미래의 날이야.

(나) 우리가 물이 되어

우리가 물이 되어 만난다면

▶ 화자는 우리가 '물'이 되어 만난다는 소망을, 어떠한 상황을 가정할 때 사용하는 '-ㄴ다면'이라는 어미를 통해 표현하고 있어. 즉, 현재 우리는 물이 되어 만나지는 못한 상황이라는 것을 알 수 있겠지. 화자가 지향하는 첫 번째 대상은 바로 '물'이라는 것을 확인할 수 있다.

가문 어느 집에선들 좋아하지 않으랴.

▶ 진짜 답을 알고 싶어서 물어보는 것이 아닌, 자신이 전달하고자 하는 의미를 강조해 드러내기 위한 설의법이 사용된 구절이다. 즉, 메마른 어느 집에서나 물을 좋아할 것이라는 의미로 보아야겠지? 여기서 '물'은 메마른 것을 적셔주는 '생명'의 의미가 있다고 볼 수 있겠다.

우리가 키 큰 나무와 함께 서서
우르르 우르르 비 오는 소리로 흐른다면.

▶ '키 큰 나무'는 건강한 생명력을 가진 존재겠지. 화자는 우리가 그런 존재와 함께 '비 오는 소리'로 흐르길 바라고 있어. '물'이 '정화'라는 의미를 갖는 것을 감안할 때, '비 오는 소리'는 모든 더러운 것을 씻어버리는 소리 정도로 볼 수 있겠지?

흐르고 흘러서 저물녘엔
저 혼자 깊어지는 강물에 누워
죽은 나무뿌리를 적시기도 한다면.
아아, 아직 처녀인

▶ '아직'과 '처녀'라는 시어를 통해 바다의 순수성을 강조하고 있다.

부끄러운 바다에 닿는다면.

▶ 화자가 지향하는 두 번째 대상인 '바다'를 확인할 수 있어. 강물이 모여서 바다로 가니까, 바다는 '화합의 공간' 정도로 볼 수 있을 것 같아. 그러나 현재는 바다에 닿지 못한 부정적 상황이지.

그러나 지금 우리는
불로 만나려 한다.

▶ 드디어 화자의 상황을 구체적으로 보여 주는 시어가 등장했다. 화자의 현재 상황은 '불'로 표현할 수 있어. 이때 '불'이 '물', '바다'와는 다른 의미를 가지고 있다는 것을 체크하고 가자. 불은 일반적으로 '파괴', '죽음', '소멸'의 의미를 가져. 화자가 '불'로 만나려 한다는 점을 고려할 때, 현재 세상의 모습은 갈등과 대립이 있는 부정적인 상황인 것 같아.

벌써 숯이 된 뼈 하나가
세상에 불타는 것들을 쓰다듬고 있나니

▶ 그런데 '숯이 된 뼈'가 '불타는 것들'을 쓰다듬고 있대. 화자가 지향하는 '물'이 되어 만나려면 부정적인 상태가 정화되어야겠지? '숯이 된 뼈'는 이미 불로 타버린 상태이므로, '불타는 것들'을 쓰다듬는다는 것은 동병상련 정도의 의미로 보면 되겠다.

만 리 밖에서 기다리는 그대여

▶ '여'라는 호격 조사를 통해 '그대'를 부르고 있어.

저 불 지난 뒤에
흐르는 물로 만나자.

▶ 화자의 소망이 나타나 있네. 화자는 '그대'에게 현재의 상황에서 벗어나 '물'로 만나자고 말하고 있어.

푸시시 푸시시 불 꺼지는 소리로 말하면서
올 때는 인적 그친
넓고 깨끗한 하늘로 오라.

▶ '하늘'은 어떤 시어와 비슷해 보이니? 그렇지. 바로 '바다'와 비슷하게 느껴지지. 화자가 지향하는 세 번째 대상이므로 체크하자.

(다) 눈

▶ 눈의 특성

① 따뜻함 : 눈길을 걸을 때 이마를 적시는 함박눈
　　　　　 눈에 파묻힌 초가집 굴뚝 연기
　　　　　 잊고 있던 친구들의 얼굴
　　　　　 식구들과 따뜻한 온돌에 모여 앉아 나누는 옛 이야기

② 조용함 : 고요한 가락들로 이루어진 웅장한 교향곡
　　　　　 눈이 쌓이는 밤의 고독 → 본연의 모습을 발견하게 함.

③ 명상적임 : 자유로운 사색 → 철학가의 모습

번호	정답	정답률(%)	선지별 선택비율(%)				
			①	②	③	④	⑤
1	③	74	12	2	74	8	4
2	④	75	8	10	4	75	3
3	④	92	2	2	2	92	2
4	③	88	3	3	88	4	2
5	⑤	90	2	2	2	4	90

01

정답설명

③ (가) O, (나) O / (가)에서는 '산(들)'이라는 청자에게 말을 건넴으로써 평화로운 나날들에 대한 화자의 바람을 표출하고 있다. (나)에서는 '그대'라는 청자에게 말을 건넴으로써 정화된 세계에서 만나 합일하고자 하는 화자의 바람을 표출하고 있다.

오답설명

① (가) X / 대구 표현(대구법)이란 '범은 죽어서 가죽을 남기고, 사람은 죽어서 이름을 남긴다.'와 같이 비슷한 문장 구조를 병치시켜 짝을 이루는 표현법을 말한다. (가)에는 대구 표현은 없고, 비슷한 것들을 늘어놓는 열거법과 반복법이 사용되었다. 또한 '기다려도 좋으랴?'에서 설의법을 통해 미래에 대한 소망을 드러내고 있지만, 회고적인 정서는 드러나지 않는다. 참고로 '기다려도 좋으랴?'의 반복은 동일한 구절의 반복일 뿐 대구로 볼 수 없다.

② (나) X / (나)에서 '물'과 '불'이 대립적인 이미지를 이루고 있지만, 이를 통해 계절의 변화를 부각하고 있지는 않다.

④ (가) X, (다) X / (가)에서 다박솔이 깔린 '산'의 아래 부분을 '아랫도리'라고 표현한 점, '산'이 '묵중히 엎드'렸다고 표현한 점, '산들'을 '너희'라 표현하여 말을 건네는 점, '산들'이 '침묵'한다고 표현한 점 등에서 활유법과 의인법이 드러나므로 '비유적 표현'이 반복해 사용되었다고 볼 수 있다. 하지만 이를 통해 과거의 체험이 아니라 '미래에 대한 소망'을 이야기하고 있으므로 적절하지 않다. 한편 (다)에서는 '마치 두터운 옷 속에 간직된 체온처럼', '사뭇 쏟아지는 함박눈은 한 송이 한 송이가 무한한 이야기를 도란거리는 것 같으면서도' 등의 부분에서 '비유적 표현의 반복'을 찾을 수 있다. 그러나 이를 통해 과거의 체험이 아닌 눈에 대한 글쓴이의 감상을 드러내고 있으므로 적절하지 않다.

⑤ (나) X, (다) X / (나)와 (다)에서는 특정 어구가 점층적으로 나열된 부분도, 긴박감도 찾아볼 수 없다.

02

정답설명

④ (가)에서 '내 마음'이 '둥둥 구름을 타'는 이유는 '큰 산', '그 넘엇 산'을 바꾸기 위해서가 아니라, 그것들이 보이지 않기 때문이다. 또한 (나)의 '키 큰 나무와 함께 서서'는 생명력이 강한 존재와 함께 생명과 화합의 세계로 가고자 하는 화자의 열망이 담긴 구절이다. 이를 두고 화자가

현실에서 벗어나 자연과 하나가 되고 싶은 마음을 표현한 구절로 볼 순 없다. 화자는 분명 현실을 바꾸려 하고, 바꾼 현실을 '그대'와 함께하고자 하기 때문이다.

오답설명

① '지리함즉'이 무슨 의미인지 모르겠다고? 지루하다는 의미이다. 하지만 몰라도 풀 수 있다. 화자는 '침묵'하고 있는 산에게 '화염'을 기다리겠다고 이야기한다. '화염'이 치밀어 오르고, '함께 즐거이 뛰는 날'이 화자가 지향하는 세계이므로 현재 '침묵'하고 있는 모습은 부정적인 상황이라고 볼 수 있다. 따라서 화자가 마주한 현실이 지향하는 세계와 거리가 있다는 표현은 적절하다.

② '내 기다려도 좋으랴'는 '나는 기다리고 싶다'라는 의미의 설의적 표현이다. 따라서 '화염'이 치밀어 오르는 것을 화자가 기대하는 산의 변화로 볼 수 있다.

③ '우리가 물이 되어 만난다면 / 가문 어느 집에선들 좋지 않으랴.'는 '우리가 물이 되어 만나면 좋겠다.'라는 의미의 설의적 표현이다. 화자는 자신이 소망하는 이러한 만남이 앞으로 실현되기를 바라는 태도를 '만리 밖에서 기다리는 그대여 / 저 불 지난 뒤에 / 흐르는 물로 만나자.'라는 부분을 통해 드러내고 있으므로 적절하다.

⑤ (가)의 '즐거이 뛰는 날'은 '팻내를 잊은 여우 이리 등속이 사슴 토끼와 더불어' 있는 날이므로 평화로운 세계를 뜻한다고 할 수 있다. 또한 (나)의 '넓고 깨끗한 하늘'도 '불'이 지나고 '불 꺼지는 소리'가 들린 다음이므로, 화자가 '그대'와 만나 진정한 합일을 이루려는 세계를 표현했다고 볼 수 있다.

03

정답설명

④ '비'는 '물'의 한 모습이므로 ㉠은 물이 흘러가는 모습을 생동감 있게 보여 준다고 할 수 있다. 물이 흐르고 흘러서 강물, 바다로 이동하고 있으므로 '물의 생동하는 힘'을 보여 주는 것이다. 한편, '불'은 '물'과 대립적인 이미지로, 거쳐야 하는 과정이자 극복해야 할 대상이다. '불'이 소멸해야만 '넓고 깨끗한 하늘'에서 '그대'를 만날 수 있으므로 ㉡에서 불이 소멸하는 상황을 형상화하고 있다는 설명은 적절하다.

오답설명

① '물'이 가진 의미를 고려했을 때, '우르르 우르르 비 오는 소리'로 흐른다는 것은 '결핍감'보다는 '충족감'을 비유한다고 보는 것이 더 적절하다. '푸시시 푸시시 불 꺼지는 소리'는 '불'이 사라지는 과정을 보여 주므로 충족감이라고 볼 수 없다.

② '물'이 가진 생명의 의미를 고려했을 때, '비 오는 소리'로 흘러, '죽은 나무뿌리를 적시기도 한다'는 것은 비에 대한 긍정적인 의미를 나타낸다. 한편 '불 꺼지는 소리'는 '불'이 소멸하는 상황을 형상화하고 있는 것으로, 소리의 긍정적 의미와는 무관하다.

③ '비 오는 소리'는 '물'이 가진 생명, 정화의 의미를 고려했을 때, 불안감이 아닌 기대감을 반영한다고 보는 것이 더 적절하다. 한편 '불 꺼지는 소리'는 소리에 대한 불안감과는 무관하다.

⑤ '비'는 위에서 아래로 내리지? 따라서 상승이 아니라 하강의 움직임이

다. '불' 또한 하강의 이미지가 아니다.

04

정답설명

③ 3문단의 "고요 속에서 나는 나 자신을~발견할 수 있는 기회를 갖게 되는 것이다."라는 부분을 통해 확인할 수 있다.

오답설명

① '온 세상'이 '깊은 고요'에 파묻혀 가는 모습을 보며 글쓴이는 고요 속에서 자신을 발견할 수 있는 기회를 갖게 된다고 생각한다. 글쓴이는 '나의 삶, 나의 위치, 우리와 자연의 관계를 그 본연의 모습 속에서 발견할 수 있는 기회를 갖게 되는 것'이라고 이야기했을 뿐, 자신에 대한 연민을 드러내지는 않는다.

② 글쓴이는 '눈이 쌓이는 깊은 밤'에 '서재'에 혼자 앉아 명상에 잠긴다. 이때 글쓴이는 '이런 밤 누가 사색가가 되지 않을 수 있겠는가. 누가 철학가로 변하지 않겠는가.', '책상 앞에 앉아 있는 철학가의 모습은 자연스럽다.'라고 표현하며, 책상 앞에서 명상하는 자신의 모습을 철학가에 빗대고 있다. 따라서 철학가의 경지에 미치지 못하는 자신을 성찰한다는 해석은 적절하지 않다.

④ 글쓴이는 '눈이 소리 없이 쌓이는 밤'에 잠자리에 들어가지 않는 이유에 대해 '무슨 사무적인 일이나 공부 때문이 아니다.'라고 이야기하고 있다. 일상적인 것이 아닌 다른 특별한 이유가 있다는 의미로 해석할 수 있는데, 그것은 '명상에 잠기게 되기 때문'이다.

⑤ 글쓴이가 '옛 이야기를 나누는 삶의 따뜻함'을 떠올리고 있는 것은 맞다. 하지만 이웃 동네와 교통이 단절되었다고 이야기하고 있을 뿐, 유대감까지 단절되었으며 이웃 간의 관계를 회복해야 한다는 내용은 찾아볼 수 없다.

05

정답설명

⑤ '감각과 정서를 동시에 드러내는 단어'가 있는지, 그 정서와 '관련된 기억'이 포함되어 있는지 확인해 보자. '포근하다'는 감각과 정서를 동시에 드러내는 단어이고, 자갈밭과 함께 떠올린 어머니의 기억이 드러나 있으므로 적절하다.

오답설명

①, ②, ③ 감각과 정서를 동시에 드러내는 단어가 없고, 정서와 연관된 기억도 없다.

④ '차갑다'라는 단어가 감각과 정서를 동시에 드러내고 있지만, 그와 관련된 기억이 제시되지 않았기 때문에 적절하지 않다.

알 수 없어요 / 배를 매며 / 사미인곡

지문분석

(가) 알 수 없어요

바람도 없는 공중에 수직의 파문을 내이며 고요히 떨어지는 오동잎은 누구의 발자취입니까

▶ 화자는 오동잎에 주목하고 있고, 이것을 누군가의 발자취라고 생각하고 있다.

지리한 장마 끝에 서풍에 몰려가는 무서운 검은 구름의 터진 틈으로 언뜻언뜻 보이는 푸른 하늘은 누구의 얼굴입니까

▶ 이번엔 푸른 하늘에 주목하고 있다. 그리고 이것을 누군가의 얼굴이라고 생각하고 있다.

꽃도 없는 깊은 나무에 푸른 이끼를 거쳐서 옛 탑 위의 고요한 하늘을 스치는 알 수 없는 향기는 누구의 입김입니까

▶ 이번엔 향기. 그리고 이것을 누군가의 입김이라고 하고 있다.

근원은 알지도 못할 곳에서 나서 돌뿌리를 울리고 가늘게 흐르는 작은 시내는 구비구비 누구의 노래입니까

▶ 이번엔 시냇물이 흐르는 소리를 누군가의 노래라고 하는구나.

연꽃 같은 발꿈치로 가이없는 바다를 밟고 옥 같은 손으로 끝없는 하늘을 만지면서 떨어지는 날을 곱게 단장하는 저녁놀은 누구의 시입니까

▶ 바다 위에 펼쳐진 저녁놀을 누군가의 시라고 하는구나.

▶ <보기>를 전제로 보면 그 누군가는 바로 '절대자'이다. 화자는 주변의 자연물을 통해서 끊임없이 절대자의 존재를 느끼고 있다.

타고 남은 재가 다시 기름이 됩니다 그칠 줄을 모르고 타는 나의 가슴은 누구의 밤을 지키는 약한 등불입니까

▶ 화자가 자신을 '약한 등불'이라고 하였다. 분명 '약하다'고 자신을 나약하게 표현했지만, 앞 문장을 보면 조금 다르다. 재가 다시 기름이 된다는 끊임없는 순환을 강조하는 표현. 이 두 개를 조합해 보자. 화자는 약한 존재이지만 끊임없이 타오르겠다는 의미로 볼 수 있겠다.

(나) 배를 매며

아무 소리도 없이 말도 없이
등 뒤로 털썩
밧줄이 날아와 나는
뛰어가 밧줄을 잡아다 배를 맨다
아주 천천히 그리고 조용히
배는 멀리서부터 닿는다

▶ 화자도 모르게 밧줄이 날아왔고, 화자는 밧줄을 잡아 배를 매고 있다. 아직은 아무것도 파악이 안 된다. 다음을 보자.

사랑은,
호젓한 부둣가에 우연히,
별 그럴 일도 없으면서 넋 놓고 앉았다가
배가 들어와

던져지는 밧줄을 받는 것
그래서 어찌할 수 없이
배를 매게 되는 것

▶ 아. 결국 사랑에 대한 얘기를 하고 있구나. 밧줄은 하나의 인연의 끈으로 볼 수 있고, 배를 매는 것은 사랑하는 사람과의 인연을 엮는 것을 의미한다고 볼 수 있다.

잔잔한 바닷물 위에
구름과 빛과 시간과 함께
떠 있는 배

▶ 일단 '배'는 사랑하는 사람이다. 그렇다면 '구름과 빛과 시간'은 사랑하는 사람을 둘러싼 모든 것들이라고 보면 되겠다.

배를 매면 구름과 빛과 시간이 함께
매어진다는 것도 처음 알았다
사랑이란 그런 것을 처음 아는 것

▶ 사랑을 해보니 뭔가 깨달음을 얻었나 보다. 사랑을 하면 그 사람(배)만 만나는 것이 아니라, 그 사람을 둘러싼 모든 것들(친구, 부모 등)과 관계를 맺는 것이고, 그 사람과 시간을 공유하는 것임을 깨닫고 있다.

빛 가운데 배는 울렁이며
온종일을 떠 있다

▶ '울렁이며'는 사랑의 마음으로 벅차오르는 화자의 마음을 감각적으로 보여 준 것으로 볼 수 있겠다.

(다) 사미인곡

동풍이 건듯 불어 적설을 헤쳐 내니 창밖에 심은 매화 두세 가지 피었어라.

▶ 일단 계절 체크! '동풍'은 봄바람이다. 화자는 '매화'를 주목하고 있어.

가뜩 냉담한데 암향(暗香)은 무슨 일고.

▶ 그 매화는 '암향(매화 향기)'을 풍기고 있어.

황혼에 달이 좇아 베개 맡에 비치니 흐느끼는 듯 반기는 듯 임이신가 아니신가.

▶ 화자의 상황을 알 수 있다. '달'을 보며 임을 떠올리는 것으로 보아 화자는 임과 떨어져 있는 상황이야. <보기>를 전제로 보면, 임은 임금이고, 임금은 신하에게 하늘 같은 존재이니, 하늘에 있는 달을 보며 하늘 같은 임금을 떠올리는 것은 매우 자연스럽겠지.

저 매화 꺾어 내어 임 계신 데 보내고져. 임이 너를 보고 어떻다 여기실꼬.

▶ 화자가 임에게 보내는 매화에는 분명 화자의 마음이 담겨 있겠지? 화자는 매화를 '너'라고 부르며 자신에 대한 임의 생각이 어떨까 궁금해하고 있어.

꽃 지고 새 잎 나니 녹음이 깔렸는데 나위(羅幃) 적막하고 수막(繡幕)이 비어 있다.

▶ 일단 계절의 변화 체크! '녹음(여름날의 무성한 잎 혹은 나무 그늘)'은 여름을 의미한다. 수막(수를 놓아 장식한 장막)은 화자가 외롭게 있는 공간이야.

부용(芙蓉)을 걷어 놓고 공작(孔雀)을 둘러 두니 가득 시름 많은데 날은 어찌 길던고. 원앙금(鴛鴦錦) 베어 놓고 오색선 풀어 내어 금자에 겨누어서 임의 옷 지어내니 수품(手品)은 물론이고 제도(制度)도 갖출

시고.

▶ 시간도 안 가는데 뭐 하겠냐. 화자가 임을 위해 옷을 만들었구나.

산호수 지게 위에 백옥함에 담아 두고 임에게 보내려고 임 계신 데 바라보니 산인가 구름인가 험하기도 험하구나. 천리만리 길에 뉘라서 찾아갈꼬. 가거든 열어 두고 나인가 반기실까.

▶ 임 계신 곳을 바라보는데 산과 구름이 매우 험하다 했으니 '산'과 '구름'은 부정적 시어이다. 화자는 아직도 불안한가 봐. 옷이 전달되더라도 (임이) 열어서 과연 반기실까 걱정하고 있어.

하룻밤 서리 기운에 기러기 울어 옐 제

▶ 시간은 계속 흐르고 있구나. '서리'는 가을을 나타내는 시어야.

위루(危樓)에 혼자 올라 수정렴(水晶簾) 걷으니 동산에 달이 나고 북극에 별이 뵈니 임이신가 반기니 눈물이 절로 난다.

▶ '달'과 '별'을 통해 임을 떠올리고 있어.

청광(淸光)을 쥐어 내어 봉황루(鳳凰樓)에 부치고져.

▶ 이번엔 임에게 '청광(달빛)'을 보내고 싶다네.

누 위에 걸어 두고 팔황(八荒)에 다 비추어 심산궁곡(深山窮谷) 한낮같이 만드소서.

▶ 그리고 그 달빛을 통해 '팔황(온 세상)'을 비추어 달라고 말하고 있어.

건곤이 얼어붙어 백설이 한 빛인 때 사람은 물론이고 나는 새도 그쳐 있다.

▶ 이제 겨울인가 봐. 온 세상이 하얀 눈으로 덮여 있어.

소상남반(瀟湘南畔)도 추위가 이렇거늘 옥루고처(玉樓高處)야 더욱 일러 무엇 하리. 양춘(陽春)을 부쳐 내어 임 계신 데 쏘이고져. 초가 처마 비친 해를 옥루에 올리고져.

▶ 겨울에는 따뜻하게 보내시라고 임에게 '양춘(햇볕)'을 보내려고 하네.

홍상(紅裳)을 여며 입고 푸른 소매 반만 걷어 해 저문 대나무에 생각도 많고 많다. 짧은 해 쉬이 지고 긴 밤을 꼿꼿이 앉아 청등 걸어 둔 곁에 공후를 놓아 두고 꿈에나 임을 보려 턱 받치고 기대니 앙금(鴦衾)도 차도 찰샤 이 밤은 언제 샐꼬.

▶ 차가운 '앙금(이불)'. 누군가 옆에 있다면 이불이 차갑지만은 않겠지. 화자는 계속해서 임을 그리워하고 있다.

문제분석 01-06번

번호	정답	정답률 (%)	선지별 선택비율(%)				
			①	②	③	④	⑤
1	④	90	3	3	3	90	1
2	①	90	90	1	2	6	1
3	③	90	2	3	90	2	3
4	⑤	69	2	1	20	8	69
5	⑤	91	3	1	2	3	91
6	④	53	3	20	17	53	7

01

정답설명

④ (가) O, (나) O, (다) O / '소재에 상징적 의미를 부여하여 주제 의식을 부각하고 있다.' 이 얼마나 아름다운 평가원의 선지인가? 시의 본질이 '형상화'라는 것을 기억하자. 쉽게 말해 **추상적 정서**를 **구체적 이미지**로 나타내는 것이 시의 본질이라는 것이다. 이때 '형상화'하는 대표적인 방법이 '비유와 상징'이다. 따라서 시험장에서 이런 당연한 선지를 만나면, 우선적으로 체크하는 것이 본질을 통한 실전적 접근이다.

(가) : 오동잎, 푸른 하늘, 향기, 시내, 저녁놀 → 절대자의 존재

(나) : 배 → 사랑하는 사람(배를 매는 행위 → 사랑)

(다) : 매화, 옷, 청광, 양춘 → 임을 향한 화자의 마음

오답설명

① (가) X, (나) X, (다) O / (가)에서 의인법(하늘 → 얼굴)은 나왔지만, 자연물을 대화의 상대로 삼고 있지는 않다. (나)에서는 의인법이 쓰이지 않았다. (다)는 '임이 너(매화)를 보고 어떻다 여기실꼬.'를 통해 허용할 수 있다.

② (가) X, (나) X, (다) △ / (가)는 '경어체(상대 높임)'를 통해 작품 밖 독자에게 말을 건네며 시상을 전개하고 있다. 다만 처음부터 끝까지 화자가 말을 건네고 있고, 청자의 말은 나오지 않고 있다. (나)에서는 대화체가 쓰이지 않았다. (다)에서는 독백체로 진행되다가 매화에게 말을 건네고 있다. 그리고 다시 독백체로 시상이 전개된다. 만약 '대화체'의 개념을 '말을 건네는 방식'으로 본다면, 독백체와 대화체의 교차로 볼 수 있다. 하지만 '대화체'의 개념을 '말을 서로 주고받는 것'으로 본다면, 교차로 볼 수 없다. 따라서 △를 하였다. 최근 평가원 문제에서 개념을 명확히 사용하기에 '대화체'라는 표현을 지양하고 있는 추세이니, 크게 고민할 필요는 없는 선지다.

③ (가) O, (나) X, (다) O / (가) : '검은', '푸른', (다) : '녹음', '백설', '홍상' 등의 색채어가 나타나지만 (나)에서는 색채어가 나타나지 않았다.

⑤ (가) X, (나) X, (다) X / (가)에는 '언뜻언뜻, 구비구비'에서 의태어가, (나)에는 '털썩'에서 의성어가, (다)에는 '건듯, 가득'에서 의태어가 쓰였지만, 의성어와 의태어가 둘 다 쓰인 작품은 없다.

'의성어와 의태어를 구사하여'를 의성어나 의태어 둘 중 하나만 활용한 것으로 해석하여도 (나)의 '털썩'을 제외한 나머지는 '화자의 상황을 구체화'하고 있다고 보기 어렵다.

02

정답설명

① (가) O / 'A는 누구의 B입니까'라는 문장 구조를 반복적으로 제시하여 시상에 통일성을 부여하고 있다.

오답설명

② (나) X / 시에서 '시선'은 화자가 직접 눈으로 바라보는 행위를 지칭하기도 하고, 화자의 관심사를 지칭하기도 한다. (나)에서 배를 매는 행위를 통해 사랑을 깨닫고 있으므로 화자의 시선(관심)이 외부 세계에

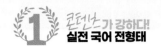
서 자신의 내면으로 이동한다고 볼 수 있다.

③ (가) X, (나) X / (가)는 6행에서 '타고 남은 재가 다시 기름이 됩니다'라고 말하면서 순환을 강조하고 있고, 이전의 행에서 단순히 절대자의 존재에 대해 말하던 것과 달리 절대자를 위해 끊임없이 타오르겠다는 다짐으로 시상을 전환하고 있다. (나)에서는 시상의 전환이 확실하게 나타나지 않는다. 굳이 본다면, 2연에서 나타난다. 1연에서는 화자의 시선이 던져진 밧줄을 잡아 배를 매는 외부 세계에 있는 반면, 2연에서는 이를 통해 사랑을 떠올리는 화자의 내면이 나타나기 때문이다.

④ (가) X, (나) X / (가)와 (나) 모두 화자의 현재 상황과 자연 현상을 대비하지 않았다.

⑤ (가) X, (나) X / (가)와 (나) 모두 수미상관의 방식이 쓰이지 않았다.

03

정답설명

③ 일단 〈보기〉부터 정리하고 들어가 보자. 〈보기〉에서는 이 시가 '절대자라는 궁극적 존재'를 탐구하는 시라고 했다. 따라서 지문에 등장하는 '누구'는 바로 '절대자'임을 전제로 접근해야 한다. 그리고 이 시에는 화자의 '자기 정립 또는 자기 극복'이 나타난다고 하였다. 따라서 출제자가 화자의 행동에 이러한 의미를 부여할 땐 수긍을 하면 된다. ㄷ의 '알 수 없는 향기'는 분명 '절대자의 입김'이다. 따라서 화자는 '향기'를 통해 절대자의 존재를 인식하고 있는 것이다. 그런데 절대자의 존재에 대한 '회의(의심을 품음)'라니! 택도 없는 소리다.

오답설명

① 화자는 '오동잎'에 주목하고 있고 〈보기〉에서는 한용운의 시가 '절대자'의 존재를 탐구한다고 하였으므로, '오동잎'의 이미지를 '누구의 발자취'라고 표현하며 절대자의 존재 방식을 알려준다고 볼 수 있다.

② 화자는 분명 '절대자'를 지향하고 있다. 그렇다면 '푸른 하늘'이라는 절대자를 가리는 '검은 구름'은 화자와 절대자를 단절시키는 못된 놈 아니겠니. (번뇌 : 마음이나 몸을 괴롭히는 것)

④ '절대자'는 '옥 같은 손'으로 '끝없는 하늘'을 만지고 '연꽃 같은 발꿈치'로 '가이없는 바다'를 밟는다고 하였으므로 이 맥락을 통해 무한 공간에 걸쳐 있는 절대자의 모습을 드러낸다고 할 수 있다.

⑤ '타고 남은 재가 다시 기름이 됩니다'의 구절에는 끊임없는 순환이 내재되어 있다. 그렇다면 화자 역시 절대자의 존재를 탐구하거나 자기 정립 및 자기 극복을 끊임없이 하겠다는 의미로 이해할 수 있겠지?

04

정답설명

⑤ 시를 읽어갈 때는 부분보다는 구조적인 면을 살펴야 한다. 분명 2연에서 '사랑은 α하는 것'이라고 사랑의 의미를 얘기하였다. 그리고 4연 [A]에서 '사랑이란 β하는 것'이라고 사랑의 의미를 또 한 번 얘기하고 있다. 따라서 반복적으로 사랑을 언급하면서 다른 얘기를 하고 있으니, 화자의 '심화'된 인식이 나타난다고 볼 수 있다.

오답설명

① 화자가 사랑을 갈구하는 모습은 시에 드러나지 않는다.

② 화자는 사랑의 덧없음에 대해 말하고 있지 않다.

③ 부분만 보고 판단을 하는 학생들이 많이 낚인 선지다. 그래. [A]를 보며 '처음'이라는 단어에 가슴을 강타당하고, 선지에서 '비로소'라는 단어를 봤을 때 너희들이 느낀 설렘은 충분히 이해한다. 하지만 시의 해석은 부분보다 구조와 흐름이라고 누차 얘기하였다. 이미 2연에서 '배를 매는 행위의 의미가 사랑임'을 얘기했는데, 어찌 '비로소'라는 말을 쓸 수 있겠니. 명심해라. 부분이 아니라 구조와 흐름을 볼 수 있어야 한다.

④ 사랑의 운명적 면모는 배를 매는 행위에서 드러나게 되지만, 배를 매는 행위는 자연의 섭리로 보기 어려우므로 선지의 내용은 적절하지 않다.

05

정답설명

⑤ 화자가 어디에서 무슨 행동을 하고 있는가를 아는 것은 기본적인 독해력을 체크하기 위한 필수 사항이다. (나)의 화자는 '부둣가'에서 '사랑의 의미'를 생각하고 있고, (다)의 화자는 '수막'에서 사랑하는 사람의 부재를 확인하고 임을 그리워하고 있다.

오답설명

① (나)의 화자는 '부둣가'에서 사랑의 의미에 대해 깨닫고 있을 뿐, 이별과 만남이 반복되는 시련의 상황은 드러나지 않으므로 선지는 적절하지 않다. (다)의 화자는 '옷', '청광', '양춘' 등을 임께 보내드리고 싶어 한다. 그러므로 그가 이별 후에 도피했다고 보는 것은 적절하지 않다.

② (나)에 등장하는 '구름', '빛', '시간'은 사랑하는 사람을 둘러싼 세계를 의미한다. 이를 타인과 함께 하는 공동체적 공간으로 보기는 어렵다. (다)에서 화자는 '임 계신 데 바라보니 산인가 구름인가 험하기도 험하구나. 천리만리 길에 뉘라서 찾아갈꼬.'라고 하였으므로 스스로 개인적 공간에 은폐되었다고 보는 것은 적절하지 않다.

③ (나)에서는 '맨다', '닿는다'와 같이 현재 시제의 어미를 통해 현재의 시적 상황을 설명하고 있으므로, 화자가 과거로 회귀하기를 원한다는 내용은 적절하지 않다. (다)의 '수막'은 임이 부재한 공간이므로 화자가 벗어나고자 하는 현재의 공간이라고 볼 수 있다.

④ (나)의 '아무 소리도 없이 말도 없이 / 등 뒤로 털썩'에서와 같이 사랑은 갑작스럽게 시작되는 것이므로 '사랑하는 대상'이 화자를 기다렸다고 하는 것은 적절하지 않다. (다)의 화자는 사랑하는 대상을 기다리고 있으므로 선지 내용을 허용할 수 있다.

06

[2013학년도 6평] 오답률 1위가 바로 이 문제다. 학생들이 필수적인 고전 시가를 얼마나 소홀하게 생각하는지, 그리고 〈보기〉를 얼마나 대충 보는지 알 수 있는 경우였다.

필수 고전 시가는 기본적으로 해석할 수 있도록 대비해야 한다. 필수 작품이 출제될 때는 '해석은 할 수 있지?'라는 전제에서 출제된다는 것을 명심하길 바란다. 또한 〈보기〉와 방향이 어긋나는 선지는 최우선적으로 검토해야 한다는 것을 명심하자.

정답설명

④ 분명 〈보기〉에서 '신하가 임금을 그리워'한다고 하였다. 또한 지문에서 '초가 처마 비친 해'를 '옥루(임금이 계신 곳)'에 올리겠다고 하였다. 그런데 어찌 화자가 임을 위해 올려 드리겠다는 것을 '임금의 자애로운 은혜'로 해석할 수 있겠는가. 만일 '해'를 '임금의 자애로운 은혜'라고 본다면, 화자가 다시 그 은혜를 거부하고 '옥루'에 올리는 것이 된다. 말도 안 되는 해석인 것이다.

앞의 구절인 '양춘을 부쳐 내어 임 계신 데 쏘이고져.'와 '초가 처마 비친 해'를 함께 고려하면, '초가 처마'에 비친 해는 임(임금)에 대한 화자의 사랑을 표현하는 것으로 보아야 한다.

오답설명

① 임에게 '옷'을 아무렇게나 보내는 것이 아니라 '백옥함'에 담아 곱게 보내려는 것은, 임금에 대한 신하의 정성과, 임금을 보고 싶어 하는 신하의 마음을 보여 준다.

② '달'과 '별'은 어디에 있을까? 바로 하늘에 있다. 신하에게 임금은 하늘과 같은 존재이니, 화자가 천상의 '달'과 '별'을 매개로 임을 떠올린 것은 군신 사이의 수직적 관계를 나타내는 것으로 볼 수 있겠다.

③ '청광'을 통해 세상을 비춰달라고 하였다. 세상을 밝게 밝힐 수 있는 존재는 아무나 될 수 없겠지? 임금께 선정을 펼쳐달라는 신하의 충언으로 충분히 볼 수 있겠다.

⑤ 〈보기〉에서 '궁궐을 떠난 신하가 임금을 그리워하면서 지은 「사미인곡」'도 '남성 작가가 자신의 분신으로 여성 화자를 내세우는 방식'을 이용했다고 하였으므로, 군신 관계를 남녀 관계로 치환하여 '앙금(부부가 함께 덮는 이불)'을 통해 외로운 처지를 표현한 것으로 볼 수 있다.

최인훈 – 광장

지문분석

[지문에서 체크할 것]

※ 시간

역순행적 구성으로 볼 여지가 있다. / 단순히 과거를 회상만 했다면 역순행적 구성이 아니다. 하지만 이 지문에는 과거를 회상하는 부분에서 "윤애 날 믿어 줘. 알몸으로 날 믿어 줘."라는 과거의 대화가 나타나 있고, 과거의 행동 묘사도 일부 있다. 따라서 역순행적 구성으로 볼 여지가 있다는 것이다. 하지만 전반적으로 당시 과거의 사건 전개를 보여 준다기보다는 단순한 회상에 가깝기에, 단정적으로 역순행적 구성이라고 판단하기 참 애매하다. 이런 애매한 경우는 순행이나 역순행 여부를 출제하지 않는다. 다만 1번 문제처럼 회상 여부 정도를 물어볼 뿐이다.

※ 공간

제삼국으로 가는 배 안(방 안 → 선장실)

※ 서술자의 관심사

서술자는 이명준의 심리에 관심이 있다. 따라서 3인칭 서술자가 특정 인물인 이명준의 심리를 중심으로 서술하고 있다. 이에 따라 부분적으로 1인칭 시점의 느낌을 주고 있다.

[전체 줄거리]

주인공 이명준은 대학 철학과 학생으로 아버지의 친구 집에 얹혀살고 있다. 그는 자기만의 밀실에 들어앉아 현실을 편협하게만 인식하고 있는 인물이다. 그의 아버지는 북한에 살면서 대남 방송(남쪽에 대한 방송)에 등장하기도 한다. 이를 빌미로 이명준은 경찰서에 불려가 구타를 당하면서 아버지와 현재 어떤 연락이 있는가 조사를 당한다. 형사들은 그를 빨갱이로 몰아붙인다. 이를 계기로 그는 남한의 현실에 환멸을 느끼고 사랑하는 '윤애'를 남한에 둔 채로 월북한다.

그러나 이명준의 비판적인 시각에서 북한 사회는 사회주의 제도의 굳어진 공식인 명령과 복종만이 보일 뿐이며, 활기차고 정의로운 삶은 찾을 수가 없었다. 즉, 진정한 삶의 광장은 없었던 것이다.

이처럼, 이명준은 남과 북에서 이념의 선택을 시도했으나, 어느 곳에서도 진실을 발견하지 못하는, 일종의 허무주의적 상황에 처하게 된다. 이명준은 '은혜'와의 사랑에서 이념의 무의미함을 다소나마 보상받지만, 그것은 개인적 삶의 한정된 행복일 뿐이고 진정한 의미의 광장은 사라지고 없었다. 그러던 중 전쟁이 벌어지고, 명준의 아기를 임신한 은혜마저 전쟁 중에 죽고 그는 남측의 포로가 된다. 포로 송환 과정에서 남이냐 북이냐의 선택의 갈림길을 맞게 된 그는 중립국을 택한다. 이제 그가 나설 광장은 남쪽과 북쪽 어느 곳에도 없다는 판단 때문이었다.

포로 교환이 결정되고 얼마 지나 그는 인도로 가는 배 타고르 호에 몸을 싣게 되고, 배를 타고 가는 동안 내내 자신의 지난날을 떠올리면서 어디에도 자신이 생각하는 광장은 없을 것이라며 절망한다. 그리고

자기 자신 또한 밀실 속에서 헛된 꿈만 꾸었으며 그 밀실 속의 꿈을 지키려고 애쓴 속물에 지나지 않는다고 한탄한다. 그렇게 자신의 과거를 반추하며 실의에 차 있던 명준은 타고르 호를 따라 날아오던 갈매기 두 마리를 보게 되고, 허탈감과 공허함을 못 이겨 갈매기를 향해 총구를 겨눈다.

그리고 그 갈매기를 통해 문득 자신의 아이를 가졌다던 은혜를 떠올리고 더불어 은혜의 뱃속에 있었을 아이에 대해서도 떠올리게 된다. 명준은 그제야 처음 광장을 발견하는 기분이 든다. 자신이 보지 못했던 광장이 사랑이 충만했던 그곳에 있었음을 깨닫고 기쁨에 젖는다. 그리고 모성적 공간이자 근원적 공간인 바다를 향해 뛰어든다.

문제분석 01-05번

번호	정답	정답률(%)	선지별 선택비율(%)				
			①	②	③	④	⑤
1	③	69	3	2	69	19	7
2	③	87	3	3	87	3	4
3	⑤	89	3	2	4	2	89
4	④	82	3	4	5	82	6
5	②	80	7	80	6	4	3

01

정답설명

③ ㄴ : 서술자는 처음부터 끝까지 이명준만 바라보면서 서술을 진행하고 있다. 서술자의 관심사를 신경 써서 읽었다면 당연히 체크할 수 있는 선지다.
ㄷ : 부채를 보면서 눈을 감는 장면부터 돌아서서 마스트를 올려다보는 장면까지가 과거 회상 장면이다.

오답설명

ㄱ : 이 지문에는 풍자적 어조가 나타나지 않는다.

형태쌤의 과외시간

풍자적 서술은 인물에 대한 서술자의 우회적 비판으로 「태평천하」에서 주인공 윤직원 영감에 대한 서술이 대표적 풍자적 서술이다.

일찍이 윤직원 영감은 그의 소싯적 윤두꺼비 시절에, 자기 부친 말대가리 윤용규가 화적의 손에 무참히 맞아죽은 시체 옆에 서서, 노적이 불타느라고 화광이 충천한 하늘을 우러러, "이놈의 세상, 언제나 망하려느냐?" "우리만 빼놓고 어서 망해라!" 하고 부르짖은 적이 있겠다요. 이미 반세기 전, 그리고 그것은 당시의 나한테 불리한 세상에 대한 격분된 저주요, 겸하여 웅장한 투쟁의 선언이었습니다. 해서 윤직원 영감은 과연 승리를 했겠다요.

– 채만식, 「태평천하」 中 –

ㄹ : 분명 현재형 어미는 쓰였다. 하지만 남한과 북한을 오간 뒤에 자살을 하는 것이 일상적 삶의 모습은 아니잖니. '일상적 삶'은 아침 먹고 학교 가고, 점심 먹고 공부하고, 저녁 먹고 인강 보고, 자고 나면 다시 학교 가는 등 '반복되는 삶'을 얘기한다.

02

정답설명

③ 인물의 심리 중심 지문에서는 인물의 상황을 찾는 것이 가장 급선무라고 볼 수 있다. 상황을 알아야만 인물의 심리를 이해할 수 있기 때문이다. 그리고 이 '상황'을 알기 위해서 가장 중요한 것이 인물이 원하는 것(대상, 시간, 공간)을 찾는 것이다.
이명준은 '진정한 광장'을 찾아 남한에서 북한으로, 그리고 지금은 최후의 수단으로 제삼국을 향해 가고 있다. '사북 자리'는 부채의 가장 안쪽으로 더 이상 선택의 여지가 없을 만큼 좁아진 현실을 의미한다. 이때 이명준은 큰 새(=은혜)와 꼬마 새(=딸)가 마음껏 날아다니는 바다를 보며, 그곳이 본인이 찾던 '진정한 광장(푸른 광장)'임을 깨닫는다. 이명준은 자신이 택한 제삼국으로 가는 배 위에서도 또 다른 '진정한 광장(푸른 광장)'을 그리워한 것이다.
지문에서 이명준이 사회적 지위가 있었다는 내용은 찾을 수 없고, 이를 '회복하려고 노력'하는 구절 역시 찾을 수 없으므로 적절하지 않다.

오답설명

① 부채 끝 넓은 테두리 쪽은 대학 시절 이명준의 삶을 나타내며, 안으로 들어올수록 윤애를 만난 모습, 은혜와 동굴에서 함께 있던 모습, 현재 지금의 모습까지 '삶의 광장'이 점점 좁아지고 있는 것을 알 수 있다.
② '그는 지금, 부채의 사북 자리에 서 있다. 삶의 광장은 좁다가 못해 끝내 그의 두 발바닥이 차지하는 넓이가 되고 말았다.'에서 확인 가능하다.
④ '삶의 광장'이 좁아진 '사북 자리(현재 배 위)'에서 '푸른 광장(바다)'을 찾으며 생각을 전환하고 있다.
⑤ 인물은 회상에서 현실로 돌아와 바다를 마음껏 날고 있는 새 두 마리를 본다. 그리고 이 새들이 '무덤 속에서 몸을 푼 한 여자'와 '딸'이라고 생각을 하고, 그들이 날고 있는 '바다'를 '푸른 광장'이라고 인식한다. 결국 '여자, 딸=두 마리 새 → 바다=푸른 광장' 이 정도의 사고 과정을 압축해서 제시한 선지라고 보면 될 것이다.

03

정답설명

⑤ 〈보기〉의 포인트를 잡아내는 것에 문제 해결의 키가 있다. 〈보기〉의 내용을 정리하면, 작품을 해석할 때 창작 당시의 사회적·문화적 상황과 관련시키는 '상황의 구체적 의미'와 특정한 시대와 장소를 넘어 공유할 수 있는 '보편적 의미'가 나누어진다. 문제에서는 '상황의 구체적 의미'에 따라 지문을 해석하라고 하였으므로 작품이 창작된 시대의 상황과 작가의 가치관을 연결하여 작품 속 사건의 의미를 파악하는 것은 적절한 활동이다.

오답설명

① 작품 창작 당시의 '사회적·문화적 상황'을 연관시키는 활동이 아니다.
② 동굴의 의미를 신화를 통해 파악하는 것이므로, 특정한 시대와 장소를 넘어서 공유할 수 있는 '보편적 의미'를 발견하는 활동이다.
③ 시대를 초월한다고 하였으므로 '보편적 의미'를 발견하는 활동이다.
④ 등장인물에 대한 일대기를 작성하는 것은 자품 창작 당시의 '사회적·문화적 상황'과 관련되지 않으므로 적절하지 않다.

04

정답설명

④ 2번 문제와 마찬가지로 '인물이 원하는 것'을 명확하게 잡았다면 쉽게 해결 가능하다.
ㄹ은 '새'의 의미와 '진정한 광장'을 깨닫기 전의 자신의 태도(유토피아를 찾다가 남과 북에 환멸을 느끼고 끝내 중립국을 택함)를 반성하는 구절이다. '물질적 풍요'를 원했다는 얘기는 아예 등장하지 않지.

오답설명

① 평가원에서 제시하는 간결체(호흡이 짧은 문장)의 대표적 사례다. 기억해 두자.
② 부채에서 갈매기와 바다의 그림을 본 후 실제로 바다를 자신이 원하는 푸른 광장이라고 말하고 있는 것을 통해 그림의 소재가 중요한 기능을 하게 됨을 알 수 있다.
③ "장면 바뀌었는데 당연히 끊어 줬지?"라고 평가원이 물어보고 있는 것이다. 웃으면서 "당연하지."라고 해주며 넘기면 된다.
⑤ 좋아서 미칠 듯이 날면서 "그렇다."라고 말하는 새를 본 적 있는가? 당연히 인물의 심리와 감정이 이입된 객관적 상관물이겠지.

05

정답설명

② ⓐ는 저녁놀이 실제로 불에 탄 것이 아니므로 '2. (비유적으로) 매우 붉은빛으로 빛나다.'라는 뜻으로 사용된 것이다. 반면에 ②에서 나이를 '손꼽아' 세는 것은 '손가락을 하나씩 고부리며 수를 헤아리다.'라는 기본적인 의미로 사용된 것이기에 적절하지 않다.

오답설명

① '물오르다'는 '사람이나 동물의 능력이나 형편, 상태가 좋아지다.'라는 비유적인 의미로 사용되었기에 적절하다.
③ '수놓다'는 '색실로 수를 놓은 것처럼 아름다운 경치를 이루다.'라는 비유적인 의미로 사용되었기에 적절하다.
④ '잠들다'는 '사물이 움직이지 않게 되다.'라는 비유적인 의미로 사용되었기에 적절하다.
⑤ '살찌다'는 '힘이 강하게 되거나 생활이 풍요로워지다.'라는 비유적인 의미로 사용되었기에 적절하다.

04 극
2017학년도 9월

황순원 – 독 짓는 늙은이 (극/소설)

지문분석

[지문에서 체크할 것]

※ 시간
　(나) 순행

※ 공간
　(나) X(지문에 구체적으로 제시되지 않음.)

※ 서술자의 관심사
　(나) 3인칭 서술자는 '송 영감'을 주목하고 있다.

[전체 줄거리]

　송 영감은 독 짓는 늙은이로서, 독 짓는 일을 평생의 직업으로 삼아 가난하게 살아왔는데, 지금은 병든 몸이다. 송 영감의 아내는 병든 남편과 아들을 버리고 조수와 함께 달아나 버렸다. 도망간 아내에 대한 분노가 치밀어 오를수록 아들 당손에 대한 송 영감의 애정은 깊어 간다. 송 영감은 독을 지을 때마다 도망간 아내와 조수의 얼굴이 떠올라 일이 제대로 되지 않는다. 쇠약해진 몸으로 한 가마의 분량을 채우기 위해 독 짓기를 계속하지만 지쳐 쓰러지기가 일쑤이다. 앵두나뭇집 할머니는 송 영감이 죽을지도 모른다는 생각에 당손이를 다른 집에 보낼 것을 권고한다. 그러나 송 영감은 고함치며 앵두나뭇집 할머니를 쫓아낸다. 송 영감은 앉았다 누웠다 하며 불질을 계속한다. 그런데 독이 튀기 시작했다. 살펴보니 튀는 독은 자기가 빚은 독뿐이고, 조수가 만들어 놓았던 독은 그대로다. 어둠 속에서 송 영감은 또 다시 쓰러지고 말았다. 회생할 수 없을 만큼 몸이 쇠약해져 죽음을 예감한 송 영감은 급기야 앵두나뭇집 할머니를 불러 아들 당손이를 다른 집에 양자로 보내기로 결심한다. 당손이를 떠나 보내기 위해서 죽은 체를 하고 있던 송 영감은, 아들을 보내고 나자 그 허전함 속에 독가마를 떠올린다. 그리고는 자신의 생명을 마지막으로 발산하려는 듯 독가마 속으로 들어가 흩어진 돌조각 위에 단정히 무릎을 꿇고 앉는다.

문제분석 01-04번

번호	정답	정답률(%)	선지별 선택비율(%)				
			①	②	③	④	⑤
1	④	66	4	7	17	66	6
2	③	84	6	3	84	3	4
3	④	81	9	4	4	81	2
4	⑤	72	12	4	8	4	72

01

정답설명

④ 일단 인과가 잘못되었다. ⓐ(독을 박살 내기)를 계기로 집념이 좌절되는 것이 아니라, 좌절감 때문에 ⓐ를 하는 것이다. 또한 '사십 년래 없이 숯내를 다 먹는 듯'한 것은 쇠약해진 몸 때문이지, ⓑ의 과정에서 부딪힌 '장인으로서의 능력의 한계' 때문이 아니다.

오답설명

① 엄격한 미적 기준을 가지고 있으니 자신의 기준을 충족시키지 못하는 독을 박살내는 것이다. 또한 독을 만들기 위해서 쓰러져도 일어나는 것은 충분히 예술가적 집념으로 볼 수 있다.

② 다른 사람 눈에는 멀쩡하게 보이는 독을 '흙덩이'라고 인식하는 것은 일반인과 다른 장인의 가치 판단이고 ⓐ의 동기로 볼 수 있다. 그리고 '왱손이'는 작업을 도와주는 사람이므로 왱손이가 준비한 흙덩이는 진짜 흙덩이로, 단순한 작업의 소재에 불과하다.

③ 성한 독도 있다는 '석현'의 말을 무시하고 장인은 ⓐ(독을 박살 내기)를 지속한다. 그리고 이로 인해 '석현'은 매섭게 보다가 나가 버린다. 이 부분이 장인과 주변 인물의 갈등이라는 것은 고민의 여지가 없었을 것이다. 그리고 (나)의 처음 부분을 보면, 작업을 하다가 눈앞에 아내와 조수의 환영이 떠오르면, '아내와 조수'를 때리는지 독을 때리는지 분간이 안 된다고 하였다. 따라서 분명 '조수의 환영'은 장인의 고뇌에 영향을 주는 요인이다.

⑤ 있는 그대로 보면 된다. 자신이 만든 독을 박살내고 눈물을 흘리는 것은 미적 가치 추구가 쉽지 않다는 것이고, 그럼에도 독을 계속 만들려는 것은 미적 가치 실현에 대한 열의가 있는 것이다.

02

정답설명

③ 똑같은 완성작을 보고 성한 것도 있다고 하는 '석현'과 "모두 쳐부셔야" 한다는 '송 영감'의 상반된 견해를 통해, 독의 완성도에 대한 두 인물의 기준이 확연히 다름을 알 수 있다.

오답설명

① 1등급 학생들을 상당히 많이 낚아 낸 위험한 선지다. 지문에 있는 그대로만 판단하면, '옥수'는 약을 권하고 있고, 가마는 어떻게 됐냐고 묻는 송 영감의 질문에 저녁에 독을 끌어내야 한다고 대답한 것뿐이다. 이를 통해 남편을 걱정하는 평범한 아내의 모습을 볼 수 있다. 따라서 '송 영감'보다 '독'을 더 걱정한다는 내용은 가볍게 틀렸다고 판단할 수 있다. 다만, 공부를 많이 한 탓에 지문 외적 정보를 가지고 있는 학생들이 있었다. 바로 1등급 학생들과 N수생(ㅜ.ㅜ)이 그들이다. 그들은 앞으로 '송 영감의 아내와 조수가 도망을 갈 것'이라는 지문 외적 정보를 미리 가지고 있어, 아내인 '옥수'의 대화나 행동이 곱게 보이지 않았을 것이다. 순식간에 문제 풀이의 원칙을 잊어버린 탓에 벌어진 문제이다. **소설에서 문제 풀이의 1원칙은 철저하게 출제된 지문 내에서만 판단하는 것이다. 뒤에 어떤 내용이 나오는지 충분히 알고 있더라도 출제된 지문이 소설의 시작과 끝이라는 생각으로 접근을 해야 한다.**

이 원칙을 지켜야만 냉정함을 유지하며 출제자의 의도에 따라 문제를 풀 수 있다.

② '왱손이'가 '송 영감'을 오만하다고 인식하고 있는 부분은 지문에서 찾을 수 없다. '왱손이'는 '송 영감'이 멀쩡한 독을 부수는 것에 당황했을 뿐이다.

④ '송 영감'이 '독 옆'에 누운 이유는 열이 나서 정신을 잃었기 때문이다.

⑤ 밑줄 다음에 써 있다. '애'가 기다리고 있는 것은 '아버지'가 아니라, '어머니'다.

03

정답설명

④ 지문은 3인칭 전지적 작가 시점으로 인물의 심리를 직접적으로 제시하고 있다. '송 영감은 확 분노가 치밀어' 부분에서 확인할 수 있다. 그리고 서술자는 '송 영감'을 집중적으로 바라보며 서술하고 있다. 따라서 정답 선지는 고민의 여지가 없었다.

오답설명

① 시간은 순차적으로 흐르고 있다. 하지만 시간의 흐름을 단계적으로 보여 주려면, '아침-점심-저녁-밤' 이 정도가 제시되어야 하는데, [A] 부분에서는 그러한 진행이 나타나지 않는다. 그리고 아이에게 화를 냈다가 밥을 같이 먹는 것을 보고 '갈등 해소'로 본 학생들이 간혹 있는데, 지문에서 중심적 갈등은 '장인 정신을 지닌 송 영감'을 둘러 싼 외적 여건들(쇠약해진 체력, 아내와 조수의 도망, 1번에서 언급한 미적 가치 추구의 어려움 등)에서 나타난다. 아이와의 갈등이 중심 갈등이 아니라는 것이다. 게다가 아이에게 화를 내는 것도 아이가 미워서가 아니라, 다른 사람(앵두나뭇집 할머니)에게 도움을 받는 자신의 처지에 대한 분노라고 볼 수 있다.

② 인물 간의 대화에 서술자가 개입해서 인물에 대한 평가를 하는 구절은 찾아볼 수 없다.

③ '다른 인물'의 처리가 애매한 선지긴 하다. 충분한 검토를 거치지 않은 선지라는 얘기인데, 애매한 부분은 허용을 하면서 확실한 부분을 중심으로 근거를 잡아 보자. '아이'를 이전에 나오지 않았던 '다른 인물'로 본다면, '앵두나뭇집 할머니'가 등장했다는 부분을 허용할 순 있다. 하지만 인물 간의 대립 구도가 전환된다는 부분은 적절하지 않다. [A] 이전에 나왔던 인물 간의 대립인 '송 영감-아내와 조수'가 '송 영감-앵두나뭇집 할머니'로 바뀐 것은 아니기 때문이다.

⑤ 밥그릇을 밀쳐 놓았다가 도로 끌어다 먹으니 인물과 소재의 공간적 거리가 변하긴 하였지만, 이를 통해 인물 간의 심리적 거리를 보여 주는 것은 아니다.

04

정답설명

⑤ 판단을 좌우하는 포인트는 '시각적 묘사'와 '인물의 성격 제시' 두 부분이다. 하나씩 검토해 보자.

형태쌤의 과외시간

[시각적 묘사]

'제힘만이 아닌 어떤 힘으로 벌떡 일어나'

→ 분명 일어난 행동이 눈에 보이니 시각적 묘사는 맞다.

'심장이 박살 나는 것처럼 느껴지는'

→ 심장이 박살 나는 것이 화면에 등장했나? 아니다. 그런 것처럼 느껴지는 인물의 심리를 표현한 지시문일 뿐이다. 따라서 관객의 눈에 보이지 않는 부분이니, 시각적 묘사가 아니다. '심장이 박살 나서 쓰러지는 옥수' 이 정도가 나와야 한다.

[인물의 성격 제시]

일단 개념부터 명확하게 정립하자. 소설에서 '인물의 성격'은 인물에게 부여되는 본질적인 캐릭터적 특성을 말한다. 일시적인 심리와는 다르다. 따라서 '성격 변화'는 '심리 변화'가 아니라, 인물에게 부여된 본질적인 특성(가치관 / 신분 등)의 변화를 말한다. 이에 따라 평가원에서도 '성격 변화'를 물어보았던 [2013학년도 6평] 「가객」과 [2015학년도 6평] 「모래톱 이야기」에서 모두 이러한 개념을 기반으로 문제를 출제하였다.

'제힘만이 아닌 어떤 힘으로 벌떡 일어나'

→ 지독한 장인 정신으로 일어나고 있는 것이다. 따라서 '장인 정신'은 인물에게 부여된 캐릭터적 특징으로, 인물의 성격을 드러내는 구절로 볼 수 있다.

'심장이 박살 나는 것처럼 느껴지는'

→ '옥수'는 심장이 박살 나는 것을 항상 느끼는 캐릭터다? 분명 아닐 것이다. '그런 느낌'은 인물에게 부여된 본질적인 특성이 아니라, 지금 이 순간 느낀 일시적인 감정이다. 따라서 이 부분은 성격으로 볼 수 없다.

오답설명

① '개연성'은 허구인 소설을 '실제로 있음직한 이야기'로 만드는 요소로, '인과 관계'를 높이면 개연성은 함께 높아진다. '그의 시선이 그냥 백자기에 있다'고 표현하는 것보단, 백자기의 아름다움을 같이 묘사해 주면 바라보는 이유가 제시되니 행위의 개연성은 올라가게 된다.

② 〈보기〉에서 지시문을 통한 시각적 묘사는 현실감을 높인다고 하였다. 따라서 '나가떨어지는'과 같은 지시문은 갈등의 상황에서 현실감을 높이는 요인으로 작용한다.

③ 〈보기〉에서 영화 기법 용어들의 사용은 현장성을 강화한다고 했으므로 효과음은 현장성을 강조할 수 있다. 또한 '옥수 귀엔 언제까지나 확대되어 가는 박살 나는 독 소리.'라고 했으니, 점점 커지는 효과음은 박살 난 독에 신경이 쓰이는 '옥수'의 내면적 반응까지도 드러내고 있다.

④ 〈보기〉에서 시나리오는 소설과 달리 시각적 묘사를 통해 현실감을 높인다고 하였다. 따라서 사물에 대한 구체적인 묘사는 당연히 현실감을 높일 수 있다.

인동차 / 청산도 / 조그만 사랑 노래

지문분석

(가) 인동차

노주인의 장벽(腸壁)에
무시로 인동(忍冬) 삼긴 물이 나린다.

▶ 일단 화자가 바라보는 노주인은 인동차를 마시며 추운 겨울을 견디고 있다. 이는 2번 문제에 있는 <보기>의 내용을 고려할 때, 일제 치하의 현실을 참고 견뎌 내고 있다는 의미로 해석할 수 있다.

자작나무 덩그럭 불이
도로 피어 붉고,

▶ 죽었던 불이 다시 피는구나. 뭔가 변화가 느껴지네?

구석에 그늘 지어
무가 순 돋아 파릇하고,

▶ 또한 무순이 돋아나고 있어. 분명 겨울이지만 시간이 계속 봄을 향해 흐른다는 것이고, 결국 일제 치하의 우리 현실도 겨울이 지나 봄이 오는 것처럼 해방을 맞이할 수 있다는 것을 암시하고 있는 구절이야.

흙냄새 훈훈히 김도 서리다가
바깥 풍설(風雪) 소리에 잠착하다.

▶ 바깥은 눈이 내리고 바람이 불고 있나 봐. 이런 상황에서 노주인은 생각에 잠겨 있네.

(잠착하다 : 정신을 골똘하게 쓰다.)

산중에 책력(冊曆)도 없이

▶ 산속에서 달력도 없이

삼동(三冬)이 하이얗다.

▶ 하얗게 눈 덮인 산속에서 시간의 흐름도 잊은 채 정신적 자존감을 지키며 모진 현실을 견디는 노주인의 삶이 나타나고 있구나. 하지만 2연과 3연에서 분명 시간의 흐름을 엿볼 수 있었고, 노주인에게도 자연의 섭리처럼 결국 봄은 오겠지.

(나) 청산도

산아. 우뚝 솟은 푸른 산아.

▶ 산에게 말을 건네고 있구나. 참고로 대상을 부른다는 것은 의사소통의 대상으로 여긴다는 것이다. 따라서 사람이 아닌 대상을 부르는 순간 의인화가 된 것이고, 이를 통해 대상에 대한 친밀감을 형성할 수 있다.

철철철 흐르듯 짙푸른 산아.

▶ 산의 푸르름을 역동적으로 형상화하고 있다.

숱한 나무들, 무성히 무성히 우거진 산마루에, 금빛 기름진 햇살은 내려오고,

▶ 나무들이 우거지고 금빛의 햇살이 비치는 풍요로운 청산의 이미지를 생동감 있게 표현했어.

둥 둥 산을 넘어, 흰 구름 건넌 자리 씻기는 하늘.

▶ 맑은 하늘을 생동감 있게 표현했군.

사슴도 안 오고 바람도 안 불고, 넘엇 골 골짜기서 울어 오는 뻐꾸기…….

▶ 희한하게 청산이 공허하고 적막한 모습이네.

▶ 외재적 관점으로 보면, 해방이 되었으나 아직은 진정한 이상향이 도래하지 않았다는 비관적인 현실 인식이 나타났다고 볼 수 있어.

산아. 푸른 산아. 네 가슴 향기로운 풀밭에 엎드리면, 나는 가슴이 울어라.

▶ 화자의 슬픈 정서가 직접적으로 나타났다.

흐르는 골짜기 스며드는 물소리에, 내사 줄줄줄 가슴이 울어라.

▶ 내사 : 나는

▶ 줄줄줄 : 물이 흐르는 소리 + 화자의 흐르는 눈물

아득히 가 버린 것 잊어버린 하늘과, 아른아른 오지 않는 보고 싶은 하늘에, 어찌면 만나도질 볼이 고운 사람이,

▶ 하늘, 볼이 고운 사람 : 부재하는 대상, 화자가 그리워하는 대상

난 혼자 그리워라. 가슴으로 그리워라.

티끌 부는 세상에도 벌레 같은 세상에도

▶ 혼란스러운 부정적 현실에도

눈 맑은, 가슴 맑은, 보고지운 나의 사람.

▶ '맑은'이라는 시어를 통해 건강하고 순수한 '나의 사람'의 모습을 나타냈어.

달밤이나 새벽녘,

▶ 아직은 암담한 현실이구나.

홀로 서서 눈물 어릴 볼이 고운 나의 사람. 달 가고, 밤 가고, 눈물도 가고,

▶ 부정적인 현실(달, 밤, 눈물)이 모두 지나가고

틔어 올 밝은 하늘 빛난 아침 이르면,

▶ 화자가 소망하는 세상이 오면,

향기로운 이슬 밭 푸른 언덕을, 총총총 달려도 와 줄 볼이 고운 나의 사람.

푸른 산 한나절 구름은 가고, 골 넘어, 골 넘어, 뻐꾸기는 우는데, 눈에 어려 흘러가는 물결 같은 사람 속, 아우성쳐 흘러가는 물결 같은 사람 속에,

▶ 외재적 관점으로 보면, 광복 후의 혼란스러운 상황을 흘러가는 물에 비유한 것으로 볼 수 있어.

난 그리노라. 너만 그리노라.

▶ 기다림의 확고한 의지가 나타나는 구나.

혼자서 철도 없이 난 너만 그리노라.

▶ 대상에 대한 기다림을 '철도 없이'라고 표현하여 그것의 실현이 결코 쉽지 않음을 드러내고 있어. 하지만 동시에 '난 그리노라. 너만 그리노라.'라고 반복하면서 기다림에 대한 굳은 의지를 보여 주고 있다.

(다) 조그만 사랑 노래

어제를 동여맨 편지를 받았다

▶ 시작부터 황당하다. 어제를 동여맨 편지라니... 굳이 생각해 본다면, 어제까지 함께했던 모든 추억을 갖고 가라는 편지로 볼 수 있겠다. 한마디로 이별의 편지인 셈이지.

늘 그대 뒤를 따르던

길 문득 사라지고

길 아닌 것들도 사라지고

▶ 세상에서 길이 사라지고 길이 아닌 것들도 사라졌네. 그럼 뭐가 사라진 것이겠니. 모든 것이 사라진 셈이지. 이별의 편지는 화자에게 이런 의미였나 봐.

여기저기서 어린 날

우리와 놀아 주던 돌들이

▶ 돌들은 과거의 추억을 떠올리게 하는 것으로 볼 수 있어.

얼굴을 가리고 박혀 있다

▶ 과거의 추억을 떠올리게 하는 돌들마저 화자를 외면하는 현실이라는 거지.

▶ 이미 이별을 했으니, 그 사람과의 추억은 의미가 없겠지.

사랑한다 사랑한다, 추위 환한 저녁 하늘에

▶ 상황을 고려했을 때 거의 절규처럼 들리는구나. 대상이 없는 고백. 공허한 고백. 이처럼 처절한 고백이 있을까.

찬찬히 깨어진 금들이 보인다

▶ 사랑의 아픔을 간직한 화자에게 세상은 무너지는 것처럼 보이는구나.

성긴 눈 날린다

▶ 성긴(듬성듬성한) 눈이 내린다.

땅 어디에 내려앉지 못하고

눈 뜨고 떨며 한없이 떠다니는

몇 송이 눈.

▶ 외로운 화자가 이 세상 어디에도 안주하지 못하고, 방황할 수밖에 없는 모습을 '눈'으로 형상화하여 나타내고 있다. 이런 화자의 반응을 문학적으로 '방향 상실'이라고 얘기한다.

▶ 이런 시는 진짜 사랑을 해보면 가슴에 사무치게 와 닿을 수 있다. 온갖 유행가의 가사가 다 내 얘기 같고, 개그 프로그램을 보면서도 이유 없이 눈물이 나고, 세상 모든 것이 나와는 상관없는 듯한 철저한 고립감. 방향 상실. 나중에 꼭 경험해 보길 바란다. 아픈 만큼 성숙해지니까.^^

문제분석 01-05번

번호	정답	정답률(%)	선지별 선택비율(%)				
			①	②	③	④	⑤
1	②	88	4	88	6	1	1
2	④	87	3	5	4	87	1
3	⑤	72	21	1	3	3	72
4	①	88	88	2	3	5	2
5	②	82	8	82	3	6	1

01

정답설명

② '시'의 특징이 뭐니? 학생들에게 물어보면 많이 나오는 답이 바로 '함축적'이라는 것이다. 그래, 맞다. 시는 추상적인 정서를 구체적인 사물을 통해 드러내는 형상화의 특징을 가지고 있다. 시는 본질적으로 '형상화'의 문학이라는 것이다. 시라면 당연히 사용되는 '비유와 상징'이 바로 추상적인 것을 구체화하는 형상화를 말하는 것이다. 쉽게 말해 '추상적 정서'를 '구체적 이미지'로 나타낸다는 말이 선지에 있다면, 위의 작품이 '시'라고 선지에서 설명하는 것과 마찬가지라는 것이다. 즉, ②는 99% 시에 적용이 되는 상당히 보편적인 선지이고, '시각적 이미지'만 등장한다면 무조건 허용할 수 있는 선지인 것이다.

(가)에서는 '붉고', '파릇하고', '하이얗다'와 같은 시각적 이미지를 찾을 수 있다. 또, (나)는 '짙푸른 산'의 모습을 시각적으로 나타내고 있고, (다)에서도 '성긴 눈'이 날리는 모습을 시각적으로 나타내고 있구나.

형태쌤의 과외시간

그럼 형상화를 정답 선지로 출제했던 기출 사례를 몇 개만 찾아볼까?

[2008학년도 9평]
[A], [B]는 모두 자연물을 통해 정서를 환기한다.

[2010학년도 9평]
시적 상황에 대한 화자의 인식을 자연물을 통해 드러내고 있다.

[2011학년도 6평]
감각적 심상을 통해 화자의 현재 상황을 나타내고 있다.

[2012학년도 6평]
감각적 이미지를 통해 정서를 구체화하고 있다.

[2013학년도 6평]
소재에 상징적 의미를 부여하여 주제 의식을 부각하고 있다.

[2019학년도 6평]
화자의 인식을 자연물에 투영하여 시적 정서를 환기하고 있다.

[2023학년도 9평]
빗대어 표현하는 방식으로 대상의 속성을 드러내고 있다.

[2024학년도 9평]
묘사의 방식을 활용하여 대상의 특징을 구체화하고 있다.

이 정도면 거의 집착 수준이라고 할 수 있겠다. 자. 이젠 더 이상 고민하지 말고, 이와 같은 선지가 시험장에서 나오면 가장 먼저 검토해서 빠르게 풀이를 진행하자.

오답설명

① (가) X, (나) O, (다) X / (나)에는 '그리워라' 등의 종결 어미에서 명확하게 영탄이 나타나지만, (다)에서는 '사랑한다'라는 구절이 애매하다. 내용상 여친에게 이별 통보를 받고 절규하는 화자의 모습으로 볼 수 있지만, 형식 자체는 담담하게 정서를 표출하고 있다. 그럼 결론!!! 수사법을 논할 때는 일단 '형식'에 주목하는 것이 우선이기에 영탄이 아니라고 보는 것이 합리적이겠다.

③ (가) O, (나) X, (다) X / (나) : '나는', '난', '나의' 등에서, (다) : '우리'
에서 화자가 표면에 드러나 있음을 알 수 있다.

④ (가) X, (나) O, (다) X / (나)의 1연에서 '유음(ㄹ)'과 '음성 상징어(철철
철)'를 통해 산의 생명력을 경쾌한 어조로 드러냈다고 볼 여지가 있다.
그래도 (가), (다)에서는 확실히 X 처리를 하면 된다.

⑤ (가) X, (나) X, (다) X / (가)~(다) 모두 먼 곳에서 가까운 곳으로 화자
의 시선이 이동하는 것을 확인할 수 없다.

02

정답설명

④ 〈보기〉를 저렇게 장황하게 써준 이유는 문제 풀 때 사용하라는 의미다.
〈보기〉에서 정지용은 서울에 살고 있다고 했구나. 서울에서 도회(사람
이 많이 살고 상공업이 발달한 번잡한 지역)의 삶을 그리워하는 것이
말이 안 되지. 게다가 시에서도 확인할 수 없는 내용이다.

오답설명

① 일제 말기의 작품인 것을 고려한다면 겨울이 힘든 현실을 비유한 것이
며, 이를 참고 견디려는 정신적 자세를 이야기하고 있음을 알 수 있다.

② '인동차', '장벽', '무시로'의 뜻은 〈보기〉에 제시되어 있으며, 이를 통해
'노주인의 장벽에 / 무시로 인동 삼긴 물이 나린다.'라는 구절이 '인동
차를 마신다'는 행동을 낯설게 바꾸어 표현한 것임을 알 수 있다.

③ 시는 기본적으로 정태적 서술 방식인 '묘사'를 쓰고 있고, 이를 통해 시
간이 정지된 '생각과 정서'를 담아내기 때문에 '시간의 흐름이 없는' 장
르라고 할 수 있다. 하지만 간혹 '시간의 흐름'이 나타날 때가 있는데,
이런 경우는 특이한 케이스이기 때문에 출제 요소가 된다.
'불이 / 도로 피어 붉고' 이 구절은 분명 시각적으로 '시간의 흐름'이
확인되지 않는다. 따라서 표면적으로는 시간의 흐름이 나타나지 않는다
고 할 수 있지만, 불이 '도로(다시, 이전처럼)' 붉어진다는 변화의 측
면에서 시간의 흐름을 '옛(추측, 짐작)'볼 수 있다고 출제자는 본 것
이다. 문학에서 '시간' 개념을 출제자가 얼마나 세심하게 다루는지 확
인할 수 있는 문제이다.

⑤ 글자 수가 바뀌면 '운율'도 바뀐다. 시에서 '운율'이 바뀌면 '정감의 깊
이가 더해지는 효과'가 있으며, 주제도 부각되고, 정서도 효과적으로,
섬세하게... 등등 웬만한 말은 허용할 수 있게 된다.

03

정답설명

⑤ ⓐ와 ⓑ는 모두 화자가 원하는 대상이라고 할 수 있다. (나)에는 대상에
대한 지향이 중점적으로 나타나 있고, (다)에는 대상의 부재에 따른 화
자의 상황과 정서가 중점적으로 서술되어 있다. 특히 (다)에서 화자가
바라보는 '떠다니는 / 몇 송이 눈.'은 상실감에 방황하는 화자의 모습을
나타낸다고 볼 수 있다.

오답설명

① '초월적 존재'는 어떤 한계나 표준을 뛰어넘는 존재로 문학에서 보통
'신적 존재' 혹은 '기원의 대상'을 지칭한다. 예를 들어 「정과정」에서
화자의 결백을 알고 있는 '잔월효성(달과 별)', 「정읍사」에서 화자의 소
망을 들어주는 대상인 '달', 중매를 관장한다는 신적 존재인 '월하노인'
등이 대표적인 초월적 존재다. ⓐ와 ⓑ 모두 화자가 추구하는 초월적
존재와는 거리가 멀다.

② 모두 화자가 두려워하고 있는 부정적 존재? 말도 안 된다. 모두 화자가
그리워하고 원하는 대상이다.

③ 반목하다 : 서로서로 시기하고 미워하다. (다)의 화자가 '그대'를 미워
한다면, '그대'가 부재한 현실에 방황하지 않겠지!

④ ⓐ의 부재 상황이 화자의 상황을 심화한다는 것은 허용할 수 있지만, ⓐ
자체가 현실의 모순을 심화하는 것은 아니다.

04

정답설명

① 의사소통의 대상으로 삼음 : 산아(자연물)

시어의 반복·변용 : 산아, 푸른 산아, 짙푸른 산아

음성 상징어 활용 : 철철철

형태쌤의 과외시간

**주술(呪術) : 불행이나 재해를 막으려고 주문을 외거나 술법을 부리는
일.**

주술적 : 문학에서 '주술적'은 비합리적 믿음을 통해 소망을 이루려는
태도를 지칭한다. 수능 볼 때 '엿'을 주는 것도 단순히 '엿 먹으세요.'라는
것은 아니지. 이것도 하나의 주술적 행동이라고 볼 수 있다. 문학에서는
고전 시가의 작품이 주로 배경 설화와 함께 등장한다. 예를 들어 「처용가」
의 배경 설화를 보면 사람들이 '처용의 초상화'를 문에 붙이면서 역신의 출
입을 막았다는 내용이 있다. 또한 「구지가」의 배경 설화를 보면 '노래'를
통해 왕의 영접을 기원했다는 내용이 나온다. 이러한 태도가 모두 '주술적
태도'에 해당이 된다.

오답설명

② 음성 상징어(둥 둥)만 사용되었다.

③ 자연을 의사소통의 대상으로 삼고(산아.), 시어를 반복·변용하였으나(산
아. 푸른 산아.) 음성 상징어는 활용하지 않았다.

④ 음성 상징어(줄줄줄)만 활용하였다.

⑤ 시어를 반복한 부분(골 넘어, 골 넘어)만 나타났다.

05

정답설명

② 냉소적(冷笑的) : 쌀쌀한 태도로 비웃는 것. → 부정적인 대상에 대해
비판적으로 바라보며 비웃는(비꼬는) 태도라고 보면 된다. (다)에는 대
상의 부재에 따른 방향 상실 등은 나타나지만, 원망이나 비난 등은 나
타나지 않는다. 따라서 냉소적 어조는 나타나지 않았으며 대상과의 거

리감도 드러나지 않았다.

오답설명

① '사랑한다'는 분명 감정의 직접적인 표현이다.

③ (다)는 마지막 행을 '눈'이라는 명사로 끝맺고 있으며 이를 통해 여운을 형성하고 있다. '여운을 준다.'와 관련된 다양한 평가원 출제 사례를 살펴보자.

형태쌤의 과외시간

[2006학년도 6평]
감각적 심상으로 마무리하여 여운을 준다.

[2006학년도 수능]
마지막 행을 명사로 끝맺어 여운을 준다.

[2008학년도 9평]
시상이 집약된 시어로 끝맺어 여운을 준다.

[2010학년도 6평]
명사로 끝맺은 시행을 반복하여 시적인 여운을 준다.

→ 결론 : 명사로 끝나거나, 감각적 심상으로 끝나면 여운을 준다. 혹은 당연한 얘기지만 '생략(……)'을 해도 여운을 줄 수 있겠지.

④ 구두점의 생략 : 어제를 동여맨 편지를 받았다(.)

조사 생략 : 그대(의) 뒤를 따르던, 길(이) 문득 사라지고

⑤ '눈'이란다. 겨울이라는 계절감을 나타내는 소재가 나왔다.

작자 미상 – 흥부전

지문분석

[지문에서 체크할 것]

※ 공간
  (중략 이전) 흥부와 아내가 있는 곳 → 놀부의 집
  (중략 이후) 동네 집 → 놀부의 집 → 강남

※ 서술자의 개입
  마음이 이러하매 부귀를 바랄쏘냐? / 놀부 놈의 거동 보소.

[전체 줄거리]

충청, 전라, 경상도 사이에 심술 고약한 놀부와 착하고 순한 흥부 형제가 살고 있었다. 형 놀부는 부모가 남긴 재산을 독차지하고 동생 흥부를 쫓아낸다. 아내와 여러 자식들을 거느리고 굶주린 채 갖은 고생을 하면서 묵묵히 살아가던 흥부는 온갖 궂은 일을 도맡아 하지만 가난에서 벗어나지 못한다.

그러던 어느 날 흥부는 땅에 떨어진 새끼 제비의 부러진 다리를 치료하고 돌봐 준다. 그리고 다음 해에 그 제비가 흥부에게 은혜를 갚으려고 박씨 하나를 물어다 준다. 그 박씨를 심은 흥부가 가을이 되어 박을 따서 열어 보니 온갖 금은보화가 쏟아져 나와 부자가 된다.

이 소문을 들은 놀부는 일부러 제비의 다리를 부러뜨려서 치료하여 날려 보낸다. 놀부도 다음 해에 제비가 물어다 준 박씨를 심었는데, 가을이 되어 박을 따 보니 온갖 괴물이 나와서 망하게 된다. 흥부는 이 소식을 듣고 놀부에게 재물을 나눠 주어 함께 살자고 하여 형제가 화목하게 살아가게 된다.

문제분석   01-04번

번호	정답	정답률 (%)	선지별 선택비율(%)				
			①	②	③	④	⑤
1	③	90	3	1	90	3	3
2	⑤	80	4	4	7	5	80
3	②	58	7	58	6	13	16
4	④	90	3	3	2	90	2

01

정답설명

③ 가난하고 초라한 흥부의 옷차림인 '망건, 중치막, 술 띠, 고의, 짚신, 부채' 등을 '열거'하여 나타낸다. 그런데 망건에는 편자가 있어야 하는데 없고, 금·옥·뼈·뿔로 만드는 관자 대신에 박 쪼가리로 만든 관자를 달고 있다. 이렇게 격식에도 맞지 않는 망건을 '대가리 터지게' 동여매고 걸어가는 흥부의 모습을 '바람맞은 병인' 같고 '잘 쓰는 대비(빗자루)' 같다고 하며 '해학적으로 표현'하고 있다.

오답설명

① 판소리계 소설의 특징인 '운문체'를 출제하였구나. ㉠을 읽으면 자연스럽게 4토막으로 끊어 읽을 수 있다(4음보). 또한 글자 수도 거의 4글자씩 구성되어 있다(4·4조의 음수율). 따라서 전체적으로 '운문체'를 사용한 것은 맞다. 그러나 ㉠에는 흥부의 행동과 차림새 같은 외양 묘사만 나올 뿐 '인물 사이의 갈등'은 나타나지 않는다.

형태쌤의 과외시간

판소리계 소설은 소설이면서도 판소리의 특성이 남아있는데, 그 중 대표적인 것이 '장면의 극대화'이다.

'장면의 극대화'는 재미있거나 긴장감이 고조되는 장면을 '반복과 열거'를 통해 늘여서 표현하는 방법으로 여기에 쓰인 문장을 **'확장적 문체' 혹은 '율문투'**라고 한다. 리듬이 없는 산문에, 리듬감이 있는 문체의 사용은 특이한 케이스로 평가원이 주목하는 출제 요소라고 볼 수 있다.

[2007학년도 9평]「숙향전」
- 율문투를 사용하여 비극적 분위기를 고조시키고 있다.
[2007학년도 수능]「적벽가」
- (마)는 노래로 부르기 적합한 요소를 가지고 있다.
[2009학년도 9평]「박흥보전」
- 동일한 구조의 문장을 중첩하여 리듬감을 살린다.
[2015학년도 6월A]「흥부전」
- 운문체를 사용하여 인물 사이의 갈등을 부각하고 있다.

② ㉠은 전체가 '현재'로만 이루어졌다.

④ ㉠에는 배경 묘사가 없고, 단지 흥부의 겉모습만 나타나는데, 그 모습이 초라하고 볼품없는 모습이기에 '밝고 역동적인 분위기를 조성'한다고 할 수 없다.

⑤ 일반적으로 사건이 요약적으로 제시되면 서사는 빠르게 진행되고, 묘사와 대화로 제시되면 서사는 느리게 진행된다. ㉠은 흥부의 겉모습만 묘사하고 있을 뿐 사건이 제시되어 있지 않으므로, 서사의 속도 전개를 느낄 수 없다.

02

정답설명

⑤ [B]에서는 놀부가 먹을 것을 얻으러 온 흥부를 꾸짖는 모습이 나타난다. 그리고 [C]는 제비가 자신을 절뚝발이가 되게 한 놀부를 고발하는 장면이다. 즉, [C]는 [B]의 놀부의 언행과는 관련이 없다.

오답설명

① '서술자의 서술'로 흥부의 성품('흥부 마음 인후하여 청산유수와 곤륜옥결이라. 성덕을 본받고 악인을 저어하며 물욕에 탐이 없고 주색에 무심하니')을 드러내고, 흥부와 흥부 아내의 '대화'를 통해 흥부의 가난한 '처지'를 드러내고 있다.

② '놀부 놈의 거동 보소.'에서 '놈'은 '남자'를 낮추어 이르는 말이다. 서술

자가 놀부를 '놀부 놈'이라고 서술한 것은 놀부에 대한 서술자의 부정적인 평가가 반영된 것으로 볼 수 있다.

③ '강남'에서 황제 제비와 다리가 부러진 제비의 '대화'를 통해 놀부의 악행을 비판하는 '서사가 진행'되고 있으므로, '우화(동식물을 의인화하여 풍자와 교훈을 담은 이야기)적 공간에서 서사가 진행'되는 것이다. 우화를 사용하여 욕심 탓에 제비의 다리를 일부러 부러트린 놀부를 풍자하고, 욕심을 부리지 말고 착하게 살자는 교훈을 주고 있다. 간혹 서사가 진행된다는 것이 무엇인지 질문하는 학생들이 있는데, 어렵게 생각하지 말고 '이야기가 진행된다', '사건이 진행된다' 정도의 의미로 이해하면 된다.

④ [A]의 "형님이 음식 끝을 보면 사촌을 몰라보고 똥 싸도록 때리는데, 그 매를 뉘 아들놈이 맞단 말이오?", "애고 동냥은 못 준들 쪽박조차 깨칠쏜가. 맞으나 아니 맞으나 쏘아나 본다고 건너가 봅소."를 통해 흥부가 놀부에게 음식을 얻으러 가면 봉변을 당할 수 있다는 것을 알고 있음을 확인할 수 있다. 따라서 [A]에서 흥부와 흥부 아내의 대화는 [B]에서 일어나는 흥부와 놀부의 갈등 상황을 예고한다고 볼 수 있다.

03

정답설명

② 정말 많은 학생들이 시험장에서 이 쉬운 문제를 틀렸다. 학생들이 〈보기〉 문제에서 가장 쉽게 낚이는 케이스가 바로 지문을 배제한 채 〈보기〉와 선지만 비교하는 케이스다.
물론 〈보기〉와 선지만 비교해도 쉽게 답이 나오는 문제들도 있다. 하지만 고난도의 문제에서는 반드시 〈보기〉와 선지, 그리고 지문을 모두 고려해서 대응해야 한다.
간혹 EBS 작품을 열심히 공부한 학생들이 수능날 아는 지문이라고 대충 보고 풀이하다가 틀리는 케이스도 종종 있는데, 이런 문제에 낚이지 않기 위해서라도 수능날에는 아는 지문도 다시 꼼꼼히 보는 완벽함이 필요하겠다.
지문으로 눈을 돌려라. 놀부는 '갈가마귀'를 보고 제비로 착각하여 "제비 인제 온다."라고 말하지만 제비가 아님을 알고, '눈을 멀겋게 뜨고 보다가' 하릴없이(달리 어떻게 할 도리가 없어) 동네를 다니며 제비를 집으로 몰아들이는 적극적인 행동을 보인다. 즉, '다른 새들을 몰아내는' 행동은 하지 않았다.

오답설명

① 놀부는 제비 다리를 고쳐 주는 상황을 '인위적으로' 만들기 위해 '동지섣달'부터 제비를 기다린다. '동지섣달'은 겨울이기 때문에 제비가 올 수 없으므로 그만큼 놀부의 마음이 급하다는 것을 알 수 있다. 이는 '더 큰 부자가 되겠다는 욕망'을 이루기 위한 '놀부의 조급성'을 보여 준다.

③ 놀부는 '사면에 제비 집을 지어' 제비를 들이몰아 '인위적인 상황'을 만들어 흥부의 행동을 '악의적으로 모방'하려 한다.

④ 놀부는 흥부처럼 박씨를 얻어 부자가 되기 위해 제비를 기다리고, 제비의 다리를 고쳐 주었다. 그러니 이제 남은 일은 강남으로 들어간 제비가 박씨를 물어오는 일뿐이므로, 놀부의 입장에서는 기다릴 수밖에 없는 상황이다.

⑤ '보수표'는 '원수를 갚는 박'이란 뜻이므로, 이를 받게 될 놀부는 '화를

입게' 되어 욕망 실현이 '좌절'될 것임을 보여 준다. 또한 놀부가 박씨에 '보수표'를 새기는 행위를 막지 못하는 상황이었으므로 〈보기〉의 'Ⅱ단계'에 속한다는 선지의 내용도 적절하다.

04

정답설명

④ '병 주고 약 주는 격'은 '남을 해치고 나서 약을 주며 그를 구해 주는 체한다.'라는 뜻인데, 놀부가 제비를 다치게 한 뒤 치료해 주며 구해 주는 척하고 있으므로 적절한 반응이다.

오답설명

① '지렁이도 밟으면 꿈틀하는 격'은 '아무리 순한 사람이라도 업신여김을 당하면 가만히 있지 않는다.'라는 뜻이다. 놀부는 자신의 욕망을 위해 제비 다리를 부러뜨렸으므로 적절한 반응이 아니다.

② '방귀 뀐 놈이 성내는 격'은 '잘못을 저지른 쪽에서 오히려 남에게 성낸다.'라는 뜻이다. 놀부는 실수가 아니라 고의로 제비 다리를 부러뜨렸으며, 성을 내지 않고 있다.

③ '고래 싸움에 새우 등 터진 격'은 '강한 자들끼리 싸우는 통에 아무 상관도 없는 약한 자가 중간에 끼어 피해를 입게·된다.'라는 뜻으로 적절한 반응이 아니다.

⑤ '말 한마디에 천 냥 빚을 갚는 격'은 '말만 잘하면 어려운 일이나 불가능해 보이는 일도 해결할 수 있다.'라는 뜻인데, 놀부는 위로의 말을 통해 어려운 일을 해결하려고 한 것이 아니다.

염상섭 - 만세전

지문분석

[지문에서 체크할 것]

※ **시간**
　순행

※ **공간**
　차 안

※ **서술자의 관심사**
　1인칭 서술자가 주변 인물과의 대화를 서술하고 있다. 참고로 1인칭 시점은 주인공 시점인지 관찰자 시점인지 굳이 구분을 할 필요가 없다. 출제된 지문에 따라 다르게 볼 수 있기 때문이다. 그리고 평가원은 애매한 경우 시점 구분을 절대 요구하지 않는다. 여기서도 마찬가지다. 만세전은 소설 전체적으로는 1인칭 주인공 시점이지만, 출제된 부분만 보면 1인칭 관찰자 시점으로 볼 수 있다.

[전체 줄거리]

　일본 동경에서 유학 중이던 '나(이인화)'는 아내가 병이 깊어져 목숨이 위태롭다는 소식을 듣고 귀국한다. 20대 초반의 지식인이었던 '나'는 귀국하는 배 안에서 일본인이 조선인을 무시하는 것을 보고 분노하며, 처음으로 조선의 현실을 제대로 알게 된다. 서울에 도착했을 때 아내는 아버지의 고집으로 양방(서양에서 들어온 의술) 약을 먹지 못해 거의 죽어 가는 상태였다. '나'는 아내가 세상을 떠나자마자 급히 장례를 치르고 공동묘지처럼 느껴지는 조선을 떠나 일본으로 돌아간다.

문제분석 　01-03번

번호	정답	정답률(%)	선지별 선택비율(%)				
			①	②	③	④	⑤
1	②	81	4	81	4	4	7
2	③	80	6	4	80	5	5
3	②	63	10	63	10	8	9

01

정답설명

② '천대를 받아도 얻어맞는 것보다는 낫다!' 지문의 시작부터 냉소적 어조가 나온다. 그리고 '숨어 사는 것'을 '현명한 처세술'이라고 반어적으로 비꼬는 구절 등에서 냉소적 어조(냉소 : 쌀쌀한 태도로 비웃음. 또는 그런 웃음. / 쉽게 말해 대상에 대한 비판적인 비웃음을 생각하면 된다.)를 확인할 수 있다.

오답설명

① 배경 묘사가 길었거나 특이했다면 당연히 체크했겠지? 갈등이 해소될 것임을 암시하는 상징적 배경은 찾을 수 없다.

③ 지문은 '차 안'이라는 공간에서 시간의 흐름대로 진행되고 있다. 시작부터 끝까지 같은 장소와 같은 시간에서의 한 장면만 제시되어 있기에 빈번한 장면 전환이라는 설명은 적절하지 않다.

④ 주어진 장면 속 사건 외에 동시에 진행되는 사건은 나타나 있지 않다.

⑤ '삽화'는 본 줄거리와는 별도로 독립적인 작은 이야기를 끼워넣는 것을 말하고, '삽화 형식으로 나열'했다는 것은 A삽화, B삽화, C삽화... 이런 식으로 독립적인 삽화의 나열을 통해 지문을 구성했다는 것이다. 하지만 여기서는 삽화 형식으로 나열된 인물들의 체험은 나타나 있지 않다. 참고로 [2005학년도 9평] 「민옹전」은 작은 이야기를 나열하는 방식으로 지문이 구성되어 있었고, 당시에 서술상의 특징 정답이 '여러 개의 삽화가 병렬적으로 연결되어 있다.'였다.

02

정답설명

③ '나'는 주변인을 의식하며 말을 하고 있다. '나 역시 누가 듣지나 않는가 하고~무슨 오해가 생길지 그것이 나에게는 염려되는 것이었다.'에서 자신의 발언이 정치적으로 해석될까 염려하는 모습을 확인할 수 있다.

오답설명

① "화장을 지낸다기루~송덕비를 세우면 무엇에 쓴다는 말이오."는 '나'가 이야기하는 부분으로, '나'는 화장에 대해 오히려 긍정적으로 인식하고 있다고 볼 수 있다.

② '나'는 '공동묘지 법'의 시행 전 충분한 정보가 제공되어야 한다는 지적을 한 적이 없고 관심도 없다. '나는~언제 규정이 된 것이요 어떻게 시행하라는 것인지는 나로서는 알고 싶지도 않고, 그까짓 것은 아무렇거나 상관이 없는 일이지마는'에서 확인할 수 있다.

④ '장돌뱅이'는 묘지를 없애는 것에 대해 반대하고 있으며, '공동묘지 법'의 목적이 묘지를 없애 집터를 넓히는 것이라고 믿는지 여부는 윗글에 나타나지 않는다. 오히려 집터에 대한 언급은 '나'가 하고 있다.

⑤ '공동묘지 법'이 '애급'의 관습을 따랐다는 것도 나오지 않았고, '장돌뱅이'는 '애급'의 장례 이야기를 '무슨 소리인지 귀에 자세히 들어오지 않는 모양'이라 했으므로 적절하지 않다.

03

정답설명

② 은근히 많은 학생들이 시험장에서 이 문제를 틀렸다. 지문의 어휘가 사실 쉽지 않고 시험장에서 마음이 급해서 빠르게 문제를 풀다가 정답을 보지 못한 것이다. 학생들이 〈보기〉 문제에서 가장 쉽게 낚이는 케이스가 바로 지문을 배제한 채 〈보기〉와 선지만 비교하는 케이스다. 물론 〈보기〉와 선지만 비교해도 쉽게 답이 나오는 난이도 낮은 문제들도 있다. 하지만 고난도의 문제에서는 반드시 〈보기〉와 선지, 그리고 지문을 모두 고려해서 대응해야 한다. 지문이 어렵고 시간이 없더라도 확인할 것은 확인해야 한다.

형태쌤의 과외시간

1문단으로 가 보자.

1) **천대를 받아도 얻어맞는 것보다는 낫다!**
→ 천대를 받아도 맞는 것보다는 낫다고 하는데, 진심인지 반어인지 계속 가보자.

2) **미친 체하고~어리광 비슷한 수작을 하거나, 스라소니(살쾡이) 행세를 하거나 하여, 어떻든지 저편(일제)의 호감을 사고 저편을 웃기기만 하면 목전에 닥쳐오는 핍박은 면할 것이다.**
→ 미친 척하거나 어리광을 부리거나 살쾡이 행세를 하더라도 어떻게든 상대방(일제)의 호감을 사고, 상대방을 웃길 수 있으면, 눈앞의 핍박을 면할 수 있을 거라고 한다. 상당히 비아냥거리는 어조다. 이쯤 되면 1)의 문장이 반어라는 것을 알 수 있다.

3) **공포(두려움), 경계(조심, 단속), 미봉(임시 방편), 가식(거짓으로 꾸밈), 굴복(복종), 도회(숨김), 비굴(줏대 X)…… 이러한 모든 것에 숨어 사는 것이 조선 사람의 가장 유리한 생활 방도요, 현명한 처세술이다.**
→ 낯선 단어들도 있긴 하지만, 전반적으로 부정적인 단어들을 나열하고 있고, 이 모든 것에 '숨어 사는 것'이 가장 유리한 생활 방도요, 현명한 처세술이라며 반어적으로 비꼬고 있다.

4) **실상 생각하면 우리의 이러한 생활 철학은 오늘에 터득한 것이 아니요, 오랫동안 봉건적 성장과 관료전제 밑에서 더께가 앉고 굳어 빠진 껍질이지마는, 그 껍질 속으로 점점 더 파고들어 가는 것이 지금의 우리 생활이다.**
→ 그리고 3)에서 언급한 '숨어 사는 것'이 우리의 '생활 철학'인데 이것은 예전(신분제 당시)부터 있었던 것이고, 지금은 더 심해지고 있다고 하였다.

종합해 보자. 작가를 대변하는 1인칭 서술자는 분명 '생활 철학'을 부정적으로 바라보고 있고, 반어적으로 비꼬고 있다. 따라서 '생활 철학'을 터득하려는 개개인의 의지는 절대 옹호하지 않았다.

간혹, 학생들이 '나'도 주변을 경계한다는 점에서 '생활 철학'을 따르고 있다고 볼 수도 있지 않느냐고 질문한다. 하지만 이것은 시대적 여건을 고려하지 않고 지문을 읽었기 때문에 그렇다. '나'가 일제 치하의 여건상 본인의 말에 신중을 가하는 것은 당연한 것이다. 이렇게 본다면, 분명 '나'는 '생활 철학'을 부정적으로 바라보고 있는 것이고, 1문단의 내용은 반어적인 것이다. 따라서 '생활 철학'을 터득하려는 개개인의 의지를 옹호했다는 설명은 적절하지 않다.

오답설명

① '나'는 생활 현실과 관련된 시속의 '처세술'에 대해 비판적으로 성찰하고 있으므로, 생활의 표현을 통해 근대 문학의 정신에 접근하려고 한 작가의 주장을 엿볼 수 있다.

③ '나'는 '지금의 우리 생활'을 '봉건적' 성장과 관료전제의 껍질 속으로 파고들어 가는 것으로 인식하고 있으므로, 이를 통해 삶의 문제를 비판적으로 조망하려는 작가의 시각을 엿볼 수 있다.

④ '화젯거리'가 되고 있는 '공동묘지 이야기'를 다루고 있는 점으로 보아, 생활의 흔적을 다루려고 한 작가의 노력을 살필 수 있다.

⑤ 1인칭 시점을 적용하고 있는 것으로 보아, 개인의 내면을 드러내는 방식을 사용하여 개성을 표현하려는 작가의 관심을 찾을 수 있다.

김정한 - 모래톱 이야기

지문분석

[지문에서 체크할 것]

※ 시간
　순행적 구성

※ 공간
　건우네 집(중략 이전)

※ 서술자의 관심사
　1인칭 서술자는 건우와 건우의 가족에 주목하면서 조마이섬 사람들의 삶에 관심을 갖고 있다.

[전체 줄거리]

　이 글은 '나'가 20년 전에 경험한 이야기이다. K중학교 교사였던 '나'는 나룻배 통학생인 건우의 생활에 관심을 갖고 가정 방문을 가게 된다. 건우네는 선비 가문임에도 자기 땅이 없었고, 아버지는 6·25 때 전사했으며 할아버지가 돈을 벌어서 간신히 살아가고 있었다. '나'는 건우네서 돌아오는 길에 우연히 윤춘삼을 만나게 되는데 그는 과거에 '나'와 같이 옥살이를 했던 사람이었다. '나'는 그의 소개로 갈밭새 영감(건우 할아버지)을 만나 조마이섬 사람들의 삶에 대해 알게 된다. 조마이섬은 일제 강점기 이후로 계속 땅 주인이 바뀌었고, 지금은 유력자(세력이나 재산이 있는 사람)들의 손에 들어갔다. 그해 여름, 섬에 홍수가 났다는 말에 '나'는 섬으로 돌아오다가 윤춘삼을 만나 갈밭새 영감 이야기를 듣게 된다. 홍수로 섬은 위기를 맞는데, 둑을 허물지 않으면 섬이 홍수에 휩쓸리기 때문에 주민들은 둑을 파헤친다. 이때 둑을 쌓아 섬 전체를 집어삼키려던 유력자의 앞잡이들이 방해를 하자, 화가 난 갈밭새 영감은 그중 한 명을 물속에 집어던지고 말았다. 이 사건으로 갈밭새 영감은 살인죄로 감옥에 갔고 건우는 학교에 오지 않게 되었으며 조마이섬에는 군대가 배치되었다.

문제분석　01-05번

번호	정답	정답률 (%)	선지별 선택비율(%)				
			①	②	③	④	⑤
1	④	89	3	4	1	89	3
2	②	91	2	91	2	3	2
3	④	79	5	4	5	79	7
4	③	57	3	26	57	5	9
5	①	93	93	1	2	3	1

01

정답설명

④ 1인칭 관찰자 시점일 경우 너무도 당연한 말이 선지로 구성되었구나. 1인칭 서술자인 '나'는 건우의 '집 안팎 광경들'을 구체적으로 '묘사'하면서, 그렇게 집을 유지하려면 건우 어머니는 '꽤 부지런하고 친절한 여성'일 것이라고 짐작한다. 또한 건우 어머니의 '불가진 듯한 이마'와 '짙은 눈썹'을 보면서 의지가 강하고 정열적일 것이라고 판단한다.

오답설명

① 지문을 꼼꼼하게 독해했던 학생들이 살짝 고민했던 선지다. 보통 '공간적 배경을 활용하여 주제를 암시적으로 드러낸다.'라는 식으로 선지가 구성될 때는 '주제를 암시적으로 드러낸다.'라는 부분을 고민할 필요가 없었기 때문이다.

형태쌤의 과외시간

이 선지는 두 가지 면에서 오답의 근거를 찾을 수 있다.

1단계) 공간적 배경을 제시하지 않았다.
마루청, 장독대, 장다리꽃들은 집안에서 바라본 '주변 사물'들이기에 '공간적 배경'으로 보기에는 무리가 있다.

2단계) 공간적 배경을 허용하더라도 주제와 연관성이 떨어진다.
4번 문제의 〈보기〉에서는 이 작품의 주제를 명시적으로 제시하였다. '약자들의 부조리한 현실 증언과 비판'이 바로 주제이다. 그런데 위에서 제시한 마루청, 장독대, 장다리꽃을 가지고 이러한 주제와 연관 짓는 것은 어렵다.

출제자는 학생들에게 이 정도의 사고를 요구하진 않았을 것이다. 지금까지 기출의 패턴을 고려해 보면 1단계에서 오답을 지울 수 있도록 출제를 했을 것이다. 다만 명쾌하게 지워지지 않는 애매한 구석이 있다. 고민하지 말자. 수능이라면 분명히 이 선지는 검토 과정에서 논란이 되었을 것이고, 수정이 되었을 것이다.

② 마루청, 장독대, 장다리꽃들은 농삿집에서 흔히 볼 수 있는 '일상적'인 것들이다. 그러나 이러한 소재와 인물의 복잡한 심리는 연결 짓기가 어렵다.

③ '나는 건우 어머니가~짐작할 수가 있었다.', '얼핏~읽을 수가 있었다.'에서 건우 어머니에 대한 서술자의 추측 및 생각이 드러난다. 그러나 이는 '나'가 건우 어머니의 성격에 대해 확정 지으며 판단한 것은 아니다. 따라서 '서술자의 논평'이라 볼 수 없다. 또한 건우 어머니의 성격 변화는 나타나지 않는다. 참고로 소설에서 '인물의 성격'은 인물에게 부여되는 본질적인 캐릭터적 특성을 말한다. 일시적인 심리와는 다르다. 따라서 '성격 변화'는 '심리 변화'가 아니라, 인물에게 부여된 본질적인 특성(가치관/신분 등)의 변화를 말한다.

⑤ 학교에서의 '건우'에 관한 이전 경험을 떠올리고 있기는 하나, 이것을 이후에 전개될 사건에 대한 단서로 보기는 어렵다.

02

정답설명

② 그냥 주는 문제라고 볼 수 있겠다. 건우가 '일류 중학'에 다니는 것은 지문에서 찾을 수 있으나, '건우 모자의 불화'나 두 사람의 '교육관의 차이'는 나타나지 않는다.

오답설명

① '유달리 자그마한 손이 상일에 거칠어 있는 양이 보기에 더욱 안타까울 정도였다.'에서 확인할 수 있다.
③ '사과 궤짝 같은 것'을 책상 대신 사용하는 것을 통해 허용할 수 있다.
④ '책 읽은 소감'에는 「내가 본 국도」속의 '선거 때'의 모습이 나타나는데, 이를 통해 건우가 '정치 현실'에 대한 관심과 문제의식을 가지고 있음을 알 수 있다.
⑤ 조마이섬의 사람들은 "선조 때부터 둑을 맨들고 물과 싸워가며" 살아왔다. 따라서 '둑'은 조마이섬 사람들의 삶의 내력을 담고 있다고 볼 수 있다.

03

정답설명

④ 문학의 장르 변환 문제는 그냥 내용 일치 문제라고 생각해도 된다. 다만 이때 주의할 것은 〈보기〉를 지문으로 변환했는지, 지문을 〈보기〉로 변환했는지 신경을 써야 한다는 것이다. 자칫하다가 순서에서 실수를 하는 경우가 종종 있기 때문이다. 지문과 〈보기〉의 내용을 중심으로 비교해 보자. [B]에서는 조마이섬의 소유자가 바뀌어 간 사연을 '나'가 말하는데, 시나리오에서는 건우 증조부와 건우 할아버지의 대사를 통해 조마이섬의 소유권이 넘어간 사연을 제시한다. [B]에서 땅을 빼앗긴 현실에 대한 건우 할아버지의 분노는 잘 나타나지만, '소유권 이전에 찬동하는(뜻을 같이하는) 인물'은 나타나지 않으며, 인물 간의 갈등도 나타나지 않는다. 따라서 이러한 내용을 고려한 것은 적절하지 않다.

오답설명

① E.L.S. 기법에 대한 각주의 내용을 읽었니? 〈보기〉의 S#98에서 '길게 펼쳐진 조마이섬'이라는 내용을 통해 적절하다고 판단할 수 있다.
② [B]에서는 일제 때 '조선 토지 사업'으로 토지를 빼앗긴 일을 '나'가 독자에게 전달하였으며, 시나리오에서는 건우 선생님의 "그러니까~거군요?"라는 대사로 독자에게 전달하고 있다.
③ 〈보기〉의 #99에서 건우 할아버지가 "오늘은 시커먼 놈들이~결판을 낼 끼라고."라고 한 부분에서, 이후에 갈등이 벌어질 수 있음을 드러내어 '관객의 긴장'을 유발한다.
⑤ 〈보기〉의 #98~99에서 건우 증조부와 건우 할아버지는 "대명천지에 이럴 수는 없는 기다!"라는 동일한 특정 대사를 구사하여 대를 이어서 '억울한 상황이 되풀이됨'을 강조하고 있다.

04

정답설명

③ 두 가지에서 정답의 근거가 나온다. 첫 번째는 건우의 〈섬 얘기〉가 이야기의 '원천'이냐는 것이다. 건우 할아버지의 이야기가 앞에서 나온 건우의 〈섬 얘기〉에 몇 가지 일화가 붙은 것이기는 하지만, 건우의 〈섬 얘기〉는 정치인들의 위선적인 행동을 다루고 있고, 건우 할아버지의 이야기는 을사년부터의 이야기를 다루고 있다. 따라서 이야기의 내적 시간을 고려할 때, 건우의 〈섬 얘기〉가 건우 할아버지와 윤춘삼의 이야기의 원천이라 볼 수 없는 것이다.
두 번째는 '저항적 주체들의 중심인물'이다. 선지에서 말하는 '나'의 이야기는 이 소설 「모래톱 이야기」를 말하는데, 「모래톱 이야기」에서 저항하는 인물은 건우 할아버지와 윤춘삼씨이다. 아무리 건우가 일류 중학을 다니고 있다고 하더라도 저항적 주체들의 중심인물이라고 보는 것은 오바 아니겠니.

오답설명

① 소설에서 서술자는 작가를 대변하는 존재이다. 〈보기〉에서 작가는 공감을 바탕으로 '나'의 이야기를 창조했다고 한다. 즉, '작가의 공감'을 대변하는 인물이 바로 서술자인 '나'인 것이다. 따라서 윗글의 '나'는 건우 할아버지와 윤춘삼의 이야기를 들으며 그들이 가진 원한을 짐작하고 관련된 역사적 사실을 떠올리고 있으므로 '공감'한다고 볼 수 있다.
② 여기에 낚인 학생들이 상당히 많았다. 선지만 본다면 건우가 증언을 한다는 부분이 이질적으로 다가오기 때문이다. 문학에서는 〈보기〉가 슈퍼 갑이고 〈보기〉를 전제로 작품과 선지를 바라봐야 한다고 누차 강조하였다. 〈보기〉와 선지를 하나씩 비교해 보자.

 형태쌤의 과외시간

서술자인 '나'가 건우 할아버지와 윤춘삼 씨에게서 들은 조마이섬의 사연은 '건우의 〈섬 얘기〉에 몇 가지 일화'가 붙은 것으로 큰 차이가 없기에, 일단 둘의 관련성은 고민할 필요가 없다. 문제가 되는 것은 건우가 '증언하는 인물'이라는 것인데, 다음 설명을 보자.

'건우'는 〈섬 얘기〉에서 선거철에만 민중에게 관심이 있는 정치권에 대한 비판적 시각을 드러냈고, 이러한 조마이섬에 대한 이야기를 서술자인 '나'가 서술을 하고 있다.
이것과 〈보기〉에 있는 내용인 작가가 '서술자와 등장인물을 통해 증언한다.'를 조합해 보면, 작가는 서술자와 건우를 통해서 조마이섬에 대한 현실을 독자에게 증언한다고 볼 수 있다.
따라서 건우는 현실을 증언하는 인물이 맞다. 물론 서술자 역시 현실을 증언하는 인물이다.

반드시 기억해라. 지문을 먼저 보거나 선지를 먼저 보면 그 이질감에 황당하게도 오답에 손이 갈 수 있다. 반드시 〈보기〉를 먼저 읽어야 한다. 단순하고 당연한 말이지만 잠깐의 판단 미스에도 정·오답이 갈리는 시험장에서 철저하게 지켜야 하는 원칙이다.

④ '조마이섬과 관련된 몇 가지 기막힌 일화'는 조마이섬 사람들이 억울하게 땅을 빼앗긴 '부조리한 실상'을 말한다. 따라서 〈보기〉를 전제로 보면, '나'의 이야기는 이러한 현실을 전달하고 증언하기 위한 것이다.

⑤ '뿌리 뽑힌 사람들'은 억울하게 땅을 빼앗겨 온 '조마이섬 사람들'을 말한다. '빼앗김'은 '소유'를 전제로 한다. 즉, 무엇인가를 가지고 있어야 뺏길 수도 있는 것이다. 건우 할아버지가 이야기하는 "와 처음부터 없기싸 없었겠소마는"은, '뺏기기 전'의 '소유'를 나타내는 부분이다. '1905년—을사년 겨울~떠올랐다.' 부분에서 조마이섬 사람들은 대대로 땅을 뺏겨왔다는 것을 알 수 있다. 〈보기〉를 전제로 보면, 서술자인 '나'는 건우 할아버지의 이야기를 듣고 공감하며 전달하는 '증언'을 하고 있다. 따라서 작가는 '나'의 이야기를 통해 뿌리 뽑힌 사람들에 대한 '권력의 횡포를 비판하는 것'이라고 볼 수 있다.

05

정답설명

① '각골통한(刻骨痛恨)'은 '뼈에 사무칠 만큼 원통하고 한스러움. 또는 그런 일.'을 말하는데, 조마이섬 사람들이 억울하게 땅을 빼앗긴 것에 대한 원한이 깊으므로 문맥상 적절하다.

오답설명

② '노심초사(勞心焦思)'는 '몹시 마음을 쓰며 애를 태우는 것.'을 말한다. 땅을 빼앗기기 이전의 상황이라면, 언제 빼앗길지 노심초사할 수 있다. 하지만 ⓐ 부분에서는 억울하게 땅을 빼앗긴 이후에 그에 대한 원한을 이야기하고 있으므로, 노심초사는 적절하지 않다.

③ '전전반측(輾轉反側)'은 '누워서 몸을 이리저리 뒤척이며 잠을 이루지 못하는 것.'을 의미한다. ⓐ는 크나큰 원한을 쏟아내는 상황이기에 전전반측과는 거리가 멀다.

④ '풍수지탄(風樹之嘆)'은 '효도를 다하지 못한 채 어버이를 여읜 자식의 슬픔.'을 이르는 말이다. 땅을 빼앗긴 원한을 이야기하는 상황에 전혀 어울리지 않는 표현이다.

⑤ '후회막급(後悔莫及)'은 '이미 잘못된 뒤에 아무리 후회하여도 다시 어찌할 수가 없음.'이라는 의미이다. 건우 할아버지는 지난 상황에 대해 후회를 하고 있는 것이 아니라, 억울하게 땅을 빼앗긴 것에 대한 원한을 드러내고 있는 것이기에 적절하지 않다.

memo

폭포 / 살아 있는 것은~ / 마음의 고향 6 - 초설

지문분석

(가) 폭포

폭포는 곧은 절벽을 무서운 기색도 없이 떨어진다
▶ 화자는 폭포에 주목하고 있구나. 폭포가 어떤 속성을 가지고 있는지 살펴보자.

규정할 수 없는 물결이
무엇을 향하여 떨어진다는 의미도 없이
계절과 주야를 가리지 않고
고매한 정신처럼 쉴 사이 없이 떨어진다
▶ 끊임없이 떨어지는 폭포로구나.

금잔화도 인가도 보이지 않는 밤이 되면
폭포는 곧은 소리를 내며 떨어진다
▶ '밤'이라는 시간적 배경 체크! 폭포는 '곧은 소리'를 내고 있구나.

곧은 소리는 소리이다
곧은 소리는 곧은
소리를 부른다
▶ 곧은 소리는 한 번에 끝나는 것이 아니라, 주변으로 전파되고 있어.

번개와 같이 떨어지는 물방울은
취할 순간조차 마음에 주지 않고
나타(懶惰)와 안정(安定)을 뒤집어 놓은 듯이
높이도 폭도 없이
떨어진다
▶ '취할 순간, 나타(나태함), 안정'과 폭포는 대조적인 것인가 봐.

▶ 너희들이 할 수 없는 외재적인 해석을 해볼게. 때는 독재 치하야. 그래서 '밤'이라는 배경을 제시했지. 소시민(생활인)들은 독재를 외면한 채로 술에 취해 있거나, 나태나 안정만을 추구하지만, 지식인(폭포)은 달랐어. 시대 현실을 끊임없이 바른 소리(곧은 소리)로 비판하지. 그리고 이러한 지식인의 현실 비판은 대중들을 각성시키며 전파되고 있어. 시인은 그러한 지식인의 역할과 태도를 강조하고 있는 것이야. 생활인으로서의 모습을 버리고 폭포와 같은 위대하고 숭고한 삶을 살자는 것이지.

(나) 살아 있는 것은 흔들리면서 - 순례 11

살아 있는 것은 흔들리면서
튼튼한 줄기를 얻고
잎은 흔들려서 스스로
살아 있는 몸인 것을 증명한다.
▶ '흔들리며 살아가는 것'을 긍정하고 있구나.

바람은 오늘도 분다.
수만의 잎은 제각기
몸을 엮는 하루를 가누고
들판의 슬픔 하나 들판의 고독 하나
들판의 고통 하나도
다른 곳에서 바람에 쓸리며
자기를 헤집고 있다.
▶ 느낌이 오지? '수만의 잎'은 바로 우리 인간들의 모습이지. 그리고 그들 모두 바람에 흔들리며 살고 있어.

피하지 마라
빈 들에 가서 깨닫는 그것
우리가 늘 흔들리고 있음을.
▶ 흔들리며 사는 것이 인생이야. 그러니까 굳이 그것을 피하지 말고, 받아들여서 이겨 내라. 뭐 그런 좋은 얘기를 하고 있는 거지.

(다) 마음의 고향 6 - 초설

내 마음의 고향은 이제
참새 떼 와자히 내려앉는 대숲 마을의
노오란 초가을의 초가지붕에 있지 아니하고
▶ 마음의 고향이 이제 없나 봐. 그 이유가 뭘까?

내 마음의 고향은 이제
토란 잎에 후두둑 빗방울 스치고 가는
여름날의 고요 적막한 뒤란에 있지 아니하고
내 마음의 고향은 이제
추수 끝난 빈 들판을 쿵쿵 울리며 가는
서늘한 뜨거운 기적 소리에 있지 아니하고
내 마음의 고향은 이제
빈 들길을 걸어 걸어 흰 옷자락 날리며
서울로 가는 순이 누나의 파르라한 옷고름에 있지 아니하고
내 마음의 고향은 이제
아늑한 상큼한 짚벼늘에 파묻혀
나를 부르는 소리도 잊어버린 채
까닭 모를 굵은 눈물 흘리던 그 어린 저녁 무렵에도 있지 아니하고
▶ 계속 유사한 구절을 반복하고 있지? 이 정도 반복하다가 변화가 나타나면 어떻게 될까? 당연히 변화가 있는 부분에 독자는 주목하게 되겠지? 그게 바로 다음 구절이야.

내 마음의 마음의 고향은
싸락눈 홀로 이마에 받으며
내가 그 어둑한 신작로 길로 나섰을 때 끝났다
눈 위로 막 얼어붙기 시작한
작디작은 수레바퀴 자국을 뒤에 남기며
▶ 흐름이 변했다. 게다가 도치까지 쓰면서 독자를 주목시키고 있어. 내 마음의 고향은 서울에 오기 시작하면서 혹은 도시화가 되면서부터 끝났다는 것이지.

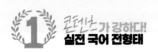

번호	정답	정답률 (%)	선지별 선택비율(%)				
			①	②	③	④	⑤
1	⑤	92	5	1	1	1	92
2	③	94	1	2	94	2	1
3	③	86	2	2	86	2	8
4	①	89	89	3	3	3	2

01

정답설명

⑤ (가) O, (나) O, (다) O / 시는 화자가 처한 혹은 바라보는 상황에 대한 반응(태도)을 나타낸 것이다. 그리고 시에 등장하는 표현들은 대부분 시적 상황을 드러내거나 부각하는 장치들이다. 따라서 앞부분만 고민하면 된다. '구'는 '어절 두 개 이상'을 의미하는데, '어구'는 '단어나 구'를 의미한다. 따라서 유사한 단어나 구가 반복적으로 나타나는지 찾으면 된다. (가)에서는 '폭포는~떨어진다', (나)는 '들판의~하나', (다)에는 '내 마음의 고향은 이제~에 있지 아니하고'라는 어구가 반복되고 있다.

오답설명

① (가) X, (나) O, (다) O / 시 안에 있는 모든 표현법은 주제 의식을 드러내고 강조한다. 따라서 마지막에 '도치'가 있는지 여부만 보면 된다. (가)에는 도치가 없다. '곧은 소리는 곧은 / 소리를 부른다'를 도치라고 생각했다면 낚인 케이스다. 이것은 '행간 걸침'이다. 행간 걸침은 의미상 한 행으로 배열되어야 할 시 구절을 의도적으로 다음 행에 걸쳐 놓는 기법으로, 긴장감 등을 유발할 필요가 있을 때 사용한다. (나), (다)의 마지막 부분에서는 도치가 확인된다.

② (가) X, (나) O, (다) X / (나)의 '피하지 마라'에서 명령적 어조를 통한 화자의 의지를 확인할 수 있다. (가)와 (다)에 '-라'와 같은 명령형 어미를 통한 명령형 어조는 활용되지 않았다.

③ (가) X, (나) X, (다) O / '시적 분위기를 환기한다'는 말은 '시에서 어떠한 분위기를 불러일으킨다'는 말이다. 상당히 애매한 말이지? 문제 풀 때 전혀 고민하지 않아도 되는 부분이다. 시에 등장하는 어떤 시어든 어떠한 분위기를 불러일으키기 때문이다. 여러분은 '색채 대조'만 찾으면 된다. (다)의 11, 12행을 보면 '흰 옷자락'과 '파르라란 옷고름'에서 색채 대비가 나타난다. 헐 쌤. 이것도 대조인가요? 그렇다. 서로 다른 색채가 나타나면 무조건 대조로 볼 수 있다. 반면, (가)와 (나)에는 색채의 대조가 나타나지 않는다.

④ (가) X, (나) X (다) X / (가)~(다)는 평서형 종결 어미로 담담하게 이야기하고 있으므로 기쁨, 슬픔, 놀라움 같은 벅찬 감정을 강조하여 표현하는 영탄법을 사용했다고 볼 수 없다.

02

정답설명

③ 〈보기〉가 이렇게 길 때는 비문학 독해하듯이 꼼꼼하게 보고, 포인트를 상세하게 체크하면서 선지와 비교·대조해야 한다.

(가)의 '소리'는 화자가 긍정적으로 인식하는, 〈보기〉의 용어를 쓰면 '위대성, 숭고한, 뛰어난' 대상의 소리다. 당연히 부정적 시어가 아니겠지. 그리고 (나)의 '바람'도 분명 '시련'의 의미는 맞지만 화자에게 '바람'은 당연한 것이며, 오히려 흔들림으로써 '살아 있는 것'들이 스스로를 '증명한다'고 하였다. 우리 삶은 원래 그런 것이라고 하였으므로, 이를 '부정적' 의미라고 보기는 어렵겠지.

오답설명

① '고매한 정신'은 시인의 이상인 '자유'와 연결되는데, 이것은 '생활인'으로서는 얻기 힘들어. 그런데 '폭포'는 '고매한 정신'을 보여 주므로 생활인과 대비되는 것이고, 〈보기〉에서 말하는 '위대성'이 느껴지는 것이지.

② (나)의 화자는 '슬픔', '고독', '고통'이라는 '관념'적인 이미지들이 '자기 (몸)를 헤집고 있다.'라고 표현함으로써 구체적인 언어를 통해 대상의 특성을 동적인 '몸의 이미지'로 바꾸어 놓고 있다.

④ (나)의 '우리가 늘 흔들리고 있음을.'에서 '우리'라는 대명사를 통해 화자가 '수만의 잎'과 자신을 동일시하고 있음을 확인할 수 있다.

⑤ (가)의 '폭포'는 '고매한 정신'을 보여 주는데, 이는 시인의 이상인 '자유'와 연관된다. (나)에서는 잎이 바람에 흔들리는 것을 보고 '살아 있는 몸인 것을 증명한다.'라고 했어. 〈보기〉에서 '고정된 인식'에서 탈피하는 것이 '자유'를 추구하는 것이라고 말한 부분과 관련시켜 본다면, 일반적으로 흔들림은 부정적으로 여겨지는 것에 반해 (나)에서는 이를 긍정적으로 표현하고 있으니 '자유'와 연결할 수 있겠지.

03

정답설명

③ 평가원이라면 당연히 물어보았을 만한 내용이다. '변화'는 출제의 포인트이기 때문에, 시상이 바뀌었다면 당연히 물어보겠지. 그리고 여러분은 지문을 읽으면서 변화의 '기준'을 체크했어야만 한다.

(다)는 '내 마음의 고향은 이제~에 있지 아니하고'를 반복하다가 마지막엔 '내 마음의 마음의 고향은~내가 그 어둑한 신작로 길로 나섰을 때 끝났다'라고 표현함으로써 시상에 '큰' 변화를 주고 있다. 다시 말해 시상의 반전은 '순이 누나' 파트가 아니라 마지막 부분에서 이뤄지고 있는 것이다.

 형태쌤의 과외시간

시상의 반전(시상의 전환)은 시에서 뭔가 큰 변화가 있을 때 허용해 주면 된다. 가장 대표적인 것이 화자의 태도 변화겠지. 하지만 이런 식으로 형식적인 반복과 변화가 있을 때에도 시상의 전환은 허용해 줄 수 있어. 수능에서 문학 선지의 개념을 처리할 때는 넓게 보더라도 오차가 생기지 않게끔 출제하는 편이니까 이렇게 조금 넓게 보고 처리하는 것이 좋다. 그렇게 해야 개념어에 얽매이지 않는 유연한 사고를 할 수 있기 때문이다.

오답설명

① 고향을 생각나게 하는 '초가지붕, 뒤란, 기적 소리, 순이 누나의 파르라
한 옷고름, 어린 저녁 무렵'을 열거하고 있어.

② 시는 시인의 정서를 드러내는 '서정' 문학이기에, '화자의 정서를 드러
내고 있다'는 표현은 고민할 필요가 없다. '감각적 심상'만 확인하면 된
다. '노오란' 등에서 시각적 심상이, '후두둑' 등에서 청각적 심상이 나
타나지.

④ '여운'은 시가 끝난 후에도 진한 감동이 가시지 않는 것을 말해. 끝
행을 보면 '작디작은 수레바퀴 자국을 뒤에 남기며'라고 하여 완결된
문장으로 끝내지 않음으로써 여운을 남기고 있어.

⑤ 부재한 대상(고향, 부모님, 임금, 연인, 친구)을 언급한다는 것은 기본적
으로 그 대상을 그리워하는 것이 전제로 깔린 것이다. 따라서 '그립다'
는 시어가 없더라도, '대상의 부재'라는 상황에서는 무조건 '그리움'을
허용해 줄 수 있어야 한다. '나'는 '마음의 고향'이 '신작로 길로 나섰을
때 끝났다'고 말하므로, 고향에 대한 상실감을 느끼고 있고, 이에 따라
고향에 대한 그리움을 나타내고 있는 것이다.

04

정답설명

① '계절과 주야(시간)를 가리지 않고' 떨어지고 있으니 '항상성(일정한 상
태를 유지하는 성질)'이라는 말을 써줄 수 있겠지.

오답설명

② '나태(=나태함), 안정'은 폭포가 뒤집어 놓은 '다른 대상'의 속성이다.

③ 고민하지 마라. 있는 그대로 봐라. '빈 들'은 깨달음의 공간이다. 쌤, 수
만의 잎들이 들판에서 함께 살고 있으니 '공동체와 화합'하는 공간으로
볼 순 없나요? 없다. 지금 지문에서는 '공동체와의 공존, 연대감'이 아
니라, '바람(시련)을 피하지 말아라'라는 말을 하고 있잖니.

④ 밑줄을 그으면 어딜 봐야 하지? 일단 구조부터 보고, 그 다음 주변을 봐
야겠지? 내 마음의 고향은 '고요 적막한 뒤란'에 더 이상 있지 않다고
하네. '고요 적막한 뒤란'은 원래 화자가 있었던 평화로운 고향을 의미
하는 곳으로 화자가 지향했던 마음의 고향이니까 절망적인 상황과는 무
관하지.

⑤ 화자는 내 마음의 고향이 '어둑한 신작로 길로 나섰을 때' 이미 끝났다
고 했으므로, 미래가 아니라 과거를 표상하는 것으로 봐야겠지.

작자 미상 - 유충렬전

지문분석

[지문에서 체크할 것]

※ 공간

(가) 황실, (나) 금산성 → 호산대 → 변수 가 → 백사장

※ 서술자의 개입

1) 어찌 아니 급히 갈까.

2) 원수 닫는 앞에 귀신인들 아니 울며, 강산도 무너지고 하해도 뒤엎는 듯 혼백인들 아니 울리오.

3) 정한담의 혼백인들 아니 가며 간담인들 성할쏘냐.

[전체 줄거리]

명나라 사람 유심과 부인 장 씨는 늦도록 자식이 없어서 한탄하다가 남악형산에 치성을 드리고 신이한 태몽을 꾼 뒤 아들 충렬을 얻는다. 이때 유심이 오랑캐를 정벌하는 것을 반대하자, 역심(逆心)을 품은 정한담·최일귀 등은 유심을 모함하여 귀양 보내고, 충렬 모자까지 살해하려고 한다. 그러나 충렬은 천우신조(天佑神助)로 위기에서 벗어나 고난을 겪다가 부친의 친구인 강희주를 만나 그의 사위가 된다. 유심을 구하려던 강희주는 정한담의 모함으로 귀양을 가고, 그의 가족은 난을 피하여 뿔뿔이 흩어진다. 충렬은 백룡사의 노승을 만나 무예를 배우며 때를 기다린다. 이때 남적과 북적이 명나라에 쳐들어오자 정한담은 자원 출전하여 남적에게 항복하고, 오히려 남적의 선봉장이 되어 천자를 공격한다. 천자가 항복하려 할 즈음, 충렬이 천자를 구출하고 반란군을 평정한다. 헤어진 가족과 만난 충렬은 정한담 일파를 물리친 뒤 높은 벼슬에 올라 부귀영화를 누린다.

문제분석 01-04번

번호	정답	정답률 (%)	선지별 선택비율(%)				
			①	②	③	④	⑤
1	②	85	4	85	3	6	2
2	③	86	6	2	86	5	1
3	④	80	3	12	3	80	2
4	①	85	85	2	5	6	2

01

정답설명

② 액자식 구성은 외화 속에 내화가 있는 구성을 뜻한다. (가)는 액자식 구성이 아니다. (나)는 두 개의 장면을 제시하고 있지만, 서로 연관된 하나의 사건이기에 '병렬적 구성'이라는 말을 쓸 수 없다. '병렬'은 서로 다른 2개 이상의 독립적 사건을 나열해 주어야 하고, 크게 '교차 ([2008학년도 6평] 「한씨연대기」)'와 '단순 나열([2005학년도 9평]

「민옹전」)'이 있다. (나)가 병렬적 구성이었다면, '유충렬이 달려오는 장면 → 천자의 장면 → 유충렬의 장면 → 천자의 장면' 이런 식으로 장면 교차가 있었을 것이다.

오답설명

① (가)는 인물 간의 대화가 많이 나오는 간접 제시 중심이다. 따라서 전개 속도가 느리다. 그러나 (나)는 직접 제시 중심이니 전개 속도가 빠르다.

③ (가)는 배경이 되는 공간이 황실로 고정되어 있고, (나)는 공간이 '금산성 → 호산대 → 변수 가 → 백사장'으로 변하고 있다.

④ 서술자의 논평은 독해할 때 당연히 잡아줬겠지? (나)의 '어찌 아니 급히 갈까.', '원수 닫는~혼백인들 아니 울리오.', '정한담의 혼백인들 아니 가며 간담인들 성할쏘냐.'에서 확인할 수 있다. 그러나 (가)에는 서술자의 개입이 없다.

⑤ (가)는 지문의 대부분이 대화로 이루어져 있으며, 대화를 통해 인물의 성격이 드러난다. 반면 (나)는 지문의 대부분이 서술자의 서술로 이루어져 있으며, 묘사를 통해 인물의 행동을 드러내고 있다.

02

정답설명

③ 지문에서 인물 간의 관계를 명확하게 파악했으면 쉽게 풀 수 있는 문제다. 혹시 틀렸다면 호칭에 신경 써서 다시 지문 독해를 해보길 권한다. (가)에서 정한담과 최일귀가 남적을 토벌하면 폐하의 위엄이 남방에 가득할 것이라고 천자를 설득하고 있다. 그러나 유심은 왕실은 미약하고 외적은 강성하니 천자께 기병치 말라고 하며, 남적 토벌을 반대하고 있다. 또한 천자가 정한담·최일귀의 말에 넘어가 유심을 처벌하려고 할 때, 왕공렬이 나서서 유심을 용서해 달라고 간청한다.

03

정답설명

④ ㄴ : 천자가 백사장에 엎어져서 반생반사 기절하여 누워있었으므로, '무력함', '나약함'을 허용할 수 있다.

ㄷ : '천사마는 본디 천상에서 타고 온 비룡'이고, 해당 장면에서 평생 용맹을 이때에 다 부린다고 하였으므로, 역동적이고 용맹한 모습일 것임을 알 수 있다.

ㄹ : "온몸이 불빛 되어 벽력같이 소리하며 왈, '이놈 정한담아, 우리 천자를 해치지 말고 내 칼을 받으라.'"에서 천자를 구하고자 하는 유충렬의 강인한 의지를 엿볼 수 있다.

오답설명

ㄱ : 호산대에서 바라본 하늘은 달빛이 희미하며 난데없는 빗방울이 떨어지는 불길한 이미지이다. 도성에 살기가 가득하고 천자의 자미성이 떨어졌다고 하였으므로 밝고 명랑한 분위기와는 어울리지 않는다.

ㅁ : 유충렬은 천사마를 타고 변수 가에 이르러서 천자를 살해하려는 정한담을 쫓아가 목을 산 채로 잡아 온다. 헤드락에 걸려 끌려오는 정한담이 여유 있는 표정을 짓는다니 말이 되지 않는다.

04

정답설명

① (가)에서 천자는 충신인 유심을 유배 보내는 등 정한담과 최일귀의 말을 믿어 그대로 따르는 모습을 보인다. 하지만 (나)에서는 그들에 의해 죽임을 당할 뻔한 모습을 보이므로, '믿는 도끼에 발등 찍혔군.'(믿고 있던 사람한테 해를 입거나 배반을 당하다.)이라는 반응을 보이는 것이 적절하다.

오답설명

② '목마른 놈이 샘 판다.'는 '제일 급하고 일이 필요한 사람이 그 일을 서둘러 하게 되어 있다는 말.'이라는 의미이다.

③ '가는 날이 장날이다.'는 '어떤 일을 하려고 하는데 뜻하지 않은 일을 공교롭게 당함을 비유적으로 이르는 말.'이라는 의미이다.

④ '되로 주고 말로 받는다.'는 '조금 주고 그 대가로 몇 곱절이나 많이 받는 경우를 비유적으로 이르는 말.'이라는 의미이다.

⑤ '그 나물에 그 밥이다.'는 '서로 격이 어울리는 것끼리 짝이 되었을 경우를 두고 이르는 말.'이라는 의미이다.

03 현대 산문
2014학년도 9월A

전광용 – 꺼삐딴 리

번호	정답	정답률(%)	선지별 선택비율(%)				
			①	②	③	④	⑤
1	③	64	4	2	64	9	21
2	①	89	89	2	3	4	2
3	①	73	73	3	10	10	4
4	⑤	91	4	1	2	2	91

지문분석

[지문에서 체크할 것]

※ 시간
　역순행 / 현재 → 과거(중략 이후)

※ 공간
　(중략 이전) : 지문에서 명확하게 드러나지는 않지만 '미국 대사관 브라운 씨와의 약속 장소' 정도로 볼 수 있다.
　(중략 이후) : 집

※ 서술자의 관심사
　3인칭 서술자가 이인국 박사의 심리와 상황을 중심으로 서술하고 있다.

[전체 줄거리]

　이인국 박사는 종합 병원을 운영하는 외과 전문의다. 병원은 매우 정결하지만, 치료비가 다른 병원보다 갑절이나 비싸다. 그는 양면 진단(병의 증세보다 경제적 능력을 저울질하는 진단)을 통해 철저히 돈 버는 일만 추구했다. 어느 날, 미국으로 이민을 가기 위해 미 대사관의 브라운과 만날 시간을 맞추려고 회중시계를 꺼내 보다가 30년 전 과거를 떠올린다. 이인국은 일제 강점기에 제국 대학을 졸업할 때, 회중시계를 상으로 받는다. 그리고 잠꼬대도 일본어로 할 정도로 철저히 일본인으로 살아왔다. 그러나 해방 후 혼란스러운 상황에서 소련군이 들어오자, 그는 친일파 행위로 인해 온갖 욕설과 고문에 시달리며 감옥 생활을 한다. 그런데 감옥에서 이질 환자들이 생기자, 그는 의사로서 온갖 정성을 다해 환자들을 치료한다. 스텐코프라는 소련인 군의관(군대에서 의사 일을 맡고 있는 장교)에게 잘 보이기 위해서이다. 더 나아가 스텐코프의 뺨에 붙은 혹을 제거하는 수술을 하겠다고 말하여 수술에 성공한다. 그 이후 스텐코프의 도움을 받아 감옥에서 나오고, 친소파(소련과 친하게 지내는 무리)로 변하여 다시 부와 권력을 갖게 된다. 또한 자신의 아들을 모스크바로 유학 보내는데, 바로 그다음 해에 6·25전쟁이 터지면서 아들과는 영영 이별하게 된다. 그는 1·4후퇴 때 가족과 함께 월남한다. 이인국은 미군이 남한에 주둔할 때에도 현실에 잘 적응하여 미국에 갈 계획을 세운다. 그는 미국 대사관 직원인 브라운에게 고려청자를 선물하여 미 국무성 초청장을 받는 목적을 달성한다. 이인국은 미국에 가서도 반드시 성공을 거두리라고 결심한다.

01

정답설명

③ 평가원에서 얼마나 집요하게 시간과 공간을 물어보는지 확인할 수 있는 문제다. '시간과 공간'은 필수 출제 요소라는 것을 배웠다면 지문을 읽을 때 신경을 썼어야 하고, 변화를 체크했어야 한다.
　분명 지문에 '일제 시대, 소련군 점령하의 감옥 생활, 6·25 사변, 38선, 미군 부대, 그동안 몇 차례의 아슬아슬한 죽음의 고비를 넘긴 것인가.'라는 인물의 회상이 나온다. 그리고 현재 이인국 박사는 회중시계를 보고 과거를 회상하고 있다. 분명 과거를 떠올리고 있지만 관객들이 보는 화면은 현재 장면이다. 과거를 회상하는 이인국 박사의 현재 장면을 보고 있는 것이다. 그러다가 갑자기 혜숙이 들어와서 "소련군이 들어오나 봐요."라고 이야기한다. 이를 통해 순식간에 과거 장면으로 전환된다. 이렇게 과거 당시에 벌어졌던 대화나 행동을 구체적으로 묘사해주어야 과거 장면이라고 할 수 있다. 시간의 역전적 구성, 역순행적 구성이라는 말은 모두 이렇게 '과거 장면'이 제시될 때 쓰는 말이다.

형태쌤의 과외시간

〈과거 회상과 과거 장면〉

　단순한 과거 회상은 인물의 심리와 생각을 제시하는 것이다. 과거의 첫사랑을 떠올리며, '그때 그녀가 참 좋았지.'라고 과거에 대한 생각이 나오면, 단순한 과거 회상이다. 하지만 갑자기 장면이 바뀌면서, "자기야~ 이거 먹어."와 같이 당시 그녀와의 **대화나 행동이 묘사되면, 과거 장면**이라고 하는 것이다. 이 경우 장면 전환을 통해 과거를 보여준다고 할 수 있다.
　평가원이 자주 물어보는 '역순행적 구성'은 반드시 '과거 장면'이 나와야 한다. 즉, 당시의 대화나 행동이 묘사되어야 한다. 아울러 현재 장면이 나오고 이후에 과거 장면이 나와야 한다. 단순히 과거 장면만 나왔다고 역순행이라고 보기 어렵다. 과거 장면이 나오고, 이후 현재 장면이 나오면 '순행적 구성'이다.

오답설명

① 지문에서 발화를 찾아볼까? 큰따옴표로 표시된 발화는 단 두 줄뿐이다. 대부분 서술자가 주인공의 행적이나 상황을 서술하고 있기에, 대화를 빈번하게 사용하였다는 설명은 적절하지 않다.

② 윗글은 이인국 박사의 심리와 상황을 중심으로 서술하고 있다. 이인국 박사와 대립하는 인물이 등장하지 않고, 이인국 박사 역시 대결 의식을 보이고 있지 않기에 적절하지 않은 설명이다.

④ 감각적 수사란 말 그대로 5감(시각, 촉각, 청각, 미각, 후각)의 이미지가 들어간 표현을 뜻한다. 감각적 이미지로 공간적 배경을 제시한 표현은 나타나지 않았다.

⑤ 선지를 풀어보면, 현학적 표현(현학적 : 학식이 있음을 자랑하는 태도 / 쉽게 말해 일반인이 이해하기 어려운 용어를 남발하면 현학적 표현이라고 볼 수 있다.)도 나와 있지 않으며, 이인국 박사를 통해 비판적인 (비판적 : 사물의 옳고 그름을 가리어 판단하거나 밝히는 태도 / 무조건 부정적으로 보는 것이 아니라 옳고 그름을 판단하는 것이다!) 지성인의 모습도 찾아볼 수 없다. 이인국 박사는 비판적인 지성인이 아니라, 기회주의적인 인물일 뿐이다. 오히려 비판적인 지성인은 [2014학년도 6평B]에 나왔던 「만세전」의 '나(이인화)'가 어울린다.

02

정답설명

① 이인국 박사의 아침 첫 일과는 손가락 끝으로 창틀이나 탁자를 훑어 먼지를 확인하는 것이다. 그는 일반적인 사람들보다 훨씬 깐깐한 행동으로 결벽성에 가까운 모습을 보이고 있다. 이러한 행동을 통해 그가 사소한 일도 쉽게 지나치지 않는 빈틈없고 까다로운 인물임을 알 수 있다.

오답설명

② 이인국 박사는 자신의 명예를 위해 '종합 병원의 원장'이라는 자리를 차지하고 있는 것이다. 다른 사람들을 우선시하는 사려 깊은 자세는 드러나지 않는다.

③ 소련군이 들어온다는 혜숙의 말을 들은 이인국 박사는 한참 동안 아무 거동도 못하고 바깥을 보다가 액자를 버리는 행동을 하였다. 이를 통해 친일의 행동이 소련군이 오는 상황에서 부정적으로 작용한다는 것을 알 수 있다. 따라서 이인국 박사는 기쁜 마음이 아니라, 떨리고 두려운 마음이었을 것이다.

④ ('국어상용의 가'라는 문구가 쓰인) 두터운 모조지를 한 자도 제대로 남지 않게 꼼꼼하게 찢는 것은 그동안의 친일을 부정하는 행동이다. 친일의 흔적을 가리고 시류 변화에 적응하기 위한 행동으로 보는 것이 적절하다.

⑤ 이인국 박사의 일가는 잠꼬대까지 국어(일어)로 할 정도였기에 국민총력연맹 지부장에게 상장을 받을 수 있었다. 이인국 박사는 아이들을 소학교부터 일본 학교에 보낸 것을 다행으로 여겼는데, 이것은 자신의 이익을 위해 자식들도 수단으로 이용하는 기회주의자의 모습을 보여 주는 것으로, 아이들을 염려하는 자상한 아버지의 모습과 관련이 없다.

03

정답설명

① 이인국 박사는 왕진 가방과 시계를 들고 38선을 넘어 피란을 왔다. 하지만 가방은 '미군 의사에게서 얻은 새것으로 갈아매어 흔적도 없게' 되었고, 지금은 시계만 남아 있다. 따라서 고향에 대한 그리움의 의미를 형상화한 소재로 볼 수 없다. 정말 고향에 대한 그리움을 의미하는 소재라면, '미군 의사에게서 얻은 새것으로 갈아매'지 않았을 것이다.

오답설명

② '시계는 목숨을 걸고 삶의 도피행을 같이한 유일품이요, 어찌 보면 인생 반려이기도 한 것이다.'를 통해 '시계'는 이인국 박사의 인생의 반려이자 이인국 박사의 삶의 모습이 반영된 소설 구성의 중요한 장치임을 알 수 있다.

③ 일빈직으로 집 안에서 자기 전에 항상 귀중품을 캐비닛 같은 곳에 넣어 두지는 않는다. 소중한 시계를 '비상용 캐비닛' 속에 넣고서야 잠자리에 드는 모습을 통해 이인국 박사의 주도면밀한 성격을 엿볼 수 있다.

④ '신사복'은 이인국 박사가 각모와 쓰메에리(목달이) 학생복을 벗어 버리고 사회생활의 시작 단계에서 가졌던 희망찬 기대 및 감회를 표상하는 소재이다.

⑤ '라디오'는 소련군이 입성한다는 소식을 알려 주었으므로, 이는 친일을 하던 이인국 박사가 새롭게 직면하게 된 변화된 정세를 알려 주는 소재이다.

04

정답설명

⑤ '생사기로(生死岐路)'는 '사느냐 죽느냐 하는 갈림길'을 의미한다. 이인국 박사가 겪었던 일제 시대, 소련군 점령하의 감옥 생활, 6·25 사변, 38선 등은 '아슬아슬한 죽음의 고비'라고 할 수 있는 사건들이다.

오답설명

① '고진감래(苦盡甘來)'는 '쓴 것이 다하면 단 것이 온다.'라는 뜻으로, 고생 끝에 즐거움이 옴을 이르는 말이다. 이인국 박사의 고생만 이야기하는 부분이기에 즐거움은 적절하지 않다.

② '내우외환(內憂外患)'은 '나라 안팎의 여러 가지 어려움'을 말한다. 이인국 박사의 개인적인 삶의 어려움을 이야기하고 있는 부분이지 나라의 어려움을 이야기하는 부분이 아니다.

③ '맥수지탄(麥秀之嘆)'은 '고국의 멸망을 한탄함.'을 이르는 말이다. 기자(箕子)가 은(殷)나라가 망한 뒤에도 보리만은 잘 자라는 것을 보고 한탄하였다는 데서 유래하였다. 고국이 망했음을 이야기하는 상황이 아니라, 이인국 박사가 겪은 죽음의 고비를 이야기하고 있는 상황이기에 적절하지 않은 표현이다.

④ '사생결단(死生決斷)'은 '죽고 사는 것을 돌보지 않고 끝장을 내려고 하는 태도'를 뜻한다. 수차례 죽음의 고비를 넘긴 것과는 무관하다.

염상섭 – 삼대

지문분석

[지문에서 체크할 것]

※ 시간
　순행

※ 공간
　서울 조 의관의 집

※ 서술자의 관심사
　3인칭 서술자는 '조 의관', '조상훈', '조덕기' 각 인물들의 심리를 묘사하여 갈등을 형상화하고 있다. 서술자는 특정 인물을 초점화하여 그 인물의 입장에서 서술 대상이 되는 다른 인물의 심리를 묘사하는 제한적 시점을 사용하고 있다.

[전체 줄거리]

　만석(萬石)꾼의 살림을 꾸려 가는 조 의관은 봉건적 관념의 허욕에 사로잡힌 인물이다. 그는 을사조약을 전후해서 사회가 혼란해지자 2만 냥이라는 큰돈으로 의관(議官) 벼슬을 사고, 어렵사리 모은 거액의 재산으로 집안의 크고 작은 제사를 받들며, 가문의 명예를 키워 나가는 것을 가장 큰일로 삼는다. 또 칠순 노인이면서 부인과 사별 후 서른을 갓 넘긴 수원 댁을 후처로 들여 네 살배기 딸까지 두고 있다. 조 의관이 가장 못마땅하게 여기는 사람은 바로 아들 조상훈이다. 그는 조 의관이 가장 소중하게 여기는 가문의 제사를 기독교 교리에 어긋나는 우상 숭배라며 반대하고 전혀 돌보지 않는다. 그래서 조 의관은 아들보다도 손자인 덕기에게 더 큰 믿음을 가진다. 덕기의 부친인 조상훈은 위선자다. 미국에서 유학하고 돌아온 지식인으로 교회의 장로 노릇을 하면서도 술집 출입을 하며, 자신이 보살피던 운동가의 딸 홍경애와 불륜의 관계를 맺는다. 그는 아버지 조 의관의 가문 치장이나 족보 사업을 쓸데없는 일이라고 반대하며 사회 사업을 위해 집안 돈을 갖다 쓰지만 뚜렷한 의식 없이 안일하게 살아간다. 조덕기는 할아버지나 아버지와는 달리 일본에서 유학한 신세대의 인물이다. 사회주의 사상에 젖어 있는 친구 병화로부터 부르주아라는 핀잔을 곧잘 받기도 하지만 병화의 소개로 가난한 하숙집 딸 필순을 알게 되고 그녀에게 사랑을 느낀다. 한편, 조 의관의 후처인 수원 댁과 그를 소개해 준 최 참봉 등은 재산을 가로챌 욕심으로 유서 변조를 계획하고 조 의관을 독살(毒殺)한다. 조부의 의문의 죽음 이후 상훈마저 검거되어 덕기의 집안은 점점 몰락하고, 사회는 3·1운동의 실패로 극도의 혼란에 빠지게 된다. 사회주의자들 간에 불신과 반발이 고조되고 테러 행위가 자행되는 가운데 필순의 아버지도 여기에 희생되면서 필순의 아버지는 그의 가족을 덕기에게 부탁한다. 덕기는 자신의 어깨 위에 얹힌 조 씨 가문의 유업을 어떻게 이끌어 나갈 것인가 망연해 한다.

문제분석　01-04번

번호	정답	정답률 (%)	선지별 선택비율(%)				
			①	②	③	④	⑤
1	①	67	67	4	11	7	11
2	⑤	79	7	2	7	5	79
3	③	58	9	23	58	4	6
4	⑤	62	7	9	14	8	62

01

정답설명

① '영감은 아들의 말이 옳다고는 생각하였으나 실상 그 삼사천 원이란 돈이~그 입들을 씻기기 위하여 쓴 것이다.'라는 부분을 통해 상훈의 부친이 족보를 만드는 데에 '삼사천 원'의 돈을 썼다는 것을 알 수 있다. 그 금액을 줄여서 '한 천 원' 썼다고 말하고 있지만, '성한 돈 가지고 이런 병신 구실 해 보기는 처음이다.'라는 부분을 통해 조 의관이 족보 만드는 데 들어간 많은 비용을 아까워한다는 것을 알 수 있다. 따라서 상훈의 부친이 '한 천 원'이 들었다며 다행이라 여기고 있다는 설명은 적절하지 않다.

오답설명

② "오륙천 원씩 학교에 디밀고 제 손으로 가르친 남의 딸자식 유인하는 것이 유리하게 쓰는 방법이냐?"라는 영감의 말은 상훈이 돈을 유리하게 쓴 것이 아님을 강조하여 드러내는 설의적 표현이다.

③ 지문의 후반부 덕기와 상훈의 대화를 보자. "할아버지께서 산소에 돈 쓰신다고 반대하시던 걸 생각하시기로……."라는 덕기의 말을 통해 상훈은 부친이 산소에 돈을 쓰는 것에 반대했다는 내용을 확인할 수 있다. 지문이 전반적으로 이해가 안 되었다면, 아래 설명을 읽어 보길 바란다.

형태쌤의 과외시간

지문의 앞 부분을 보면, 상훈이 족보를 만드는 데 돈을 쓰는 것을 부정적으로 보았다는 것을 알 수 있다.

[상훈→영감(부친)] "돈 쓴다고 뭐라 하는 게 아니다, 공연한 일을 만들어 내는 사람들이 잘못이다."→ 이 말을 통해 상훈이 족보를 만들고 꾸며 내는 것을 공연한 일이라고 생각한다는 것을 알 수 있다.

[상훈→영감(부친)] "그야 얼마를 쓰셨든지 그런 돈은 좀 유리하게 쓰셨으면 좋겠다는 말씀이." → 돈을 유리하게 쓰라고 아버지에게 충고(?)를 하였다. 이렇게 돈을 잘 쓰라고 아버지에게 뭐라 했던 상훈인데, 정작 본인은 그렇지 않은 모습을 보인다. 세간(살림에 쓰는 물건)을 사면서 그 값을 치르라고 덕기에게 보낸 것이다.

[덕기→상훈(부친)] "아버지, 옛날에 아버지도 할아버지께 돈을 잘 쓰라고 충고하셨잖아요? 그러니 아버지도 쫌!!!" 이러한 맥락으로 "할아버지께서 산소에 돈 쓰신다고 반대하시던 걸 생각하시고…"라고 말을 한 것이다.

④ "여간한 세간 나부랭이야 저 집에 안 쓰고 굴리는 것만 갖다 놓으셔도 넉넉할 게 아닙니까?", '안방 치장 하나에 천여 원 돈을 묶어서 들인다는 것은 생돈 잡아먹는 것 같고' 부분에서 덕기가 '세간 값'으로 치르는 돈을 낭비로 생각한다는 것을 알 수 있다.

⑤ "늘 이렇게만 하시면야 어디 드릴 수 있겠습니까?", "제게 두시면 어디 갑니까?"라는 덕기의 말에서 '정미소 장부'를 내놓지 않으려는 모습을 확인할 수 있다. 시험이 끝난 후, '정미소'가 도대체 누구냐고 질문을 하는 학생들이 있었는데, '정미소'는 사람 이름이 아니다. ㅜ.ㅜ '정미소'는 '도정 공장'이라고 하며 벼나 보리 등의 곡물을 가공하는 시설을 의미한다.

02

정답설명

⑤ '여자 손들이 많은데 구차스럽게 세간 값으로 부자 충돌을 하는 꼴을 보이기 싫기 때문'이라는 부분을 통해서 아들이 하고자 하는 말을 하지 못하게 하려는 의도를 엿볼 수 있다. 참고로 '입을 막다.'라는 것은 '시끄러운 소리나 자기에게 불리한 말을 하지 못하게 하다.'라는 의미의 관용구이다.

오답설명

① "그거 내놓고 어서 가거라.", "장부는 이따라도 내게로 보내라."라고 말하는 부분은 돌려서 말하는 것이라 할 수 없다.

② 아버지는 아들의 말에 신경질이 나서 주먹으로 뺨을 갈기려 했다. 따라서 아들의 말에 놀라움을 표시한다는 설명은 적절하지 않다.

③ 아들의 입을 막으려는 것은 여자 손들 앞에서 충돌을 막으려는 것이다. 손님들 앞에서, 그것도 여자들 앞에서 일단 다툼을 피하고 싶은 것이지, 아들과 의견을 같게 하려는 것은 아니다.

④ 아들에게 하고자 하는 말은 결국 세간 값을 치르라는 것과 정미소 장부를 달라는 것이다. 아버지는 이 말을 참지 않고 모두 하였으므로, 아들에게 하고자 했던 말을 참으려 했다는 설명은 적절하지 않다.

03

정답설명

③ [A] X, [B] X / 똑같은 '부친'이지만 [A]와 [B]에서 각각 다른 인물임을 명확하게 인지하고 가야 한다. [A]에서의 부친은 덕기의 할아버지이자 조상훈의 아버지인 '조 의관'을, [B]에서의 부친은 덕기의 아버지인 '조상훈'을 가리킨다. 호칭을 통한 인물 파악은 소설 독해의 근본이니, 이 부분에서 무조건 실수가 없어야 한다.
[A]에서는 족보로 인한 갈등이 드러난다. 아버지는 속으로 아들의 말이 옳다고 생각하고 있고, 갈등의 원인을 아들의 탓으로 돌리지 않는다. [B]에서는 아버지와 아들이 정미소 장부를 가지고 갈등을 하고 있으나 아버지가 자신의 잘못을 아들의 탓으로 돌리는 부분은 찾아볼 수 없다.

오답설명

① [A] O, [B] X / [A]에서 아버지 '조 의관'은 "제 손으로 가르친 남의 딸자식 유인"하였다는 말을 하여 아들이 '얼굴이 벌게'지게 만들었다. 이 부분에서 아들의 치부를 들추어 책망한다고 할 수 있다.

② [A] X, [B] O / [B]의 '생활이 거칠어 가는 수밖에는 없을 것이라고 동

정도 하는 한편인데'라는 부분에서, 아들이 아버지를 동정하는 마음을 갖고 있다는 것을 확인할 수 있다.

④ [A] O, [B] O / [A]에서는 "누가 저더러 돈을 쓰라니 걱정인가? 내 돈 가지고 내가 어떻게 쓰든지……."라는 아버지의 말을 통해 돈 쓰는 것에 대한 아들의 간섭을 못마땅해하고 있음을 확인할 수 있다. [B]에서는 "그 따위 아니꼬운 소리 한 테거든~가거라", "네가 무슨 총찰이냐?"라는 아버지의 말을 통해 아들의 간섭을 못마땅해한다는 것을 알 수 있다.

⑤ [A] O, [B] O / [A]에서는 돈으로 족보를 만드는 행위, [B]에서는 비싼 세간 값을 치르는 아버지의 행위가 갈등의 원인이 되고 있다. 돈을 유용하게 쓰려는 아들은 이러한 아버지의 행위를 문제 삼는다.

04

정답설명

⑤ ㉠에서는 서술자가 선택한 특정 인물인 영감의 속마음을 중심으로 서술하여 영감의 성격을 드러내며, ㉡에서는 서술자가 선택한 특정 인물인 덕기의 시각을 통해 신앙을 잃어버리고 타락한 삶을 살아가는 조상훈과 이에 반항하지 않고 동정과 탄식을 하는 덕기의 성격을 드러낸다. (참고로, 전지적 작가 시점 중에서도 특정한 인물에 주목하여 인물의 심리와 상황을 집중적으로 제시하면 3인칭 제한적 작가 시점이라고 한다.)

오답설명

① ㉠에서는 '영감'의 내면을 주로 서술하고 있으므로 특정 인물이 아들인 '상훈'으로 달라진다는 선지는 적절하지 않다.

형태쌤의 과외시간

「삼대」는 장면 장면마다 서술자가 주로 주목하며 심리를 서술하는 인물이 다르다. 〈보기〉에서도 알 수 있듯 이 작품에서는 매번 특정 인물이 달라지기 때문에 한 인물의 심리를 주로 서술하는 경우에도 다른 인물의 심리가 조금씩은 나오기도 한다.
(중략) 이전에 '상훈이는 어이가 없어서'처럼 '상훈'의 내면도 일부 드러나고 있으나 '겨우 간정되려던 영감의 감정에 또 불을 붙여 놓고 말았다.'에서 '영감'의 내면도 드러나므로 이 부분에서는 초점이 다른 인물(상훈)로 이동한 것으로 보기 어렵다.

② ㉠에서는 영감의 속마음과 족보를 만드는 과정에 대해 언급할 뿐, 상훈의 의식과 행동 사이의 인과 관계가 드러나지 않는다. ㉡에서도 상훈에 대한 덕기의 동정과 추측이 드러날 뿐, 상훈의 심리적 갈등이 드러나지 않는다.

③ 분명 둘 다 갈등 관계가 있지만, 밑줄 부분을 잘 보면서 판단해야 한다. ㉠과 ㉡이 각각 영감과 덕기의 시각에서 서술된 것은 옳지만, 서술 대상인 상훈에 대한 낮은 평가가 드러나는 것은 ㉡에만 해당된다. ㉠에서 '아들의 말이 옳다고는 생각'한 것을 감안하면, 영감은 아들 상훈의 말을 긍정하고 있음을 알 수 있다. 다만 가뜩이나 돈이 아까운데, 아들이 그 부분을 자꾸 지적하니 화가 난 것이다.

④ ㉡에서는 상훈에 대하여 정이 떨어지는 것 같았다가 '동정'하기도 하므로 상훈에 대한 덕기의 평가가 달라졌다고 볼 수도 있다. 하지만 ㉠에서는 상훈에 대한 영감의 평가가 달라지는 부분을 찾을 수 없다.

정훈 - 탄궁가

지문분석

하늘이 만드심을 일정 고루 하련마는
▶ 하늘이 만드시기를 (모든 사람들의 인생을) 일정하고 고르게 하련마는

어찌 된 인생이 이다지도 괴로운고
삼십 일에 아홉 끼니 얻거나 못 얻거나
▶ 가난해서 끼니를 얻거나 못 얻거나

십 년 동안 갓 하나를 쓰거나 못 쓰거나
안표(顔瓢)가 자주 빈들 나같이 비었으며
▶ (심하게 가난하다는) 안회의 표주박이 자주 빈들 나같이 비었으며

원헌(原憲)의 가난인들 나같이 극심할까
▶ (심하게 가난하다는) 원헌의 가난인들 나처럼 심할까.

봄날이 따뜻하여 뻐꾸기가 보채거늘
동편 이웃 쟁기 얻고 서편 이웃 호미 얻고
집 안에 들어가 씨앗을 마련하니
올벼 씨 한 말은 반 넘게 쥐 먹었고
기장 피 조 팥은 서너 되 부쳤거늘
▶ 농기구를 빌려 씨앗을 심으려 했지만 제대로 된 씨앗조차 없는 처지로구나.

춥고 주린 식구 이리하여 어이 살리
이봐 아이들아 아무쪼록 힘을 써라
▶ 말을 건네는 방식 체크!

죽 웃물 상전 먹고 건더기 건져 종을 주니
▶ 죽을 쑨 물은 상전이 먹고, 건더기를 건져서 종을 주니

눈 위에 바늘 젓고 코로는 휘파람 분다
▶ 눈살을 찌푸리며 콧방귀만 뀐다.

올벼는 한 발 뜯고 조 팥은 다 묵히니
▶ 올벼는 한 발만 수확하고 조와 팥은 다 묵히니

싸리피 바랑이는 나기도 싫지 않던가
▶ 싸리피 바랑이(잡초)는 나기도 싫지 않던가.

환곡 장리는 무엇으로 장만하며
▶ 나라에 빚진 곡식(환곡)과 이자(장리)는 무엇으로 장만하며

부역 세금은 어찌하여 차려 낼꼬
이리저리 생각해도 견딜 수가 전혀 없다
▶ 나랏빚, 이자, 부역(국가나 공공 단체가 국민에게 의무적으로 책임을 지우는 노역), 세금을 어떻게 치러 낼지 걱정하고 있구나.

장초(萇楚)의 무지(無知)를 부러워하나 어찌하리
▶ 장초(장초 나무)가 아무 걱정 모르는 것이 부러우나 어찌하리.
▶ 현실의 어려움을 알 필요 없는 장초를 부러워할 정도로 처절한 자신의 상황을 부각하고 있구나.

시절이 풍년인들 아내가 배부르며
겨울을 덥다 한들 몸을 어이 가릴꼬
▶ 풍년이 와도 거둘 곡식이 없으니 아내가 배부를 수 없고,
겨울이 춥지 않아도 몸을 가릴 옷가지가 없는 처지를 한탄하고 있다.

베틀 북도 쓸 데 없어 빈 벽에 남겨 두고
▶ (옷감을 짤 여유가 없으니) 베틀 북(베틀의 부속품)이 쓸 데가 없어 빈 벽에 놓여 있을 뿐이고

솥 시루도 버려두니 붉은빛이 다 되었다
▶ (밥을 지을 곡식이 없어) 시루 솥도 버려두니 붉은 녹이 다 슬었다.

세시 삭망 명일 기제는 무엇으로 제사하며
▶ 각종 명절 제사는 무엇으로 해서 올리며

원근 친척 손님들은 어이하여 접대할꼬
▶ 가깝고 먼 친척과 손님은 어떻게 대접할지

이 얼굴 지녀 있어 어려운 일 하고많다
▶ 이런 꼴(가난한 형편)로 살다보니 어려운 일 많고 많다.

이 원수 가난귀신 어이하여 여의려뇨
▶ (내게 붙은) 이 원수 같은 가난귀신을 어떻게 하면 잃을 수 있겠는가.

술에 음식을 갖추고 이름 불러 전송하여
▶ 술과 음식을 갖추고 귀신의 이름을 불러 귀신을 떠나보내려

길한 날 좋은 때에 사방으로 가라 하니
▶ 좋은 날 좋은 때에 멀리 가라 하니

웅얼웅얼 불평하며 화를 내어 이른 말이
▶ (귀신이) 웅얼웅얼 불평하며 (나에게) 화를 내며 이른 말이
▶ 아래부터는 귀신이 화자에게 하는 말이다. 화자와 귀신(청자)의 대화가 나왔다는 것에 주목하자.

어려서 지금까지 희로애락을 너와 함께하여
죽거나 살거나 여읠 줄이 없었거늘
▶ 귀신 : "어려서 지금까지 희로애락을 너와 함께하여 죽거나 살거나 헤어지려 하지 않았거늘

어디 가 뉘 말 듣고 가라 하여 이르느뇨
▶ 어디서 누구의 말을 듣고 (나에게) 가라 이르느냐?"

우는 듯 꾸짖는 듯 온가지로 협박커늘
▶ (귀신이 나를) 타이르듯 꾸짖는 듯 여러 가지로 무섭게 이르고 위협하거늘

돌이켜 생각하니 네 말도 다 옳도다
▶ (내가) 돌이켜 생각하니 가난귀신의 말이 다 옳도다
▶ 화자는 가난귀신을 멀리 보내려 했지만, 가난귀신의 말에 오히려 설득당했구나.

무정한 세상은 다 나를 버리거늘
네 혼자 신의 있어 나를 아니 버리거든
▶ 무정한 세상과 달리 가난귀신은 신의가 있어 화자를 버리지 않았대.

위협으로 회피하며 잔꾀로 여읠려냐
▶ 억지로 (너를) 피하며 잔꾀로 (너와) 이별하겠느냐.

하늘 만든 이내 가난 설마한들 어이하리
▶ 하늘이 만든 내 이 궁핍함이 심하다 한들 어이하리.

빈천도 내 분수니 서러워해 무엇하리
▶ 가난하고 천한 것이 내 분수니 서러워해서 무엇하리.

문제분석 01-03번

번호	정답	정답률 (%)	선지별 선택비율(%)				
			①	②	③	④	⑤
1	⑤	93	1	2	2	2	93
2	②	91	4	91	2	1	2
3	③	95	1	2	95	1	1

01

정답설명

⑤ [가] O, [나] O / [가]는 봄날 농사를 지어 가난을 이겨내려 했으나 심을 씨앗이 없어 어찌해야 하는지를 말하며 현실을 벗어나기 어렵다고 탄식하고 있고, [나]는 '가난귀신'과의 대화를 드러냄으로써 대상을 의인화하고 있다.

학생들이 자주 묻는 질문

Q. 가난을 인간이 아니라 '귀신'에 비유했는데도 의인화인가요?

A. 포인트를 잘못 짚은 거다. 중요한 것은 '귀신도 인간이냐'가 아니라, '귀신과 대화를 했다'는 것이다. 인간이 아닌 대상과 대화를 했다면, 무조건 의인화가 쓰였다고 봐야 한다. 인간이 아닌 대상에게 인간의 언어를 이해하고 있다는 속성을 부여했기 때문이다. 따라서 귀신을 인간으로 보든지 말든지, 가난이라는 추상적 대상과 대화했다는 것 자체가 '의인화된 대상과의 대화'인 것이다.

오답설명

① [가] X, [나] X / [가]에서 설득적인 어조가 나타난 부분은 없다. 반면 [나]에서는 설득적 어조가 드러나지만, '귀신'이 오히려 화자를 설득하고 있으므로 선지의 내용은 적절하지 않다.

② [가] X, [나] X / [가]에서는 추상적인 소재를 열거하는 것이 아니라 '쟁기', '호미', '올벼', '기장' 등의 구체적인 소재를 열거하고 있다. 또한 [나]에는 소재를 열거한 부분이 없다.

③ [가] X, [나] X / [가]에서 과거 상황에 대한 그리움을 나타낸 부분이 없다. 오히려 힘겨운 현재 상황이 드러나 있다. 한편 [나]에서는 현재 상황에 대한 비판은 없고 오히려 주어진 상황을 수용하려는 태도가 드러나 있다.

④ [가] X, [나] X / [가]는 '춥고 주린 식구 이리하여 어이 살리'를 통해 관념적인 문제가 아닌, 실제적인 문제에 대해 관심을 갖고 있음을 알 수 있다. 또한 [나]는 실제적인 문제를 해결하는 과정은 제시되어 있지 않다.

02

정답설명

② '발화의 의도'는 수능에서 자주 출제하는 평가 요소이다. 발화의 의도를 물어보는 문제는 표면적인 말과 그것의 의도를 구분해서 정확하게 이해해야 한다. 이때 의도를 확인하기 위해서는 항상 '상황'과 '문맥'을 봐야 한다. ㉡은 분명 부역과 세금을 감당할 마땅한 방법이 없다는 것은 맞는 말이지만, 화자의 가난한 상황과 문맥적 내용(백성의 의무에 대한 추가적인 언급 X)을 고려할 때 이러한 의무를 모면하고자 하는 의도는 확인할 수 없다. 오히려 세금을 내지 못할 정도로 비참하게 가난하다는 것을 부각하려는 의도라고 볼 수 있다.

오답설명

① ㉠에서 가난을 이겨내기 위해 아이들에게 힘을 내 달라는 부탁의 의도가 엿보인다.

③ ㉢에서 '겨울'이 남들에게는 더워도(따뜻해도) 자신은 몸을 가릴 수 없다고 이야기하는 것은, 현재 화자가 변변한 옷가지조차 없을 정도로 가난한 상태임을 보여 준다.

④ ㉣에서 솥 시루가 붉어졌다는 것은 음식을 해 먹지 못해 녹이 슬었다는 의미로, 떡과 같은 음식을 해 먹을 형편이 아닌 화자의 가난한 모습을 드러낸다.

⑤ ㉤에서 화자가 가난한 상황으로 인해 먼 친척, 가까운 친척, 손님들을 접대할 수 없다며 탄식하는 것은, 도리를 다하지 못할까 염려하는 것이다.

03

정답설명

③ 화자는 [A]의 '이다지도 괴로운고'에서 가난의 괴로움으로 탄식하고 있으나, [B]의 '서러워해 무엇하리'에서는 서러워해도 소용없다고 체념하고 있다. 참고로 '수용'에는 두 가지가 있다. '상황의 긍정적 수용과 체념적 수용'이 그것이다. '상황의 긍정적 수용'은 힘들지만 긍정적으로 받아들이겠다는 것이고, '체념적 수용'은 어쩔 수 없으니 포기하고 받아들이겠다는 것이다. 물론 평가원이 둘의 차이를 집요하게 물어보지는 않겠지만, 수용이라고 무조건 나쁘거나 좋은 것은 아니라는 점은 알아 두자.

오답설명

① [A]에서 하늘이 인간을 일정하고 고르게 만들지 않았을까 하는 화자의 기대가 나타나지만 이를 통해 '평등의 신념'으로 나아가는 것은 조금 지나친 해석이라고 볼 수 있다. 오히려 하늘은 인간을 고르게 만들었을 텐데, 내 인생은 왜 이러냐는 한탄이 강조되고 있다. 또한 [B]에는 평등에 대한 언급이 없다. [B]는 벗어날 수 없는 가난을 운명적으로 인식하려는 태도를 드러내는 부분이다.

② [A]를 보면 '어찌 된 인생이 이다지도 괴로운고'에서 화자의 비관적인 인생관이 드러나고 있다. 한편 '싸리피 바랭이'는 화자의 비참한 상황을 강조하는 표현이다. 따라서 잡초가 계속 나서 농사를 짓기가 힘들다는 의미이므로 비관적인 인생관이 낙관적으로 변화했다고 보기 어렵다.

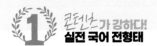
④ '부러워하나 어찌하리'에는 열등감이 아닌 괴로운 자신의 처지가 드러 나며, [B]의 '설마한들 어이하리'에는 우월감이 아니라 벗어날 수 없는 가난에 대한 체념의 정서가 드러난다.

⑤ '이 얼굴 지녀 있어 어려운 일 하고많다'에서는 가난한 처지로 인해 어 려움이 많다는 한탄이 드러나고 있으므로 선지 내용은 적절하지 않다. 또한 [B]의 '빈천도 내 분수니 서러워해 무엇하리'에서는 자신감이 약화 된 것이 아니라 가난에 대한 체념과 수용의 태도가 드러난다.

나의 집 / 길 / 제망매가

지문분석

(가) 나의 집

들가에 떨어져 나가 앉은 메기슭의
넓은 바다의 물가 뒤에,
나는 지으리, 나의 집을,

▶ 집을 짓고 싶어. 어디? 속세와 떨어진 자연에. 여기까지 보면 집의 위치에서 세상과의 거리감이 느껴지지?

다시금 큰길을 앞에다 두고.
길로 지나가는 그 사람들은

▶ 어라? 근데 그 집은 세상과 거리가 있으면 안 돼. 일단 큰길 근처여야 하고 사람들이 지나다녀야 하네.

제가끔 떨어져서 혼자 가는 길.

▶ 길 위에 혼자서 외롭게 걸어가는 사람들의 모습은 화자의 외로움을 투영하고 있는 대상들이라고 볼 수 있어.

하이얀 여울턱에 날은 저물 때.

▶ 색채어를 사용하여 쓸쓸한 분위기를 주고 있고, 시간적 배경을 제시하였어.

나는 문(門)간에 서서 기다리리
새벽 새가 울며 지새는 그늘로
세상은 희게, 또는 고요하게,
번쩍이며 오는 아침부터,
지나가는 길손을 눈여겨보며,
그대인가고, 그대인가고.

▶ 내가 집을 짓고 기다리는 이유는? 그대를 기다리기 위해. 그래서 집은 그대가 지날지도 모르는 길 옆에 짓는 것이니 속세와의 단절이나 탈속으로 보면 No!

▶ 그대인가고 : '그대인가 하고'의 줄임말로 운율감을 형성한다.

(나) 길

잃어 버렸습니다.

▶ 상황 : 대상의 부재, 결핍, 상실

무얼 어디다 잃었는지 몰라
두 손이 주머니를 더듬어
길에 나아갑니다.

▶ 잃어버린 대상이 무엇인지도 모르고, 일단 주머니 속을 더듬으면서 길을 가고 있어. 화자가 걷고 있는 길은 무엇인가를 찾기 위한 길이지.

돌과 돌과 돌이 끝없이 연달아
길은 돌담을 끼고 갑니다.

▶ 화자는 돌담길을 따라 대상을 찾아 길을 가고 있어. 그런데 돌은 끊임없이 이어져 있나봐.

담은 쇠문을 굳게 닫아

▶ 단절감을 주는 소재인 쇠문이 나왔는데, 아직 의미 파악은 되지 않아.

길 위에 긴 그림자를 드리우고

▶ 그림자를 통해 외롭고 암울한 부정적 분위기를 조성하였네.

길은 아침에서 저녁으로
저녁에서 아침으로 통했습니다.

▶ 평범한 길이 아닌가 봐. 시간과 결합된 길의 모습이 나왔어. 이쯤 되면 화자가 걷고 있는 길이 단순한 road가 아니라 '인생길'임을 알 수 있겠지?

▶ 참고로 현대시에서 '길'이라는 시어는 '인생길'로 해석되는 경우가 많다는 것을 Tip으로 알아두면 좋다.

돌담을 더듬어 눈물 짓다

▶ '눈물'이라니! 화자는 나약한 자세를 보이고 있어.

쳐다보면 하늘은 부끄럽게 푸릅니다.

▶ 그리고 하늘을 보며 부끄러움을 느끼고 있구나.

풀 한 포기 없는 이 길을 걷는 것은

▶ 화자의 상황이 피폐함을 의미한다.

담 저쪽에 내가 남아 있는 까닭이고,

▶ 담 저쪽의 나 : 본질적 자아, 시적 자아가 찾고자 하는 진실된 자신

내가 사는 것은, 다만,
잃은 것을 찾는 까닭입니다.

▶ Ok. 화자가 찾는 대상은 바로 '자기 자신'이야. 내 안에 있는 진정한 나의 모습을 찾기 위해 화자는 열심히 걷고 있었던 거야. 그리고 '내 안의 나'를 찾기 위해 산다고 하니, 자아 발견을 위한 의지적인 태도마저 느껴지는구나.

(다) 제망매가

생사(生死) 길은

▶ 죽고 사는 일은

예 있으매 머뭇거리고,

▶ 바로 여기에 있어서 머뭇거리고,

▶ 삶과 죽음의 갈림길이 멀리 있지 않고 가까이 있다는 인식과 함께 죽음에 대한 두려움이 나타난다.

나는 간다는 말도

▶ "나는 간다(나 이제 저승으로 간다)"라는 말도

못다 이르고 어찌 갑니까.

▶ 못다 이르고 어떻게 갑니까.

▶ 누이의 갑작스러운 죽음에 대한 안타까움이 드러난다.

어느 가을 이른 바람에

▶ 어느 가을에 일찍 부는 바람(누이의 때 이른 죽음)에

이에 저에 떨어질 잎처럼

▶ 여기 저기 떨어질 잎처럼

▶ 가을 바람에 떨어지는 잎 : '죽은 누이'의 보조 관념

한 가지에 나고

▶ 한 가지에서 났는데

▶ 한 가지 : 같은 부모를 비유적으로 이르는 말

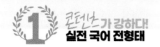

가는 곳 모르온저.

▶ (바람에 날려) 가는 곳은 모르는구나.

▶ 한 부모 아래 태어났지만 헤어지고 가는 곳을 모른다는 점에서 안타까움과 인생무상의 정서가 드러난다.

아아, 미타찰(彌陀刹)에서 만날 나

▶ 아아, 극락정토에서 만날 누이와 나

▶ 화자의 태도 변화 : 누이를 잃은 슬픔 → 극락정토에서 재회할 것을 확신

도(道) 닦아 기다리겠노라.

▶ (누이와 재회하는) 그때까지 도를 닦으며 기다리겠노라.

▶ 혈육의 죽음으로 인한 슬픔을 종교적으로 극복(승화)하고 있다.

문제분석 01-06번

번호	정답	정답률 (%)	선지별 선택비율(%)				
			①	②	③	④	⑤
1	②	78	13	78	6	2	1
2	④	81	5	4	5	81	5
3	④	85	4	4	3	85	4
4	①	58	58	6	14	4	18
5	⑤	71	6	10	9	4	71
6	①	55	55	4	24	12	5

01

정답설명

② (가) O, (나) O, (다) O

(가) : (대상의) 부재 상황에서 기다림의 반응

(나) : (자기 자신의) 부재 상황에서 의지적인 반응

(다) : (대상의 죽음으로 인한) 부재 상황에서 종교적 승화의 반응

따라서 상황에 대한 대응 방식(반응)은 모두 있다.

형태쌤의 과외시간

평가원 공통점 문제는 거시적으로 접근해야 한다. 기출에 가장 많이 나오는 것이 1) 구체적 사물을 통해 정서를 드러낸다. 2) 상황이 부정적이다. 3) 상황에 대한 반응이 있다. 이렇게 세 가지이다. 시험장에서 이런 선지가 등장할 때는 그 선지를 가장 먼저 검토를 해야 시간을 절약할 수 있다. 이 문제는 3)의 경우다.

상황에는 크게 두 가지가 있다. 긍정적 상황, 부정적 상황. 반응은 그리움, 의지적, 체념적, 기다림, 낙관적, 비관적 등등 종류가 다양하다. 그렇다면 상황이 어떻든 간에 그에 대한 뭔가 반응이 있다는 것은 대부분의 시를 포괄하는 상당히 보편적인 말로 볼 수 있다.

맞다. 그래서 **시를 '세계의 자아화'라고 정의하는 것이다. '세계의 자아화'를 쉽게 풀어 쓰면, '(자신의 혹은 대상의) 상황에 대한 화자의 반응이 있다.'라는 것이다.**

따라서 선택지의 '상황에 대한 반응이 있다.'라는 말은 '위에 나온 작품

이 시이다.'라는 말과 동일하다. 대부분의 시에는 상황에 대한 반응이 있으니까.

> **[1999학년도 수능]** 「진달래꽃」,「꽃」
> 자신이 처한 현실에 대한 대응 방식이 드러나 있다.
> **[2007학년도 수능]** 「교목」,「들길에 서서」,「고고」
> 화자가 바람직하게 생각하는 삶의 자세가 담겨 있다.
> **[2008학년도 6평]** 「나의 집」,「길」,「제망매가」
> 화자가 처한 상황에 대한 대응 방식이 드러나 있다.
> **[2010학년도 6평]** 「발열」,「거문고」,「대설주의보」
> 대상의 현재 상황을 부각하여 시적 정서를 형성하고 있다.

위에서 언급한 선지들은 당시 표현상의 특징 문제에서 정답이었던 선지들로, 모두 '상황에 대한 반응이 있다.'를 얘기하는 선지이다. 최근 기출 문제에서도 '인식이 있다 / 반응이 있다 / 처지를 드러낸다' 등의 표현은 항상 맞는 말로 처리가 되었다. 따라서 이 부분엔 힘을 빼고 당연한 부분으로 선지를 처리해야 한다.

오답설명

① (가) X, (나) X, (다) X / (다)에서는 누이의 죽음을 자연물(바람에 떨어지는 잎)에 비유하여 제시하고 있다. 즉, 인간과 자연의 대비가 아니라, 대응을 통해 주제를 드러내고 있는 것이다.

③ (가) X, (나) X, (다) △ / 낙관적(樂觀的) : 인생이나 사물을 밝고 희망적으로 보는 것. 앞으로의 일 따위가 잘되어 갈 것으로 여기는 것. '미타찰에서 만날 나'라는 구절에서 미래에 대한 확신이 드러나므로 낙관적이라는 판단을 허용할 수 있지만, 사후 세계라는 점에서 △로 표시하였다.

④ (가) X, (나) X, (다) △ / (나)에는 바람직한 세계에 대한 확신은 나타나지 않았다. (다)에서는 바람직한 세계가 곧 화자가 원하는 세계이므로 죽은 누이와 재회하는 공간인 '미타찰'을 화자가 원하는 세계로 볼 수 있다. 그러나 (다)에서 화자는 바람직한 세계에 대한 확신을 나타내는 것보다 죽은 누이와의 재회를 바라고 있기 때문에 선지를 완전히 허용하기는 애매하다.

⑤ (가) X, (나) X, (다) X / (나)의 '풀 한 포기 없는 이 길'을 상황에 대한 우회적 비판이라고 보면 안 된다. 이것은 '내 안의 나'를 찾는 것이 쉽지 않은 길이라는 것을 나타낸 표현이다. '풀 한 포기 없는 이 길'을 화자가 비판하는 길로 본다면, 화자는 자신이 비판하는 길을 걷는 황당한 사람이 되어 버린다.

02

정답설명

④ [A]에도 [B]에도 역설은 나타나지 않는다.

오답설명

① [A]의 '새벽 새가 울며 지새는', '번쩍이며 오는 아침' 등에서 시간이 감각적인 이미지로 표현되었음을 알 수 있다.

②, ③ [B]에서 '길은 아침에서 저녁으로 / 저녁에서 아침으로 통했습니다.'를 통해 시간이 지속되는 모습을 보이고 있으며, '길'이라는 공간이 시간의 개념과 결합되었음을 알 수 있다.

⑤ [A]에는 '그대'를 기다리는 시간이, [B]에서는 '인생길'을 걸으며 화자가 고뇌하는 시간이 나타나 있다.

03

정답설명

④ 있는 그대로 접근하자. 오버해서 해석하려 하지 말아라.

(나)의 화자는 '하늘'을 보며 '부끄럽'다고 했다. 그럼 '하늘'을 통해 '반성'한다는 것은 알 수 있겠지?

(다)의 화자는 대상에게 '미타찰'에서 만나자고 했다. 그럼 '미타찰'은 화자가 '지향'하는 공간이겠구나.

오답설명

① (나)와 (다)의 화자가 '하늘', '미타찰'에 있지는 않다.

② '숭고함'은 뜻이 높고 고상하다는 것이다. '하늘'은 화자로 하여금 반성을 하게 하는 매개체이지 숭고함을 자아내는 공간은 아니다. '비장함'은 슬프면서도 그 감정을 억누르는 것인데, (다)의 화자는 슬픔을 마지막에 극복했기 때문에 '미타찰'은 비장함을 자아내는 공간이라 볼 수 없다.

③ 둘 다 화자에게 환상을 불러일으키는 공간이 아니다.

⑤ '하늘'은 자연의 영원성을 상징하지 않으며, '미타찰'은 인간의 유한성을 상징하지 않는다. 오히려 유한성을 의미하는 것은 죽음이고, 미타찰은 죽은 누이와 재회할 수 있다는 점에서 영원성을 지닌 세계이다.

04

정답설명

① '탈속(脫俗)'이라는 말을 쓰려면 일단 속세와의 '단절'이 나타나야 한다. (가)의 화자는 '그대'를 끊임없이 기다리며 '길손'을 눈여겨보는데 어찌 '탈속'이라는 말을 쓸 수 있겠니. '자연'이라고 무조건 '탈속'의 공간인 것은 아니다!

오답설명

② 뭔가 잃어버렸다는 화자의 상황과 그 잃어버림의 대상이 바로 '자기 자신'이라는 것을 고려할 때 허용할 수 있다.

③ '돌'을 반복하여 말하며 끊임없이 '돌'이 이어지고 있음을 통해 찾고자 하는 것을 찾기가 쉽지 않다는 화자의 무거운 심리를 드러내고 있다.

④ 화자가 걷는 길에 '풀 한 포기'도 없는 것은 화자가 쉽지 않은 길을 걷는다는 것이고, 이것은 황량한(황폐하고 거칠고 쓸쓸한) 길임을 허용할 수 있다.

⑤ 생사의 갈림길이 가까이(여기에) 있다고 하면서 머뭇거리고 있으므로 죽음에 대한 두려움이 나타난다고 볼 수 있다.

05

정답설명

⑤ 설마 '그대인가고'를 방언으로 본 것이니? '그대인가고'는 '그대인가 하고'의 줄임일 뿐 방언은 아니다. 그리고 방언(사투리)을 출제할 때는 전국 모든 학생들이 알아볼 정도로 확연하게 출제하니, 애매한 경우 방언이라고 의심할 필요는 없다.

메기슭 : 산의 옛말. But 방언은 아니다.

오답설명

① '나는 지으리, 나의 집을'에서 확인할 수 있다.

② '하이얀'이라는 시적 허용을 써가며 음절 수를 조절하고 있구나.

③ '길', '그대인가고'를 반복하고 있다.

④ '하이얀', '희게'라는 색채어를 사용하고 있다.

06

정답설명

① 〈보기〉의 A를 요약하면 '화자가 너무도 도화(복숭아꽃)를 사랑해서 바람에 진 낙화도 쓸지 않고 두고 보려 한다.' 이 정도로 볼 수 있겠다. 여기서 '바람'이 화자의 시련이라면, '도화'가 화자의 분신이 돼야 한다. 그럼 '바람에 쓰러진 나를 두고 보겠다?' 이 얼마나 황당한 해석인가.

오답설명

② ⓐ는 누이가 죽게 된 원인, B의 '바람'은 나무가 쓰러지게 된 원인. 둘 다 어떠한 결과를 가져오는 원인으로 작용하고 있다.

③ 떨어진 꽃마저도 사랑하는 화자이니, A의 '도화'는 화자의 감회와 흥취를 부각하겠지.

④ ⓑ는 죽은 대상인 누이를 비유하고 있고, B의 '나무'는 임이 그리워 병이 든 화자를 의미하니 허용할 수 있겠다.

⑤ '수동성'이라는 말이 애매하게 다가왔겠지만, 상황에 대한 특정한 저항이나 적극적 대처가 없다는 점에서 ⓑ, A의 '도화', B의 '나무'는 수동성을 함축하고 있다고 볼 수 있다.

작자 미상 – 숙영낭자전

지문분석

[지문에서 체크할 것]

※ 공간

　주막 → 풍산촌 숙소 → 빈소 → 빈소 밖

※ 서술자의 개입

　×

[전체 줄거리]

　백 상공과 그의 부인 정 씨는 혼인한 지 20년이 되도록 자식이 없었는데, 이름난 산과 큰 절에 가서 기도를 드린 후에 신기한 꿈을 꾸고 아들 선군을 얻게 된다.

　어른이 된 선군은 어느 날 인간 세상에서 귀양살이를 하고 있던 선녀 숙영을 보고 그만 상사병에 걸리고, 결국 숙영과 혼인하여 두 딸을 낳는다. 이후 선군은 과거를 보러 가게 되는데, 선군을 몰래 사모하던 매월이 선군이 없는 틈을 타서 숙영에게 억울한 누명을 씌운다. 백 상공은 숙영의 정절을 의심하여 추궁하고, 숙영은 억울함을 풀기 위해 자결하게 되는데, 숙영의 시신에 꽂힌 칼은 숙영의 원한으로 인해 그 누구도 뽑을 수 없게 된다.

　한편 선군이 받을 마음의 충격을 걱정한 백 상공은 선군의 의사를 묻지 않고 황급히 임 소저와 선군의 결혼을 약속해 놓는다. 그러나 과거에 급제하여 고향에 돌아온 선군은 숙영의 억울한 죽음을 확인하게 된다. 선군이 숙영의 몸에 박힌 칼을 뽑자, 칼이 뽑힌 자리에서 파랑새가 매월이 범인임을 암시하는 소리를 내며 날아오른다. 선군은 고문을 통해 매월이 범인임을 밝혀내고, 그 자리에서 매월의 목을 베어 버린다. 그리고 숙영은 옥황상제의 은혜로 살아나 선군과 다시 만난다.

　한편 임금의 특별한 허락으로 선군과 임 소저는 혼사를 치르게 되고, 이후 선군과 숙영, 임 소저 세 사람은 행복한 삶을 누리다가 같은 날 하늘로 올라간다.

문제분석　01-03번

번호	정답	정답률 (%)	선지별 선택비율(%)				
			①	②	③	④	⑤
1	⑤	77	3	6	3	11	77
2	①	79	79	4	4	4	9
3	①	69	69	7	8	10	6

01

정답설명

⑤ [B]의 "다만 선군이 죽어 지하에 가 낭자를 좇을 것이니, 부모에게 불효

가 되어도 어찌할 수 없으리로다."라는 부분에서 자기 희생에 대한 태도를 찾을 수 있다. 하지만 [A]에서는 "억울한 누명을 벗겨 주시면, 죽은 혼백이라도 깨끗한 귀신이 될까 합니다."라고 하며 자신의 누명을 벗겨 달라는 부탁을 할 뿐, 자기 희생적인 태도는 보이고 있지 않다.

오답설명

① [A]는 선군의 꿈에 숙영이 나타나서 자신의 한을 풀어달라고 부탁하는 부분이다. 꿈이라는 상황을 통해 원혼의 간절한 염원(원혼이 된 사연을 풀어 주는 것, 누명을 벗겨 주는 것)을 이야기하고 있기에 적절한 선지이다.

② '제문'이란 죽은 사람에 대하여 애도의 뜻을 나타낸 글을 의미한다. [B]에서는 선군이 제문의 형식을 통해 숙영의 죽음을 슬퍼하고 그 혼을 위로하며 숙영에 대한 자신의 마음을 고백하고 있기에 적절한 선지이다.

③ [A]는 죽은 숙영이 살아있는 선군에게 전하는 말이고, [B]는 살아있는 선군이 죽은 숙영에게 전하는 응답으로 볼 수 있다.

④ [A]에서는 "낭군이 입신양명하여 영화롭게 돌아오시니 기쁘기 측량 없사오나"를 통해 과거에 급제하여 영화롭게 돌아오는 선군의 처지를 확인할 수 있다. [B]에서는 "숙녀도 험한 구설을 만남은 예부터 없지 않았으나, 낭자같이 지극 원통한 일이 어디 다시 있으리오."라는 말을 통해 험한 구설을 만나 원통한 일을 당한 숙영의 처지를 확인할 수 있다.

02

정답설명

① '회유'는 '어루만지고 잘 달래어 시키는 말을 듣도록 하는 것'을 의미한다. 선군은 파랑새가 "매월이다, 매월이다, 매월이다."라고 울고 날아가자 숙영에게 누명을 씌운 것이 매월의 소행인 줄 알게 되었고, 화를 이기지 못하여 형구를 벌이고 매월을 신문하였다. 매월은 '매를 견디지 못하여 승복하여 울며' 죄를 자백하였으므로 회유로 인한 자백이라는 설명은 적절하지 않다.

오답설명

② 처음 숙영이 꿈에 나왔을 때 숙영은 자신의 억울한 누명을 벗겨 달라고만 했을 뿐, 누가 어떻게 누명을 씌웠는지는 언급하지 않았다. 하지만 숙영의 몸에서 나온 파랑새가 "매월이다."라고 울고 날아가자(이 부분이 비현실적인 사건이다.) 선군은 그제야 매월의 소행임을 알게 되어 신문을 하게 된 것이다.

③, ④ 매월은 "제가 마침 원통한 마음이 있던 차에 때를 타서 감히 간계를 행하였으니"라고 자신의 죄를 고백하였다. 이 발언을 통해 매월이 원통함을 지니고 있었던 것과, 숙영이 간계에 넘어가 누명을 쓰게 되었다는 내용을 확인할 수 있다.

⑤ 매월이 돌이를 사주하여 간계를 꾸몄고, 이로 인해 숙영은 억울한 죽음을 맞게 되었다. 이러한 사실을 감추려는 상공과 숙영의 억울함을 밝히려는 선군이 혼사 문제로 갈등을 하고 있기에 상공 집안에 갈등을 초래하였다는 선지는 적절하다. 갈등이라고 해서 꼭 대립되는 인물이 첨예한 갈등 양상을 보여야 할 필요는 없다. 서로 의견이 맞지 않는 상

황도 갈등이다.

03

정답설명

① 〈보기〉에서 설명한 주인공의 과제 수행의 단계는 '과제를 부여받음 → 의심 → 방해자의 방해 → 과제 완수 → 정체성 획득'으로 정리할 수 있다. 이 소설에서 과제는 '숙영의 억울함을 푸는 것'이고, 방해하는 것은 '아버지의 권유(임 소저를 새로운 부인으로 맞으라는 것)'이며, '매월이 범인임을 밝히고 숙영의 원한을 풀어 주는 것'이 과제 완수라고 볼 수 있다. 따라서 '숙영이 선군의 꿈에 나타나서 슬프게 울며 말하는 것'은 선군이 과제를 부여받는 단계로 볼 수 있고, 이러한 과제를 부여받기 위해서는 선군과 숙영이 관계를 맺고 있어야 한다.

 학생들이 자주 묻는 질문

Q. "전에 낭군의 편지 사연을 듣사온즉"에서 관계가 전부터 맺어져 있다고 생각하면 틀린 건가요?

A. 선지에서는 분명 '숙영낭자와 선군의 관계'가 과제 수행의 전제라고 밝히고 있다. 즉 초점은 '과제 수행'이 무엇이고, 숙영낭자와 선군이 꿈에서 만난 것이 그 과제를 수행하게끔 하는 데 전제로 역할을 하느냐를 따져야 하는 것이다. 숙영과 선군의 관계가 언제부터 시작되었는가를 묻고 있는 선지가 아니라고 보아야 한다. 선군에게 있어 과제는 '숙영의 누명을 푸는 것'이다. 그리고 숙영은 선군에게 과제를 주는 역할을 하고 있으며, 선군이 숙영의 누명을 푸는 과제를 수행해야 하는 이유가 바로 '숙영낭자와 선군의 관계' 때문이므로 선지의 내용은 적절하다.

오답설명

② 표현이 깔끔하진 않지만, '아무리 생각해도 그 곡절을 헤아리지 못'한다는 서술을 통해서 과제 제시의 까닭을 의심하는 모습은 허용할 수 있다. 하지만 숙영이 나타나게 된 원인을 현재 선군은 전혀 알지 못하므로, '숙영 낭자가 나타나게 된 원인을 선군이 꿰뚫어 보고 있음'은 명확히 틀렸다. 이후 아버지의 방해 단계에서 선군은 숙영이 나타난 원인을 짐작한다.

③ 임 소저로 숙영에 대한 선군의 관심을 돌려 훗날을 도모하려는 아버지는 과제 수행의 방해자로 볼 수 있다. 이를 통해 부자간의 갈등이 생기는 것이고, 화해는 이루어지지 않았다. 다른 여인과 혼인하기 싫은 선군과 결혼을 진행하려는 상공 간의 갈등이기에 외부 세력에 의해 갈등과 화해가 주도된다는 설명은 적절하지 않다.

④ 선군이 과제에 대한 사명감을 갖게 된다는 부분은 허용할 수 있다. 그러나 선군은 아버지의 태도를 통해 상황을 꿰뚫어 보고, 아버지의 의사와 반하는 행동(혼례를 치르지 않는 것)을 하기로 한다. 따라서 아버지의 의사에 부응하고 도리를 다한다는 설명은 명확한 오답이다.

⑤ 과제 해결의 완수는 숙영의 누명을 벗기고 범인을 벌하는 것인데, ⑪에서는 아직 죽음의 원인 규명과 그에 대한 처벌이 이루어지지 않았기에 과제 해결이 완수된 단계라고 볼 수 없다.

04 현대 산문
2007학년도 9월

이태준 - 복덕방

지문분석

[지문에서 체크할 것]

※ 시간
　순행적 구성

※ 공간
　복덕방

※ 서술자의 관심사
　일반적인 전지적 작가 시점으로, 서술자는 지문에 등장하는 세 노인(안 초시, 서 참위, 박희완 영감)의 심리와 상황을 고르게 보여 주고 있다.

[전체 줄거리]

　세 노인이 복덕방(가옥이나 토지 같은 부동산을 매매하는 일이나 임대차를 중개하여 주는 곳)에서 무료하게 세월을 보낸다. 안 초시는 수차례에 걸친 사업 실패로 몰락하여 지금은 서 참위의 복덕방에서 신세를 지고 있다. 무용가로 유명한 딸 경화가 있으나, 그는 늘 그녀의 짐일 뿐이고 딸 역시 아버지를 불편해한다. 그러나 안 초시는 재기하려는 꿈을 안고 살아간다. 서 참위는 대한 제국의 마지막 시기에 훈련원의 참위로 몸담았던 무관이었으나 일제 강점 후 별 수 없을 것 같아 복덕방을 차렸다. 안 초시와 달리 대범한 성격의 소유자로, 중학 졸업반인 아들의 학비를 걱정하며 돈을 많이 벌어야 한다는 생각을 한다. 박희완 영감은 훈련원 시절 서 참위의 친구이다. 재판소에 다니는 조카를 구실로 대서업(代書業 : 남을 대신하여 관청 행정이나 법률 행위에 필요한 서류를 작성하여 주고 보수를 받는 직업)을 한다고 일본어 공부를 열심히 하는 노인이지만 그가 책만 펴면 조는 것으로 보아, 시험에 합격할 가망은 거의 없다.

　재기를 꿈꾸던 안 초시에게 박 영감이 부동산 투자에 관한 정보를 일러준다. 늘 일확천금을 꿈꾸던 안 초시는 딸과 상의하여 투자를 결심하고, 안 초시의 딸은 투자하는 과정에서 자기의 아버지를 배제시키고 자신이 마련한 돈을 몽땅 부동산에 투자한다. 그러나 일 년이 지나도 새로운 항구의 건설이라든가 땅값이 오른다든가 하는 기미는 전혀 보이지 않는다. 결국, 박 영감에게 부동산 정보를 전해 준 사람이 자신의 땅을 처분하기 위해 벌인 사기극임이 밝혀진다. 이 모든 사기극의 잘못은 전적으로 아버지에게 있다는 딸의 비난을 받고 또한 미래의 꿈을 상실한 안 초시는 음독자살한다.

　아버지의 자살로 자신의 사회적 명예가 훼손될 것을 우려한 안 초시의 딸 경화는 서 참위의 권유를 받아들여 장례식을 성대하게 치른다. 장례식에 참석한 서 참위와 박희완은 경화의 위선적인 모습과 조문객들의 허세에 마음이 아파 장례식장을 떠나고야 만다.

문제분석　01-05번

번호	정답	정답률 (%)	선지별 선택비율(%)				
			①	②	③	④	⑤
1	③	85	7	5	85	1	2
2	⑤	77	3	3	4	13	77
3	③	85	4	3	85	5	3
4	④	80	3	2	13	80	2
5	②	78	8	78	8	2	4

01

정답설명

③ ㄱ : 지문에서는 세 늙은이의 대화나 행동을 통해 성격을 보여 주는 간접 제시와, 서술자가 각 인물에게 한 명씩 관심을 주며 성격을 직접적으로 설명하는 직접 제시가 사용되었다. 따라서 인물의 성격이 분명히 드러난다는 선지는 적절하다.
참고로 소설에서 '성격'은 인물에게 부여되는 본질적인 '캐릭터적 특성'을 의미한다. 쉽게 말해 '소심하다, 대범하다' 등도 성격이지만, '세상에 대한 야심이 끓었다.' 같은 서술도 인물의 성격을 나타내고 있는 것이다.

형태쌤의 과외시간

　[1997학년도 수능] 「김약국의 딸들」에서 인물의 성격을 집중적으로 물어보았다. 아래 제시한 문장이 당시에 인물의 성격으로 지문에 등장한 문장들이다.

- 마누라가 밥을 지으면 영감은 장작을 패고, 생선 한 마리라도 맛나게 보글보글 지져서 머리 맞대고 의좋게 먹는다.
- 중구 영감은 이를테면 예술가 기질 혹은 명장(明匠)의 기질이 농후한 사람이었다.
- 거기다가 마음에 내키지 않는 일은 결코 하지 않는다.
- 부탁하는 사람이 이래저래 해달라고 요구를 하는 일이 있지만 그 말에 따라 일하는 법도 없고 언제나 자기 마음대로 하게 마련이다.
　　　　　　　　　　　　　－ 박경리, 「김약국의 딸들」 中 －

ㄹ : 주로 서 참위의 '복덕방'에서 사건이 전개되고 있으므로, 서사 전개 과정에서 공간의 이동이 거의 없다고 볼 수 있다.

오답설명

ㄴ : 짧고(간결체) 감각적인 문장(시각, 청각, 후각, 촉각, 미각 등의 감각적 이미지를 제시한 문장)은 지문에 제시되지 않았다.

형태쌤의 과외시간

[2004학년도 9평] 「징소리」에서 감각적 문장을 물어보았고, 다음은 당시 지문에 실린 구절이다. 감각적 문장의 대표적 사례라 할 수 있다.

> 빗방울은 점점 굵어졌고 호수를 훑고 온 물에 젖은 가을 바람에 으스스 몸이 떨렸다.
> 이따금씩 고속도로에서 자동차들이 헤드라이트로 눅눅한 어둠의 이 구석 저 구석을 쿡쿡 쑤셔 대며 바람처럼 내달았다. 자동차의 불빛이 길게 어둠을 가를 때마다 칠복이를 앞세우고 걷는 방울재 사람들의 가슴이 마치 총을 맞는 것만큼이나 섬찟섬찟했다.
>
> – 문순태, 「징소리」 中 –

ㄷ : 과거로의 장면 전환이 없으니 시간의 흐름에 따른다는 것을 허용할 수 있지만, 갈등의 심화는 지문에 나타나지 않았다.

02
정답설명

⑤ 상황에 따른 인물의 반응을 정확하게 잡았고, 엉뚱한 상상만 하지 않았다면 틀릴 수 없는 문제다.
부의 상징인 '유성기'를 산 딸이 부자라는 것은 알 수 있다. 하지만 안 초시의 '희생'은 지문에서 전혀 찾아볼 수 없는 내용 아니니?
딸은 부유하고 아비는 가난하니, 아비가 딸을 위해 모든 것을 투자해서 키운 것이 아니냐고 반문하는 녀석들은 꼭 기억하길 바란다. 평가원 소설 문제를 틀린 학생들 중 상당수는 쓸데없는 추론 때문에 오답을 선택하게 된 것임을.

오답설명

① '드팀전'이 인조 작물과 신식 상점의 등장으로 점차 퇴조(기운, 세력 따위가 줄어듦)했다는 〈보기〉의 설명과 관상장이의 말을 믿고 '엄지손가락을 안으로 넣는 행위'를 한 것, '화투패 떼기'로 운세를 확인한 것을 통해 알 수 있다.
참고로 '화투패 떼기'는 화투패 그림의 짝을 맞추면서 마지막 남은 4장을 통해 하루의 운세를 확인하는 것이다.
예를 들어 마지막에 다음 4장의 그림이 나왔다면,

〈달〉   〈임〉   〈술〉   〈행운〉

→ 달밤에 임과 함께 한 잔 하는 좋은 날 ♬
뭐 이 정도 운세라고 볼 수 있는 것이다.
② '참위'가 어떠한 계급인지를 알게 되니 그가 한낱 복덕방 영감이 된 것에 대해 어떠한 심경일지 이해할 수 있게 되지.
③ '대정 팔구 년'의 의미를 통해 구체적인 연도와 그에 따른 당시의 상황

을 알 수 있게 된다.
④ 간혹 ⑭를 보기 전에도 「속수국어독본」이 '우리말(훈민정음)'이 아님을 알 수 있다며, "긴—상 도코-에 유키이마스카."와 '조선총독부편찬'을 근거로 제시하는 학생들이 있다. 정확하고 예리한 판단이다. 하지만 출제자는 그것까지는 신경 쓰지 않고, '국어'라는 말에만 주목하여 문제를 출제한 듯하다. 만약 수능 문제였다면 이런 논란이 없도록 좀 더 완벽하게 출제를 했을 것이다. ④를 이와 같은 근거로 선택을 하여 틀린 학생은 본인의 판단을 수정하지 않아도 괜찮겠다.
다만 황당한 ⑤번 선지를 무시한 부주의함은 혼나야 마땅하다. 비록 ④가 논란의 여지는 있지만 ⑤와 비교하여 결과적으로 좀 더 확률이 높은 ⑤를 선택한 학생들의 신중함을 배울 필요가 있다.

03
정답설명

③ 2번 문제와 마찬가지로 상황에 대한 인물의 반응을 정확하게 잡았으면 쉽게 풀 수 있는 문제다.
'언제든지 한번쯤은~세상에 부딪쳐 보려니 믿어졌다.', '세상에 대한 야심이 끓었다.'라는 구절을 정확하게 체크했다면, '내 손 안에 있는 백통화 한 푼(현실적 돈)'을 중시하는 ③이 야망을 강조하는 다른 선지들과 다르다는 것을 쉽게 알 수 있었을 것이다.

04
정답설명

④ '「삼국지」 읽던 투'가 어떤 어투인지는 지문에서 정확히 알 수 없지만, 박희완 영감이 말하는 것이 '일본어'이고, 「삼국지」가 일본 책이 아님을 고려한다면 억양이 좀 이상했다는 것을 허용해 줄 수 있다.

오답설명

① '백통화 한 푼을 얹은 야윈 손바닥'은 죽음을 앞둔 두려움이 아닌, 딸에게 돈을 얻어야 하는 힘없는 노인의 모습을 떠올리게 한다.
② 못생긴 엄지손가락에 대해 자탄하는 것이 아니라, 재물이 나가지 않도록 하기 위해 미신을 믿는 노인의 모습을 보여 준다.
③ 자신의 가난한 처지를 비관하는 것이 아니라, '호령만 하고 보면 산천이라도 물러설 것 같던 그 기개'를 가졌던 서 참위가 '만인의 심부름꾼'이 된 것에 대해 안타까워하고 있는 모습이다. 또한 '그러나 이십여 칸 집에 학생을 치고 싶은 대로 치기 때문에~쌀값이 밀리거나 나무 값에 졸릴 형편은 아니다.'를 통해 서 참위가 가난한 처지에 놓여 있지 않음을 알 수 있다.
⑤ 이는 글자가 잘 보이지 않을 만큼 책을 많이 만지며 읽고, 그만큼 시간이 많이 지났다는 의미이다.

05
정답설명

② 문제를 잘 봐라. ⓐ에 들어갈 수 있는 속담을 찾으라는 문제가 아니다. ⓐ와 같은 의미의 속담을 찾으라는 것이다. 즉, ⓐ와 상황 맥락이 유사

한 경우를 찾으면 된다.

"세상은 먹구 살게는 마련이야……."라는 말은 "세상은 먹고 살도록 되어 있어." → "굶어 죽기야 하겠어?" → "굶어 죽을 일은 없어!" 이 정도 의미로 볼 수 있겠다. 이는 '살기가 어렵다고 쉽사리 죽기야 하겠느냐'는 의미의 '산 입에 거미줄 치랴.'가 가장 적절하다.

오답설명

① '목구멍이 포도청이라.'의 '포도청'은 조선 시대에 범죄자를 다스리던 관아를 뜻한다. 즉, '먹고 살기 위하여 해서는 안 될 짓까지 하지 않을 수 없다.'라는 의미이다.

③ '쥐구멍에도 볕 들 날 있다.'는 '고생을 하는 사람도 좋은 때를 만날 적이 있다.'라는 의미이다.

④ '소 뒷걸음질 치다 쥐 잡는다.'는 '어떠한 일이 우연히 이루어지거나 또는 어떤 것을 우연히 알아맞히다.'라는 의미이다.

⑤ '개똥밭에 굴러도 이승이 좋다.'는 '아무리 천하고 고생스럽게 살더라도 죽는 것보다는 사는 것이 낫다.'라는 의미이다.

01 복합

2007학년도 9월

추천사 / 새 / 만흥

지문분석

(가) 추천사

향단(香丹)아 그넷줄을 밀어라

▶ 향단이에게 뭔가를 지시하고 있는 것으로 보아 화자는 춘향이가 분명하다. 일단 말을 건네는 형식으로 시작을 하고 있구나.

머언 바다로

▶ 이렇게 구체적 공간이 아닌 포괄적인 공간인 '바다'를 화자가 지향할 때는 '이상 세계' 혹은 '이상향'이라는 말을 쓴다. 현재 처해 있는 상황. 공간이 부정적이기 때문에 이상향을 꿈꾸는 것이겠지? 일단 화자가 지향하는 곳은 '바다'이고, 이로써 현재 위치한 공간은 부정적 공간이 되겠구나.

배를 내어 밀듯이,
향단아

이 다소곳이 흔들리는 수양버들나무와
베갯모에 놓이듯한 풀꽃더미로부터,

▶ 베갯모 : 베개의 양쪽 마구리(양 끝에 대는 것)에 대는 꾸밈새

자잘한 나비 새끼 꾀꼬리들로부터

▶ 수양버들나무, 풀꽃더미, 꾀꼬리 : 현재 화자를 둘러싼 것들

아주 내어 밀듯이, 향단아

▶ 화자를 둘러싼 것들에서 벗어나고 싶은 화자의 욕망을 나타내고 있다.

산호(珊瑚)도 섬도 없는 저 하늘로

▶ 화자는 '산호'와 '섬'이 없는 '하늘'로 가기를 갈망하고 있다.

나를 밀어 올려 다오
채색(彩色)한 구름같이 나를 밀어 올려 다오
이 울렁이는 가슴을 밀어 올려 다오!

서(西)으로 가는 달 같이는
나는 아무래도 갈 수가 없다.

▶ 보통 동양 문화권에서 '서쪽'은 불교적 차원의 이상 세계, 천국을 의미한다. 아무튼 '달'은 서쪽으로 가고 있지만 화자는 가지 못한다. 그럼 달은 화자와 상반의 관계를 통해 정서를 심화시키는 존재로 볼 수 있겠다. 이쯤에서 화자가 타고 있는 사물에 대해 생각해 보자. '그네'는 위로 올라가지만 끝이 매여 있기에 반드시 아래로 떨어질 수밖에 없다. 즉, '그네'는 해방이자 억압이라는 이중적인 속성을 가지고 있는 것이다.

바람이 파도를 밀어 올리듯이
그렇게 나를 밀어 올려 다오
향단아.

▶ 현실적 한계를 인식하면서도 이상에 도달하기 위한 노력을 포기하지 않는 화자의 모습이 나타난다.

(나) 새

저 청청한 하늘

저 흰 구름 저 눈부신 산맥

▶ 화자의 처지와 대조되는 자연의 이미지

왜 날 울리나

▶ 자연과는 달리 자유롭지 못한 자신의 처지에 대한 슬픔의 탄식

날으는 새여
묶인 이 가슴

▶ 새(자유)와 화자(구속)의 대조적 상황이 나왔다. 구체적 이유는 나와 있지 않지만 화자는 현재 묶여 있는 상태이고, 하늘과 구름과 산맥을 자유롭게 날아가는 새를 바라보고 있다.

밤새워 물어뜯어도

▶ 자유를 갈망하는 행위

닿지 않는 밑바닥 마지막 살의 그리움이여

▶ 얻을 수 없는 '자유'에 대한 그리움

피만이 흐르네
더운 여름날의 썩은 피

▶ 썩은 피 : 자유를 쟁취하지 못하는 무기력한 열정과 갈망

땅을 기는 육신이 너를 우러러

▶ 땅을 기는 육신 : 화자 자신

▶ 너 : '새'를 의인화

낮이면 낮 그여 한번은
울 줄 아는 이 서러운 눈도 아예

▶ 자유로운 것을 동경할 수 있는 눈

시뻘건 몸뚱어리 몸부림 함께

▶ 속박당한 화자의 몸

함께 답새라

▶ 몸부림과 함께 눈을 없애 버리고 싶구나. (자유로운 새를 볼 수 있는 눈으로 인해 더욱 고통스럽기 때문이야.)

아 끝없이 새하얀 사슬 소리여 새여

▶ 억압과 속박을 상징하는 쇠사슬 소리

죽어 너 되는 날의 길고 아득함이여

낮이 밝을수록 침침해가는

▶ 낮임에도 의식은 점점 희미해져가는 상태로 볼 수 있다.

넋 속의 저 짧은
여위어가는 저 짧은 볕발을 스쳐

▶ 볕발 : 창살 사이로 쏟아져 들어오는 햇살

▶ 의식이 희미해짐에 따라 햇빛 또한 가물가물해지는 모습

떠나가는 새

▶ 화자의 시야 속에서 멀어져 가는 새의 모습

청청한 하늘 끝
푸르른 저 산맥 너머 떠나가는 새

▶ 청청한 하늘 끝, 푸르른 저 산맥 : 화자가 꿈꾸는 자유로운 세상의 이미지

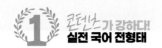
왜 날 울리나

덧없는 가엾는 저 눈부신 구름

아아 묶인 이 가슴

▶ 자신의 억압적 현실 상황을 다시 한번 인식하며 절망하는 화자의 모습을 제시하고 있다. 1연의 변형적 반복으로, 억압된 상황 아래에서 화자가 겪는 고통과 절망을 강조하며 마무리를 하고 있구나.

(다) 만흥

산수간(山水間) 바위 아래 띠집을 짓노라 하니

▶ 산수 간 바위 아래에서 띠풀로 이은 초가집을 지으려 하니

그 모른 남들은 웃는다 한다마는

▶ 그 (나의 뜻을) 모르는 남들은 비웃는다 하지만

어리고 햐암의 뜻에는 내 분(分)인가 하노라

▶ 시골에 사는 견문이 좁고 어리석은 내 생각에는 (이것이) 내 분수인가 하노라.

보리밥 풋나물을 알맞게 먹은 후에

바위 끝 물가에 슬카지 노니노라

▶ 바위 끝 물가에서 실컷 노니노라.

그 남은 여남은 일이야 부럴 줄이 있으랴

▶ 그 나머지 다른 일이야 부러워할 것이 있으랴.

▶ 고전 시가는 이분법적 판단을 해야 한다. 자연 아니면 속세다. 화자는 자연 속에서 유유자적하고 있으므로 '그 남은 여남은 일'은 속세의 일을 의미한다. 따라서 세속의 일에는 관심을 두지 않으려는 화자의 모습을 볼 수 있다.

잔 들고 혼자 앉아 먼 뫼를 바라보니

▶ 잔 들고 혼자 앉아 먼 산을 바라보니

그리던 님이 오다 반가움이 이러하랴

▶ 그리워하던 임이 온다고 한들 반가움이 이 정도랴.

▶ 술잔을 들고 산의 모습을 바라보는 기쁨이 반가운 임을 만난 기쁨보다 더 좋다는 화자의 자연 친화적인 태도가 드러나는 구나.

말씀도 웃음도 아녀도 못내 좋아 하노라

▶ 말하지도 않고 웃지도 않지만 마냥 좋아 하노라.

▶ 산은 한마디 말도, 웃음도 없지만 바라보는 것만으로도 좋다는 뜻이야.

누고셔 삼공(三公)도곤 낫다 하더니 만승(萬乘)이 이만하랴

▶ 누가 (자연이) 삼정승보다 낫다더니 천자가 이만하겠는가?

▶ 자연 속의 삶이 정승의 벼슬보다 낫다고 표현한 사람이 있지만 자신의 생각에는 천자의 삶보다도 낫다는 뜻이야.

이제로 헤어든 소부 허유(巢父許由)가 약돗더라

▶ 이제 생각해 보니 소부와 허유가 약았다(영리하다).

▶ 요임금 때 세상을 등지고 살았던 인물들인 소부와 허유가 눈치가 빨랐다고 하면서 자연에 묻혀 사는 삶에 대해 예찬하고 있다.

아마도 임천 한흥(林泉閑興)을 비길 곳이 없어라

▶ 아마도 자연 속에서 느끼는 한가한 정취는 비할 데가 없어라.

내 성이 게으르더니 하늘이 알으실사

▶ 내 천성이 게으른 것을 하늘이 아셔서

인간 만사(人間萬事)를 한 일도 아니 맡겨

▶ 세상의 많은 일 가운데 하나도 맡기지 않으시고

다만당 다툴 이 없는 강산(江山)을 지키라 하시도다

▶ 다만 다툴 이가 없는 자연을 지키라고 하셨도다.

▶ 자신의 분수와 처지를 겸손하게 받아들이고 있다.

강산이 좋다 한들 내 분(分)으로 누었느냐

▶ 강산이 좋다고 한들 나의 분수로 (이렇게 편안히) 누워 있겠는가.

임금 은혜를 이제 더욱 아노이다

▶ (이 모두가) 임금 은혜인 것을 이제 더욱 알겠도다.

아무리 갚고자 하여도 하올 일이 없어라

▶ (하지만 임금의 은혜를) 아무리 갚고자 해도 내가 할 수 있는 일이 없구나.

문제분석 01-07번

번호	정답	정답률 (%)	선지별 선택비율(%)				
			①	②	③	④	⑤
1	①	81	81	2	2	10	5
2	④	88	6	2	2	88	2
3	①	82	82	4	2	11	1
4	③	80	5	3	80	5	7
5	⑤	91	3	2	3	1	91
6	④	92	2	2	3	92	1
7	③	73	3	4	73	18	2

01

정답설명

① 수미상관을 말하고 있다. 수미상관에서는 첫 연과 끝 연이 완전히 동일하지 않아도 된다. 이 정도로 유사해도 수미상관이라고 한다. 그리고 반복이 되면 당연히 심화가 되는 것이다. 따라서 '화자의 정서를 심화'한다는 구절은 고민하지 않아도 된다.

오답설명

② (가) X, (다) X / (가)와 (다) 모두 시간의 경과를 통해 시상을 전개하고 있지 않다.

③ (나) X, (다) X / (나)와 (다) 모두 주관적 정서 표출이 상당히 많이 나타난다.

④ (가) △, (나) △, (다) X / '자연과 인간의 대립'은 자연이라는 공간과 인간이 사는 속세의 대비를 의미하며, '영원성 vs 순간성', '무위성 vs 인위성', '조화, 합일 vs 시비, 분별' 등으로 나타난다. 이렇게 본다면 (가), (나), (다) 모두 해당되지 않지만, '자연'을 '자연물'이라는 포괄적인 개념으로 본다면, (가)에는 '달'과의 (나)에는 '새'와의 대비가 나타난다고 볼 수 있다. 그래서 △ 표시를 하였다.

⑤ (가) △, (나) X, (다) X / (가)는 전체적으로 그넷줄을 밀어 올려달라는 행위를 호소하고 있으나 '밀어라', '올려 다오'와 같이 명령형 어미를 사용함으로써 단정적인 어조를 나타냈다고 볼 여지도 있어 △ 처리를 하였다. 또한 (나), (다)에서 단정적 어조는 나타나지 않는다. (다)는 자연에서의 흥취를 즐기는 감탄적 어조에 가깝다.

02
정답설명
④ 지문의 [B]만 볼 때는 '한탄'으로 볼 수 있지만, 〈보기〉에서는 '의지적 자세'로 해석을 하였다. 지문에서 뭐라고 하든 〈보기〉가 갑이니 '고통에 맞서는 의지적 자세'를 가지고 [A]의 화자에게 충고를 해주자. 힘들더라도 끝까지 이상 세계로 가겠다는 꿈을 추구하라는 ④가 가장 잘 어울리는구나.

오답설명
① [A]의 화자는 좌절을 했을 뿐, 죽음을 생각하지는 않았다.
② [A]의 화자는 꿈을 잃을지도 모른다는 두려움을 느끼고 있는 것이 아니라, 꿈을 이룰 수 없는 상황에 좌절하고 있는 것이다.
③ [A]의 화자가 꿈을 갖지 않은 것은 아니므로 이 선지는 적절하지 않다.
⑤ 힘들더라도 포기하지 말라고 충고를 해줘야 하는데, 이건 포기하라는 조언이구나.

03
정답설명
① 역시 〈보기〉에서 포인트를 잡는 것이 해결의 관건이다. 〈보기〉에서는 '띠집'의 이중적 의미에 주목하고 있다. 이렇게 '이중적 의미'를 가지는 시어를 골라내면 된다. (나)의 화자는 '그넷줄@'을 통해 '비상'을 하지만 줄에 묶여 있기에 다시 '추락'을 할 수밖에 없으므로, @에 이중적 의미가 담겨 있는 것이다.

오답설명
②, ③ ⓑ와 ⓒ는 현재 화자를 둘러싼 것들로 화자는 그것들에서 벗어나고 싶어 한다. 이중적인 의미는 없고, 화자를 둘러싼 ⊖ 현실이라는 의미만 가진다.
④ ⓓ는 화자가 추구하는 이상적인 공간으로 ⊕의 의미만 가지고 있다.
⑤ ⓔ는 화자가 꿈꾸는 공간에 머물고 있는 대상으로, 부정적인 의미는 드러나지 않고 ⊕의 의미만 가진다 볼 수 있다.

04
정답설명
③ '견문이 좁고 어리석은 사람(야암)'이라는 것은 자기 자신에 대한 겸손한 표현이다. 이 표현을 반어로 본다면 잘난 척을 한다는 것인데, 전체 문맥상 어울리지 않는다. 게다가 스스로를 비웃는 자조적 태도도 아니지.

오답설명
① 어법에 맞게 표현한다면, '나는'이라고 써야겠지.
② '밝다'와 '침침하다'라는 모순적인 의미를 결합한 역설적 표현을 통해 화자의 복잡한 심경을 나타내었다.
④ 자연 속에서의 삶이 천자의 삶보다 낫다는 과장된 표현을 통해 자연에 묻혀 사는 자신의 삶에 대한 만족감을 드러내었다.
⑤ '강산이 좋다 한들 내 분으로 누웠느냐'와 같은 설의적 표현을 사용하여 '나의 분수로 누워 있는 것이 아니라 임금의 은혜로 이렇게 누워 있을 수 있는 것'임을 강조하고 있다.

05
정답설명
⑤ 〈보기〉를 통해 화자의 상황을 '사랑하는 임의 부재'로 제한하자는 것이다. "꿈에 만나 보지."라는 구절에 주목을 한다면 쉽게 ⑤를 고를 수 있으리라.

오답설명
① 간혹 "생시는 만나 보기 망연하니"에 주목하여 ①의 '실패한 사랑'을 보고 고른 학생들이 있을 것이다. 하지만 실패한 사랑의 '상처'라 하지 않았니. 그렇다면 (가)에서는 대상에게 버림받은 춘향의 '상처'가 나타났어야 한다. 하지만 오히려 (가)에는 '하늘(아마도 이몽룡이 있는 곳)'을 향한 춘향이의 간절한 소망이 확인되고 있다. 따라서 적절하지 않다.
② 〈보기〉만 보면 둘이 신분의 차이로 인하여 이별했다고 파악할 만한 근거가 없기 때문에 (가)를 '미천한 신분에 대한 한탄을 노래'했다고 볼 수 없다. 문학 문제를 풀 때 〈보기〉에 나오지 않는 외적 정보를 가지고 접근하면 안 된다. 〈보기〉에서는 춘향의 신분에 대한 이야기가 제시되지 않았다.
③ 마찬가지로 〈보기〉에서 미지의 세계에 대한 내용을 찾을 수 없다.
④ 〈보기〉에서 절대자에게 귀의하려 하는 내용을 찾을 수 없다.

06
정답설명
④ 정답이 너무 명쾌해서 고민의 여지가 없었을 것이다. 화자의 태도는 처음부터 끝까지 '지향과 한탄'일 뿐이다.

오답설명
① 1연에서 묶여 있는 화자의 상황을 고려하고, 5연의 '산맥 너머 떠나가는 새'라는 구절에 주목한다면 '화자와 새의 거리감'과 '원경'을 허용할 수 있겠다.
②, ⑤ 'A를 강조한다, A를 주목한다, A를 심화한다'라는 선지에서는 A가 시적 상황에 어울리는지만 확인하면 된다. 화자의 상황과 반응을 고려할 때 화자의 '암울한 처지', '자유를 향한 화자의 염원'은 적절하다.
③ '사슬 소리'=효과음 / '사슬 소리'를 효과음으로 사용하면 화자의 구속된 상황을 강조할 수 있겠지?

07

정답설명

③ '그 남은 여남은 일'은 속세의 일을 의미하며, 화자는 이를 부러워하지 않는다고 하였다. 화자는 자연 속에서 유유자적하게 즐기는 일에만 관심이 있을 뿐, 자연과 관련 없는 '인간 만사'에는 관심을 두고 있지 않다.

오답설명

① 보통 고전 시가에서 자연에 대해 말할 때는 속세와 대비되는 공간으로의 추상적이고 관념적인 자연을 의미한다. 구체적인 한강이나 남산을 의미하는 것이 아니다. 그런데 〈보기〉에서 윤선도가 숨어 살았던 곳이 '최근에서야 흔적이 발견'되었다고 하니, '산수간'을 관념적인 공간이 아니라 실제 공간으로 볼 수도 있다.

② 〈보기〉의 '정자와 정원까지 조성해 놓고'에서 확인할 수 있다.

④ 〈보기〉에 치유가 나오지 않았기에 간혹 손이 간 학생들이 있다. ==문학에서 〈보기〉는 절대적이지만 선지에 있는 모든 내용이 〈보기〉에 있을 필요는 없다. 〈보기〉에 있는 정보를 토대로 어느 정도 추론을 통해 허용해 줘야 하는 선지들도 있다.== 이 선지가 바로 그것이다. 〈보기〉에서 화자는 '유배되었다가 돌아온 직후' 자연에서 놀았다고 하니, 자연(먼 뫼)이 화자에게 '치유'의 공간이라는 출제자의 해석은 허용할 수 있겠다.

⑤ 〈보기〉에서 윤선도는 '반대파의 탄핵을 받아 유배되었다가 돌아온 직후' 이곳에서 은거하였다고 했다. 그가 은거한 자연은 현실과 멀리 떨어진 공간이므로, 다툼과 시비가 있는 현실과는 대비되는 공간이라고 볼 수도 있다.

비평 / 박씨전 / 시장과 전장

지문분석

(가) 비평

[핵심 내용]

1) 전쟁 소설 : 허구를 매개로 실재했던 전쟁을 새롭게 조명
　「박씨전」: 병자호란의 패전을 받아들이고 싶지 않았던 조선 사람
　　　　　　들의 슬픔을 위로하고 공동체로서의 연대감 강화
　「시장과 전장」: 한국전쟁의 상흔을 직시하고 이에 좌절하지 않으
　　　　　　려는 작가의 의지를 반영
2) 전쟁의 허구화 → 전쟁에 대한 새로운 인식
　전쟁의 폭력성 : 민간인의 죽음 외면, 명분에 따라 죽음 이용
　전쟁의 비극성 : 죽음의 장소가 전선만이 아니라는 것

(나) 박씨전

[지문에서 체크할 것]

※ **공간**
　피화당

※ **서술자의 개입**
　용골대 아무리 분한들 어찌하리오.

[전체 줄거리]

　명나라 숭정연간 세종조(혹은 세조조)에 한양에 살고 있는 이득춘이라는 사람이 늦게 시백이라는 아들을 얻었는데, 사람됨이 총명하고 비범하였다. 어느 날, 박 처사라는 사람이 찾아와 이득춘과 더불어 신기(神技)를 겨루며 놀다가 시백을 청하여 보고는 그 자리에서 자기 딸과의 혼인을 청한다. 이득춘은 박 처사의 신기가 범상하지 않음을 알고 쾌히 응낙한다. 이득춘은 정해진 날짜에 시백을 데리고 금강산으로 가서 박 처사의 딸 박씨와 혼인시킨다. 시백은 첫날밤에 박씨가 천하의 박색(아주 못생긴 얼굴)을 알고 실망하여 그날 이후로는 박씨를 돌보지 않는다. 가족들도 박씨의 얼굴을 보고는 모두 비웃고 욕을 한다. 이에 박씨는 시아버지에게 후원에다 피화당(避禍堂)을 지어 달라고 청하여 그곳에 홀로 거처한다. 박씨는 이득춘이 급히 입어야 할 조복을 하룻밤 사이에 짓는 재주와, 비루 먹은(피부가 헐어서 털이 빠진) 말을 싸게 사서 잘 길러 중국 사신에게 비싼 값에 팔아 재산을 늘리는 영특함을 보인다. 또, 박씨는 시백이 과거를 보러 갈 때 신기한 연적을 주어 그로 하여금 장원 급제하도록 한다. 시집온 지 삼 년이 된 어느 날, 박씨는 시아버지에게 친정에 다녀올 것을 청하여 구름을 타고서 사흘 만에 다녀온다. 이때 박 처사는 딸의 액운이 다하였기에 이 공의 집에 가서 도술로써 딸의 허물을 벗겨주니, 박씨는 일순간에 절세미인으로 변한다. 이에 시백을 비롯한 모든 가족들이 박씨를 사랑하게 된다. 한편 시백은 평안감사를 거쳐 병조판서에 이른 뒤, 임경업(林慶業)과 함께 남경에 사신으로 간다. 그곳에서 시백과 임경업은 가달의 난을 당한 명나라를 구한다. 그들은 귀국하여 시백은 우승상에, 임

경업은 부원수에 봉해진다. 이때, 호왕(胡王)이 조선을 침공하기 앞서 임경업과 시백을 죽이려고 기룡대라는 여자를 첩자로 보내 시백에게 접근하게 한다. 박씨는 이것을 알고 기룡대의 정체를 밝히고 혼을 내어 쫓아버린다. 두 장군의 암살에 실패한 호왕은 용골대 형제에게 10만 대군을 주어 조선을 치게 한다. 천기를 보고 이를 안 박씨는 시백을 통하여 왕에게 호병이 침공하였으니 방비를 하도록 청하나, 간신 김자점(金自點)의 반대로 받아들여지지 않는다. 마침내 호병의 침공으로 나라가 위태로워지자 왕은 남한산성으로 피난하지만 결국 항복하겠다는 글을 보낸다. 많은 사람이 잡혀 죽었으나, 오직 박씨의 피화당에 모인 부녀자들만은 무사하였다. 이를 안 적장 용홀대(龍忽大)가 피화당에 침입하자 박씨는 그를 죽이고, 복수하러 온 형 용골대도 크게 혼을 내준다. 용골대는 인질들을 데리고 퇴군하다가 의주에서 임경업에게 또 한 번 대패한다. 왕은 박씨의 말을 듣지 않은 것을 후회하고서 박씨를 충렬부인에 봉한다.

(다) 시장과 전장

[지문에서 체크할 것]

※ **시간**
　순행

※ **공간**
　(중략) 이전 : 둑길 → 인도교 → 한강 모래밭
　(중략) 이후 : 언덕길 → 둑길 → 벼랑 → 둑길 → 집

※ **서술자의 관심사**
　3인칭 서술자는 윤씨와 김씨 댁 아주머니를 주목하다가 (중략) 이후에는 지영을 주목하고 있다.

[전체 줄거리]

　남지영은 남편 기석과 사이가 좋지 않는데 황해도 연안에 있는 어느 여학교 선생으로 재직하고 있다가 6·25 전쟁을 만난다. 모든 사람들이 고난을 겪는데, 기석의 집은 좌익의 중요 직책을 맡은 그의 형 기훈의 도움으로 아무 탈 없이 지낸다. 기석이 인천에 취직을 하여 통근을 할 때 입당 원서를 내라고 하여 사인을 하지만 보류된다. 인민군이 후퇴하고 국군이 들어오자 기석은 붙잡혀 간다. 지영은 친척인 국회의원을 찾아가 기석의 석방을 요구하지만 석방시킬 수가 없었다. 남편을 잃은 지영의 가족은 1·4후퇴 때 황량한 서울을 떠나지 못하고 그 속에서 어머니마저 잃는다. 어린 남매의 손을 잡고 남쪽으로 향하여 떠나는 그들은 빈손으로 황야를 헤매는 세 마리의 개미와도 같았다. 이러한 지영의 주위에서 전쟁은 진행되고 있었다. 대창으로 찔러 죽이고 기관총으로 대량 학살을 감행하는 전쟁의 현장에서 완강한 턱을 가진 의지의 사나이 기훈이 서 있다. 기석의 형인 로맨틱한 혁명가 기훈은 공산주의자다. 전쟁은 그를 몰아 지리산의 빨치산이 되게 한다. 기훈은 산 속에서 계속 국군에 대항하다 후퇴 중 부상을 입고 병원에 입원한다. 같이 도망친 장덕삼을 우연히 만나고, 이 친구가 가화를 데리고 왔다는 말을 듣는다. 가화는 기훈을 잊지 못해 좌익이 되어 그를 찾아 산 속에 들어온 것이다. 이 무렵 경찰의 색출 작전은 한층 더 심해진다. 덕삼은 자수한 후 색출 작전에 앞장서서 기훈을 체포한

다. 가화를 좋아하는 덕삼은 그녀와 기훈을 자수시키려고 기훈을 설득한다. 그는 산에 남아 있는 가화를 데리고 오겠다며 다시 산으로 들어간다. 경찰의 색출 작전이 심해지자 기훈은 애인 가화를 잃게 되고 자수를 권고하자 "오리는 물로 가야 하오."라는 말을 남기고 사라진다.

문제분석 01-06번

번호	정답	정답률 (%)	선지별 선택비율(%)				
			①	②	③	④	⑤
1	④	91	3	2	3	91	1
2	④	86	3	3	3	86	5
3	⑤	82	5	8	3	2	82
4	③	74	4	9	74	4	9
5	③	74	6	4	74	6	10
6	⑤	90	4	2	2	2	90

01

정답설명

④ 윤씨와 지영의 관계는 중략 이후에 제시되는데, 김씨 부인의 만류에도 불구하고 죽은 윤씨를 업고 벼랑을 기어오르는 지영의 모습이 '피해자와 가해자의 대립 구도'를 보인다고 보기는 어렵다. 이는 (가)의 '무고한 희생을 목도한 인물의 내면이 드러'나는 부분으로 봐야 한다.

오답설명

① (가)의 1문단에서 「박씨전」이 실재했던 병자호란을 제재로 다루고 있음을 확인할 수 있다. 또한 '패전했던 병자호란을~허구적 인물 박씨가 패전의 고통을 안겼던 실존 인물 용골대를 물리치는 장면을 중심으로 허구화되었다.'를 통해 실제와 다르게 허구화가 이루어졌다는 사실을 알 수 있다.

② (가)의 1문단 '전화를 피하기 위한 장소인 피화당에서 여성 인물과 적군이 전투를 벌이는 장면을 설정하고 있다.'를 통해 여성 인물인 계화, 박씨와 가해 세력 용골대 간의 대립 구도를 통해 전쟁을 조명하고 있음을 알 수 있다.

③ (가)의 1문단 「시장과 전장」은 한국전쟁이 남긴 상흔을 직시하고 이에 좌절하지 않으려던 작가의 의지가~허구화되었다.'를 통해 실재했던 전쟁을 소재로 그 상흔을 직시하려는 작가의 의지에 따라 허구화가 이루어졌음을 알 수 있다.

⑤ (가)의 1문단에서 '용골대'라는 실존 인물을 통해 외적의 침입을 드러내고, 한국전쟁이 '이념 간의 갈등'을 노출한다고 하였으므로 '용골대'는 병자호란을, '중공군'은 6·25 전쟁을 환기시키는 단어임을 알 수 있다.

02

정답설명

④ (가)의 1문단을 통해 여성 인물과 적군 간의 대립 구도 하에서 전개되는 「박씨전」의 이야기는 조선 사람들의 슬픔을 위로하고 희생자를 추모함

으로써 공동체로서의 연대감을 강화하였음을 알 수 있다. 이때 '추모(追慕)'는 죽은 사람을 그리며 생각하는 것이다. 하지만 (나)에서 박씨가 청나라 군사를 용서하는 것은 작품 속에서 박씨를 강자로 설정하여 민족적 자존심을 회복하려는 것이기에 추모 의식과는 직접적인 연관성이 떨어진다. 게다가 용골대가 승전비를 건립하는 것은 자신의 전적을 자랑하려는 것이니 추모 의식과는 전혀 상관이 없다.

오답설명

① (가)의 1문단을 통해 여성이 전쟁의 큰 피해자였다는 사실과 조선 사람들에게 패전의 결과를 받아들이고 싶지 않은 욕망이 있었다는 사실을 알 수 있다. 이를 고려할 때 허구화된 여성 인물이 용골대를 꾸짖는 장면은 당대의 백성들의 소망을 반영한 결과임을 추론할 수 있다.

② (가)의 1문단 '조선 사람들의 슬픔을 위로하고 희생자를 추모함으로써 공동체로서의 연대감을 강화하였다.'를 통해 병자호란을 다루는 소설의 창작 목적을 확인할 수 있다. 이에 따라 〈학습 활동〉의 「임장군전」 역시 병자호란에 대한 백성들의 슬픔과 연대감을 다룬다고 볼 수 있다. 따라서 '그 망극함을 어찌 측량하리오.'와 같은 서술자의 개입은 당대 백성의 심정을 대변하는 것으로 볼 수 있다.

③ (가)의 1문단을 보면, '용골대'는 패전의 고통을 안겼던 실존 인물이라고 하였다. 따라서 용골대가 부정적인 모습으로 그려진 것은 백성들이 겪었던 패전의 고통이 반영된 것이라고 볼 수 있다.

⑤ 〈학습 활동〉의 「임장군전」에서는 용골대가 승전비를 세운 뒤 볼모로 잡고 있던 왕대비와 중궁을 돌려보낸 반면, (나)에서는 박씨의 활약으로 왕대비가 볼모로 가지 않게 되는 모습으로 허구화되어 있다. 이는 (가)의 1문단 '병자호란을 있는 그대로~연대감을 강화하였다.'를 고려할 때 패전의 상실감을 위로받고자 하는 백성들의 욕망이 반영된 결과라고 할 수 있다.

03

정답설명

⑤ 용골대는 장졸들의 죽음에 대한 책임을 박씨에게 돌리고 있지 않다. 오히려 "부질없이 조그만 계집을 시험하다가 공연히 장졸만 다 죽였"다며 자신에게 책임이 있다고 생각한다.
참고로 이 선지는 말 자체가 상당히 어색하다. 죽음의 책임을 폭력적인 방식으로 박씨에게 돌린다? 도대체 책임을 어떤 방식으로 돌려야 폭력적인 방식이 될 수 있을까? 이것은 출제 과정에서 (가)에 등장하는 '폭력성'이라는 말을 어떻게든 가져와 선지를 만들어야 하다 보니 나온 결과물이다. 확실하게 틀린 선지다 보니 검토진 입장에서도 굳이 어색함을 지적하진 않은 듯하다. 따라서 학생들도 굳이 '폭력적인 방식'에 대해 고민할 필요는 없다.

오답설명

① (가)의 1문단에서 조선 사람들은 패전했던 병자호란을 있는 그대로 받아들이고 싶지 않은 욕망을 가졌으며, 여성들은 전쟁의 피해자로서 비극적인 체험을 할 수밖에 없었음을 제시하고 있다. (나)에서 '장안 삼십 리에 불길이 충천'하고 '장안 미색(조선의 아름다운 여인)'이 끌려가는 장면은 전쟁으로 인해 조선 백성들이 겪어야 했던 비극적인 체험을 형

상화한 것이라 할 수 있다.

② (가)의 1문단에서 무능한 관군으로 인해 병자호란 당시 여성이 전쟁의 큰 피해자였다는 것이 나타나 있다. 따라서 조선 도원수 김자점이 용골대의 부부를 거행하는 것은 당시 무능했던 관군의 모습을 반영한 것임을 알 수 있다.

③ (나)의 '이윽고 공중으로 두 줄기 무지개 일어나며~그제야 오랑캐 장수들이 황겁하여'에서 허구적 인물인 박씨의 재주에 오랑캐 장수들이 황겁해 하는 장면을 확인할 수 있다. (가)의 1문단에 따르면 이는 실제와는 다른 허구적, 비현실적인 방식으로 패전의 고통에서 벗어나고자 했던 백성들을 위로하는 역할을 한다.

④ '오랑캐'는 이민족을 낮잡아 이르는 말이다. 도리를 외면한 채 은혜지국을 침범하는 용골대 무리에 대한 박씨의 비난은 오랑캐군이 불의한 존재임을 드러낸다.

04

정답설명

③ 나중에 지영이 윤씨의 시신을 수습하는 것으로 보아 분명 윤씨는 죽은 상태로 방치되어 있었음을 알 수 있다. 따라서 사람들이 윤씨의 죽음을 외면한 것은 맞다. 하지만 곡식을 향해 달려드는 사람들을 '굶주린 이리떼'라고 표현한 것은 윤씨가 총에 맞기 전이라는 점을 주목해야 한다. 즉, 사람들이 결과적으로 윤씨의 죽음을 외면했더라도 '굶주린 이리떼'에서는 죽음을 외면하는 존재라는 선지를 허용할 수 없다는 것이다. 게다가 사람들과 윤씨가 '이웃'이라는 것도 확인할 수 없다. 사람들은 노량진 쪽에서 몰려왔고, 김씨 댁 아주머니는 사람들의 이름을 부르지 않고, "여보, 여보시오!" 정도의 표현만 쓰고 있기 때문이다.

오답설명

① (다)에는 밤사이에 중공군과 인민군이 후퇴하면서 남기고 간 식량을 쟁탈하는 사람들과 이 과정에서 총에 맞아 죽는 윤씨의 모습이 나타나 있다. 이는 (가)의 2문단에서 제시하는 '전쟁터란 전장과 후방, 가해자와 피해자가 구분되지 않는 혼돈의 현장'을 보여 주는 것이라 할 수 있다.

② "사람들을 '갈가마귀떼'에 비유했다고 해서 기본적인 존엄성마저 상실했다고 볼 수 있을까? 이렇게까지도 볼 수 있나?" 혹시 이런 생각을 조금이라도 했다면, 접근이 잘못되었다. 문학에서 감상으로 적절하지 않은 것을 고르라는 문제는 '전국의 수험생이 공감하는, 일치 수준에서 말이 안 되는 선지'를 찾아야 하기 때문이다. 문학은 해석의 여지가 있다. 따라서 허용할 여지가 있으면 가볍게 허용하고 넘겨야 한다. 그래야 확실한 정답을 시험장에서 빠르게 찾아낼 수 있다.
'갈가마귀떼'는 (가)의 1문단 '생존을 위해 몸부림치는 인물을 통해 허구화되었다. 이 소설에서는 전장을 재현하여 전쟁의 폭력에 노출된 개인의 연약함이 강조되고, 무고한 희생을 목도한 인물의 내면이 드러남으로써 개인의 존엄이 탐색되었다.'와 연결지어 이해할 때, 기본적인 존엄성마저 상실한 채 살아가는 사람들의 모습을 상기하게 하는 소재로 이해할 수 있다.

④ 윤씨의 피로 젖은 '쌀자루'는 전쟁이 무고한 백성들을 죽음으로 몰고 가는 폭력의 장면을 형상화한다. 이는 (가)의 1문단 '한국전쟁이 남긴 상흔을 직시하고~전장을 재현하여 전쟁의 폭력에 노출된 개인의 연약함

이 강조되고, 무고한 희생' 부분과 연결지어 이해할 수 있다.

⑤ (가)의 1문단 「시장과 전장」은 한국전쟁이 남긴 상흔을 직시하고~생존을 위해 몸부림치는 인물을 통해 허구화되었다.'와 연결지어 이해하면, '벼랑을 기어오른다'는 전쟁 속에서 생존을 위해 몸부림치는 인물의 처지를 상징적으로 보여 주는 것임을 알 수 있다.

05

정답설명

③ 김씨 부인은 지금 가면 안 된다며 지영을 말렸지만, 지영은 위험을 무릅쓰고 강변으로 가서 죽은 윤씨를 업고 왔다.

오답설명

① (나)에서 용골대는 "일시에 활을 당겨 쏘라."라고 하였으나 살이 한 개도 범치 못해 실패하자 화약 염초로 피화당 사방에 불을 지른다. 선후 관계가 반대이므로 적절하지 않은 선지이다.

② 용골대와 계화의 대화 중 "네 나라의 화친 언약을 받았으니"라는 용골대의 말을 통해 박씨는 오랑캐군이 화친 언약을 받았다는 것을 알게 되었을 것이다. 박씨가 왕대비와 세자 대군, 장안 미색을 데리고 회군하는 오랑캐군을 공격한 것은 맞으나, 화친 언약을 받았음을 몰랐기 때문이라고 볼 수 없다.

④ (다)에서 윤씨가 식량을 마련하기 위해 사람들을 따라 도착한 곳은 '한강 모래밭'이다. 인도교는 노량진 쪽에서 몰려오는 사람들과 마주치는 곳이므로 지문 내용과 맞지 않다.

⑤ "피란 안 갔다고 야단맞지 않을까요?"를 통해 윤씨가 피란 갔던 것이 아니라 피란을 가지 않은 사실을 걱정하고 있음을 알 수 있다.

06

정답설명

⑤ 언제 총알이 날아올지 모르는 상황이니 '긴박한 상황'에 대해서는 크게 고민할 필요가 없다. 그렇다면 '인물의 연속적인 행위'만 찾으면 되는데, 인물의 행동을 순차적으로 나열했다면 '연속적인 행위'가 제시되었다고 볼 수 있다. (중략) 이전 '퍼낸다, 일어섰다, 쓰러진다, 처박는다' 등의 부분에서 인물의 연속적 행위가 제시되었고, (중략) 이후 '달려간다, 넘었다, 내려다본다, 일으킨다, 업는다, 옮긴다, 기어오른다, 나왔다, 바라본다, 돌아왔다' 등에서 인물의 연속적 행위가 제시되었다.

오답설명

① 인물이 과거를 회상하는 장면은 나타나 있지 않다. 오히려 인물의 대화와 행동을 통해 현재 발생하고 있는 사건을 다루고 있으므로 선지의 내용은 적절하지 않다.

② '시간적 배경'이라고 하면, 아침이나 낮, 저녁, 밤 등 구체적 시간이 제시되어야 한다. '강의 얼음은 아직 풀리지 않았다.'를 통해서 겨울과 봄 사이라는 계절만 짐작할 수 있을 뿐, 구체적 시간은 제시되지 않았다. 혹시나 전쟁이라는 시대적 배경을 시간적 배경으로 볼 수 있지 않을까 고민을 했다면, 그 다음 표현에 주목하자.
소설에서 '성격'은 인물의 '캐릭터'를 의미한다. 지문에서 지영의 심리

변화는 일부 나타나지만 '성격의 변화'라고 보기엔 무리가 있다. 소설에서 '성격'이 변화하려면, 인물에게 부여된 캐릭터적 특징이 바뀌어야 한다. 단순한 심리 변화는 절대 성격 변화가 아니다.

형태쌤의 과외시간

[1997학년도 수능] 「김약국의 딸들」에서 인물의 성격을 집중적으로 물어보았다. 아래 제시한 문장이 당시에 인물의 성격으로 지문에 등장한 문장들이다.

- 마누라가 밥을 지으면 영감은 장작을 패고, 생선 한 마리라도 맛나게 보글보글 지져서 머리 맞대고 의좋게 먹는다.
- 중구 영감은 이를테면 예술가 기질 혹은 명장(明匠)의 기질이 농후한 사람이었다.
- 거기다가 마음에 내키지 않는 일은 결코 하지 않는다.
- 부탁하는 사람이 이래저래 해 달라고 요구를 하는 일이 있지만 그 말에 따라 일하는 법도 없고 언제나 자기 마음대로 하게 마련이다.

– 박경리, 「김약국의 딸들」 中 –

③ 윤씨의 죽음에 대한 원인 혹은 한국전쟁의 원인을 분석하고 있지 않으므로 선지의 내용은 적절하지 않다.

④ 인물 간의 대화는 배급이나 윤씨의 죽음과 관련되어 나타난다. 해당 대화에서 과거로 돌아가고자 하는 내용은 찾을 수 없으므로 적절하지 않은 선지이다.

03 2007학년도 9월

작자 미상 - 숙향전

지문분석

[지문에서 체크할 것]

※ 공간
  승상의 집 → 표진강

※ 서술자의 개입
  ×

[전체 줄거리]

송나라 때 김전이란 인물이 있었다. 그는 어부들에게 잡혀 죽게 된 거북을 사서 놓아준 적이 있었는데, 어느 날 홍수에 휩쓸려 가다가 그 거북의 도움으로 목숨을 구하게 된다. 김전과 부인 장 씨는 늦도록 자식이 없다가 명산대찰에 기도하고서야 딸 숙향을 얻는다. 숙향이 세 살 때 도적의 난이 일어나서 피란을 가게 되었는데, 김전 부부는 피란 길에 숙향을 잃어버린다.

부모를 잃은 숙향은 사슴의 도움으로 장 승상 집에 이르게 된다. 장 승상이 숙향을 신임하여 양녀로 삼고 가사를 다 맡기니 시비 사향이 숙향을 시샘하여 흉계를 꾸민다. 숙향은 도둑 누명을 쓰고 쫓겨나 물에 빠져 죽으려 하였는데, 용녀가 구출한다. 하루는 숙향이 불에 타서 죽게 되었는데 화덕진군에 의해 구출된다.

배가 고파 죽게 되었을 때는 천태산 마고할미가 구출해 주어서 같이 살게 된다. 어느 날 숙향은 자신이 선녀가 되어 천상에서 노는 꿈을 꾸고 그 광경을 수로 놓는다. 할미가 숙향이 수놓은 것을 저자에 내다 파니 장사꾼이 숙향의 수를 산다. 수를 산 장사꾼은 낙양의 이선이 천하 문장가라는 말을 듣고 찾아가 수에 시를 써달라고 한다. 이선이 수를 보고 자신이 꾼 꿈의 풍경과 같아 크게 놀라 할미를 찾아가 천상배필인 숙향과 부부의 연을 맺는다. 이 상서가 이 사실을 알고 낙양원 김전으로 하여금 숙향을 가두게 한다. 김전은 딸인 줄도 모르고 매를 치게 하나 형리의 팔이 움직이지 않는다.

다시 여러 가지 방법으로 숙향을 벌하려 하지만 할미가 신이한 술법으로 숙향을 구한다. 숙향을 죽이기로 결정한 날, 장 씨는 숙향의 꿈을 꾸고는 죄수의 신원을 물어보았는데 자신의 딸과 비슷했다. 김전이 차마 죽이지 못하니 이 상서가 김전을 전출시키고 다른 태수를 부임시킨다. 이선의 숙모가 이 사실을 알고 이 상서에게 전말을 알린다. 할미가 세상을 떠난 후 숙향은 불량배의 핍박을 겨우 모면하고 자살하려고 하며 크게 통곡한다. 이 상서 부부가 그 소리를 듣고 숙향을 데려와 그 비범함을 알아본다.

이선이 장원 급제한 후 이선과 숙향 두 사람은 화목하게 지낸다. 이선은 황태후를 위해 봉래산에 선약을 구해 온 이후 초왕이 된다. 이선은 숙향과 여러 부인을 거느리고 부귀를 누리다가 마침내 선계로 돌아간다.

문제분석 01-05번

번호	정답	정답률 (%)	선지별 선택비율(%)				
			①	②	③	④	⑤
1	③	91	3	3	91	2	1
2	⑤	86	3	4	2	5	86
3	③	72	9	10	72	5	4
4	①	76	76	9	8	4	3
5	⑤	77	3	7	5	8	77

01

정답설명

③ 지문을 거시적으로 봤다면 3초 만에 잡아낼 수 있는 선지다. 지문은 대화와 행동을 중심으로 사건이 전개되고 있다.

오답설명

① '숙향'에게 죄를 뒤집어 씌우는 '사향', 제대로 된 경위를 살펴보지도 않고 '숙향'을 의심하여 내쫓은 '부인'과 '승상'을 부정적 인물이라고 볼 수 있으나, 이들에 대한 적개심은 나타나지 않았다.

② 서술자가 인물의 미래를 암시하는 부분은 없다. 인물의 미래는 '용녀'의 말인 [A]를 통해 드러난다.

④ 배경 묘사가 길었으면 체크했겠지? 배경이 상세하게 묘사될 경우 1) 사건 진행에서 결말을 암시하거나 혹은 2) 인물의 심리를 드러낼 수 있다.

⑤ 율문투(운율이 느껴지는 문체) 역시 나왔다면 눈여겨 봤겠지?

형태쌤의 과외시간

판소리계 소설은 소설이면서도 판소리의 특성이 남아있는데, 그중 대표적인 것이 '장면의 극대화'이다.

'장면의 극대화'는 재미있거나 긴장감이 고조되는 장면을 '반복과 열거'를 통해 늘여서 표현하는 방법으로 여기에 쓰인 문장을 '확장적 문체' 혹은 '율문투'라고 한다. 리듬이 없는 산문에, 리듬감이 있는 문체의 사용은 특이한 케이스로 평가원이 주목하는 출제 요소라고 볼 수 있다.

[2007학년도 9평] 「숙향전」
율문투를 사용하여 비극적 분위기를 고조시키고 있다.

[2007학년도 수능] 「적벽가」
(마)는 노래로 부르기 적합한 요소를 가지고 있다.

[2009학년도 9평] 「박홍보전」
동일한 구조의 문장을 중첩하여 리듬감을 살린다.

[2015학년도 6평A] 「흥부전」
열거의 방식으로 인물의 외양을 해학적으로 표현하고 있다.

02

정답설명

⑤ 사향은 피해자인 숙향에게 누명을 씌우는 '음해자(몸을 드러내지 아니한 채 음흉한 방법으로 남에게 해를 가한 사람)'의 역할을 한다. '공모자'는 '공동으로 좋지 못한 일을 계획한 여러 사람'을 뜻하는데, 누군가와 사향이 함께 좋지 못한 일을 계획하지 않았으므로 ①, ②는 틀린 선지이다. 사향이 숙향에게 누명을 씌운 바는 1) 부인의 금봉차와 옥장도를 훔쳐 숨겼다는 것, 2) 외인과 상통한다는 것의 두 가지이다. 따라서 ㄴ에는 '부정한 행실'이 들어가야 한다. ㄷ에서 승상은 심판자로서 숙향을 집안에서 추방하라는 명령을 내리고, 그 결과 ㄹ에서 숙향은 집에서 쫓겨나게 된다. 지문을 읽을 때에는 항상 각 인물이 어떤 영향을 주고받는지 잘 파악하며 읽자!

03

정답설명

③ 이 문제는 〈보기〉와 선지를 1:1로 대응시키며 풀이를 진행하면 된다.
〈보기〉에서 숙향이 고난을 겪으면 독자는 비감(슬픈 느낌)을 느낀다고 했으니, 숙향이 고난을 여러 번 겪으면 당연히 독자의 비감이 증대되겠지?

오답설명

① 적강(謫降) : 신선이 인간 세상에 내려오거나 사람으로 태어남. / '적강'이 당시 독자들의 현실적 경험이라고? 현실에서는 사람이 적강하는 일이 발생하지 않는다.
② 〈보기〉의 내용을 고려하지 않고, [A]의 내용을 토대로 상상의 나래를 펼친 학생들이 고른 선지다. 〈보기〉는 「숙향전」을 향유하는 독자들에게 초점을 맞춘 것이다. 〈보기〉에 독자들이 「숙향전」을 통해 특정 가치를 깨닫는다는 내용은 제시되지 않았다. 용녀의 보은으로 인해 숙향이 고난을 이겨내게 되므로, 독자들은 쾌감을 느낄 것이다.
④ 초월적 존재를 설정한 까닭은 당시 독자들이 숙향과 같은 고난에 부딪혔을 때 현실적인 방법으로 해결할 수 없다고 여겼기 때문임을 〈보기〉에서 제시하였다.
⑤ 숙향과 태을이 만나는 장면이 당시 독자들에게 안정된 현실을 느끼게 한다는 것은 〈보기〉에 나타나지 않았다. 〈보기〉에서는 숙향이 고난을 이겨낼 때 독자들이 쾌감을 느낀다고만 하였다.

04

정답설명

① 숙향은 집에서 쫓겨나 도움을 받을 곳도 없고, 의지할 곳도 없는 상황에 처해 어찌할 바 모르는 모습을 보인다. 하지만 '기호지세(騎虎之勢)'는 '도중에 그만두거나 물러설 수 없는 형세를 이르는 말'이므로 숙향의 상황과 전혀 관련이 없다.

오답설명

② '고립무원(孤立無援)'은 '고립되어 도움을 받을 데가 없음.'이라는 의미다.
③ '혈혈단신(孑孑單身)'은 '의지할 곳 없는 외로운 홀몸'이라는 의미다.
④ '사고무친(四顧無親)'은 '의지할 만한 사람이 도무지 없다는 말'이라는 의미다.
⑤ '진퇴유곡(進退維谷)'은 '궁지에 빠진 상태'라는 의미다.

05

정답설명

⑤ 〈보기〉에서 포인트를 정확하게 잡아야 한다. 〈보기〉는 '회장체 소설(여러 개의 회로 구성된 소설)'의 관심을 끄는 방법과 비슷한 전기수의 '요전법'을 설명하고 있다.
자. 어디서 이야기를 끊어야 독자의 심장을 쫄깃하게 긴장시킬 수 있을까? 바로 독자가 가장 관심을 갖는 인물인 '주인공'에게 뭔가 '변화'가 일어날 때겠지?

오답설명

①, ②, ④ 모두 긴장감을 주기 위한 부분으로는 역부족이다.
③ 승상과 부인이 숙향을 어떻게 처치할지 궁금하지 않겠냐고? 물론 그럴 수 있다. 만약 ㉯가 없었다면 말이다. 그러나 한 장회의 엔딩 장면에서 숙향이 누명을 쓰고 그에 대해 어떠한 결과가 나올지가 궁금하겠니? 아님 쫓겨난 인물이 강에 투신한 다음이 궁금하겠니? 당연히 후자겠지.

이호철 - 나상

지문분석

[지문에서 체크할 것]

※ 시간

    순행적 구성

※ 공간

    양덕 → 어느 영 기슭

※ 서술자의 관심사

3인칭 서술자는 형과 동생을 주목하고 있다. 다만 형의 심리는 직접적으로 나타나지 않고, 동생의 관점에서 형의 심리에 대한 판단이 나타나고 있다. 하지만 완전히 '동생의 시선'으로 서술을 제한하고 있는 것은 아니니, 일반적인 3인칭 전지적 작가 시점으로 볼 수 있다.

[전체 줄거리]

'나'는 '철'로부터 한 형제의 이야기를 듣는다. 그 형제는 모두 북한군의 포로가 되어 다른 지역으로 옮겨가게 되었는데, 형은 담증이 심해져 다리가 곪아 잘 걸을 수 없게 되었다. 그러자 형은 자신에게 무슨 일이 생겨도 모른 체하라고 동생에게 말한다. 그리고 결국 형은 이동하던 도중 쓰러져 총에 맞아 죽는다. 이야기를 마친 '철'은 자신이 바로 그 동생임을 밝히며, 자신이 그동안 현실에 맞추어 대충 살았던 것 같다며 자신의 삶을 반성한다.

문제분석   01-04번

번호	정답	정답률 (%)	선지별 선택비율(%)				
			①	②	③	④	⑤
1	⑤	86	4	5	2	3	86
2	②	88	4	88	5	1	2
3	⑤	86	2	2	8	2	86
4	④	75	3	2	5	75	15

01

정답설명

⑤ 눈물을 흘리는 행위, 동생의 귀에 대고 속닥이며 말을 하는 행위를 반복적으로 제시함으로써 천진난만하고 순수한 형의 성격을 구체화하고 있다.

오답설명

① 인물의 행동 묘사를 통해 형의 어리숙한 모습이 강조되고 있을 뿐, 외양을 상세하게 묘사해 인물을 희화화(외모나 성격을 우스꽝스럽게 묘사

해서 풍자하는 것)하고 있는 것은 아니다.

② 내적 독백이 제시되면, 시간의 흐름이 지연될 수 있다. 그러나 윗글은 주로 형과 동생의 대화를 통해 이야기가 진행되고 있다.

③ 윗글은 시간 순서대로 이야기가 진행된다.

④ " "(큰따옴표)를 사용하여 다른 사람이 했던 말이나 썼던 글을 그대로 가져오는 것을 직접 인용이라고 한다. '그는 "너를 사랑해."라고 말했다.'를 보면, '그'가 했던 발화를 " " 속에 넣어 그대로 가져왔다. 이때는 " " 뒤에 '라고'라는 표지가 붙는다. 이와 달리 다른 사람이 했던 말이나 썼던 글을 그대로 가져오지 않고, 자신의 말로 나타내는 것을 간접 인용이라고 한다. '그는 나를 사랑한다고 말했다.'의 경우가 그렇다. '그'가 했던 발화를 그대로 가져오지 않고, 화자의 입장에서 나타내고 있는 것이다. 간접 인용은 인용된 표현 뒤에 '고'라는 표지가 붙는다. 지문에서도 '그러나 형은 왜 우느냐고 화를 내지도 않고' 부분에서 '고'라는 표지를 통해 간접 인용을 활용했다는 것을 알 수 있다. 만약 이 부분이 직접 인용이 되었다면 '형은 "왜 울어?"라고 화를 내지도 않고'로 제시되었을 것이다. 하지만 이 부분이 사건 전개의 신빙성을 높이고 있는 것은 아니므로, 적절한 선지가 될 수는 없다.

02

정답설명

② 지문에서 형과 동생 사이의 갈등 양상은 드러나지 않는다.

오답설명

① 눈이 흩날리는 것을 보며 울음을 그치고 "눈이 내린다"라며 좋아하는 것으로 보아 '첫눈'은 형에게 동심을 불러일으키는 매개체라 할 수 있다.

③ 배경 묘사는 인물의 상황이나 심리를 암시하는 경우가 많으니, 반드시 체크를 해야 한다.

이 부분은 눈에 확연히 들어올 정도로 길진 않다. 하지만 '초라한', '부유스름하게(선명하지 않고 부옇게)', '아득히(희미하고 매우 먼)'라는 수식어를 통해 형의 우울한 내면 상태를 보여 주고 있다. 따라서 충분히 허용할 수 있다.

④ '형의 걸음' 자체를 가지고 '최후를 암시한다.'라고 하면 어색하지만, 지문의 마지막에서 형의 걸음걸이를 주의해 보던 경비병이 따발총을 난사하는 장면을 고려할 때 허용할 수 있다.

⑤ 형의 죽음이 가까워지고 형이 이를 예감하는 시점에서의 '함박눈'은 형의 동심을 불러일으키는 매개체였던 '첫눈(㉠)'과 상반된 소재로 비극적 분위기를 심화, 고조시킨다.

03

정답설명

⑤ '형이 지껄일 소리를 자기가 지금 대신', '동생은 안타까워 또 울었다.'를 통해, 형에 대한 동생의 태도가 '연민'임을 파악했다면 절대 허용할 수 없는 선지겠지.

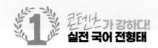

오답설명

① 모두 잠든 상황이므로 형의 귓속말에 동생도 잠든 척하며 아무 대꾸를 하지 않는 것이라 이해할 수 있다.

② 형이 '담증' 때문에 다리가 이상하다고 하자 동생은 '놀라 돌아다보았'고 결국에는 울었다. 따라서 동생이 형을 걱정스럽게 바라보는 표정을 보여 주는 것은 적절하다.

③ 형이 춥다면서 동생을 끌어안았고 동생은 아무 대꾸 없이 형에게 안겨 있기 때문에 동생이 '공감하듯 고개를 끄덕이는' 모습은 적절하다.

④ 형이 다리가 좀 이상한 것 같다고 말하자 동생의 눈에선 다시 눈물이 비어져 나왔다. 형을 걱정하며 슬퍼하고 있는 것이다. 이 장면에서 아파하는 형의 모습을 보아도 아무것도 해줄 수 없는 동생의 안타까운 눈빛을 보여 주는 것은 적절하다.

04

정답설명

④ '문학 문제 풀이에서 〈보기〉에 제시된 정보가 아니면 일단 의심한다.'라는 풀이 원칙을 지켰다면 틀릴 수 없는 문제다.

〈보기〉에서는 천진성을 지닌 '형'이 외부의 폭력에 의해 희생되는 모습을 보였다고 말했지, 공포에 무감각한 '형'이 외부 폭력에 대해 저항하는 모습을 보인다고는 말하지 않았다. 또한 제시된 지문에서, 형은 '둘레를 두리번거리며~흠칫흠칫 놀라곤 했다.'라고 하였으므로 공포에 무감각하다고 볼 수 없다.

오답설명

① 나상(裸像) : 나체상. / 문학에서 '裸(벌거벗을 나)'라는 글자는 인간의 본연적 순수성, 본성을 드러내는 데 자주 사용되는 한자다.

② 경비병 때문에 형은 귓속말도, 행동과 말도 편하게 못한다. 그리고 걷지 못하자 바로 '따발총'을 맞아 죽게 되는 것은 〈보기〉에서 말한 '외부의 폭력에 희생되는 모습'이다. 따라서 '경비병'은 '감시망'을 상징한다고 할 수 있다.

③ 〈보기〉에서 '포로 호송이라는 상황을 빌려 구성원을 획일화하는 사회를 우회적으로 비판한다'라고 했다. 윗글에서 모든 포로들은 '획일적'으로 계속해서 걸어야만 했다. 형과 같이 더 이상 걸을 수 없는 사람은 바로 총에 맞아 죽게 된다. 이러한 강제적 상황은 모든 구성원들을 똑같이 만드는 현실을 반영했다고 볼 수 있다.

⑤ 윗글에서 '감시자'인 '경비병'은 계속 걸을 수 없는 형을 죽인다. 〈보기〉에서도 '형이 외부의 폭력에 희생되는 모습'이 나온다고 했으므로 적절하다.

나 없이
기출
풀지마라

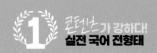

고난도 문학

3주차

홍순학 – 연행가

지문분석

▶ 들어가기 전에 : 「연행가」에서 화자는 중국(청나라)에 사신으로 파견된 상황이다. 공식적인 업무를 수행하면서 화자의 개인적인 반응도 드러난다.

좌우에 탁자 놓아 만권 서책 쌓아 놓고
▶ 좌우에 탁자 놓아 만권(많은) 서책 쌓아 놓고

자명종과 자명악은 절로 울어 소리하며
▶ 자명종(소리로 시각을 알려주는 시계)과 자명악(태엽을 이용하여 저절로 소리가 나게 만든 악기)은 절로 울어 소리하며

좌우에 당전(唐氈) 깔고 담방석과 백전요며
▶ 좌우에 양탄자를 깔고, 방석과 이불이며

이편저편 화류교의(樺榴交椅) 서로 마주 걸터앉고
▶ 이쪽저쪽에 고급 의자에 서로 마주 앉고

거기 사람 처음 인사 차 한 그릇 갖다 준다
▶ 거기 사람(청나라 사람)이 처음 인사하며 차 한 그릇 갖다 준다.

화찻종에 대를 받쳐 가득 부어 권하거늘
▶ 찻잔에 받침대를 대어 가득 부어 권하거늘

파르스름 노르스름 향취가 만구하데
▶ 파르스름 노르스름 향취가 가득한데

저희들과 우리들이 언어가 같지 않아
▶ 저희들(청)과 우리들(조선)이 언어가 같지 않아

말 한마디 못 해 보고 덤덤하니 앉았으니
▶ 말 한마디 못 해 보고 덤덤하게 앉았으니

귀머거리 벙어린 듯 물끄러미 서로 보다
▶ 귀머거리 벙어린 듯 물끄러미 서로 보다

천하의 글은 같아 필담이나 하오리라
▶ 천하의 글(한자)은 같으니 필담(글로 대화)이나 하오리라.

당연(唐硯)에 먹을 갈아 양호수필(羊毫鬚筆) 덤뻑 찍어
▶ 벼루에 먹을 갈아 붓에 덤뻑 찍어

시전지(詩箋紙)를 빼어 들고 글씨 써서 말을 하니
▶ 종이를 빼어 들고 글씨 써서 말을 하니

묻는 말과 대답함을 글귀 절로 오락가락
▶ 묻는 말과 대답함을 글귀로 저절로 오고 가는데

간담을 상응하여 정곡(情曲) 상통(相通)하는구나
▶ 간담(간과 쓸개. 속마음을 비유하는 말)이 서로 호응하여 정이 통하는구나.

(중략)

황상이 상을 주사 예부상서 거행한다
▶ 황제가 상을 주사 예부상서가 거행한다.

삼 사신과 역관이며 마두와 노자(奴子)까지
▶ 세 명의 사신과 역관(통역관)과 마두(역마를 맡는 수행원)와 노자(종)까지

은자며 비단 등속 차례로 받아 놓고

▶ 은자며 비단 등을 차례로 받아 놓고

삼배(三拜)에 구고두(九叩頭)로 사례하고 돌아오니
▶ 세 번 절하고, 머리를 땅에 아홉 번 조아려 예를 표하고 돌아오니

상마연 잔치한다 예부에서 지휘하기로
▶ 일을 마치고 떠나가는 외국 사신을 위한 잔치한다 예부에서 지휘하기에

삼 사신과 역관들이 예부로 나아가니
▶ 세 명의 사신과 역관들이 예부로 나아가니

대청 위에 포진하고 상을 차려 놓은 모양
▶ 대청 위에 자리를 깔고 상을 차려 놓은 모양

메밀떡에 밀다식에 겉밤 머루 비자(榧子) 등물(等物)
▶ 메밀떡에 과자에 밤에 머루에 비자 등

푸닥거리 상 벌이듯 좌우에 떠벌였다
▶ 굿판에 상 벌이듯 좌우에 떠벌였다.

다 각기 한 상씩을 앞에다 받아 놓으니
▶ 다 각기 한 상씩을 앞에다 받아 놓으니

비위가 뒤집혀서 먹을 것이 전혀 없네
▶ 비위가 뒤집혀서 먹을 것이 전혀 없네.

삼배주를 마시는 듯 연파(宴罷)하고 일어서서
▶ 삼배주를 마시는 듯 (빠르게) 잔치를 끝내고 일어서서

뜰에 내려 북향하여 구고두 사례한 후
▶ 뜰에 내려 북쪽으로 아홉 번 머리를 조아린 후

관소로 돌아와서 회환(回還) 날짜 택일하니
▶ 관소로 돌아와서 돌아가는 날짜를 택하니

사람마다 짐 동이느라 각 방은 분분하고
▶ 사람마다 짐을 묶느라 각 방은 어수선하고

흥정 외상 셈하려 주주리는 지저귄다
▶ 흥정 외상 셈하려 주주리는 지저귄다.

장계(狀啓)를 발정(發程)하여 선래 군관(先來軍官) 전송하고
▶ (임금께 드릴) 보고서를 챙겨 발정(길을 떠남)하여 먼저 온 군관을 전송하고

추칠월 십일일에 회환하여 떠나오니
▶ 칠월 십일일에 돌아오니

한 달 닷새 유하다가 시원하고 상연(爽然)하구나
▶ 한 달 하고 다섯 날을 머무르다가 시원하고 상쾌하구나.

천일방(天一方) 우리 서울 창망하다 갈 길이여
▶ 하늘 밑에 우리 서울 아득하다 갈 길이여.

풍진이 분운(紛紜)한데 집 소식이 돈절하니
▶ 바람과 먼지가 어지러운데 집 소식이 끊겼으니

사오 삭(朔) 타국 객이 귀심(歸心)이 살 같구나
▶ 사오 개월 타국 나그네(화자)가 고향 가고픈 마음이 화살 같구나.

숭문문 내달아서 통주로 향해 가니
▶ 숭문문 내달아 통주로 향해 가니

올 적에 심은 곡식 추수가 한창이요
▶ 올 적에 심은 곡식 추수가 한창이요

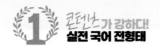
서풍이 삽삽하여 가을빛이 쾌히 난다
▶ 가을 바람이 쌀쌀하여 가을빛이 쾌히 난다.

문제분석 01-03번

번호	정답	정답률 (%)	선지별 선택비율(%)				
			①	②	③	④	⑤
1	③	71	4	3	71	8	14
2	⑤	83	5	5	3	4	83
3	①	82	82	4	4	7	3

01

정답설명

③ 화자는 객지인 청나라에서 자명종, 자명악, 당전 등의 낯선 풍물을 접하고, 청나라 사람들과 필담을 주고받고 예부에서 지휘한 상마연 잔치에 참여한 경험에 대해 '간담을 상응하여 정곡 상통하는구나', '비위가 뒤집혀서 먹을 것이 전혀 없네' 등의 정서를 드러내었다. 또한 '추칠월 십일일에 회환하여 떠나오니 / 한 달 닷새 유하다가 시원하고 상연하구나'에서 회환(갔다가 다시 돌아옴)할 때의 심정을 서술했으므로 적절한 선지이다.

오답설명

① 자연의 경이로운 풍광(모습)에 대한 감상이 아니라 사신으로서 타국의 문물에 대한 감상을 서술하고 있다.

② 학문과 관련된 사물을 나열하고 있긴 하나, 이를 통해 입신양명에 대한 화자의 관심을 드러내고 있지는 않다. '당연', '양호수필', '시전지' 등의 사물들은 입신양명의 소망을 드러내는 것이 아니라 타국의 사신과 소통하기 위한 방법(필담)을 표현한 것이다.

④ '공식적인 행사'만 보고 낚이면 안 된다. 공식적인 행사에 참여한 것은 맞지만 다양한 사람들의 외양과 감정을 표현하진 않았다.

⑤ '추칠월 십일일' 등 구체적인 시간 표현은 나왔지만, 여정이 마무리된 것은 아니다. 화자는 아직도 고향을 그리워하며 귀국의 여정을 진행 중이다. 이는 지문의 후반부 '천일방 우리 서울 창망하다 갈 길이여~숭문문 내달아서 통주로 향해 가니'를 통해서도 알 수 있다. 화자가 현재 위치한 공간이 어디인지, 공간의 변화가 어떻게 이뤄지는지는 반드시 체크해야 할 출제 요소이다. 화자는 '서울'에 돌아가는 중이며, 현재는 '통주로 향해' 가는 길에 있다.

02

정답설명

⑤ 올 때는 곡식을 심었는데(봄), 이제는 추수를 할 때(가을)가 되었다. 시간의 경과는 고전 시가에서 반드시 출제하는 요소이다.

오답설명

① 화자의 상황과 그에 따른 반응을 체크해야 한다. '절로 울어 소리하며'에서 청각적 이미지가 사용된 것은 맞다. 하지만 '자명종'과 '자명악'은 타국의 문물을 의미하는 대상일 뿐, 슬픔을 표현하기 위한 목적을 갖고 있지 않다.

② 작품 해석은 부분만을 보는 것이 아니라 전체의 맥락을 통해 의미를 파악해야 한다. '이편저편'이라는 지시적 표현을 사용한 것은 맞지만, 이는 이쪽저쪽에 고급 의자에 서로 마주 앉은 상황을 나타낸 것이다. '말 한마디 못 해 보고 덤덤하니 앉았으니'를 통해 화자가 상대방과 친밀한 사이가 아니라는 것을 확인할 수 있다.

③ '분분하다'는 형용사로 음성 상징어가 아니다. 참고로 음성 상징어는 의성 부사나 의태 부사를 말한다. 가령, '방긋방긋'은 의태 부사로 음성 상징어가 되지만, '방긋방긋하다'는 동사이기에 음성 상징어가 아니라는 것이다. 게다가 짐 싸느라 바쁜 상황이니 여유로운 분위기는 당연히 허용할 수 없겠지.

④ 대구가 쓰이지 않았고, 새로운 계책(방법)을 마련한 기쁨도 드러나 있지 않다.

03

정답설명

① [A]에서 '간담을 상응'한 것은 서로 간의 마음이 통한 것으로, 말로는 이루어지지 않던 소통이 글로는 이루어진 것을 의미한다. 설마 '간담이 서늘하다'라는 표현과 헷갈린 것은 아니겠지? 그리고 [B]에서 북향하여 인사를 한 것은 청나라 황제에게 한 인사이다. 따라서 거부감도 당연히 아니겠지.

오답설명

② [A]의 '거기 사람 처음 인사 차 한 그릇 갖다 준다'와 [B]의 '황상이 상을 주사 예부상서 거행한다'를 통해 확인할 수 있다.

③ [A]의 '천하의 글은 같아 필담이나 하오리라', '묻는 말과 대답함을 글귀 절로 오락가락'에서 언어가 같지 않음에도 필담을 통해 서로 소통하고 있는 모습을 볼 수 있다. 한편 [B]에서는 '상마연'에서 '구고두(공경하는 뜻으로 머리를 땅에 아홉 번 조아림.) 사례'한다고 하였다. 이는 황상이 외국 사신 일행에게 상을 주고 잔치를 베풀어 주는 의례적인 상황에서 감사를 표하는 공식적인 예법을 나타낸 것임을 알 수 있다.

④ [A]의 '글귀 절로 오락가락 / 간담을 상응하여 정곡 상통하는구나'에서 필담을 통해 '귀머거리 벙어린 듯 물끄러미 서로 보다'의 난처한 상황이 해소됨을 알 수 있다. [B]에서는 상마연 잔치에서 '다 각기 한 상씩을 앞에다 받아 놓'았으나 비위가 상해 먹지 못하는 화자의 난감한 상황을 표현하고 있다.

⑤ [A]의 '귀머거리 벙어린 듯'은 '말 한마디 못 해 보고 덤덤하니 앉았으니'와 연결되므로 대화가 이루어지지 못함을 알 수 있으며, [B]의 '메밀떡에 밀다식에 곁밤' 등은 '푸닥거리 상 벌이듯 좌우에 떠벌'인 상에 올라간 여러 가지 음식들을 나열한 것임을 알 수 있다.

와사등 / 사령 / 한거십팔곡

지문분석

(가) 와사등

차단―한 등불이 하나 비인 하늘에 걸려 있다

▶ 시작부터 뭔가 우울하다. 비어 있는 하늘에 차디찬 등불이 걸렸네. 아마도 화자의 상황이 ⊖다 보니 화자의 눈에 모든 것들이 ⊖가 되어서 들어오겠지. 좀 더 보자.

내 호올로 어딜 가라는 슬픈 신호냐

▶ 등불=슬픈 신호, 화자는 어디로 가야 할지 모르는 상황

▶ 삶의 방향을 상실했구나.

긴― 여름 해 황망히 나래를 접고

▶ 해가 날개를 접어? 하강적 이미지와 시간적 배경을 확인할 수 있구나.

늘어선 고층(高層) 창백한 묘석(墓石)같이 황혼에 젖어

▶ 도시에 늘어선 고층 건물을 묘석(무덤 앞에 세우는 돌)이라고 표현하며 도시 문명을 부정적으로 인식하고 있어.

찬란한 야경 무성한 잡초인 양 헝클어진 채

▶ 무질서한 현대 문명의 성격이 드러나는 부분이다.

사념(思念) 벙어리 되어 입을 다물다

▶ 어두운 도시를 바라볼 때 느껴지는 화자의 답답한 심정과 비애가 표현되어 있어.

피부의 바깥에 스미는 어둠

▶ 공감각적 심상(시각의 촉각화)으로 화자의 암울함과 절망감을 구체적으로 형상화하였군.

낯설은 거리의 아우성 소리
까닭도 없이 눈물겹고나

▶ 도시의 삶을 살아가면서 느끼는 비애가 나타나 있어.

공허한 군중의 행렬에 섞이어

▶ 화자는 군중 속의 고독을 느끼고 있군.

내 어디서 그리 무거운 비애를 지고 왔기에
길―게 늘인 그림자 이다지 어두워

▶ 와사등으로 인해 생긴 자신의 그림자를 비애로 인식하고 있다.

내 어디로 어떻게 가라는 슬픈 신호기
차단―한 등불이 하나 비인 하늘에 걸리어 있다

▶ 작품 전체적으로 화자는 구체적인 얘기를 해주지 않고 있어. 그냥 도시의 풍경이 화자에게는 낯설게 다가오고, 화자는 그 상황에 대한 극복의 의지는 전혀 나타내지 않은 채 비애를 느끼고 있지. 그리고 작품 전체적으로 마치 그림을 보듯 다양한 이미지가 제시되고 있어. 이렇게 화자의 상황이 구체적으로 나타나지 않은 시는 읽어 가면서 화자의 정서를 체크하고, 표현법 중심으로 시를 읽어 가는 것이 좋겠다.

(나) 사령

……활자(活字)는 반짝거리면서 하늘 아래에서
간간이
자유를 말하는데
나의 영(靈)은 죽어 있는 것이 아니냐

▶ 글자가 자유를 말한다? 아마도 화자는 '자유'라고 써진 글자를 보고 있나 봐. 그런데 자신의 영혼이 죽어 있다고 하네? 이유가 뭘까?

벗이여

▶ '활자'를 '벗'으로 의인화하여 표현하였다.

그대의 말을 고개 숙이고 듣는 것이
그대는 마음에 들지 않겠지
마음에 들지 않어라

▶ 고개를 숙인다는 것은 '수긍'이나 '부끄러움'으로 볼 수 있는데, 문맥이나 상황을 봤을 때, 화자는 벗에게 떳떳하지 못한 상황인가 봐.

모두 다 마음에 들지 않어라
이 황혼도 저 돌벽 아래 잡초도
담장의 푸른 페인트 빛도
저 고요함도 이 고요함도

▶ 자기 자신이 마음에 들지 않으니 세상 모든 것이 마음에 들지 않나봐. 5번 문제의 <보기>를 전제로 해석해 보면, 화자는 현실과 달리 평온한 모든 일상에 부끄러움을 느끼고 있는 것 같아.

그대의 정의(正義)도 우리들의 섬세(纖細)도
행동이 죽음에서 나오는
이 욕된 교외에서는

▶ 드디어 화자의 영혼이 죽어 있다는 이유를 알 것 같아. 바로 행동의 죽음. 화자는 실천을 하지 못하는 자신의 모습을 '영혼이 죽어 있다'라고 얘기하고 있어. 그리고 중심부를 저항의 정점으로 본다면 화자의 위치는 교외(중심부에서 벗어난 공간)야. 그래서 교외는 욕된(저항을 하지 못하는) 공간이 되겠지.

어제도 오늘도 내일도 마음에 들지 않어라

그대는 반짝거리면서 하늘 아래에서
간간이
자유를 말하는데
우스워라 나의 영은 죽어 있는 것이 아니냐

▶ 자기 자신이 우습다고 하네. 이럴 때 '자조적'이라는 표현을 써. '자유'라는 글자를 보면서 떳떳하지 못하고 실천하지 못하는 자신을 반성하며 자조하고 있구나.

(다) 한거십팔곡

평생에 원하는 것이 다만 충효뿐이로다

▶ 평생에 원하는 것은 충효뿐이다.

이 두 일 말면 금수(禽獸)나 다를쏘냐

▶ 이 두 일(충과 효)을 하지 않으면 짐승과 다를쏘냐?

마음에 하고자 하여 십 년을 허둥대노라

▶ 충효를 다하고자 10년 동안 애를 썼다.

▶ 충효를 실천하려는 화자의 의지가 드러나고 있다.

〈제1수〉

계교(計較) 이렇더니 공명이 늦었어라
▶ 남들과 충효를 서로 견주다 보니 부귀공명이 늦었구나.

부급동남(負笈東南)해도 이루지 못할까 하는 뜻을
▶ 책을 지고 스승을 찾아다녀도 이루기 어려운 뜻(벼슬)을

세월이 물 흐르듯 하니 못 이룰까 하여라
▶ 세월이 물 흐르듯 빨리 지나가니 (벼슬을) 못 이룰까 두렵다.

〈제2수〉

비록 못 이뤄도 임천(林泉)이 좋으니라
▶ (벼슬을) 비록 못 이루어도 자연이 좋으니라.

무심어조(無心魚鳥)는 절로 한가하나니
▶ 욕심 없는 물고기와 새는 절로 한가하니

조만간 세사(世事) 잊고 너를 좇으려 하노라
▶ 머지않아 세상일을 잊고 너(자연)를 좇으려 하노라.
▶ 화자는 세사를 잊고 자연 속에 살고자 한다.

〈제3수〉

강호에 놀자 하니 임금을 저버리겠고
▶ 강호에 놀자 하니 임금을 버려야 하고

임금을 섬기자 하니 즐거움에 어긋나네
▶ 임금을 섬기자 하니 (자연에서 노는) 즐거움에 어긋나네.

혼자서 기로에 서서 갈 데 몰라 하노라
▶ 혼자 갈림길에 서서 갈 데 몰라 하노라.
▶ 자연에 은거하고자 하는 마음과 입신양명하고자 하는 마음이 서로 갈등을 일으키고 있다.

〈제4수〉

어쩌랴 이러구러 이 몸이 어찌할꼬
▶ 어쩔 것인가? 이러한 이 내 몸을 어찌할꼬?

행도(行道)도 어렵고 은둔처도 정하지 않았네
▶ 도를 행하는 것도 어렵고 은둔처도 정하지 못했구나.

언제나 이 뜻 결단하여 내 즐기는 바 좇을 것인가
▶ 언제야 이 뜻(세사를 버리고 자연 속에 사는 것)을 결단하여 내가 즐거워하는 바(자연에서 사는 것)를 좇을 것인가.

〈제5수〉

문제분석 01-06번

번호	정답	정답률 (%)	선지별 선택비율(%)				
			①	②	③	④	⑤
1	⑤	90	4	1	3	2	90
2	③	79	4	6	79	6	5
3	①	81	81	3	8	4	4
4	②	76	7	76	5	4	8
5	②	70	4	70	6	8	12
6	③	75	3	12	75	6	4

01

정답설명

⑤ (가) O, (나) O, (다) O / 화자가 원하는 것(지향하는 것)이 있는 순간, 상황은 ⊖가 된다. ⑤는 정답일 확률이 가장 높은 선지이다. 그 자세한 이유는 아래에 적어 놓았다.

형태쌤의 과외시간

평가원 공통점 문제는 '거시적'으로 접근을 해야 한다. **기출에 가장 많이 나오는 것은 1) 구체적 사물을 통해 정서를 드러낸다. 2) 상황이 부정적이다. 3) 상황에 대한 반응이 있다.** 이렇게 세 가지이다. 시험장에서 이런 선지들이 등장할 때는 이것들이 가장 먼저 검토를 해야 시간을 절약할 수 있다. 이 문제는 2)의 경우다.

'고뇌나 갈등'은 화자가 원하는 것이 없을 때, 즉 화자의 상황이 '부정적'이라는 것이다. 시에서는 화자의 상황이 부정적인 경우가 많으니, 정답이 될 가능성이 참으로 높은 선지라고 할 수 있다.

[2004학년도 9평]
「갈대」, 「흰 바람벽이 있어」, 「또 다른 고향」
(가)~(다)에는 내면적 갈등이 나타나 있다.
[2004학년도 수능]
「고향」, 「내가 만난 이중섭」, 「외할머니의 뒤안 툇마루」
(가)와 (나)에는 부재나 결핍이 드러나 있다.
[2005학년도 6평] 「어부단가」, 「독을 차고」, 「가정」
시적 화자의 내적 갈등을 보여 준다.
[2006학년도 9평]
「사미인곡」, 「수정가」, 「너를 기다리는 동안」
사랑하는 대상과 만나지 못하는 안타까움이 드러나 있다.
[2008학년도 수능] 「와사등」, 「사령」, 「한거십팔곡」
(가), (나), (다)에는 삶에 대한 화자의 고뇌가 나타나 있다.
[2009학년도 6평] 「고시」, 「누항사」, 「어떤 사람에게」
불만족스러운 삶의 현실이 내재되어 있다.
[2014학년도 수능AB] 왕방연, 임제, 원천석의 시조
대상의 부재에서 느끼는 안타까움이 드러나 있다.

위에서 언급한 선지들은 당시 표현상의 특징 문제에서 정답으로 처리되었던 선지들로 모두 '부정적 상황'을 얘기하는 선지이다. 문제를 풀 때 이처럼 '상황이 부정적'이라는 것을 얘기하는 선지가 있다면 최우선적으로 검토를 하자. 정답일 가능성이 참으로 높다!

오답설명

① (가) X, (나) X / (가)의 화자는 '어디로 어떻게' 가야 하는지에 대해서만 언급했을 뿐, 자신이 처한 상황에 대해 구체적으로 언급하거나 그로부터 도피하고자 하는 태도를 보이지 않는다. (나)의 화자는 소극적인 자신의 태도에 대해 자조적 태도를 보이며 반성하고 있지만, 현재 상황에서 도피하려고는 하지 않았다.
② (가) X, (다) X / (가), (다) 모두 미래에 대한 확신은 나타나지 않는다.
③ (나) X, (다) X / (나)의 '욕된 교외'는 부정적 세계를 의미하지만, 화자의 대결 의지는 드러나지 않는다. (다)에는 부정적 세계가 제시되어 있

지 않다.

④ (가) X, (나) X, (다) O / (나)의 화자는 '현재'에 대해 반성을 하고 있고, (다)의 화자만 충효를 실천하고자 십 년을 허둥대며 보낸 '과거'에 대해 반성하고 있다. (가)에서는 반성이 드러나지 않는다.

02

정답설명

③ (가) O, (나) O / 첫 연과 끝 연을 대응시키는 '수미상관'은 화자의 정서를 심화시킨다. 이때 '수미상관'이라고 해서 처음과 끝이 완전히 똑같을 필요는 없다. 이 정도도 형식상의 연관성을 가지고 있으니, 충분히 수미상관이라는 것을 허용할 수 있어야 한다.

오답설명

① (가) X, (나) X / 대조적 어휘의 반복을 통해 공간의 의미를 강화하는 부분은 (가)와 (나) 모두에서 찾을 수 없다.

② (가) △, (나) O / 의인법은 비유의 범주에 속하는 수사법으로 사람이 아닌 대상에 사람의 속성(신체, 감정, 이성)을 보조 관념으로 부여한 것이다. 예를 들어 '흔들리는 나무'를 '나무가 손짓한다.'라고 표현하면 사람의 속성을 부여받아 좀 더 선명하고 생생한 느낌을 줄 수 있다. 따라서 의인법을 쓰면 기본적으로 사물의 속성이 선명해지니 선지의 뒷부분은 고려할 필요 없이 의인법 여부만 보면 된다.

(가)의 2연에서 '사념 벙어리'에 주목하자. 이것이 지칭하는 대상을 '찬란한 야경'으로 본다면, '찬란한 야경이 입을 다물다.'라는 의인화가 된다. 하지만 '사념 벙어리'가 '화자'의 상태를 의미한다면 의인화라고 볼 수 없다. 따라서 △를 한 것이다. 다만 선지 구성을 봤을 때, 출제자는 '사념 벙어리'를 화자의 상태로 보고 출제하였다고 볼 수 있다. 조금은 논란거리가 될 수 있는 아쉬운 선지라고 볼 수 있겠다.

(나)에서는 '활자(글자)'가 말을 한다고 했으니 당연히 '의인화'가 쓰인 게다.

④ (가) X, (나) O / (나)의 '벗이여'에서 확인할 수 있다.

⑤ (가) X, (나) X / (가)와 (나) 모두 역설, 반어가 쓰이지 않았다.

03

정답설명

① ⓐ는 '해가 날개를 접었다' 즉 해가 지고 있는 모습을 표현한 것이므로, 당연히 '하강적 이미지'겠다. 반면 ⓑ는 세월을 물이 흐르는 모습에 빗대어 표현하고 있을 뿐, '상승적 이미지'나 '하강적 이미지'가 드러나지는 않는다.

오답설명

② ⓑ의 '세월이 물 흐르듯 한다'라는 것은 시간이 빨리 지나간다는 관습적 표현이다.

형태쌤의 과외시간

'관용구'는 A와 B의 단어를 조합해서 새로운 C의 의미를 만들어 내는 것이다. '발이 넓다 : A(발)+B(넓다) → C(사교성)' 이 정도를 생각하면 된다. 속담과 관용구를 헷갈리는 학생이 많은데, 속담도 본 문장의 의미를 가지고 새로운 의미를 전달하는 측면에서 넓은 의미의 '관용적 표현'으로 볼 수 있다. 다만 속담은 문장 단위로 주로 나타난다는 차이점이 있지만 '구' 형태의 속담도 있기에 관용구와의 구별은 쉽지 않다. 그냥 이렇게 정리하자.

관용구 : 단어 두 개 이상의 조합으로 새로운 의미를 만들어 내는 것.
관용적 표현 : 속담+관용구

나온 김에 다 정리해 볼까? 관용적 표현과 관습적 표현을 헷갈리는 학생도 있는데, **관습적 표현은 '어떤 사회에서 오랫동안 지켜져 내려와 그 사회 구성원들이 널리 인정하는 표현'**을 말한다. 넓게 본다면 관용적 표현과 같지만 보통 평가원에서는 '상투적 표현(여러 작품에서 흔하게 등장하는 표현)'과 동일한 개념으로 사용하고 있다. 그리고 '관습적 표현'을 문제화하여 물어볼 때는 논란의 여지를 없애기 위해 '관용적 표현'으로 찾아도 해결되도록 출제하고 있다.

[2007학년도 수능] 「적벽가」
관습적 표현 출제 사례 : 얼굴은 형산백옥 같고 눈은 소상강 물결이라.
→ 관용적 표현, 상투적 표현 둘 다 됨.

[2008학년도 수능] 「한거십팔곡」
관습적 표현 출제 사례 : 세월이 물 흐르듯 하니
→ 관용적 표현, 상투적 표현 둘 다 됨.

[2009학년도 수능] 「춘면곡」〈보기〉
시조나 가사에는 임과 헤어져 있는 화자가 어떤 특정한 자연물로 다시 태어나서 임의 곁에 머물고 싶다는 진술이 흔히 나타난다. 이러한 진술은 화자의 소망을 강조하기 위한 관습적 표현인데, 그 속에는 당대인들의 세계관이 투영되어 있다.
→ 상투적 표현으로 사용됨.

③ ⓐ는 비애나 고독감을, ⓑ는 원하는 바를 이루지 못할까 두렵다는 정서를 환기한다.

④ ⓐ에서는 해가 지는 것을 날개를 접는 것에(활유), ⓑ에서는 세월이 흐르는 것을 물이 흐르는 것에(직유) 각각 비유하였다.

⑤ 둘 다 추상적인 시간을 날개를 접는 것, 물이 흐르는 것과 같이 시각적으로 표현하였다.

04

정답설명

② '늘어선'은 단순히 '고층'을 수식하여 현대 문명을 시각적으로 표현한 것일 뿐, 자아와 세계 사이의 분열에 대한 자아의 반응을 함축하고 있는 시어로 보기는 어렵다.

다음은 〈보기〉의 내용을 풀어 놓은 것이다. 중요한 얘기가 있으니, 꼼꼼하게 읽어 보자.

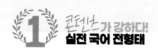

형태쌤의 과외시간

서정적 자아는 세계를 내면화한다.

→ '세계의 자아화'를 설명하고 있는 것이다. 쉽게 말해 세계(외부 상황)를 접하고 이에 대해 내면화(반응을 보이는 것. 정서나 태도 등)하는 것이 시의 본질이라는 것이다. ★그래서 상황에 대한 반응이 있다는 선지는 시 문학에서 당연한 말이라는 것이다!★

이런 작용으로 서정시에서 자아는 상상적으로 세계와 하나가 된다.

→ '물아일체'를 들어보았나? 상황을 받아들여 화자는 외부 상황과 하나가 될 수 있다는 것이다.

그렇지만 근대 이후의 문명사회에서 자아와 세계의 조화나 통일은 달성하기가 매우 어려운 일이다.

→ 문명사회에서 인간은 누구나 '욕망'을 가지고 있다. '욕망'이라고 해서 더럽고 추악한 것만을 지칭하는 것이 아니다. '원하는 것'이 있다면 그것이 바로 '욕망'이고 '이상'인 것이다. 지금 이 글을 쓰는 쌤의 '이상'과 '욕망'은 맛있는 빵을 먹는 것이다. ㅜ_ㅜ

그런데 이러한 '욕망'과 '이상'은 '현실' 속에서 실현되지 못하는 경우가 많다. 현실적 제약이 있고, '욕망'은 누구나 가지고 있기에 서로 충돌하는 경우가 있기 때문이다. 좋은 대학에 가고자 하는 욕망은 누구나 가지고 있기에 여러분이 지금 힘들게 공부하고 있는 거잖니.

이렇게 상황(현실)과 반응(욕망)이 서로 엇갈리니 조화나 통일을 하기 어렵다는 것이다.

그래서 근대 이후의 서정시에서는 자아와 세계 사이의 분열에 대한 자아의 반응을 함축하고 있는 시어들이 자주 나타난다.

→ 그래서 이상(빵, 대학 캠퍼스)과 현실(수업 준비, 학원, 학교)의 괴리 속에서, 화자의 괴로움, 그리움, 낯섦 등의 다양한 반응이 나타난다는 것이다.

오답설명

①, ③, ④, ⑤ '슬픈', '낯설은(낯선)', '공허한', '차단—한'은 모두 자아와 세계 사이의 분열에 대한 자아의 반응을 나타내고 있다.

05

정답설명

② '고개를 숙이고 듣는 것'은 대상에 대한 수긍이나 긍정 혹은 부끄러운 자세를 의미한다고 볼 수 있다. 지문에서 화자는 자신의 영혼이 죽어 있다고 한다. 그렇다면 '고개를 숙이고 듣는 것'은 '부끄럽고 떳떳하지 못한 화자의 모습'을 의미하겠지.

오답설명

① 〈보기〉에 따르면 시인은 생활의 안정 속에 빠져 있는 자신을 발견하고, 그것을 이겨 내려고 애를 썼다고 하였으므로, 시에서 말하고자 하는 '자유'는 시인이 추구하던 이상이라 볼 수 있다.

③ 화자는 '고요함'을 마음에 들지 않아 하고 있으므로, 이는 생활의 안정 속에 빠져 있는 시인의 상황과 연결 지을 수 있다.

④ 시인은 서강으로 이사하여 안정을 느꼈으나 곧 안정에만 빠져있는 자신의 모습을 이겨 내려 하였다. 따라서 '욕된 교외'는 자신을 안정에 빠지

게 한 곳에 대해 부정적으로 표현한 것으로, 생활의 안정에 빠진 자신을 반성하고 성찰하는 모습이 반영된 것이라 할 수 있다.

⑤ 〈보기〉를 비문학 독해하듯 정확하게 읽어 내야 한다.

성북동 : 일상에 매달려 살아가야 하는 쟈의 설움과 비애를 느껴 옴.
서강 : 생활의 안정 속에 빠져 있는 자신을 발견함.

여기서 표시한 말이 동일한 의미라는 것을 알아야 한다. 이사 오기 전에 성북동에서도 (현실을 도외시한 채) 일상에 매달려 살아야 하는 설움을 느꼈던 화자는 서강에 이사 와서도 (몸과 마음을 회복시키긴 했지만) 생활의 안정에 빠져 있는 자신의 모습을 발견했다는 것이다.

따라서 "일상에 매달려 살아가야하는 쟈의 설움과 비애는 서강이 아닌 성북동에서 느꼈던 거잖아요!!"라는 항변은 〈보기〉를 오독한 것에서 비롯된 것이다.

06

정답설명

③ 각 연의 포인트를 잡으면서 흐름을 타면 쉽게 해결할 수 있는 문제다. 〈제2수〉는 유교적 가치를, 〈제3수〉는 자연을 지향하므로 서로 상반된 내용을 다루고 있다.

오답설명

① 〈제1수〉의 '충효'는 시상 전개의 단서를 제시한다.

② 〈제2수〉에서 '계교'의 대상이 되는 것이 〈제1수〉의 충효이므로 선지의 내용은 적절하다. 즉, '계교'는 남들과 충효를 견주었다는 의미로 사용된 것이다.

④ 〈제2수〉는 학문 얘기, 〈제3수〉는 자연 얘기, 〈제4수〉는 학문적 성취와 자연 친화적 삶 사이에서 갈등하는 화자의 정서가 서술되었다.

⑤ 변주하다 : 어떤 주제를 바탕으로 형식을 변형하여 표현하다. / 〈제5수〉에서는 〈제4수〉와 동일한 내용이 이어지지만, 표현이 다르니 '변주'라고 볼 수 있다.

형태쌤의 과외시간

[교육청 기출 사례] 「자야곡」, 「그대 생의 솔숲에서」
유사한 시구를 반복 변주하여 시적 정서를 강화한다.

'거니는 숲이여', '이는 바람이여'
'무엇을 내 손에', '무엇을 내 마음 가장자리에'
'눈을 뜨리', '푸르른 눈을 뜨리'

해설편 - 3주차 **115**

허균 - 홍길동전

지문분석

[지문에서 체크할 것]

※ 공간
(중략 이전) 궁궐 후원 → 남경 땅 제도
(중략 이후) 내당 → 서강 강변 → 산 위 → 길동의 처소 → 산소 → 율도국

※ 서술자의 개입
×

[전체 줄거리]

홍길동은 조선 세종 때 홍 판서의 시비 춘섬의 아들로 태어난다. 길동은 어려서부터 도술을 익히고 장차 훌륭한 인물이 될 가능성을 보였으나, 서자로 태어난 탓에 벼슬을 할 수 없었다.

어느 날 홍 판서의 첩(정식 부인이 아닌 아내)이 길동을 죽이려 하자 길동은 도술로써 위기를 벗어난다. 그리고 집을 떠나 도적 무리의 우두머리가 되어 '활빈당'을 조직한다. 활빈당은 전국을 돌아다니며 부정부패한 관리들을 벌하고 재물을 빼앗아 가난한 백성들에게 나누어 주는 활동을 한다. 이로 인해 사회가 혼란스러워지자 임금은 길동을 잡으라는 명령을 전국에 내리지만 길동의 재주를 당해낼 수 없었다. 그러자 임금은 길동의 소원을 들어주기로 하고 길동은 병조판서를 제수 받는다. 길동은 임금에게 서자로서 벼슬을 못하는 한을 풀어 준 것에 감사함을 전하고 공중으로 사라진다.

그 후 길동은 벼슬에서 물러나서 부하들을 데리고 조선을 떠나 남경에서 자신이 꿈꾸는 나라를 세우는 데 힘을 쏟는다. 그리고 아버지가 돌아가시자 조선으로 돌아와 아버지의 삼년상을 마친 후, 율도국을 공격하여 스스로 율도국의 왕이 되어 나라를 잘 다스리며 평화롭게 지내다가 신선이 된다.

문제분석 01-03번

번호	정답	정답률 (%)	선지별 선택비율(%)				
			①	②	③	④	⑤
1	④	68	7	10	9	68	6
2	②	76	8	76	5	8	3
3	③	68	2	12	68	11	7

01

정답설명

④ 지문의 내용을 얼마나 꼼꼼하게 확인했는지 파악하는 문항이다. 고전 소설에서는 이처럼 상세한 내용 일치의 문항이 자주 출제되니 인물 간 관계를 유심히 보고, 꼼꼼히 독해해야 한다. 길동이 보낸 격서에 놀라서 항복을 한 것은 율도국 '태수'가 아니라 율도국의 '왕'이다. 율도국의 태수 김현충은 길동의 군사를 보고 왕에게 보고를 한 후 군사를 거느리고 나가 싸웠다. 태수 김현충이 죽고 철봉을 잃은 상황을 알고 율도국의 왕이 항복을 한 것이다.

오답설명

① 길동이 하늘에서 내려와 왕 앞에 엎드리자 왕은 "선동이 어찌 인간 세상에 내려왔으며 무슨 일을 말하고자 하나뇨?"라고 물었다. 왕의 물음을 통해 왕이 길동을 선동으로 오해했다는 것을 알 수 있다.

② 인형은 길동의 형이다. 인형은 부친의 장례식에 나타난 길동을 "아우야"라고 부르며 동생으로 대하였다.

③ '길동은 스스로 선봉장이 되고 마숙으로 후군장을 삼아, 정예병 오만을 거느리고 율도국 철봉산에 다다라 싸움을 걸었다.'에서 알 수 있다.

⑤ '마숙과 최철로 각각 좌의정과 우의정을 삼고, 나머지 여러 장수에게도 각각 벼슬을 내리니, 조정에 가득 찬 신하들이 만세를 불러 하례하였다.'라는 내용을 통해 알 수 있다.

02

정답설명

② [앞부분의 줄거리]를 보면 길동이 부친께 호부호형을 허락받았다는 내용을 확인할 수 있다. 부친의 사후에는 길동이 알아본 좋은 터에 아버지의 산소를 모신다. 길동이 제사를 받들고 삼년상도 마쳤다는 내용을 통해 길동의 자식으로서의 지위가 더욱 강화되었다는 것을 알 수 있다.

오답설명

① [A]의 마지막 문장을 자세히 읽어 보아라. 영웅들을 모아 함께 삼년상을 치른 것이 아니라, 삼년상을 마친 후 영웅을 모아 무예를 익히게 한 것이다.

③ 부친을 운구(運柩 : 시체를 넣은 관을 옮기는 일)하는 일에 많은 사람들이 참여한 것은 맞지만, 이 사람들은 부친의 지인들이 아니라 길동이 다스리는 부하들이다. 이들은 부친의 인간관계와는 관계가 없는 사람들이다.

④ '모부인'의 의미를 몰라서 손이 간 학생들이 있었다. '모부인'은 '남의 어머니'를 높이는 말로, 서자인 홍길동의 친모(춘섬)를 지칭하는 것이 아니라 홍 판서의 정실부인이자 인형의 친모를 지칭하는 말이다. 홍길동의 친모(춘섬)는 '제 모친'으로 나타나 있다. 부친을 산소에 모시는 자리에 '모부인'은 참석하지 않았고, '제 모친'만 참석을 하였다. 모부인은 인형을 통해 전후 사실을 듣게 되었기에 적절하지 않다.

⑤ 부친을 위하여 좋은 터를 구했다고 하니, 인형은 크게 기뻐하며 길동의 재주를 인정하였다. 또한 모친이 길동을 염려하는 모습도 찾아볼 수 없다. 길동의 재주를 인정하고 그곳으로 산소를 모시는 것은 길동의 주술

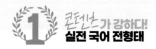

을 인정하는 태도로 볼 수 있기에 적절하지 않다.

03

정답설명

③ 왕은 길동의 재주를 칭찬하기는 하였지만 당대 사회 제도의 부당함에 공감하지는 않았다. 따라서 당대 사회가 개인의 이기적인 욕망을 제도적으로 승인하고 있다는 선지의 내용은 지문과 어긋나는 설명이다. '이기적인 욕망'은 길동이 율도국을 침략하여 왕이 되는 부분에서 드러나며, 이에 대한 제도적인 승인은 드러나지 않는다. 제도적으로 승인한다면, 길동이 원하는 것을 '제도적으로 인정'해 주어야 한다. 예를 들어, 호부호형을 제도적으로 허하거나, 서자도 높은 벼슬을 할 수 있도록 제도적인 방안을 열어주어야 한다.

오답설명

① "천한 종의 몸에서 태어났기에 문으로는 홍문관 벼슬이 막히고 무로는 선전관 벼슬길이 막히었습니다."라는 길동의 말을 통해 능력이 있음에도 천한 종의 몸에서 태어났다는 이유로 벼슬길이 막히었다는 것을 알 수 있다. 이를 통해 당대 사회가 인재 등용에서 능력보다는 신분을 중시하는 폐쇄적 사회였음을 알 수 있다.

② 길동은 병조판서 벼슬을 받자 자신의 행적에 대해 "관청에 폐를 끼치고 조정에 죄를 지었던 것"이라 말하였다. 자신의 욕망(벼슬)이 성취되자 조정과 대립하던 행동을 멈추고 그동안 자신의 행적을 '죄'라고 부르며 당대의 사회 제도와 타협하는 태도를 보이는 것이다.

④ 임금은 신분 제도에 대한 불만으로 분란을 일으킨 길동에게 개인적으로 벼슬을 주어 소원을 풀어 주었을 뿐, 사회 제도에 대한 개혁은 하지 않았다. 길동 또한 신분제 개혁을 위해 왕에게 건의하지 않고 있으며, 벼슬을 받은 것에 만족하고 있다. 따라서 당시 사회가 신분 제도와 같은 사회 문제를 해결하는 데에는 한계가 있었다는 것을 알 수 있다.

⑤ 길동은 율도국을 살기 좋은 나라라고 생각해 왔었다. 그런 곳을 위기에 빠뜨리면서도 그는 자신을 의병장이라고 칭하며 침략을 정당화하고 있다. 이는 길동이 욕망을 성취(이상적인 사회를 건설)하는 과정에서 이상적인 나라를 파괴하고 있는 것이므로, 행위와 명분 사이에 괴리가 있다는 것을 알 수 있다.

04 극
2012학년도 11월

함세덕 – 산허구리

지문분석

[지문에서 체크할 것]

※ 시간
   순행적 구성

※ 공간
   노어부네 집

[전체 줄거리]

서해안의 어느 어촌, 노어부는 고기를 잡다가 상어 이빨에 왼쪽 다리를 잃은 후, 술로 하루하루를 보낸다. 노어부의 큰아들과 큰사위는 바다에서 목숨을 잃었다. 노어부의 아내는 큰아들을 잃은 후 거의 정신에 이상이 생긴 상태이다. 그리고 노어부의 가족은 모두 바다에 가서 돌아오지 않는 둘째 아들 복조를 기다리고 있다. 이후 풍랑에서 가까스로 살아온 두 어부에 의해 복조가 죽었다는 것을 알고 가족 모두가 깊은 슬픔에 잠기게 되고, 바위틈에 낀 복조의 시체를 건져오자 복조 어머니는 정신을 놓고 만다. 이 모습을 본 막내아들 석이는 가난의 원인을 잘 생각해 봐야겠다고 다짐하고 아침이 밝아 온다.

문제분석 01-03번

번호	정답	정답률(%)	선지별 선택비율(%)				
			①	②	③	④	⑤
1	③	56	7	10	56	24	3
2	②	88	2	88	2	6	2
3	④	84	1	4	9	84	2

01

[2012학년도 수능] 문학 중에 가장 주목할 문제다. 단순하게 '상세한 일치를 물어보고 있구나.' 하고 넘어갈 수 있는 문제가 아니다. 실제로 이 문제는 [2012학년도 수능]에서 등급을 나누는 결정적 문제였고, 멘붕의 시작을 가져오는 문제였다. 자, 그럼 평가원에서 문학 난이도 조절을 할 때 어떤 것에 신경을 써서 출제를 하는지 알아보자.

정답설명

③ 시나리오와 희곡에서 독해할 때 가장 신경을 써야 하는 부분은 바로 '지시문'이다. 소설과 달리 극(희곡/시나리오)에는 서술자가 없기 때문이다. 서술자의 역할을 대신해 주는 것이 바로 지시문이다. 특히 인물의 표정이나 행동을 통해서 인물의 심리나 상황을 나타내는 경우가 많다. 주의 깊게 보지 않으면 스쳐 지나가기 쉬운 부분이라서 더욱 독해에 신경을 써야 한다.

윤 첨지 : 찾았으니 다행이군. (눈물을 씻는다.)

・ 단 한 줄! '눈물을 씻는다.'라는 지시문으로부터 '공감'을 삽아야 한다. 지문을 처음 독해할 때 신경 쓰면서 보지 않으면 찾기 어려운 부분이다. '공감'은 상대가 느끼는 감정을 자신도 느끼는 것을 의미한다. 윤 첨지는 자식을 잃은 노어부의 상황을 이해하고 자식을 잃은 것에 대한 슬픔을 자신의 것처럼 느꼈기 때문에, 자신의 자식을 잃은 것이 아님에도 눈물을 흘린 것이다. 따라서 형을 붙들고 우는 석이를 보며 눈물을 씻는 윤 첨지의 행동은 아들을 잃은 노어부의 처지에 대한 공감이라고 볼 수 있다.

간혹 "참어. 참는 데 복이 있다네."를 정답의 근거로 보려는 학생도 있다. 하지만 '공감'은 남의 감정, 의견, 주장 따위에 대하여 자기도 그렇다고 느끼는 것이다. 따라서 해당 부분에서 윤 첨지는 노어부의 행위를 말리고 있으므로 노어부의 처지에 대해 공감하고 있는 부분으로 볼 수 없다.

오답설명

① 석이가 복실에게 누나라고 하고, 죽은 복조를 보고 작은형이라고 하는 것에서 이들이 가족 관계임을 추측할 수 있다. 명심해라. 관계 확인을 못하면 끝장난다는 각오로 접근을 해야 한다.

② "왜 그런지를 난 생각해 볼 테야. 긴긴 밤 갯가에서 조개 잡으며, 긴긴 낮 신작로 오가는 길에 생각해 볼 테야." 이 구절 때문에 낚인 것이다. 하지만 그 앞을 봐라. 분명 '울음 섞인 소리'로 얘기하고 있다. 게다가 지문을 전체적으로 살펴봐라.

'석이'가 '복조'의 시체를 붙들고 우는 장면, '복조'를 만나겠다고 나간 어머니 때문에 속이 타서 발을 구르다 뒤따라 퇴장하는 장면 등은 '석이'가 형의 죽음에 심리적으로 동요하고 있음을 보여 주고 있다. 또한 지문의 뒷부분에서도 '석이'가 울면서 등장하고 '복실'의 가슴에 안겨서 우는 장면 등으로 '석이'가 형의 죽음을 차분하게 받아들이지 못하고 있음을 알 수 있다.

④ 정답을 못 찾은 학생들이 가장 많이 낚인 선지다. "난 항구로 가겠다." 아! 얼마나 매력적으로 학생들을 꼬시는 말인가.

분명 '분 어미'는 지문의 초반부에서 '처'에게 "어머니, 복조예요."라고 한다. 여기서 두 가지 판단이 가능하다.

1) '분 어미'는 처의 딸이다.

2) '분 어미'는 처의 며느리다.

이런 난감한 상황에서 호칭에 대한 고민을 해야 한다. 상식적으로 아내가 남편의 형을 부를 때는 '아주버님'이라는 호칭을 쓰고, 남편의 동생을 부를 때는 '서방님'이라고 해야 한다. 그런데 '분 어미'가 '처' 앞에서 '복조'라는 이름을 부르는 것으로 보아, '분 어미'는 며느리가 아니라 딸임을 추론할 수 있다. 따라서 선지의 '친정이 있는 항구'는 말도 안 된다. '분 어미'가 현재 있는 곳이 친정이기 때문이다.

이것이 바로 수능 날 여러분이 해야 하는 판단이다. 이 정도 판단을 하려면 기본적으로 지문에 대한 상당한 시간을 들여서 미친 듯이 꼼꼼하게 읽어야 한다. 그리고 호칭을 통해서 관계를 확실하게 굴비 엮듯이 체크해 가며 읽어야 한다.

참고로, 지문 속 노어부 일가 인물들을 정리해보면

노어부(아버지), 처(어머니), 분 어미(큰딸), 복실(둘째 딸), 복조(둘째 아들), 석이(막내아들)인 것이다.

분명 산문에서 상세한 일치 문제는 학생들을 절망에 빠뜨린다. 하지만 평가원은 말도 안 되는 것을 출제하지는 않는다.

1) 지시문을 통한 인물의 심리 파악
2) 호칭을 통한 관계 파악

이 정도가 결정적 정·오답의 근거로 쓰인 것이다. 체크하자. [2024학년도 수능]에서도 현대 소설 「골목 안」에서 호칭을 통해 인물의 관계를 제대로 파악하지 못해서 많은 학생들이 어려움을 겪었다. 이 둘은 끊임없이 체크해가며 목적의식을 가지고 독해하자. 그것만이 살 길이다.

⑤ "굴뚝에 연기 한 번 무럭무럭 피어오른 적도 없었지."라는 부분에서 어린 시절을 떠올리고는 있지만 이는 가난했던 과거에 대한 내용이지, 행복했던 기억이 아니며, 그리워하고 있다고도 볼 수 없다.

02

정답설명

② ㉠의 정보는 '복조 송장을 태워 들어온다.'라는 것이다. 이에 대해 ㉡에서 '동리 사람 3'은 '범바위 틈에'서 '복조'의 송장을 발견했다는 진술을 하고 있으므로, ㉠과 ㉡의 정보는 복조의 죽음에 대한 선후 관계를 이룬다. 즉, ㉠과 ㉡은 상반된 정보가 아니기 때문에 ㉡의 내용에 대해 관객들의 의심이 증폭된다는 설명은 적절하지 않다.

오답설명

① 현재 무대의 공간은 '복조'네 집이다. ㉠에서 '동리 사람들'은 '복조 송장'을 가지고 오는데, 이때 '복조'의 몸에서 '물이 뚝뚝 떨어진다.'라고 표현하고 있다. 즉, '복조'가 무대 밖의 공간(바다)에서 사망한 사건을 그의 몸에서 떨어지는 '물'을 통해서 시각적 효과로 전달하고 있는 것이다.

③ ㉢의 앞부분에서 '석이'가 어머니를 부르며 뒤따라 퇴장했다는 점으로 보아, '처'는 현재 무대 공간에서 벗어나 있음을 알 수 있다. 또한 ㉢에서 '처'의 '웃는 소리 우는 소리'를 전달함으로써, 무대 밖 공간에 존재하는 '처'의 행동과 감정을 청각적인 효과로 알려주고 있음을 확인할 수 있다.

④ ㉣에서 '어머니를 부르며 뒤따라 퇴장'했던 '석이'가 다시 '등장'하여 '처'의 행동을 대신 알려 주면서, 무대 밖에서 이미 일어난 사건을 전달하고 있다. 이는 ㉢과 연관되면서 무대 밖에서 동시에 진행되는 사건을 환기한다고 볼 수 있다.

⑤ ㉤에서 '먼동'은 '날이 밝아 올 무렵의 동쪽'을 의미하는 단어이므로, 이를 통해 '시간의 경과'가 드러난다. 또한 ㉤에서 '윤 첨지'의 대사 이후에 '막'이 내린다는 점에서, 후반부에 언급된 '먼동'은 '새로운 아침'이 시작되었다는 의미로도 볼 수 있다.

03

정답설명

④ 지문과 〈보기〉를 1:1 대응시키면 쉽게 풀 수 있다. 괭이는 처의 불안정한 심리를 효과적으로 드러내는 기능을 수행하고 있다. 따라서 '괭이'가 '처'의 내면 심경을 직접 토로하지 못하도록 억제하는 기능을 하고 있다는 해석은 적절하지 않다.

오답설명

① '노어부'가 '별안간' 무대에서 퇴장하더니 어떤 물건을 가져왔다. 관객들은 당연히 주목할 수밖에 없겠지?

② 〈보기〉에서 '괭이'는 '복조'의 물건이며 그와 관련된 인물들의 정서 변화를 보여 주는 소도구임을 밝히고 있다. 즉, 괭이는 죽은 복조와 관련이 있으므로 노어부가 괭이를 무대로 가지고 들어오자 처는 복조 생각에 그것을 빼앗으려고 쫓아 나온 것이다. 따라서 '뒤따라 처가 미친 듯이 달려들어 부지깽이로 노어부의 머리를 후려 때린다.'라는 내용을 통해 괭이는 '처'가 '노어부'를 뒤따라 움직이는 계기를 만들고 있음을 알 수 있다.

③ '처'가 괭이를 가져간 '노어부'를 후려 때리는 것을 보아 '괭이'를 두고 두 인물의 충돌이 발생하고 있음을 알 수 있다.

⑤ '처'는 '노어부'에게 '괭이'를 잡아 빼앗았으며, 또한 ㉣에서 '처'는 '갯가에서 괭이로 물을 파며 통곡'을 하고 있다. 이를 통해 ⓔ에 나타난 '괭이'에 대한 '처'의 집착을 알 수 있으며, 그 원인이 아들을 잃은 심정 때문이라는 것을 추론할 수 있다.

꽃밭의 독백 / 나무를 위하여 / 만언사

지문분석

(가) 꽃밭의 독백 - 사소 단장

▶ 들어가기 전에 : 특이하게도 '원주(원래의 글에서 단 주석이나 주해)'가 달려 있네. '원주'나 <보기> 등은 시 분석 전에 반드시 참고할 것! 제목을 보자. 「꽃밭의 독백」이라니, 그럼 화자는 '사소'이고 현재 꽃밭에 위치해 있겠구나. 그리고 본문은 사소의 독백 내용이겠네.

노래가 낫기는 그중 나아도

▶ 시작부터 만만치 않다. 뭔지는 몰라도 그중에서는 노래가 그나마 괜찮은 듯해.

구름까지 갔다간 되돌아오고,

▶ 그런데 그중 나은 노래도 구름까지밖에 못 간대. 어떠한 한계를 가지고 있나 보구나.

네 발굽을 쳐 달려간 말은
바닷가에 가 멎어 버렸다.

▶ 노래 다음으로 택한 말도 바닷가까지밖에 못 가. 이 또한 한계를 나타내지.

활로 잡은 산돼지, 매[鷹]로 잡은 산새들에도
이제는 벌써 입맛을 잃었다.

▶ 지금 위치(이상에 도달하지 못한 현실)에서 먹는 산돼지, 산새는 지향의 대상이 되지 않아.

꽃아. 아침마다 개벽하는 꽃아.

▶ 의인법이 쓰였으니 체크하자. 사람이 아닌데 말을 걸면 의인법으로 볼 수 있다.

네가 좋기는 제일 좋아도,

▶ 모든 것 중에 꽃이 제일 좋다네. 꽃을 통해 현실을 벗어나 이상에 도달할 수 있다는 뜻으로 이해할 수 있겠지.

물낯바닥에 얼굴이나 비취는
헤엄도 모르는 아이와 같이
나는 네 닫힌 문에 기대섰을 뿐이다.

▶ 그런데 나는 아직 헤엄도 칠 줄 모르는 아이처럼 너와 소통을 못 하고 있구나.

문 열어라 꽃아. 문 열어라 꽃아.

▶ 나랑 소통 좀 하자.

벼락과 해일만이 길일지라도
문 열어라 꽃아. 문 열어라 꽃아.

▶ 반복으로 인한 강조가 드러난다.

(나) 나무를 위하여

어둠이 오는 것이 왜 두렵지 않으리

▶ 부정적인 이미지를 가지는 시어로 어둠(-)을 체크하고 가자.

불어 닥치는 비바람이 왜 무섭지 않으리

▶ 비바람(-) 또한 그렇다.

잎들 더러 썩고 떨어지는 어둠 속에서
가지들 휘고 꺾이는 비바람 속에서
보인다 꼭 잡은 너희들 작은 손들이

▶ 화자가 주목하는 대상이 나왔구나. 바로 '너희들'(나무)!

▶ '작은 손들'이라는 복수형에 주목하자. 함께 위기를 극복하는 연대 의식이 필요함을 강조하고 있구나.

손을 타고 흐르는 숨죽인 흐느낌이
어둠과 비바람까지도 삭여서
더 단단히 뿌리와 몸통을 키운다면

▶ 어둠과 바람 속에서 뿌리와 몸통을 키우는 나무들(약자).

너희 왜 모르랴 밝은 날 어깨와 가슴에
더 많은 꽃과 열매를 달게 되리라는 걸

▶ 현 상황을 극복하면 꽃과 열매(+)를 얻을 수 있구나.

산바람 바닷바람보다도 짓궂은 이웃들의
비웃음과 발길질이 더 아프고 서러워
산비알과 바위너설에서 목 움츠린 나무들아
다시 고개 들고 절로 터져 나올 잎과 꽃으로
숲과 들판에 떼 지어 설 나무들아

▶ 미래에 그런 모습(+)으로 설 나무들의 모습(낙관적)을 떠올리며 시를 마무리하고 있어.

▶ 결국 이 시는 나무를 통해 우리(인간들)에게 현재가 힘들어도 함께 이겨내면 밝은 미래를 만날 수 있다는 점을 말하고 있구나.

(다) 만언사

사립을 젖혀 쓰고 망혜를 조여 신고,

▶ 사립(명주실로 싸개를 해서 만든 갓)을 젖혀 쓰고 짚신을 조여서 신고,

조대(釣臺)로 내려가니 내 노래 한가하다.

▶ 낚시터로 내려가니 내 노래가 한가하다.

▶ 화자의 위치는 조대(낚시터)야.

원근 산천이 홍일(紅日)을 띄었으니,

▶ 멀고 가까운 산천에 붉은 해(노을)가 뜨니,

만경창파는 모두 다 금빛이라.

▶ 한없이 넓은 바다가 모두 다 금빛(노을빛)이다.

낚시를 드리우고 무심히 앉았으니,

▶ 낚싯대를 늘어뜨리고 생각 없이(욕심 없이) 앉으니,

은린옥척(銀鱗玉尺)이 절로 와 무는구나.

▶ 좋은 물고기가 저절로 와서 무는구나.

구태여 내 마음이 취어(取魚)가 아니로다 지취(志趣)를 취함이라.

▶ 구태여 내 마음이 물고기를 취하는데 있는 것이 아니로다. 뜻을 취함이라.

낚대를 떨쳐 드니 사면에 잠든 백구(白鷗),

▶ 낚싯대를 드니 사방에 잠든 갈매기,

내 낚대 그림자에 저 잡을 날만 여겨 다 놀라 날겠구나.

▶ 내 낚싯대 그림자에 저를 잡을 줄로 생각해 다 놀라 날겠구나.

백구야 날지 마라 너 잡을 내 아니다.

▶ 갈매기야 날지 마라 너 잡을 내가 아니다.

▶ 여기서 '너'는 '백구'를 가리켜. 의인화해서 표현했구나.

네 본디 영물이라 내 마음 모를소냐.

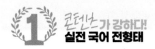
▶ 너는 원래 영물이니 내 마음을 모르겠느냐.

평생의 곱던 임을 천 리에 이별하고,

▶ 평생에 고운 님을 천 리에 이별하고,

▶ 화자가 유배를 가 있다고 추측할 수 있겠군.

사랑은커니와 그리움을 못 이기어,

▶ 사랑은 물론이거니와 그리움을 못 이겨,

수심이 첩첩하니 마음을 둘 데 없어,

▶ 근심이 깊으니 마음을 둘 곳이 없어,

흥 없는 일간죽(一竿竹)을 실없이 드렸은들,

▶ 즐거움 없는 낚싯대를 쓸데없이 드리운들,

고기도 상관 않거늘 하물며 너 잡으랴.

▶ 물고기도 상관 않는데 하물며 너(백구)를 잡겠느냐.

그래도 내 마음을 아무도 못 믿거든,
너 가진 긴 부리로 내 가슴 쪼아 헤쳐,
흉중의 붉은 마음 보면은 아오리라.

▶ 가슴속의 붉은 마음(일편단심)을 보면 알리라.

공명도 다 던지고 성은을 갚으려니,
갚을 법도 있거니와 이 사이 일 없으니,

▶ 갚을 방법도 있겠지만 요새 일이 없으니,

▶ 갚을 법이란 정계에 복귀해서 열심히 일을 하는 것을 의미하겠지?

성세(盛世)에 한민(閑民)되어 너 좇아 다니려니,

▶ 태평성대에 한가한 백성이 되어서 너(백구)를 따르려니,

▶ 앞의 내용을 고려할 때, 벼슬을 해서 성은을 갚은 후에 다시 자연에 와서 백구를 따르겠다는 의미로 이해할 수 있어.

▶ '성세에 한민'이 되겠다고 했으므로 결국 화자는 백구를 통해 임금을 향한 심정을 드러내고 있구나.

날 보고 날지 마라 네 벗님 되오리라.

문제분석 01-06번

번호	정답	정답률 (%)	선지별 선택비율(%)				
			①	②	③	④	⑤
1	②	81	4	81	8	2	5
2	②	34	25	34	17	14	10
3	①	61	61	4	10	2	23
4	②	41	13	41	9	31	6
5	②	60	3	60	31	4	2
6	④	71	3	2	3	71	21

01

정답설명

② (가) O, (나) O, (다) O / 말을 건네는 방식? 개념을 다시 한 번 떠올려 보자.

 형태쌤의 과외시간

시는 기본적으로 자신의 상황에 대해 진술하는 문학이기에 독백의 문학이라고 이해할 수 있다. 다만 간혹 특이하게도 청자를 대상으로 말을 건네는 경우가 있다.

즉, '말을 건네는 방식'은 '청자를 대상으로 하는 말투'를 의미한다. 다만 '말을 건네는 방식'에는 화자와 청자가 같이 얘기를 하는 경우가 있고, 화자 혼자만 얘기하는 경우가 있다.

1-1) 청자랑 화자가 같이 얘기를 주고받는 경우는 실질적으로 말을 주고받는 방식으로 '대화의 형식(=대화적 구성)'이라고 한다.

ex) 청자 : 저기 가는 님이여, 어디를 가고 계신지요.
화자 : 아. 자네 아닌가. 내 얘기 좀 들어보시게.

1-2) 화자만 혼자 청자에게 얘기를 하는 경우는 말을 건네긴 했지만, 대화를 주고받는 방식은 아니다. 결국 화자 혼자만 말을 하고 있기 때문이다.

ex) 화자 : 백구야 날지 마라. 내가 네 애비다.
백구 : ...... (청자의 반응 X)

2) 그리고 나머지 대부분의 시는 혼잣말(독백)이라고 보면 되겠다.

ex) 평안도 어디에 어떤 여인이 살았다...
아픔에 하늘이 무너졌다. 난 어디로 가야 하나...

(가) '꽃아', (나) '나무들아', (다) '백구야'라고 대상을 부르면서 시상을 전개하고 있으니 말을 건네는 방식이 사용된 것이고, 인간이 아닌 식물과 동물을 '의사소통'의 대상으로 여긴 것이니 '의인법'을 쓴 것이다.

오답설명

① (가) X, (나) X, (다) O / '색채어'는 색깔을 나타내는 '붉은', '푸른'과 같은 말을 뜻한다. (다)의 '홍일, 금빛, 붉은 마음'에서 색채어를 확인할 수 있다.

③ (가) X, (나) X, (다) O / '정형적인 운율'은 일정한 틀을 갖춘 운율로 3음보나 4음보가 대표적이다. 고전시가에 대한 기본 개념을 탑재한 학생이라면 3음보면 '고려가요', 4음보면 '시조, 가사' 정도가 생각날 거다. (다)는 가사 문학이고 눈으로 확인할 수 있듯이 4음보가 쓰였다.
4음보(한 행이 4덩이로 묶임) : 사립을 / 젖혀 쓰고 / 망혜를 / 조여 신고
보통 (가), (나)와 같은 현대시에는 '정형적인 운율'이 쓰였다고 하지 않지.

④ (가) X, (나) O, (다) X / (나)에서는 '어둠'과 '밝는 날'이 명암으로 대비되고 있다. 이를 통해 미래에 대한 화자의 기대를 드러내고 있다.

⑤ (가) X, (나) X, (다) X / 유장한 어조란 길고 느릿한 어조를 말한다. 문장의 길이가 긴 글의 경우 호흡이 길어지니 유장한 어조라고 봐도 되겠지. 경건한 분위기는 공경하고 삼가고 엄숙한 분위기를 가리킨다. 교회나 장례식에서 느껴지는 엄숙한 분위기를 의미하는데, (가)~(다) 모두 유장한 어조로 경건한 분위기를 조성한다고 볼 수 없다.

02

정답설명

② 화자가 특정 대상을 원하냐, 원하지 않느냐는 기본적으로 체크할 사항이다. (가)의 화자는 '산새'에 입맛을 잃었다고 했다. (다)에서도 '내 마음이 취어가 아니로다'라는 구절에서 화자가 '은린옥척'을 원하지 않음을 확인할 수 있다.

오답설명

① (가) X, (다) O / (가)는 원주에 '그의 집 꽃밭'이라고 화자가 있는 공간을 명시하였다.

③ (가) X, (다) O / '개벽'은 꽃의 상황을 가리킨다. 꽃은 현재 아침마다 열리고 있고, 이것은 화자의 처지 변화와 관련이 없다. (다)에서는 '성세에 한민 되어 너 좇아 다니려니'라고 하였으니, '성세'는 화자가 원하는 시기이고, 화자의 처지 변화와 관련이 있다고 볼 수 있다.

④ (가) X, (다) X / '물낯바닥'은 화자의 이상에 도달하지 못한 현재 상황과 이상의 경계를 의미하며, '그림자'는 '백구'가 놀라 도망가게 하는 시어이다.

⑤ (가) X, (다) X / 둘 다 화자 자신을 의미하는 시어이다.

03

정답설명

① (나)의 '왜 두렵지(무섭지) 않으리', (다)의 '내 마음 모를소냐.', '하물며 너 잡으랴.'에서 확인할 수 있다.

설의법이란 의문의 형식을 사용하지만 내용상으로는 의문이 아니며, 누구나 충분히 알고 있어서 결론을 내릴 수 있는 것을 독자의 판단에 맡겨 스스로 결론을 내리도록 표현하여 의미를 강조하는 기교이다. 정말로 몰라서 의문을 나타내는 것은 설의법이 아니다.

* 어디 닭 우는 소리 들렸으랴. (설의 O)
* 님 향한 일편 단심이야 가실 줄이 이시랴. (설의 O)
* 이번 시험 몇 점이야? (설의 X)
* 어쩜 이렇게 아름다울 수 있을까? (설의 O)

오답설명

② (나) X, (다) X / (나)의 '비바람'을 통해 '여름'을 추측할 수 있고, '꽃과 열매'에서 봄과 가을을 추측할 수는 있지만, 명확하게 계절감을 준다고 보기 어렵다. 게다가 시 안에서 계절의 변화가 이뤄진 것이 아니고, 언젠가는 꽃과 열매를 달게 될 것이라는 낙관적 기대만 나온 것이므로, 계절의 변화를 중심으로 시가 전개된다고 볼 수 없다.

③ (나) X, (다) O / (나)에서 화자의 시선은 '나무'만을 향하고 있다. 반면 (다)에서는 '원근 산천 → 만경창파 → 은린옥척 → 백구'로 시선이 이동하고 있다.

④ (나) O, (다) X / (나)는 시각적 이미지를 중심으로 시상을 전개하고 있으나, (다)에서 청각적 이미지를 중심으로 시상을 전개하는 부분은 찾을 수 없다.

⑤ (나) O, (다) X / (나)에서는 화자의 반응(심리, 생각, 정서)을 청자(나무)에게 집중적으로 전달하고 있다. (다)는 외부 대상에 대한 묘사도 있

기는 하지만, 대상에 대한 화자의 반응이 중심을 이루고 있다.

04

정답설명

② 분명 [원주]에서 '그의 집 꽃밭'이라는 공간을 명시하였다. 따라서 고향에 대한 '사소'의 그리움을 나타냈다고 보기는 어렵다. 평가원은 기본적으로 '주석'마저도 정답의 근거로 쓴다는 것을 명심하자.

오답설명

① '내적 갈등'이라는 말이 맘에 걸렸으리라. 운문에서 '갈등'은 이상과 현실의 괴리에서 발생한다. 쉽게 말해 상황이 부정적이면 당연히 내적 갈등이 있다는 것이다. 지문에서 화자는 '꽃'을 지향하고 있고, 현재 상황은 그것이 없는 '부재, 결핍'의 부정적 상황이니 '내적 갈등'이라는 말을 허용할 수 있다.

③ 〈보기〉에서는 '꽃'이 등장하지 않았지만, 시에서는 '꽃'을 통해 화자의 이상을 이야기하고 있으므로 적절하다.

④ 일반적인 상식으로, '처녀로 잉태'했다는 것은 절대 평범한 일이 아니기에, 당연히 그를 '특별한 존재'라고 볼 수 있겠지.

⑤ 원주를 이유 없이 붙이지는 않았겠지. 이는 시인의 의도가 드러나는 것이므로, 반드시 이를 참고하여 해석해야 한다.

05

정답설명

② '꼭 잡은 너희들 작은 손들'에서 연대감을 확인할 수 있고, '밝는 날' '꽃과 열매'를 달게 될 것이라는 부분에서 '믿음'을 확인할 수 있겠다.

오답설명

① 아무리 어렵고 힘들어도 서로 연대하면 이겨낼 수 있다고 하였으니, 낙관적 기대를 경계하고 있다고 볼 수 없겠지.

③ 나무들이 아직 시련을 극복하진 않았잖니.

④ 화자는 어려움을 견디고 있는 나무들에 대해 연민의 태도를 지니고 있으므로 관조적이라고 할 수 없다. '관조적'은 관찰자 입장에서 대상을 있는 그대로 담담하게 표현하는 것을 말한다.

⑤ 외부의 도움이 필요하다는 내용은 찾을 수 없다. 화자는 서로 연대하여 어려움을 스스로 극복할 수 있을 거라 생각한다.

06

정답설명

④ 적대자에 대한 원망이 드러나는 부분은 찾을 수 없다.

오답설명

① '수심(근심, 걱정)이 첩첩하니(쌓이니) 마음을 둘 데 없어'에서 확인할 수 있다.

② 화자는 시간은 많은데 할 일은 없다보니, 애꿎은 백구를 상대로 자신의 내면(상황이나 심정)을 하소연하고 있다.

③ 화자는 백구에게 '흉중의 붉은 마음(일편단심)'을 보이고 싶단. 임금

에게 보이고 싶은 마음을, 백구라는 자연물을 통해 은근하게 드러내고
있구나.

⑤ 화자는 공명도 다 던지고 성은을 갚고 싶고, 갚을 법도 있고, 요새 한가
하단다. '성은'을 갚는 방법은 하나다. 바로 '벼슬'이지. 자신을 얼른 다
시 불러 달라고 이야기하고 있는 거야.

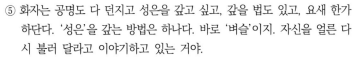

김만중 - 사씨남정기

지문분석

[지문에서 체크할 것]

※ 공간

유 한림의 집 → 사씨가 있는 곳 → 유 한림의 집 → 사당 아래

※ 서술자의 개입

아아! 유 소사는 지하에서 일어날 수 없고 두 부인도 만 리나 멀리 떠났으니, 누가 한림의 뜻을 돌릴 수 있겠는가?

[전체 줄거리]

명나라 가정연간 금릉 순천부에 사는 유현이라는 명신은 늦게야 아들 연수(延壽)를 얻는다. 유공의 부인 최 씨는 연수를 낳고 세상을 떠난다. 연수는 15세에 과거에 응시하여 장원급제하고 한림학사를 제수받으나, 연소하므로 10년을 더 수학하고 나서 출사하겠다고 한다. 천자는 특별히 본직을 띠고 6년 동안의 여가를 준다.

유 한림은 덕성과 재학(才學)을 겸비한 사씨와 결혼한다. 사씨는 유 한림과의 금슬은 좋으나 9년이 되어도 출산을 못 한다. 이에 사씨는 남편에게 새로이 여자를 얻기를 권한다. 유 한림은 거절하나 여러 번 권하니 마지못해 교씨를 맞아들인다. 교씨는 천성이 간악하고 질투와 시기심이 강한 여자로, 겉으로는 사씨를 존경하는 척하나 속으로는 증오한다.

그러다가 교씨가 잉태하여 아들을 출산하고는 자기가 정실이 되려고 마음먹고, 문객 동청과 모의하여 남편 유 한림에게 사씨에 대한 온갖 참소를 한다. 유 한림은 처음에는 믿지 않았으나, 교씨가 자신이 낳은 아들을 죽이고 죄를 사씨에게 뒤집어씌우니, 사씨를 폐출시키고 교씨를 정실로 맞이한다. 교씨의 간악은 이에 그치지 않고, 다시 문객 동청과 간통하면서 유 한림의 전 재산을 탈취해 도망가서 살기로 약속하고, 유 한림을 천자에게 참소하여 유배시키는 데 성공한다. 유 한림을 고발한 공으로 지방관이 된 동청은 교씨와 함께 백성들의 재물을 빼앗는 등 갖은 악행을 저지른다. 정배를 당한 유 한림은 비로소 교씨와 동청의 간계에 속은 줄 알고 죄를 뉘우친다.

이때, 조정에서는 유 한림에 대한 혐의를 풀어 소환하고, 충신을 참소한 동청을 처형한다. 정배가 풀려 고향으로 돌아온 유 한림은 사방으로 탐문하여 사씨의 행방을 찾는다.

한편, 남편 유 한림이 돌아왔다는 소문을 들은 사씨는 산사에서 나와 남편을 찾으러 나선다. 사씨와 유 한림은 도중에서 해후한다. 유 한림은 사씨에게 죄를 사과하고, 고향으로 돌아와 간악한 교씨를 처형하고 사씨를 다시 정실로 맞이한다.

문제분석 01-04번

번호	정답	정답률 (%)	선지별 선택비율(%)				
			①	②	③	④	⑤
1	②	69	11	69	2	4	14
2	③	45	19	8	45	23	5
3	④	71	11	4	10	71	4
4	①	59	59	12	11	14	4

01

정답설명

② 지문을 멀리서 봤다면 2초 만에 잡아낼 수 있는 선지다. 제시된 부분은 " "(큰따옴표)가 많이 쓰였다. 대화 중심의 지문인데 어떻게 '심리가 세밀하게' 드러날 수 있겠는가.

오답설명

① 소설에서 '사실적'이라는 말은 두 가지 면에서 판단할 수 있겠다.
1) 객관적이다. → 논평이 일부 있긴 하지만 지문의 대부분이 간접 제시임을 고려하면 허용할 수 있다.
2) 전기적 요소가 없다. → 고전 소설에서 자주 등장하는 전기적 요소(비현실적 요소)가 없다는 점에서 허용할 수 있다.
③ 등장인물의 대화가 많이 제시되었음을 확인할 수 있다.
④ 과거 장면이 삽입되지 않고, 시간적 순서에 따라 사건이 전개된다.
⑤ 당연히 체크했겠지? '아아! 유 소사는 지하에서 일어날 수 없고 두 부인도 만 리나 멀리 떠났으니, 누가 한림의 뜻을 돌릴 수 있겠는가?'에서 서술자의 견해가 드러난다.

02

정답설명

③ 방이 누추하다고 언급되어 있지만, 옷이 낡고 해졌다고는 언급되어 있지 않다. 그리고 '몸'이 초췌하다고 표현한 것은, 고난을 겪어 몸이 많이 상한 사씨의 모습을 표현했다고 보는 것이 옳다. 따라서 ⓒ은 몸이 상해 옷의 무게도 견디기 힘들어 보인다는 의미로 보는 것이 적절하다.

형태쌤의 과외시간

평가원의 고전 소설 출제 경향을 확인할 수 있는 좋은 문제다. **평가원에서 산문은 특히 '세부적인 일치'를 물어본다는 점을 기억해라.** 옷이 초췌한지 몸이 초췌한지를 묻는 것이 말장난 같지만, 한 문제로 등급이 갈리는 시험에서 장난이라고 치부하기엔 타격이 크다. 결론은 하나다. **산문에 시간을 투자해라. 아는 지문이라도 꼼꼼하게 읽으면서 신중하게 답을 찾아라.** 그것만이 답이다.

오답설명
① "그에게 죄과가 없으리라는 것은 백 번이라도 보장할 수 있지."에서 두 부인은 사씨를 신뢰하고 있음을 알 수 있다. 이렇게 두 부인은 사씨를 좋은 사람으로 생각하는데, 잔치에 사씨가 없으니 불만일 것이고 언짢은 표정을 짓는 것이다.
② 사씨 문제에 대해 신중하게 처리해 주기를 바라며 "가볍게 처리하지 않기"를 당부하는 모습을 통해 유 한림이 사씨 문제를 제대로 처리하지 못할 것이라는 두 부인의 우려가 반영되어 있음을 알 수 있다. 만약 일 처리를 잘하는 사람이었다면 두 부인이 가볍게 처리하지 말라고 굳이 말하지 않겠지.
④ 이생에서 다시 만날 수 없다고 표현한 것은 자신이 곧 죽을 것임을 이야기하는 것이다. 따라서 자신의 처지를 절망적으로 바라본다고 할 수 있다.
⑤ 자신이 사람을 제대로 알아보지 못한 것을 자책하며, 하늘을 원망하고 다른 사람을 탓할 수 없다고 표현한 것을 통해 허용할 수 있다.

03
정답설명
④ 추론하지 말고 지문의 내용을 근거로 단계를 정확히 밟아야 오답에 낚이지 않는다. 일단 ⓐ는 두 부인이 사씨에게 하는 말로, 사씨의 답변을 주목해야 ⓐ의 의미를 정확하게 파악할 수 있다.
사씨는 ⓐ에 대한 답변으로 "눈은 있으나 사람을 알아보지 못하여 이 지경에 이르렀습니다."라고 했다. 따라서 ⓐ에는 사람을 잘 알아봐야 한다는 내용이 있어야 함을 알 수 있다.

오답설명
① 제대로 된 정답의 도출 과정을 거치지 않았기에 나온 답이겠다. "신중하게 처신하도록 하게."라는 말이 매력적으로 다가올 수 있으나, '언행 일치'는 "사람을 알아보지 못하여 이 지경에 이르렀습니다."라는 사씨의 말과 대응되지 않는다.
② 사씨가 새로 들어온 교씨에게 못되게 굴어 이런 일을 초래한 것이 아니다.
③ 사씨가 맡은 소임이 무엇인지 알 수 없으며, 사씨의 말과 대응되지 않는다.
⑤ 사씨는 장부, 즉 남편인 한림의 뜻에 불복하여 쫓겨난 것이 아니다.

04
정답설명
① 교씨는 정실 부인의 자리를 탐내어 간악한 흉계로 사씨를 쫓아냈다. 하지만 ⓑ에서 유 한림에게는 그 자리를 감당할 수 없다며 속마음과는 다른 소리를 하고 있다. 따라서 이는 '마음이 음흉해서 겉과 속이 다름.'을 나타내는 '표리부동(表裏不同)'으로 비판할 수 있겠다.

오답설명
② '경거망동(輕擧妄動)'은 '도리나 사정을 생각하지 아니하고 경솔하게 행동함.'을 의미한다.
③ '호가호위(狐假虎威)'는 '남의 세력을 빌어 위세를 부림.'을 의미한다.

④ '방약무인(傍若無人)'은 '주위에 있는 다른 사람을 전혀 의식하지 않고 제멋대로 행동함.'을 의미한다.
⑤ '감탄고토(甘呑苦吐)'는 '사리에 옳고 그름을 돌보지 않고, 자기 비위에 맞으면 취하고 싫으면 버림.'을 의미한다.

03 고전 산문
2011학년도 9월

작자 미상 - 김원전

지문분석

[지문에서 체크할 것]

※ **공간**
　내당 → 월영각 → 내실 → 월영각

※ **서술자의 개입**
　내외 상하며 이웃과 친척 가운데 뉘 아니 기뻐하리오.

[전체 줄거리]

　천상에서 남두성이란 별이 옥황상제에게 죄를 지어 인간 세상으로 내려온다. 남두성은 김 승상의 아들 김원으로 태어나게 되는데, 그 생김새가 수박 모양으로 흉측했다. 김원은 10년 후에 흉물의 허물을 벗게 되어 소년의 모습으로 변신한다. 김원은 천서 세 권을 읽고 모르는 것이 없을 정도로 똑똑하게 되었고 신기한 재주도 부리게 되었다. 어느 날 김원이 무술을 공부하다가 황제의 세 공주가 괴물에게 잡혀가는 것을 보고, 그 괴물에게 상처를 입힌다. 그리고 나라에서 공주들을 구할 사람을 찾는 것을 보고 나선다. 김원은 부원수 강문추와 함께 괴물이 있는 동굴로 갔는데, 김원이 들어가 세 공주를 구하여 지상으로 먼저 올려 보내자 강문추가 굴을 막아 버려서, 김원은 동굴 속에 갇히게 된다. 김원은 탈출하기 위해 굴 속을 헤매다가 괴물에게 잡힌 용자(용왕의 아들)를 구해 주게 되어 용왕의 환대를 받고 용녀(용왕의 딸)와 결혼하여 다시 인간 세계로 나오게 된다. 그러나 김원은 도중에 도적에게 용왕이 준 보물을 빼앗기고 죽는다. 용녀는 아버지 용왕에게 도움을 청하여 김원에게 약을 먹여 다시 살린다. 고국으로 돌아온 김원은 황제께 자신이 겪은 일을 말하여 강문추를 죽이고 황제의 딸과 결혼하여 행복하게 살다가 신선이 된다.

문제분석 01-04번

번호	정답	정답률(%)	선지별 선택비율(%)				
			①	②	③	④	⑤
1	④	92	3	2	2	92	1
2	④	47	3	8	21	47	21
3	④	81	2	3	11	81	3
4	①	88	88	1	9	1	1

01

정답설명

④ 원은 승상을 보며 "소자는 십 년을 부모 걱정시키던 불초자 원이로소이다."라고 말하였다. 이는 원이 스스로를 불초자(불효자)라고 하며, 십 년 동안 흉한 모습으로 살면서 부모에게 걱정을 끼친 자신을 탓하는 태도로 볼 수 있다.

오답설명

① 승상은 부인에게 "우리가 어려서부터 남에게 해를 끼친 일이 없는지라.~필경 무슨 이상한 일이 있을 듯하니, 아무리 흉악해도 집에 두고 나중을 보사이다."라고 말하였다. 자신은 남에게 해를 끼친 일이 없다고 하였기에, 흉물의 탄생을 자신의 탓으로 여긴다고 이해하는 것은 적절하지 않다.

② 입이 없는 것 같았는데 밥을 먹는 모습을 보며 승상 부부는 신기해 하였지? 부인은 '웃고' 밥을 가져다주었으므로, 밥을 먹자 근심했다는 설명은 적절하지 않다.

③ (중략) 윗부분을 보면, 승상 부부와 비복들은 그 연고를 알지 못하여 답답하여 근심으로 지냈다고 하였다. 즉, 노복은 흉물을 대하는 부인의 태도를 비웃지 않고 승상 부부와 함께 근심하고 있는 것이다. 또한 비복들은 원을 월영각으로 옮겨 두고 아침과 저녁을 공급하면서 승상 부부의 지시에 따르고 있다.

⑤ 허물을 벗은 원의 말을 듣고 그동안의 일에 대한 의혹을 푼 것이지, 이웃의 반응을 보고 의혹을 해소한 것이 아니다.

02

지문을 쉽게 독해하고도 고민을 하게 되는, 상당한 난도의 사고를 요하는 문제다. 평가원이 아니고서는 출제할 수 없는 아름다운 문제라고 볼 수 있겠다.

정답설명

④ 지문의 내용을 있는 그대로 볼 수 있어야 한다. 비복의 말을 요약하면 다음과 같다.
　A : 월영각에 한 소년이 있다.
　B : 방 안에 가득한 것(김원)은 없어졌다.
　C : 그 소년이 자신의 아버지를 찾고 있다.
대략 이 정도 말이다. 여기서 A의 소년이 B의 김원이라는 말이 있는가? 혹은 C에서 나온 '소년의 아버지'가 '김 승상'이라는 말이 있는가? 없다. 부자 관계의 정당성은 '원'이 붉은 도포를 입은 선관 이야기를 통해 제시하였고, 비복은 있는 사실 그대로를 보고했을 뿐이다. 어떠한 판단도 들어가 있지 않고, 비복의 말을 들은 김 승상도 아직은 '소년'이 '자신의 아들'인 것을 모르고 있는 것이다. 즉, 비복은 한 소년이 '내게 이러이러한 말을 하였다'는 사실만 전달해 주는 것일 뿐, '점점 커지던 원이 사라지고 한 소년이 앉아 있으니, 원이 소년으로 변한 것이 틀림없다'라고 얘기한 것이 아니기 때문에 비복이 부자의 정당성을 제시했다고 볼 수 없다. 정당성 제시라는 선지가 답이 되려면 지문에서 비복이 자신이 주장하는 바에 대한 근거를 대야 할 것이다.

오답설명

① 일반적으로 사람을 가리킬 때 '이것'이라고 얘기하진 않지.

② 원이 본래 천상계의 인물이었기 때문에 흉물을 벗는 과정에서 천상계의 인물인 선관이 개입한 것이다.

③ 승상이 부인에게 "저것이 우리의 골육이니"라고 말하였다. 이는 승상과 그의 부인이 원을 골육(혈육=가족)으로 생각하였기에 밥을 먹인 것으로

볼 수 있다. 이후 밥을 먹는 대로 자라는 모습을 보고 '원'이라는 이름을 붙여 주었으므로, 밥을 먹이고 이름을 붙여 주는 과정에서 골육의 의미가 더욱 강화되었다고 볼 수 있다.

⑤ '부자 관계를 확인받으려는' 김원의 바람을 찾을 수 없다는 학생들도 간혹 있었다. 그렇다. 지문의 내용만 보면 한 방에 '부자 관계를 확인받으려는' 의도를 찾아내기 어렵다. 하지만 '허용'은 할 수 있다. 지문의 내용과 크게 어긋나지 않는 해석이라면 출제자의 해석을 충분히 '허용'해 줄 수는 있는 것이다. 참고로 '불초자(不肖子)'는 '아들이 부모를 상대하여 자기를 낮추어 이르는 일인칭 대명사'다. 즉, 김원이 스스로를 '불초자(불효자)'라고 말하며 승상과 부인의 아들임을 확인받고 있다고 볼 수 있다. 따라서 일치 차원에서 보았을 때 ⑤번 선지는 적절하다고 보아야 한다.

03

정답설명

④ 지상계에서 부모는 원에게 밥을 끊지 않고 아침저녁으로 제공하여 성장에 관여하고 있다. 하지만 변신을 할 때에는 선관이 내려와 허물을 벗겨 주었고, 원의 부모는 그 과정에 관여하지 않았다. 허물을 벗은 원을 몰라보며, 어찌된 일인지 묻고 있는 것을 통해 '부모가 변신 과정에 참여하지 않았다'는 것을 알 수 있겠지? 변신을 하는 ㉺의 과정에 부모가 참여하지 않았기 때문에 선지의 내용은 적절하지 않다. 또한 변신에 관여한 선관은 천상계의 존재이다. 따라서 지상계의 의지만으로 천상계의 질서가 구현될 수 있다는 설명도 적절하지 않다.

오답설명

① 선관은 "남두성이 옥황상제께 득죄하여 십 년 동안 허물을 쓰고 세상을 보지 못하게 하였는데, 죄악이 다 끝났다."라고 하며 허물을 벗겨주었다. 원이 속죄를 위해 자발적으로 내려온 것이니? 아니다. 벌을 받기 위해 지상계로 어쩔 수 없이 내려온 것이고, 지상계로 내려오는 과정에서 저항하였거나 반발하였다는 내용이 없으므로 김원이 적강에 대해 '수동적'임을 허용할 수 있다.

② ㉺와 ㉻는 ㉮가 일어났기 때문에 비롯된 일이다. 즉, 김원이 천상계에서 적강하지 않았다면, 지상계에서 김원이 승상과 부인의 보살핌 속에서 성장하지도, 변신하지도 않았을 것이다. 이를 통해 천상계가 지상계보다 '근원적인 공간'임을 알 수 있다.

③ 선관은 허물을 벗겨 방 안에 두고 "이 허물을 가져갈 것으로되 네 부모께 뵈어 확실한 자취를 알게 하라."라고 이야기하였다. 천상계에 있는 선관은 허물과 천서 세 권이라는 증거가 없다면, 지상계에서 원의 변화를 받아들이지 못하고, 부모 역시 괴이하게 볼 수 있다는 것을 알고 있었던 것이다. 지상계의 질서에서는 자식이 허물을 벗었다는 사실에 대해 부모가 의심하는 것은 당연한 일이므로, 천상계와는 다른 나름의 질서가 있다고 볼 수 있겠다.

⑤ 원은 '허물'과 '천서'라는 증거물을 통해서 부모에게 변신했다는 것을 확인받고 있다. 따라서 그 증거물은 천상계와 지상계를 이어 주는 소통의 역할을 한다고 볼 수 있다.

04

정답설명

① '고진감래(苦盡甘來)'는 '쓴 것이 다하면 단 것이 온다.'라는 뜻으로, '고생 끝에 즐거움이 옴'을 이르는 말이다. 예를 들어, 열심히 수험 생활을 끝내고 나서 원하는 대학에 가는 것을 들 수 있다. 원은 그동안 보자기 속에서 십 년 동안 고행을 하였고, 오랜 고생에서 벗어나 본래의 모습을 찾게 된 것이므로 ㉠의 상황에는 '고진감래'라는 표현이 가장 적절하다. 지금 너희의 상황도 그렇단다. 조금만 참자. 이 고생의 끝에는 반드시 즐거움이 있을 것이다.

오답설명

② '괄목상대(刮目相對)'는 '눈을 비비고 상대편을 본다.'라는 뜻으로, '남의 학식이나 재주가 놀랄 만큼 부쩍 늚'을 이르는 말이다. ㉠은 십 년 동안의 고생이 끝나고 부모와 기쁨을 누리는 장면이므로, '괄목상대'는 적절한 표현이 아니다. "눈을 비비고 아들을 보는 것 아닌가요?"라고 질문하는 학생들이 있다면, 사자성어에서는 그 속뜻이 더 중요함을 알아야 한다. 아들의 학식이나 재주가 늘었다고 칭찬하는 상황이 아니라, '허물을 벗은 상황에 대한 감격'이 중심이다.

③ '권불십년(權不十年)'은 '권세는 십 년을 가지 못 한다.'라는 뜻으로, '아무리 높은 권세라도 오래가지 못함'을 이르는 말이다. '십 년 고생'이라는 표현만 보고 이 선지를 골랐다면 출제자의 함정에 빠진 것이다. '권불십년'에서 말하는 십 년은 권세를 누리는 십 년인데, ㉠에서 말하는 십 년은 고생을 한 기간이다. 십 년이라는 기간만 같을 뿐, 그 기간이 의미하는 것은 정반대이다.

④ '동상이몽(同床異夢)'은 '같은 자리에 자면서 다른 꿈을 꾼다.'라는 뜻으로, '겉으로는 같이 행동하면서도 속으로는 각각 딴생각을 하고 있음'을 이르는 말이다. 승상 부부는 원이 사람의 모습을 하기를 바랐고, 원 또한 허물을 벗기를 기다렸기에 각각 딴생각을 하였다는 것은 적절하지 않다.

⑤ '오리무중(五里霧中)'은 '오 리나 되는 짙은 안개 속에 있다.'라는 뜻으로, '무슨 일에 대하여 방향이나 갈피를 잡을 수 없음'을 이르는 말이다. ㉠은 원이 본래의 모습을 되찾고 승상 부부와 함께 기뻐하는 모습이므로 그동안의 고생이 끝나는 긍정적인 시기로 볼 수 있다. 방향이나 갈피를 못 잡고 있는 상황과는 관련이 없다.

임철우 - 눈이 오면

지문분석

[지문에서 체크할 것]

※ 시간
　역순행적 구성

※ 공간
　완행열차(현재) → 집(과거) → 잣고개(현재)

※ 서술자의 관심사
　3인칭 서술자는 '그'에게 주목하고 있고 '그'의 심리 묘사가 지문의 대부분을 차지한다. 따라서 3인칭 서술자는 특정 인물인 '그'의 시선으로 서술하는 방식을 취하고 있다.

[전체 줄거리]

　그(찬우), 그의 아내, 치매에 걸린 어머니는 서울 변두리에서 가난하게 살고 있다. 고향인 꼬두메를 떠나 아들 가족과 함께 살게 된 어머니는 항상 고향을 그리워하며 아들에게 꼬두메로 가자고 조른다. 결국 기차를 타고 어머니와 함께 꼬두메로 향하면서 그는 과거의 꼬두메를 떠올린다. 그러나 꼬두메에 도착하니 기억 속의 꼬두메는 사라지고 대규모 아파트 단지가 들어서 있다. 그리고 잠시 한눈을 판 사이 어머니가 사라진다. 그는 어머니가 현실에 없는 꼬두메를 찾아 나선 것일까 생각하며 함박눈을 맞으며 어머니를 찾아 나선다.

문제분석 01-04번

번호	정답	정답률 (%)	선지별 선택비율(%)				
			①	②	③	④	⑤
1	②	78	6	78	13	1	2
2	③	64	4	9	64	8	15
3	④	93	1	2	3	93	1
4	②	95	1	95	1	2	1

01

정답설명

② 현대 소설 지문을 읽을 때 가장 신경 써서 찾아야 하는 것이 '서술자의 관심사'다. 서술자가 한 명의 심리를 중점적으로 서술하는지, 여러 명의 심리를 분산해서 서술하는지, 현재에 관심이 있는지, 과거에 관심이 있는지, 관심사가 이동하는지(A→B→C or 외부→내면) 확인하는 것은 기본적 독해법이라고 할 수 있다.
　서술자가 한 인물의 심리를 중점적으로 서술을 한다는 점, 인물의 내적 독백을 1인칭 시점인 듯 보여주는 구절 '찾아야 해. 어머니를 찾아내야만 해.' 등에서 '특정 인물의 시각에서 사건을 서술'함을 알 수 있다.

오답설명

① 처음 부분은 현재로, 그는 어머니와 함께 고향에 내려가는 기차를 타고 있다. '바로 이날 오후였다.'에서 끊어줬겠지? 여기부터 (중략) 이전까지는 과거 장면에 해당한다. (사표 쓴 일, 실업자로 산 일, 어머니가 치매에 걸린 일) (중략) 이후부터는 사라진 어머니를 찾으러 가는 현재이다. 정리해 보면 현재에서 과거로, 과거에서 다시 현재로 이어지고 있기 때문에 역순행적 구성이다.
　인물의 대화가 나오지 않았음에도 불구하고 이 부분을 회상이 아닌 과거 장면의 삽입이라고 보는 이유는 '그'가 현재 시점에서 과거를 회상한 것이 아니라, 과거의 행동(출근을 안 하고 담배만 피는 행동)을 묘사하였고, 과거에 느꼈던 인물의 심리가 당시의 시점으로 서술되어 있기 때문이다. 현재 시점에서 '그'는 꼬두메 마을에 가는 중인데, '바로 이날 오후였다.'가 현재라고 하면 '그'가 어머니와 함께 꼬두메를 향해 가고 있는 장면이 이후에 서술되어야 한다. 하지만, 여기서 '이날 오후'에는 실업자가 된 '그'가 꼼짝없이 누워있는 장면이 묘사되므로, 과거 장면이 삽입되었다고 보는 것이다. 때문에 이 작품은 시간의 흐름에 따라 사건을 전개했다고 보기 어렵다.

③ 일반적인 3인칭 전지적 작가 시점은 객관적인 서술방식을 보인다. 하지만 이 지문은 다르다. 3인칭 서술자가 작중 인물인 '그'에게 초점을 맞춰서 '그'의 심리를 마치 1인칭 시점처럼 서술을 하는 '제한적 전지적 시점'이다. 따라서 이런 경우 3인칭 시점임에도 불구하고, 1인칭 시점의 효과를 줄 수 있기에 객관성이 떨어진다. 또한 서술자가 과거를 되돌아볼 때와 마지막 장면에서 꼬두메의 의미를 생각하는 부분에서 서술자의 담담한 태도가 드러난다고 보기도 어렵다.

④ 지문의 대부분이 '직접 제시'로 쓰였다는 것을 확인했지? 서술자가 직접 서술하는 방식이 주를 이루며 '대화'가 나오지도 않는다.

⑤ 지문에는 '그'의 감정과 생각만 나타난다.

02

정답설명

③ '성찰', '반성'은 문학에서 넓은 개념으로 쓰인다. 화자나 인물이 자신이 살아온 길을 돌아보거나, 자신의 상황을 중점적으로 살펴보면 '성찰'이라는 말을 쓸 수 있다. 또한 인물이나 작가가 당시의 시대나 사회에 대해 고민하고 생각해보는 것도 넓은 의미의 성찰이라고 볼 수 있다.
　그는 열차를 타고 가면서, 오후에 있었던 일, 실직했던 시절 등의 과거를 회상하며 자신에게 있어서 어머니가 가지는 의미를 깨닫고, 어머니에게 의존하며 허약해진 자신의 모습을 반성하고 있다.

오답설명

① '충동적으로 결행'한 것은 맞지만, 그러한 자신의 행동에 대해 '상상조차 못 했던 것', '어처구니없을 만큼 충동적', '제정신이 아닌 짓인지도 모를 일'과 같이 생각하고 있다는 점으로 미뤄볼 때, 주인공이 평소에는 그러한 즉흥적 성격이 아니었다고 판단할 수 있다. 또한 여기서 낙천적(세상과 인생을 즐겁고 좋은 것으로 여기는 태도) 성격을 확인할 수도 없다.

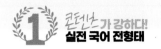

② 현실에 잘 적응하며 살아왔다? 오 년 동안이나 실직을 하면서? 지문에서 '오 년 동안의 그 공백 기간'이 처참했다고 했기 때문에, '그'는 현실에 적응하지 못했다고 볼 수 있다.

④ 그는 '어머니'를 찾아 나서면서 계속 '어머니'의 입장에서 생각한다. 따라서 사려 깊지 못한 인물이라고 보기 힘들다. 그리고 우리는 선지의 내용을 판단할 때 반드시 출제된 지문만을 가지고 판단해야 한다. 지문의 내용만으로는 그의 실수로 어머니를 잃어버렸다고 볼 수 없으므로, 그를 부주의한 인물이라고 할 수 없다.

⑤ 지문을 아예 오독한 케이스다. 아마 '성찰, 반성'의 개념을 좁게 잡고 있었기에 정답이 안 보여서 선택한 선지가 아닐까 싶다. 인물이 사표를 제출한 것은 몇 달째 임금을 못 받는 상황에서 한 어쩔 수 없는 선택이었다.

03

정답설명

④ '한쪽 눈을 못 보는 아버지와 착한 형, 그리고 어쩌면 어린 시절의 그의 앳된 얼굴도 그 가난한 식구들 곁에서 함께 곤히 잠들어 있을지도 모른다.'에서 물질적 풍요를 누리기보다는 가난한 삶을 살던 곳이라는 것을 확인할 수 있다.

오답설명

① '어쩌면 어린 시절의 그의 앳된 얼굴도 그 가난한 식구들 곁에서 함께 곤히 잠들어 있을지도 모른다.'에서 확인할 수 있다.

② '어머니는 이젠 더 이상 아무도 그곳을 기억해 주지 않는 이 땅을 떠나'에서 확인할 수 있다.

③ '어머니'만 꼬두메가 '이 세상에는 존재하지 않'음을 깨닫지 못하여, 아들인 찬우에게 "꼬두메로 핑 가자이."라고 조르고 있다.

⑤ '어머니'는 '한시도 잊지 못했던 그리운 사람들'과 함께 살았던 꼬두메에 가고 싶어 하므로 꼬두메는 어머니의 '소중한 세계'라 볼 수 있다.

04

정답설명

② 음지 식물(그늘진 곳에서 잘 자라는 식물)에게 '햇볕'은 독이다. 삽시간에 말라 비틀어지게 만드는 '햇볕'을 따뜻한 인정으로 볼 셈이냐. '놀라우리만큼 자신이 허약해져 있다는 사실을 이즈음에야 그는 뒤늦게 깨닫고 있었다.', '어머니의 그 넓고 미더운 그늘이 머리 위에서 걷히어져 버리고 난 후, 그는 햇볕 속으로 나온 음지 식물처럼 삽시간에 말라 비틀어져 가고 있었다.'라는 부분을 통해 '음지 식물'에 비유된 그에게 '햇볕'은 세상의 따뜻한 인정이 아닌 오히려 그를 약하게 만드는 고난이나 시련임을 알 수 있다.

오답설명

① 신문사를 나온 후의 '공백 기간'은 '실직했던 기간'이다.

③ '변함없는 그늘'은 그가 힘들어하고 방황할 때마다 은연중에 그를 버티게 해 주었던 어머니의 '한결같은 사랑과 보호'를 뜻한다.

④ '기적'은 그가 힘들어하고 방황할 때마다 은연중에 그의 '삶을 지탱해 주거나 도와'주었던 어머니의 힘이다.

⑤ '절망의 심연'은 그가 어머니의 손길에서 느낄 수 있는 힘이 더 이상 없음을 깨달았을 때 느낀 '극심한 무력감과 좌절감'을 말한다.

또 다른 고향 / 자화상·2 / 멸치

지문분석

(가) 또 다른 고향

고향에 돌아온 날 밤에
내 백골이 따라와 한방에 누웠다.

▶ 화자가 처한 시간과 공간을 제시하고 있어.

어둔 방은 우주로 통하고
하늘에선가 소리처럼 바람이 불어온다.

▶ 대단한 방이야... 우주랑 통하고 있어!!

어둠 속에 곱게 풍화작용하는
백골을 들여다보며
눈물짓는 것이 내가 우는 것이냐
백골이 우는 것이냐
아름다운 혼이 우는 것이냐

▶ 아직은 '백골'이 부정적 대상인지 긍정적 대상인지 나오지 않았어. 다만 화자 안에는 여러 개의 자아가 있는 것 같아. '나', '백골', '아름다운 혼'. 다양한 자아가 화자 안에 혼재하고 있고, 그 중에 '백골'이 깎이고 있는 것이지. '백골'이 긍정이든 부정이든 '내' 안의 자아가 깎이고 있으니 울고 있구나.

지조 높은 개는
밤을 새워 어둠을 짖는다.

어둠을 짖는 개는
나를 쫓는 것일 게다.

▶ 단순한 동네 개가 아니야. 지조가 높은 개야. 그 개가 '나'를 향해 짖고 '나'를 쫓아내려고 한다.

가자 가자
쫓기우는 사람처럼 가자
백골 몰래
아름다운 또 다른 고향에 가자.

▶ 아하. 역시 지조 높은 개는 긍정적 존재였어. 화자는 개가 '나'를 쫓아내니까 그에 따라 '쫓기우는 사람'처럼 간다고 했어. 그렇다면 쫓겨 가는 그곳은 '또 다른 고향'으로 긍정적인 장소이겠구나. 게다가 '백골' 몰래 간다고 하네. 그럼 정리해 보자. 화자는 여러 자아들 중 ⊖자아인 백골을 제거하고 ⊕자아인 아름다운 혼과 또 다른 세계로 가고자 하는 마음을 시 안에 담아낸 것이구나.

(나) 자화상·2

전신이 검은 까마귀,
까마귀는 까치와 다르다.
마른 가지 끝에 높이 앉아
먼 설원을 굽어보는 저
형형한 눈,

고독한 이마 그리고 날카로운 부리.

▶ 일단 외부의 대상을 바라보며 시를 시작하고 있구나. 그리고 까치가 아닌 까마귀에 화자는 주목하고 있어.

얼어붙은 지상에는
그 어디에도 낱알 한 톨 보이지 않지만

▶ 냉엄한 현실을 제시하고 있네. 춥고 배고픈 상황인가 봐.

그대 차라리 눈발을 뒤지다 굶어 죽을지언정
결코 까치처럼
인가의 안마당을 넘보진 않는다.

▶ 까치와는 다른 까마귀를 주목하고 있어. 까마귀는 안정적인 공간(인가의 안마당)을 추구하지 않나 봐.

검을 테면
철저하게 검어라. 단 한 개의 깃털도
남기지 말고……

▶ 까마귀의 검은색을 긍정하고 있어.

겨울 되자 온 세상 수북이 눈은 내려
저마다 하얗게 하얗게 분장하지만

▶ 화자가 지향하는 검은색과 대조되는 하얀색의 세상이 제시되었다.

나는
빈 가지 끝에 홀로 앉아
말없이
먼 지평선을 응시하는 한 마리
검은 까마귀가 되리라.

▶ 드디어 화자가 원하는 것이 나왔어. 화자는 힘든 현실이지만, 까치처럼 안주하지 않고 까마귀처럼 미지의 세계(먼 설원, 먼 지평선)를 추구하고 싶은 것이야.

(다) 멸치

굳어지기 전까지 저 딱딱한 것들은 물결이었다

▶ 일단 화자는 멸치의 딱딱한 성질에 주목하면서 시상을 전개하고 있네.

파도와 해일이 쉬고 있는 바닷속
지느러미의 물결 사이에 끼어
유유히 흘러 다니던 무수한 갈래의 길이었다

▶ 그리고 멸치의 과거를 떠올려 보고 있어.

그물이 물결 속에서 멸치들을 떼어냈던 것이다
햇빛의 꼿꼿한 직선들 틈에 끼이자마자
부드러운 물결은 팔딱거리다 길을 잃었을 것이다

▶ 바다에서는 싱싱하던 멸치가 지금의 모습이 되기까지의 과정을 상상해 보고 있구나.

바람과 햇볕이 달라붙어 물기를 빨아들이는 동안
바다의 무늬는 뼈다귀처럼 남아
멸치의 등과 지느러미 위에서 딱딱하게 굳어갔던 것이다
모래 더미처럼 길거리에 쌓이고
건어물집의 푸석한 공기에 풀리다가
기름에 튀겨지고 접시에 담겨졌던 것이다

▶ '바다 → 길거리 → 건어물집 → 접시'로 이동하는 멸치의 모습을 상상하고 있어.

지금 젓가락 끝에 깍두기처럼 딱딱하게 집히는 이 멸치에는

두껍고 뻣뻣한 공기를 뚫고 흘러가는

바다가 있다 그 바다에는 아직도

지느러미가 있고 지느러미를 흔드는 물결이 있다

▶ 분명 현재는 생명력을 잃었지만 아직 멸치에게는 바다의 속성(생명력)이 남아있다고 하네.

이 작은 물결이

지금도 멸치의 몸통을 뒤틀고 있는 이 작은 무늬가

파도를 만들고 해일을 부르고

고깃배를 부수고 그물을 찢었던 것이다

▶ 현대 물질 문명 속에서 인간성과 생명력을 상실한 채 기계화되고 있는 인간들이 다시금 바다(자연)와 함께하며 생명력을 찾길 바라고 있는 시라고 볼 수 있어.

문제분석 01-04번

번호	정답	정답률(%)	선지별 선택비율(%)				
			①	②	③	④	⑤
1	③	85	5	4	85	0	6
2	⑤	90	2	3	3	2	90
3	②	88	3	88	7	1	1
4	④	83	2	4	6	83	5

01

정답설명

③ 시간과 공간의 체크는 시 독해의 기본이라 할 수 있다. 화자가 지향하는 공간과 대비되는 공간은 '(가) : 또 다른 고향 ↔ 고향 / (나) : 먼 지평선(설원) ↔ 인가의 안마당 / (다) : 바다 ↔ 건어물집'에서 모두 나타난다.

오답설명

① (가) O, (나) O, (다) X / (가)에는 '가자.'라는 청유문, (나)에는 '검어라.'라는 명령문을 통해 화자의 정서가 제시되고 있다.

형태쌤의 과외시간

영탄법은 강한 정서(생각)의 표출인데, '강하다'의 기준이 무엇일까? 누구도 이것에 대한 정확한 기준을 제시할 수 없다. 따라서 평가원에서는 '설의' 역시 영탄적 어조로 보고 있다. 명령이나 청유가 등장해도 화자의 정서나 생각이 강하게 제시되었다면, 영탄으로 볼 수 있는 것이다.

따라서 영탄법은 간단하게 생각하면 된다. 평서형 종결 어미 '-다'를 반복하여 담담하게 얘기하는 작품이 아니면, 크고 작은 정서 표출이 되기에, 영탄으로 허용할 수 있겠다.

② (가) X, (나) X, (다) X / (가)의 '가자 가자', (나)의 '하얗게 하얗게', (다)의 '~것이다'에서 같은 시어의 반복은 찾아볼 수 있지만 시행의 반

복은 없다. '동일한 시행'은 말 그대로 글자 하나 빠지지 않고 한 줄이 '동일'해야 한다.

④ (가) X, (나) X, (다) X / 세 작품 모두 '그리움'의 정서와는 관련이 없다.

⑤ (가) X, (나) X, (다) X / '반어적 표현'은 표면적 진술이 화자의 의도와 반대되는 표현 방법이다. 세 작품 모두 반어적 표현이 드러난 부분은 없다.

02

정답설명

⑤ 〈보기〉에서 (가)의 화자는 '자신의 내면'에 시선을 두고 있다고 했으니, '방'이 내면의 공간이라는 것을 알 수 있다. 다만 (나)의 '먼 지평선'은 화자의 삶의 태도가 투영된(쉽게 말해 화자와 동일시된) 까마귀가 지향하는 공간이다. 따라서 '부정적 현실'이라는 말은 쓰기 어렵겠지. 혹시 '먼 지평선'을 '안마당'과 대비되는 의미로 '힘겨운 현실'이라고 생각해서 답을 고르지 못한 학생들은 차분히 아래 해설을 읽어 보렴.

형태쌤의 과외시간

'안마당'을 '현실에 안주하는 공간'으로 본다면, '부정적 현실'은 '얼어붙은 지상(눈밭)'이고, '먼 지평선(먼 설원)'은 화자가 아직 가보지 못한 '미지의 공간(안주하지 않는 공간)' 정도로 처리가 되는 것이다.

만약 '먼 지평선'을 부정적 현실로 본다면, 이것과 대비되는 공간인 '안마당'은 '긍정적 공간'이 되는 것인가? 그럼 왜 화자는 변태같이 '부정적 현실'을 자꾸 응시하며 지향하는 것인가? 그 현실을 극복하기 위해서? 너의 해석은 이미 '안마당'을 '긍정적 공간'으로 보는 오류를 안고 있다. 그리고 어떠한 해석(안마당 : 편안한 공간 / 먼 지평선 : 힘겨운 공간)을 해서 피해 가더라도 '일반적으로' 화자가 지향하는 공간을 '부정적 현실'이라고 하지는 않는다.

그럼 평가원과 괴리가 있는 해석을 했다면 어떻게 해야 하는가! 위로의 말을 하자면, 모의고사와 달리 '수능'에서는 조금의 논란도 없어야 하기에 좀 더 확실하게 정답의 근거를 제시한단다. 기출을 반복적으로 보면서, 그리고 쌤과 함께 EBS 작품을 출제자(평가원)의 시선으로 바라보면서, 어느 정도 주관적인 판단을 교정할 수 있단다. 힘내라.

오답설명

① '백골 몰래'라는 구절을 통해 화자가 '백골'을 부정적으로 바라본다는 것을 알 수 있고, '내면의 시선'은 〈보기〉를 통해 알 수 있다. 따라서 '들여다보며'에서 '백골'로 상징화된 부정적 자아를 향한 화자의 내면의 시선을 확인할 수 있다.

② 분명 '지조 높은 개'는 '나'를 향해 짖고 있지만, '가자 가자'라는 구절을 통해 화자가 긍정적 공간(또 다른 고향)으로 나아가게 하는 역할을 한다는 것을 알 수 있다.

③ 〈보기〉에서 말한 '외부의 상징적 존재'는 까마귀다. 화자는 '검은 까마귀가 되리라.'라고 했으니까. 따라서 까마귀의 '형형한(광채가 반짝반짝 빛나며 밝은) 눈'은 바람직한 삶을 지향하는 화자의 태도를 떠올리게

한다고 볼 수 있다.

④ 화자는 '까치처럼 / 인가의 안마당을 넘보'는 행위를 하느니 '차라리 눈 발을 뒤지다 굶어 죽'는 것이 낫다고 말하고 있다. 따라서 까치는 화자 가 단절하고자 하는 삶의 태도를 뜻한다.

03

정답설명

② '눈'은 여기서 두 가지 의미를 가지고 있다.
  1) 모든 것을 덮는다.
  2) 하얀색이다.
그리고 화자는 하얗게 분장하는 '눈'과 달리 무엇인가 응시하는 '검은 까마귀'를 지향하고 있다. 이 모든 내용(눈 : 화자가 원하지 않는 색상 과 대상)을 조합하면 ②가 적절함을 알 수 있다.

오답설명

① 눈이 '온 세상 수북이' 내리는 것에서 충만한 느낌으로 오해할 수도 있 는데, 여기서는 본래의 모습을 '하얗게 분장'한 거짓을 의미해.

③ '눈'의 하얀색은 보통 순결을 의미할 때가 많지. 그렇지만 여기서는 '철 저하게 검'은 까마귀와 대비되는 색채로, 부정적으로 쓰인 거야.

④ '눈은 내려'에서 하강 이미지가 나타나지만, 화자는 온 세상이 하얗게 분장해도 철저하게 검을 것을 추구하는 강한 존재야.

⑤ '눈은 내려'에 주목하면 움직임이 나타나기에 역동적 이미지를 허용하 더라도, 부정적인 뜻으로 쓰이므로 '미래에 대한 화자의 소망'은 적절하 지 않다.

04

정답설명

④ 시 독해의 기본 중의 하나는 '화자가 바라보는 것'을 체크하는 것이다. [D]에서 화자가 바라보는 것은 '바다'일까 아니면 '멸치'일까? 이것에 대해 명확하게 답을 할 수 있다면 해석은 끝나는 것이다. 분명 화자는 지금 '멸치'를 바라보고 있고, 멸치에 내재된 '바다의 속성'을 떠올리고 있다. 즉, [D]에서 멸치를 통해 바다를 떠올리기는 했지만, 현재 시점에 서 바다의 '실제 움직임'을 바라보고 묘사하는 것이 아니므로 적절하지 않은 것이다. 적절한 선지가 되려면 '바다 물결'이 흔들리는 실제 모습 에 대한 사실적인 묘사가 시에서 나타나야 한다. '지느러미를 흔드는 물결'은 멸치의 과거 모습을 '상상'하면서 떠올리는 바다의 생명력에 대 한 화자의 추측일 뿐으로, '사실적 묘사'가 될 수 없다.

오답설명

① [A]의 '굳어지기 전까지 저 딱딱한 것들은 물결이었다'와 '유유히 흘러 다니던 무수한 갈래의 길이었다'에서 확인할 수 있다.

② 간혹 [B]를 굳이 '외부 세계의 폭력성'으로 봐야 하냐고 묻는 학생들이 있다. 굳이 그렇게 봐야 할 필요는 없다. 하지만 이것이 아니라고 부정 할 수도 없다. 수능은 '단정이 아닌 허용'이다. '그물'과 '햇빛'은 대상 (멸치)으로부터 생명력을 빼앗아 갔던 존재라는 것을 기억해라.

③ [C]에서 '바다 → 길거리 → 건어물집 → 접시'의 순서는 반찬으로 오르

기까지의 과정이니 순차적이지? 또한 생명력을 가진 '물결'이었던 멸치 가 '딱딱하게' 굳어진 채 튀겨졌으니 본래의 속성을 잃었다고 볼 수 있 지.

참고로 [D]의 '이 멸치에는~바다가 있다', '아직도 / 지느러미가 있고' 라는 표현을 보고 오독하면 안 된다. 멸치의 본래적 속성은 '부드럽고 생명력 넘치는 모습'이다. 하지만 지금은 '물기가 없고, 딱딱한 상태로 생명력을 잃은 모습'이다. 따라서 본래의 속성을 잃은 상태다. 다만 멸 치 표면의 무늬를 통해서 과거의 생명력을 떠올리는 것이다.

⑤ [E]의 '이 작은 무늬가 / 파도를 만들고 해일을 부르고'에서 화자가 멸 치의 몸통에 있는 무늬를 통해 파도와 해일의 움직임을 떠올리고 있다. 즉, '파도'와 '해일'의 움직임을 통해 멸치가 본래 지녔던 생명력을 환 기한다고 볼 수 있다.

작자 미상 - 조웅전

번호	정답	정답률 (%)	선지별 선택비율(%)				
			①	②	③	④	⑤
1	⑤	75	7	6	10	2	75
2	④	79	10	5	4	79	2
3	⑤	75	2	4	15	4	75
4	②	90	3	90	4	2	1

지문분석

[지문에서 체크할 것]

※ 공간

(중략) 이전 : 산 속(왕 부인, 월경 대사가 있는 곳)

(중략) 이후 : 산중(동자, 철관 도사가 있는 곳)

※ 서술자의 개입

× / 명확하게 서술자의 개입이라고 할 만한 부분은 없다. 중략 이후에 '마음을 헤아리지 못할리라.'라는 표현을 서술자의 개입이라고 볼 여지도 있지만, 이 정도로 애매한 표현이 나올 때는 서술자의 개입 유무를 출제하지 않는다.

[전체 줄거리]

중국 송나라 문제 때 조웅의 아버지 조정인은 간신 이두병의 모함으로 스스로 목숨을 끊는다. 천자(=황제)는 조정인의 죽음을 안타깝게 여기고 그 아들 조웅을 궁중으로 불러들여 태자와 함께 지내게 한다. 태자는 조웅을 형제처럼 사랑하게 되었는데, 이두병은 천자의 사랑을 받는 조웅이 나중에 복수할까 두려워 그를 죽이려 한다.

하루는 조웅의 어머니가, '이두병이 조웅을 죽이려고 한다'는 꿈을 꾸고 아들을 데리고 피신한다. 그 후 천자가 세상을 떠나고 태자가 황제가 된다. 이에 간신 이두병이 권세를 마음껏 부리다가 마침내 어린 황제를 쫓아내고 스스로 천자가 된다. 조웅 모자는 고향을 떠나 방랑하다가, 월경 대사를 만나 산 속으로 들어가 살게 된다.

어느덧 15세가 된 조웅은 어머니와 대사에게 출세할 결심을 말하고 도승을 찾아 떠난다. 그는 낙산 도사를 만나 신검을 얻고, 철관 도사를 만나 병법과 무술을 공부한다.

하루는 조웅이 어머니를 만나러 가는 길에 장 진사의 집에 우연히 들러 장 진사의 딸(=장 소저)과 몰래 결혼을 한다. 조웅이 떠난 후 장 소저는 조웅을 그리워하다가 병들어 죽는다. 조웅은 도사로부터 장 소저가 병으로 죽었다는 말을 듣고, 도사가 주는 신비한 약을 가지고 가서 소저를 되살린다. 이에 장 진사는 조웅과 자기 딸의 결혼을 허락한다.

조웅은 공부를 끝낸 후, 변방의 오랑캐들과 간신 이두병을 무찌르고 송나라 황실을 회복하기 위하여 나선다. 이때, 서번이 위국을 침략하자, 조웅이 위왕을 도와 서번군을 격파하여 항복을 받고, 태자도 구출한다. 또한 위왕의 청으로 위왕의 큰딸을 태자의 왕비로 삼고, 작은딸은 자신의 부인으로 삼는다. 그 뒤 위왕과 연합하여 이두병을 없애고, 태자가 다시 황제가 되게 한다. 이에 황실이 회복되고 조웅은 제후가 되어 널리 이름을 알리고 행복하게 산다.

01

정답설명

⑤ 이 문제는 지문을 있는 그대로 읽지 못하고, 자의적 해석을 하며 읽은 학생들이 틀린 문제다. 고전 소설의 주인공이라고 해서 모두 부모님 말씀에 순종만 하는 것은 아니다.

조웅의 대사를 봐라. "내 이제 세상에 나가도 남에게 화를 입지 않을 것이옵니다. 또한 내 몸이 중이 아니라 오래 산 속에 있사오니 황성 소식도 모르고 나의 심중에 품은 일도 아득하와, 일전에 모친께 사정을 고하오니 도리어 꾸중하시는 바람에 다시 거역하지 못하였삽거니와, 대사께서는 저를 위하여 모친의 마음을 돌려 저의 뜻을 펴게 함이 어떠하오리까?" 표시한 부분을 주목해 봐라. '포부(抱負) : 마음속에 지니고 있는 미래에 대한 계획이나 희망'이라는 말을 쓰는 것이 어색하니? 게다가 '조웅은 대사를 끌어들여 어머니의 마음을 돌리려고 한다. 대사가 나서 어머니를 설득한다. 어머니는 마지못해 허락한다. 조웅은 기쁜 마음으로 길을 떠난다.'라는 중략 이전의 내용을 보면 조웅이 어머니의 입장보다 자신의 포부를 앞세우고 있다는 것을 확인할 수 있다.

오답설명

① 있는 그대로 봐라. 조웅은 철관 도사를 기다리다가 벽에 글을 남기고 산을 내려갔고, 이것을 위에서 다 보고 있던 도사가 불쌍히 여겨 내려와 글을 보니 '조웅의 시'가 엄청난 것이었다! 그래서 조웅을 제자로 삼기를 결심했다. 뭐 이런 내용이다. 철관 도사는 한 번에 받아주지 않고, 좀 튕기다가 받아준 것일 뿐 '자질을 의심'하지 않았다. 오히려 시를 보고 받아줬으니, '자질을 인정했다'라고 볼 수 있다.

② "천리 타향에 너는 나만 믿고 나는 너만 믿어 서로 의지하며 살아가거늘 네 일시인들 내 슬하를 떠나며~네 어디를 갈 양이면 한가지로 할 것이라.", "저의 나이 어리고 세상사에 어리석은지라, 어지러운 세상에 나가 어찌 될 줄 알리오."에서 조웅의 입신양명보다는 안위를 걱정하는 왕 부인의 마음을 확인할 수 있다.

③ 동자는 두 가지 말을 했다. 첫째는 조웅의 정성이 부족하다는 것이고, 둘째는 스승의 종적이 묘연하다는 것이다. 이 말을 들은 조웅은 좀 더 기다려봤지만, 동자의 말대로 스승의 종적은 묘연했고 그래서 인사하고 내려왔다. 도대체 '혼란'은 어디서 잡아낸 것이니?

④ "소승 또한 공자의 환란을 짐작하지 못하오면 어찌 출세함을 권하며, 공자 세상에 나가도 부인은 이곳에 계시오면 무슨 근심이 있으리까?", "공자의 평생 영욕을 다 알았사오니 조금도 염려 마옵소서."에서 월경 대사가 조웅의 장래에 대해 긍정적으로 생각하고 있음을 확인할 수 있다.

02

정답설명

④ ㄴ : [A] 앞에 '다시 반나절을~못할러라.'와 조웅의 글을 통해, 도사를 못 만나고 가는 안타까운 심리가 잘 드러난다.
　ㄹ : 철관 도사가 [A]를 보고 조웅을 만나 술법을 전수하게 되므로, 결국 [A]는 조웅의 고민이 해소되는 계기가 된다.

오답설명

ㄱ : 조웅은 "십 년을 정성 들여" 찾아왔지만 철관 도사를 만나지 못하자, 안타까운 마음을 [A]로 표현한 것이다. 이는 조웅의 '예언 능력'을 보여주는 것이라고 볼 수 없다.
ㄷ : 도사가 [A]를 보고 조웅을 청하게 된 것이므로, [A]는 주인공이 기대한 만남을 이루게 한 것이다.

03

정답설명

⑤ 〈보기〉에서 포인트를 정확하게 잡아내지 못한 학생들이 ③과 ⑤의 차이를 구분하지 못하고 틀린 문제다. 〈보기〉를 잘 봐라.

 형태쌤의 과외시간

> **소대성** : 나도 부모를 잃어 고생한 적은 있었어. 하지만 <u>선천적으로 무예와 도술을 지니고 있었기 때문에</u> <u>특별한 수련의 과정이 필요 없었어.</u>
> **조 웅** : 그렇구나. 나는 <u>너와 달리 스승을 찾아야</u> 했고, 참으로 긴 <u>수련의 과정이 필요</u>했어.
> → 소대성은 선천적으로 잘난 놈이어서 후천적 노력이 필요 없었지만 조웅은 후천적 노력이 필요했었다는 얘기다.

따라서 '후천적 노력'에 해당하는 '의지'를 주목한 ⑤를 고를 수 있다.

오답설명

① 윗글과 〈보기〉만으로는 「소대성전」과 「조웅전」의 등장인물 수의 차이를 알 수 없다. 또한 윗글은 다양한 시각에서 조망하는 것과도 관련이 없다.
② 〈보기〉에서 소대성은 "선천적으로 무예와 도술을 지니고 있었"다고 말한다. 따라서 '긴 수련의 과정이 필요'했던 조웅보다 소대성에게서 '신비한 능력'이 부각된다.
③ 〈보기〉에 비춰 판단할 때 대충 봤으면 충분히 낚일 수 있는 선지다. 하지만 〈보기〉의 포인트인 '선천적 능력 ↔ 후천적 노력'과 정확하게 대응되지 않는다. 스승의 존재를 부각시키는 것은 허용할 수 있지만, 공부에 대한 신념과 교훈성이 부각되는 것은 아니다.
④ 조웅은 스승을 찾아야 했고 긴 수련의 과정을 거쳤으며 영웅이 되기까지 줄곧 싸움을 했으므로, 소대성에 비해 시련이 좀 더 많았음을 알 수 있다. 그러나 시련을 단계적으로 설정하는 것과 '사건의 전개 속도'는 직접 관련이 없다. 사건의 전개 속도는 보통 대화나 묘사일 때는 느리게, 서술일 때는 빠르게 진행된다.

04

정답설명

② 왕 부인은 세상이 어지럽고 조웅이 아직 어리다고 생각하여 조웅이 세상으로 나가는 것을 걱정하고 있다. 따라서 '몹시 마음을 쓰며 애를 태움.'의 뜻인 '노심초사'가 적절하다.

오답설명

① '선견지명'은 '어떤 일이 일어나기 전에 미리 앞을 내다보고 아는 지혜'를 의미한다.
③ '식자우환'은 '학식이 있는 것이 오히려 근심을 사게 됨.'을 의미한다.
④ '시시비비'는 '여러 가지의 잘잘못, 옳고 그름을 따지며 다툼.'을 의미한다.
⑤ '적반하장'은 '도둑이 도리어 매를 든다.'라는 뜻으로, 잘못한 사람이 아무 잘못도 없는 사람을 나무람을 이르는 말이다.

작자 미상 – 임진록

지문분석

[지문에서 체크할 것]

※ 공간
　동래 → 일본

※ 서술자의 개입
　×

[전체 줄거리]

어느 날 선조 임금이 꿈을 꾸고 신하들에게 그 꿈을 해몽하라고 하였다. 우의정 최일경이 왜군이 쳐들어올 꿈이라고 말하자 임금은 화가 나서 그를 귀양 보냈다. 그러나 최일경의 말대로 임진년 3월에 왜군이 침공하고, 이순신 장군이 거북선을 만들어 싸우다 전사하였다. 왜군이 서울까지 쳐들어오자 선조는 의주로 피난하였고, 왜군이 평양을 점령하는 동안 최일경이 선조와 의논하여 유성룡으로 하여금 명에 도움을 요청하도록 한다.

한편 일본인 장수 가등청정의 꿈에 관운장이 나타나 꾸짖고, 김덕령도 도술을 부려 모욕을 준다. 유성룡의 명나라 군대 파견 요청이 실패하자, 명 천자의 꿈에 관운장이 나타나 조선에 군사를 파견하게 만든다. 명나라 군대와 가등청정이 싸움에서 승부를 가리지 못하자 관운장이 나타나 가등청정에게 호통을 치고, 이 틈에 명나라 장수 이여송은 가등청정의 머리를 벤다. 대장을 잃은 왜군은 서둘러 일본으로 도망간다. 조선에서는 김응서와 강홍립을 대장으로 내세워 왜국의 항서를 받아오게 한다. 두 장군이 가서 도술로 많은 장군을 죽이자 왜왕은 하는 수 없이 평화롭게 지내기로 약속을 한다.

임진왜란이 지난 13년 후, 서산 대사가 왜적이 다시 침공하는 꿈을 꾸어 선조 임금을 뵙고 자신의 제자 사명당을 왜국에 사신으로 가게 한다. 왜왕은 사명당을 죽이려고 여러 차례 시도하였으나 실패하고 하는 수 없이 항서를 올린다. 사명당은 항서를 받고 일본의 조공 약속을 받은 뒤 무사히 귀국하였다.

문제분석　01-04번

번호	정답	정답률 (%)	선지별 선택비율(%)				
			①	②	③	④	⑤
1	②	87	5	87	3	1	4
2	⑤	79	4	6	7	4	79
3	⑤	82	2	2	12	2	82
4	①	92	92	5	1	1	1

01

정답설명

② 지문에서는 대화를 통한 성격 제시가 주를 이룬다. 외양 묘사를 통해 인물의 성격(캐릭터)을 드러내려면 어느 정도의 분량을 써서 구체적으로 묘사를 해줘야 한다. 아래에 대표적인 사례를 제시했으니 확인해 봐라.

형태쌤의 과외시간

신부는 다홍치마를 동산처럼 부풀리며 재배를 하고 일어선다. 한삼에 가리워졌던 얼굴이 드러나자, 흰 이마의 한가운데 곤지의 선명한 붉은 빛이, 매화잠(梅花簪)의 푸른 청옥 잠두(簪頭)와 그 빛깔이 부딪치면서 그네의 얼굴을 차갑고 단단하게 비쳐 주었다.

거기다 고개를 약간 숙인 듯하였으나 사실은 아래턱만을 목 안쪽으로 당긴 채, 지그시 눈을 내리감은 그네의 모습에서는, 열여덟 살 새신부의 수줍음과 다감한 풋내보다는 차라리 일종의 위엄이 번져나고 있었다.

－ 최명희, 「혼불」 中 －

오답설명

① 신이한 능력을 지닌 사명당이 힘의 우위를 바탕으로 왜왕의 항복을 받아내고 있다. 이는 사명당이 왜왕을 항복시키는 후반부에서 드러난다.

③ '벽력 소리 진동하며 천지 뒤눕는 듯하고', '비 바가지로 담아 붓듯이 와', '유월 염천에 큰비 오고 방초 중의 왕머구리 소리 같은지라.' 등의 과장된 비유를 활용하여 일본의 급박한 상황을 드러내고 있다.

④ 전기적 요소란 '비현실적인 요소'를 말한다. 사명당이 도술을 부려 성 안을 순식간에 물에 잠기게 한다거나 용왕을 불러 일본 사람들에게 보게 하는 내용은 모두 전기적 요소로 비현실적 장면이라고 할 수 있다.

⑤ 사명당이 조선 동래에서 부사 송정을 벌한 후 일본으로 건너가 왜왕의 항복을 받는 사건으로 이어지고 있다. 왜왕에게 항복을 받는 장면에서는 급박한 상황이 묘사되어 서사적 긴장감(독자가 느끼는 긴장감)이 고조되고 있다.

02

정답설명

⑤ 송정은 사명당이 '중'이라는 신분임을 알고 대접을 소홀히 하고 있으며, 사명당은 자신이 '대사마대장군'이며 '봉명 사신'임을 내세워 송정을 벌하고 있다. 따라서 사명당은 명분과 직위를, 송정은 신분을 중시하는 데에서 갈등이 일어난다고 할 수 있겠다.

오답설명

① 제삼자인 하인은 송정의 분부에 따랐을 뿐, 하인으로 인해 의사소통 과정에서 오해가 생기지는 않았다.

② 사명당은 왜국에 사신으로 가서 항서를 받아 오는 일을 수행하였다. 둘의 갈등은 사신인 사명당을 소홀히 대접하며 시작된 것이지, 외교적 사안에 대한 인식 차이에서 비롯된 것은 아니다.

③ 사대부의 사회적 소임을 지방관으로서의 도리로 이해하는 것은 가능하다. 하지만 그에 대한 서로 다른 이해가 생긴 것은 아니다. 지방관으로서 사신을 잘 모셔야 한다는 도리에 대해 갈등이 생긴 것이 아니라, 사신으로 오는 이의 신분이 중이라는 이유로 대접을 소홀히 하여 갈등이 생긴 것이기에 적절하지 않은 선지다. 만약 사신으로 오는 이의 신분이 높았다면, 송정은 대접을 훌륭히 했을 것이고, 사명당과 송정은 갈등하지 않았을 것이다.

④ 사명당의 신분이 '중'이긴 하지만, 사신의 역할을 수행하러 온 것일 뿐, 종교적인 신념을 내보이지는 않는다. 또한 송정의 윤리적인 신념도 명확히 드러나지 않기에 신념으로 인한 충돌은 일어나지 않았다.

03

정답설명

⑤ 주인공 사명당이 승려인 것은 맞지만 특정한 개인의 신분일 뿐, 불교로 상하층을 단결시키려는 모습은 지문에 드러나지 않는다.

오답설명

① 국토가 유린되었다는 역사적인 사실(임진왜란)에, 가공의 사건을 형상화하여 사명당이 통쾌하게 복수하는 것으로 상처받은 민족적 자존감을 회복하고 민중들의 고통을 보상하고 있다. 이와 같이 민중의 보상 심리가 담긴 작품으로는 「박씨전」, 「임경업전」 등이 있으며, 고전 소설에서 자주 다루어지는 소재이므로 알아두는 것이 좋겠다.

② 지문에서 드러나는 사명당은 불같이 달군 철마를 타라는 명에도 굴하지 않고, 용왕도 부리는 초인적인 인물이다. 이러한 모습은 왜에 대한 조선인의 우월성을 드러낸다고 할 수 있겠다.

③ 하인은 "상례로 대접하라."라는 '부사'의 분부를 듣고 "지방관의 도리에 봉명 사신을 가벼이 여기거니와 반드시 화를 면치 못하리로다."라고 하였다. 즉, 하인은 부사가 잘못된 판단을 하였다고 생각하고, 곧 화를 입게 될 것이라고 판단한 것이다. 이 발언을 통해 지배층(부사)에 대해 민중들(하인)이 비판적인 인식을 갖고 있었다는 것을 파악할 수 있다.

④ '왜왕'은 사명당의 능력을 보고, 경황실색하여 항서를 쓰고, 머리를 숙였다. 이렇게 '왜왕'이 반복적으로 항복하는 모습을 보여 주어 임진왜란으로 짓밟힌 민족적 자존감을 회복하고 있다.

04

정답설명

① '울며 겨자 먹기'는 '맵다고 울면서도 겨자를 먹는다.'라는 뜻으로, 싫은 일을 억지로 마지못하여 함을 비유적으로 이르는 말이다. 왜왕이 마지못해 항서를 쓰는 상황과 가장 잘 어울린다.

오답설명

② '옆구리 찔러 절 받기'는 '상대편은 마음에 없는데 자기 스스로 요구하여 대접을 받는 경우'를 비유적으로 이르는 말이다. 왜왕이 자기 스스로 항서를 쓰는 것이 아니라 사명당의 압력에 못 이겨 쓰는 것이기에 자발적이지 않은 상황인 것은 맞다. 하지만 항서를 쓰는 것을 '대접'하는 것이라고 할 수는 없지.

③ '울려는 아이 뺨 치기'는 '아이가 울려고 할 때 잘 달래지 않고 뺨을 치면 울음이 크게 터진다.'는 뜻으로, 일이 좀 틀어져 가려고 할 때 오히려 더 충동하여 더욱 큰 분란을 일으키게 됨을 비유적으로 이르는 말이다. 상황이 더 나빠지기 전에 항서를 써 보내는 상황이기에 비유적으로 말하자면 울려는 아이를 달래는 상황이라고 볼 수 있겠다.

④ '미련한 사람 곰 잡기'는 '무엇이 무서운지도 모르는 미련한 사람이 곰과 같은 짐승을 잡는다.'라는 뜻으로, 우둔한 자가 어쩌다 큰일을 함을 비유적으로 이르는 말이다. 왜왕은 지금 큰일을 이루고 있는 것이 아니라 궁지에 몰려서 할 수 없이 항서를 쓰는 상황이므로 적절하지 않다.

⑤ '뱀이 용 되어 큰소리하기'는 '변변찮거나 하찮은 사람이 신분이 귀하게 되어 아니꼽게 큰소리를 친다.'라는 말이다. 왜왕은 원래 귀한 신분이다. 왕보다 귀한 신분이 어디 있나. 하지만 큰 소리를 칠 수 있는 상황이 아니라, 납작 엎드려야 하는 상황이기에 적절하지 않다.

04 극
2009학년도 11월

홍파 각색 – 난쟁이가 쏘아 올린 작은 공

[지문에서 체크할 것]

※ **시간**
　순행적 구성

※ **공간**
　불이의 집 / 고급 레스토랑, 고급 맨션 앞

[전체 줄거리]

　낙원구 행복동에 사는 난쟁이인 아버지 불이, 그리고 어머니, 영수, 영호, 영희는 하루하루를 힘겹게 살아가는 도시의 빈민 계층이다. 어느 날 난쟁이네 집에 도시 재개발 사업으로 철거 계고장이 날아온다. 집이 철거되면 아파트 입주권이 주어지지만, 난쟁이 가족을 비롯한 행복동 주민들의 대부분은 아파트로 들어갈 돈이 없다. 그러는 중에 난쟁이 아버지는 병에 걸려 일을 못하게 되어 어머니가 대신 공장에 나가 일을 하게 되고, 영호와 영희는 학교를 그만둔다. 그 후 투기업자들의 농간으로 입주권의 값이 뛰어오르자 영수네도 투기업자에게 입주권을 판다. 그런데 집이 헐리는 중에 아버지와 영희가 사라진다. 집이 헐려 가족들이 다른 곳으로 이사 간 사이에, 영희는 투기업자인 우철과 함께 지낸다. 그리고 영희는 우철에게서 훔친 아파트 입주권으로 입주 신고를 하고 이웃이었던 아주머니를 만나 가족들의 소식을 듣는다. 그리고 사라졌던 아버지가 벽돌 공장 굴뚝에서 자살했음을 알게 된다.

문제분석 　01-03번

번호	정답	정답률(%)	선지별 선택비율(%)				
			①	②	③	④	⑤
1	①	67	67	6	3	22	2
2	②	56	2	56	6	19	17
3	③	80	2	5	80	5	8

01

정답설명

① 일치가 우선이고 그 다음이 추론이다.
　#95를 보면, '인부들도 즐거운 낯이 아니다.'라는 내용이 보인다. 단 한 줄이다. 꼼꼼하게 읽지 않았다면 충분히 보지 못했을 수도 있는 구절이다. 하지만 결정적이다.
　참고로 **'기꺼워하다'는 '마음속으로 기쁘게 여기다.'라는 의미이다.**

오답설명

② **'반추(反芻)'는 어떤 일을 되풀이하여 음미하거나 생각하는 것을 말한다.** 영수는 고기를 구워 먹으며 말없이 앉아있다. 영수가 어떤 생각을 하고 있는지는 지문에서 확인할 수 없다. 있는 그대로 '눈'으로 판단하라고 했지? 지문에서 확인할 수 없는 부분은 오답으로 처리하면 된다.

③ 영호는 분명 "엄마 영흰 돌아오지 않을 거예요."라고 말했다. 하지만 영수는 영희에 대한 언급을 하지 않았다. 따라서 영수는 영희에 대해 '무관심하다'라고 허용할 여지가 조금이라도 있지만, 어머니가 영수의 태도에 대해 불만을 나타내고 있다고 볼 수는 없다.

④ 영호는 왜 다쳤냐는 불이의 질문에 대답하지 않은 것이 아니다. 대답은 했지만, 얘기가 복잡하다며 명확하게 상황을 설명하지 않았을 뿐이다. 또한 뒤의 #91을 보면 영호가 "다운(권투 시합에서 상대방의 공격으로 쓰러진 상태)은 됐지만 많은 걸 배운 것 같아요."라고 말하는 것을 통해 결국 '권투' 때문이라는 대답을 하였다고도 볼 수 있겠다.

⑤ 우철은 서툴게 고기를 써는 영희를 보고, 고기를 잘라주며 소스까지 뿌려주었다. 그래서 영희가 감동을 했니? '약간 화가 나 지켜보는 영희.'라고 되어 있지? 추측하지 말고 지문의 내용에서 근거를 찾도록 하자.

02

정답설명

② 해머는 불이의 집 밖에서 인부들이 휘두르고 있는 것이다. 인부들의 시각이라면, '구멍을 넓혀 간다.'라고 표현했겠지. '해머가 구멍을 넓혀 온다.'라는 것은 담 밖이 아니라, 담 안에서 볼 수 있는 모습이다. 즉, 불이 가족의 시선에서 상황을 바라보고 있는 것이다.

오답설명

① '꽝꽝' 소리가 나며 담벽이 '흔들'리면, 담벽에 '큰 구멍'이 난다고 했다.

③ 구멍으로 '안'의 전경이 보인다고 하였다. 그 '안'의 전경은 '고기를 구워 먹는 난쟁이 식구들'의 모습이다. 때문에 카메라는 담벽 바깥쪽에 위치해야 한다.

④ 분명 처음에 봤을 때는 '먼지가 서서히 가라앉'는 것과 '난쟁이 일가가 겪을 사태'는 바로 대응되지 않는다. 하지만 천천히 생각해보자.
　난쟁이 일가의 앞날은 맑은 날처럼 화창할까, 아니면 뿌옇게 낀 안개처럼 어두울까? 당연히 후자겠지.
　따라서 '부정적인 미래'(추상적인 것)를 뿌연 '먼지'(시각적 이미지)로 구체화한다는 것은 어느 정도 수긍할 수 있다.

⑤ 담벽이 크게 무너지는데도 난쟁이 식구들은 말없이 계속 고기를 먹고 있다. 이러한 모습은 철거 위협에도 아무렇지 않게 행동하는 난쟁이 일가의 태도를 부각시키고 있다.

03

정답설명

③ 역시나 친절하게 〈보기〉에서 '유사성이나 대조점', 즉 공통점과 차이점을 찾으라고 하고 있구나.
　주 플롯의 배경은 불이의 집이고, 부 플롯의 배경은 고급 레스토랑이다. 고기를 먹는 행동은 공통적이지만, 그들이 위치한 공간은 서로 다

르다. #94에서 '몽타주'라는 표현을 확인했겠지? 몽타주 기법은 서로 다른 화면을 결합하는 방식이다. 서로 다른 배경을 갖는 주 플롯과 부 플롯의 장면을 #94에서 결합하여 제시한 것이지, 동일한 공간적 배경을 갖게 한 것은 아니다.

오답설명

① 중심이 되는 이야기는 난쟁이 식구들의 집이 철거되는 장면이다. 따라서 식구들을 떠나 우철과 함께 있는 영희의 모습이 담긴 장면들은 부 플롯에 해당한다고 볼 수 있다.

② 주 플롯에 해당하는 장면들에서는 고기를 먹고 집이 철거되는 모습이 시간의 흐름에 따라 진행되고 있다.

④ 〈보기〉에서 두 장면 사이의 유사성이나 대조점을 활용하면 장면 연계가 매끄럽게 이루어진다고 설명했다. '고기'는 두 플롯의 공통점으로, 두 장면을 유사성으로 자연스럽게 연결해 준다.

⑤ #96에서는 영희와 우철이 고급 맨션으로 진입하는 모습을 보여 줬다. 그리고 바로 이어지는 장면에서는 폭삭 무너지는 불이의 집을 보여 줬다. 고급 아파트와 무너진 집의 장면을 연결한 것은 대조점을 활용하여 두 이야기를 긴밀하고 매끄럽게 연결한 것이다.

01 복합
2010학년도 11월

승무 / 지리산 뻐꾸새 / 면앙정가

지문분석

(가) 승무

얇은 사(紗) 하이얀 고깔은
고이 접어서 나빌레라.

▶ 화자의 초점=여승(의 고깔)=나비(같구나)

파르라니 깎은 머리
박사(薄紗) 고깔에 감추오고

두 볼에 흐르는 빛이
정작으로 고와서 서러워라.

▶ 외적 아름다움이 전혀 의미가 없는 여승인데, 그 얼굴이 너무나 아름다워 오히려 역설적으로 서러움을 느끼나 봐.

빈 대(臺)에 황촉(黃燭)불이 말없이 녹는 밤에

▶ '밤'이라는 배경을 통해 무대 위의 무녀(여승)에 관심이 집중되고, 녹아내리는 '황촉불'은 하강적 이미지로 분위기를 고조시키는구나.

오동잎 잎새마다 달이 지는데

▶ 시간은 천천히 흐르고.

소매는 길어서 하늘은 넓고
돌아설 듯 날아가며 사뿐히 접어 올린 외씨보선이여.

▶ 화자의 시선이 계속 이동하며 여승을 바라보고 있어.

까만 눈동자 살포시 들어
먼 하늘 한 개 별빛에 모두오고

▶ '까만 눈동자'는 누구의 눈이지? 그렇지. 여승의 눈이야. 시에서 화자나 대상이 무엇인가 바라볼 때, 그리고 바라보는 대상이 긍정적 대상일 경우 보통 '지향'이라는 말을 쓴다. 따라서 '별빛'은 여승의 지향점이라고 볼 수 있겠다.

복사꽃 고운 뺨에 아롱질 듯 두 방울이야
세사에 시달려도 번뇌는 별빛이라.

▶ 아. 이 정도면 뭐 거의 학생의 수준을 초월했다고 볼 수 있다. 어려운 구절이니 가볍게 일치 수준으로 읽어 보자. '번뇌(-)=별빛(+)', 즉 번뇌를 별빛과 같다고 한 구절은 다양한 해석이 가능해. 출제된 선지를 바탕으로 해석해 본다면, '지금은 번뇌를 갖고 있지만, 대상이 지향하는 별빛(초월적 공간)을 바라보면서 번뇌를 극복하겠다!' 정도로 볼 수 있겠다. 참고로 이러한 대상(여승)의 자세를 문학적 용어로 구도적(求道的) 자세(종교적 깨달음이나 진리를 추구하는 자세 - [2010학년도 9평]에 선지로 쓰임)라고 한다.

휘어져 감기우고 다시 접어 뻗는 손이
깊은 마음 속 거룩한 합장인 양하고

이 밤사 귀또리도 지새는 삼경(三更)인데
얇은 사(紗) 하이얀 고깔은 고이 접어서 나빌레라.

▶ 정리하자면 여승이 추는 춤은 클럽 댄스가 아니라, 종교적인 깨달음을 추구하는 번뇌를 이겨 내는 춤이야. 그러한 승무를 추는 여승을 바라보고 있는 화자는 시선을 옮겨 가며 시상을 전개하고 있는 것이지.

(나) 지리산 뻐꾹새

여러 산봉우리에 여러 마리의 뻐꾸기가
울음 울어
떼로 울음 울어

▶ 여러 마리의 뻐꾸기가 울고 있어.

석 석 삼년도 봄을 더 넘겨서야
나는 길든 설움에 맛이 들고

▶ 3년(혹은 9년)이라는 시간 후에야 나는 서러움이라는 감정을 조금 이해하게 되고.

그것이 실상은 한 마리의 뻐꾹새임을
알아냈다.

▶ '여러 마리의 뻐꾸기=한 마리의 뻐꾹새'라는 사실을 알아냈어. 이건 뭘까? 어떻게 생각해 보면 쉬울까? 세상에 많은 소리로 우는 사람들이 있을 거야. 다들 원인은 다를지라도 그 한과 서러움의 마음은 결국 같을 거라는 거지. 그래서 화자는 서러움을 이해한 후에야 뻐꾹새가 한 마리(결국 민중의 한)임을 알게 된 거지. 물론 이 정도의 해석은 시험장에서 무리가 있어. 그래서 문제를 보면 알겠지만 자세한 해석을 물어보지는 않아. 그냥 화자가 바라보는 대상, 변화 등을 체크하면서 읽어 가는 것이 실전적 독해지.

지리산 하
한 봉우리에 숨은 실제의 뻐꾹새가
한 울음을 토해 내면
뒷산 봉우리 받아넘기고
또 뒷산 봉우리 받아넘기고
그래서 여러 마리의 뻐꾹새로 울음 우는 것을
알았다.

▶ 한의 실체(동질성)를 발견한 화자

지리산 중
저 연연한 산봉우리들이 다 울고 나서
오래 남은 추스름 끝에
비로소 한 소리 없는 강이 열리는 것을 보았다.

▶ 울음 끝에 강이 열리고

섬진강 섬진강
그 힘센 물줄기가
하동 쪽 남해로 흘러들어
남해 군도의 여러 작은 섬을 밀어 올리는 것을 보았다.

▶ 강은 남해로 가서 섬을 밀어 올리고

봄 하룻날 그 눈물 다 슬리어서

지리산 하에서 울던 한 마리 뻐꾹새 울음이

이승의 서러운 맨 마지막 빛깔로 남아

이 세석(細石) 철쭉꽃밭을 다 태우는 것을 보았다.

▶ 그렇게 산에 다다른 한이 세석(지리산 정상 아래 부근의 지명) 철쭉꽃밭을 다 태우고 있는 것을 목격한 화자

▶ 1) 설움을 시각적으로 형상화

▶ 2) 공간이 잇달아 연결되면서 한의 생성과 변화를 형상화

(다) 면앙정가

▶ 묘사 중심의 시로구나. 시상 전개를 따라가면서 화자가 바라보는 대상에 신경 쓰면서 읽어 보자.

무등산 한 활개 뫼가 동쪽으로 뻗어 있어

▶ 무등산 한 줄기가 동쪽으로 뻗어 있는 원경을 화자가 바라보고 있구나.

멀리 떼쳐 와 제월봉(霽月峰)이 되었거늘

▶ 그 줄기가 '제월봉'까지 이어졌나 봐.

무변대야(無邊大野)에 무슨 짐작 하노라

▶ 넓은 들판에 무슨 생각하느라

일곱 굽이 한데 뭉쳐 우뚝우뚝 벌여 논 듯

가운데 굽이는 구멍에 든 늙은 용이

선잠을 갓 깨어 머리를 앉혔으니

▶ 제월봉을 묘사하고 있어. 일곱 굽이가 한데 뭉쳐 있는 것 같고, 그중에 가운데 굽이는 용머리처럼 생겼다고 하네.

너럭바위 위에 송죽을 헤치고 정자를 앉혔으니

▶ 이번엔 '정자(=청학, 날개)'를 바라보고 있네. 시선의 이동일까 공간의 이동일까? 당연히 화자가 직접 움직이는 구절이 없으니, 시선의 이동으로 시상이 전개되고 있는 거야.

구름 탄 청학이 천리를 가리라 두 날개 벌렸는 듯

옥천산 용천산 내린 물이

▶ 이번엔 정자 앞의 '물[=쌍룡=깁(비단)]'을 바라보고 있어.

정자 앞 넓은 들에 올올이 펴진 듯이

넓거든 기노라 푸르거든 희지 마나

쌍룡이 뒤트는 듯 긴 깁을 펼쳤는 듯

어디로 가노라 무슨 일 바빠서

닫는 듯 따르는 듯 밤낮으로 흐르는 듯

물 좋은 사정(沙汀)은 눈같이 펴졌거든

▶ 한 번 더 시선을 이동해서 눈 같은 '사정(모래밭)'을 바라보고 있어.

어지러운 기러기는 무엇을 어르노라

▶ 이번엔 '기러기'를 바라보고 있구나.

앉으락 내리락 모이락 흩으락

노화(蘆花)를 사이 두고 우러곰 좇느니뇨

넓은 길 밖이요 긴 하늘 아래 두르고 꽂은 것은

뫼인가 병풍인가 그림인가 아닌가

▶ 정자 주변의 '봉우리들(=병풍, 그림)'을 바라보고 있어.

높은 듯 낮은 듯 긏는 듯 잇는 듯

숨거니 뵈거니 가거니 머물거니

어지러운 가운데 이름난 양하여

하늘도 저어치 않고 우뚝이 섰는 것이 추월산 머리 짓고

용구산 몽선산 불대산 어등산

용진산 금성산이 허공에 벌였거든

원근창애(遠近蒼崖)에 머문 짓도 하도 할샤

▶ 정말 다양한 봉우리들이 있나 봐. 여기까지 화자는 무등산부터 이어지는 자연을 다양한 비유적 표현을 통해 묘사하고 있어.

문제분석 01-06번

번호	정답	정답률(%)	선지별 선택비율(%)				
			①	②	③	④	⑤
1	③	88	3	3	88	2	4
2	②	62	3	62	11	15	9
3	⑤	52	4	9	6	29	52
4	②	73	4	73	6	13	4
5	①	77	77	10	5	3	5
6	②	82	3	82	5	5	5

01

정답설명

③ '감각적 이미지'는 당연히 있으니 굳이 확인할 필요는 없고, '운동감'만 확인하면 되겠다.

(가) : 휘어져 감기우고 다시 접어 뻗는 손

(나) : 작은 섬을 밀어 올리는 것을 보았다.

(다) : 닫는 듯 따르는 듯 밤낮으로 흐르는 듯

오답설명

① (가) X, (나) X, (다) X / 단호한 어조=단정적 어조. '단정적'이란 '딱 잘라서 판단하고 결정하는 또는 그런 것'을 말한다. (나)를 보면 '~임을 알아냈다.', '~것을 알았다.' 등으로 다른 판단이나 생각이 끼어들 여지없이 딱 꼬집어 판단한 말투로 이루어져 있음을 알 수 있기에 단호한 어조가 나타난다고 볼 수는 있다. 그러나 의지적 태도를 드러내고 있지는 않다.

② (가) X, (나) X, (다) X / (나)에는 깨닫기 이전과 이후의 대비는 나타나지만 그리움의 정서는 드러나지 않는다.

④ (가) X, (나) X, (다) X / 세 작품 모두 상황에 대한 대립적 시각은 나타나지 않는다.

⑤ (가) O, (나) X, (다) X / '긴장감'은 '시적 긴장감'을 말한다. '시적 긴장감'은 독자가 느끼는 것으로 '변화'가 나타날 때 주로 느껴진다. 흔히 '낯설게 하기, 도치, 역설, 반어' 등에서 '시적 긴장감'이 나타난다. (가)의 '고와서 서러워라.'에서 역설적 표현을 확인할 수 있으므로 시적 긴장감을 허용할 수 있지만, (나)와 (다)에는 역설적 표현이 사용되고 있지 않다.

02

정답설명

② '흐르는 빛'은 어떻게 보더라도 하강적 이미지 아니냐.

오답설명

① <보기>에서 '무녀와 그의 춤을 초점화하기 위해서는 여러 가지 빛이 동원되어야 한다.'라고 하였다. 어두운 '밤'은 '흐르는 빛'이나 '별빛'과 같은 다양한 빛의 양상이 효과적으로 드러날 수 있게 하는 시간적 배경으로, 어둠 속에서 무녀를 비추는 빛을 통해 관객의 관심이 무녀에게 집중되게 한다.

③ 말없이 녹아내리는 '황촉불'과 기우는 '달'은 각각 떨어지는 하강, 사라지는 소멸의 이미지를 지닌다. 이러한 '황촉불'과 '달'의 이미지는 유한성을 드러내며, 유한성이라는 공통된 속성을 갖고 있는 인간 존재와 자연스럽게 대응된다.

④ 6연의 '별빛'은 여승이 지향하는 것이며, 현재 시적 대상인 여승이 승무를 추면서 번뇌를 극복하고 있다는 점에 주목하자. 그렇다면 여승이 원하는 세계와 '별빛'을 관련지을 수 있고, 이것(별빛)을 생각하며 극복을 한다고 하면 '승화'라는 말을 허용할 수 있겠다.

⑤ <보기>에서 '다양한 빛이~내면세계를 비추고 있다.'라고 했다. 이를 통해 '무녀'가 바라보는 7연의 '별빛'은 무녀의 눈과 연결되어 그녀가 지향하는 세계와 내면세계를 서로 이어준다고 볼 수 있다.

03

정답설명

⑤ (가)의 '귀또리(=귀뚜라미)'는 '청각적 이미지'로 쓸쓸함과 설움을 불러일으킬 수 있다. (나)의 '설움'은 '뻐꾹새 울음'을 통해 화자가 느끼는 것으로 5연에서 '철쭉꽃밭'과 연결되며 마무리된다.

오답설명

① (가)의 설움은 무녀의 한에서 비롯된 것이지 역사적인 삶의 경험에서 비롯된 것이 아니다.

② (나)의 설움은 '뻐꾸기'라는 자연물을 통해서 나타난다. 하지만 뻐꾸기가 무언가를 이루어주는 주술적인 속성을 갖고 있는 대상은 아니다.

③ (가)와 (나)의 설움 모두 부정적 현실에 대한 비판 의식은 담겨 있지 않다.

④ (가)에서는 여승의 모습(외부 대상)을 바라보며 서러움을 느끼고 있으니 외부 대상과 무관하지 않다.

(나)에서는 시간의 흐름(석 석 삼년)을 통해 서러움을 느끼고 있으니, 여기서의 서러움은 인간이 태어나면서부터 가진 본질적인 설움이 아니라 외부 대상을 통해 생성된 정서라고 할 수 있다. 하지만 3년(혹은 9년) 동안 화자가 무슨 일을 겪었는지는 나오지 않았기에 구체적으로 외부 대상이 무엇인지는 확인할 순 없다. 다만 기존에 느끼지 못했던 설움을 느꼈다는 점에서, 그 설움은 화자의 내면에서 생성되는 정서라고 볼 수 없다.

04

정답설명

② 2연에서 실제의 뻐꾹새가 울음을 토하면, 뒷산 봉우리가 그 소리를 넘기고 넘겨서 여러 마리의 뻐꾹새가 우는 소리가 된다고 했다. 즉, '여러 마리의 뻐꾹새'는 모두 근원적인 한을 의미하는 '실제의 뻐꾹새'로부터 파생된 동질적인 것이지, 그와 상반되는 의미를 지니는 것이 아니다.

오답설명

선지를 잘 보아라. 절대 무리한 해석을 요구하지 않았다. 있는 그대로의 Fact만 확인해도 충분히 해결할 수 있는 선지들이다. 틀린 학생이 있다면 잘못된 시 학습에 길들여져 있거나 주관적으로 해석을 하려는 안 좋은 습관을 가진 학생이리라.

① '석 석 삼년도 봄을 더 넘겨서야'에서 확인할 수 있다.

③ 2~4연의 첫 행인 '지리산 하', '지리산 중', '섬진강 섬진강'은 시적 공간에 해당하는 배경으로 독자들의 주의를 환기한다. 또한 각 연의 첫 행에 이러한 시적 공간의 제시는 시상 전개에 통일성을 부여한다.

④ 산봉우리들이 울고 난 후 강이 열리고, 그 강이 남해로 흘러들어 섬을 밀어 올렸다는 것에서 '산봉우리', '강', '남해', '섬'이 잇달아 연결되면서 변화와 생성의 세계를 보여 준다는 것을 확인할 수 있다.

⑤ 3~5연의 끝 부분은 모두 '보았다'로 끝맺었으며 이를 통해 화자의 깨달음이 강조되었음을 알 수 있다.

05

정답설명

① [A] X , [B] O / [B]에는 직유법(~듯)이 쓰였으나, [A]에는 이러한 직유가 쓰이지 않았다.

오답설명

② [A] X, [B] O / 음보율은 [B]에서 확인 가능하지. 4음보 연속체 가사 아니냐.

③ [A] X, [B] O / 도치법 : 문장 성분의 순서를 바꾸어서 내용을 강조하는 기교. / [B]의 '어디로 가노라 무슨 일 바빠서'를 도치로 볼 수 있으나, [A]에는 도치가 쓰이지 않았다.

④ [A] X, [B] X / 둘 다 반어적 표현이 쓰이지 않았다.

⑤ [A] X, [B] O / [B]의 '우러곰 좇니느뇨(울면서 쫓아 다니느냐)'에서 영탄적 표현을 확인할 수 있으나, [A]에는 영탄적 표현이 쓰이지 않았다.

06

정답설명

② 있는 그대로의 해석이 다시 한번 강조되는 문제다. 늙은 용이 선잠을 갓 깼다는 구절은 나이가 많은 화자의 이제라도 무언가를 하겠다는 의지로 볼 수는 있다. 하지만 '이미 늦었다고 여기는 작가의 조바심'으로 보는 것은 조금 오버한 해석 아니냐.

오답설명

① 넓은 들판에 (우뚝 솟은) 제월봉은 '자연물에~의지를 부여'했다는 〈보기〉를 고려할 때, '작가의 의지'로 충분히 허용 가능하다.

③ 청학이 두 날개를 벌린 것은 비상하려는 화자의 내면을 표출한 것으로 볼 수 있다. 따라서 정자가 청학처럼 '두 날개 벌렸는 듯'하다는 표현을 통해 면앙정이 비상을 위한 심성 수양의 장소임을 알 수 있다.

④ 〈보기〉에서 면앙정은 천지만물의 이치를 심성의 수양으로 내면화하는 공간이라고 하였음을 고려할 때, 물이 밤낮으로 쉬지 않고 흐르는 모습은 작가가 자신이 추구하는 바를 쉼 없이 행해야 한다는 것과 연결됨을 알 수 있다.

⑤ 〈보기〉에서 '작가는 자연 세계를 통해~조화와 합일을 추구했다.'라는 것을 통해, '추월산'을 비롯한 여러 산들이 '높은 듯 낮은 듯 긏는 듯 잇는 듯' 서 있다는 표현이 조화와 합일을 추구하는 삶의 태도와 연결됨을 알 수 있다.

02 고전 산문
2012학년도 9월

서유영 – 육미당기

지문분석

[지문에서 체크할 것]

※ 공간

백 소부의 집 → 배연령의 집 → 백 소부의 집 → 배연령의 집

※ 서술자의 개입

× / '-하더라'는 서술자의 개입을 찾는 기준이 아니다. 서술자의 개입은 명확하게 서술자의 주관적 판단이나 감정이 들어가야 한다. 지문의 마지막 줄 '백 소부의 집은 상하가 다 통곡함을 마지아니하더라.'는 집에 있는 모두가 울었다는 상황을 설명하는 문장으로, 서술자의 주관적 판단이나 감정이 들어가 있지 않다. 따라서 서술자의 개입으로 볼 수 없다.

[전체 줄거리]

신라 소성왕의 태자 김소선은 통소를 잘 불고 학문과 무예에 뛰어났다. 그는 왕의 병을 고치기 위해 남해 보타산에 죽순을 구하러 갔다가 이복형의 습격으로 시력을 잃고 바다에 던져져 죽을 고비에 이르렀다. 이때 백문현이 김소선을 구하여 당나라에 데리고 가서 그 재주가 뛰어남을 보고 자신의 딸과 약혼시켰다. 자신의 아들인 배득량과 백문현의 딸을 혼인시키고자 했던 배연령은 이를 거절당하자 모함을 하여 백문현을 귀양 가게 한다. 그러자 김소선은 백문현의 집을 나와 방황을 한다. 이후 김소선은 통소 솜씨로 천자의 총애를 받아 부마(천자의 사위)가 되고, 그 후 토번이 당나라를 침략하자 전쟁에 나가게 된다. 한편 백 소저는 남장을 하고 한림학사가 된 뒤 적에게 잡힌 김소선을 구한다. 그 후 백 소저는 천자 앞에서 여자임을 밝히게 되고, 천자는 백 소저에게 금성공주의 지위를 내려 김소선의 둘째 부인이 되게 한다. 김소선은 왜구의 침략을 물리치고 왕위에 올라 백성을 잘 다스린 후 부귀영화를 누리다가 보타산에 가서 승천한다.

문제분석 01-04번

번호	정답	정답률(%)	선지별 선택비율(%)				
			①	②	③	④	⑤
1	②	91	1	91	4	2	2
2	④	96	1	1	1	96	1
3	③	76	3	4	76	12	5
4	①	73	73	9	4	11	3

01

정답설명

② 배연령은 자신의 아들인 배득량과 백 소저를 혼인시키고자 했으나 이를 거절당하자 모함을 하여 백문현을 애주 참군으로 강등시켜 압송당하게

하였다. 이로 인해 백 소부의 집은 상하가 다 통곡하게 되었으므로 혼사 문제가 가문의 성쇠(성하고 쇠퇴함)와 관련되었다는 설명은 적절하다.

오답설명

① 지문의 첫 부분을 보면, 백 소부가 백 소저에게 "오늘 너를 위해 좋은 배필을 얻었으니 지극한 소원을 이루었도다. 아비의 명을 사양치 말고 이 시에 화답하여 맹약을 정하라."라고 하였다. 아버지의 명에 따라(부모의 개입으로) 배우자 선택이 이루어지고 있음을 알 수 있겠지?

③ 재물이 아니라 권력에 따라 인물의 운명이 결정되고 있다. 석 시랑이 "배 승상은 가장 천자의 총애를 입어 위세와 복록(복되고 영화로운 삶)을 이루어"라고 하는 부분을 통해, 배 승상의 재물이 많다는 것은 알 수 있다. 그러나 백 소부의 재력에 대해서는 언급이 없으므로, 재물의 많고 적음에 따라 인물의 운명이 결정되었다고 보기는 어렵다. '세력가'이며 '가장 천자의 총애를 입'은 배 승상의 권력에 의해 백 소부의 귀양이 결정된 것으로 봐야 한다.

④ 대신들의 반대 상소가 나오긴 하지만, 이것은 대신들 간의 다툼이 아니라 백 소부를 살려 달라는 공통된 의견을 표출한 것이다. '조명이 한번 내리매 만조백관이 두려워하여 감히 다시 간하지 못하고'라는 구절을 보았을 때, 천자의 지위가 위태로운 것도 아니다.

⑤ 평장사 백문현이 변방의 오랑캐와 결탁을 하여 사직을 위태롭게 꾀한다는 것은 백 소부를 몰아내기 위한 모함일 뿐, 실제 간신들이 오랑캐와 결탁하여 나라를 위기로 몰아가고 있다는 내용은 찾을 수 없다.

02

정답설명

④ 백 소부는 시를 베껴 백 소저에게 주며, 깊이 간직하였다가 후에 신물을 삼으라고 말했다. 또한 김소선에게도 소저의 시를 전하며 이 자리의 맹약을 잊지 말라고 하였고, 소선과 소저가 절하고 명을 받들었다. 이것은 혼인이 이루어졌다는 것을 의미하며, 서로에 대한 약속을 잊지 말라고 당부한 것이다. 결혼식 장면을 떠올려 보아라. 신랑 신부가 서로에 대한 언약을 하면서 그 약속을 잘 지키겠다고 서로 맹세를 하는 것과 같은 상황이라고 생각하면 된다. 김소선을 믿지 못하여 맹약을 잊지 말라고 당부하는 것이 아니다.

오답설명

① 시를 주고받음으로써 혼인을 하기로 하였다. 혼인보다 긴밀한 관계가 무엇이란 말이니. 시로 화답하여 혼사가 결정되고 있으므로 시를 주고받는 행위를 통해 김소선과 백 소저의 관계가 긴밀해졌다고 할 수 있다.

② '고송', '고죽', '세한의 절조'는 모두 절개를 상징한다. 또한 '바람과 서리에도 굴하지 않네.'라는 구절에서도 백 소저의 강직한 성품을 확인할 수 있다.

③ 백 소부는 백 소저의 시에 대해 "시의 격이 빼어나고 아름다우니 가히 소선의 시와 더불어 서로 백중이 될 만하다. 만일 남자였다면 마땅히 장원 급제하리로다."라고 평가하였다. 장원 급제할 정도라는데, 이 정도

면 뛰어난 재능을 가진 것이라고 볼 수 있겠지?

⑤ 백 소부는 "후에 시참이 되지 않을까 두렵노라."라며 염려하고 있다. 이는 문맥상 우연히 지은 시가 뒷일과 꼭 맞는 일이 될까 두렵다는 의미이다. 사건 전개로 미루어 볼 때 백 소부가 김소선과 백 소저의 혼약을 지켜주기 위해 배득량의 청혼을 단호히 거절하여 백 소부의 집안이 위기에 처하게 되었으므로 허용할 수 있는 판단이다.

03

정답설명

③ 비유가 쓰일 때는 꼭 원관념을 체크하면서 읽어야 한다.

석 시랑은 "아름다운 옥을 구덩이에 버리고 상서로운 난새를 까막까치의 짝으로 삼음과 같으니"라고 하며 비유를 활용하고 있다. 여기서 '아름다운 옥'과 '상서로운 난새'는 백 소저를 빗댄 것이고, '까막까치'는 눈먼 김소선을 빗댄 것이므로, 석시랑이 비유를 활용하여 백 소부의 성품을 미화하고 있다는 설명은 적절하지 않다.

오답설명

① 석 시랑은 "아름답고 어진 생질녀"라고 하며 백 소저의 용모와 인품을 치켜세우고 있다.

② 석 시랑은 "누이 말을 들은즉 생질녀(누이의 딸, 즉 백 소저)와 정한 배필(생질녀의 혼약 상대인 김소선)은 눈먼 폐인이라 하더이다."라고 하며 생질녀와 혼약을 맺은 상대인 김소선을 폄하하고(깎아내리고) 있다.

④ 석 시랑은 "지금 배 승상은 가장 천자의 총애를 입어 위세와 복록을 이루어 그 권세가 두려울 만하거늘"이라고 말하며 배연령의 위세를 두려워하는 태도를 드러내고 있고, "그 호의를 저버려서는 안 될지라."라고 말하며 그에 편승하는 태도를 보이고 있다. 참고로 '편승'은 '세태나 남의 세력을 이용하여 자신의 이익을 거둠.'을 의미한다.

⑤ 석 시랑은 "바라건대 다시 깊이 헤아려 뒷날 크게 후회하지 않게 하소서."라고 하며 장차 닥칠 수 있는 어려움을 암시하여 백 소부를 설득하고 있다.

04

정답설명

① 사자성어를 물어볼 때는 1) 사자성어의 기본적 의미, 2) 인물의 상황, 이 두 가지를 동시에 고려해서 판단을 해야 한다.

배연령이 공부 좌시랑 황보박을 사주하여 백 소부(백문현)가 오랑캐와 결탁해 나라를 위태롭게 한다고 무고(사실이 아닌 일을 거짓으로 꾸미어 고발)하자 천자는 크게 노하여 백 소부를 장차 죽이려 했으므로, 백 소부가 '백척간두(몹시 어렵고 위태로운 지경)'의 상황에 처했음을 알 수 있다.

오답설명

② '좌고우면'은 '이쪽저쪽을 돌아본다는 뜻으로, 앞뒤를 재고 망설임을 이르는 말'이다. 황보박은 배연령의 명령을 따르고 있을 뿐, 배연령과 천자 사이에서 눈치를 보는 것은 아니다.

③ '막역지우'는 '서로 거스름이 없는 친구라는 뜻으로, 허물이 없이 아주

친한 친구를 이르는 말'이다. 지문을 통해 백 소부와 배연령은 친한 친구가 아니라 적대 관계에 해당함을 알 수 있다.

④ 인물을 혼동하여 틀린 학생들이 은근히 있었다. 인물의 상황을 정확하게 잡아내서 대응시키는 신중함이 필요했다. '절치부심'은 '몹시 분하여 이를 갈며 속을 썩임.'을 뜻한다. 윗글에서는 청혼을 거절당한 배연령이 분노하여 백 소부를 곤경에 빠뜨리고 있다. 하지만 배득량이 아버지인 배연령의 자존심 회복을 위해 행동하는 내용은 찾을 수 없다.

⑤ '동병상련'은 '어려운 처지에 있는 사람끼리 서로 가엾게 여김을 이르는 말'이다. 백 소저는 전형적인 선인, 배득량은 전형적인 악인으로 서로 대립되는 관계이므로 적절하지 않다.

작자 미상 - 수궁가

지문분석

[지문에서 체크할 것]

※ 공간
  용궁 → 육지(독수리를 만난 곳 → 바위 속)

※ 서술자의 개입
  × / 명확하게 서술자의 개입이라고 할 만한 부분은 없다. 중략 직전에 있는 '별주부가 하릴없이 토끼를 업고 세상을 나가는데 세상 경개가 장히 좋던가 보더라.'라는 표현을 서술자의 개입이라고 볼 여지도 있지만, 이 정도로 애매한 표현이 나올 때는 서술자의 개입 유무를 출제하지 않는다.

[전체 줄거리]

남해 용왕이 병이 들었는데, 한 스님이 와서 토끼의 생간을 먹으면 낫는다고 알려 준다. 이에 여러 신하 중에 별주부가 뽑혀 육지로 가게 된다. 별주부는 토끼를 만나 온갖 좋은 말들로 유혹하여 토끼를 등에 업고 용궁으로 돌아온다. 용궁에 도착해서야 속은 것을 깨달은 토끼는 꾀를 내어 심장과 간을 아침마다 빼서 따로 씻어 두기 때문에 지금은 간이 없다고 말한다. 여기에 속은 용왕은 별주부의 간청에도 불구하고, 간을 가져오라며 토끼에게 잔치를 베풀어 주고 내보낸다. 육지로 나온 토끼는 별주부를 비웃으며 달아나고, 별주부는 허탈한 마음으로 돌아간다. 살아났다고 좋아하던 토끼는 독수리에게 붙잡혔으나 또다시 꾀를 내어 위기를 벗어난다.

문제분석 01-04번

번호	정답	정답률(%)	선지별 선택비율(%)				
			①	②	③	④	⑤
1	①	59	59	5	18	10	8
2	①	48	48	13	12	9	18
3	④	69	3	16	9	69	3
4	③	63	6	9	63	10	12

01

정답설명

①공간의 이동은 당연히 체크했겠지?

국면(局面) : 어떤 일이 벌어진 장면이나 형편. / 지문에서 공간의 이동은 두 번 나온다. 용궁에서 육지로의 이동, 독수리를 만난 곳에서 바위 속으로의 이동. 각각의 이동을 통해 토끼의 상황이 전환됨을 확인했다면 충분히 허용할 수 있는 선지다.

오답설명

② 배경이 되는 시대 상황은 구체적으로 나타나지 않는다.

③ 창(唱)과 아니리가 교차하기는 하지만 이 과정에서 갈등이 고조된다고 볼 수는 없다. 오히려 갈등이 해소되는 상황이 순차적으로 제시되고 있다.

④ 간혹 잘못된 해설을 보고 혼동하거나 잘못 판단하는 학생들이 있는데, 하나씩 따져 보자.
  일단 각주를 보자. '용봉'은 중국 하나라의 신하로, 걸왕에게 간언(임금에게 잘못된 일을 고치도록 하는 말)을 하다가 죽임을 당했다.
  그리고 [A]에 나타난 토끼의 발화를 보면 "하걸 학정으로 용봉을 살해코 미구에 망국 되었"다는 고사가 인용되었다.
  작중 상황을 따져 보자.

형태쌤의 과외시간

"여봐라 별주부야. 토공을 모시고 세상을 나가 간을 주거들랑 속히 가지고 오도록 하여라."
  명을 내리노니 별주부 기가 막혀,
  별주부가 울며 여쭙되,
  "토끼란 놈이 본시 간사하야 뱃속에 달린 간 아니 내고~만일에 간이 없고 보면 소신의 구족(九族)을 멸하여 주옵고 소신을 능지처참하더라도 여한이 없사오니 당장 따 보시오."

분명 임금에게 간언을 하고 있는 인물은 토끼가 아니라 별주부다. 즉, 고사 속의 충신인 '용봉'과 대응되는 인물은 토끼가 아니라 '별주부'이기에 토끼가 인용을 하면 안 되는 고사인 것이다. 고사의 내용에 따르면, '충신인 용봉(별주부)을 죽이고 나라가 망했다는 고사가 있으니, 충신(별주부)의 말은 꼭 들어야 한다. 그러므로 충신(별주부)의 말을 따라 나의 배를 가르시오.'라는 의미가 된다. 따라서 이 부분은 창자의 의도적인 고사 오용에 해당된다. 이러한 고사 오용은 독자에게 웃음을 주는 요소로써 긴장의 이완 효과를 가져올 수 있다.
  게다가 [A]를 보면, "만일에 간이 없고 보면 불쌍한 나의 목숨이 너의 나라서 원귀 되고 너의 용왕 백 년 살 것을 하루도 못 살 테요, 너의 나라 만조백관 한날한시에 모두 다 몰살시키리라."라는 토끼의 발화가 나온다. 용궁의 신하들을 모두 몰살시키겠다고 협박하는 것이 과연 충신의 자세겠나?

⑤ 토끼에게 '시련'의 반복은 일어나지만, 주인공 토끼의 행동을 '잘못'의 반복으로 보기 어렵다.

02

정답설명

① [A] O, [B] X / [A]의 "왕명이 지중커늘 내가 어이 기만하랴."에서 권력자인 용왕의 권위가 부분적으로 언급이 되어 있다. 그러나 [B]는 토끼가 독수리를 조롱하고 단념시키는 상황이므로, '늘그막'만 보고 단순하게 '연륜을 내세워 상대를 설득'한다고 보면 안 된다.

오답설명

② [A]에서 토끼는 배를 땄을 때 간이 없으면 문제가 된다는 점을 근거로 별주부의 주장에 반박하고 있다. 따라서 "아나 옛다 배 갈라라."라고 말하는 것은 토끼의 절박함을 숨기기 위한 의도라고 보아야 한다. 한편 [B]에는 "어서 잔말 말고 날아가거라."에서 알 수 있듯이 위기에서 벗어난 토끼의 득의양양(뜻한 바를 이루어 우쭐거리며 뽐냄)한 심리가 드러나 있다.

③ [A]는 토끼가 자신의 배를 갈랐을 경우를 가정하고 있고, [B]는 토끼가 자신의 발길이 나가게 될 경우에 대해 가정하고 있다.

④ [A]의 "야 이놈 몹쓸 놈아."와 [B]의 "네 해골 터질 테니" 등에서 비속한 표현이 사용되었다.

⑤ [A]는 표면상 토끼가 별주부에게 하는 말이나 용왕을 포함한 다른 청중들까지 설득하려는 의도를 담고 있는 말이다. 반면 [B]는 토끼가 바위 구멍 밖의 독수리에게만 하는 말이다.

03

의미만 생각하고 접근하면 은근히 많이 틀리는 것이 사자성어 문제다. 문제의 조건과 인물의 상황을 모두 고려해서 문제에 접근해야 한다.

정답설명

④ ㉠의 의미를 정확하게 고려한 후 접근해야 한다. ㉠에는 '토끼'를 "토공"으로, '데리고'를 "모시고"로 높여서 발화하는 용왕의 모습이 나와 있고, 밑줄 주변을 보면 토끼의 말을 믿고 육지로 보내려는 용왕의 모습을 확인할 수 있다. 이것을 종합할 때, 토끼의 비위를 조금이라도 거스르지 않으려는 용왕의 조심스러운 태도를 잡아낼 수 있다.
'천려일실(千慮一失)'은 '천 번 생각에 한 번 실수'라는 뜻으로, 여러 생각 가운데에 잘못된 것이 있을까봐 염려하는 용왕의 태도를 표현하기에 적절하다.

오답설명

① '허장성세(虛張聲勢)'는 '실속은 없으면서 허세만 떠벌림.'을 뜻하는데, ㉠과 같이 존대를 사용한 것으로 볼 때 용왕이 토끼에 대해 허세스럽다는 부정적인 평가를 하는 것보다 조심스럽게 대한다고 판단하는 것이 적절하다.

② '수주대토(守株待兔)'는 송(宋)나라의 한 농부가 나무그루에 토끼가 부딪쳐서 죽는 것을 보고, 농사를 팽개치고 나무그루에 토끼가 나타나기를 기다렸다는 고사에서 유래한 말로, '한 가지 일에만 얽매여 발전을 모르는 어리석은 사람'을 의미한다. 용왕이 토끼의 복귀를 간절히 기다리는 것은 맞으나, 이는 밑줄의 의미를 고려하지 않고 용왕의 상황만 고려한 판단이다.

③ "간을 속히 가지고 오겠나이다."라고 말하는 토끼에게 신뢰를 느낀 용왕이 토끼의 태도를 '안하무인'으로 인식한다는 것은 적절하지 않다. '안하무인(眼下無人)'은 '눈 아래에 사람이 없다.'라는 뜻으로, 방자하고 교만하여 남을 업신여김을 이르는 말이다.

⑤ 용왕은 토끼가 간을 가지고 돌아올 것으로 믿고 있으므로, '겨우 잡아온 토끼를 놓아주어야 하다니.'라는 반응을 보이기는 어렵다. '자가당착(自家撞着)'은 '같은 사람의 문장·언행이 앞뒤가 어긋나 모순됨.'을 뜻한

다.

04

정답설명

③ '의사줌치'는 토끼의 목숨을 살려 주는 대가로 독수리가 받기로 한 것이다. 그러나 이는 거짓말로 위험을 벗어나려는 토끼의 꾀이므로 토끼와 독수리가 상생하는 계기가 될 수 없다.

오답설명

① 독수리는 토끼의 말을 듣고, "네 목숨을 살려 줄 테니 그것 좀 날 줄래."라고 하였으므로 관심사가 '토끼'에서 '의사줌치'로 바뀌고 있음을 알 수 있다.

② 토끼는 "수궁엘 들어갔더니 용왕께서 '의사줌치'를 하나 주십디다."라고 하며 획득 경로를 밝히고 있다.

④ 독수리를 현혹시켜 토끼가 위험에서 벗어났으므로 '의사줌치'는 실재하는 존재들에 영향을 끼치고 있음을 알 수 있다. 또한 "이것이 바로 내가 살아났으니 '의사줌치'라 하는 것이다."라는 토끼의 말에서 '의사줌치'는 실재하지 않는 대상임을 알 수 있다.

⑤ '의사줌치'는 '무엇이든지 내 소원대로 나오는 그런 보물'을 원한 독수리의 욕망, 그리고 독수리에게 잡아먹히지 않으려는 토끼의 욕망과 관련되어 있다.

김유정 – 만무방

지문분석

[지문에서 체크할 것]

※ 시간
역순행적 구성 / 중간중간 짧게 과거 장면(응오를 독촉하는 말과 응오의 대답, 작년에 응오가 타작하던 장면, 지주를 때리는 응칠의 장면)이 들어가 있다.

※ 공간
농촌 마을

※ 서술자의 관심사
일반적인 전지적 작가 시점을 취하고 있다. 3인칭 서술자는 응칠이와 응오의 상황에 관심을 갖고, 이들의 상황과 심리를 서술하여 식민지 농촌 사회의 구조적 모순을 그리고 있다.

[전체 줄거리]

깊은 산골에 가을은 무르익었다. 응칠은 한가롭게 송이를 따러 왔다. 전과자요 만무방(염치가 없이 막된 사람)인 그는 송이 따기나 할 수밖에 없는 떠돌이 신세다. 응칠은 배고픔을 느끼며 송이를 캐어 먹어 본다. 고기 생각이 나서 남의 닭을 잡아먹는다.

숲속을 빠져 나온 응칠은 성팔이를 만나 응오네 논의 벼가 도둑맞았다는 이야기를 듣고 성팔이를 의심해 본다. 응칠도 5년 전에는 아내와 자식이 있었던 성실한 농군이었다. 그러나 빚을 갚을 길이 없어 야반 도주한 응칠은 형제가 그리워 응오를 찾아왔다. 진실한 모범 청년인 응오는 수확할 때가 되었음에도 벼를 베지 않고 있었다. 그런데 베지도 않은 논의 벼가 닷 말쯤 도적을 맞게 된다.

응칠은 주막에서 막걸리를 마시고 송이로 값을 치른다. 동생 응오는 병을 앓아 반송장이 된 아내에게 먹일 약을 달이고 있다. 응오가 아내 병을 낫게 하기 위해 산치성(산신령에게 정성을 드리는 일)을 올리려 하기에 응칠은 극구 말렸으나 그는 대꾸도 않고 반발한다. 응칠은 오늘 밤에 도둑을 잡은 후 이곳을 뜨기로 결심한다.

응칠은 응오의 논으로 도둑을 잡으러 산고랑 길을 오른다. 바위 굴 속에서 노름판이 벌어졌다. 응칠도 노름판에 끼었다가 서낭당(토지나 마을을 지켜준다는 신을 모신 집) 앞 돌에 앉아 덜덜 떨며 도둑을 잡기 위해 잠복한다.

닭이 세 번을 울 때, 흰 그림자가 눈 속에 다가든다. 복면을 한 도적이 나타나자 응칠은 몽둥이로 허리께를 내리친다. 놈의 복면을 벗기고 나서 응칠은 망연자실한다. 동생 응오였던 것이다. 자기가 지은 벼를 갖기 위해 도둑질을 해야만 하는 응오를 보면서 눈을 적시는 것은 눈물뿐이었다. 응칠은 황소를 훔치자고 동생을 달랬지만, 부질없다는 듯 형의 손을 뿌리치고 달아나는 동생을 보고 대뜸 몽둥이질을 한다. 응칠은 땅에 쓰러진 아우를 등에 업고 고개를 내려온다.

문제분석 01-05번

번호	정답	정답률 (%)	선지별 선택비율(%)				
			①	②	③	④	⑤
1	①	75	75	6	9	6	4
2	②	78	11	78	5	2	4
3	②	76	10	76	5	1	8
4	④	78	9	5	6	78	2
5	④	79	7	3	4	79	7

01

정답설명

① 지문의 대부분이 응칠과 응오 두 인물의 행동과 심리를 '직접 제시'로 서술하고 있다는 점에서 보자마자 잡아낼 수 있는 선지다.

오답설명

② 응칠과 응오 형제의 이야기이니, 다양한 인물들의 경험이라는 말은 판단하기 조금 애매하다. 하지만 '삽화 형식'은 명확하게 틀렸다. '삽화'는 본 줄거리와는 별도로 독립적인 작은 이야기를 끼워 넣는 것을 말하고, '삽화 형식으로 나열'했다는 것은 A삽화, B삽화, C삽화.. 이런 식으로 독립적인 삽화의 나열을 통해 지문을 구성했다는 것이다.
[2005학년도 9평] 「민옹전」이 이런 식으로 지문을 구성했고, 당시에 서술상의 특징을 묻는 문제의 정답이 '여러 개의 삽화가 병렬적으로 연결되어 있다.'였다.

③ 인물의 심리나 상황에 대한 묘사 중심으로 전개되므로 '장황한 해설'을 했다고 보기 어려우며, 작가 의식 역시 '장황한 해설'을 통해 표출되는 것은 아니다. 윗글의 작가 의식은 농촌 사회의 구조적 모순으로 인해 자기 논의 벼를 훔칠 수밖에 없는 상황적 아이러니에서 오는 것이라 볼 수 있다.

④ 외양 묘사를 통해 인물의 성격을 드러내려면 역시 어느 정도의 분량을 써서 구체적으로 묘사를 해줘야 한다. 아래에 대표적인 사례를 제시했으니 확인해 보도록.

형태쌤의 과외시간

신부는 다홍치마를 동산처럼 부풀리며 재배를 하고 일어선다. 한삼에 가리워졌던 얼굴이 드러나자, 흰 이마의 한가운데 곤지의 선명한 붉은 빛이, 매화잠(梅花簪)의 푸른 청옥 잠두(簪頭)와 그 빛깔이 부딪치면서 그네의 얼굴을 차갑고 단단하게 비쳐 주었다.
거기다 고개를 약간 숙인 듯하였으나 사실은 아래턱만을 목 안쪽으로 당긴 채, 지그시 눈을 내리감은 그네의 모습에서는, 열여덟 살 새신부의 수줍음과 다감한 풋내보다는 차라리 일종의 위엄이 번져나고 있었다.
– 최명희, 「혼불」中 –

⑤ 서술자가 제시하는 과거 사건은 나왔지만, 인물이 하는 '회상'은 나오지 않았다. 또한 과거 사건은 벼를 수확해도 가난한 서글픈 현실과 관련되므로 인물의 상황을 고려했을 때, 서정적(감성을 자극하는)이라는 말과 거리가 멀다.

02

정답설명

② 인물의 상황을 정확하게 파악했다면, 그냥 주는 문제라고 볼 수 있다.

ㄱ : [A]에서 흉작이기 때문에 빚도 다 못 갚게 된 상황은, [B]에서 응오가 도적질을 하게 된 배경이 되므로 적절하다.

ㄷ : [A]에서 '벼를 거뒀다고 말만 나면 빚쟁이들은 우— 몰려들 거니깐.'을 통해 흉작이라는 상황적 배경이 당시 궁핍한 농촌 현실을 보여 주고 있음을 알 수 있다. 이후 [B]에서 응오는 자기의 논을 도적질하다가 응칠에게 붙잡히게 된다. "내 것 내가 먹는데 누가 뭐래?"를 통해 자신의 벼를 마음대로 먹지 못하기 때문에 결국 훔쳐야 하는 역설적인 상황을 확인할 수 있다.

오답설명

ㄴ : [A]에서는 흉작이라 빚을 갚지 못해 추수조차 하지 못하는 응오의 갈등이 드러나 있다. 결국 [B]에서 응오는 자기 벼를 도적질하는 상황에 이르렀으므로 갈등이 해소된다고 볼 수 없다.

ㄹ : [A]에서는 빚쟁이들뿐만 아니라 흉작으로 인해 갈등이 증대되었으므로 불만의 대상을 개인으로 한정할 수 없다. [B] 역시 응오는 응칠 개인에게만 화를 낸 것이 아니라 자신이 일해 가꾼 벼를 먹지 못하는 사회에 대한 불만을 가지고 있다고 보는 것이 적절하다.

03

정답설명

② 상상의 나래만 펼치지 않았다면 쉽게 풀 수 있다. 지문에서 '그러나 이번 멀리 아우를 방문함은~혈족이라곤 단 하나의 동생이요, 또한 오래 못 본지라 때 없이 그리웠다.'라고 밝히고 있으므로, 도적 때문에 응칠이 먼 곳에서 응오를 찾아온 것이 아니라 못 본지 오래된 동생이 그리워서 찾아온 것임을 알 수 있다.

오답설명

① 동생이 보고 싶어 먼 곳에서 오고, 동생의 문제를 해결하기 위해 지주를 만나는 것을 통해 동생을 생각하는 응칠의 마음을 엿볼 수 있다.

③ 지주를 직접 만나 뺨을 때리고 도적을 잡기 위해 기다렸다가 달려드는 모습은 응칠의 호락호락하지 않은 성격을 보여 준다.

④ 문제가 생겼을 때에 즉시 행동하는 모습을 통해 문제를 적극적으로 해결하고자 하는 응칠이의 의지를 엿볼 수 있다.

⑤ '동리에 이 소문이 퍼지기만 하면 저는 어느 모로든 혐의를 받아'를 통해 응칠이는 자신이 도둑으로 몰릴 상황이 뻔하기 때문에 그 전에 도둑을 잡으려고 한 것임을 알 수 있다.

04

정답설명

④ 지문에서 인물이 갈등하는 이유는 바로 '일제 치하 농촌 현실의 구조적 모순'때문이며, 이것이 바로 이 지문의 주제다. 따라서 출제자는 주제를 잡기 위한 전 단계를 집요하게 물어보고 있는 것이다. 2번 문제와 마찬가지로 인물의 상황을 정확하게 파악했다면 쉽게 해결할 수 있다.

ㄹ은 동생의 벼를 훔쳐가는 도적이 알고 보니 동생인 응오였기 때문에 응칠이 당황스러워 하는 부분이다. 응칠은 자신이 도적으로 오해를 받을 것이 두려워서 잠복을 하였는데, 잡힌 도적은 "성님까지 이렇게 못 살게 굴기유?"라고 말한다. 따라서 ㄹ은 상대방에 대한 경계심이 아니라 도적의 정체에 대한 당황스러움과 함께 모순적인 현실에 대한 비애가 나타난 반응이라고 보아야 한다.

오답설명

① 응오는 '진실한 농군'이라고 하였으므로 벼를 벨 기간이 지났는데도 베지 않는 것에는 어떠한 의도가 있음을 알 수 있다.

② 한 해 동안 애써서 기른 벼를 거둬들여도 남는 것은 식은땀뿐이라는 점에서 쓸쓸함과 안타까움이 느껴진다.

③ 벼가 없어진 사건을 '귀신의 놀음 같은 변괴가 생겼다.'라고 표현하여 일이 의외의 방향으로 흘러갈 것임을 드러내고 있다.

⑤ 벼를 훔친 사람이 다름 아닌 응오임을 알고 꿈속과 같다고 생각하며 당혹스러움을 드러내고 있다.

05

정답설명

④ 기본적인 순우리말을 물어보고 있다. 틀렸다고 너무 괴로워할 필요는 없고, 어휘 학습에 신경을 쓰도록 하자.

'모로'는 '비껴서. 또는 대각선으로.' 혹은 '옆쪽으로.'의 의미를 지닌 부사다.

오답설명

① '쳐주다'는 '인정하여 주다.'의 의미를 지닌 동사이다. '알아주다'와 바꿔 쓰기에 적절하다.

② '졸이다'는 '속을 태우다시피 초조해하다.'의 의미를 지닌 동사이다. '태우다'와 바꿔 쓰기에 적절하다.

③ '가리다'는 '치러야 할 셈을 따져서 갚아 주다.'의 의미를 지닌 동사이다. '갚다'와 바꿔 쓰기에 적절하다.

⑤ '뺑소니'는 '몸을 빼쳐서 급히 몰래 달아나는 짓'이라는 의미이며, '뺑소니를 놓는다.', '뺑소니를 치다.'와 같이 표현할 수 있다.

길 / 적막강산 / 단가 육장

지문분석

(가) 길

어제도 하룻밤
나그네집에
까마귀 까악까악 울며 새었소.
▶ 나그네인 화자는 까마귀처럼 떠돌아다니는 처지로구나.

오늘은
또 몇 십 리
어디로 갈까
▶ 어디로 가야 할지 모르는 화자의 방향 상실이 나타나 있어.

산으로 올라갈까
들로 갈까
오라는 곳이 없어 나는 못 가오.

말 마소 내 집도
정주 곽산
차 가고 배 가는 곳이라오.
▶ 고향은 정주 곽산. 차 타고 배 타면 갈 수 있지만 무슨 이유인지 갈 수가 없어.

여보소 공중에
저 기러기
▶ 기러기에게 말을 걸고 있구나.

공중엔 길 있어서 잘 가는가?
▶ 기러기(잘 감) vs 화자(잘 못 감) - 상반을 통한 심화가 이루어지고 있다.

여보소 공중에
저 기러기
▶ 청자(기러기)는 반응이 없어.

열십자 복판에 내가 섰소.
▶ 화자는 갈림길(또는 선택의 순간)에 섰어.

갈래갈래 갈린 길
길이라도
내게 바이 갈 길은 하나 없소.
▶ 수많은 길이 있는데, 갈 길이 하나도 없다고 해. 고향이 있는데 못 간다. 아하! '고향 상실'이구만.

(나) 적막강산

오이밭에 벌배채 통이 지는 때는
▶ 언젠지 정확히 모르겠지만 시간이 나왔으니 일단 체크하자.

산에 오면 산 소리
벌로 오면 벌 소리
▶ 그때가 되면 산, 벌에는 시끌벅적한 소리가 가득하대.

산에 오면
큰솔밭에 뻐꾸기 소리
잔솔밭에 덜거기 소리
▶ 산에 와도 시끌시끌.

벌로 오면
논두렁에 물닭의 소리
갈밭에 갈새 소리
▶ 벌에 와도 시끌시끌.

산으로 오면 산이 들썩 산 소리 속에 나 홀로
벌로 오면 벌이 들썩 벌 소리 속에 나 홀로
▶ 그런데 그런 상황에서 화자만 홀로 조용하네.
▶ 화자 vs 소리 - 상반을 통한 심화로구나.

정주 동림 구십여 리 긴긴 하룻길에
산에 오면 산 소리 벌에 오면 벌 소리
적막강산에 나는 있노라
▶ 다른 존재들은 산, 벌에서 나름 시끄럽고 요란하게 같이들 살고 있는데 화자는 그 속에 있어도 혼자만 외롭고 소외감을 느끼는 거야. 그래서 화자에게는 어디라도 적막강산으로 느껴진다고 하는구나.

(다) 단가 육장

▶ 연시조의 핵심. 각 연의 유기적 구성에 신경쓰자.

장부의 하올 사업 아는가 모르는가
효제충신(孝悌忠信)밖에 하올 일이 또 있는가
어즈버 인도(人道)에 하올 일이 다만 인가 하노라
▶ 화자=장부
▶ 화자의 할 일=효제충신(효도, 우애, 충성, 믿음)

〈1장〉

남산에 많던 솔이 어디로 갔단 말고
난(亂) 후 부근(斧斤)이 그다지도 날랜시고
두어라 우로(雨露)곧 깊으면 다시 볼까 하노라
▶ 많던 솔(충신들)이 부근(도끼), 즉 당쟁에 의해 희생되었나 봐. 이런 상황에서 화자는 솔(충신들)을 다시 보고 싶어 해.

〈2장〉

창밖에 세우(細雨) 오고 뜰 가에 제비 나니
적객의 회포는 무슨 일로 끝이 없어
저 제비 비비(飛飛)를 보고 한숨 겨워하나니
▶ 현재 화자는 제비를 보고 한숨 쉬고 있어.

▶ 적객(귀양) vs 제비(경치) - 상반을 통해 심화하고 있구나.

〈3장〉

적객에게 벗이 없어 공량(空樑)의 제비로다
종일 하는 말이 무슨 사설 하는지고
어즈버 내 풀어낸 시름은 널로만 하노라

▶ 적객의 화자와 시름 있는 제비는 유사 관계로, 제비는 감정 이입의 대상이구나. 화자는 '널로만 하노라(너보다 많도다)'라며 제비보다 시름이 많다고 하네. 어쨌건 제비의 시름을 전제한 구절이다. 동일한 제비가 화자의 정서와 상반(3장)되기도 하고, 유사(4장)하기도 하는구나. 만약 출제자가 독하게 마음 먹고 물어봤으면 이 둘의 차이점을 물어봤겠지. ^^

〈4장〉

인간(人間)에 유정한 벗은 명월밖에 또 있는가
천 리를 멀다 아녀 간 데마다 따라오니
어즈버 반가운 옛 벗이 다만 녠가 하노라

▶ 결국 유배지에서 화자가 위로 받을 대상은 자연물(명월)밖에 없구나.

〈5장〉

설월(雪月)에 매화를 보려 잔을 잡고 창을 여니
섞인 꽃 여윈 속에 잦은 것이 향기로다
어즈버 호접(蝴蝶)이 이 향기 알면 애 끊일까 하노라

▶ 매화는 지조, 충의, 절개의 이미지를 갖고 있어. 눈 속에서도 향기를 간직한 매화. 누구의 모습과 유사하니? 결국 화자 자신의 모습을 얘기하는 것이겠지. 자신은 유배지(눈 속)에서도 충절(향기)을 가지고 있다고 은근슬쩍 예상 독자(임금님)에게 어필하고 있는 거야.

〈6장〉

문제분석 01-06번

번호	정답	정답률(%)	선지별 선택비율(%)				
			①	②	③	④	⑤
1	①	94	94	3	1	1	1
2	④	84	4	1	9	84	2
3	④	94	2	1	1	94	2
4	⑤	71	7	2	14	6	71
5	②	84	10	84	2	1	3
6	③	50	1	6	50	34	9

01

정답설명

① 자연물과의 관계? 시에 등장하는 자연물은 화자를 대변하거나 화자의 정서를 심화시키는 등 어떻게든 관계를 맺을 테고, '현재 상황'만 제시된다면 허용할 수 있는 선지로구나.
(가)의 '기러기', (나)의 '산'과 '벌', (다)의 '제비'가 화자와 상반되는 대상이다. 이와 같은 관계는 잘 찾았지?

오답설명

② '시각의 대립'이라는 말은 '시각적 이미지의 대립'으로 볼 수도 있고, '관점의 대립'이라는 말로 볼 수도 있다.
  1) 시각적 이미지의 대립으로 볼 경우 : (가) O, (나) X, (다) O
  (가) 화자 VS 기러기, (나) 화자 VS 청각적 이미지, (다) 화자 VS 제비
  2) 관점의 대립으로 볼 경우 : (가) X, (나) X, (다) △
  (다) 화자(+솔) VS 부근(+화자와 다른 견해를 가진 이들)
  (다)의 부근(도끼), 즉 정치적 탄압에 의해 많은 솔(충신)이 사라지고 화자가 유배 왔다는 내용에서 짐작 정도는 할 수 있겠다.
③ (가) X, (나) O, (다) X / (나)에서 '들썩'이라는 시어가 반복되면서 역동적 움직임을 허용할 수는 있겠다. 그러나 (가)와 (다)에서는 역동적 이미지가 드러나지 않았다.
④ (가) X, (나) X, (다) X / (가)~(다) 모두 회상, 반성은 없지.
⑤ (가) X, (나) X, (다) △ / '명암의 대비'를 있는 그대로 '밝음과 어둠의 대비'라고 볼 때는 (가), (나), (다) 모두 나타나 있지 않고, 의미를 확장하여 '긍정적 시어와 부정적 시어의 대비'로 볼 때는 (다)에서 허용할 수 있겠다.(솔 ↔ 부근)

02

정답설명

④ 화자는 기러기를 원하는 것이 아니므로, 기러기와의 거리감이 화자의 정서를 심화시킨다고 볼 수 없다. 화자가 대상을 원할 때에만 '거리감'이 심화의 요소로 작용하는 것이다.

오답설명

①, ②, ③, ⑤ '오라는 곳'이 없으나 '오늘'도 정처 없이 '길'을 가야 하는 상황, '내 집'이 있어도 가지 못하고, 지향점 없이 '열십자 복판'에 서 있는 것은 모두 화자의 정서를 심화시키는 상황이라고 볼 수 있다.

03

정답설명

④ 구조가 같은데 어찌 의미가 다르겠냐. 해석을 전혀 하지 못하더라도 절대 용납할 수 없는 선지이다. '산'과 '벌'은 모두 화자의 상황과 상반되는 공간이지, '산'과 '벌'이 서로 상반된 공간은 아니다.

오답설명

① 배추의 통이 지는 때를 해석하지 못하더라도, '여물어 가는 때'라는 것을 허용했다면 '가을'이라는 계절적 배경 역시 허용 가능하다.
②, ③ '산에 오면 / 큰솔밭에 뻐꾸기 소리 / 잔솔밭에 덜거기 소리', '벌로 오면 / 논두렁에 물닭의 소리 / 갈밭에 갈새 소리'에서 확인할 수 있다.
⑤ '산'과 '벌'에서의 체험을 '적막강산'이라고 집약하여 마무리하고 있구나.

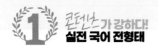

04

정답설명

⑤ (가)에서는 '의문'은 있지만, '확인'이 애매하다. 이렇게 애매한 부분으로 정답을 고르게 할 평가원이 아니다. 계속 보자. (나)에서 '서술어의 제한적 사용'은 허용할 수 있으나, '의지'는 극복이나 실천적 태도가 나와야 한다. 따라서 (가)와 (나) 모두 허용할 수 없다.

오답설명

① (가)의 '길'은 화자의 방향 상실을 이야기하는 제재가 되며, (나)의 '적막 강산'은 적막강산에서 외로워하는 화자의 감정을 집약하여 보여 주어 주제를 드러내고 있다.
② (가)는 '길', '갈까', '여보소 공중에' 등이 반복되며, (나)는 '소리', '나 홀로'가 반복되며 리듬감을 조성하고 있다.
③ (가)의 '정주 곽산'은 화자의 집이니까 논란의 여지가 없이 화자가 경험한 곳이다. (나)의 '정주 동림'을 '정주 동림에서'라고 해석한다면, 화자가 경험한 곳이라는 점은 당연히 허용 가능하다.
④ (가)의 '갈린 길'은 여러 방향으로 갈라진 길로 공간적 성격을 가지며, (나)의 '하룻길'은 하루에 걸어서 갈 수 있는 거리로 시간과 공간의 성격을 함께 띤다.

05

정답설명

② '다시 볼까 하노라'를 통해 충신들인 '솔'을 다시 만나겠다고 했으니, 귀양살이 중에서도 정계에 복귀할 수 있으리라는 기대감을 드러내고 있다는 〈보기〉의 내용과 부합한다고 볼 수 있겠지.

오답설명

① 화자가 자신의 할 일이 효제충신밖에 없다고 함으로써 충의 마음을 드러낸다고 볼 수 있으나, 이를 두고 정계 복귀의 기대감을 드러낸다고 보기 어렵다.
③ 화자가 자유롭게 날아다니는 제비를 보고 한숨을 쉰 것은 자신의 처지를 슬퍼하는 것이지 정계 복귀에 대한 기대감이라고 보기 어렵다.
④ 제비의 시름보다 자신의 시름이 더 많다는 내용은 정계 복귀의 기대감이라고 볼 수 없다.
⑤ 설마 '반가운 옛 벗'이라는 단어에 가슴이 두근거려 선택을 한 것은 아니겠지? 해당 부분은 자연물과 벗하며 위로를 받겠다는 내용이다.

06

정답설명

③ 대상과 화자의 관계(대변, 심화 등)는 시 수업할 때 끊임없이 강조하는 사항 아니냐. (나)의 화자는 시끌벅적한 공간 속에 화자 홀로 외로워하고 있다. 즉, ㉮는 상반 관계를 통해 정서가 심화되는 부분에 해당한다고 볼 수 있겠지. ㉢에서 자유에 제한이 있는 화자와 자유롭게 날아다니는 제비는 상반의 관계로, 자신과는 달리 자유롭게 나는 제비를 보고 화자의 정서는 더욱 심화된다고 볼 수 있다.

오답설명

①, ②, ④, ⑤ 화자와 대상 간의 상반 관계가 나타나지 않았으므로, 적절한 답이 될 수 없다.

작자 미상 - 조웅전

지문분석

[지문에서 체크할 것]

※ 공간
조웅, 부인, 대사가 있는 곳 → 관산 → 전장

※ 서술자의 개입
삼대가 아무리 재주가 용한들 어찌 창을 한 손으로 쓰리오.
* '산천이 모두 반기는 듯하더라.'를 서술자의 개입으로 볼 여지가 있기는 하지만, 평가원에서는 이 정도로 애매한 경우에 대해 출제하지 않는다. 이 정도는 그냥 넘어가도 괜찮다. 확실하게 서술자의 정서나 판단이 등장한 경우에만 체크하면 된다.

[전체 줄거리]

중국 송나라 문제 때 조웅의 아버지 조정인은 간신 이두병의 모함을 당해 스스로 목숨을 끊는다. 천자(=황제)는 조정인의 죽음을 안타깝게 여기고 그 아들 조웅을 궁중으로 불러들여 태자와 함께 지내게 한다. 태자는 조웅을 형제처럼 사랑하게 되었는데, 이두병은 천자의 사랑을 받는 조웅이 나중에 복수할까 봐 두려워 그를 죽이려고 한다.

하루는 조웅의 어머니가, 이두병이 조웅을 죽이려고 한다는 꿈을 꾸고 아들을 데리고 피신한다. 그 후 천자가 세상을 떠나고 태자가 황제가 된다. 이에 간신 이두병이 권세를 마음껏 부리다가 마침내 어린 황제를 쫓아내고 스스로 천자가 된다. 조웅 모자는 고향을 떠나 방랑하다가, 월경 대사를 만나 산속으로 들어가 살게 된다.

어느덧 15세가 된 조웅은 어머니와 대사에게 출세할 결심을 말하고 도승을 찾아 떠난다. 그는 낙산 도사를 만나 신검을 얻고, 철관 도사를 만나 병법과 무술을 공부한다.

하루는 조웅이 어머니를 만나러 가는 길에 장 진사의 집에 우연히 들러 장 진사의 딸(=장 소저)과 몰래 결혼을 한다. 조웅이 떠난 후 장 소저는 조웅을 그리워하다가 병들어 죽는다. 조웅은 도사로부터 장 소저가 병으로 죽었다는 말을 듣고, 도사가 주는 신비한 약을 가지고 가서 소저를 되살린다. 이에 장 진사는 조웅과 자기 딸의 결혼을 허락한다.

조웅은 공부를 끝낸 후, 변방의 오랑캐들과 간신 이두병을 무찌르고 송나라 황실을 회복하기 위하여 나선다. 이때, 서번이 위국을 침략하자, 조웅이 위왕을 도와 서번군을 격파하여 항복을 받고, 태자도 구출한다. 또한 위왕의 청으로 위왕의 큰딸을 태자의 왕비로 삼고, 작은딸은 자신의 부인으로 삼는다. 그 뒤 위왕과 연합하여 이두병을 없애고, 태자가 다시 황제가 되게 한다. 이에 황실이 회복되고 조웅은 제후가 되어 널리 이름을 알리고 행복하게 산다.

문제분석 01-04번

번호	정답	정답률 (%)	선지별 선택비율(%)				
			①	②	③	④	⑤
1	①	82	82	6	4	4	4
2	①	69	69	11	8	9	3
3	②	71	11	71	4	5	9
4	①	78	78	3	16	2	1

01

정답설명

① [A] O / 직접 제시는 서술자가 사건이나 인물의 성격을 요약적으로 서술하기에 속도가 빠르고, 간접 제시는 대화나 행동을 통해 사건을 보여주기 때문에 상대적으로 속도가 느리다. 따라서 직접 제시와 간접 제시를 통해 사건 전개의 완급 조절을 할 수 있다. [A]에서는 '이때 대사가 웅을 데리고 신통한 술법을 의논하더니 이러구러 삼 년이 되었는지라.'라는 부분에서 직접 제시로 사건을 요약하여 전달하며 사건 전개 속도를 빠르게 하였으며, 부인과 조웅, 월경 대사의 대화 부분은 간접 제시를 사용하여 사건의 전개 속도를 느리게 하였다.

오답설명

② [B] X / [B] 부분은 삼대와 원수의 대결 장면에 대한 상세한 묘사로, 실제 현실에서 일어나고 있는 일이다. 즉, 인물의 상상에서 일어나는 일은 나오지 않으므로 상상과 현실 사이의 대립이 드러난다고 볼 수 없다.

③ [A] X, [B] X / [A]는 조웅과 부인, 월경 대사의 대화로 현재의 장면이고, [B] 역시 삼대와의 결투 장면으로 과거가 아니라 현재 일어나는 장면이다. 따라서 [A], [B] 모두 과거 회상이 나타나지 않았다.

④ [A] X, [B] X / [B]의 '삼대가 아무리 재주가 용한들 어찌 창을 한 손으로 쓰리오.'에서 편집자적 논평(=서술자의 개입)이 제시되긴 하지만, 이는 적장의 패배를 가리키는 것이기 때문에 현실의 비극성을 드러내고 있다고 볼 수 없다.
[A]에서 '산천이 모두 반기는 듯하더라.'라는 부분은 편집자적 논평으로 볼 여지도 있다. 일반적으로 '-는가(설의)', '-더라(회상)', '-지라(당위)', '-것다(확신)', '-렸다(추측)', '-구나(감탄)' 등의 어미나 '어찌' 등의 부사어가 쓰이면 서술자의 개입이 드러났다고 할 수 있기 때문이다. 하지만 어미만으로는 서술자의 개입 판단 여부가 애매한 경우가 많으니 기출 사례들을 보면서 평가원의 시각을 확인해야 한다. 지금까지 평가원 기출에서는 인물의 심리와 연관된 비유적 표현은 서술자의 개입으로 처리하지 않았고, 명확하게 서술자의 심리나 판단이 나타났을 때에만 서술자의 개입으로 처리하였다.
따라서 '산천이 모두 반기는 듯하더라.'도 서술자의 개입으로 볼 여지는 있지만, 굳이 이 부분까지 신경 쓸 필요는 없다. 게다가 '현실의 비극성'에서 바로 지워줄 수 있다.

⑤ [A] X, [B] X / [A]만 봐서는 [A]가 세속적 공간이라는 것을 알 수 없다. [B]에서 죽은 삼대의 팔 밑에 날개가 돋쳐 있는 비현실적 요소가 나타

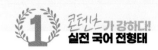

나긴 하였지만, 이는 '공간'과 관련된 비현실적 요소가 아니므로 초월적 공간이라고 볼 수 없다. 일반적으로 초월적 공간은 천상계 혹은 저승과 같이 나타나는데 [B]에는 이러한 공간이 나타나지 않았다. 단지 전투를 하는 모습을 전기적으로 드러냈을 뿐이다. 또한 인물의 내적 갈등도 나타나지 않았다.

02

정답설명

① 강백은 "무지한 삼대는 들어라."라며 "네 두 형의 혼백이 우리 진중에 갇히어 나가지 못하고 주야로 울며 애통하되 '소장의 동생 삼대의 머리를 마저 바치올 것이니 가긍한 혼백을 놓아 주옵소서.' 하며 주야로 가긍한 소리"를 낸다고 말했는데, 이는 삼대를 자극하는 말이다. 적에게 무지하다는 말을 듣고, 형제들의 영혼이 살려 달라고 애원하고 있다는 얘기를 들으면 삼대의 피가 거꾸로 솟고 울컥하겠지? 전투에 앞서 상대의 감정을 자극하여 유리한 위치에서 시작하려는 의도적인 발언인 것이다.

오답설명

② 조웅이 자식으로서의 도리를 먼저 생각하였다면 어머니의 슬하를 떠나지 않았을 것이다. 하지만 조웅은 "처음에 이리로 올 적에 선생께 기약을 정하고 왔"다고 말하며 약속을 지켜서 선생께서 실망하시는 일이 없게 하겠다고 말하고 있다. 이는 자식의 도리보다는 신의에 더 이끌리는 모습을 보인 것이라 할 수 있겠다.

③ 조웅은 삼대가 항상 왼손으로 칼을 날리며 좌편으로 달려드는 것을 보고 삼대의 약점을 파악하였다. 강백에게도 삼대의 좌편을 범치 말라는 충고를 해 주고, 대결에서도 우편으로 쳐들어가 승리를 하였다. 삼대는 자신의 약점을 위장한 것이 아니라, 실제로 좌편에 강하고 우편에 약한 약점을 가지고 있는 것으로 볼 수 있다. 어디에도 위장을 했다는 표현이 나타나지 않는다. 추측과 추론은 항상 지문에 지시된 내용을 바탕으로 해야 한다.

④ 부인은 조웅이 불효한 죄를 청하니 크게 놀라는 모습을 보였다. 그리고 조웅이 부모님의 허락 없이 장 소저와 혼인을 한 것이 죄라고 고백하자 부인은 크게 기뻐하며 죄 될 것이 없으니 두려워 말라고 이야기하며 안도하였다. 따라서 부인은 조웅의 고백을 통하여 불효한 죄가 무엇인지 파악하였고, 그 전에는 장 소저와 관련된 일을 전혀 모르고 있었다고 판단할 수 있다.

⑤ "부인은 소승이 전에 드린 말씀을 이제야 증험한 줄을 아시나이까?"라는 월경 대사의 말을 통해서 월경 대사가 이전에 조웅의 미래를 예언하였다는 것을 알 수 있다. 또한 월경 대사는 "부인은 추호도 염려치 마소서. 공자의 거처는 소승이 알고 있나이다."라고 말하며 부인을 안심시키고 있다. 이러한 대화를 통해 조웅의 운명과 상황을 월경 대사가 알고 있다는 것을 파악할 수 있다. 하지만 월경 대사가 조웅의 운명이 드러나는 것을 두려워하는 태도는 보이지 않는다.

03

정답설명

② 고전 소설에서 대화가 많이 나올 때는 '판단의 근거'를 자주 출제하니 꼼꼼하게 체크했어야 한다. '부인'은 '조웅'과 '장 소저'의 결연이 천명에 따른 것이라는 근거를 내세워 합리화하고 있다. 또한 자신들이 처한 형세의 어려움을 들어 예절을 차릴 수 없다는 점도 말하고 있다. 따라서 개인적 욕망보다 사회적 규범을 중시하였다는 감상은 적절하지 않다. 만약 '부인'이 사회적 규범을 중시하였다면, 예절을 지키고 절차를 거쳐서 혼례를 치르지 않았다고 아들을 꾸짖었을 것이다.

오답설명

① '조웅'은 '부인'의 허락 없이 '장 소저'를 취하게 된 사연을 말하고 있다.

③ '월경 대사'가 '조웅'을 데리고 삼 년에 걸쳐 신통한 술법을 의논하였다고 한 것으로 보아, '월경 대사'가 '조웅'의 조력자 역할을 했다고 볼 수 있다.

④ '조웅'이 '삼대'의 약점을 집중적으로 공략하며 용감하게 싸우는 장면을 통해 '조웅'의 지략과 용맹을 확인할 수 있다. 이러한 장면을 통해 서사적 흥미를 이끌어내고 있다.

⑤ '삼대'의 왼팔 밑에 날개가 있다는 것은, '삼대'가 왼손과 관련하여 비범한 능력을 지녔고 '조웅'의 강력한 적수였음을 보여 주는 것이다.

04

정답설명

① ⓐ는 삼대의 죽음을 보고 적진이 크게 놀라 허둥지둥거리며 도망가는 상황이다. 이러한 상황과 가장 잘 어울리는 한자성어는 '몹시 놀라 넋을 잃음'을 뜻하는 '혼비백산'이다.

오답설명

② '경거망동'은 '경솔하여 생각 없이 망령되게 행동하는 것'을 이르는 말이다. 죽음을 보고 놀라서 도망가는 것은 어찌 보면 당연한 반응이다. 이것을 경솔하고 생각 없이 행동하는 것이라고 보기는 어렵다.

③ '동분서주'는 '동쪽으로 뛰고 서쪽으로 뛴다.'라는 뜻으로, 사방으로 이리저리 몹시 바쁘게 돌아다님을 이르는 말이다. 지금 상황은 몹시 바쁜 것이 아니라 죽음을 보고 크게 놀라 도망가는 상황이다.

④ '분기탱천'은 '분한 마음이 하늘을 찌를 듯 격렬하게 북받쳐 오르는 것'을 의미한다. 삼대의 죽음을 보고 놀라 도망갈 뿐, 분하게 여기는 마음은 어디에도 드러나지 않는다.

⑤ '적반하장'은 '도둑이 도리어 매를 든다.'라는 뜻으로, 잘못한 사람이 아무 잘못도 없는 사람을 나무람을 이르는 말로, 상황에 어울리지 않는 표현이다.

작자 미상 – 적벽가

지문분석

[지문에서 체크할 것]

※ 공간
오림산

※ 서술자의 개입
1) 가련타 주린 장졸 냉병인들 아니 들랴,
2) 처량하구나 각 새 소리.
* 얼굴은 형산백옥 같고 눈은 소상강 물결이라. / 이 문장은 비유적으로 인물을 묘사한 부분으로 서술자의 주관이 약간 들어가 있다고 볼 수 있다. 따라서 엄밀하게 말하면 개입으로 볼 수 있지만, 평가원은 이 정도를 가지고는 출제하지 않는다. 명확하게 서술자의 판단이나 감정이 노출될 때만 출제를 하니, 이 정도의 개입은 찾지 않아도 된다.

[전체 줄거리]

유비는 관우, 장비와 도원결의(桃園結義) 후 제갈량을 삼고초려(三顧草廬)하여 데려온다. 이때 조조는 강남을 정벌하고자 대군을 이끌고 내려온다. 이에 제갈량은 불과 삼천 명의 군사로 하후돈이 거느린 십만 대군을 크게 무찔러 달아나게 한다. 뒤이어 벌어진 장판교의 싸움에서 조자룡은 유비의 장자 아두를 품에 안고 조조의 백만 대군 속을 뚫고 빠져나와 아두를 구하고, 장비는 장판교에서 홀로 조조의 대군을 물리친다.

한편 제갈량은 오 나라의 손권과 주유를 설득해 조조와 전쟁을 하도록 유도하는 데 성공한다. 결국 제갈량의 계략에 빠져 적벽 대전에서 크게 패한 조조는 겨우 목숨을 구해 도망을 가다 오림(烏林)에서 조자룡을 만나 군사들을 잃고, 화용도에서 공명이 보낸 관우를 만났으나 목숨을 구걸하여 구사일생(九死一生)으로 도망치게 된다.

문제분석 01-05번

번호	정답	정답률 (%)	선지별 선택비율(%)				
			①	②	③	④	⑤
1	④	48	9	28	9	48	6
2	③	61	9	5	61	5	20
3	③	49	25	14	49	9	3
4	④	60	9	8	10	60	13
5	①	74	74	8	11	3	4

01

정답설명

④ 인물의 상황을 선명하게 파악하지 못했기에 틀린 학생들이 많았다. 조조는 도망을 다니는 상황에서도 '히히히, 해해해' 대소하며 "주유는 꾀가 없고 공명은 슬기 없음"을 비웃는다. 이는 조조가 큰 낭패를 당했음에도 불구하고 허세를 버리지 않고 있음을 드러낸다.

오답설명

① 배경 묘사가 긴데 체크했겠지? '산천은 험준하고 수목은 총잡한데, 골짜기 눈 쌓이고 봉우리 바람 칠 제, 화초 목실 없었으니 앵무 원앙이 그쳤는데 새가 어이 울랴마는'에서 '겨울 산속'을 배경으로 삼고 있음을 알 수 있다.
② 지문의 초반부에서 조조와 정욱의 대화만 드러나다 보니 낚인 녀석들이 있었으리라. (마)를 보면 '장졸의 머리가 추풍낙엽이라.'라는 구절에서 다른 부하들도 같이 있었음을 확인할 수 있다.
③ (마)에서 조자룡이 나타나 조조의 장졸들의 목을 베니, 적의 추격으로부터 벗어난 상태로 볼 수 없다.
⑤ (다)의 '조조가 듣더니 탄식한다.', "울지를 말아라. 너희가 모두 다 내 제장 죽은 원귀가 나를 원망하여서 우는구나."를 통해 죽은 장졸들을 떠올리고 있음을 알 수 있다.

02

정답설명

③ (나)는 희화화되는 조조의 모습을 집중적으로 그린 부분으로, 갈등의 해소는 확인되지 않는다. 다만 (마)에서는 조자룡과의 전투 장면을 제시함으로써 인물 간의 갈등이 고조된다고 볼 수 있다.

오답설명

① (나)의 메추리를 보고 겁을 먹은 조조의 희극적인 모습에서 골계미(풍자와 해학의 수법)를 느낄 수 있다.
② 상황이 급박하게 전개되면 당연히 독자 입장에서는 '긴장'이 되겠지?
④ 지문을 멀리 떨어진 채 한번 바라보자. (나)에 " "가 많다는 게 보이지? (나)는 인물의 대화가 많이 제시되어 있고, (마)는 인물의 대화보다는 서술자의 서술이 더 많다.
⑤ 산문이 산문적 표현이라는 것은 당연한 말이다. 이 부분은 고민할 것도 없는 설명이고, 오히려 '노래로 부르기 적합한 요소'라는 것을 주목해서 봐야 한다. 노래로 부르기 위해선 '리듬'이 있어야 한다. 산문에 리듬이 있다면 특이한 케이스에 해당이 되겠고, 이는 '창과 아니리로 이뤄진 판소리의 가장 중요한 특징'이기에 출제자는 무조건 물어보겠지.
(마)에서는 비슷한 구절을 반복하고, 비유적 표현의 반복을 통해 리듬감을 형성하므로 노래로 부르기에 적합한 요소를 가지고 있음을 알 수 있다. 또한 (나)는 [아니리], (마)는 [엇모리]로 나와 있는데, '아니리'는 판소리에서 가락을 붙이지 않고 이야기하듯 표현하는 것이고, '엇모리'는 박자가 있는 장단이라는 것에서 적합한 요소임을 확인할 수 있다.

03

정답설명

③ 해당 장면에서 조조가 '히히히, 해해해' 웃는 것은 실제로 조조가 주유와 공명을 비웃으면서 소리 내어 웃은 것이다. 즉, 겉으로 드러난 행동과 속마음이 일치하므로 '반어적 표현'이라고 볼 수 없다. 또한 상황의 반전과도 무관하다.

오답설명

① 정욱의 말을 통해 겁이 많은 조조의 부정적인 면모가 드러난다.
② 대상에 대한 서술자의 개입이 있는 부분이다. 3인칭 서술자는 작품 밖에 있기에 원래는 개입을 하면 안 된다. 서술자의 개입은 극장에서 영화를 보고 있는데, 옆에 앉은 감독이 말을 걸며 "쟤 좀 불쌍하지 않냐?"라고 참견을 하는 것과 같다고 보면 된다.

여기서도 마찬가지다. 서술자는 '새 소리'가 처량하다고 표현함으로써 대상에 대한 연민을 표출하였고, 대상과의 심리적 거리를 좁힘으로써 독자(수용자)들의 공감을 유도하는 것이다.
④ 관습적인 표현이란, 상투적인 표현을 의미한다. '사과 같은 얼굴, 앵두 같은 입술'은 아름다운 얼굴을 묘사하는 대표적인 관습적 표현이다. 이와 같이 예전에는 '얼굴은 형산백옥 같고 눈은 소상강 물결이라.'라는 표현이 남자의 아름답고 위풍당당한 모습을 나타내는 관용구로 사용되었다고 볼 수 있다.

형태쌤의 과외시간

'관용구'는 A와 B의 단어를 조합해서 새로운 C의 의미를 만들어 내는 것이다. '밟이 넓다 : A(발) + B(넓다) → C(사교성)' 이 정도로 생각하면 된다. 속담과 관용구를 헷갈리는 학생이 많은데, 속담도 본 문장의 의미를 가지고 새로운 의미를 전달하는 측면에서 넓은 의미의 '관용적 표현'으로 볼 수 있다. 다만 속담은 문장 단위로 주로 나타나는 특징이 있지만 '구' 형태의 속담도 있기에 관용구와의 구별은 쉽지 않다. 그냥 이렇게 정리하자.

관용구 : 단어 두 개 이상의 조합으로 새로운 의미를
　　　　 만들어 내는 것
관용적 표현 : 속담 + 관용구

나온 김에 다 정리해 볼까? 관용적 표현과 관습적 표현을 헷갈리는 학생도 있는데, **관습적 표현은 "어떤 사회에서 오랫동안 지켜져 내려와 그 사회 구성원들이 널리 인정하는 표현"**을 말한다. 넓게 본다면 관용적 표현과 같지만 보통 평가원에서는 '상투적 표현(여러 작품에서 흔하게 등장하는 표현)'과 동일한 개념으로 사용하고 있다. 그리고 '관습적 표현'을 문제화하여 물어볼 때는 논란의 여지를 없애기 위해 '관용적 표현'으로 찾아도 해결되도록 출제하고 있다.

[2009학년도 수능] 〈보기〉 「춘면곡」 : 시조나 가사에는 임과 헤어져 있는 화자가 어떤 특정한 자연물로 다시 태어나서 임의 곁에 머물고 싶다는 진술이 흔히 나타난다. 이러한 진술은 화자의 소망을 강조하기 위한 관습적 표현인데, 그 속에는 당대인들의 세계관이 투영되어 있다. → 상투적 표현

으로 사용

[2007학년도 수능] 「적벽가」
관습적 표현 출제 사례 : 얼굴은 형산백옥 같고 눈은 소상강 물결이라.
→ 관용적 표현, 상투적 표현 둘 다 됨.
[2008학년도 수능] 「한거십팔곡」
관습적 표현 출제 사례 : 세월이 물 흐르는 듯 하니
→ 관용적 표현, 상투적 표현 둘 다 됨.

⑤ '~듯'이라는 비유적 표현을 반복하여 리듬감과 생동감을 느끼게 한다.

04

정답설명

④ '들판 대로를 마다하고 심산 숲 속에 고리각 까옥 저 까마귀.'라는 표현을 보자. '고리각 까옥'이라는 표현에서 까마귀는, 들판 대로로 길을 가지 못하고 적에게 쫓겨 이리저리 숨어 도망할 수밖에 없는 조조의 처지를 상징하는 소재라고 할 수 있다. 따라서 까마귀를 '효조'와 연결하여 군사들이 부모를 그리는 상황을 나타낸다는 해석은 적절하지 않다. 참고로, '효조'는 까마귀가 어미에게 먹이를 물어다 주어 보은한다는 데에서 유래한 말로, 까마귀를 이르는 말이다.

05

정답설명

① 조조는 '근근도생(겨우 살기를 꾀함) 창황(매우 급작스러움)' 중인 상황인데 (마)에서 조자룡을 만난다. 이는 '한 가지 위험에서 벗어나니 또 새로운 위험이나 난관에 부닥치게 됨.'을 비유적으로 이르는 ①번 선지의 의미와 상통한다.

오답설명

② '가지가 많고 잎이 무성한 나무는 살랑거리는 바람에도 잎이 흔들려서 잠시도 조용한 날이 없다.'라는 뜻으로, 자식을 많이 둔 어버이에게는 근심, 걱정이 끊일 날이 없음을 비유적으로 이르는 말이다.
③ '아무 관계 없이 한 일이 공교롭게도 때가 같아 어떤 관계가 있는 것처럼 의심을 받게 됨.'을 비유적으로 이르는 말이다.
④ '일을 그르친 뒤에는 뉘우쳐도 소용없음.'을 비유적으로 이르는 말이다.
⑤ '남을 해치고 나서 약을 주며 그를 구원하는 체한다.'라는 뜻으로, 교활하고 음흉한 자의 행동을 비유적으로 이르는 말이다.

최일남 - 흐르는 북

지문분석

[지문에서 체크할 것]

※ 시간

순행적 구성

※ 공간

막걸리 집 → 민 노인의 집 → 성규의 학교 마당 → 민 노인의 집

※ 서술자의 관심사

3인칭 제한적 전지적 시점을 취하고 있다. 3인칭 서술자는 민 노인의 상황과 심리에 관심을 갖고 있다. 때문에 사건을 민 노인의 시각을 통해 서술한다.

[전체 줄거리]

선천적인 예술적 기질과 역마살로 인하여 아내와 자식을 외면한 채 살아온 주인공 민 노인은 유배(流配)와 별반 다름없는 생활을 하고 있다.

민 노인의 아들은 자신의 사회적 체면도 있고, 아버지 민 노인이 북 때문에 가정을 버리고 허랑방탕한 한 평생을 보낸 것이라고 생각했기 때문에 아버지가 북에 접근하는 것을 막아 왔다. 그러나 민 노인의 손자인 성규의 친구들이 놀러온 날 저녁에 사건이 벌어졌다. 북에 대한 향수가 점점 멀어져 갈 무렵, 손자 성규의 친구들이 권유하자 민 노인은 그동안 놓았던 북채를 다시 잡았던 것이다. 민 노인은 손자 친구들이 돌아간 다음 아들로부터 핀잔을 듣는다.

가족들 중에서 유일하게 민 노인의 예술적 기질과 삶을 이해해 주는 사람은 손자 성규뿐이었다. 어느 날, 성규는 할아버지 민 노인에게 자기 학교의 봉산 탈춤 공연에 참여해 달라는 제의를 한다. 고민 끝에 민 노인은 이를 승낙한다. 그리고 아들 내외의 눈을 피해 북을 꺼내 와서 젊은 패들과 연습에 돌입했다. 비록 연배가 한참 차이 나는 젊은 이들과의 연습이었으나 민 노인에게는 큰 즐거움과 행복이 아닐 수 없었다. 공연 당일, 민 노인은 수많은 청중들 앞에서, 마치 신들린 사람처럼 예술혼을 유감없이 발휘하였다. 그러나 일은 터지고야 말았다. 진숙 어머니의 고자질로 아들 내외가 이 사실을 알게 되었고, 그들은 민 노인을 탓함과 동시에 성규를 호되게 꾸짖었다.

그로부터 일주일 후, 성규는 데모를 하다가 붙잡혀 들어갔다. 손녀 수경이와 함께 집에 남게 된 민 노인은 "아무래도 그 녀석이 내 역마 살을 닮은 것 같아. 역마살과 데모는 어떻게 다를까."라고 말하면서 손녀의 물음에도 아랑곳없이 둥둥둥 더 크게 북을 두드렸다.

문제분석 01-04번

번호	정답	정답률 (%)	선지별 선택비율(%)				
			①	②	③	④	⑤
1	②	45	23	45	18	9	5
2	⑤	68	5	8	14	5	68
3	⑤	85	3	5	3	4	85
4	②	79	6	79	9	4	2

01

정답설명

② 지문을 읽을 때 서술자가 누구를 주목하는지, 누구의 심리를 중점적으로 서술하는지 신경을 썼다면 어렵지 않게 풀 수 있는 문제다. 3인칭 제한적 전지적 시점을 사용할 경우, 1인칭 주인공 시점을 사용할 때처럼 특정 인물의 내면에 공감할 수 있다. 많은 학생들이 서술자의 관심사를 놓치고 있음을 보여 주는 사례이니 명심하도록 하자.

오답설명

① '의식의 흐름'이라는 말을 쓰려면, '연관성(긴밀성)이 떨어지는 생각을 나열'해야 한다. 생각을 많이 한다고 해서 '의식의 흐름'이라는 말을 쓸 수는 없다.

③ 성격과 행위의 괴리가 나타나는 부분은 없다.

④ 서술자의 권위적인 논평은 제시되어 있지 않다.

⑤ 시대적 배경에 대한 섬세한 묘사는 드러나지 않는다.

02

정답설명

⑤ '민 노인'과의 대화를 통해 '며느리'가 사회적 체면을 중시한다는 것은 알 수 있다. 하지만 '집'이 '자신의 허영심을 억압'하는 공간은 아니지. 며느리가 만약 '허영심을 억압'했다면, '사회적 체면을 신경 쓰는 허영심'을 표출하지 않았을 테고, 시아버지(민 노인)가 애들이랑 어울려 북을 치고 왔어도, 꾹 참으며 속으로만 부글부글했겠지.

오답설명

① 아이들과 민 노인이 막걸리 집에서 대화를 나누는 장면을 통해 확인할 수 있다.

② 민 노인은 아이들과 함께 어울려 춤판을 벌이고 있다. 춤판에서 신세대와 구세대가 전통 예술을 향유함으로써 유대감을 확인한다고 볼 수 있다.

③ '목중들이 춤을 추며 걸쭉한 음담패설 등을 쏟아 놓을 때마다, 관중들은 까르르 웃었다.'에서 확인할 수 있다.

④ 민 노인은 춤판에 오르기 전, 젊은이들과 어울린다는 것에 어색해했지만 막상 춤판에 올라서는 이와 같은 생각을 이내 잊어버리고 몰입하며 자신감을 회복한다.

03

정답설명

⑤ 시아버지인 자신을 다그치는 며느리에게 민 노인 또한 지지 않고 할 말은 다 하고 있다.
"이번에도 내가 늬들 체면 깎았냐." → 굳이 '이번에도'라는 말을 써가며 '강조'하고 있다. 이게 상대방의 감정을 누그러뜨리려는 태도일까? 이해가 안 되면 생각해 보자. 쌤에게 매일 혼나는 철수가 어느 날 혼내려는 쌤한테 이런 말을 했다고. "선생님. 이번에도 제가 잘못했습니까?" 이게 선생님의 감정을 누그러뜨리려는 발화는 아니겠지.

오답설명

① 자신들이 칠 때에는 죽어 있던 것 같던 북소리가 민 노인이 치니 더 크게 잘 들렸다고 말하며 민 노인에 대한 존경과 애정을 드러내고 있다.
② 구경꾼들이 자신을 쳐다보는 것도 그냥 한 대목으로 치면 그만이라며 부담을 떨치고 있음을 알 수 있다.
③ 가락, 소리, 장단에 자신을 내맡긴다는 표현을 통해 상황에 몰입하여 무아지경의 상태에 이르렀음을 알 수 있다.
④ 말씨는 예사롭지만 굳은 표정으로 낭패의 모습을 드러낸 것을 통해 며느리가 시아버지의 행위를 못마땅해 하는 불편한 속내를 감추지 못했음을 알 수 있다.

04

정답설명

② 문맥을 보면서 밑줄의 의미를 정확하게 잡아야 한다. ⓐ에는 북을 칠 때 아무 옷이나 걸치고는 나갈 수 없으며 모시 두루마기라도 입어서 나름대로의 격식을 갖추어야 한다는 민 노인의 생각이, ⓑ에는 모처럼의 공연인데 '전문 예술인'으로 참여한 게 아니라 '아이들'과 함께하는 자리라는 점에서(쉽게 말해 전문성이 떨어지는 자리라는 점에서) 약간의 아쉬움을 나타내는 민 노인의 심리가 나타나 있다. 즉, 자신의 예술이 제대로 대접을 받지 못하는 상황에 대한 적막감(쓸쓸함)을 느낀 것이다. ⓑ에서 '민 노인의 아쉬움'을 제대로 잡아내지 못했더라도, ⓐ에서 확연하게 드러난 태도를 확인했다면 정답을 찾아내는 것에는 어려움이 없었을 것이다.

오답설명

① ⓐ와 ⓑ에서 예술가의 고난과 인내가 나타난다고 보기 어렵다.
③ 민 노인이 시대의 이상을 지키고자 하는 부분은 찾을 수 없다.
④ 민 노인은 청중의 적극적인 호응을 얻지 못할 것을 걱정하고 있지 않다.
⑤ ⓐ와 ⓑ에서는 예술가로서의 민 노인의 태도가 드러나고 있을 뿐, 평범한 사람들의 행복을 위해 바쳐지는 예술에 대한 내용은 찾아볼 수 없다.

Free note.

나 없이

기출

풀지마라

나 없이

기출

풀지마라

나 없이

기출

풀지마라